Kurt H. Biedenkopf

Ringen um die innere Einheit
Aus meinem Tagebuch
August 1992 bis September 1994

Kurt H. Biedenkopf

Ringen um die innere Einheit

Aus meinem Tagebuch August 1992 bis September 1994

Siedler

MIX
Papier aus verantwortungsvollen Quellen
FSC® C014496

Verlagsgruppe Random House FSC® N001967
Das für dieses Buch verwendete FSC®-zertifizierte Papier
EOS liefert Salzer Papier, St. Pölten, Austria.

Erste Auflage
September 2015

Umschlaggestaltung: Rothfos & Gabler, Hamburg
Satz: Uhl + Massopust, Aalen
Druck und Bindung: GGP Media GmbH, Pößneck
Printed in Germany
ISBN 978-3-8275-0073-1

www.siedler-verlag.de

Inhalt

Zur Einführung

Zweite Halbzeit der ersten Legislaturperiode des Landtages des Freistaats Sachsen. Aus der Fülle der Ereignisse und Erinnerungen ragen einige besonders deutlich hervor: die Verabschiedung des ersten Solidarpaktes, der erste Streik in der Metallindustrie, erste bedeutende Industrieansiedlungen und die erste Wiederwahl des Landtages im Herbst 1994.

Die Jahre 1991 und 1992 waren Jahre der Suche nach dem richtigen Weg in die neue Welt der Freiheit, der Demokratie und der Rechtsstaatlichkeit. Vierzig Jahre sozialistische Diktatur hatten tiefe Spuren hinterlassen. Die Folgen der kommunistischen Herrschaft und ihrer Zentralplanwirtschaft lasteten auf dem Land und seiner Bevölkerung. Die Bausubstanz seiner Städte und Dörfer und die Infrastruktur waren verbraucht, seine Umwelt schwer beschädigt. Das Leben und Denken der Menschen war geprägt durch die Allgegenwart der Sozialistischen Einheitspartei, ihren Herrschaftsanspruch, ihre Kontrollwut und ihre Unmenschlichkeit. Furcht und Misstrauen reichten bis in die Familien und den Kreis der Freunde. Selbst nach dem Fall der Mauer und der Wiedervereinigung trafen wir auf unserer ersten Rundreise durch das Land auf Menschen, die umgetrieben waren von der Sorge, die überwundenen Herrscher könnten ihre Macht noch nicht verloren haben.

So kehrte nach der Freude über die wiedergewonnene Freiheit und die Hoffnung auf ein freies Leben die Sorge zurück, wie es weitergehen sollte. Vor allem: Wie lebt man mit der verantworteten Freiheit. Die marktwirtschaftliche Ordnung samt ihren sozialen Verpflichtungen stellte hohe Ansprüche an eine Bevölkerung, deren bisherige wirtschaftliche Erfahrungen sich für die Bewältigung der neuen Herausforderungen nur begrenzt nutzen ließen. Alles musste gleichzeitig angepackt werden: die Beseitigung des Überholten, die Gründung des Neuen, das Erlernen freiheitlicher Ordnungen und die Gestaltung des Lebens. Dem stand eine bisher nicht erlebte Fülle von Optionen und Möglichkeiten gegenüber. Zugleich wurde es durch zahlreiche Risiken geprägt, die ihre Ursachen nicht zuletzt in der wiedergewonnenen Freiheit hatten. Noch nie hatte sich in der Geschichte der Neuzeit eine ähnliche Umwälzung der politischen, wirtschaftlichen, sozialen und gesellschaftlichen Verhältnisse in einem so kurzen Zeitraum ereignet wie in den ostdeutschen Ländern nach dem Fall der Mauer und der deutschen Wiedervereinigung.

Was dieser Umbruch für das geeinte Deutschland zu bedeuten hatte, vor allem für den Westen der wiedervereinigten Nation, beschäftigte die große Mehrheit der Westdeutschen jedoch kaum. Sie hatten schon bisher die deutsche Teilung als dauerhafte Wirklichkeit erlebt, falls sie ihr überhaupt für das eigene Leben bedeutsam erschien. Man wusste wenig über die DDR. Die von Ludwig Erhard in den 1950er Jahren begründete Erforschung ihrer Verhältnisse wurde 1972 eingestellt. Ein politisch relevantes Interesse am Schicksal der Ostdeutschen, das sich auch in dem politischen Wunsch ausdrückte, Opfer oder doch besondere Leistungen für die Überwindung der Teilung zu bringen, war kaum vorhanden. Westdeutschland hatte sich an die Teilung gewöhnt. Ihre Realität, und die damit verbundenen Entlastungen hatten sich, wenn man so will, während der vierzig Jahre seit der Teilung zu einem Besitzstand entwickelt. Es gab keinen zwingenden Anlass, ihn in Frage zu stellen. Viele traf deshalb der durch die Ostdeutschen bewirkte Fall der Mauer nach der Freude eher wie ein Schock. Selbst Helmut Kohl, der sich immer für die Einheit eingesetzt hatte, fehlte angesichts dieses Besitzstandes der Mut, vor der Bundestagswahl 1990 von einer Steuererhöhung zur Finanzierung der Kosten der Einheit zu sprechen.

So dauerte es bis in die zweite Hälfte der ersten Wahlperiode, ehe man im Westen Deutschlands damit begann, sich ernsthaft mit den wirtschaftlichen und finanziellen Folgen der Wiedervereinigung für den westlichen Teil Deutschlands zu befassen. Das Ergebnis langer Debatten und Auseinandersetzungen über unzureichende Vorschläge der Bundesregierung war am Ende der im Frühjahr 1993 zwischen Bund und Ländern vereinbarte Solidarpakt. In ihm manifestierte sich zum ersten Mal die Selbstverständlichkeit der gelebten Solidarität der Westdeutschen mit den Ostdeutschen. Er war aber auch Ausdruck und Ergebnis der Kreativität der föderalen Ordnung der Bundesrepublik Deutschland.

Denn nicht die Bundesregierung und der Bundestag waren die Schöpfer dieses neuen und einmaligen Paktes, mit dessen Hilfe zusammenwachsen sollte, was zusammen gehörte. Es waren die Bundesländer. Ihre Ministerpräsidenten trafen sich im Februar 1993 im Cecilienhof zu Potsdam, dem Ort, an dem die vier Siegermächte nach Kriegsende 1945 die Teilung Deutschlands beschlossen hatten. An diesem historischen Ort wollten sie ihren Beitrag zu einem gesamtdeutschen Solidarpakt beschließen. Er sollte helfen, die Folgen des Unrechts zu überwinden, das den Ostdeutschen durch rund 45 Jahre Teilung und Unterwerfung unter die Herrschaft des Kommunismus widerfahren war. Einstimmig entwickelten sie ihren Gegenentwurf zu den Vorschlägen der Bundesregierung. Im März 1993 wurde ihr Konzept in Bonn nach gemeinsamen Anstrengungen zusammen mit der Bundesregierung beschlossen.

Dass es nach einer wie immer gearteten Wiedervereinigung zu einer solidarischen Anstrengung Westdeutschlands keine Alternative geben konnte, war schon vor dem Fall der Mauer meine Überzeugung. Denn wir in der westlichen Bundesrepublik Deutschland waren der Bevölkerung keines anderen Staates mehr verpflichtet, unseren Wohlstand mit ihr zu teilen, als den Deutschen im anderen Teil Deutschlands. Teilen bedeutete nicht nur die Freiheit mit den Ostdeutschen zu teilen, sondern auch die Verantwortung für eine freiheitliche, rechtsstaatliche Ordnung. Die Teilhabe musste deshalb auch die wirtschaftlichen Grundlagen der Freiheit umfassen. So selbstverständlich, wie diese den Westdeutschen geworden waren, so selbstverständlich musste es uns auch sein, zur Entwicklung des wirtschaftlichen Fundaments für die Freiheit im anderen Teil Deutschlands beizutragen: als Treuhänder der Freiheit der Ostdeutschen.

Kaum war der Solidarpakt beschlossen, zeichnete sich in Sachsen ein Tarifkonflikt ab. Die IG Metall forderte eine beachtliche Lohnerhöhung und eine längerfristige Vereinbarung über die weitere Lohnentwicklung. Die Arbeitgeber lehnten die Forderungen ab. Ihre Gegenvorschläge wurden von der Gewerkschaft nicht ernst genommen. Die Lage war ungewöhnlich, weil man sie nicht mit westdeutschen Ausgangslagen vergleichen und sich deshalb bei ihrer Lösung auch nicht an westlichen Erfahrungen orientieren konnte. Als die wirtschafts- und sozialpolitische Einheit zwischen beiden deutschen Staaten am 1. Juli 1990 in Kraft trat, verdiente ein Facharbeiter im Osten in etwa ein Drittel so viel wie sein Kollege im Westen. Arbeitete er in einem normalen östlichen Betrieb, war allerdings auch die Produktivität seines Unternehmens wesentlich geringer als die des westdeutschen Kollegen.

Daraus entwickelte sich ein Dilemma: Wurden die Ostlöhne zu schnell an die im Westen angeglichen, wurden die ostdeutschen Arbeitgeber überfordert. Wartete man zu lange mit der Angleichung, musste man damit rechnen, dass der ostdeutsche Facharbeiter seinen Arbeitsplatz im Westen suchte. Das Problem bestand darin, einen vernünftigen Mittelweg zu finden, der die weitere Produktion im Osten erlaubte ohne beide Seiten, Arbeitnehmer und Unternehmen, zu überfordern. Aber bei der Suche nach diesem Weg standen sich ebenfalls unterschiedliche Interessen im Wege. Die ostdeutschen Arbeitgeber wollten ihre Mitarbeiter nicht verlieren. Und sie fanden bei vielen Verständnis für ihre Haltung. Für die Verhandlungen mit der Gewerkschaft fehlte ihnen die notwendige Erfahrung. Denn deren Verhandlungsführer kamen aus dem Westen. Ostdeutschen Gewerkschaftsfunktionären hätte bereits das Vertrauen der Belegschaften gefehlt.

Deshalb suchten die ostdeutschen Arbeitgebervertreter den Rat der westdeutschen Arbeitgeber und ihrer Organisationen. Manche der Handelnden unter ihnen wurden jedoch verdächtigt, in Ostdeutschland an hohen Löhnen interessiert zu sein, um die Konkurrenz aus dem Osten zu schwächen und Facharbeiter aus Ostdeutschland zu gewinnen. Es war die Zeit, in der die Wiedervereinigung im Westen einen Boom und damit Nachfrage nach Fachkräften ausgelöst hatte. Um sie wurde in Ostdeutschland mit großzügigen Angeboten geworben. Ein Knäuel an widerstreitenden Interessen entwickelte sich, der das eigentliche Tarifgeschehen überlagerte und eine Einigung erschwerte. Dass sie dann doch im Mai 1993 gelang, ist Persönlichkeiten auf beiden Seiten des Verhandlungstisches zu verdanken.

Die zweite Halbzeit wurde auch zu einer Zeit der Erneuerung.

VW investierte in Mosel und Chemnitz. Der damalige, für den Binnenmarkt, später für Wettbewerb in der EU-Kommission zuständige Kommissar Mario Monti ebnete uns die Wege durch das herrschende Dickicht der Subventionsregeln. Dass sie während der ersten Jahre des Wiederaufbaus überhaupt auf Ostdeutschland zum Schutz der westlichen Unternehmen angewendet wurden, machte kaum Sinn. Weitere folgten VW: Siemens, Wacker-Chemie, AMD aus den USA, Feddermann aus Israel, später BMW und Porsche. Wir nannten sie Leuchttürme. Sicher: die grünen Landschaften blühten noch nicht. Aber sie trieben zahlreiche Knospen in Gestalt einer neuen mittelständigen Wirtschaft, in allen Teilen des Landes.

Die erste Legislaturperiode endete im September 1994 mit den Landtagswahlen. Längere Zeit war ich nicht sicher, ob ich noch einmal kandidieren sollte. Schließlich war ich damals bereits 65 Jahre alt. Für einen Wechsel in die Wissenschaft oder die anwaltliche Tätigkeit war es nicht zu spät. Aber dann entschieden wir uns doch noch einmal anzutreten. Der Wahlsieg rechtfertigte die Entscheidung. Drei Aspekte des Ergebnisses escheinen mir bedeutsam.

Die Wahl widerlegte die weitverbreitete Überzeugung, man könne Wahlen nicht gewinnen, wenn man die Wähler fordert. Wir haben sie in einem ohnehin schwierigen Umfeld gefordert. Zur Zeit der Wahl war die Arbeitslosigkeit in Sachsen – wie allgemein in Ostdeutschland – mit gut 15 Prozent noch besonders hoch. Die Aussichten, sie in kurzer Zeit zu überwinden, waren gering. Wir haben die Menschen deshalb nicht bedauert, sondern ermutigt und ihnen versprochen, sie auf dem schwierigen Weg aus der Arbeitslosigkeit mit unserer Arbeit und unserem Einsatz zu begleiten.

Die wirtschaftliche Lage des Landes war ein wichtiges, aber nicht das allein dominierende Thema. Bedeutsam war auch die Sicherung und Erneuerung der Qualitäten, die Sachsen und seine Bevölkerung im Laufe ihrer Geschichte befähigt hatten, ihr Land zu einem Kernland der Industrialisierung in Deutschland und Europa zu entwickeln. Was die Vorfahren unter schwierigen Bedingungen geleistet hatten, diente nicht nur als geschichtlicher Rückblick. Es war zugleich Ansporn für den erneuten Aufbau des Landes. Die Fähigkeiten waren nicht verloren gegangen. Sie waren nur verschüttet.

Die Geschichte und die Kultur des Landes spielten dabei eine

Schlüsselrolle. Geschichtlich gesehen ist Sachsen kein »neues Bundesland«. Es ist, neben Bayern, das älteste Flächenland Deutschlands und eines der kulturell, geistig, wissenschaftlich und wirtschaftlich stärksten. Als Wiege der Industrialisierung war es auch das Land, in dem sich die »große soziale Frage« des 19. Jahrhunderts mit besonderer Dringlichkeit stellte und ausgefochten wurde. Das heißt aber auch: Die sozialistische Orientierung des Landes nach dem ersten Weltkrieg entsprach durchaus seinen damaligen politischen Herausforderungen. Aber sie waren nicht ideologisch versteinert. Nach der Wiedervereinigung entschieden sich die Sachsen für eine offene, freiheitliche und dem sozialen Imperativ verpflichtete Politik: 1990 als Programm und 1994 und 1999 als erprobte Ordnung. Sie wollten einen dienenden, nicht einen vormundschaftlichen Staat und wollen ihn bis heute – und sehen dabei keinen Widerspruch zu ihren kurfürstlichen und königlichen Erinnerungen und Nostalgien. Beides zusammen macht sie stark und – bei angemessener Bescheidenheit – stolz auf ihr Land und ein wenig auch auf sich selbst. Wer diesen Stolz bewundert und mit ihnen teilt, dem gehört auch ihr Vertrauen.

K.B., im Mai 2015

Tagebuch

31. August 1992

Erster Tag im Büro und erster Tag der zweiten Halbzeit. Morgen ist es zwei Jahre her, dass ich in Dresden zum Spitzenkandidaten der CDU in Sachsen gewählt wurde. Die ersten beiden Jahre waren recht erfolgreich. Wir haben noch immer eine beachtliche Zustimmung in der Bevölkerung. Nach letzten Erhebungen würden uns bei einer Wahl am kommenden Sonntag 38 Prozent wählen. Das heißt, wir haben rund 14 Prozent der Stimmen verloren, die wir 1990 erhalten haben. Das sind rund 30 Prozent. Bayerische Umfrageergebnisse platzieren die CSU bei rund 40 Prozent. Die Verluste sind mithin ähnlich hoch, aber ohne all die Probleme, mit denen wir in Sachsen kämpfen müssen.

Die Probleme, die ich heute vorfand, unterscheiden sich nicht wesentlich von denen, die ich bei Antritt des Urlaubs zurückließ. In der Fraktion gibt es Schwierigkeiten mit der Kreisreform und der Kulturstiftung. Insgesamt wächst die Unruhe unter den Abgeordneten. Sie sind es nicht gewohnt, politische Lasten in dem Umfang zu tragen, wie es von ihnen gegenwärtig gefordert wird. In ihren Wahlkreisen werden sie für alle Schwierigkeiten in Anspruch genommen. Das veranlasst sie, in den Landtag zu kommen und Programme zu verlangen. Viele haben Dinge versprochen, die sie nicht einlösen können; andere haben den Kontakt zur Wirklichkeit verloren und müssen wieder auf die Grenzen unserer Möglichkeiten verwiesen werden. Beginnend mit der Fraktionssitzung am kommenden Mittwoch werde ich genau dies tun müssen.

Nach der kleinen Lage am Vormittag ein Gespräch mit Vertretern der Weltbank. Man will einen Bericht über Deutschland und die neuen Bundesländer schreiben und wollte sich informieren. Ich nehme mir viel Zeit, um auf die Bedeutung der nicht-ökonomischen Faktoren für die Entwicklung der Wirtschaft hinzuweisen.

In der Partei geht es langsam voran. In der Geschäftsstelle müssen wir Personal entlassen, was Hähle schwerfällt. Aber wir können die Leute nicht mehr alle bezahlen. Die CDU-Modellwoche in Zwickau muss ein großer Erfolg gewesen sein. Man habe sich gefreut, dass die CDU endlich wieder aus ihrer Ecke gekommen sei. In den kommenden Wochen werden ähnliche Veranstaltungen auch in anderen Kreisverbänden stattfinden.

Das Gespräch mit der Landesgruppe am Nachmittag war ein Gewinn. Die MdBs aus Sachsen wachsen unter der fähigen Führung ihres Vorsitzenden Joachim Schmidt zu einer handlungsfähigen Gruppe zusammen, die auch Konfrontationen mit der Regierung nicht scheut. Thema war die Finanzierung der Kulturlandschaft in Sachsen: Der Bund hat angekündigt, dass er 1994 keine Mittel mehr für die kulturellen Einrichtungen in den neuen Bundesländern zur Verfügung stellen wolle, obwohl wir noch nicht in der Lage sein werden, die Kulturlandschaft selbst zu finanzieren. Im Gespräch mit dem Bundeskanzler will man auf die Konsequenzen einer solchen Politik aufmerksam machen. Dabei wird es auch um die identitätsstiftende Wirkung der Kultur in Deutschland gehen – wie ich dies auch im Ausschuss Deutsche Einheit dargelegt habe. Zur Finanzpolitik verständigen wir uns darauf, dass in der ersten Lesung des Haushalts auf den noch nicht befriedigten Finanzbedarf der neuen Länder hingewiesen wird. Dagegen soll noch nicht darüber gesprochen werden, welche Konsequenzen es für unser Abstimmungsverhalten haben könnte, wenn dieser Bedarf nicht befriedigt wird. Die MdBs sind jedoch entschlossen, notfalls dem Haushalt auch die Zustimmung zu verweigern.

Am Wochenende gab es an zahlreichen Stellen im Land Versuche, Krawalle vor Asylbewerberheimen zu organisieren. Innenminister Eggerts Polizei war überall Herr der Lage. Vor zehn Tagen hat in Sachsen das neue Schuljahr begonnen. Es gab keine Proteste oder Aufstände der Lehrer oder Eltern. Stefanie Rehm und ihr Staatssekretär haben eine großartige Leistung vollbracht. An den Universitäten sind inzwischen mehr als 50 Prozent der Professuren erneuert. Zahlreiche Berufungen laufen oder sind mit Erfolg abgeschlossen. So haben alle drei Ressorts Erfolge aufzuweisen. Während es in Thüringen wieder drunter und drüber geht – Willibald Böck und Hans-Henning Axthelm mussten zurücktreten und Bernhard Vogel hält seinen bisherigen Innenminister zwar als solchen für ungeeignet, nicht jedoch als Landesvorsitzenden – und Werner Münch in Anhalt knapp einem erfolgreichen Misstrauensvotum entging, zeichnet sich unser Land durch relative Stabilität aus. Auch das ist ein schöner Erfolg am Ende der ersten Halbzeit.

Nebenan im Essraum herrscht große Fröhlichkeit. Zeller, Nowak, Schommer, Eggert und andere lachen herzlich miteinander. Auf den guten Geist der Zusammenarbeit in der Regierung bin ich besonders stolz. Müsste ich morgen ausscheiden, es wäre zwar schwierig für die Truppe. Aber sie könnte auch ohne mich weitermachen.

1. September 1992

Kabinettstag. Vor Beginn Besuch von Stefanie Rehm und Wolfgang Nowak. Am 20. August begann das neue Schuljahr. Wider Erwarten gab es keine Probleme und Proteste. Geringfügige Schwierigkeiten wurden örtlich mit Bordmitteln behoben. Frau Rehm war es gelungen, zusammen mit ihrem Staatssekretär, das Schulsystem neu zu ordnen und rechtzeitig damit fertigzuwerden: Eine enorme Leistung, für die ich sie nicht nur in unserem Gespräch, sondern auch im Kabinett lobte. Sie hat ihre Sicherheit wiedergefunden und strahlt Zuversicht aus. In den kommenden Monaten wird sie Schulen besuchen, die Lehrer ermutigen und motivieren, während Nowak das Haus administrativ führt. Ein großes Problem der Neuordnung ist damit gelöst.

Im Kabinett gab es keine wesentlichen Probleme. Eggert berichtete über die Maßnahmen, die er zur Verhinderung Rostocker Ereignisse ergriffen hat. Er führt die Polizei gut, gibt ihr Rückendeckung und motiviert sie damit. Am Wochenende konnte er mit seiner Truppe mehrere extremistische Unternehmungen durch rechtzeitige Vorkehrungen verhindern. Arnold Vaatz trägt eine interessante und vertiefenswürdige Beobachtung vor: In den Abendnachrichten zeige das Fernsehen die Gräuel des Krieges in Serbien. Vom Zuschauer werde erwartet, dass er sich empöre. Dann folge ein brutaler Spielfilm nach dem anderen, in dem Menschen erschossen, erstochen oder auf andere Weise umgebracht würden. Vom Zuschauer werde erwartet, dass er sich unterhalte. Auf die Dauer könne man diesen Widerspruch nicht verkraften. Früher oder später müsse die fiktive in eine reale Brutalität umschlagen. Auch darüber müsse man mit den Anstalten und in der Öffentlichkeit diskutieren.

2. September 1992

Auf dem Weg zurück nach Dresden nach einer Besprechung mit Theo Waigel, zu der Bernd Vogel und ich nach Bonn geflogen waren. Es ging um die Privatisierung von *DMZ* und dem vergleichbaren Unternehmen in Erfurt. Waigel hatte vor der Sommerpause als Bedingung für eine Zustimmung zum Verwaltungsratsbeschluss verlangt, dass unsere Länder sich zu 50 Prozent an den Kosten beteiligen, die über die Liquidationskosten hinausgehen. Heute haben wir ihn von rund 90 Millionen DM auf rund 40 Millionen DM, zu zahlen in vier Jahresraten ab 1993, heruntergehandelt. Außerdem soll die Entscheidung, falls sie von uns getroffen wird, keine präjudizierende Wirkung haben. Ich habe mir eine Rücksprache mit dem Kabinett vorbehalten; Vogel will ebenso verfahren. Wahrscheinlich werden wir das Angebot nicht ablehnen können. Denn es wäre schwer zu erklären, dass wir eine Fortführung der Mikroelektronik an solchen Beträgen scheitern lassen wollen. Für Waigel war wesentlich, dass seine Position nicht gänzlich aufgegeben werden muss. Er muss sein Gesicht wahren.

Auf dem Weg nach Bonn erhalte ich die Nachricht, dass Waigel sich im letzten *Bayernkurier* nachhaltig kritisch zu unseren finanziellen Forderungen geäußert hat. Es sind die Töne, die Teile der CSU von ihrem Vorsitzenden in der Hoffnung erwarten, durch Konfrontation nach außen könne die Zustimmung zur CSU in Bayern gestützt werden. Sie ist derzeit bei etwa 40 Prozent; wir liegen in Sachsen bei 38 Prozent.

Waigel setzt damit seine bisherige Politik fort, die DSU als Alternative zur CDU zu unterstützen. Ich habe in der Fraktion, der ich heute zu Beginn der zweiten Halbzeit berichtete, unter dem Beifall der großen Mehrheit versichert, dass ich solche Eskapaden nicht länger hinnehmen werde. Morgen werde ich den Vorgang auch im Bundesvorstand ansprechen. Wir treiben möglicherweise auf eine

Konfrontation mit Waigel zu, was ich bedauern würde. Es würde das Verhältnis zu unserem Partnerland belasten, auf das wir angewiesen sind.

Die Fraktionssitzung verlief erfreulich. Ich gab einen umfangreichen Lagebericht. In der Diskussion spielten vor allem Fragen der inneren Sicherheit eine Rolle. Der Druck, der von der illegalen Einwanderung auf die Bevölkerung ausgeht, nimmt zu. Die Abgeordneten spüren ihn und wollen ihn weitergeben. Die Kreisreform wurde nur von einem der zahlreichen Redner angesprochen. Er verlangte, möglichst bald zu einer Entscheidung zu kommen. Niemand könne die Diskussion noch sehr viel länger ertragen. Der Vorschlag eines Redners, sich auf die Festlegung der Kreisgrenzen zu beschränken und die Entscheidung über den Kreissitz einer Abstimmung im Kreis zu überlassen, fand in der Fraktion nur geteilte Zustimmung. Viele fürchten zu Recht eine neue, kaum noch kontrollierbare Emotionalisierung.

Die Schulfrage spielte keine Rolle mehr. Das neue Schuljahr hat auch in den Augen der Abgeordneten ohne Probleme begonnen. Ein großer politischer Erfolg für Frau Rehm. Karl-Heinz Binus versprach, ihn beim Tagesordnungspunkt Schule zu würdigen.

4. September 1992

Die Klausurtagung des Bundesvorstandes der CDU liegt hinter mir. Mein hauptsächlicher Eindruck: Die Führung der Partei befindet sich in einem Zustand tiefer Unsicherheit und Orientierungslosigkeit. Entgegen der Tagesordnung wurde gestern nicht der Bericht des Vorsitzenden behandelt, sondern eine von Wolfgang Schäuble vorbereitete Ausarbeitung zum Solidarpakt, den die Fraktionsführung bereits auf ihrer Tagung in Leipzig gefordert hatte. Anlass war der Umstand, dass sich seit Schäubles Vorschlag, eine Zwangsanleihe zu beschließen, um dem Staat so neue Einnahmen zu verschaffen und zugleich die Investitionen in Ostdeutschland zu befördern, nachhaltige öffentliche Kontroversen entwickelt haben, die bis heute nicht abgerissen sind. Selbst während der Klausurtagung wurden von Rühe und anderen öffentliche Aussagen zur Ungerechtigkeit der derzeitigen Verteilung der Lasten der Einheit gemacht. Zu Recht spricht die Opposition deshalb inzwischen von einem Chaos in der Finanzpolitik. Weder Waigel noch Kohl waren bisher in der Lage, dieses Chaos zu beseitigen. Sie tragen im Gegenteil durch immer neue Variationen ihrer Aussagen zu seiner Vermehrung bei.

So stand im Mittelpunkt unserer gestrigen Aussprache der Streit um die Formulierung der Aufforderung zu einem Solidarpakt von Politik und Tarifparteien, vor allem die Verwendung des Wortes Investitionsanleihe. Da ich den Bundesvorstand früher verlassen habe, nehme ich an, man berät noch immer über diese Frage. Gestern Abend waren wir in einem kleinen Kreis (Schäuble, Norbert Blüm, Werner Münch und ich) nicht zu einem Ergebnis gekommen. Wir hatten lediglich Formulierungsanweisungen gegeben, unter anderem an Hans Reckers, der jetzt für Schäuble arbeitet. Dieser beeindruckte mich durch seine Frische und Offenheit. Wenn man es nicht wusste, konnte man ihm seine enorme Behinderung nicht anmerken. Dennoch halte ich ihn nicht für geeignet, Kanzler zu werden. Er ist ein glänzender Taktiker und ein guter, aber recht formal denkender Politiker. Als Kanzler erscheint er mir zu flach.

Was uns nicht gelang, auch heute Morgen nicht, war der Verzicht auf das Wort Investitionsabgabe. Schäuble wollte den Begriff, weil er für ihn die Alternative zur Steuererhöhung ist. An sich hält er Steuererhöhungen für erforderlich. Sie lassen sich jedoch in der Koalition nicht durchsetzen. Nun will er die Abgabe als Alternative anbieten, von der er selbst wenig hält. Scheitert sie und erweist es sich auch als unmöglich, die öffentlichen Haushalte im vorgegebenen Rahmen von 2,5 respektive 3 Prozent zu halten, dann soll die Erhöhung der Steuern als einzige Alternative übrig bleiben. Dies mag taktisch fein gesponnen sein. Aber es ist in der allgemeinen Unsicherheit über die weitere Entwicklung Deutschlands nicht durchzuhalten, zentrale Fragen der Finanzierung der Einheit so zu behandeln.

Als deutlich wurde, dass ich nicht bereit sein würde, auch den ansonsten mit Gewinn neu formulierten Text zu akzeptieren, solange die Investitionsabgabe als ein Angebot an den Solidarpakt in ihm enthalten war, versuchte man eine weitere Alternative. Vorher hatte Kohl, zunächst mit seiner Überwältigungsstrategie (Einsatz der Körperfülle, die in der Tat schon unästhetisch gewaltig ist, laute Töne und Dominanzgehabe, das einschüchtern soll) versucht, zu einem Formelkompromiss zu kommen. Es gelang nicht. Das veranlasste ihn, selbst nach einer Lösung zu suchen und uns dann noch einmal um Vorschläge zu bitten. Dies führte zu einer erneuten Änderung des Textes. Nunmehr wurde die Anleihe an anderer Stelle versteckt und unter den Vorbehalt gestellt, man wolle »Modelle« für Investivlohn und Anleihe in den Solidarpakt einbringen.

Inzwischen hatte die Aussprache über den Europatag des Parteitages begonnen. Dazu hatte Hintze eine rund dreißigseitige Ausarbeitung zu unserer Europapolitik vorgelegt, die völlig unbrauchbar war. Das war offenbar auch Kohl aufgefallen. Nach dem ersten Diskussionsbeitrag von Bernd Vogel, der sich in einzelnen Punkten skeptisch geäußert hatte, und vor meiner Wortmeldung nahm er selbst das Wort, um Zweifel an der Brauchbarkeit des Textes für den Parteitag zu äußern. Mit diesem und meinem Beitrag war der Text dann praktisch vom Tisch – wenn auch Renate Hellwig, die offenbar an seiner Abfassung mitgearbeitet hatte, darüber wenig glücklich war. Jetzt soll ein neuer Text erarbeitet werden: wesentlich kürzer, eher in Thesenform. Peter Hintze begleitete das Ganze in hilfloser Haltung. Ich hatte mir lange überlegt in den letzten Wochen, ob ich mich gegenüber Kohl oder öffentlich gegen eine Wahl Hintzes zum Generalsekretär aussprechen sollte. Ich werde es nicht tun: Nicht, weil ich ihn jetzt doch für geeignet halte, sondern weil es sich nicht lohnt. Das eigentliche Problem lautet nicht Hintze, sondern Kohl.

Mein Eindruck: Die Anzeichen für einen Zerfall der Koalition mehren sich. Die CSU ist geprägt durch die wachsende Angst, die nächsten Landtagswahlen zu verlieren. Ein Teil der Führung, der sich auch von Waigel trennen will, sucht die Antwort in der Konfrontation mit Bonn. Lieber in Bonn verlieren und in Bayern gewinnen, als umgekehrt. Das lähmt die Führung. In der FDP sieht es nicht viel besser aus. Lambsdorff hat keine Autorität mehr. Aber er bleibt Vorsitzender bis zum kommenden Jahr. Die Nachfolgekandidaten blockieren sich, wenn es um den Zeitpunkt der Wahl geht. In der CDU verliert die Führung ebenfalls an Zustimmung. Man nimmt Kohl nicht mehr besonders ernst. Auch dies ist ein Eindruck, den ich von der Klausurtagung mitnehme. Die Veränderung reift heran.

9. September 1992

Die Diskussion in der Partei und in der Koalition nach unserer Klausurtagung war nicht dazu angetan, das Vertrauen in die Fähigkeit der Regierung zu erhöhen. Kaum war der Bundesvorstand mit Zweidrittelmehrheit, aber gegen die Stimmen aller Wirtschaftsexperten, der Forderung Kohls gefolgt, den Solidarpakt mit dem »Angebot« einer Investitionsanleihe zu beschließen, erklärten FDP und CSU, dass es eine solche Anleihe mit ihnen nicht geben werde. Zwar wusste auch in der CSU noch niemand, um welche Art von Anleihe es sich eigentlich handelte. Nur, dass Zwang im Spiel sein sollte, war bekannt. Was folgte, war ein Wochenende mit Erklärungen und Gegenerklärungen, die es erforderlich machten, sich sonntags abends beim Kanzler in der Koalitionsrunde zu treffen, um für die bevorstehende Haushaltsdebatte zu einer einheitlichen Linie zu finden. Kohl soll dabei zunächst einmal in seiner Art nach denen gefragt haben, die eine große Koalition ohne Kohl wollten. Sein Misstrauen richtete sich wohl in erster Linie auf Schäuble, und dies nicht ohne Grund. Denn die Medien waren voll der Spekulationen, dass Schäuble und Günther Krause, die beiden Verhandlungsführer des Einigungsvertrages, sich verbündet hätten, um Kohl zu umgehen. Schäuble soll langatmig und unsicher geantwortet haben.

Anschließend wurde beschlossen, die Investitionsanleihe vom Tisch zu nehmen. Was angeblich in der Fraktion eine breite Mehrheit finden sollte – so Schäuble, aber auch Kohl, während der Klausur –, stieß tatsächlich auf den erbitterten Widerstand zahlreicher Abgeordneter aus dem Westen. Dies wiederum veranlasste die Ostabgeordneten, die von der Sache nichts verstehen – aber auch nichts verstehen können –, sich ausgerechnet die Investitionsanleihe als Symbol ihrer Selbstständigkeit und Identität zu wählen, was vor allem auf Krause zurückzuführen war, der eine zunehmend unheilvolle Rolle in Bonn spielt. So musste Kohl, der die Abgabe bereits geopfert, aber in der Klausur noch für sie gekämpft hatte, erneut seine Meinung ändern. Zwar führte er sie nicht wieder ein. Aber vom Tisch, so Kohl, sei sie noch nicht. Was er mit der Abgabe bezweckt, ist bis jetzt unklar geblieben. Wahrscheinlich hat er keine rechte Vorstellung davon, um was es sich überhaupt handeln könnte. Wie schon häufig zuvor ist auch sie für ihn ein vor allem taktisches Problem. Dass die Diskussion Investoren verschreckt, die nicht wissen, ob sie trotz Investitionen im Osten dann noch zur Kasse gebeten werden könnten, spielt im Bonner Spiel ebenso wenig eine Rolle wie die wirtschafts- und finanzpolitischen Bedenken, die man gegen ein Instrument wie eine Zwangsanleihe vorbringen kann.

Waigel wiederum hat heute im Bundestag eine Unternehmenssteuerreform in Aussicht gestellt, die zu einem gespaltenen Einkommensteuersatz führen soll. Damit werden Errungenschaften preisgegeben, die wir großen Reformen des Steuerrechts in der Vergangenheit verdanken. Wer Gewerbesteuer zahlt, soll nur 44 Prozent Einkommensteuer zahlen, die anderen 53 Prozent als Höchstsatz. Das Durcheinander wird immer größer.

Auf östlicher Seite bemühen wir uns um eine gemeinsame Position in den Fragen der Länderfinanzierung für 1993. Wir hatten im Juli in Berlin eine solche Position formuliert. Ob sie halten wird, ist nicht gewiss. Bonn versucht bereits, durch Sonderzusagen oder Pressionen die Front der Länder aufzubrechen. Man hat offenbar begriffen, dass die Ostländer den Haushalt im Bundesrat auch scheitern lassen könnten, und will deshalb die Bildung einer gemeinsamen Front verhindern. Das trifft allerdings weniger Sachsen als die anderen Bundesländer im Osten. Was Milbradt aus den Etatberatungen von Anhalt oder Mecklenburg hört, ist erschreckend. Die Neuverschuldung macht bis zu 30 Prozent des Etatvolumens aus – eine unverantwortliche Entwicklung, zu der die Länder gezwungen werden, weil der Bund keine ausreichenden Mittel zur Verfügung stellt. Ich bin entschlossen, diese Entwicklung nicht hinzunehmen, auch wenn ich die Gegenposition alleine vertreten muss.

Am Wochenende der Tag der Sachsen in Freiberg. Rund 300 000 Menschen kamen, um ihn zu feiern. Noch selten habe ich so viele freundliche, optimistische und offene Gesichter gesehen wie an diesen Tagen. Obwohl das Wetter an den ersten beiden Tagen schlecht war, war die Stimmung gut. Herrliche Konzerte im Dom, die Auszeichnung unserer Olympiateilnehmer, ein Besuch im Asylbewerberheim und vieles mehr standen auf unserem Programm. Höhepunkt war für Ingrid und mich der Festgottesdienst im Dom und die Predigt Bischof Hempels. Am Beispiel des Damaskus-Erlebnisses des Saulus erläuterte er den Charakter der Wende. Sie sei, so

Hempel, immer mit einer Krise verbunden, wenn es sich um eine wahre Wende handelt. Durch diese Krise gehen wir. Sie beginnt inzwischen auch Westdeutschland zu erfassen. Vor allem hier liegt die Ursache für die wachsende Unsicherheit in Westdeutschland und in der politischen Führung. Die alten Antworten taugen nicht mehr für die Bewältigung der Flut neuer Fragen, die mit der Einheit über Westdeutschland hereingebrochen sind. Wir haben die Einheit gewonnen, soweit es sich um die staatliche Einheit handelt. Was sie für Deutschland und seine neue Rolle bedeutet, müssen wir erst noch erfahren.

11. September 1992

Die Haushaltsdebatte hat gezeigt, dass die Koalition steht, aber nicht laufen kann. Kohl hat, zur Erleichterung der CDU, eine gute Figur gemacht, Sicherheit ausgestrahlt, zu einem Solidarpakt eingeladen, aber inhaltlich zu diesem Pakt kaum etwas beigetragen. SPD und Gewerkschaften, aber auch die FDP, haben die Einladung nicht abgelehnt. Aber sie formulieren Bedingungen, die den Erfolg der Veranstaltung fragwürdig erscheinen lassen. Es fällt der SPD schwer, eine Regierung zu stützen, die sie eigentlich ablösen will. Auch nach der Debatte wollen deshalb nicht die Stimmen verstummen, die der Regierung ein vorzeitiges Ende prophezeien. Für uns ist nicht der Bestand der Regierung bedeutsam, sondern ihre Fähigkeit, sich zu bewegen. Falls sie diese Fähigkeit verloren hat, wird die Wirklichkeit die Koalition sprengen, nicht Frondeure oder illoyale CDU-Politiker.

Bonn behindert auch zunehmend den Sanierungsauftrag der Treuhand, indem es eine nachhaltige Beteiligung der ostdeutschen Länder an den Sanierungskosten verlangt, wohl wissend, dass wir diese Kosten nicht übernehmen können. Darüber hinaus behindert Waigel direkt und durch die Bundesvermögensverwaltung unsere Aufbauanstrengungen. So hat er die Treuhand angewiesen, trotz notariellem Vertrag mit Sachsen die Flughafengrundstücke in Leipzig nicht zu übertragen. Auch in Dresden weigert er sich, uns das Flughafengelände zu überlassen, und verlangt, dass wir es dem Bund abkaufen. Den westdeutschen Ländern hat der Bund vergleichbare Grundstücke in den sechziger Jahren übertragen. Die Vermögensverwaltung verlangt von den Kommunen, aber auch von heimischen Investoren teilweise Fantasiepreise für Bundesgrundstücke. Die Beschwerden der ostdeutschen Länder gegen diese Praxis, die wir Kohl vorgetragen haben, haben bisher keine Wirkung gezeigt.

Das Verhältnis zu Waigel wird vor allem für die CDU-regierten Länder Sachsen, Thüringen und Sachsen-Anhalt noch dadurch erschwert, dass die CSU die DSU massiv unterstützt und damit unsere Mehrheitsfähigkeit gefährdet. In einem Gespräch mit dem sächsischen Bund der Vertriebenen habe ich gestern erfahren, dass die DSU dem Verband ihre Geschäftsstellen zur Verfügung stellt und bei den älteren Vertriebenen mit dem Versprechen wirbt, sie erhielten eine Entschädigung von 4000 DM. Diese Entschädigung hat Waigel jedoch abgelehnt. All diese Aktivitäten werden von der CSU bezahlt. Wir können uns im Grunde nicht dagegen wehren, denn wir sind vom Finanzminister abhängig. Aus dieser Situation kann uns nur ein Angriff auf Waigel mit dem Ziel befreien, ihn als Finanzminister zu stürzen – also durch Ablehnung seines Haushalts. Niemand weiß, ob die Koalition das überleben würde. Sicher ist jedoch, dass wir nicht zulassen können, um den Lohn unserer Arbeit in Sachsen durch Kräfte betrogen zu werden, die aus der Sicherheit der bayerischen Burg angreifen und sich auf unsere Bereitschaft verlassen, die Koalition in Bonn unter allen Umständen zu schützen.

Damit haben sich inzwischen drei Ebenen herausgebildet, auf denen wir gegen Waigel stehen: Der Haushalt, die vom Bundesfinanzministerium erzwungene Treuhandpraxis und die Unterstützung der DSU. Waigel ist nicht nur zum eigentlichen Hindernis der Einheit, sondern auch zur Gefahr für unsere Mehrheiten geworden.

Nachmittags erstes Zusammentreffen mit den Regierungspräsidenten. Der bei weitem fähigste unter ihnen ist Walter-Christian Steinbach, ein Mann aus Sachsen und vor der Wende Pfarrer. Er ist fantasievoll, kann improvisieren und setzt sich durch. Die beiden aus Westdeutschland stammenden Herren in Chemnitz und Dresden sind weit bürokratischer. Wir identifizieren drei Bereiche, in denen schnell gehandelt werden muss: die Wasserwirtschaft, den Wohnungsbau und Fragen der Koordination der Planung. Zur Wasserwirtschaft werde ich zu einem ressortübergreifenden Gespräch einladen. In der Wohnungswirtschaft überlegen Georg Milbradt und ich, ob wir nicht doch ein getrenntes Ministerium einrichten sollen, das sich nur mit diesem Bereich befasst – eine Forderung, die die SPD schon lange erhebt. Ich neige zunehmend dazu, dies zu tun. Im Organisationsbereich muss Bestrebungen, vor allem des Umweltressorts, entgegengetreten werden, sich immer stärker aus der allgemeinen Struktur zu lösen.

Noch ein Problem hat Kohl: Er versteht nicht, dass sich mit der deutschen Einheit auch die Machtstrukturen in Deutschland geändert haben. Für ihn ist, wie er es im letzten Bundesvorstand formulierte, die Partei das Zentrum der Macht. Doch dieses Zentrum existiert nicht mehr. Es ist nicht nur durch die wachsende Unfähigkeit der Partei beschädigt, sich Neuem zu öffnen: Dies hat Kohl selbst herbeigeführt. Das Zentrum ist auch durch die deutsche Einheit überholt. Denn die Ost-CDU wird sich diesem Zentrum nicht einordnen, auch wenn derzeit der Versuch gemacht wird, die Macht der Zentrale auf die ostdeutschen Verbände auszudehnen. Die Bundespartei wird die Ostverbände nicht verdauen, ohne sich selbst zu ändern. Die Reaktion der Partei auf die Kandidatur Heinz Eggerts ist dafür ein hervorragendes Beispiel. Sie kann nicht verstehen, dass man eine Kandidatur anmelden kann, obwohl der Parteivorsitzende seine Wünsche zur Zusammensetzung seiner Stellvertreter doch bereits angemeldet hat.

Damit beginnt die Macht wieder dorthin zu wandern, wo sie hingehört: zu den staatlichen Institutionen. Bundestag und Bundesrat nehmen an Bedeutung zu und lösen sich aus der parteipolitischen Umklammerung. Das vollzieht sich bei der CDU ebenso wie bei der SPD.

15. September 1992

Auf dem Weg nach Bonn zum Gespräch der Ost-Ministerpräsidenten mit dem Bundeskanzler. Gestern habe ich Kohl den folgenden Brief geschrieben:

»Lieber Helmut, seit Ende der Sommerpause zeichnen sich drei Bereiche ab, in denen es zu Konflikten mit dem Finanzminister und Vorsitzenden der CSU kommen kann. Ich möchte Dich von dieser Entwicklung unterrichten und vorschlagen, dass wir bald über die Frage sprechen, wie ein offener Konflikt vermieden werden kann.

1. Der erste Bereich betrifft die Finanzierung der Haushalte der ostdeutschen Bundesländer für 1993. In der Bundesvorstandssitzung vom 30. Juni, an der auch Waigel teilnahm, ist von Dir in Aussicht gestellt worden, dass wir über die Zuschüsse des Bundes für 1993 nach der Sommerpause noch einmal sprechen würden. Auf der Grundlage der Zahlen, die Waigel vorgelegt hatte, war offensichtlich, dass die ostdeutschen Länder ihre Haushalte 1993 nur würden finanzieren können, wenn sie ihre investiven Mittel kürzen und sich in einer Höhe verschulden, die mit dem Aufbau Ost unvereinbar wäre.

Alle Versuche nach der Sommerpause, zu einem solchen Gespräch zu kommen, sind bisher gescheitert. Stattdessen wächst der Druck, der auf ostdeutsche Abgeordnete ausgeübt wird, die sich für eine Verbesserung der unzureichenden Finanzausstattung ihrer Länder einsetzen. Von einer treuhänderischen Haltung der Westdeutschen zugunsten der Ostdeutschen, die noch nicht die Kraft haben können, sich im gesamtdeutschen Verteilungskampf zu behaupten, kann keine Rede sein.

Wichtigstes Argument für die ablehnende Haltung Waigels ist die Behauptung, der Bund transferiere im kommenden Jahr rund 92 Milliarden DM in die ostdeutschen Bundesländer. Dass die vorgesehenen Transferleistungen netto im für Waigel günstigsten Fall nur knapp 30 Milliarden DM betragen werden, weiß das BMF. Das hielt Waigel nicht davon ab, die Zahl auch in seiner Etatrede wieder zu verwenden. Wir sind dadurch gezwungen, die richtigen Zahlen im Bundesrat vorzulegen – auf der Grundlage der Daten des BMF –; eine Irritation, die ich lieber vermieden hätte.

Die irreführenden Angaben über die tatsächlichen Leistungen aus westdeutschen öffentlichen Haushalten sind umso bedauerlicher, als sie verschleiern, dass der Bund zur Finanzierung der Einheitskosten die Steuern erhöht hat, ein wesentlicher Teil der Last also nicht vom Bund, etwa durch Verzicht auf bisherige Programme oder Kürzungen an anderer Stelle, sondern von den Steuerzahlern getragen wird. Sie müssen zu Recht den Eindruck haben, dass sie in noch größerem Umfang zur Kasse gebeten werden müssen, wenn schon die gut 90 Milliarden DM nicht ausreichen.

Die überhöhten Angaben tragen weiter wesentlich zu den Spannungen bei, die in den letzten Wochen durch unvermeidliche Umverteilungen ausgelöst worden sind. Die Gefahr, dass wir politisch zwischen die Mühlsteine schnell zunehmender Verteilungskonflikte geraten und dabei erheblich Federn lassen müssen, wächst ohnehin. Es ist nicht zu verstehen, warum wir dieser Gefahr durch falsche Angaben über die tatsächliche Dimension der Last auch noch Vorschub leisten.

2. Am 30. Juni haben wir gemeinsam beschlossen, dass die Bewältigung der finanziellen Altlasten der DDR und der Treuhandschulden eine gesamtstaatliche Aufgabe sei. Diese politische Vorgabe, die ihre Glaubwürdigkeit vor allem Deiner Zustimmung verdankt, hat uns in Ostdeutschland sehr erleichtert. Mit ihr schien die Gefahr gebannt, dass die ostdeutschen Länder unter der finanziellen Erblast und den Kosten der Sanierung alter Unternehmen zusammenbrechen könnten.

Inzwischen geht Waigel jedoch dazu über, seine Zustimmung zu Sanierungsbeschlüssen der Treuhand davon abhängig zu machen, dass das betroffene Land sich in erheblichem Umfang an den Kosten der Sanierung beteiligt. Ein Teil der Last, die eigentlich gesamtstaatlich getragen werden sollte, wird so von vornherein auf die ostdeutschen Länder überwälzt. Damit wird zwar die zukünftige gesamtstaatliche Last geringer. Zugleich wird jedoch die Fähigkeit der ostdeutschen Länder eingeschränkt, ihren Wiederaufbau erfolgreich voranzubringen. Die späteren gesamtstaatlichen Kosten eines solchen Versagens werden ungleich größer sein, von den politischen Kosten ganz zu schweigen. Hier zeigt sich in besonders krasser Form, dass es an mittelfristigen Betrachtungen, die diesen Namen verdienen, im BMF fehlt.

Das BMF erschwert den Neubeginn im Osten darüber hinaus durch eine Grundstücks- und Bodenpolitik, die zwar in einer voll entwickelten Volkswirtschaft verständlich sein mag, in Ostdeutschland jedoch zunehmend zum Investitions- und Entwicklungshemmnis Nr. 1 wird. Statt Länder und Gemeinden mit Grund und Boden auszustatten und so die Entwicklung eines Grundstückmarktes zu unterstützen, der Grundstücke zu investitionsorientierten Preisen zur Verfügung stellt, müssen Länder und Kommunen um jedes Grundstück kämpfen. Der Freistaat Sachsen zum Beispiel bemüht sich schon seit mehr als einem Jahr, vom Bund die für den Bau der Flughäfen Leipzig/Halle und Dresden notwendigen Grundstücke zu erhalten. Obwohl das Erfordernis von Investitionen in diesem Bereich offensichtlich ist, weigert sich Waigel, die Grundstücke zu übertragen. Die Startbahn in Dresden dürfen wir kaufen. Der Vollzug eines notariellen Vertrages zwischen Treuhand und Freistaat, Grundstücke in Leipzig betreffend, ist von Waigel untersagt worden. Investitionen, die dringend erforderlich sind, unterbleiben. Unsere Behauptung, wir wollten Investitionshemmnissse beseitigen, klingt angesichts solcher Sachverhalte nicht glaubwürdiger.

Werden Grundstücke angeboten, dann häufig zu Preisen, die jenseits jeglicher wirtschaftlichen Realität liegen. Die Bestimmung von Verkehrswerten ist häufig willkürlich, da es noch keine Marktpreise gibt. Vielfach liegen sie weit über den Preisen, die westdeutsche Städte mit vergleichbaren Bedingungen ihren Investoren anbieten – und die mit unseren Städten vielfach im Wettbewerb um Investitionen stehen. Bei der letzten Runde mit den Ost-Ministerpräsidenten haben wir dies bereits vorgetragen. Es hat sich nichts geändert.

Schließlich weigert sich Waigel, den Ländern die Grundstücke zurückzugeben, die ihnen früher gehörten und ihnen von den Nazis zugunsten des Reiches weggenommen wurden. Diese, wie die Beamten es nennen, »verreichlichten« Grundstücke wurden den westdeutschen Ländern nach dem Krieg zurückgewährt, ohne dass sie dafür hätten zahlen müssen. Uns wird die Rückgabe unter Hinweis auf den angeblich vorrangigen Einigungsvertrag verweigert. Land und Gemeinden sollen die Grundstücke abkaufen, was uns zwingt, vom Bund die notwendigen Mittel einzufordern. Tun wir es, können wir im *Bayernkurier* aus der Feder des CSU-Vorsitzenden lesen, dass wir maßlose, weltfremde Forderungen stellen, statt uns im Westen zu bedanken.

3. Damit bin ich beim dritten Bereich, der nicht das BMF, sondern die CSU betrifft. Waigel hat kürzlich wieder eine größere DSU-Veranstaltung in Sachsen durchgeführt. Man hatte aus allen Landesteilen Anhänger der DSU zur Kundgebung gebracht. Der »Bundesvorsitzende« der DSU, Keller – Bürgermeister in Dresden und ein vernünftiger Mann –, wurde praktisch in Pflicht genommen, die Selbstständigkeit der DSU weiter zu betreiben. Vielversprechende Gespräche über eine Aufnahme der DSU in die CDU sind damit vorerst auf Eis gelegt. Waigel erklärte auf der Kund-

gebung, die DSU könne die Probleme im Osten besser lösen als die CDU. Dort müsste man wohl erst lernen, dass das Geld, das man verlange, erst erarbeitet werden müsse etc. Derzeit wirbt die DSU in Kreisen der Vertriebenen mit dem Versprechen, 4000 DM Entschädigung werde gezahlt; dies, obwohl Waigel genau dies ablehnt. DSU-Geschäftsstellen werden dem Bund der Vertriebenen als Standorte angeboten usw.

Der ganze Spuk ist nur möglich, weil die CSU die DSU finanziert. Ohne finanzielle Unterstützung aus Bayern gäbe es die DSU nicht mehr. Offenbar will man mit der DSU in die nächsten Kommunal- und Landtagswahlen gehen. Anscheinend verspricht man sich Chancen, statt der Republikaner all diejenigen um sich zu scharen, die in der unzureichenden Aufarbeitung der Vergangenheit, in Asylfragen und in zu wenig Härte gegen Bonn die Ursachen für ihre Probleme sehen.

Durch das Verhalten Waigels werden vor allem Thüringen und Sachsen in eine unmögliche Lage gebracht. Als Finanzminister hat Waigel uns praktisch in der Hand und kann fehlendes Wohlverhalten bestrafen. Als CSU-Vorsitzender ist er Chef der Regierungspartei unseres Partnerlandes Bayern. Auf dessen Kooperation sind wir dringend angewiesen, nachdem Baden-Württemberg weniger berechenbar geworden ist. Gleichwohl hat Bayern gerade gefordert, wir müssten in Zukunft 60 Prozent der Kosten für Leihbeamte aus Bayern übernehmen; die mit Abstand höchste Forderung aller westlichen Bundesländer.

Mit Hilfe der Kombination Bundesfinanzminister und CSU-Vorsitzender, also nicht abhängig von der CDU-Entwicklung im Bund, kann Waigel sich die Möglichkeit sichern, in Sachsen, Thüringen und Sachsen-Anhalt eine Konkurrenz zur CDU aufzubauen, ohne Sanktionen befürchten zu müssen. Mir raubt er damit die Chance, noch einmal eine echte CDU-Mehrheit zu erhalten. Die Folge wäre voraussichtlich eine große Koalition in Sachsen. Mit der DSU wäre eine Koalition kaum politisch möglich, angesichts des politischen Personals dieser Partei aber auch nicht zumutbar.

Für die Sächsische Union ist eine solche Politik nicht akzeptabel. Wenn es nicht zum offenen Bruch mit der CSU und zu politischen Aktivitäten in Bayern – etwa aus Anlass des nächsten CSU-Parteitages – kommen soll, muss hier so schnell wie möglich eine Änderung eintreten. Die finanzielle Unterstützung der DSU muss beendet werden. Die CSU muss uns in unseren Bestrebungen unterstützen, die DSU in die CDU aufzunehmen. Bereitschaft dazu besteht auf beiden Seiten, vor allem auch auf der kommunalen Ebene. Interventionen von außen, vor allem gestützt auf die Autorität des Bundesfinanzministers, machen alle Versuche zunichte, hier weiterzukommen. Ich kann nicht ausschließen, dass dieses Problem bereits den Bundesparteitag in Düsseldorf beschäftigen wird. Mit Sicherheit wird es auf unserem Landesparteitag angesprochen werden, der Anfang Oktober stattfindet. Ich halte es deshalb für wichtig, dass bald etwas unternommen wird. Sonst könnte die Auseinandersetzung sich verselbstständigen. Für die Rolle der Union im deutschen Einigungsprozess wäre dies angesichts der gemeinsamen Fraktion in Bonn verheerend.«

In Gesprächen mit Berndt Seite, Münch und Vogel habe ich unser Gespräch heute Morgen vorbereitet. Es geht mir vor allem darum, zu vermeiden, dass unsere im Sommer in Berlin festgelegte Linie unter Bonner Druck aufbricht und wir uns damit auseinanderdividieren lassen. Seite war zunächst unsicher, ob er auf Nachbesserungen des Haushalts 1993 bestehen solle. Ich konnte ihn von der Notwendigkeit überzeugen. Sein Haushalt, in erster Lesung dem Landtag bereits vorgestellt, wird 1993 eine Neuverschuldung von 27 Prozent aufweisen. Münch wird ein Defizit von 26 Prozent haben, wenn er nicht eine zusätzliche Milliarde DM aus Bundesmitteln erhält. Er erhofft sie sich als Zuschuss zur Sanierung der Großindustrie. Wir werden rund 14 Prozent Neuverschuldung in Kauf nehmen müssen, obwohl wir nicht übermäßig investieren können. Vogels Defizit soll rund 21 Prozent betragen. In keinem Fall ist dies zu verantworten, wenn man bedenkt, dass die westdeutschen Länder sich im Schnitt mit 5 Prozent neu verschulden werden.

Das Kabinett war heute einmütig der Ansicht, man könne dem Haushalt 1993 nicht zustimmen, wenn er nicht substantiell geändert werde. Auch die Mehrheit unserer Bundestagsabgeordneten hält noch an diesem Kurs fest, obwohl einige sich schon bei der Fraktionsführung gemeldet haben, um Zustimmung zum Haushalt zu signalisieren.

Die Treuhand hat heute zu ihren vielen Fehlentscheidungen eine weitere hinzugefügt: Sie hat, entgegen den noch in der letzten

Woche sorfältig ausgehandelten Vereinbarungen im Umlaufverfahren, die Liquidation der Edelstahlwerke Freital beschlossen.

Gestern ein gutes Gespräch mit Bischof Hempel. Wir sind uns nähergekommen. Während des Abendessens in der Erholung stellte er plötzlich, fast verwundert, fest, es sei doch unglaublich, dass wir hier gemeinsam säßen und uns unterhielten. Niemals wäre so eine Begegnung früher möglich gewesen. Mein Ansehen in der Bevölkerung habe eher noch zugenommen, meinte er. Luther habe seine Kirche zwar nicht mit vielen Worten des Lobes ausgestattet. Aber er müsse nun auch einmal loben, was zu loben sei.

Vor allem sprachen wir über den Beitrag, den die Kirche in der kommenden Zeit leisten könnte. Hempel möchte seine Kirche vom Rückzug ins rein Kirchliche bewahren und ihre Möglichkeiten stärker nutzen, an der Wende mitzuwirken. Ich schlage ihm vor, er solle mit der Kirche ein Forum bieten, auf dem die Herausforderungen, Nöte und Chancen der Wende vermessen werden können. Wir, vor allem aber die Menschen, brauchten Weisungen. Die Kirche habe in der Schrift ein festes Fundament, von dem aus sie handeln und das Neuland erforschen könne, in das die Wende uns geführt habe.

Im Kabinett beschäftigten uns heute Morgen vor allem die Grundlagen der Jugendpolitik. Es kommt uns darauf an, im ersten Landesjugendplan eine Standortbestimmung zu versuchen. Nicht der Staat, sondern die Bürger sind für die Jugend verantwortlich. Familie, kleine Lebenskreise, Gemeinde, Region und schließlich Land lautet die Kette der Verantwortlichkeit. Wir handeln subsidiär, nicht primär. Vielen ist dies nicht bewusst. Sie sind im Denken der alten Verantwortlichkeiten verhaftet, das sich allerdings auch in Westdeutschland findet. Die Unterschiede sind oft kleiner, als man annehmen sollte.

Auch die mentalen Befindlichkeiten unserer Menschen müssen wir ansprechen: So die Tatsache, dass Arbeitsplatzsicherheit, Sicherheit der Wohnung und soziale Sicherheit von einer großen Mehrheit als Vorzüge der alten DDR gesehen werden. Die Frage, um welchen Preis man diese Vorteile genossen hat, ist lange nicht mehr so gegenwärtig wie die Erinnerung an die Überschaubarkeit und Verlässlichkeit der alten Ordnung in diesen Bereichen. Dennoch will niemand zurück in die alte Vormundschaft. Aber die Spannung, die zwischen der neuen Gegenwart und der nostalgischen Erinnerung besteht, muss angesprochen werden. Sonst können wir sie nicht überwinden.

20. September 1992

Eine bewegte Woche liegt hinter mir. Gerade habe ich Berndt Seite wieder verabschiedet.

Ich habe in ihm einen Mann kennengelernt, der Mut und Stehvermögen hat, sich der Grenzen seines Wissens bewusst ist, lernen will und vor allem seine Unabhängigkeit nicht preiszugeben bereit ist. Er werde sich weder für die West-CDU noch für Kohl verbiegen.

Beide sind wir der Ansicht, dass wir die Konfrontation in Bonn nicht suchen, aber auch nicht um jeden Preis vermeiden können. Der Aufbau der neuen Bundesländer liegt nicht nur im ostdeutschen, sondern auch im westdeutschen Interesse. Die westdeutsche Politik muss dies akzeptieren und umsetzen, wenn sie erfolgreich sein will. Deshalb werden wir in den Haushaltsverhandlungen noch einmal einen Anlauf machen, eine stärker zweckgebundene und über das Land geleitete Investitionspauschale von rund 5 Milliarden DM und einen Zuschuss zu den Sanierungs- und Strukturkosten bereits für 1993 zu erhalten. Seite schließt nicht aus, dass auch er den Haushalt ablehnt, wenn die weiteren Notwendigkeiten unberücksichtigt bleiben. Die ostdeutschen Haushalte können nicht in der gleichen Weise gesehen werden wie die westdeutschen. Eine übermäßig schnelle und hohe Verschuldung im Osten kann nicht im Interesse des Gesamtstaates liegen. Er darf sie deshalb auch nicht zulassen. Dieser Zusammenhang wird von der Bundesregierung nur unzureichend gesehen.

Beide halten wir es für notwendig, bis Ende dieses Jahres zu einer Aufbaukonzeption für Ostdeutschland zu kommen, die diesen Namen verdient. Seite sieht in Krause jemanden, der dies schon seit langem anstrebt, sich aber bisher nicht habe durchsetzen können. Schäuble habe sich mit Krause verbunden, weil er es ähnlich sehe. Kohl beginne, sich dem Gedanken zu öffnen. Aber zugleich wachse auch sein Misstrauen gegenüber beiden. Wie bisher immer nähert sich Kohl jedem mit Misstrauen, der Handlungsnotwendigkeiten formuliert, denen sich Kohl nicht beugen will oder die er nicht beherrscht. Er sieht in derartigen Aufforderungen stets den Versuch, ihn selbst in Frage zu stellen.

Die Konzentration des Bundesparteitages auf Europa halten wir nicht für sinnvoll. Bei aller Bedeutung, die der weiteren europäischen Entwicklung zukommt: Die deutsche Einheit ist noch nicht vollendet, wie die ursprüngliche Vorlage des Leitantrages das behauptete. Wir können nicht nur über Europa sprechen, wenn wir uns in Deutschland in der kritischsten Phase des Einigungsprozesses befinden. Seite sieht in der Themenwahl auch ein Indiz dafür, dass die Führung die eigentlichen Probleme verdrängt.

Die Kandidatur Eggerts wird Seite unterstützen. Wie andere ostdeutsche CDU-Politiker ist auch er abgestoßen von dem Versuch, bei der Wahl der Stellvertreter jede Alternative auszuschließen und die Stellvertreter mit einer Ausnahme aus dem Kreis der Kabinettsmitglieder zu wählen. Die ohnehin geringe Selbstständigkeit der Partei wird dadurch weiter verringert. Dass Kohl diese Strukturfrage überhaupt nicht mehr sieht, zeigt, in welchem Maße die Unselbständigkeit der Partei ihm selbstverständlich geworden ist.

Beim Tee und auf der Fahrt zum Flughafen sprechen wir über Deutschland und seine Rolle in Europa. Ich erläutere, ausgehend von meinem Buch »Zeitsignale«, meine Position. Verkürzt kann man sagen: Die Westdeutschen bringen in das geeinte Deutschland die soziale Marktwirtschaft, die Ostdeutschen die nationale Idee ein. Nur beides zusammen kann zu einer wirklichen Einheit führen.

Dieser These steht die Überzeugung vieler in Westdeutschland entgegen, Deutschland solle auf seine nationale Identität verzichten und sich stattdessen für die politische Union Europas offenhalten. So hat Helmut Schmidt in einem Interview mit dem *Figaro* vor dem französischen Referendum zu Maastricht die Ansicht vertreten, die Einheit Europas sei unabdingbar, um Deutschland fest zu verankern und Franzosen wie Deutsche vor einem »Irrweg Deutschlands« zu schützen. Deutschland sei gefährlich, meinte Schmidt, »nicht wegen seiner Kultur oder seines Volkscharakters, aber wegen unserer Geschichte und unserer geographischen Lage. [...] Wenn das Chaos im Osten und auf dem Balkan schlimmer wird, dann werden wir als Erste von Flüchtlingen überlaufen. Wie würde Deutschland in diesem Falle reagieren, wenn es nicht in ein Europa integriert ist? Niemand kann das vorhersehen.«

Kohl teilt im Prinzip diese Haltung. Durch regionalen Patriotismus und europäische Identität will er die Entwicklung einer eigenständigen nationalen Identität Deutschlands vermeiden. Mit dem Gedanken, dass Deutschland nationale Interessen formulieren und seine Politik daran ausrichten könne, kann er sich nicht anfreunden. Die enge Verbindung mit Frankreich soll Deutschland auch vor sich selbst schützen. Für das französische Referendum, das offenbar heute knapp zugunsten der Verträge ausgegangen ist (um 21.00 Uhr 51,2 Prozent Ja-Stimmen) war dies ein entscheidendes Argument. Um dieses Ziel zu verwirklichen, ist Kohl auch bereit, die deutsche Währung in eine europäische Währung einzubringen, ohne dass eine einheitliche Haushalts- und Wirtschaftspolitik Europas gesichert wäre. Die Währung soll das Band sein, das die widerstrebenden Interessen und politischen Kräfte zusammenhält. Dass Kohl der Währung eine solche Leistung zutraut, dass er von der Bereitschaft der anderen EG-Staaten überzeugt ist, ihre nationalen Politiken und Ambitionen der Stabilität einer gemeinsamen Währung unterzuordnen, ist nur mit dem besonderen Stellenwert zu erklären, den ein Land seiner Währung zubilligt, dessen Leitidee die Wirtschaftsordnung ist und dessen nationale Idee sich in der Wohlstandssicherung erschöpft. Für Westdeutschland mag dies gegolten haben. Für unsere westeuropäischen Nachbarn gelten andere Prioritäten, für die sie auch eine Schwächung ihrer Währung in Kauf zu nehmen bereit sind.

Das eigentliche Problem einer Europapolitik, die sich mit dem Wunsch legitimiert, Deutschland vor sich selbst zu schützen, liegt jedoch in der Annahme, man könne die westdeutsche Legitimation des Staates als Wirtschafts- und Sozialgemeinschaft mit stetig wachsendem materiellen Lebensstandard auch im geeinten Deutschland beibehalten. Diese Annahme ist falsch.

Fazit: Unsere Europapolitik sollte sich nicht vom Verzicht auf nationalstaatliche Identität, sondern von ihrer europakompatiblen Ausformung leiten lassen. Wir müssen ein angemessenes, anderen wichtigen EG-Staaten, vor allem Frankreich, vergleichbares Gleichgewicht zwischen nationalen und europäischen Interessen entwickeln. Dabei müssen wir den Besonderheiten des Einigungsprozesses und seiner Erfordernisse Rechnung tragen. Zur europäischen Friedensordnung gibt es keine Alternative. Sie muss jedoch organisch wachsen. Eine deutsche Flucht nach Europa, um die Auseinandersetzung mit unserer eigenen nationalen Identität zu vermeiden oder uns vor uns selbst zu schützen, wird das politisch geeinte Europa nicht befördern, sondern gefährden.

21. September 1992

Eben haben wir in Grüna bei Chemnitz eine Verteilerstation von Coca-Cola eingeweiht und auf dem gleichen Gewerbegebiet zwei produzierende Betriebe besucht. Die Station wird rund 160 Menschen beschäftigen; rund 250 000 DM wurden pro Arbeitsplatz investiert. Insgesamt wird Coca-Cola 2200 Arbeitsplätze in den ostdeutschen Ländern einrichten und dafür 700 Millionen DM ausgeben. Wer in Sachsen investiert, sagte ich, wird Bürger des Landes und an seinem Wohlergehen interessiert. Er bringt Geld und Wissen mit und findet Menschen, die lernen wollen und bereit sind anzupacken. Jede Investition, bei der Ost- und Westdeutsche zusammenwirken, ist ein Stück gelebte deutsche Einheit.

Mit dem Besuch Berndt Seites in Dresden ging eine besonders dichte Woche zu Ende. Das Gespräch bei Kohl am 15. September war wenig ergiebig. Die eigentliche Frage, deretwegen wir angereist waren, wurde nicht behandelt: Wie finanzieren wir mittelfristig, aber auch schon im kommenden Jahr, die deutsche Einheit. Stattdessen beschäftigten wir uns ausführlich mit Nebensächlichem – so wichtig das auch für die Beteiligten gewesen sein mag. Zur Kultur bot Kohl eine Erhöhung der Mittel auf 650 Millionen DM – bisher 350 Millionen DM – an. Das hilft, löst aber die Probleme nur für das kommende Jahr. Wie es dann weitergehen soll, ist offen. Denn 1994 will der Bund seinen Beitrag drastisch reduzieren. Wieder keine Perspektive! Eine knappe Stunde beschäftigte uns die Verwendung von 100 Millionen DM für Jugendarbeit. Kohl hat die Neigung, bei Themen endlos zu verweilen, die ihm Gelegenheit geben, sich als Experte zu erweisen und auf seine rheinland-pfälzische Erfahrung zurückzugreifen. Meistens verengt sich der Erfahrungshorizont dann noch weiter auf Ludwigshafen. Es gibt offenbar kaum etwas, das es nicht auch in Ludwigshafen gibt.

In den Grundstücksfragen (Bundesbesitz, Länderbesitz, Verkehrswert etc.) kamen wir weiter, ohne allerdings schon am Ziel zu sein. Jedenfalls werden wir jetzt nicht mehr anders behandelt als die westdeutschen Länder. Sie erhielten den sogenannten »verreichtlichten« Grundbesitz zurück. Wir sollten von der Rückerstattung durch den Einigungsvertrag ausgeschlossen sein. Weiter sollen die Voraussetzungen für eine vernünftige, investitionsorientierte Bodenpolitik erarbeitet werden. Kohl will sich selbst darum kümmern. Schließlich suchten wir nach einer neuen Lösung für die Finanzierung der ökologischen Altlasten, nachdem die Länder nicht bereit sind, die Kosten zu 45 Prozent zu übernehmen. Ein Umweltkosten-Fonds, wie ich ihn vorgeschlagen habe, soll entwickelt werden, der einen Rahmen vorgibt und damit die Entscheidung nach Dringlichkeiten erleichtert. In der zentralen Frage hält Kohl ein weiteres Gespräch zwischen Waigel und den Finanzministern für erforderlich, ehe sich Kohl mit den Ost-Ministerpräsidenten trifft.

Als ich am Mittwoch nach Dresden zurückkam, hatten Metaller aus Freital und aus anderen Werken das Flughafengebäude besetzt, um auf ihre Probleme aufmerksam zu machen und gegen die Treuhand zu protestieren. Die THA hatte, entgegen getroffener Vereinbarungen, am Dienstag die Liquidation des Edelstahlwerkes beschlossen. Dies, obwohl wir einen Investor gefunden hatten, der bereit war, auch ein eigenes Risiko einzugehen und Produktion aus seinem westlichen in ein östliches Werk zu verlagern.

Man bot an, mich durch einen Seitenausgang aus dem Flughafen zu bringen. Aber ich wollte zu den Demonstranten, um mit ihnen meine Wut über die Entscheidung zu teilen. Sie empfingen mich mit Beifall. Ich verspach ihnen, die Vorstandsentscheidung im Verwaltungsrat zu kippen, notfalls mit ihnen nach Bonn zu ziehen. Sie waren zufrieden und räumten die Halle. Der Flugverkehr wurde nicht verzögert.

Im Landtag am Donnerstag jugendpolitische Regierungserklärung mit anschließender Debatte – ohne Probleme –; gegen Abend dann Auskunft zu Freital, auf Initiative der SPD. Der Landtag unterstützt auch hier die Regierung. Am Freitag Verwaltungsrat in Berlin. Frau Breuel war verschnupft, weil ich den Verdacht geäußert hatte, die Treuhand handelte im Interesse der westdeutschen Stahlindustrie. Diese hatte sich kurz zuvor zu einer Stahlkonferenz mit den Ländern mit Stahlstandorten getroffen, aber ohne Sachsen, Bayern und Brandenburg. Krämer hatte schon am Tag zuvor angerufen und die weiße Fahne geschwenkt. Man sei bereit, die Privatisierung zu beschließen und den ersparten Liquidationsaufwand einzubringen. Das Land müsse die Differenz übernehmen. Das lehnten wir ab. So war alles auf die Beratung im Verwaltungsrat gespannt.

Die Lösung des Problems wurde in einer Sitzecke auf dem Gang gefunden. Von Würzen war dabei sehr hilfreich. Ich lehnte es ab, das Land zu verpflichten, bot aber eine neutrale Formulierung an. So wurde es dann auch beschlossen. Das Land trägt für die Differenz Sorge. Die Treuhand soll nicht zusätzlich belastet werden. Dies ist einmal möglich durch Reduktion der Sanierungskosten. Dazu muss das Unternehmen selbst beitragen. Zum anderen muss der Bund den ostdeutschen Ländern die Mittel für eine Beteiligung an den Sanierungskosten geben, wenn der Finanzminister eine solche verlangt. Beides wird jetzt mit Bonn verhandelt werden. Notfalls erhöhen wir unsere Bürgschaft oder erwerben eine Beteiligung durch den Sachsenfonds, stellvertretend für die Belegschaft. In jedem Falle werden wir eine Lösung finden, die uns nicht präjudiziert.

Am 19. September, Samstag, morgens Landesvorstand der CDU. Wir beschließen nach langer Diskussion unsere Vorschläge für die Personalentscheidungen des Bundesparteitages: Eggert für eine Stellvertreterposition (19:4:1 Stimmen), mich, Milbradt und Christa Reichard für den Bundesvorstand (21:16:11 Stimmen). Meyer erhielt nur eine Stimme, Hans Geisler fünf. Vaatz war nicht zu bewegen, für den Bundesvorstand zu kandidieren. Man hatte ihn wohl von einer Präsidiumskandidatur mit dem Argument abgehalten, er werde Frau Merkel gefährden. Als dann Eggert kandidierte, ohne diese Rücksicht zu nehmen, hatte er sich schon gegenüber Frau Merkel zum Verzicht bereit erklärt. Nun musste er sehen, dass man ihn falsch beraten hatte. Die Folge: Frau Reichard, die ihn beraten hat, ist nominiert; ziemlich aussichtslos im Übrigen.

22. September 1992

Die Veranstaltung mit Gorbatschow, die Hatesaul organisiert hatte, war interessant. Inhaltlich war sie eine Enttäuschung. Gorbatschow wird keinen Beitrag zur Erneuerung Russlands oder der GUS-Staaten leisten können. Er ist zu sehr in der zentralstaatlichen Ordnung und in der kommunistischen Vergangenheit verhaftet. Sein Vortrag war wenig ergiebig. Was das IWG bereits vor einem Jahr über die Sowjetunion geschrieben hatte, ist inhaltsreicher und informativer als das, was Gorbi und sein Wirtschaftsexperte Petrakow uns erzählen konnten. Lothar und ich bemühten uns auf dem Podium, unsere Überlegungen zur Kooperation und zum Aufbau einer neuen Ordnung von unten nach oben anzubringen. Gorbi hatte offenbar das Gefühl, damit solle Russland weiter geschwächt und damit die Zentrale umgangen werden. Oder er hatte uns einfach nicht verstanden.

Abends traf ich mit Volker Rühe zusammen. Er gefiel mir wieder sehr gut: ruhig im Urteil, gelassen, voller Freude an der neuen Aufgabe, für die er wie geschaffen ist, und souverän bei ihrer Bewältigung. In ein paar Jahren könnte er durchaus die Geschicke des Landes leiten. Mit Waigel hat er sich über den Jäger 90 zerstritten. Waigel grüße ihn bis heute noch nicht wieder. Die Entwicklung der Partei sieht er mit Sorge. Die Europa-Plattform für den Düsseldorfer Parteitag hält er wie ich für unbrauchbar. Man könne sich nicht in dieser Weise auf Europa beschränken und die deutsche Einheit als Aufgabe, die alles bestimmen werde, ignorieren.

Rühe scheint überzeugt, dass die nächsten Wahlen zu einer großen Koalition in Bonn führen werden. Er hat wohl auch nichts dagegen. Sein Verhältnis zur SPD ist gut. Georg Leber hat er kürzlich zu Truppenbesuchen mitgenommen. Mit Lafontaine ist er im Gespräch, wie auch Schäuble. Er spürt, dass die bisherige Form der Politik überholt und nicht länger geeignet ist, die neuen Probleme zu lösen.

Im Kabinett ging es auch heute um die weitere Behandlung des Bundeshaushaltes. Die Erfahrungen mit Freital und die Versuche der Bundesregierung, uns zu einer Beteiligung an den Sanierungskosten für den toten Bergbau zu zwingen, haben deutlich gemacht, dass Bonn nicht bereit ist, die Fragen der Finanzierung im Zusammenhang zu lösen. Waigel versucht vielmehr, die gesamtstaatlichen Lasten dadurch zu verringern, dass er sie zum Teil auf die ostdeutschen Länder abwälzt, obwohl wir nicht in der Lage sind, sie zu tragen.

Zur Beteiligung an den Bergbau-Altlasten verhandelt Wagner derzeit in Berlin. Wir haben ihm die Instruktion mit auf den Weg gegeben, keiner höheren Landesbeteiligung als 10 Prozent zuzustimmen. Ludewig, der davon gehört hatte, rief vorhin an, um mich umzustimmen. Kohl müsse im Kabinett morgen eine Entscheidung herbeiführen. Er habe zugesagt, die Frage in der nächsten Kanzlerrunde zu beantworten. Würde sich Sachsen einer höheren Beteiligung verweigern, müssten wir mit Problemen bei den Arbeitern in der Lausitz rechnen, die wissen wollten, ob sie nun zur Rekultivierung eingesetzt würden.

Georg sprach inzwischen auch mit Klaus Töpfer. Der hat eine Umweltabgabe vorgeschlagen, mit der die Beseitigung der ökologischen Altlasten in Ostdeutschland finanziert werden könnte. Ludewig habe die Diskussion dieses Vorschlages bisher blockiert. Von uns erhofft sich Töpfer eine Unterstützung seines Vorschlages.

26. September 1992

Auf dem Weg zurück nach Dresden. Zwei unsere Sache weiterführende Tage liegen hinter uns.

Die Ministerpräsidentenkonferenz-Ost am Donnerstag auf Schloss Augustusburg brachte eine größere Einheit unter den Ministerpräsidenten, als ich zu hoffen gewagt hatte. Sowohl zur Verteilung der ökologischen Altlasten zwischen Treuhandanstalt und Ländern wie zum Haushalt 1993 gelang es uns, einheitliche Positionen zu entwickeln. An den Altlasten wollen wir uns, wie der Bund es vorgeschlagen hat, mit 40 Prozent beteiligen, an den Sonderlasten des Bergbaus und anderer Großprojekte mit 20 Prozent. Allerdings erwarten wir, dass uns unsere Anteile als Vorausszahlungen auf unseren Beitrag zum Erblastfonds angerechnet werden. Beim Bergbau wollen wir uns mit 20 Prozent am Gesamtaufwand beteiligen, der aus den Kassen der THA und der Länder erbracht werden muss. Damit soll ausgeschlossen werden, dass der Bund seinen Anteil durch die Inanspruchnahme anderer Kassen verringert und sich damit unser Anteil erhöht.

In den Haushaltsverhandlungen wollen wir weitere Transferleistungen in Höhe von 12 Milliarden DM, den vollen Mehrwertsteuerpunkt, also 13 bis 14 Milliarden DM statt der bisher geschätzten 10,5 Milliarden DM, und eine Erhöhung der Kulturmittel von jetzt 350 auf 650 bis 700 Millionen DM mit der Zusage, dass auch 1994 ausreichende Mittel zur Verfügung stehen. Alle stimmten diesem Paket zu. Welche Folgen es haben muss, wenn diese Vorstellungen nicht durchgesetzt werden können, wurde nicht besprochen. Ich gehe jedoch davon aus, dass die Landtage uns in einem solchen Falle auffordern werden, gegen den Bundeshaushalt zu stimmen.

Meine Rede im Bundesrat zum Haushalt wurde gut aufgenommen und findet sich heute auch in der Berichterstattung wieder. Sie war im Wesentlichen der Erläuterung unserer Länderposition gewidmet. Als ich das Bundesrats-Plenum verließ und Teufel begrüßen wollte, verfinsterte sich dessen Gesicht. Man sei immer gut Freund gewesen, wie die gemeinsame Kabinettssitzung gezeigt habe, und auch weiter bereit zu helfen. Aber nun müsse doch die Bewerbung um den BGH für Leipzig aufhören. Die sächsischen Minister würden bei jeder Gelegenheit die Forderung erneuern. Das könne er nicht mehr hinnehmen. Offenbar ist Teufel der Beschluss des Juristentages, mit überwältigender Mehrheit gefasst, der BGH solle wieder nach Leipzig ziehen, auf den Magen geschlagen. Selten hatte ich so deutlich das Gefühl, dass Teufel zwar ein kreuzbraver, aber doch ein kleiner Mann sei.

Vorher war ich im Bundestag, um mir Kohls Regierungserklärung zu Europa anzuhören. Im Gedächnis ist mir nur der Satz geblieben, die Währungsturbulenzen der vergangenen Wochen hätten deutlich gemacht, wie wichtig die gemeinsame europäische Währung sei. Nölling von der Hamburger Landeszentralbank hat inzwischen »händeringend« davor gewarnt, aus den Währungskrisen diesen Schluss zu ziehen. Er ist offensichtlich unsinnig und kann auch nicht Leitlinie unserer weiteren Europapolitik sein.

Am Vorabend, dem 24. September, Gespräch mit Meinhard über meine Gedanken zur deutschen Identität und zur nationalen Frage. Meinhard hält den Text für schlüssig, aber für politisch anfechtbar. Nicht die französische Idee vom Nationalstaat, sondern die Idee der regionalen Identitäten werde das zukünftige Europa bestimmen. Für die Bewältigung der Aufgabe »Deutsche Einheit« müsse man kein übermäßiges Nationalgefühl mobilisieren. Es reiche die nüchterne Überlegung, dass es im Interesse der Westdeutschen selbst liege, die Einheit zum Erfolg werden zu lassen. Die notwendigen Einschränkungen seien nicht so groß, als dass sie sich nicht mit diesem Interesse begründen ließen. Der französische Nationalstaat sei nicht die Regel, sondern die Ausnahme in Europa. Brüssel sei durch diese Idee geprägt. Deshalb vor allem werde Brüssel von den kleinen Ländern abgelehnt oder mit Misstrauen betrachtet.

Mir leuchtet der Einwand auf Anhieb ein. Dies umso mehr, als Meinhard gute Gründe für seine Position hat. Er betont, die Deutschen würden von ihren Nachbarn als ein weit homogeneres Gebilde erlebt, als von den Deutschen selbst. Eine vergleichbare Homogenität eines großen Volkes sei in Europa nicht anzutreffen. Selbst in Frankreich sei die innere Homogenität nicht so groß, wie sie wiederum uns erscheine. Allerdings könne die Vielfalt der Regionen sich in Frankreich politisch nicht gegen die beherrschende Rolle der Hauptstatdt durchsetzen.

Wenn nun dieses homogene Gebilde Deutschland in der Mitte Westeuropas zusätzlich noch eine starke nationale Identität entwickle, sich also auf die französische Vorstellung vom Nationalstaat zubewege, statt den regionalen Identitäten vorrangige Bedeutung beizumessen, dann müsse dies unsere Nachbarn nachhaltig beunruhigen, ohne dass im Inneren Wesentliches gewonnen werde. Meinhard hat offensichtlich recht!

Kohl ist nach allem, was man gegenwärtig erkennen kann, nicht mehr mehrheitsfähig. Mit ihm als Kandidaten werden wir in den kommenden Wahlen nicht einmal mehr stärkste Partei. 51 Prozent ziehen Engholm Kohl als Kanzler vor; Kohl kann mit einer Zustimmung von 38 Prozent rechnen. Ob sich dies noch nennenswert ändern wird, ist zweifelhaft. Mit den »Kohl-Feiern« zu seinem zehnjährigen Kanzlerjubiläum wird die Bevölkerung eher mehr auf die Kanzlerdefizite aufmerksam gemacht.

In diesem Jahr ist es noch zu früh, daraus Konsequenzen zu ziehen – falls sie sich nicht selbst entwickeln. Nach dem sächsischen Vorsitz in der Ministerpräsidentenkonferenz – und einer hoffentlich erfolgreichen Bewältigung der Finanzreform – lassen sich Fragen der zukünftigen Führung weit besser erörtern. Viele wünschen sich, ich würde als Kandidat für 1994 nominiert werden und Rühe wäre als mein Nachfolger vorgesehen. Ich könnte der CDU eher die Position der stärksten Fraktion sichern als Kohl, wäre aber auch als Kanzler einer großen Koalition akzeptiert. Dies höre ich jedenfalls aus dem Kreis der SPD-Ministerpräsidenten. Eine andere, für die CDU aussichtsreiche Lösung fällt auch mir im Augenblick nicht ein.

Für Sachsen würde dies zwar den Verzicht auf mich als Ministerpräsident bedeuten. Aber einmal könnte ich bis zum Ende der Legislaturperiode im Amt bleiben. Zum Zweiten könnte ich mit dem Pfund »Zukünftige starke Stellung Sachsens in Bonn« wuchern. Und die Voraussetzungen für eine gute sächsische Regierung wären auch mit der Mannschaft gewährleistet, die ich habe und die sich noch wesentlich verbessern wird. Dies ist zumindest eine Perspektive!

Heute Nachmittag traf sich eine große Zahl unterschiedlicher Fraueninitiativen in Chemnitz. Ich war für einen Redebeitrag und die anschließende Pressekonferenz geladen. Rita Süssmuth, die mit mir kommen sollte, traf erst zur Presserunde ein, wollte dafür aber länger bleiben. Es war ermutigend und schön zugleich, die vielen, vielfach jüngeren engagierten Frauen zu erleben. Sie formulieren ihre Anliegen und Forderungen selbstbewusst, aber nicht penetrant oder emanzipiert. Die Frauen in Sachsen sind emanzipiert. Worum es ihnen geht, ist Gleichberechtigung der Chancen weit mehr als der Resultate. Ich habe sie aufgefordert, sich in größerer Zahl um Mandate für die Gemeindeparlamente zu bewerben und in der Kommunalpolitik mitzuarbeiten. Rita Süssmuth hat mich darin unterstützt. Ich werde in der Partei entsprechende Vorgaben machen und darauf achten, dass für die Listen eine ausreichende Zahl von Frauen nominiert wird.

Zum Zweiten sollten sie sich in Diskussionen mit Redakteuren und Verantwortlichen in den Gremien der Rundfunkanstalten dafür einsetzen, dass im Fernsehen weniger Gewalt gezeigt wird. Mit Hilfe ihrer Organisationen sollten sie die werbende Wirtschaft dazu veranlassen, weniger Gewalt- und Sexfilme durch Werbung zu unterstützen. Wenn die Frauen wirklich wollen, können sie einen enormen Einfluss auf die Werbung nehmen. Denn sie sind die bei weitem wichtigsten Konsumenten. Sie können Produkte identifizieren, für die mit Gewalt- und Sexfilmen geworben wird und zu deren Boykott auffordern. Sie können in öffentlichen Diskussionsveranstaltungen Chefredakteuren Gewaltfilme vorführen und sie zur Beantwortung der Frage veranlassen, warum Filme dieser Art gezeigt werden und wieso sie dem kulturellen Auftrag der Medien dienen.

Soweit es gesetzlich oder administrativ möglich ist, will ich auch mit staatlichen Mitteln für eine gelebte Gleichberechtigung sorgen. Vor allem aber sollen die Frauen, auch dazu habe ich sie aufgefordert, in Diskussionen mit Gewerkschaften und Betriebsräten zu einer veränderten Tarif- und Einstellungspraxis beitragen. Partner-Arbeitsplätze, Teilzeitarbeit, Fließzeiten für Frauen und viele weitere Maßnahmen können zu einer gleichmäßigeren Verteilung der Anpassungsrisiken führen. Auch hier gibt es viel zu tun.

1. Oktober 1992

Besuch des dänischen Botschafters. Ein kluger und aufmerksamer Beobachter und ein guter Freund unseres Landes. Ich versichere ihm, dass das dänische Europa-Votum eine gute Sache gewesen sei. Es habe uns Zeit zum Nachdenken über den richtigen Weg in die politische Union Europas gegeben. Tygesen stimmt Meinhards Beobachtung zu, dass nicht die cartesianische Idee vom Staat für das geeinte Europa bestimmend sein könne, sondern nur die eher im germanischen Denken angelegte Idee der kleinen Einheiten. Wir sind uns einig: Europa muss so gestaltet werden, dass es ausreichend flexibel bleibt, um Vielfalt zu erlauben und um die Schocks der Veränderungen auffangen zu können, die in den kommenden Jahren zu verkraften sein werden.

Gestern Nachmittag Richtfest in Leipzig. Der erste Bauabschnitt des Quelle-Projektes, das praktisch am Küchentisch in der Schevenstraße begann, ist im Rohbau fertig. Zum Richtfest kommt Kohl. Er soll die Festrede halten. Lehmann-Grube und ich sprechen ebenfalls. Eine riesige Halle, in der später einmal zehntausende von Paketen pro Tag verladen werden sollen, nimmt die Gäste auf. Als einen Leuchtturm, der auch anderen Orientierung in einer noch sehr schwierigen Zeit geben kann, bezeichne ich die Investition. 1994 soll das Ganze fertig sein und das Versandzentrum seine Tätigkeit aufnehmen.

Auf den Weg nach Chemnitz zum 3. Verbandstag der Genossenschaften in Sachsen. Ich hatte erst meine Unterlagen nicht gefunden und war sehr nervös, vielleicht auch ungerecht gegenüber dem Büro. Aber dort hat man sich so an meine Fähigkeit gewöhnt, Festvorträge auch ohne große Vorbereitung zu halten, dass man meint, es reiche aus, mir die Unterlagen im letzten Augenblick zukommen zu lassen.

Die Rede will ich nutzen, um noch einmal – und wieder – meine Position zur deutschen Einheit zu definieren. Nach Kohls Rede gestern in Leipzig erscheint mir dies notweniger als je zuvor. Kohl sprach allgemein von der Einheit. Er lobte die Investitionen, erzählte uns, dass die Ostmärkte verlorengegangen sind, wusste etwas über die große nationale Aufgabe zu sagen und über das deutsche Interesse, am Aufbau Russlands auch dann schon mitzuwirken, wenn damit noch nichts zu verdienen ist. Aber er sprach weder über unsere wirklichen Probleme noch über die finanzielle Ausstattung der ostdeutschen Länder noch über die Dimension der Aufgabe und was sich daraus für Westdeutschland ergeben wird. Man feierte ihn in den Begrüßungs- und Dankesworten als Architekten der deutschen Einheit, als Mann, dessen Name auf ewig in die Geschichte eingehen werde. Man war und ist beeindruckt von seiner Macht – der Macht des Amtes wie der Macht, die von ihm ausstrahlt. Macht scheint die Menschen immer wieder anzuziehen, auch wenn sie über den Mächtigen unfreundlich oder kritisch denken. Kohl selbst schien mir rücksichtsloser im Umgang mit Menschen geworden zu sein, als ich es bisher schon kannte. Seine Gestik und Körpersprache, die Art, Redende zu unterbrechen, aber auch seine Sprache haben mich eher abgestoßen. Dabei kann ich nicht leugnen, dass er auch mich durch die Massivität seines Machtanspruches beeindruckt. Wie eine Walze, so meine Sicherheitsbeamten, bewege er sich durch die Menge. Leyendecker hat in seiner Würdigung im *Spiegel* von einer Bugwelle der Fotografen und Reporter gesprochen, die Kohl vor sich herschiebe. Dazu seine Sicherheitsbeamten, die rücksichtslos jeden abdrängen: Das Ganze widerspricht so sehr meinem Verständnis von politischem Amt, dass ich mir vorgenommen habe, gemeinsame Auftritte dieser Art nach Möglichkeit zu meiden.

Friedrich Karl Fromme hat heute eine gute und wohl zutreffende Würdigung Kohls in seinem Blatt. Glück und Verdienst: Beides komme zusammen. Erst der Wahlsieg 1983 und die Nachrüstung, dann die Mühen der Ebene, das Glück der deutschen Einheit, die Kohl schneller als seine Gegener als Chance ergreift, und jetzt wieder die Mühen der Ebene, in der Kohl sich zu verlieren droht, obwohl er noch immer seiner Sache sicher ist. Er ist schon, wie ich es für eine Fernsehsendung sage, repräsentativ für die alte Bundesrepublik. Ob er es auch für die neue ist, wird sich erst noch zeigen.

Abends ein Abendgespräch in einer Kirchengemeinde. Der MDR hat mitgeschnitten und will die wesentlichen Teile senden. Viel Freundlichkeit wird mir entgegengebracht. Warum ich in der CDU sei und bleibe, will man am Schluss der Fragestunde wissen. Weil ich mich gerne mit Christenmenschen streite, war meine Antwort.

Mittags in Dresden ein Gespräch mit Hans-Georg Stritter von der Gewerkschaft HBV. Mein Einsatz für Freital muss mein Ansehen bei den Gewerkschaften weiter gefestigt haben. Stritter wünschte sich jedenfalls, Sozialdemokraten würden auch so handeln. Wir sprechen über die wachsenden Orientierungsschwierigkeiten der Westdeutschen, auch ihrer Organisationen. Ich werde auf dem Kongress der HBV reden. Was denn die Gewerkschaft für unsere Arbeit in den ostdeutschen Ländern tun könne, will Stritter wissen. Ich sei überzeugt, sage ich ihm, allein die Gewerkschaften könnten im Rahmen des Solidarpaktes erreichen, dass nach einem Konsens über den Tatbestand gesucht werde, mit dem wir es zu tun haben. Die politischen Parteien seien zu sehr ineinander verhakt und schon zu nahe an den Wahlen, um leisten zu können, was für den weiteren Aufbau unerlässlich sei. Ich sollte, so regt Stritter an, auch in meiner Rede auf dem Kongress auf die Probleme eingehen, die die Westdeutschen mit der Einheit haben. Denn in seiner Gewerkschaft sei es nicht anders. Neulich habe ihn einer seiner Kollegen mit der Begründung kritisiert, er sei wohl zu oft in den neuen Bundesländern.

2. Oktober 1992

Kohl feierte gestern sein zehnjähriges Kanzler-Jubiläum. Die Zeitungen sind gefüllt mit Kommentaren und Würdigungen, je nach Richtung mehr oder weniger positiv. Schröder in der *Süddeutschen* kommt der Wirklichkeit wohl am nächsten. Er sieht in Kohl einen Mann des Systems, genauer, der alten Bundesrepublik. Für sie sei er repräsentativ. Er führe nicht, sondern moderiere. Sei eine Situation ungeklärt, wie in der Asylfrage, beteilige er sich nicht an der Debatte, bis sich eine Klärung abzeichnet. Das Ergebnis macht er sich dann zu eigen. Kohl, habe ich in einer Fernsehsendung zu seinem

Jubiläum gesagt, sei repräsentativ für die alte Bundesrepublik. Ob er es auch für die neue werde, sei noch nicht entschieden.

Dies erklärt wohl auch den Widerstand, den Kohl gegen die Vorstellung leistet, die Einheit habe zu einer neuen Republik geführt. Angela Merkel stimmt mir zu, dass dies so sei; Kohl lehnt die Vorstellung ab. Wenn es eine neue Republik wäre, müsste er sich in ihr erst zurechtfinden. Das fällt ihm schwer. Deshalb kommt er wohl auch nicht in die Krisengebiete im Osten, sondern nur dort hin, wo es etwas Schönes zu erleben oder einzuweihen gibt.

Wir weihen heute die Pirker Brücke ein. Die erste Fahrbahn ist inzwischen fertiggestellt. Die andere folgt im kommenden Jahr. Damit wird sich die Fahrt nach Süden wesentlich verkürzen. Eine großartige bauliche Leistung. Max Streibl und ich werden gemeinsam das Band durchschneiden.

Zur gemeinsamen Eröffnung der Brücke ist es leider nicht gekommen. Streibl konnte aufgrund von Nebel nicht landen und musste wieder abdrehen. Ich musste in der Nähe von Plauen landen und mich von einer Eskorte holen lassen. Viele Hundert Menschen hatten sich am östlichen Eingang zur Brücke versammelt. Sie freuten sich, als wir ankamen, und begrüßten mich herzlich, obwohl Krause gerade redete. Im Anschluss an die Reden und den Segen sangen wir unsere Hymne und durchschnitten dann das Band in den sächsischen und bayerischen Farben. Die Sonne schien und die Stimmung war gut. Ereignisse wie dieses machen mir Mut weiterzumachen. Unterwegs stieß ich auf Jürgen Warnke, der seinen Wahlkreis in der Nähe hat. Wir sprachen auch über die Unterstützung der DSU. Ich sagte ihm, dass ich nicht bereit sei, meine Mehrheitsfähigkeit von der CSU gefährden zu lassen. Ich hätte gute Chancen, wieder die absolute Mehrheit zu gewinnen, bessere wahrscheinlich als die CSU. Warnke begründete die DSU-Unterstützung mit der Notwendigkeit, die Allianz zu erhalten; man werde sie bei den nächsten Wahlen vielleicht wieder benötigen. Die CSU wolle die CDU doch nur unterstützen. Ich widersprach ihm und stellte in Aussicht, dass wir natürlich die CSU genauso unterstützen könnten. In Wirklichkeit wolle die CSU auf die Politik in Sachsen Einfluss nehmen. Das sei für mich nicht akzeptabel. Wenn die Fragen nicht bald einvernehmlich geklärt und die DSU mit der CDU zusammengeführt würden, sei eine öffentliche Kontroverse nicht länger zu vermeiden.

Mit Krause sprach ich über die Gefahr, dass die ostdeutschen Länder durch Bonn gegeneinander getrieben würden, um den Zusammenhalt zu beeinträchtigen. Bonn habe, so Krause, nicht begriffen, dass wir im Westen nur noch ein halbes CDU-Land und ein CSU-Land, im Osten aber vier CDU-Länder und ein halbes hätten. Er bestätigte, dass die CSU das Verkehrsressort beanspruche. Er, Krause, habe sich im Kabinett, genauer bei Kohl, durch Widerspruch unbeliebt gemacht. Wir wollen uns in Dresden treffen und dies auch nach außen erkennbar machen.

Nachmittags dann Richtfest des Plenarsaals. Es wird ein schönes Gebäude. Im kommenden Herbst wollen wir einziehen. Auch hier herrschte eine gute Stimmung.

Johannes Nitsch hat angeregt, ich solle Bundespräsident werden. Er antwortete damit auf eine Feststellung Kohls, er könne sich gut vorstellen, dass der neue Präsident aus den ostdeutschen Ländern komme. Damit ist die Diskussion eröffnet. Ich werde Kohl nun Steffen Heitmann vorschlagen. Er ist gut geeignet.

5. Oktober 1992

Heute Morgen hatte ich wieder einmal keine Lust mehr, Ministerpräsident von Sachsen zu sein. Das passiert mir inzwischen häufiger. Mir fehlen ein wirkliches Zuhause und ein normales Privatleben. Und manchmal denke ich, dass die Lebenszeit, die uns noch bleibt, doch zu wertvoll sei, um sie in ein öffentliches Amt zu investieren, das uns im günstigsten Falle keinen Ärger bringt. Allerdings mussten wir heute auch noch früher aufstehen als sonst: Um 5.30 Uhr, um das Flugzeug von Leipzig nach Köln zu erreichen und damit rechtzeitig zur Sitzung des CDU-Präsidiums zu gelangen. Ob dieses Ereignis dazu beitragen wird, mich öffentlichen Aufgaben gegenüber aufgeschlossener werden zu lassen, glaube ich allerdings nicht. Deshalb wollte ich ursprünglich auch gar nicht teilnehmen. Wir bereiten jedoch den Parteitag und damit auch die Personalentscheidungen vor. Und da ich Eggert als Kandidaten für den Posten eines Stellvertreters unterstütze, muss ich mich auch im Vorfeld um eine gute Ausgangslage bemühen. Seine Chancen sind jedenfalls nach seinem kürzlichen Auftritt in der ZDF-Sendung live nochmals gestiegen. Er machte eine glänzende Figur und damit erneut deutlich, dass er das Zeug hat, einmal mein Nachfolger zu werden. Für mich ist es eine große Beruhigung, ihn in meinem Kabinett zu wissen.

Der Tag der Einheit war in Dresden, trotz einer vorwiegend von Westdeutschen bestrittenen Demonstration Rechtsextremer mit rund 400 Teilnehmern, ein großer Erfolg. Zur Feierstunde im Landtag hatte Erich Iltgen Andrzej Szczypiorski als Festredner eingeladen und damit einen hervorragenden Griff getan. Szczypiorski schenkte uns eine wundervolle Lesung mit mehr politischem und kulturellem Gehalt als die meisten politischen Reden, die am 3. Oktober 1992 gehalten wurden. Wir stimmten in unseren Ansprachen in der Feststellung überein, dass das geeinte Deutschland politisch etwas Neues ist, dass wir in Ost und West gemeinsam gestalten müssen, also ohne den gewaltigen Wissensvorsprung, über den die Westdeutschen verfügen, wenn es darum geht, ihre Ordnung auf den Osten auszudehnen.

Iltgens und meine Rede passten gut zusammen. Ingrid war ihm besonders dafür dankbar, dass er nicht in die allgemeinen Lobeshymnen auf Kohl einstimmte, ihn vielmehr unerwähnt ließ. Mir war das gar nicht aufgefallen.

Tatsächlich haben wir eine Kohl-Woche hinter uns, deren Allgegenwart man nur mit Humor und Ironie ertragen konnte. Behutsamere Stimmen zur Bewertung seiner politischen Leistung gingen eher unter. Mir ist es immer etwas unheimlich zu Mute, wenn historische Verdienste derartig breit und selbstsicher gewürdigt werden, ehe die Geschichte Zeit hatte, ihr eigenes Urteil zu bilden.

Gefreut habe ich mich über die Resonanz, die meine Teilnahme am Abendgespräch in der Annenkirche hatte. Beide Bischöfe, die ich am Samstag im Landtag traf, zeigten sich zufrieden. Sie schienen mir fast etwas verlegen angesichts der Leichtigkeit, mit der ich mich in ihren Revieren bewege.

In dieser Woche nun werden wir uns mit dem Haushalt für kommendes Jahr und mit der Zwischenbilanz befassen. Der Haushalt verlangt von uns die Entscheidung einer strategischen Frage: Sollen wir die Verschuldung möglichst niedrig halten und damit auf eine Reihe von Unterstützungs-Programmen im Land verzichten, oder sollen wir uns im kommenden Jahr hoch verschulden und damit nicht nur unsere Investitionen auf Landes- und Gemeindeebene verstärken, sondern auch unsere Fähigkeit, im Rahmen des ATLAS-Programmes an Unternehmenssanierungen mitzuwirken; zugleich damit aber auch die Notwendigkeit demonstrieren, in größerem Umfang durch Transferzahlungen entlastet zu werden, als dies im Bundeshaushalt bisher vorgesehen ist. Georg Milbradt will offenbar die Verschuldung so niedrig wie möglich halten. Aus seiner Sicht ist dies verständlich. Allerdings bringt er sich damit gegenüber Bonn in Begründungszwang, zumal wir, gemessen an den bisher vorliegenden Haushaltsentwürfen, ohnehin das Land mit der geringsten Neuverschuldung für 1993 sein werden. Vor diesem Hintergrund lässt sich schlecht mehr fordern!

Ich neige dazu, eine höhere Verschuldung in Kauf zu nehmen. Wir werden im Winter und Frühjahr öffentliche Investitionen brauchen, um den weiteren Zusammenbruch in der Produktion und die noch immer bestehenden Defizite im Wohnungsbau auszugleichen. Und wir müssen gegenüber Bonn eine Druckkulisse aufbauen, um bei den Verhandlungen über den Finanzausgleich zu angemessenen Ergebnissen kommen zu können.

Die Sitzungen der Parteiführung waren konstruktiver als sonst. Wir verbrachten wenig Zeit mit dem Lagebericht und widmeten uns stattdessen der Vorbereitung des Parteitages, der Beratung einer Erklärung zu Gewalt in Deutschland – deren zweite Fassung sich wesentlich besser liest – und der gegenwärtigen Diskussion der Asylfrage. Kohl ist weit mehr als früher bereit, sich Meinungen anderer anzuschließen. Als ich ihm im Präsidium erklärte, ich wolle nicht an einer Kommission mitwirken, die erst jetzt einen Antrag zur Einigung für den Parteitag formulieren soll, weil ich schon mit Anträgen meines Landesverbandes beschäftigt sei, missverstand er dies als Aufforderung, auf entsprechende Anträge der Bundespartei zu verzichten. Sein Gesicht rötete sich und er wurde heftig. Offenbar fürchtete er Konkurrenz aus Sachsen, nachdem die Bundespartei sich zunächst ganz auf einen Europatag festgelegt hatte. Der abgemagerte Antrag der Bundespartei zu Europa wurde kommentarlos verabschiedet. Niemand nimmt den Text sonderlich ernst, was er auch nicht verdient. Dennoch hat mich die Art überrascht, wie Kohl sich neuen Strömungen und Gegebenheiten anzupassen sucht. Früher war dies nicht so deutlich erkennbar. Die Unsicherheit ist angesichts der wachsenden Komplexität der Probleme gewachsen.

Die Veranstaltung zum 3. Oktober in Schwerin war offenbar ein Erfolg. Richard von Weizsäcker hat dort wieder eine gute Rede gehalten. Er ist trotz aller Einschränkungen, die auch ihn nicht verschonen, ein guter Bundespräsident und ein Segen für unser Land. Im Nachgang zu unserem Gespräch habe ich Kohl heute Heitmann als denkbaren Nachfolger aus Ostdeutschland genannt. Damit habe ich dieser Bitte Kohls entsprochen.

7. Oktober 1992

Gestern haben wir im Kabinett den Entwurf des Haushaltes für 1993 verabschiedet. Milbradt hatte in den Chefgesprächen die Beratungen so gut vorbereitet, dass es kaum noch wesentliche Dissenspunkte gab. Bei den Kollegen fand die Art seiner Verhandlung Anerkennung.

Morgens ging es vor allem um die von Milbradt vorgeschlagene Bindung der Regierung durch das Haushaltsgesetz, jede zweite freiwerdende Stelle nicht zu besetzen. Die allgemeine Meinung war, sich nicht durch Gesetz, sondern durch Entscheidungen des Kabinetts zu binden und Automatismen zu vermeiden, die zu unsinnigen Ergebnissen führen könnten. Nach längerer Diskussion fanden wir einen Kompromiss.

Ausführliches Gespräch mit Goliasch heute Morgen. Man hat ihm Stasiakten angeboten, die aus den Archiven entwendet wurden, also der Gauck-Behörde nicht zugänglich sind. Sie sollen zehn Mitglieder unserer Fraktion betreffen. Ich habe ihm geraten, die Akten nicht zu lesen, die Gauck-Behörde von dem Angebot zu unterrichten und seinen Informanten aufzufordern, die Akten an die Behörde weiterzugeben oder seine Quelle mitzuteilen. Sollten die Unterlagen belastend sein, sollte Goliasch die Betroffenen nicht schützen. Denn es geht nicht mehr um die Stasibelastung, sondern um die Ehrlichkeit der Abgeordneten, die sich hätten offenbaren müssen. Unehrlichkeit ist jedoch, im Unterschied zu einer Verwicklung im Stasisystem, eine Verletzung der Kollegialität, die zum Ausschluss aus Fraktion und Partei führen sollte.

8. Oktober 1992

Heute Morgen Vorbereitung der Regierungserklärung: Zwischenbilanz. Juppe hat den allgemeinen Teil bereits formuliert, muss ihn allerdings noch wesentlich kürzen. Wir sprechen die einzelnen Gebiete durch, die ich behandeln will. Die Wirtschaft soll einen wichtigen, aber keineswegs den zentralen Platz einnehmen. Innere Sicherheit, Kultur, die Schulen und Universitäten, die Kreisreform und der Umweltschutz gehören ebenfalls zur Bilanz. Ich möchte den ganzen steinigen, aber schon leicht ansteigenden Weg nachzeichnen, den wir in den letzten beiden Jahren gemeinsam zurückgelegt haben.

Zwischendurch ruft Georg Milbradt an. Er ist aus Bonn zurück, wo er gestern, zusammen mit seinen Kollegen, mit Waigel verhandelt hat. Die Beratung ist ohne Ergebnis geblieben. Waigel ist nicht bereit, den ostdeutschen Ländern weitere finanzielle Unterstützung zu gewähren. Georg hat den Eindruck gewonnen, dass sich im Bundeskanzlergespräch am 22. Oktober kein anderes Ergebnis erzielen lassen wird. Damit wird die Finanzierung des Aufbaus Ostdeutschlands zum Thema des Bundesparteitages werden, wie Kanther es bereits in der letzten Bundesvorstandssitzung angekündigt hat.

Die Unbeweglichkeit des Finanzministers ist nicht nur mit den Schwierigkeiten zu erklären, die es zweifellos machen wird, den notwendigen West-Ost-Transfer aus Haushalten zu finanzieren, die im Grunde bereits auf Jahre hinaus verplant sind. Hinzu kommen politische Selbstblockaden in der CSU und in der Bonner Koalition. In der CSU wird um die zukünftige Führung und die neue Linie der Partei gerungen. Nach heutigen Umfragen wird die CSU ihre Mehrheit in Bayern verlieren. Die Republikaner werden 10 bis 15 Prozent der Stimmen erhalten. Passau hat in einer Nachwahl gezeigt, wie sehr sich die Machtverhältnisse bereits verschoben haben. Der Stoiber-Flügel will dieser Entwicklung durch eine Rechtsorientierung begegnen. Dabei steht die Asylfrage im Vordergrund. Aber auch die Haushaltspolitik ist betroffen. Waigel muss sich in Bayern als standfest erweisen, wenn er nicht an den Rand gedrängt und seinen Vorsitz gefährden will. Sieht man dies zusammen mit den Kompetenz-Problemen, die Waigel hat, so erklärt sich seine Unbeweglichkeit. Er löst keine Probleme, sondern vertagt sie oder wälzt sie auf andere Haushalte ab. Die Union bezeichnet sich zu Recht als die Partei der Einheit, ihren Kanzler als den Kanzler der Einheit. Beide sind dabei, diesen wichtigen historischen Erfolg zu verspielen.

Die politische Blockade in Bonn äußert sich auch in der Asyldebatte. Schäuble war im Bundesvorstand am Montag noch zuversichtlich, dass es gelingen könnte, im Bundestag in der kommenden Woche über eine gemeinsame Entschließung zur Asylfrage abzustimmen. Inzwischen hat die CSU einen eigenen Entwurf für einen Beschluss vorgelegt, der nicht nur Grundsätze, sondern die Einzelheiten ihrer Verwirklichung umfasst. Auf das Asylrecht als Individualrecht will man ganz verzichten. Stattdessen soll eine institutionelle Garantie den Staat verpflichten, ein Asylrecht im Rahmen der Gesetze zu gewähren. Die SPD ist bisher nicht bereit, so weit zu gehen, obwohl Lafontaine ähnliche Überlegungen vorgetragen hat. Schon die »Petersberger Wende« ist in den Parteigliederungen nur schwer durchsetzbar. Die FDP hat sich zwar der Möglichkeit einer Verfassungsänderung geöffnet. Ihre Beschlusslage ist jedoch ungenau und ambivalent. Jede Konfrontation muss eine Klärung und damit den Konsens erschweren. Von Kohl ist die ganze Zeit nichts zu hören.

In der Gesundheitspolitik hat man unter Seehofers Vorsitz am vergangenen Wochenende einen Kompromiss auch mit der SPD erzielt, der alle Merkmale einer zunehmenden Verstaatlichung des Gesundheitswesens trägt. Er entspricht der etatistischen Einstellung der CSU, die ihn als Erfolg feiert, ohne zu erkennen, wie sehr sie sich damit der SPD annähert. Was die Schweden gerade mit großen Anstrengungen und Wohlstandsverlusten zu überwinden suchen, müssen wir offenbar auch noch erfahren. Wiederum ist von Kohl keine klärende Stimme zu hören. Inzwischen wachsen die Widerstände gegen den Kompromiss, dem die Fraktionen bereits auf der Grundlage der mündlichen Berichte ihrer Experten zugestimmt haben – ohne einen Text zu kennen! Es ist absehbar, dass es nun immer größere Schwierigkeiten machen muss, einen für alle zustimmungsfähigen Text zu formulieren.

Die augenblickliche Lage in Bonn bedeutet, dass wir nun doch vor die Frage gestellt werden, ob wir dem Haushalt zustimmen können. Politisch ist dies nicht nur eine Frage der Haushaltspolitik. Die gegenwärtige Linie ist unvereinbar mit dem Grundgedanken der deutschen Einheit: dass es sich um eine gesamtstaatliche Aufgabe handelt und die Ostdeutschen nicht gezwungen werden dürfen, den Schaden, den sie als Folge des verlorenen Krieges erlitten haben, noch einmal zu bezahlen. Derzeit geschieht genau dies: Westdeutschland verweigert, vor allem auf Länder- und Gemeindeebene, einen angemessenen Anteil an den Kosten der Einheit. Die Finanzordnung zwingt den ostdeutschen Ländern eine Verschuldung auf, die sie in wenigen Jahren handlungsunfähig macht und deshalb bereits heute ihre Attraktivität als Investitionsstandort zu gefährden droht. Während sich die westdeutschen Länder auf eine Neuverschuldung von rund 5 Prozent und der Bund von rund 8 Prozent beschränken, müssen die ostdeutschen Länder eine Neuverschuldung von rund 20 Prozent akzeptieren. Die Angleichung der Lebensverhältnisse soll offenbar zuerst im Bereich der Staatsverschuldung erreicht werden. Wir gehen bewegten Zeiten entgegen.

14. Oktober 1992

Auf dem Weg nach Berlin zu einer allgemeinen Aussprache der Treuhandanstalt über die weitere Politik. Vor zwei Jahren um diese Zeit (18.40 Uhr) haben wir bereits kräftig gefeiert. Wir hatten gerade die Landtagswahl mit dem Sensationsergebnis von 53,6 Prozent gewonnen. Der Jubel im CDU-Zelt in der Nähe der Dreikönigskirche war unvorstellbar. Heute Morgen nun habe ich eine Regierungserklärung zur Halbzeit abgegeben: ein nüchterner Bericht über das, was erreicht und was nicht erreicht wurde, ohne Pathos, ohne Selbstlob und ohne Visionen. Kunckel hat gut geantwortet, in den Grenzen, die ihm durch seine Rolle gezogen waren, eher wie ein Partner, denn als politischer Wettbewerber. Wenn er noch etwas weiter ist, wäre mir auch bei einem Ministerpräsident Kunckel nicht bange. Er und Eggert gäben ein gutes Team ab. Ansonsten war die Debatte eher unergiebig.

Zu den letzten Tagen: Am 9. Oktober kam nachmittags Helmut Schmidt. Ein gutes Gespräch über die Nationalstiftung, die er mit Reimar Lüst und mir als Vorständen gründen will. Am Morgen hatte mich die Nachricht vom Tode Willy Brandts erreicht. Mit ihm war ich im Vorstand der Stiftung Entwicklung und Frieden. Am gleichen Tag lädt mich Schmidt ein, in der Nationalstiftung an seiner Seite mitzutun. Ich habe zugesagt.

Zweck der Stiftung, die ihren Sitz in Weimar haben soll, wird es sein, das kulturelle Erbe und die kulturelle Substanz der Deutschen zu vertreten. Ein Kuratorium soll sich um die Finanzen kümmern. In einem Senat sollen Repräsentanten der Kultur vertreten sein, auch aus dem Ausland. Mir kam es darauf an, dass die Stiftung sich auch einmischen will, wenn es um die Bedrohung der Kultur geht. In Anlehnung an den Gedanken der Kulturnation sehe ich in der Kultur ohnehin den eigentlichen identitätsstiftenden Gedanken der Deutschen und ihrer Nation. Die Stiftung muss sich als Treuhänderin dieser Kultur verstehen und sich engagieren, einmischen, wie wir es hier nennen.

Zur allgemeinen Lage war Schmidt sehr objektiv. Er würdigt Kohls Verdienste, macht ihm allerdings den Vorwurf, dass er sich nicht sachverständig beraten lasse und keine guten Leute in seiner Umgebung dulde.

Auch in der SPD fehle es an dem für die heutigen Aufgaben notwendigen Sachverstand. Schmidt sieht seine Partei kritisch, jedoch nicht wie der ausgeschiedene Politiker es häufig tut, sondern voller Sorge für das Land. Er weiß nicht, wie die Vertrauenskrise überwunden werden könnte, die das Land erfasst hat. Von einer großen Koalition hält er nicht viel, bestreitet aber nicht, dass wir sie de facto bereits haben und wohl ohne sie für eine Zeit des Überganges nicht auskommen werden.

Abends dann Landesvorstand in Riesa, vor dem Landesparteitag. Der Geschäftsführer Marr und der Schatzmeister überraschten mich mit der Mitteilung, die Rechnungsprüfer könnten den alten Vorstand nicht entlasten. Es seien Unregelmäßigkeiten bei Abfindungen ehemaliger Mitarbeiter entdeckt worden. Im Laufe der Diskussion stellte sich heraus, dass die beiden Rechnungsprüfer selbst keinen Überblick über die Vorgänge hatten und mit weiteren Unregelmäßigkeiten gerechnet werden müsse. Ich entschied, den Punkt von der Tagesordnung abzusetzen, einen Wirtschaftsprüfer und einen Anwalt mit der Aufklärung zu beauftragen und dies selbst dem Parteitag vorzutragen, um weiteren Schaden zu vermeiden. Auch sonst waren die Dinge nicht so vorbereitet, wie ich mir das vorgestellt hatte. Mit Marr können wir den Wahlkampf kaum führen.

Zu längeren Diskussionen gab ein Änderungsantrag zum Europa-

Antrag Anlass, der unter Leitung von Schimpff beraten worden war. Er wollte uns zu einer praktischen. Ablehnung von Maastricht und einem Bekenntnis zum Europa der Vaterländer überreden. Wir mussten Schimpff und seinen Mitstreitern, zu denen auch Iltgen gehörte, diese Idee ausreden. Beschlossen wurden dagegen Anträge an den Landes- und an den Bundesparteitag, die die Finanzierung der ostdeutschen Länder und die Behandlung von Zuschüssen zum Gegenstand haben, die wir zu Sanierungsprojekten zahlen sollen. Konkret geht es um die Verrechnung solcher Leistungen mit den Lasten, die später aus dem Altlastfonds auf uns zukommen.

Der Landesparteitag am 10. Oktober verlief harmonisch. Die Vertagung des Berichts der Rechnungsprüfer war problemlos. Enttäuscht waren nur einige Journalisten, die gerne von einer Auseinandersetzung über die Unregelmäßigkeiten berichtet hätten. Sie kamen nicht auf ihre Rechnung. Hähle bestritt den Vormittag mit Satzungsänderungen und der allgemeinen Aussprache, nachdem er, Goliasch und Schmidt ihre Berichte erstattet hatten. Mehrfach wurde Eggerts Kandidatur als stellvertretender Vorsitzender der Bundespartei vom Parteitag mit großem Beifall begrüßt. Das bewog wohl auch Vaatz, sich in einem Redebeitrag für Eggerts Kandidatur zu erklären, nachdem er uns umständlich dargelegt hatte, warum er zunächst dagegen gewesen war. Nicht jeder im Saal hielt diese Erläuterungen für ausreichend interessant. Aber man nahm sie mit Wohlgefallen auf. Keine Partei hat gerne unnötigen Streit unter Leuten, die ihnen wichtig sind. Zwischendurch wurden Hähle und ich zu Delegierten des Bundesparteitags gewählt: Hähle mit 118 und ich mit 119 von 122 gültigen Stimmen.

Meine Rede war auf den Nachmittag gelegt. Sie erreichte den Parteitag. Besondere Aufmerksamkeit fanden meine Aussagen zum Verhältnis von Kultur und Gewalt. Sie beherrschten auch die Berichterstattung über den Parteitag. Szczypiorski hatte mich zu diesen Passagen inspiriert, auch Willy Brandt mit dem Begriff der Kulturnation. Der Arbeitsplan für die Partei wurde beschlossen und muss jetzt zügig umgesetzt werden. Die Leitlinien zu erläutern ersparte ich mir. Sie müssen ohnehin überarbeitet werden. Einige, auch Journalisten, waren deshalb enttäuscht. Aber ich hätte dann noch länger reden müssen, als vorgesehen. Abends kam ich noch rechtzeitig zum zweiten Teil einer wunderschönen Ballett-Aufführrung in der Semperoper, zu der Ingrid mit Meinhard gegangen war. Er war am Wochenende unser Gast in Dresden.

Wichtig war abends das Gespräch mit Alois Glück. Die CSU ist in einer schwierigen Situation: Das jedenfalls wurde in unserer Unterhaltung deutlich. Man wünscht sich stärkere Kontakte nach Sachsen. Ich berichte von unseren bisher vergeblichen Versuchen, eine gemeinsame Kabinettssitzung mit den Bayern zustande zu bringen und schlage ein Treffen der Fraktionen in Kloster Banz vor. Glück will beides aufnehmen. Wir stimmen überein, dass die Länder Bayern, Sachsen und Thüringen, zusammen mit Böhmen und Österreich, eine historische Einheit bilden und auch in Zukunft weit mehr gemeinsame Interessen haben werden als Differenzen. Dies sollte uns bei der weiteren Zusammenarbeit bestimmen.

16. Oktober 1992

Mittwoch, 14. Oktober, abends Treffen im Kreis des Verwaltungsrates, um allgemeine Fragen der Treuhandpolitik zu erörtern. Ausgangspunkt war eine Ausarbeitung von Henkel, IBM, zum Thema Aufbau Ost. Lennings hatte ebenfalls Vorschläge parat. Es ist inzwischen allen klar, dass man die Entwicklung im Osten nicht sich selbst oder marktwirtschaftlichen Prozessen überlassen darf. Man muss Industriepolitik machen. Als ich dies gegen Ende feststelle, widerspricht Köhler vom BMF: Freital sei für ihn noch kein Beweis für eine geglückte Industriepolitik. Es kommt zu einer kurzen, aber harten Kontroverse zwischen uns, in deren Verlauf ich ihm empfehle, einmal nach Sachsen zu kommen, statt Sparkassenpräsident zu werden. Später schütteln wir uns die Hand. Köhler ist an sich ein guter Mann.

Am Donnerstag, den 15. Oktober, beschließen wir dann eine Reihe von Maßnahmen im Verwaltungsrat, die in ihren staatsinterventionistischen Wirkungen weit über Freital hinausreichen. In keinem Falle höre ich Widerspruch von Köhler. Darauf werde ich ihn noch einmal ansprechen.

Mittags kommt Waigel zu Besuch. Anlass ist ein allerdings einmaliger Vorgang: Die Verabschiedung der Eröffnungsbilanz der THA. Ihr Bilanzvolumen von rund 550 Milliarden DM ist doppelt so groß wie das Bruttosozialprodukt der DDR zur Zeit der Währungsunion. Mit rund 250 Milliarden DM Verlust wird die THA ihre Tätigkeit nach derzeitigem Erkenntnisstand abschließen. Wahrscheinlich werden die Verluste noch höher werden. Denn die lahmende Konjunktur und die Schwierigkeiten, neue Investitionen zu mobilisieren, werden uns zwingen, noch mehr Mittel für den Erhalt der vorhandenen Restbestände industrieller Produktion aufzuwenden.

In den Verlusten sind rund 80 Milliarden DM Altkredite enthalten, die als nicht einbringbar angesehen werden. Wahrscheinlich wird man auch diese Zahl noch nach oben korrigieren müssen. Damit bin ich mit meiner Ansicht bestätigt, dass es sich bei den Krediten der Kombinate nicht um Kredite im westlichen Sinn, sondern um Mittelzuweisungen im Rahmen der Planwirtschaft handelte. Mit ihnen wollten wir die Umstellung der Sparkonten finanzieren. Jetzt zeigt sich, dass die Westdeutschen den Ostdeutschen mit der Umstellung rund 120 Milliarden DM als Anfangskapital zur Verfügung gestellt haben, das nur zum geringsten Teil durch die Ostmark-Sparkonten finanziert war. Geht man von einem Umtauschkurs von eins zu acht aus, so waren die alten Sparkonten rund 20 Milliarden DM wert. Rund ein Fünftel des einmal eingeforderten Lastenausgleichs wurde damit bereits gezahlt.

Waigel zeigte Verständnis für diese Notwendigkeiten. Zu Recht hält er es für wichtig, auch die Leistungen der Westdeutschen anzuerkennen. Er betonte verschiedentlich seine Bereitschaft, die Finanzausstattung der ostdeutschen Länder zu verbessern. Auch eine weitere Erhöhung der Einnahmen schließt er nicht aus.

Zum Schluss spricht er mich auf meinen Brief an Kohl an. Wir müssten darüber sprechen; er sei enttäuscht von meiner Haltung; er habe sie nicht erwartet. Ich habe auch nicht erwartet, dass Waigel einst versuchen würde, mich um meine absolute Mehrheit zu bringen, indem er die DSU unterstützt. Kohl hat meinen Brief an Waigel weitergegeben. Selbst hat er ihn inzwischen in völlig unzureichender Weise beantwortet. Zur Ermittlung der Leistungen des Bundes verweist er mich auf die Angaben der Bundesbank zur Höhe der Transferleistungen, obwohl diese nichts mit der Frage zu tun haben, was der Bund aus seinem Haushalt für die ostdeutschen Länder bereitstellt. Als Antwort auf meine Frage zur Forderung des Bundes, die Länder sollten sich an den Altlasten beteiligen, verweist er auf den Fall Mikroelektronik, der längst geregelt ist, und fordert mich auf, wie Thüringen zuzustimmen. Auf das Thema DSU geht er überhaupt nicht ein. Wir werden es deshalb auf der Parteiebene behandeln müssen.

Die Kandidatur Eggert sorgt im Übrigen weiter für Aufregung. Die starken Landesverbände sollen sich gegen uns verabredet haben. Man will Eggert aus dem Kreis der Stellvertreter fernhalten. Man wird sehen, ob der Parteitag solchen Empfehlungen folgt. Mit Erwin Teufel habe ich am Rande des Bundesrates über die Kandidaturen gesprochen. Er habe von einer sächsischen Aufforderung, Eggert statt ihn zu wählen, nichts gehört. Sonst hätte er sich gemeldet. Im Übrigen sei zweifelhaft, ob die Delegierten noch bereit seien, derartigen Empfehlungen zu folgen. Wenn er Eggert eine Empfehlung hätte geben können, dann die, sich auf das Präsidium zu konzentrieren. Nachdem die anderen Kandidaturen festgestanden hätten, habe seine Kandidatur zu Irritationen führen müssen.

Ich erläuterte ihm die Hintergründe. Zunächst habe es keine formelle Behandlung der Kandidaturen im Bundesvorstand gegeben. Wer die Stellvertreter werden sollten, hätten wir aus der Zeitung erfahren. Das Präsidium der sächsischen CDU habe die Sachlage diskutiert. Man sei befremdet gewesen, dass von vornherein von vier Kandidaten für vier Positionen ausgegangen worden sei. Dies habe das Präsidium an DDR-Erfahrungen erinnert. Dort habe man Personalwahlen auf die Zustimmung zu vorentschiedenen Auswahlen reduziert. Zu Wahlen gehöre die Möglichkeit zu wählen. Um zu zeigen, dass die CDU nicht eine Fortsetzung der alten Praxis, sondern wirkliche Entscheidungen der Delegierten wolle, habe man sich für eine Kandidatur Eggerts entschieden. Eggerts Kandidatur sei nicht gegen eine andere Person, sondern gegen eine Praxis gerichtet, die mit unserem Politikverständnis nicht vereinbar sei.

Eggert selbst begründet sie ähnlich. Blüm, der sich besorgt zeigte, erklärte er, seine Kandidatur erlaube es Blüm im Falle seiner Wahl zu erklären, er sei wirklich gewählt worden.

Wir sprachen auch über die weitere Entwicklung der Ministerpräsidentenkonferenz. Beide wollen wir dazu beitragen, dass die pompösen Plenarsitzungen reduziert und die Kamingespräche ausgeweitet werden. Letztlich müssen die Kollegen doch selbst entscheiden.

Lafontaine ist heute zum nächsten Bundesratspräsidenten gewählt worden. So will es der Zufall, dass er in diesem Amt und ich als MPK-Vorsitzender zusammenwirken müssen, um die Kernfragen der Bundesstaatlichkeit in Deutschland neu zu ordnen. Zuvor hatte der scheidende Präsident Seite Willy Brandt gewürdigt. Wir haben uns längst so an das Neue gewöhnt, dass wir die Dimensionen dessen, was sich jeden Tag Ungewöhnliches ereignet, kaum noch zur Kenntnis nehmen. Ein CDU-Ministerpräsident aus einem ostdeutschen Bundesland der geeinten Republik würdigt den Mann, der mit seinen Entscheidungen in den siebziger Jahren die Voraussetzungen für eine europäische Entspannungspolitik geschaffen hat, auf der alles Weitere aufbauen konnte. 1957 habe Brandt seine Antrittsrede als Bundesratspräsident gehalten, wenige Tage, nachdem die DDR ein Gesetz verabschiedet hatte, das unerlaubtes Verlassen des Landes als Republikflucht unter Strafe stellte. Brandt habe damals vorausgesagt, dem Regime werde es nicht gelingen, die Deutschen auseinanderzureißen. Er habe mit seiner Voraussage recht behalten und die Gnade erfahren, dies auch noch erleben zu dürfen. Es war ein bewegender Augenblick.

17. Oktober 1992

Der Staatsakt für Willy Brandt im Reichstag war sehr würdig und wurde dem vierten Kanzler der Republik gerecht. Die beste Rede sprach Felipe González für die Sozialistische Internationale. Auch Engholm fand einen Ton, der über die Routine einer Gedenkansprache hinausführte. Man spürte, dass die deutsche Sozialdemokratie einen bedeutenden Mann verloren hat. Es ist ein Stück einsamer geworden an der Spitze. Nur noch Helmut Schmidt ist übrig geblieben vom einstmals so prägenden Triumvirat Brandt-Wehner-Schmidt.

Beim anschließenden Empfang traf ich viele Freunde und Bekannte, vorwiegend aus der SPD. Ich habe mich in der Nähe dieser Partei immer wohl gefühlt, ohne jedoch Mitglied werden zu wollen. Den Stallgeruch, den man als Sozialdemokrat noch immer mitbringen muss, wenn man in der Partei wirklich erfolgreich sein will, wollte und konnte ich wohl auch nicht erwerben. Aber man geht bei der SPD anders und offener miteinander um als bei uns.

Uns ist die Fähigkeit zum wirklichen Dialog in der Führungsspitze weitgehend verlorengegangen. Es herrscht Misstrauen und Konkurrenz. Redet man miteinander, dann hat man ständig das Gefühl, danach abgeschätzt zu werden, für oder gegen wen man ist. Kohl hat es verstanden, jede wirkliche Gemeinschaftsbildung unter den Führungsleuten zu verhindern und jeden wirklichen Dialog, auch jedes Ringen um den richtigen Weg zu unterdrücken. Seine Massivität und sein durch keine Selbstzweifel begrenzter Machtanspruch haben die CDU als eine wirkliche Partei weitgehend gelähmt. Ob und wann sie sich aus dieser Lähmung befreien wird, ist nicht zu erkennen.

18. Oktober 1992

Seit gestern Abend bin ich stolzer Besitzer eines Europa-Löwen von RTL. Er wurde mir in der 56. Löwen-Veranstaltung von RTL in der Dortmunder Westfalenhalle verliehen. 13 000 Menschen waren zu dem Musik-Spektakel gekommen. Viele schwenken Lichter oder Weihnachtskerzen, die sie mitgebracht hatten. Begeisterung wechselte in der riesigen Halle mit Ergriffenheit und Andacht. Die Sänger und ihre Bands sind zu Leitfiguren geworden, vor allem, wenn sie sich über eine längere Zeit haben durchsetzen können. Die Art, wie sie sich auf der Bühne bewegen, ihre Körpersprache – breitbeinig sich wiegend, mit dem Mikrofon ringend, vor ihren Instrumenten tanzend, auf und ab springend, in wilden Bewegungen die Gitarre bezwingend – ist wohl ebenso wichtig, wie der Gesang oder die Musik selbst. Was wir erleben, sind Rituale. Sie wiederholen sich ebenso wie der Rhythmus der Schlagzeuger. Alles ist schrecklich laut, selbst der Gesang von Texten, die eigentlich das Gefühl ansprechen sollen. Keine Kultur der leisen Töne, aber gleichwohl ein Teil unserer Kultur, zudem ein zunehmend wichtigerer. Was die Kirche seit der Säkularisation nicht mehr fertigbringt, den Massen Halt zu geben und eine Botschaft zu vermitteln, das leisten manche dieser Barden.

Wir sind nach Hof geflogen und fahren auf der Autobahn ins Vogtland. Gerade haben wir die alte Grenze passiert. An ihr war vor wenigen Jahren die Welt zu Ende. Vom Westen konnte man sich ihr nähern. Vom Osten wurde man lange vorher abgefangen und der geplanten Republikflucht verdächtigt. Jetzt fahren wir, nur gut zwei Jahre nach der wiedergewonnenen Einheit, auf einer neuen Straße. Die zweite Spur ist im Bau und soll in einem Jahr ebenfalls befahrbar sein. Noch steht der Turm der ehemaligen Grenzbefestigungen in der Landschaft – wie ein Mahnmal, das uns daran erinnert, über die Probleme der Gegenwart nicht den unendlichen Gewinn der vergangenen Jahre zu vergessen.

20. Oktober 1992

Auf dem Rückweg nach Dresden. Zwei Tage Fraktions- und Kabinettssitzung in Oberwiesenthal – der höchsten deutschen Stadt – liegen hinter mir. Die Fraktion hatte sich schon Sonntagabend im Erzgebirge getroffen, ich kam gestern Vormittag dazu, heute Nachmittag tagte dort auch das Kabinett.

Die Fraktion befasste sich mit Gemeinderecht, Kreisgebietsreform, dem Landeswahlrecht und der Arbeit für den Rest der Legislaturperiode. Ich gab meinen Bericht heute am späteren Vormittag, nachdem die Fraktion zunächst rund zwei Stunden selbst über die weitere Arbeit diskutiert hatte. Betrachtet man es nüchtern, dann haben wir noch 15 Monate Zeit für inhaltliche Arbeit. Der Rest ist Wahlkampf. Deshalb habe ich empfohlen, sich im Wesentlichen auf die begonnenen Projekte zu konzentrieren, keine neuen großen Dinge zu beginnen und sich stattdessen Zeit zu nehmen für den Aufbau der Partei vor Ort. Wer sich an dem Programm Sachsen 2000 beteilige und dabei zugleich neues politisches Personal für seinen Wahlkreis und die Kreispartei gewinne, der könne mehr zum Wahlsieg beitragen als hektische Betriebsamkeit im Landtag.

Mehrere Stellungnahmen zum Wohnungsbau nahm ich zum Anlass, mir vor allem die großen Städte vorzuknöpfen. Dabei erzählte ich der Fraktion auch einmal von den Problemen, die mich so beschäftigen und die dauernd auf meinen Tisch kommen. Die Familie Arnhold und das Gewerbegebiet Rähnitz waren ebenso vertreten wie die Druckerei von Gruner + Jahr. Ich ließ keinen Zweifel daran, dass die Schonzeit für Dresden vorbei ist. Die Reformer, die so viel auf sich halten, sollen erst einmal ihre Stadt reformieren oder schweigen. Viel Beifall in der Fraktion zeigte mir, dass ich den meisten aus der Seele gesprochen hatte.

In Chemnitz treiben die Dinge auf einen Bruch zu. Der Oberbürgermeister Pilz wird am 28. Oktober zwar einen Abwahlantrag überleben, aber im Stadtparlament keine Mehrheit mehr haben. Das heißt jedoch, dass er zurücktreten muss. Kannegießer MdL meint, niemand werde in einem solchen Fall bereit sein, als OB zu kandidieren, auch der SPD-Bürgermeister nicht. Das würde uns die Möglichkeit bieten, einen staatlich berufenen Verweser nach Chemnitz zu schicken. Die Stadt muss in Ordnung kommen und eine funktionsfähige Stadtregierung haben, wenn im Dezember das neue Opernhaus eröffnet wird.

Über den Wohnungsbau sprach ich auch mit Eggert. Er ist jetzt bereit, einen zweiten Staatssekretär zu akzeptieren, der sich nur um diesen Bereich kümmert und die Privatisierung in den Städten vorantreibt. Ein Wohnbauministerium werde ich nicht einrichten. Denn die Raumplanung soll bei der Umwelt bleiben. Ohne sie macht ein eigenes Ministerium jedoch keinen Sinn.

Mit Eggert sprach ich auch über seine weitere Entwicklung. Ich werde ihn am Donnerstag statt meiner in die Ost-Ministerpräsidentenrunde mit Kohl schicken.

Im Kabinett sprechen wir zunächst über die Regelung der Altlasten im ökologischen Bereich. Nach Sachsen-Anhalt werden auch wir zum Vorschlag des Bundes weiteren Verhandlungsbedarf anmelden. Das gilt vor allem für die Verrechnung unserer Leistungen mit dem Erblastfonds. Milbradt hatte zu Recht darauf verwiesen, dass eine solche Verrechnung nicht möglich sei, wenn der Erblastfonds nur vom Bund bedient werde, eine verrechnungsfähige Leistung des Landes also gar nicht eingefordert werde. In diesem Fall müssen wir unsere Leistungen aus dem Erblastfonds ersetzt bekommen.

Breiten Raum nahm eine Aussprache zu meiner Frage ein, ob ich auf dem Bundesparteitag sprechen solle und mit welcher Tendenz. Die Meinung war einhellig: Sprechen, das werde erwartet, aber Kohl das vorher wissen lassen, damit er sich nicht überrannt fühle – und keine Personaldebatte, sondern Inhalt.

22. Oktober 1992

Der Besuch der britischen Königin in Sachsen ist vorbei. Gegen 17 Uhr haben wir uns auf dem Flughafen in Leipzig von ihr und Prinz Philip verabschiedet. Es war ein schönes Erlebnis, mit vielen nachhaltigen Eindrücken und ohne jegliche Störungen. Vor allem in Leipzig freuten sich die Menschen, die Königin als Gast in ihren Mauern zu haben. Allein vor dem alten Rathaus hatten sich rund 20 000 bis 25 000 Menschen eingefunden, um die Queen zu sehen und ihr zuzujubeln, als sie sich auf dem Balkon des Rathauses zeigte. Auch Ingrid und ich wurden überall freundlich begrüßt. Die Menschen sind uns in ihrer großen Mehrheit noch immer zugetan.

In Dresden heute Morgen landeten die Queen und ihre Begleitung pünktlich gegen 11 Uhr. Erste Station nach einer Fahrt durch die Innenstadt und um die Ruine der Frauenkirche war die Kreuzkirche. Bischof Hempel hatte zu einem Versöhnungsgottesdienst geladen. Viele Menschen waren vor der Kirche und auf dem Marktplatz, darunter auch einige, die grölten, der einzige Missklang des Besuches. Später wurde bekannt, dass sich einige der Störer zur DZ bekannten. Mehrere englische Journalisten der Boulevard-Presse machten daraus später »Sieg Heil«-rufende Neonazis. Viele der angereisten Reporter, die sich Neonaziumtriebe erhofft hatten, kamen nicht auf ihre Kosten.

Der Gottesdienst selbst war sehr bewegend. Prinz Philip und ich lasen die Seligpreisungen: Er auf Deutsch und ich auf Englisch. Der Bischof von Coventry und Bischof Hempel sprachen geistliche Worte von großer Tiefe und Kraft. Simon Coventry brachte der Kreuzkirchen-Gemeinde ein Nagelkreuz; Bischof Hempel entzündete ein Licht, das auch in die dunklen Ecken strahlen und die Botschaft des Friedens verkünden solle. Ingrid war so bewegt, dass sie am Ausgang der Kirche Bischof Hempel die Hand küsste. Er revanchierte sich mit einem Handkuss, nicht ohne zu bemerken, im Talar dürfe er das eigentlich nicht.

Nach Leipzig fuhren wir mit der Eisenbahn. Die Bahn hatte uns dafür einen ihrer schönen ICE-Züge zur Verfügung gestellt. Sie sind wirklich sehr modern und eindrucksvoll. Ich muss unbedingt einmal damit reisen. Bei Tisch – die Queen, Außenminister Hurd und ich, Ingrid, Prinz Philip und Mrs. Hurd am Nachbartisch – sprachen wir über Europa, die Diskussion vor und nach Maastricht und den Aufbau in Sachsen. Zu Deutschland erklärte ich der Queen, warum unser Land in der Mitte Westeuropas nur in einer bundesstaatlichen Ordnung existieren kann, wenn es vermeiden will, mit unseren Nachbarn in Spannungen und Konflikte zu geraten. Deutschland sei zu groß, als dass es sich eine zentralstaatliche Ordnung im Gewand des Nationalstaates erlauben könne. Hurd berichtete von Gesprächen mit den Außenministern unserer kleineren Nachbarn, die in der politischen Union Europas eine Möglichkeit sehen, Deutschland »einzusperren«. Die Erwähnung des Begriffes schien ihm peinlich. Ich riet ihm, von der Domestizierung des zentral gelegenen Deutschland zu sprechen; ähnlich der Domestizierung wirtschaftlicher Macht in der Wettbewerbsordnung. Auch hier gehe es nicht an, sich auf die Selbstbeschränkung des Mächtigen zu verlassen. Ähnlich sei es in Europa. Zu Maastricht gehe es darum, den Vertrag zu ratifizieren und dann über seine weitere Entwicklung zu verhandeln. Ohne Ratifikation verliere man den Boden unter den Füßen; nach der Ratifikation könne man den Vertrag ändern und weiterentwickeln. Wichtig sei das Ziel: eine Ordnung für Europa zu schaffen, die nicht dem Nationalstaat nachgebildet sei, sondern etwas Neues darstelle. Hurd berichtete, in Birmingham habe Kohl laut darüber nachgedacht, ob es ein Fehler gewesen sei, von den Vereinigten Staaten von Europa zu sprechen. Es war ein Fehler, wenn man darunter verstand, die USA könnten als Vorlage für das politisch geeinte Europa dienen.

In Leipzig zuerst ein Empfang im Alten Rathaus. Zahlreiche Honoratioren sind gekommen und haben nach den beiden Ansprachen – erst ich, dann die Queen – Gelegenheit zu einem Gespräch. Frau Masur ist auch da und grüßt von ihrem Mann. Magirius sagt mir später, Masur und er wollten mich wegen der Kulturstiftung sprechen. Ich schlage vor, dass wir zusammen essen.

Auf dem Weg zur Nikolaikirche und dann zum Augustusplatz drängen sich die Menschen hinter der Absperrung. Nur fröhliche Gesichter! In der Nikolaikirche hören wir Berichte von Magirius und Pfarrer Führer (dem ich den Synoden-Text schicken will) über den Oktober 1989 und seine Vorgeschichte. Alles geht sehr unter die Haut. Wie wichtig doch die Symbole für Menschen sind.

Im Neuen Rathaus tragen sich die Queen und Prinz Philip in die

Goldenen Bücher von Land und Stadt ein. Anschließend besichtigen wir eine kleine Ausstellung der englischen Firmen, die in Sachsen tätig sind. Dann geht es zurück zum Flugplatz.

24. Oktober 1992

Der gestrige Tag war ein Tag der Erholung und des Nachdenkens. Nirgends geht dies besser als auf dem Buchberg. Morgens rief Sagurna an, um mir mitzuteilen, dass mein Brief an Kohl inzwischen im *Münchner Merkur* abgedruckt worden sei. In Bayern schieße man aus allen Rohren auf mich. Man wolle sich die Beleidigungen nicht länger gefallen lassen. Waigel erklärte im Fernsehen, derartige Vorwürfe lasse er sich nicht einmal vom politischen Gegner gefallen, geschweige denn von einem Politiker der Union. Ohne die Einzelheiten zu kennen, habe ich den Eindruck, man ist in München dankbar für die Möglichkeit, über die Empörung, die man demonstriert, die Geschlossenheit der eigenen Reihen zu festigen. In zwei Wochen hat die CSU ihren Parteitag. In der Partei rumort es. Man hat in Bayern derzeit keine Mehrheit mehr. Viele Abgeordnete müssen um ihren Wahlkreis fürchten. Viele streben deshalb einen Listenplatz an. Den können sie sich nur durch Wohlverhalten gegenüber der Parteiführung sichern.

Da der Konflikt über die Unterstützung der DSU durch die CSU in den ostdeutschen Ländern nun an die Oberfläche geraten ist, muss er auch den CDU-Parteitag in Düsseldorf beschäftigen. Dies umso mehr, als Kohl nach bisher unwidersprochenen Behauptungen Waigels und Hubers der Unterstützung der DSU durch die CSU zugestimmt haben soll. Er habe, so Huber im Fernsehen, die strategische Bedeutung der DSU ausdrücklich anerkannt.

Damit wird die Auseinandersetzung in der Union wieder aufgenommen, die ich mit der Überwindung des Trennungsbeschlusses von Kreuth erledigt glaubte. Ich habe deshalb meine Rede vom Oktober 1976 hervorgeholt, um die Argumente von damals noch einmal nachzulesen. Mit leichten Abwandlungen kann ich die Rede auch halten. Wieder geht es um die Frage, ob die CDU die Wahlen auch ohne eine »vierte Partei« gewinnen könne, die, rechts von der CDU angesiedelt, diejenigen Wähler sammelt, die dem bürgerlichen Lager zuzurechnen sind, aber nicht CDU wählen wollen.

Offenbar hat die CSU-Führung den Glauben an die Mehrheitsfähigkeit der CDU verloren, zumal die CSU selbst in Bayern derzeit nicht mehr mehrheitsfähig ist. Deshalb will man mit der DSU im Bund eine Partei etablieren, die einige der Wähler bei sich sammelt, die sonst Republikaner wählen könnten. Man erwartet, dass sich auf diese Weise eine Koalition von CDU, CSU und DSU bilden ließe, die in der Lage wäre, zusammen mit der FDP eine Mehrheit zu erringen.

27. Oktober 1992

Der erste Tag des Parteitages liegt hinter uns. Heute Morgen geht es nach Dresden zur Herbsttagung des Deutschen Industrie- und Handelskammertags, mittags will ich wieder in Düsseldorf sein. Der Parteitag befasst sich heute mit Europa.

Gestern haben die Delegierten Eggert mit großer Mehrheit zum stellvertretenden Bundesvorsitzenden gewählt. Er und Angela Merkel bekamen 762 Stimmen, vor Norbert Blüm und Erwin Teufel. Volker Rühe erreichte nicht die notwendige Stimmenzahl; er wurde in der zweiten Runde als Beisitzer gewählt. Meine Befürchtung, der Parteitag könne die Sachsen als Querulanten und Störenfriede ausgrenzen, wie Kohl sich das zweifellos gewünscht hatte, erfüllte sich nicht. Im Gegenteil: Der Parteitag umarmte die Sachsen. Noch nie habe ich auf einem Bundesparteitag der CDU so viel Fröhlichkeit und Freundschaft gegenüber einem Landesverband erlebt wie bei diesem. Es schien, als billigten die Delegierten die Rolle des »Störenfriedes«, des Mahners und Akteurs, der die Besitzstände durcheinanderbringt. Als Eggert gewählt war, wurde ständig auch mir gratuliert. Vor allem meine Westfalen waren treue Mitstreiter. Sie haben die gute Zeit der Gemeinsamkeit nicht vergessen.

Die Präsidiumssitzung am Sonntag begann mit einer Auseinandersetzung über die Frage, wer meinen Brief an Kohl ins Lager der CSU weitergegeben habe. Kohl hatte überall verbreiten lassen, wir hätten Waigel informiert. Dass seine Umgebung den Brief weitergegeben habe, bestritt er aufs Heftigste. Ich trat ihm entgegen und er beruhigte sich. Niemand in der Runde war bereit, ihm zu glauben. In der Sache waren wir dann einer Meinung. Das Präsidium sah in den Aktivitäten der CSU eine Verletzung der Vereinbarungen, die wir 1976 getroffen haben. Kohl kündigte an, dies auch im Bundesvorstand festzustellen.

In der Sache ging es im Präsidium um den neuen Leitantrag zur deutschen Einheit, der erst wenige Tage vor dem Parteitag fertiggestellt worden war. Ich hatte tagsüber eine ganze Reihe von Anmerkungen dazu verfasst und sie Christa Thoben mit auf den Weg gegeben. Wir waren uns klar darüber, dass wir die Änderungswünsche nicht in den Sitzungen vor Beginn des Parteitages behandeln könnten. Deshalb wurde die Antragskommission beauftragt, zusammen mit den Antragstellern zum gleichen Thema den Text zu überarbeiten.

Im Bundesvorstand kam es dann zunächst zu einem einstimmigen Beschluss, an den Vereinbarungen nach Kreuth festzuhalten und in jedem direkten oder indirekten Eindringen der CSU in das Gebiet der CDU eine Verletzung zu sehen, die auch die CDU von ihrer Rücksichtnahme auf die CSU befreit. In Kürze soll ein Gespräch mit der CSU stattfinden. Dabei soll es um die weitere Unterstützung der DSU durch die CSU gehen.

Anschließend wurde der neue Antrag, insbesondere die Ankündigung Kohls diskutiert, die Steuern 1995 zu erhöhen, um die Erblast der alten DDR zu bezahlen. Kohl hat die Stunde der Wahrheit entdeckt. Noch am Donnerstag war er gegen Steuererhöhungen gewesen. Die Kommission, die sie vorgeschlagen hatte, wurde aus dem Kanzleramt zurückgepfiffen. Am Freitag räumten die Mitarbeiter des Kanzleramtes dann die Barrikaden. Kohl hatte wohl eingesehen, dass er ohne eine Kurskorrektur seine Glaubwürdigkeit verlieren werde. So entschloss er sich, es mit der Wahrheit zu versuchen. Es war noch immer die halbe Wahrheit, denn von 1993 und 1994 war nicht die Rede, auch nicht von den Folgen für die Sozialsysteme und die Besitzstände im Westen, von den Problemen im Osten Europas ganz zu schweigen. Aber es war ein Anfang.

Der Bundesvorstand war über das Verfahren nicht glücklich. Die Mitglieder hatten von den Steuerplänen des Kanzlers in der Zeitung gelesen. Die Reaktion vor allem der Mittelständler war entsprechend. Zwei lehnten nach längerer Aussprache die Vorlage ab. Bis gestern Abend lag der Antrag den Delegierten noch nicht vor.

Kohls Rede wurde vom Parteitag nur mit mäßigem Applaus aufgenommen. Was er hätte vor zwei Jahren tun sollen, kam jetzt: die

Aufforderung zur Bescheidenheit und zur Begrenzung. Vieles von dem, was er zur Begründung anführte, war bereits im Dresdner Manifest gesagt, aber nicht ernst genommen worden. Immerhin: Die Tür zu einer neuen Politik ist geöffnet. Wir können die Debatte jetzt besser führen als bisher. Wir sind vor allem nicht mehr die Außenseiter, sondern bewegen uns im Bereich der vorgegebenen Richtung.

Schäubles Rede war gut. Der Parteitag feierte ihn. Eine Mehrheit der Wähler, so die jüngste Umfrage des *Spiegels*, sieht in ihm den nächsten Kanzler. Aber auch diesmal wurde wieder deutlich: Er hat nicht die Kraft, um eine derartige Aufgabe wirklich erfüllen zu können. Dennoch, er ist ein wichtiger Bundesgenosse.

Mein Diskussionsbeitrag fand große Aufmerksamkeit. Es ging mir, neben dem Dank für Hilfe aus dem Westen, vor allem um die Begründung der Leistungen, die wir für den Aufbau im Osten erbringen müssen, und um die nationale Dimension der Aufgabe. Karl Feldmeyer sprach mich später auf diesen Aspekt an. Er teilt meine Ansicht, dass es ohne eine neue politische Legitimation der Nation nicht möglich sein wird, die wirtschaftlichen und sozialen Einschränkungen durchzusetzen, die der Aufbau im Osten von uns verlangt.

Eggerts Redebeitrag wurde mit Spannung erwartet. Als er angekündigt wurde, ging ein Raunen durch den Saal. Die Delegierten waren dankbar für die Chance, wirklich wählen zu können. Der Mann, der bereit war, auch gegen Absprachen zu kandidieren, gefiel ihnen. Eggert enttäuschte sie nicht. Er redete sich in die Herzen der Delegierten. Im stürmischen Beifall, den er erhielt, wurde auch dem Letzten klar, dass sich hier ein neues politisches Talent der CDU vorgestellt hatte, eine Hoffnung für die Partei, die sich schon allzu lange von alten Seilschaften beherrscht sieht.

Das Ergebnis der Präsidiumswahlen ändert die Machtstrukturen in der Partei. Neben Eggert und Merkel, Christa Thoben und Kanther, Töpfer und Rühe, sitzen Teufel, Schäuble und Rita Süssmuth als Mitstreiter des neuen Kurses im Präsidium. Kohl ist nicht mehr vor allem von Leuten umgeben, die von ihm abhängig sind. Krause wurde als Letzter ins Präsidium gewählt, hat aber durch den Parteitag an Einfluss verloren. Kohl wird ihm auch seinen Widerstand gegen die Ankündigung von Steuererhöhungen und seine Inanspruchnahme der ostdeutschen Abgeordneten für eine Investitionsanleihe nicht verzeihen, obwohl Kohl selbst noch Anfang September für die Anleihe gestritten hatte – oder vielleicht gerade deshalb. Krause hat zu spät erkannt, dass sein Kanzler inzwischen in eine andere Richtung unterwegs war. Blüm ist wieder dabei, jedoch ebenfalls nicht mehr von gleichem Einfluss wie bisher. Denn die Sozialsysteme werden im Leitantrag in den neuen Sparkurs ausdrücklich einbezogen. Wir können deshalb jetzt mit weit mehr Aussicht auf Erfolg für die Politik der Erneuerung streiten.

Vor allem aber wird sich unsere Stellung in der Bundestagsfraktion ändern. Eggerts Wahl macht jedem deutlich: Die Sachsen müssen ernst genommen werden. Unser Landesgruppen-Vorsitzender Schmidt lief selig durch die Hallen des Parteitages. Seine Kollegen hatten Eggert nur mit knapper Mehrheit unterstützt. Nun war er gerechtfertigt. Mit Eggert haben die Sachsen eine neue Identifikationsfigur aus den eigenen Reihen. Zugleich verblasst Stolpe, auch wenn seine Kirche ihn zu schützen sucht. In der Reihenfolge der Politiker, von denen sich die Befragten wünschen, dass sie in Bonn mehr Einfluss haben sollten, ist Stolpe weit zurückgefallen. Ich stehe an vierter Stelle, nach Engholm, Schäuble und Süssmuth.

So war es bisher ein guter Parteitag. Wir haben erreicht, was wir erreichen wollten: eine Absage an Absprachen bei Personalentscheidungen, eine Bestätigung unserer Position zur Unterstützung der DSU durch die CSU, eine glänzende Wahl Eggerts und einen Durchbruch in der Finanzpolitik zur deutschen Einheit. Wenn nun auch noch die Wahlen zum Bundesvorstand zu unserer Zufriedenheit ausgegangen sind – Milbradt und Geisler hätte ich gerne im Bundesvorstand, aber auch Frau Reichard macht eine gute Figur –, dann können wir zufrieden nach Hause fahren.

Der Bundesvorstand wird in Zukunft mehr Bedeutung haben als in der Vergangenheit. Tagesordnungen, die sich auf den Bericht des Vorsitzenden und Verschiedenes beschränken, wird es nicht mehr geben. Den neu gewählten Mitgliedern des Bundesvorstandes aus Sachsen habe ich bereits gesagt, dass sie durch ihren Einsatz das Urteil der Delegierten rechtfertigen müssen. Frau Reichard will sich vor allem um die Grundsatzarbeit kümmern, auch im eigenen Landesverband. Milbradt bleibt mit der Finanzierung der deutschen Einheit verbunden. Eggert wird in besonderer Weise die Ostdeutschen repräsentieren und sich im Übrigen innenpolitischen Fragen widmen, Geisler seinem besonderen Fachgebiet. Ich werde die Grundlagen deutscher und europäischer Politik und ordnungspolitische Probleme bearbeiten, aber als Ministerpräsident keine besondere Aufgabe übernehmen.

Mit Joachim Schmidt MdB und Manfred Kolbe habe ich besprochen, dass Krause wieder auf sein Maß reduziert werden muss. Er kann nicht länger für die ostdeutschen Abgeordneten oder gar für die Ostdeutschen sprechen. Man will bei nächster Gelegenheit die Frage der Vertretung der ostdeutschen MdBs neu diskutieren. Sachsen muss auch hier sein Profil bewahren.

28. Oktober 1992

Zurück nach Dresden. Der Parteitag liegt hinter uns. Er war für die Sachsen ebenso ein Erfolg wie für die Sache der Einheit.

Ingrid hat am Rande des Parteitages Enormes geleistet. Zwanzig Stunden lang hat sie an einem Tisch gesessen und ihr sächsisches Kochbuch signiert und verkauft, immer fröhlich und hilfsbereit. Rund 600 Bücher hat sie mit Widmungen versehen; viele musste ich dann auch noch unterschreiben. Auch auf dem Parteitag freuten sich viele darüber, dass wir ein gutes Team sind.

30. Oktober 1992

Vor wenigen Stunden ging die Jahreskonferenz der Ministerpräsidenten zu Ende. Es war die erste gesamtdeutsche Ministerpräsidentenkonferenz in einem ostdeutschen Land und deshalb mit viel Aufmerksamkeit bedacht. Nicht alle Kollegen konnten kommen. Seite war in Israel, Teufel hatte einen Trauerfall, Streibl behauptete, einen Trauerfall zu haben, wollte jedoch in Wirklichkeit wegen der Probleme im eigenen Land nicht kommen; vielleicht auch nicht wegen der Auseinandersetzung, die ich mit Waigel habe. Darüber berichtete Zöller heute Nachmittag am Telefon, der CSU-Vorsitzende sei tief beleidigt – und deshalb auf meinen Brief an Kohl nicht ansprechbar – weil in dem Brief nur von Waigel, also nicht von Herrn Waigel die Rede sei und weil ich ihm die Fähigkeit unterstellte, er könne das Amt des Finanzministers für parteipolitische Zwecke missbrauchen.

Engholm war ebenfalls nicht gekommen, sondern hatte seinen Minister Günther Jansen geschickt. Voscherau musste uns heute vorzeitig verlassen, um an der Eröffnung des Plenarsaals in Bonn teilzunehmen. Die Qualität der Beratungen litt nicht unter diesen Abwesenheiten. Vor allem die Kaminrunden gestern und heute waren sehr fruchtbar. Die Reform der Finanzverfassung und die Teilnahme am Solidarpakt standen im Vordergrund. Gestern zudem ein Konzertabend in der Dreikönigskirche und anschließendes Essen in der Albrechtsburg. Johannes Rau war mit seiner Frau gekommen, wohl nur meinetwegen. Sein Rat in der Runde war wertvoll.

Erstaunlich, wie sehr die Einsichten in die Notwendigkeiten der Einheit in den letzten Monaten gewachsen sind. Nach dem Parteitag in Düsseldorf bereitet es keine Schwierigkeiten mehr, über Steuererhöhungen zu sprechen, wenn es um die Erblast der letzten vierzig Jahre geht. Der Umfang der Transfers ab 1995 wird mit 35 bis 45 Milliarden DM allgemein akzeptiert. Ebenso ist man bereit, diesen Betrag aus den laufenden Haushalten zu zahlen. Die Länder wollen die Gemeinden an der Aufgabe beteiligen. Was die Verschuldung der neuen Länder angeht, so sieht man ein, dass wir unsere Kreditmöglichkeiten brauchen, um die Infrastruktur zu erneuern. Sie dürfen deshalb nicht für die Finanzierung laufender Ausgaben vebraucht werden.

Keinen Schritt weitergekommen sind wir lediglich bei der Finanzierung der Jahre 1993 und 1994. Das ist auch nicht verwunderlich. Die Länder haben ihre Haushalte alle längst beschlossen und in die Landtage eingebracht. Sie können erst für 1994 zusätzliche Lasten übernehmen. 1993 sind wir deshalb auf den Bund angewiesen. Über dessen Bereitschaft, zusätzliche Leistungen zu erbringen, wird derzeit verhandelt. Man hört aus Bonn, eine Erhöhung der Verschuldung des Bundes werde erwogen.

Deutlich besser als noch vor wenigen Monaten ist die Atmosphäre, in der wir zusammentreffen. Auf beiden Seiten besteht Bereitschaft, sich aus den alten Konfliktmustern zu lösen und die gemeinsamen Interessen zu sehen. Für die SPD eine schwierige Sache. Unterstützt sie Kohl beim Solidarpakt, dann hilft sie ihm aus einer schwierigen Lage. Daran kann sie nicht interessiert sein. Ebenso wenig nützt es ihr jedoch, wenn die Finanzfragen nicht gelöst werden. Dann treten die neuen Länder in den unveränderten Finanzausgleich, ohne dass die alten Länder sich den Leistungen verweigern könnten, die damit verbunden wären. Bei mehreren, die alle SPD-geführt sind, würde ein Haushalts-Notstand entstehen, den im Wesentlichen der Bund überwinden müsste. Auf der Strecke bliebe die bundesstaatliche Ordnung; wenn auch nicht formal, so doch in der Substanz. Daran sind die Länder nicht interessiert.

So kann unter dem Druck der Wirklichkeit und gefördert durch die Einsicht, die sich inzwischen eingestellt hat, eine Zusammenarbeit unter den Ministerpräsidenten entstehen, die zu einem Gegengewicht gegen die Bundesregierung führt. Ich werde eine derartige Entwicklung fördern. Die bundesstaatliche Ordnung muss sich in der Bewältigung der deutschen Einheit neu bewähren und zugleich modernisieren.

31. Oktober 1992

Eine gute Woche geht zu Ende. Der Bundesparteitag in Düsseldorf und die Jahres-Ministerpräsidentenkonferenz in Dresden waren erfolgreich. Mit beiden Ereignissen ist unser Einfluss auf die deutsche Politik gewachsen: innerparteilich durch den Parteitag, im Bundesrat durch die Übernahme des Vorsitzes in der MPK.

Auf der MPK haben wir im Kamingespräch Einigkeit darüber erzielt, dass Oskar Lafontaine und ich die Mitwirkung der Länder beim Solidarpakt organisieren. Lafontaine übernimmt am 6. November das Amt des Bundesratspräsidenten. Ich habe ihm geraten, in seiner Einführungsrede auf die Gefahr einzugehen, dass die beiden großen Parteien sich gegenseitig blockieren und damit der Entwicklung extremer politischer Kräfte Vorschub leisten. Die Union erklärt die SPD für handlungsunfähig, weil sie sich mit einer Kursänderung in der Asylpolitik quält und deshalb offene Flanken bietet. Die SPD erklärt das Gleiche von der CDU, weil diese den schwierigen Versuch unternimmt, ihre Finanz- und Steuerpolitik den neuen Gegebenheiten in Deutschland anzupassen. Dadurch werden nicht nur die jeweiligen Kurskorrekturen beeinträchtigt, obwohl sie dringend notwendig sind. Schlimmer noch: Die Reformkräfte in beiden Parteien werden in ihrer Wirkung gehemmt und dadurch entmutigt. Dies zu einem Zeitpunkt, zu dem wir in besonderer Weise auf diese Kräfte angewiesen sind. Lafontaine könnte eine derartige Botschaft derzeit deshalb besonders gut überbringen, weil er in der Asylfrage eine Position vertritt, die der der CDU weitnähersteht als der der SPD.

5. November 1992

Der neue amerikanische Präsident heißt Bill Clinton. Er hat 43 Prozent der Stimmen auf sich vereinigt. Bush erhielt 39 Prozent, Perot 18 Prozent. Die Presse sieht darin einen überwältigenden Sieg Clintons. Richtig ist, dass Clinton von einer Minderheit der Wähler gewählt wurde. Die Wahlbeteiligung betrug 54 Prozent. Von diesen haben 43 Prozent den neuen Präsidenten gewählt. Dennoch hat er ein eindeutiges Mandat. Die Demokraten beherrschen zudem beide Häuser des Kongresses.

Die Kommentatoren sind sich einig: Die Amerikaner haben sich nicht für Clinton, sondern gegen Bush entschieden. Er verstand die Zeit nach dem Ende der bipolaren Welt nicht mehr. Zu den Menschen und ihren Nöten im Land hatte er kein Verhältnis. Er war nicht Präsident, sondern König. Als er in den letzten Tagen des Wahlkampfes merkte, dass ihm das Amt entgleiten könnte, zeigte er sein wahres Gesicht. Sein Wahlkampf war nicht vom Bemühen um politische Auseinandersetzung geprägt, sondern von persönlichen Angriffen auf seinen Kontrahenten. Es war das hässliche Gesicht der Politik. Die Wähler wollten dieses Gesicht nicht länger sehen. Ob Clinton aus dem Holz geschnitzt ist, aus dem man Präsidenten macht, wissen die Menschen nicht. Aber sie wussten, dass sie Bush nicht mehr wollten.

Politisch bedeutet dies: Die USA haben die Wende vom Kalten Krieg zur Nachkriegszeit nun auch politisch vollzogen. Sie werden Europa nicht mehr als Weltführungsmacht zur Verfügung stehen. Nur noch in dem Umfang können wir mit ihrem Engagement rechnen, wie er durch die Interessen der USA bestimmt wird. Neben den Generationswechsel tritt der Wechsel der Prioritäten. Amerika wird nun erst einmal die Wunden heilen, die ihm der Kalte Krieg geschlagen hat. Clinton wird sich diesen Aufgaben zuwenden müssen. Er wird dazu keine Alternative haben. Die Flucht in die Außenpolitik, die Bush erneut angetreten wäre, steht ihm nicht zur Verfügung. Das werden wir auch in Europa bald zu spüren bekommen.

Deshalb werden auch wir stärker als bisher für Fragen in Pflicht genommen werden, die die Führungsmacht bisher für uns gelöst hat. Ein weiterer Grund, warum wir die vorhandenen Reserven besser ausschöpfen müssen, als dies bisher gelungen ist.

Heute Morgen Aufsichtsrat in Meißen. Die Manufaktur muss ebenfalls Rationalisierungsanstrengungen unternehmen. Ihr Produkt lebt von der Bereitschaft, für schöne Dinge viel Geld auszugeben. Wir sind deshalb ähnlich anfällig wie andere Luxusproduzenten auch. Wir müssen lernen, uns den wechselnden Verhältnissen im Markt anzupassen. Die Belegschaft ist dazu bereit.

Schommer berichtete vorhin, Kohl habe sich in die Standortwahl der Firma Audi für ein Motorenwerk eingeschaltet. Bisher sah es so aus, als werde das Werk im Erzgebirge gebaut. Nun will Kohl es offenbar in die Nähe von Magdeburg holen. Schommers Gesprächspartner bei Audi berichtete von einem entsprechenden Brief. Man sei, so hieß es, dabei, ihn zu beantworten. Die Haltung Kohls zu Sachsen kenne man ja wohl. Nichts ist dagegen einzuwenden, dass die Länder untereinander im Wettbewerb stehen. Wenn jedoch der Kanzler sich mit seinem Gewicht einschaltet, um das Wohlverhalten eines Landes zu belohnen und andere zu bestrafen, wird der Aufbau Ost auch auf diese Weise für seine Machtzwecke missbraucht. Der Mann hat nicht nur jedes Gefühl für politische Kultur verloren, sondern auch jeden Maßstab für das, was der Kampf um die Macht noch rechtfertigen kann. Nachdem er schon in seiner Partei verbrannte Erde hinterlassen wird, will er dies jetzt wohl auch noch in der politischen Landschaft unseres Landes. Die Zeit ist nicht mehr weit, in der es zur offenen Auseinandersetzung kommen wird. Kohl darf im Grunde nicht Kanzler bleiben.

Vielleicht wird es ihm ergehen wie Bush. Man wird ihn abwählen, gleichgültig, wer ihm folgt. Man wird ihn nicht mehr ertragen können, nicht nur, weil er schon zwölf Jahre im Amt ist, sondern vor allem deshalb, weil er alles in Frage stellt, wofür unser Land eigentlich stehen möchte. Vielleicht muss der Anstoß für den Wechsel von Sachsen ausgehen.

8. November 1992

Aus Prag zurück und in Berlin. Diepgen und das Abgeordnetenhaus haben zu einer Großdemonstration gegen Ausländerfeindlichkeit und Gewalt eingeladen. Richard von Weizsäcker nimmt daran teil und spricht bei der Abschlusskundgebung. Während Kohl, trotz Bedenken, und die meisten Ministerpräsidenten teilnehmen, hatte Max Streibl es abgelehnt, sich zu beteiligen. Man solle nicht demonstrieren, sondern handeln, lautete seine Begründung. Der Bundespräsident wertete die Absage als eine Brüskierung, was die Entschlossenheit der Bayern verstärkte, sich von der Veranstaltung fernzuhalten. Waigel erklärte auf dem Parteitag in Nürnberg, die ganze Partei stehe hinter Streibl!

Demonstration und Kundgebung im Lustgarten liegen hinter mir. Mehr als 350 000 Menschen kamen, friedlich und teilweise heiter, aber auch ernst, bewaffnet mit vielen Plakaten und Tafeln, die für die Beibehaltung von Art. 16 GG warben. Ich war vor dem Brandenburger Tor zu dem Zug aus West-Berlin gestoßen, der durchs Tor und die Straße Unter den Linden hinauf zum Lustgarten zog. Ein eindrucksvolles Zeugnis gegen Fremdenhass und Ausländerfeindlichkeit. Mancher Teilnehmer sprach mich an, wir kamen ins Gespräch.

9. November 1992

Unsere Demonstration in Dresden, von der ich gerade gekommen bin, hob sich wohltuend von der in Berlin ab. Die Menschen versammelten sich vor der Ruine der Frauenkirche, etwa 15 000 an der Zahl. Der DBG hatte eingeladen, wir alle hatten die Einladung mitgetragen. Lew Kopelew war der Redner. Neben ihm sprach nur noch der DGB-Vorsitzende einige Begrüßungsworte. Auch bei uns wollten Chaoten stören. Aber die Polizei drängte sie in die angrenzenden Straßen ab und Eggert war unter seinen Leuten und sorgte für Ordnung. Nach der Rede formierten sich die Menschen zu einer Menschenkette über die Brühlschen Terrassen und um die Frauenkirche, mit Hunderten von Kerzen. Es war ein bewegendes Bild, durchaus würdig des Gedenkens an die Demonstrationen vor drei Jahren. Die Glocken läuteten und begleiteten die Menschen auf ihrem Weg. Man sah es in ihren Gesichtern, wie sehr sie von Kopelews Worten bewegt waren. Ähnlich wie Szczypiorski sprach auch er von der deutschen Kultur, ihrer Bedeutung und ihrer Kraft, und der Aufgabe aller Menschen, sich schützend vor diese Kultur zu stellen und dem Hass Einhalt zu gebieten. Wir haben wieder ein Beispiel dafür gegeben, wie man es auch machen kann.

Dagegen muss die Veranstaltung im Landtag heute Morgen schlecht verlaufen sein. Zwar waren alle der Ansicht, man müsse sich der Gewalt entgegenstellen. Aber es gab, wie nicht anders zu erwarten, heftige Auseinandersetzungen und Entgleisungen (Matzke) in der Diskussion um die Frage, wer für die zunehmende Gewalt verantwortlich zu machen sei. Lersow, der mit anderen die Sitzung beantragt hatte, machte auf mich einen bedrückten Eindruck; Eggert bezeichnete die Diskussion als eine Katastrophe. So müssen die Mitglieder des Landtages eben lernen, dass sie Minderheiten nicht das Gesetz des Handelns überlassen dürfen.

11. November 1992

Heute Nachmittag haben wir den Gründungsausschuss der Sächsischen Akademie die Künste konstituiert. Meyer führte den Vorsitz. Von zwei Ausnahmen abgesehen waren alle von mir berufenen Mitglieder erschienen. Das Gespräch kam zunächst nur schwer in Gang. Nach Meyers Begrüßung trug Friedrich-Wilhelm Junge die Überlegungen vor, die er und einige andere Teilnehmer zur Akademie zu Papier gebracht hatten. Anschließend wurde darüber gesprochen. Man war sich einig, dass es einer Akademie, und zwar einer arbeitenden Akademie, bedarf, nicht nur einer zur Ehrung bedeutender Künstler. Der Schriftsteller Friedrich Dieckmann regte eine Präambel zur Satzung an, die Auskunft geben könnte über das Selbstverständnis der Akademie. Darüber vor allem sprachen wir dann auch: Was soll sie leisten, welche Standortbestimmung geben wir der Kunst über das hinaus, was sie in erster Linie ist, Selbstverwirklichung des Künstlers, Ausdruck seiner Persönlichkeit, Vergegenständlichung seiner Begabung. Wir waren uns einig: Eine Instrumentalisierung der Kunst für einen öffentlichen Zweck darf es nicht geben, auch nicht für den Zweck einer Identitätsfindung des Landes. Dagegen kann eine Akademie zur Konkretisierung dessen beitragen, was wir unter unserer Kultur und ihrer identitätsstiftenden Wirkung verstehen. Dies aber nicht als ein ihr aufgegebener Zweck, sondern als ihre Wirkung.

Man war sich einig, dass die Autorität der Akademie und ihr Ansehen vor allem durch das Ansehen ihrer Mitglieder und deren Werk bestimmt sein werden. Dagegen könne die Mitgliedschaft in der Akademie dem Künstler kaum zusätzliches Ansehen verschaffen, wenn es durch sein Werk nicht begründet sei.

Ich gab den Mitgliedern des Gründungsausschusses zwei Aufgaben mit auf den Weg: die Selbstergänzung zu einem größeren Kreis und die Formulierung des inhaltlichen Auftrages. Beides müssten sie ohne die Anleitung Dritter leisten. Der Staat werde das Gefäß zur Verfügung stellen, aber nicht den Inhalt. Deshalb habe auch das Statut nur eine untergeordnete Bedeutung. Es sei das Gerippe, das dem Inhalt Halt gebe, ohne ihn wesentlich zu beeinflussen.

Morgens in der Fraktion. Sie diskutiert über die Nominierung eines neuen Kandidaten für das Amt des Stasibeauftragten, nachdem der erste im Landtag durchgefallen war. Am Rande der Fraktion vereinbare ich mit den Chemnitzern ein gemeinsames Gespräch in der Stadt über die Streitereien in der CDU. Pilz hat in der Stadtverordnetenversammlung keine Mehrheit mehr, auch wenn es nicht zu einer Zweidrittelmehrheit reichte, um ihn abzuwählen. Dass die Abwahl scheiterte, war auf eine originelle Beeinflussung des Wahlverhaltens der CDU-Fraktion zurückzuführen. Man wartete, bis die anderen Abgeordneten ihre Stimme abgegeben hatten. Der erste CDU-Abgeordnete, der dann zur Wahl ging, tauschte in der Wahlkabine den Schreiber gegen einen anderen mit grüner Mine aus. Dadurch konnte man feststellen, ob alle CDU-Abgeordneten für Pilz gestimmt hatten. Natürlich kam die Manipulation ans Licht der Öffentlichkeit. Die CDU in Chemnitz kann kaum noch an Ansehen verlieren. Partei und Fraktion sind miteinander zerstritten, alle wesentlichen Entwicklungen werden behindert. Eine Veto-Koalition hat sich gebildet, die die Stadt um ihre Entwicklungschancen zu bringen droht. Wenn die Beteiligten nicht zur Vernunft kommen, dann muss ich eben die SPD unterstützen. Je früher man das in der eigenen Partei lernt, umso besser.

Mit Bohl ein längeres Gespräch geführt. Er rief im Auftrag Kohls an, um unsere Unterstützung der AFG-Novelle einzufordern. Wir werden die Novelle nicht im Vermittlungsausschuss scheitern lassen, wohl aber noch über die eine oder andere Frage reden müssen. Bei der Gelegenheit ließ ich Bohl meine Sorge wegen der schlechten Zusammenarbeit mit Bonn wissen. Mein Brief an Kohl ist in Bonn verbreitet worden. Kohl hat ihn an Waigel weitergeleitet. Die *Leipziger Volkszeitung* erhielt den Text meines Briefes aus Bonn. Bohl sagte ich, dieses Verfahren sei ebenso unmöglich wie die Antwort, derer mich Kohl gewürdigt habe. Der Verweis auf den Bericht der Bundesbank sei ebenso zu beanstanden wie die Weigerung, die DSU-Fragen überhaupt zu beantworten. Kohl habe zudem in Sachen Aggregatewerk von Audi zugunsten Sachsen-Anhalts interveniert, ohne uns dies zu sagen. Zwar gehe Audi nach Ungarn, aber das Verfahren, politisches Wohlverhalten auf diese Weise zu belohnen, sei indiskutabel. Wenn so weiterverfahren werde, müssten wir eben unsere sächsischen Interessen knallhart vertreten, so wie dies andere Länder in der Vergangenheit auch getan hätten. Sicher: Es hat wieder den Falschen getroffen. Aber vielleicht kann Bohl einiges von unserer Stimmung auch weitervermitteln. Kohl ist heute in Großbritannien, um den Dezember-Gipfel der EG vorzubereiten.

Gestern Abend das Deutsche Requiem von Brahms mit Justus Frantz als Dirigent in Leipzig. Ein großes Erlebnis und anschließend ein schöner Abschluss in Auerbachs Keller. Reiter hatte uns eingeladen. Solche Abende sind auch Lohn für schwierige Arbeit.

12. November 1992

Die Sitzung mit der Landesgruppe in Bonn dauerte zwar lange, aber sie war auch erfolgreich. Zum Bundeshaushalt 1993 wurde beschlossen, dem Haushalt nur zuzustimmen, wenn von Kohl politisch verbindlich zugesagt wird, in einem Nachtragshaushalt alsbald weitere 8 Milliarden DM an Zuschüssen für die ostdeutschen Länder und Gemeinden vorzusehen.

Im Übrigen besprachen wir das Entschädigungsgesetz und die AFG-Novelle. Zum Ersteren gibt es einige sächsische Wünsche, die erfüllt werden sollten – insbesondere eine Freigrenze für die Vermögensabgabe auf Immobilienbesitz, damit die Eigentümer kleiner Häuser nicht gezwungen sind, sich zu verschulden. Zum Zweiten wollen wir der Novelle trotz erheblicher Bedenken zustimmen und lediglich in Einzelheiten Änderungen anstreben, zu denen die Regierung sich bereit erklärt hat.

Nachmittags Gespräch mit Wolfgang Schäuble. Ich treffe ihn in guter Verfassung an. Zwar hat sich sein körperlicher Zustand nicht verbessert, wohl aber sein seelischer. Dank einer offenbar hervorragenden Gymnastik ist er in der Lage, auch die Körpermuskeln zu stärken, die er nicht mehr kontrollieren kann. Das verbessert seine Haltung und macht ihm Mut.

Schäuble stimmt der sächsischen Position zum Bundeshaushalt zu. Er hält es sogar für erforderlich, den Nachtrag, ausreichend konkretisiert, bereits in der zweiten und dritten Lesung anzukündigen. Auch in der Fraktion habe man den Gedanken, den Haushalt noch einmal zurückzugeben, letztlich verworfen. Deshalb gebe man dem von uns vorgeschlagenen Verfahren den Vorzug. Den Betrag von 8 Milliarden DM hält Schäuble für realistisch. Er habe an rund 10 Milliarden DM weitere Einsparungen gedacht. Dieser Betrag schließe allerdings die Mittel für eine Investitionszulage ein. Zweifel hat er, ob es möglich sein werde, den zusätzlichen Betrag in Gänze an die Länder und Gemeinden zu zahlen. Darüber muss noch gesprochen werden.

Wir sprechen anschließend über den Zustand unserer Eliten in Ost und West und über die Notwendigkeit, den früheren SED-Mitgliedern eine Gelegenheit zu geben, sich wieder aktiv an der Gestaltung des Landes zu beteiligen. Mir scheint der Zeitpunkt dazu noch nicht gekommen. Ich erwarte jedoch von unserem politischen Programm in Sachsen eine erste Öffnung der politischen Diskussion auch in diese Richtung. Der Übergang von der derzeit herrschenden Ausgrenzung zu einer neuen Form der Einbeziehung muss fließend sein.

Schäuble leidet darunter, dass man in Bonn kaum in der Lage sei, die wirklichen Dimensionen der deutschen Frage zu erkennen. Deshalb müssten Regierung und Parlament früher als derzeit geplant nach Berlin umziehen. Dass beide Bonn verlassen sollten, ist auch meine Meinung. Da es keine Alternative zu Berlin gebe, sei wohl Berlin der Ort. Dies, obwohl die Stadt ihre frühere Rolle nicht mehr wahrnehmen könne. Denn sie liege nicht mehr im geographischen Mittelpunkt des Reiches, sondern an der Peripherie der Republik.

Wichtig sei jedoch, den Umzug mit einem Berlinvertrag zu verbinden, der die Entwicklung der Stadt kontrollierbar mache. Dazu ist auch die Vereinigung von Berlin mit Brandenburg eine wichtige Voraussetzung. Durch die Bildung eines neuen Landes werde es leichter, Berlin als Stadt unter »Kuratel« zu stellen. Derzeit herrsche in der Stadt ein allgemeines Durcheinander, dem man auch nicht durch noch so viele neue Aktivitäten entfliehen könne. Ginge die Regierung nach Berlin, dürfe sie nicht in den Strudel der Berliner Entwicklung gezogen werden. Ein Umzug sei erst möglich, wenn die Entwicklung der Stadt überschaubar, ihre zukünftigen Kosten kalkulierbar und ihre innere Stabilität gewährleistet seien. Andernfalls werde die Regierung durch Berlin notleidend.

Die Länderneuordnung Berlin-Brandenburgs führt uns zur Länderneuordnung generell. Ich berichte von meinen Gesprächen mit Voscherau und anderen und meinen Überlegungen zur Neuordnung. Schäuble hält die Neuordnung für notwendig, glaubt aber nicht an ihre Durchführbarkeit. Die Not, meine ich, wird sie erzwingen.

Auch Schäuble macht sich Sorgen um die weitere Entwicklung der Union. Meine Anregung, in der Fraktion über unsere Arbeit zu berichten, will er gerne aufgreifen. Erleichtern würde ihm die Einladung wohl, wenn die Spannungen ausgeräumt wären, die sich im Verhältnis zur CSU entwickelt haben. Meinen Brief an Waigel kennt er nicht. Ich werde ihm eine Kopie schicken. Die Aktivitäten der CSU in Sachsen führt er, wie ich auch, auf die internen Auseinandersetzungen in der CSU um die politische Richtung und die Nachfolge Streibls zurück. Waigel wäre auch ein guter Ministerpräsident für Bayern. Im Streit um die DSU und die Richtung ist Waigel »ein Getriebener«, meint Schäuble. Mit Bötsch arbeite er gut zusammen. Nur könne dieser in der CSU kaum etwas umsetzen, denn er sei von den Münchnern abhängig.

In der CDU müsse verstanden werden, so Schäuble, dass die Zukunft der Partei nicht in der Konkurrenz um den rechten Rand gesucht werden dürfe. Mayer-Vorfelders Vorschlag, mit den Republikanern zu reden, sei ebenso falsch wie der Versuch Stoibers, die Republikaner zu beschimpfen, sich aber selbst eines rechten Verbal-Radikalismus zu bedienen, um die rechten Wähler zurückzuholen. Beides werde die Rechten stärken. Nur eine klare Position der

Mitte, allerdings unter Einbeziehung der Fragen nach der nationalen Zukunft und Identität, könne der CDU eine Zukunft als Volkspartei sichern.

13. November 1992

Die Sitzung der Treuhand heute war angenehm und ohne schwierige Fragen. In der Mittagspause unterrichte ich Ministerpräsident Seite von den Entscheidungen der Landesgruppe und meinem Gespräch mit Schäuble. Seite wird unsere Linie unterstützen. Gestern schon sprach ich mit Bernd Vogel, der sich bereit erklärte, auf unserer Grundlage mit Kohl zu verhandeln. Vogel wird sich nie gegen Kohl stellen, denn er will Vorsitzender der Konrad-Adenauer-Stiftung bleiben – und Kohl kann das verhindern.

18. November 1992

Gestern war wieder einmal alles in einem Tag zusammengefasst, was uns in Sachsen beschäftigt. Morgens Kabinett: Im Mittelpunkt stand die Frage, ob wir dem Bundeshaushalt zustimmen können, auch wenn die ostdeutschen Länder nicht ausreichend dotiert werden. Wir teilten die Ansicht, die auch in der Landesgruppe vertreten wird. Dem Haushalt können wir nur zustimmen, wenn in verbindlicher Form ein Nachtrag in Aussicht gestellt wird, der ein Volumen von 8 Milliarden DM ohne die Mittel für eine Investitionsanleihe aufweist. In verbindlicher Form heißt, dass der Bundeskanzler selbst für die Einlösung der Zusage geradestehen muss. Der Nachtragshaushalt soll bis spätestens Ende Februar 1993 verabschiedet sein.

Wir wollen die Landtagsfraktion veranlassen, im Zusammenhang mit der ersten Lesung des Haushaltes im Landtag eine Entschließung zu verabschieden, die die Haltung der Staatsregierung im Bundesrat unterstützt. Außerdem werden wir unsere Position in der konstitiuierenden Sitzung des Bundesvorstandes erläutern. Schließlich habe ich Goliasch gebeten, auch mit seinen Kollegen in den Landtagen der anderen ostdeutschen Länder Kontakt aufzunehmen mit dem Ziel, ähnliche Entschließungen einzubringen.

Wird der Bundeshaushalt im Bundestag trotz Gegenstimmen

aus Ostdeutschland verabschiedet, dann werden die A-Länder im Bundesrat wahrscheinlich den Vermittlungsausschuss anrufen. Ich würde mich einem Vermittlungsbegehren anschließen. Je eher wir Klarheit über die weitere Entwicklung in Bonn gewinnen, umso besser. Lehnt der Bundesrat den Etat ab, muss der Bundestag das Votum mit einer Kanzlermehrheit überstimmen. Verweigern die Abgeordneten aus den ostdeutschen Ländern die Gefolgschaft, dann ist der Haushalt endgültig abgelehnt. Waigel müsste dann seinen Hut nehmen und die Regierung wäre in schweren Nöten.

Nach dem Kabinett Essen mit der Fraktionsvorsitzenden-Konferenz der FDP. Kröber strahlte, als er mich am Eingang des Dresdner Hofs in Empfang nahm. Für ihn, den einzigen Abgeordneten im Landtag, der bereits dem Nachkriegslandtag des Landes Sachsen angehörte, muss es ein großartiges Erlebnis sein, alle FDP-Kollegen aus Bund und Länder als Gastgeber bewirten zu können.

Anschließend ein einstündiges Gespräch mit dem Vicepresident von Texas Instruments und seiner Begleitung. Das Unternehmen sucht einen Standort für eine 64-Megabit-Chip-Produktion und denkt dabei unter anderem an Dresden. Standorterwartungen sind: ein geeignetes technisch-wissenschaftliches Umfeld, Humankapital, ein geeignetes Grundstück, erstklassige Verkehrsanbindungen, nachhaltige finanzielle Unterstützung durch den Staat und die notwendige, auch kulturelle Infrastruktur. Das Gespräch zeigt, dass unsere eigentliche Stärke in unseren wissenschaftlichen Einrichtungen und in unserer Fähigkeit liegen könnte, das notwendige Personal und den Nachwuchs zu sichern. Dies war auch für den potentiellen Investor der wichtigste Gesichtspunkt.

Wenn es zu einer Entscheidung für Dresden kommt, wird Texas Instruments insgesamt rund 1,5 Milliarden DM investieren. Man erwartet eine Unterstützung des Landes in Höhe von rund 70 bis 75 Prozent der Investitionssumme. Wir können nach Auskunft des Staatsministers für Wirtschaft und Arbeit dieser Erwartung entsprechen. Allerdings frage ich mich inzwischen, ob es nicht vernünftiger wäre, statt einer Förderung in dieser Höhe eine Landesbeteiligung an dem Unternehmen zu begründen. Eine Beteiligung würde das Land nicht nur an dem voraussichtlichen Erfolg des Unternehmens teilhaben lassen. Wir könnten sie später auch veräußern oder, zum Teil, für die Vermögensbildung der Arbeitnehmer einsetzen. Würden wir uns nicht nur hier, sondern auch in anderen Fällen mit Minderheitsbeteiligungen engagieren, statt verlorene Zuschüsse zu geben, würde uns eine industrielle Beteiligung zuwachsen, die das Land zwar nicht zum Unternehmer werden lässt, aber dennoch einen bedeutenden Vermögenswert darstellen könnte. Vorsorge müsste dann jedoch getroffen werden, dass die unternehmerische Führung nicht dem Land zufallen kann, und das Land auch nicht in die Lage gebracht wird, ein Unternehmen, das nicht mehr wettbewerbsfähig ist, zu übernehmen.

Nach dem Gespräch mit Texas Instruments eile ich zur Albrechtsburg, um an der feierlichen Konstituierung des Kuratoriums für den Wiederaufbau der Frauenkirche teilzunehmen. Ich komme zu spät und gerade zu dem Zeitpunkt, zu dem Güttlers Redebeitrag mit Applaus bedacht wird. So muss ich durch die Türe ans Rednerpult, ohne auch nur einen Satz Redevorbereitung gelesen zu haben. Pfeifer ist für Kohl, Heinz-Werner Meyer für den DGB gekommen. Bischof Hempel und der Oberbürgermeister hatten bereits gesprochen. Ich fühlte mich durchaus unwohl in meiner Haut und war besorgt, länger über eine Sache reden zu müssen, von der ich nichts verstehe. Aber es ging gut.

Das anschließende Treffen der Kuratoren und des Vorstandes war ein Gewinn. Güttler möchte erreichen, dass die Frauenkirche Ende 1999 wieder genutzt werden kann, auch wenn die äußere Kuppel noch nicht fertiggestellt ist. Technisch ist es möglich, die Kirche in dieser Zeit wiederaufzubauen. Ein Ablaufplan für das Projekt und seine Kosten soll nun bald vorgelegt werden. Ich bin bereit, das Land angemessen zu beteiligen. Der Wiederaufbau der Frauenkirche wird nicht nur für Dresden, sondern für das ganze Land ein Signal der Hoffnung sein. Auch deshalb müssen wir bald damit beginnen.

Das Treffen mit den Handwerkerfrauen heute Morgen war ein ermutigendes Erlebnis. In Sachsen gibt es mehr selbstständige Frauen als im Westen. Sie sind engagiert, sehen gut aus, packen in ihren Betrieben mit an und wollen einen Beitrag zum Aufbau des Landes leisten. Auch hier sprach ich von den immateriellen Voraussetzungen des Einigungswerkes, zitierte Thierse und seine bitteren Wahrheiten und stieß mit meiner Beschreibung dieser Wahrheiten auf große Zustimmung.

24. November 1992

Seit gestern Nacht zurück von unserer Reise zum Ural, nach Baschkortostan. Obwohl wir nur zwei Tage Zeit hatten, war es ein besonders Erlebnis. Der Reihe nach:

Die Reise war seit längerem geplant. Besondere Lust hatte ich nicht, den Besuch des Präsidenten der autonomen Republik Baschkortostan, Murtasa Rachimov, im Juni dieses Jahres zu erwidern. Die Verhandlungen über verschiedene Formen der Zusammenarbeit hatten jedoch ein Stadium erreicht, das einen Besuch zur Unterzeichnung verschiedener Vereinbarungen erforderlich machte.

Mit unserer Reise verbinden wir folgende Ziele: Erstens: Rahmenvereinbarungen für die Lieferungen sächsischer Unternehmen nach Baschkortostan und dortiger Unternehmen nach Sachsen zu vereinbaren. Dafür geben wir eine Bürgschaft über 100 Millionen DM. Zweitens: Wissenstransfer und Zusammenarbeit bei der Konversion von Rüstungsbetrieben. Drittens: Aus- und Weiterbildung, berufliche Bildung baschkirischer Menschen in Sachsen und in Baschkortostan. Der Wissenstransfer ist wohl das Wichtigste, was wir tun können.

Freundschaftlicher Empfang in Ufa. Der stellvertretende Ministerpräsident holt uns mit einer Delegation am Flughafen ab. Die deutsche und die sächsische Fahne wehen neben der russischen und der baschkirischen. 15 km bis zur Stadtmitte. Wir essen im Hotel zu Abend, neben dem Rathaus. Die Stadt hat eine Nord-Süd-Ausdehnung von 60 km, rund 1 Million Einwohner, das sind knapp 25 Prozent der Bevölkerung des Landes.

Beim Essen sprechen wir über die Landwirtschaft. Rund 30 Prozent der Ernte gehen durch Transport- und Lagerschwierigkeiten verloren. Man macht vor allem die Ausdehnung des Landes dafür verantwortlich. Wir überlegen, eine Gesamtstudie der Landwirtschaft durchzuführen, die uns mit dem wirklichen Tatbestand versorgt. Das Land ist rund 150 000 qkm groß, etwas größer als die ehemalige DDR. Die Ural-Berge ziehen sich von Nord nach Süd durch das Land, 800 bis 900 m hoch, die höchste Erhebung 1600 m, ein altes Gebirge, etwa Schwarzwaldstruktur. Die Hälfte des Landes ist von Wald bedeckt, weite Teile wurden in den letzten Jahrzehnten von keines Menschen Fuß betreten. Es gibt die größten Bestände an Linden in ganz Russland, viel Flora, deshalb guter Honig. Stutenmilch, sie schmeckt ähnlich wie Sauermilch, ist das nationale Getränk.

Das Fernsehen, das ich abends kurz einschalte, ist nicht wiederzuerkennen, kein Vergleich mit dem sowjetischen Fernsehen in den 80er Jahren. Werbung, lockere Moderatoren, ähnliche Publikums- und Talkshows wie bei uns, Frühstücksfernsehen – das auch bei unserem Frühstück die ganze Zeit lief – mit der üblichen Interview-Ecke und Unterhaltung. Per Satellit kann man auch hier westliche Programme empfangen. Dagegen reicht die Langwelle für die Funkuhr nicht bis zum Ural.

Sonntagmorgen Frühstück mit dem Außenminister und dem Vizepremier. Ein überladen gedeckter Tisch im Gästehaus, in dem ich wohne, ordentliche Suite. Ich habe nur vier Stunden geschlafen und freue mich schon wieder aufs Bett. Neben Brot, Wurst, Käse, Schinken, Obst, Honig und Stutenmilch, Fruchtsaft und süßem Gebäck gibt es Zunge oder Stöhr zur Auswahl. Schließlich erhalte ich auch Tee.

Anschließend Treffen mit Rachimov in seinem Amtszimmer im Obersten Sowjet. Ein pompöses Gebäude auf einem der sieben Hügel der Stadt, früher Sitz der Parteizentrale. Die Büroeinrichtung hat Rachimov übernommen. Er berichtet über Land und Leute, statistische Daten, auch mit Hilfe einer Landkarte. Um 10 Uhr beginnen unsere Beratungen. Nach unseren Eröffnungserklärungen folgen Einzelaussagen der Mitglieder der Delegationen zu Einzelthemen (bei uns von Schommer, Jähnichen und Rehm sowie Tiedt und Franke MdL). Die anderen (Lippmann, Wolfgang Weber und Clemens) melden sich nicht zu Wort. Gesprochen wird zu 1) Kooperation im Rahmen des Kreditabkommens auf dem Gebiet der Erdölchemie, 2) Ausweitung der Kooperation auf die Landwirtschaft, 3) Zusammenarbeit bei der Umstellung von Rüstungsbetrieben, 4) berufliche Bildung und Management-Training, 5) Zusammenarbeit im Bereich des Umweltschutzes – die Umweltschäden im Land sind erschreckend, 6) Vereinbarung über eine Niederlassung der Landesentwicklung in Baschkortostan.

Mittagessen in einem Restaurant. Wieder ein total überladener Tisch, wieder viel, schweres, fettes Essen und Alkohol. Zwei Wodka-Ex kann ich nicht vermeiden, dann halte ich mich zurück.

Ein Besuch in einem ehemaligen Rüstungsbetrieb schließt sich an. Der Generaldirektor stammt aus der alten Zeit und benimmt sich auch so. Er stellt sein Unternehmen und die Produktion vor, darunter auch einige Konsumgüter: Staubsauger und Bügeleisen, Wasserpumpen. Er spricht über die Konversion der Rüstungsproduktion und die Zündkerzenproduktion, zeigt uns einen Film über das Werk und will Fragen beantwortet haben, die er sich aufgeschrieben hat und die ich ihm geduldig beantworte. Die Produkte sind einfach und im Westen unverkäuflich. Die Ausrüstungen sind überaltert, die Beschäftigung überhöht. Gänzlich unklar ist, wo die Modernisierung herkommen soll. Sachsen ist dagegen ein Paradies!

Unsere Themen werfen Licht auf unsere Probleme: die Verträge über die Zusammenarbeit in der Petrochemie und der Kreditrahmen, die Landwirtschaft, die Konversion der Rüstungsindustrie in eine Friedensindustrie, die Sicherung der ökologischen Zukunft, auch ein Werk des Friedens, und die gemeinsame Ausbildung der Fachkräfte, die man für all diese Aufgaben braucht. Baschkortostan, die Vielfalt der Nationen und Religionen, gibt uns ein Beispiel für friedliches Zusammenleben.

Ein längeres Gespräch mit dem islamischen Oberhaupt in Ostrussland und ganz Sibirien. Ein gebildeter Mann, politisch sehr begabt, studierte in Ägypten, wurde zum Oberhaupt der islamischen Bevölkerung gewählt, zur Integration fähig, politisch kooperativ, unterstützt er die Regierung und trägt damit zum inneren Frieden der Landes bei. Schon an der Mittagstafel meldete er sich zu Wort, um uns zu begrüßen und uns zu sagen, dass wir alle, Christen, Orthodoxe und Moslems, denselben Gott verehren und Jesus auch für den Islam ein Prophet gewesen sei, ein heiliger Mann. Am Abend wird besonders bemerkt, dass er den Bischof der orthodoxen Kirche, der unserer Einladung ebenfalls gefolgt war, umarmte und küsste. Von seiner, des Mufti Generation, erwartet man die Gestaltung der politischen Zukunft des Landes.

Gegen zehn Uhr bin ich im Gästehaus und schlafe rund neun Stunden. Angenehmer Komfort, auch ruhig, wenn man von gelegentlich heulenden Hunden und der Transsibirischen Eisenbahn absieht, die in der Nähe vorbeiführt und sich durch ihre rumpelnde Gemächlichkeit bemerkbar machte.

Am Montagmorgen wieder gemeinsames Frühstück. Dann Gespräch mit Rachimov über die Beziehungen zu Moskau. Man traut der Zentrale nicht mehr. Auch Jelzin habe viele Fehler gemacht. Alles gehe viel zu schnell. Deshalb wachse die Opposition. Man wolle Jelzin nicht stürzen. Aber Änderungen in seiner Regierung seien notwendig. Zu viele junge Theoretiker, zu wenig Erfahrung! Baschkortostan will seine Außenbeziehungen selbst regeln, zu den anderen Republiken der GUS wie zu anderen Ländern. Es beansprucht Planungs- und Devisenhoheit. Russland soll Fernstraßen, Ölleitungen, Eisenbahnen, Währung und Verteidigung regeln, aber nicht mehr. Gesetzgebung vor allem im eigenen Land, aber auch die Rechtsprechung und die wirtschaftlichen Beziehungen zu den anderen GUS-Staaten und anderen Regionen: Sie werden durch Vereinbarungen der Regierungen geregelt, die von den Betrieben ausgefüllt werden.

Nach der Unterzeichnung und dem Austausch der Dokumente, die gestern Nachmittag und nachts geschrieben worden waren, tauschen wir auch Geschenke aus.

Besuch im Luftfahrtechnischen Institut. Rund 6000 Studenten studieren und leben hier. Die Professoren haben Verbindungen zu den Technischen Hochschulen in Dresden, Karlsruhe und München geknüpft, auch ins weitere westliche Ausland. Die Anfängerausbildung zielt in Zukunft auf den Bachelor of Science, das heißt auf College-Niveau. Die apperative Ausstattung bei den Anfängern ist gut, PCs sind vorwiegend von IBM und Apple. Sonstige technische Ausstattung auf dem Niveau der 50er Jahre und älter. Keine Chance für Weltniveau. Eigene Entwicklungen, die mir stolz gezeigt werden, rühren mich. Viel Wollen, wenig Wissen. Man ist stolz auf jede westliche Anerkennung. Die Strahlwerke, an denen ausgebildet wird, sind überalterte Technik. Aber überall viel Hoffnung und Zuversicht.

29. November 1992

Wir haben heute Morgen lange darüber gesprochen, ob wir den Buchberg weiter bewohnen oder uns in der Umgebung von Dresden ein Haus bauen sollten. Ingrid ist sehr angetan von dem Reha-Zentrum, in dem sie Rita untergebracht hat. Nicht nur das Zentrum, auch seine Lage sagen ihr zu. Sie würde sich wohl fühlen bei dem Gedanken, die Einrichtungen des Zentrums zur Verfügung zu haben, wenn die eigenen Möglichkeiten nachlassen. Den Chiemsee könnten wir auch genießen, wenn wir uns im Yachthotel einquartieren und uns für den Sommer ein Boot mieten – oder ein neues kaufen und es Meltl auch zur Vermietung an andere überlassen, was steuerlich interessant ist, wenn man es selbst nur eine gewisse Zeit in Anspruch nimmt. Den Drachen werden wir ohnehin abgeben müssen. Wir sind alleine nicht in der Lage, ihn wirklich zu segeln; vor allem für Ingrid ist das sportliche Schiff zu beschwerlich.

Dauerhaft in Dresden, statt am Chiemsee zu wohnen, ist ein Gedanke, mit dem ich mich erst noch vertraut machen müsste. Aber richtig ist schon, dass wir in Sachsen mit einer besseren Betreuung werden rechnen können als in Bayern; jedenfalls dann, wenn wir Erfolg haben und das Land durch unsere Arbeit ein Stück weiterkommt. Dennoch wollen wir erst einmal das kommende Jahr abwarten. Wer weiß, was es für uns bereithält.

30. November 1992

Vormittags legen wir in Zwickau den Grundstein für eine schweißtechnische Abteilung im Bildungszentrum der Sächsischen Aufbau- und Qualifizierungs-Gesellschaft. Wir haben sie am 30. April 1991 aus der Taufe gehoben, als in den Sachsenwerken der letzte Trabbi vom Band lief und ein Zeitabschnitt zu Ende ging. Die Mitarbeiter standen damals vor dem Nichts. Heute beschäftigt die SAG über 2000 Leute. Alle Lehrlinge wurden weiter ausgebildet, neue kamen hinzu. Die Ausbildungsstätte wurde in den ehemaligen Fabrikhallen eingerichtet. Ein eindrucksvolles Beispiel sächsischer Initiative.

Vor dem Werkstor haben sich mehrere Hundert Arbeiter versammelt, die um den Bestand der neuen Sachsenwerke fürchten. Sie tragen Parolen mit sich, die die Marktwirtschaft für den Abbau der Belegschaft verantwortlich machen. Ich spreche zu ihnen, ohne Störung, und verspreche ihnen, mich für ihre Belange einzusetzen. Aber die Marktwirtschaft könne man nicht verantwortlich machen für den Verlust der Arbeitsplätze. Denn der Markt, das seien wir alle. Keiner von ihnen sei bereit gewesen, mit dem neuen Geld die Produkte zu kaufen, die sie selbst hergestellt hätten. Nur wenn wir besser seien als andere und unsere Produkte wettbewerbsfähig, wären sie als Konsumenten auch bereit, ihren eigenen Produkten wieder eine Chance zu geben. Das sage ich auch den Mitarbeitern, die sich in der leeren Werkshalle versammelt haben, in der die Schweißtechnik untergebracht werden soll. Niemand widerspricht. Die Menschen sind wirklich fabelhaft. Vor dem Werkstor danken sie mir für meine Äußerung mit Beifall.

Nachmittags steht der Wohnungsbau auf der Tagesordnung. Wir sind ein Stück weitergekommen und werden die Privatisierung nun mit Macht vorantreiben. Ich trage mich mit dem Gedanken, doch einen Minister mit der Aufgabe zu betrauen und dafür Walter Zöller aus München nach Dresden zu holen. Er könnte an die Stelle von Weise treten und mir zugeordnet werden. Ein neues Ministerium will ich nicht schaffen, denn die Aufgabe sollte in fünf Jahren erledigt sein.

In Berlin verkündet Kohl, er werde wieder kandidieren. Er wolle nicht, dass, wie zum Ende der Adenauer-Ära, die Geschichte neu geschrieben werde. Als ob die Geschichte nach einem Regierungswechsel nicht immer neu geschrieben werde – und er selbst an der Neubestimmung nach Adenauer nicht wesentlich beteiligt gewesen wäre. Seine Absicht, noch einmal anzutreten, hat Kohl in letzter Zeit mehrfach betont. Kein Zeichen von Sicherheit!

1. Dezember 1992

Im Kabinett ging es heute vor allem um eine Industrieansiedlung in Dresden. Tadicom will nördlich der Marienbrücke bauen, fand die Zustimmung der Stadt, stieß dann aber auf den Widerstand des Landesdenkmalpflegers Glaser. Er beanstandete, dass das Gebäude die Geschlossenheit der Silhouette störe, die die östlichen Elbhänge bilden, wenn man sie von den Brühlschen Terrassen aus betrachtet. Zu meinem Erstaunen musste ich von Meyer erfahren, dass dieser Blick – der Hintergrund für das Stadtbild gewissermaßen – nach DDR-Recht Denkmalschutz genießt, der Landesdenkmalpfleger also zu Recht Einspruch erhoben habe. Man sei bereit, das Gebäude zu genehmigen, wenn es die Baumkronen der Elbhügel nicht überrage. Dass man den Blick ungestört wird von der Augustusbrücke genießen können, stört die Denkmalpflege offenbar nicht. Ehe Meyer anheben konnte, aus der Angelegenheit eine Grundsatzfrage zu machen, hatten wir jedoch eine pragmatische Lösung gefunden. Heunen, der Unternehmer, kann bauen.

2. Dezember 1992

Der Bundestag hat heute die Maastrichter Verträge ratifiziert. Nach den Berichterstattern sprach Kohl. Seine Rede bot eine gute Mischung von Rückblick und Vorausschau. Europa ist sein Metier geworden und er fühlt sich wohl in ihm. Der Bundestag hat eine Entschließung verabschiedet, mit der er sich eine nochmalige Entscheidung über den Eintritt in die Währungsunion vorbehält. Formal ist sie mit dem Vertrag zu vereinbaren. In der Sache bedeutet sie, dass die Bundesregierung dem Beitritt Deutschlands zur gemeinsamen Währung nicht zustimmen kann, wenn das Parlament sich querlegt. De facto läuft dies auf ein Opting-out hinaus, wie es auch Großbritannien für sich in Anspruch genommen hat. Manches, so Kohl, gefalle auch ihm an dem Vertrag nicht. Aber ein Kompromiss sei notwendig gewesen, um weiterzukommen. Der Vertrag werde sich auch weiterentwickeln. Wie die deutsche Verfassung werde auch er sich verändern und den jeweiligen Gegebenheiten anpassen. Wichtig ist, so meinte er zu Recht, das rechtliche Gehäuse für die Friedens- und Lebensgemeinschaft der Völker in Europa weiterzuentwickeln und damit zu sichern. Das ganze Haus war aufmerksam. Häufig spendeten auch die Sozialdemokraten Beifall. Insgesamt eine souveräne Veranstaltung. Kohl ist die stärkste Persönlichkeit im Bundestag.

Vorbei auch die Zeiten, in denen Kohl eine große Koalition für sich ausschloss. Er ist längst bereit, auch sie zu akzeptieren. Demonstrativ setzte er sich im Plenum nacheinander mit zwei prominenten Sozialdemokraten zusammen, erst mit Conradi, dann mit Thierse. Ein Signal an alle, die sich wie Metallspäne unter einem Magneten nach den Kraftfeldern ordnen, die sie verspüren. Später sprach er dann länger mit Genscher, der den Vertrag noch als Außenminister unterschrieben hat.

Um die Mittagszeit kamen Koch und Wirtgen zu Besuch. Koch habe ich schon lange nicht mehr gesehen. Als die beiden ins Zimmer kamen, musste ich an unser Treffen im Wallis denken – es war 1975 im Sommer, nach dem Mannheimer Parteitag. Ich war von der Bettmeralp gekommen, war ohnehin unglücklich über die ganze Situation und fürchtete einen öffentlichen Skandal. Die beiden glaubten, Ingrid sei die Freundin von Strauß und von ihm angesetzt, um mich auszuschalten, nachdem ich in Mannheim Strauß ausgestochen und damit verletzt hatte. Wegen der Nominierung Kohls zum Kanzlerkandidaten war Strauß ohnehin nicht gut auf mich zu sprechen. Wie lange ist das nun alles schon her!

Inzwischen ist der *Spiegel* einer der wichtigsten Verbündeten geworden. Meinhard berät die Herren fast wöchentlich, kommt auch zunehmend zu Wort. Man ist von der Kraft Kohls beeindruckt, teilt auch meine Einschätzung zur großen Koalition. Als ich sagte, Engholm mache auf mich nicht den Eindruck eines Mannes, der mit Macht ins Kanzleramt strebe, lachte Wirtgen: Er sehe es ebenso. Die SPD hat derzeit keine Führungspersönlichkeit, die es mit Kohl aufnehmen kann – oder auch nur aufnehmen will. Man richtet sich eher auf geteilte Macht ein.

3. Dezember 1992

Nach einem festlichen Abendessen gestern Abend haben wir heute Morgen die Treuhand-Unternehmensmesse in Leipzig eröffnet. Die Treuhandanstalt hat sie organisiert. Rund 200 Treuhand-Unternehmen stellen aus. Erstaunlich und bewundernswert, welche Umstellungsleistungen, welches Ausmaß an Erneuerungen und Innovation in den letzten beiden Jahren bereits geleistet wurden. Die örtliche IG Metall hatte vor der Messe zu einer Demonstration gegen die Treuhand eingeladen. In einem Flugblatt wurde sie beschuldigt, mit der Messe verbinde sie die Absicht, die Unternehmen zu verschleudern. Das war der Gewerkschaftsführung so peinlich, dass sie das einzige ostdeutsche Mitglied des Hauptvorstandes nach Leipzig schickte, um für eine gemäßigte Demo zu sorgen, was dann auch gelang. Die Frauen und Männer waren in gewohnter Weise friedlich.

Nach der Demo vor der Messe zogen sie mit ihren IG Metall-Fahnen durch die Halle 20, in der wir nach der Eröffnung unseren Rundgang machten. Sie begegneten uns und zogen mit finsteren Gesichtern an uns vorbei, an der Spitze auch Herr Tiedt mit einem Pappschild vor dem Bauch, dessen Text ich nicht lesen konnte. Kaum war die Demo zu Ende, kamen die Arbeiter wieder in die Halle; diesmal in kleineren Gruppen und auf der Suche nach »ihrem« Unternehmen. Mit einigen sprach ich. Sie waren stolz auf ihre Produkte, zuversichtlich, dass sie es schaffen, und dankbar für den Einsatz der Landesregierung.

4. Dezember 1992

Zunächst eine Lesefrucht. Von Max Frisch stammt der Satz: »Krise ist ein produktiver Zustand, man muss ihm nur den Beigeschmack der Katastrophe nehmen«.

Genau das empfinde ich auch, jeden Tag aufs Neue in diesem Land. Und ich bin überzeugt davon, dass wir den Aufbau nur schaffen, wenn wir diesen Grundsatz in die Köpfe all derer bringen, die zur deutschen Führungsschicht gehören. Das ist zwar noch ein weiter Weg, aber kein unmöglicher.

Heute Morgen Sitzung mit den zerstrittenen Parteien der Chemnitzer CDU. Ich ließ sie gut zwei Stunden über ihre Probleme und Gravamina reden. Offensichtlich verstehen sich Fraktion und Kreispartei, vor allem deren Vorsitzende nicht. Kannegießer MdL, der Kreisvorsitzende, wird von seinem Kreisvorstand abgelehnt. Mit zehn zu zwei Stimmen haben sie ihn aufgefordert, zurückzutreten. Auch im Gespräch herrscht eine angenehme Ehrlichkeit. Man schenkt sich nichts, ist aber kontrolliert und um einen menschlichen Ton bemüht. Pilz wird kritisiert, ist aber ohne Alternative, weswegen man an ihm festhalten will. Die Auseinandersetzung mit der SPD fällt der CDU schwer, obwohl sie die stärkste Fraktion stellt. Zum Schluss entlasse ich die zerstrittene Truppe mit folgenden Vorgaben: Oberbürgermeister Pilz ist unumstritten. Es wird kein weiteres Gerede über Alternativen mehr geben. Pilz wird sich bemühen, mit allen Unterstützungen zu arbeiten, die wir ihm geben können, um so seine Führungsleistung zu verbessern.

Gerade komme ich von der Klausurtagung der Landtagsfraktion in Chemnitz. Es geht um den Haushalt 1993. Georg hat gestern im Finanzausschuss des Bundestages mit den SPD-Ländern für die Anrufung des Vermittlungsausschusses gestimmt und damit deutlich gemacht, dass wir nicht bereit sind, dem Haushalt des Bundes in seiner gegenwärtigen Fassung zuzustimmen. Waigel hat bereits verkündet, wir würden uns damit selbst schaden. Kohl soll sehr verschnupft sein. Ich kann es nicht ändern. Man nimmt uns in Bonn nicht ernst, wenn wir uns alles gefallen lassen.

Unseren Leuten habe ich zur Begründung Folgendes mit auf den Weg gegeben. 1. Wir handeln in dem vom Landtag mit großer Mehrheit beschlossenen Rahmen. Eine Zustimmung war uns vom Landtag nur unter der Bedingung empfohlen worden, dass die Bundesregierung einen Nachtrag von bestimmter Höhe zur Entlastung unseres Haushaltes politisch verbindlich in Aussicht stellt. Einen Nachtrag hat sie angekündigt. Über die Höhe ist nichts zu erfahren. Eine Entlastung unserer Haushalte ist nicht beabsichtigt. Im Gegenteil: Die zusätzlichen Programme wie GA-Mittel* und Investitionszulage belasten unseren Haushalt. Denn wir müssen im ersten Fall komplimentär finanzieren, im zweiten auf Steuereinnahmen verzichten, in beiden Fällen damit weitere Schulden machen. 2. Der Bundesrat ist ein Bundesorgan. Er hat, ebenso wie der Bundestag, die Interessen des ganzen Volkes zu sehen. Eine schnelle Verschuldung der ostdeutschen Länder, die den Aufbau Ost gefährdet, liegt nicht im gesamtstaatlichen Interesse. Der Bundesrat vertritt in dieser Frage eine andere Meinung als der Bundestag und die Bundesregierung. Der Freistaat will die gesamtstaatlichen Interessen im Bundesrat vertreten, nicht etwas für den Freistaat fordern. 3. Die Bundesregierung erhält durch das Vermittlungsverfahren Zeit, die den Ostländern versprochenen Nachbesserungen zu beraten und in den bestehenden Haushalt einzuarbeiten. Damit wird der Nachtrag überflüssig, soweit er nicht die Veränderung von Gesetzen erfordert. Zugleich lassen sich Haushalt und Solidarpakt besser aufeinander abstimmen.

Am Montag wird Eggert diese Überlegung im Präsidium vortragen, nachmittags werde ich sie Kohl erläutern. Der Bundeskanzler muss uns nur die Frage beantworten, was er mit dem Nachtrag politisch erreichen will. Wenn dies unseren Bedürfnissen entspricht, können wir zustimmen.

* Haushaltsmittel der Gemeinschaftsaufgabe »Verbesserung der regionalen Wirtschaftsstruktur«

7. Dezember 1992

Ein schönes Wochenende liegt hinter uns. Am Samstag haben wir in Anwesenheit des Bundespräsidenten und des tschechischen Ministerpräsidenten Václav Klaus, beide von ihren Frauen begleitet, die Sempergalerie eröffnet. Das Ereignis begann mit einem Festakt in der Semperoper. Generaldirektor Schmidt, Prof. Meyer und ich sprachen. Unsere Reden waren von Schmidt vorbereitet worden. Richard von Weizsäcker meinte anschließend, er habe die Abfolge der Reden wie eine »Dreistufenrakete« empfunden. Noch nie habe er erlebt, wie die Kultur als so selbstverständlicher Bestandteil der Politik eines Landes erlebt werde wie in Sachsen.

Der anschließende Rundgang durch die Galerie alter Meister und die Rüstkammer war ein überwältigendes Erlebnis. Welcher Reichtum, der nun wieder allen zugänglich ist. Die Bilder hängen neben- und übereinander. Sie ergänzen sich und fordern sich gegenseitig. Das Ganze vermittelt eine Dichte der Kultur und eine Omnipräsenz der Meister, wie ich es noch nicht erlebt habe. Wir können alle stolz sein auf den kulturellen Schatz unseres Landes.

Viele Bekannte waren gekommen. Der Staatssekretär Köhler kommentierte meine Beschreibung der Bedeutung, die die Kultur für die Sachsen habe, mit der Feststellung, es sei ihnen ja auch kaum etwas anderes geblieben. Fabriken, antwortete ich ihm, könne man mit Geld wiederaufbauen, eine zerstörte Infrastruktur erneuern. Die Kultur müsse man haben. Sie sei nicht zu kaufen!

Nach einem Gespräch mit Richard von Weizsäcker im Bellevue kam Klaus mit seiner Frau in die Staatskanzlei. Wir hatten uns verabredet, die gemeinsame Erklärung zwischen Sachsen und der Tschechischen Republik zu unterschreiben, mit der wir die Grundlage für zahlreiche gemeinsame Projekte legen und den Vertrag zwischen der Bundesrepublik und der ČSFR ausfüllen wollen. Unser Gespräch ergab, dass wir ein gemeinames Problem haben: die Definition der Identität unserer Länder, der Tschechischen Republik und Deutschlands. Für Klaus ist es schwierig, die Selbständigkeit der Tschechischen Republik als Nation zu begründen. Im Land gibt es erhebliche Widerstände. Viele bedauern die Trennung der beiden Republiken ab dem 1. Januar 1993. Andere halten die Betonung einer nationalen Identität für unvereinbar mit dem Wunsch der Tschechischen Republik, bald Mitglied der EG zu werden. Wir sind uns einig, dass es eine europäische Gemeinschaft ohne nationale Identitäten ihrer Mitgliedstaaten nicht geben wird – und wohl auch nicht geben kann. Nur was eine eigene Persönlichkeit hat, kann Partner anderer Persönlichkeiten sein.

Das Gespräch bei Kohl war angenehm und konzentriert. Er war gut vorbereitet. Zum Bundesrat bemerkte er lediglich, falls die Länder den Bundeshaushalt aufhalten wollten, sollten sie es tun. Die Bundesregierung werde nicht nachgeben und im Vermittlungsausschuss keine Haushaltsverhandlungen führen.

Vor dem Treffen mit Kohl sprachen Lafontaine und ich über weitere Fragen: Zur gewerkschaftlichen Situation riet Lafontaine, vor allem Steinkühler stets zu informieren, um seine Mitarbeit zu sichern. Die IG Metall habe einen Großteil ihrer Mitglieder im Osten verloren. Die innere Verfassung der Gewerkschaft sei instabil. Steinkühler wolle im Grunde dasselbe wie wir. Aber er müsse seine Truppe zusammenhalten.

An unseren Überlegungen zur Verbindung staatlicher Zuschüsse mit der späteren Vermögensbildung der Arbeitnehmer im Osten ist er ebenso interessiert wie an der Idee, in Kürze eine weitere Runde zur Rentenreform einzuleiten. Gefragt, was er von der nationalen Identität und ihrer Definition halte, bestreitet Lafontaine nicht die Bedeutung, die der Begründung der Leistungen des Westens für den Osten zukomme. Mit nationalen Ideen habe er seine Schwierigkeiten. Er suche die Begründung für die Aufbauleistungen deshalb eher in der Verpflichtung zur Solidarität. Das sei sozialdemokratisches Gedankengut. Für ihn sei daneben der ökologische Gedanke von zentraler Bedeutung: die Sicherung der Zukunft für die nachkommenden Generationen. Die Chance, im Osten eine ökologische Ordnung aufzubauen, sei auch für den Westen wichtig. Mit ihrer Bedeutung begründe er die Verpflichtung des Westens, sich entsprechend seiner Leistungskraft zu beteiligen.

So viel zum Tag: In der Landesvertretung herrscht große Freude über den unwahrscheinlichen Erfolg unseres Weihnachtsmarktes. 8000 Besucher wurden gestern, dem letzten Tag, gezählt. Um 16 Uhr mussten sie das Haus wegen Überfüllung schließen. Die Aussteller sind glücklich. Mehrere habe ich heute noch begrüßen können. Die Freude der Menschen ist ansteckend.

In der Kanzlerrunde hat Eggert das Land heute vertreten. Es sei viel von Sachsen die Rede gewesen und unseren Programmen. Man will sie überall einführen. Nicht nur ATLAS, auch die Wohnungspolitik sei lobend erwähnt worden, obwohl wir hier wirklich noch nicht viel vorzuweisen haben. Kohl habe ihn auf unser Bundesratsvotum angesprochen. Eggert habe ihm empfohlen, mit mir unter vier Augen zu reden. Das tue er doch ständig, habe Kohl geantwortet. Aber, so Eggert, er müsse halt auch Zahlen nennen. Mal sehen, ob er es diese Woche tut. Er pokere nicht, habe Kohl versichert. Auch das gehört zum Poker.

8. Dezember 1992

Gestern Abend Weihnachtsfeier in der Schevenstraße. Zum dritten Mal feiern wir in diesem Haus mit den Mitbewohnern eine Vorweihnacht. Es war ein fröhlicher Abend. Wir haben die Kameradschaft genossen, die sich unter den Mitstreitern entwickelt hat.

Im Mittelpunkt der heutigen Kabinettssitzung die Kreisreform. Unser Vorschlag wurde durch die Fraktion nicht unwesentlich verändert. Vor allem die Region Leipzig hat sich mit eigenen kurzsichtigen Vorschlägen durchgesetzt, die weniger dem Wohl der Stadt als dem der Mandatsträger der CDU aus Stadt und Umland dienen. So will man die Stadt in ihren gegenwärtigen Grenzen festhalten, damit die CDU-Mehrheiten im Umfeld nicht gefährdet werden; als ob dies Kriterien für eine Gebietsneuordnung sein könnten.

Beschäftigt hat uns daneben die Zusammenarbeit der Ressorts im Umweltbereich, vor allem beim Bauen. Vaatz hatte eine Kommission vorgeschlagen, der er auch IHK, Handwerkskammer, Wissenschaft und Bauwirtschaft zuordnen wollte. Eggert war leidenschaftlich gegen jede Beeinträchtigung seiner originären Zuständigkeit für das Bauwesen. Sein Misstrauen gegenüber Vaatz war deutlich zu spüren. Es blieb dann bei einer internen Koordination, die sich auch externen Rates bedienen kann, aber keine Mitwirkungsrechte Externer begründet.

Nachmittags Vorstellung der Präsidentin des Verfassungsschutzes in Sachsen. Eine gutaussehende Frau, in Saarbrücken geboren, Juristin, eher jünger als die 68er-Generation. Wir sprachen über das, was sie zu schützen hat: den Staat und die Nation, die verfassungsmäßige Ordnung. Ganz schnell waren wir bei den Schwierigkeiten, die wir in Westdeutschland mit der Akzeptenz der Verfassung haben. Aus ihnen leitet sich auch ein Teil der Probleme ab, die die Behörde mit ihrem eigenen Selbstverständis hatte und hat. Sie reichen bis in die Sprache und die Begrifflichkeiten, derer wir uns bedienen. Die Bedeutung der Sprache für die Bewältigung der Einheit wird mir immer bewusster.

Letzte Umfragen im *Spiegel* dieser Woche: In der Skala »Mehr Einfluss in Bonn gewünscht« stehe ich nach Rita Süssmuth (60 Prozent) mit 59 Prozent an vierter Stelle. Sonntagsfrage: CDU bundesweit 37 Prozent, SPD 38 Prozent, CDU im Osten 23 Prozent. FDP stark, Gründe gehalten, Republikaner abnehmend (5 Prozent), PDS ohne Chance. Derzeit hat die Koalition keine Mehrheit.

9. Dezember 1992

Letzte Sitzung des Treuhandverwaltungsrates in diesem Jahr. Wir beschließen die Privatisierung von dkk Scharfenstein, ein wichtiges Signal für das Erzgebirge. Der Kalibergbau soll von der BASF übernommen werden. Dazu gab es eine Reihe von Fragen, die die Möglichkeit betrafen, dass die BASF ihren Kalibergbau zu Lasten der Treuhand sanieren könnte. Die Erste Leipziger Baugesellschaft wird ebenfalls privatisiert. Noch 1400 Unternehmen mit rund 500 000 Mitarbeitern werden von der Treuhand verwaltet. Odewald machte in seinem Schlusswort deutlich, dass wir im kommenden Jahr größeres Gewicht auf die eigene Sanierung legen müssen. Sähen wir in der Privatisierung die einzige Alternative, dann wären wir durch mögliche Interessenten beliebig erpressbar, wenn es darum ginge, Arbeitsplätze zu sichern. Langsam bricht sich Bahn, was wir schon seit Monaten sagen.

Zum ATLAS-Programm weise ich auf mögliche Konflikte mit der Management KG hin. Der Manager optimiere seine Unternehmensgruppe nach anderen Gesichtspunkten als das Land seine Regional- und Strukturpolitik. Wir wollen darüber reden und Verfahren suchen, die Kollisionen vermeiden helfen. Die Nähe des Festes stimmt alle friedlicher. Meyer rät mir zu einem Gespräch mit Steinkühler über die weitere Lohnentwicklung und die Garantie von Arbeitsplätzen für die kommenden Monate oder 1993. Föhr und ich verabreden ein Gespräch in Dresden über die bessere Nutzung vorhandener Arbeitsmarkt-Instrumente und seine Ideen zur Management-Ausbildung.

Und wir, die Verwaltungsräte, die über Milliarden zu entscheiden haben, erhalten eine kleine Eisenbahn, Spur TT, eines Ost-Berliner Betriebes als Weihnachtsgeschenk des Vorstandes. Das Kind im Manne strahlte allenthalben.

Als ich nach Dresden zurückkam, warteten bereits der Betriebsratsvorsitzende Bilek, VW Motorenwerke Chemnitz, und seine Kollegin auf mich. Sie hatte mir einen Blumenstrauß mitgebracht, er eine Bildmappe vom Baufortschritt des neuen Werkes. Ihre Sorge: VW könnte die Motorenproduktion in Chemnitz zugunsten des Werkes in Salzgitter stilllegen. Der Konzernbetriebsrat in Wolfsburg war in der Chemnitzer *Freien Presse* mit der Feststellung zitiert worden, es könne nicht angehen, dass die Konzernkinder im Osten dick und fett würden, um dann die Mutter zu fressen. Wir verabreden verschiedene Ansprachen; er mit dem Wolfsburger Betriebsrat, ich mit Piëch und Ministerpräsident Schröder, aber auch Steinkühler.

10. Dezember 1992

Ein reiner Bürotag. Zwischendurch Interview mit einem Schüler der 10. Klasse. Er sammelt für den Gemeinschaftskunde-Unterricht Stellungnahmen von Politikern zum Asyl-Kompromiss, den die Koalition und die SPD inzwischen gefunden haben. Ein aufgeweckter Junge, der gute Fragen zu formulieren wusste und einen Erwachsenen gewonnen hatte, das Gespräch mit einer Videokamera aufzunehmen. Der jugendliche »Redakteur« hat mir viel Freude gemacht. Ich war anschließend richtig beschwingt.

In der Fraktion muss es gestern hoch hergegangen sein. Sagurna hatte nach der Kabinettssitzung berichtet, die Staatsregierung sähe noch Gesprächsbedarf in der Kreisreform. Das hatte bei Goliasch eine Flut von Anfragen ausgelöst, ob denn die gefundenen Entscheidungen nun wieder in Frage gestellt worden seien. Um den Zusammenbruch seines Kompromissgebäudes zu verhindern, hatte er deshalb heftig gegen die Regierung polemisiert, seine Truppe dadurch wieder hinter sich gebracht und den Sack dann mit einem Beschluss zugezogen, es gebe keinen Gesprächsbedarf mehr.

Mittags auch ausführliches Gespräch mit Solms zu den Gründen, warum wir zum Bundeshaushalt den Vermittlungsausschuss anrufen wollen. Der Bundesrat ist wie der Bundestag ein Bundesorgan. Die Frage, ob die ostdeutschen Länder ausreichend finanziell ausgestattet sind, um ihren Beitrag zum Einigungswerk leisten zu können, ist eine bundespolitisch bedeutsame Frage. Denn das Einigungswerk ist eine gesamtstaatliche Aufgabe. Bundestag und Bundesrat sind hier verschiedener Auffassung. Wir sind der Ansicht, dass eine schnelle Überschuldung der ostdeutschen Länder nicht im bundespolitischen Interesse liegt und nicht den politischen Prioritäten entspricht, von denen wir uns leiten lassen müssen. Der Bundestag ist offensichtlich anderer Ansicht. Also muss die Frage zwischen beiden Kammern ausgetragen werden.

Solms schien am Ende überzeugt. Er war mit mir der Ansicht, dass die Bundesregierung sich nicht nur, wie geschehen, politisch verpflichten müsse, einen Nachtrag vorzulegen. Sie müsse auch vorgeben, welchen weiteren Betrag sie mit dem Haushalt den ostdeutschen Ländern und Gemeinden ausgleichen wolle. Schäuble hat dies in unserem letzten Gespräch im Übrigen auch so gesehen. Kohl und Waigel sind dagegen der Auffassung, es reiche aus, den ostdeutschen Ländern zu versprechen, dass sie das zusätzlich bekämen, was sich einsparen lasse. Fehlt es an einer Vorgabe, an der die Bundesregierung gemessen wird, dann fehlt auch die Motivation, wirklich zu sparen. Das Ergebnis wird deshalb unbefriedigend bleiben. Es ist wie bei der Gruppe, die einen Dreitausender besteigen soll. Wird der Gipfel nicht als Ziel bestimmt, das erreicht werden muss, gleichgültig, wie mühsam die Ersteigung ist, sondern die Parole ausgegeben, man werde so weit gehen, wie man komme, dann endet die Besteigung in der nächsten Kneipe. Die Bundesregierung erwartet von uns zu glauben, sie könne dieses Gesetz außer Kraft setzen. Wir werden sehen, ob Kohl es besser kann.

11. Dezember 1992

Seit langem hatte ich mich mit Günter Nötzold verabredet. Endlich kommt das Gespräch nun zustande.

Günter arbeitet an der Neugründung der Handelshochschule in Leipzig mit. Er will, wie ich, dass diese private Einrichtung nicht zu einer Schule für Betriebswirte degeneriert, sondern eine Eliteausbildung anbietet. Im Herbst nächsten Jahres soll sie die Arbeit aufnehmen. Georg Milbradt, der auch Hans-Werner Sinn aus früheren Zeiten als Kollegen kennt, hat recht, wenn er meint, wir müssten uns mehr um die Uni und die Volkswirtschaftslehre kümmern. Im Mittelpunkt der Leipziger Nationalökonomie muss nicht die klassische Fächertrennung, sondern eine Gesamtschau der Zusammenhänge stehen, die das Fundament einer freiheitlichen Wirtschaftsordnung ausmachen. Das Zusammenspiel der kulturellen, geistigen und ökonomischen Faktoren muss gelehrt und erforscht werden, das erst die Kreativität einer offenen Ordnung hervorbringt. Ohne die systematische Erschließung dieser Zusammenhänge können wir auch keine fundierten Aussagen zu den Strukturen machen, mit denen wir die Konversion planwirtschaftlicher Systeme in marktwirtschaftliche im Osten Europas begleiten können. Gelingt diese Konversion nicht, dann werden wir von den Folgen eines politischen und wirtschaftlichen Chaos im Osten bedroht sein.

Wir tauschen unsere Erfahrungen mit der Kraft der Ostdeutschen im Verhältnis zu den Westdeutschen aus. Die Ostdeutschen sind als Folge der jüngeren Vergangenheit belastbarer als die Westdeutschen. In dem Maße, in dem sie den Einigungsschock überwinden, wird dieser Vorteil zum Tragen kommen.

Abends ein Hintergrundgespräch mit hiesigen Journalisten. Die meisten sind noch sehr jung. So gerät das Gespräch zur »Schulstunde«. Ich kann es ohnehin nicht lassen zu lehren, auch zu belehren. Wichtig die Diskussion zum Asylproblem. Wir verteilen die Last, die mit der Toleranz-Anstrengung, also einer kulturellen Leistung verbunden ist, in der Bevölkerung sehr ungleichmäßig. Die größte Last müssen die unteren Schichten der Bevölkerung tragen. Die Wohlhabenderen verstehen es, derartige Lasten von sich fernzuhalten. Als sich in einem Hamburger Vorort die Eltern weigerten, Wohncontainer auf dem Schulhof ihrer Kinder aufstellen zu lassen, und sich damit durchsetzten, wurde darüber kaum berichtet. Die große Mehrheit der Mittelschicht hat das Verhalten der Eltern sicher gebilligt.

In unserem Pressegespräch wurde ich auch nach der Pressekonferenz gefragt, die Huber, CSU, zusammen mit Keller, DSU, in Dresden abgehalten hat. Meine Antwort: Die DSU habe keine Chance, in den Landtag zu kommen. Ziehe sie wider Erwarten in den Landtag ein, habe sie keine Chance, an der Regierung beteiligt zu werden. Falls ich die absolute Mehrheit verfehlen sollte, was ich nicht glaubte, dann käme für mich nur Kunckel als Koalitionspartner in Frage.

Tatsächlich habe ich mich über den Auftritt von Huber in Dresden geärgert. Er bestätigt allerdings die Absicht der CSU, über die ostdeutschen Länder in die bisher von der CDU allein vertretenen Gebiete einzudringen. Jetzt müsste die DSU nur noch erklären, wir könnten gegen sie nichts unternehmen, da wir in Bonn von Waigel abhängig seien. Dann ist genau das eingetreten, was ich in meinem Brief an Waigel vermutet habe. Dennoch sollte ich die ganze Sache niedrighängen. Wer weiß, was in den kommenden Monaten noch alles geschehen wird.

13. Dezember 1992

Gestern Landesvorstand in Goppeln bei Dresden.

Wir besprechen zunächst die Arbeit für die kommenden beiden Jahre bis zu den Landtagswahlen. Beschlossen wird, die Landtagswahl am 11. September 1994 abzuhalten, also nicht mit der Bundestagswahl zusammenzulegen, die am 9. Oktober 1994 stattfinden soll. Wir waren einhellig der Meinung, dass wir eher eine weitere Wahl in Kauf nehmen sollten, als im möglichen Sog einer Bundestagswahl unterzugehen. Außerdem geht die Identität des Landes in der Wahl verloren, wenn es gleichzeitig um ganz Deutschland geht.

Die Wahlkreiskandidaten sollen bis zum 1. Mai 1994 nominiert sein, die Listenkandidaten bis zum 1. Juli 1994. In diesem Zeitraum findet dann auch der Landesparteitag statt, der die Liste verabschiedet. Ich werde vom 15. August bis 10. September für die Landtagswahl im Lande werben. Geplant habe ich, alle Wahlkreise zu besuchen und in jeder Region des Landes eine Großveranstaltung durchzuführen. Bei zwei Veranstaltungen pro Wahlkreis ergibt das rund 125 Veranstaltungen. Jeder Wahlkreiskandidat soll die Möglichkeit haben, sich mit mir vorzustellen. Nach der Landtagswahl folgt dann unmittelbar der Bundestagswahlkampf. Wieder werde ich jeden Wahlkreis besuchen und 5 bis 10 Großveranstaltungen anbieten, also rund 70 Veranstaltungen durchführen.

Der neue Landtag wird sich innerhalb der Dreißigtagefrist am 29. September 1994 konstituieren und das Präsidium wählen. Die Wahl des Ministerpräsidenten erfolgt dann am 27. Oktober – wie zu Beginn der ersten Legislaturperiode. Das gibt uns zwei Wochen Zeit, um die Regierungsbildung vorzubereiten. Vor der Bundestagswahl ist das jedenfalls dann nicht möglich, wenn wir nicht die absolute Mehrheit erreichen.

Ob ich ohne absolute Mehrheit weiter zur Verfügung stehen will, wissen wir noch nicht. Unsere Tendenz ist eher, dann das sächsische Engagement zu beenden und die Arbeit auf andere Bereiche zu konzentrieren. Man wird diese Entscheidung jedoch endgültig erst im Sommer 1994 treffen können. Bis dahin kann sich noch viel ändern.

Ob wir, wie verschiedentlich vorgeschlagen, die Kommunalwahl mit der Europawahl verbinden sollen, ist noch nicht entschieden. Da im Juni 1994 das neue Europäische Parlament gewählt werden soll, die Kommunalwahl bisher für den Mai geplant war, ist eine Verbindung sicher sinnvoll. So können wir erreichen, dass die Wähler die Europawahl nicht weitgehend ignorieren. Sie können sich unter dem Europäischen Parlament wenig vorstellen.

Die Arbeit der Sächsischen Union wird vor allem durch drei Aufgaben bestimmt werden:

1. Der organisatorische Aufbau der Kreisparteien nach der Entscheidung des Landtages über die Kreisreform: Diese Entscheidung erwarten wir im März 1993. Sobald die endgültigen Kreisgrenzen feststehen, wird der Landesvorstand die neuen Grenzen der Kreisverbände festlegen. Sie werden den Kreisgrenzen und den Grenzen der kreisfreien Städte entsprechen. Unser Ziel ist es, bis Ende Juni alle organisatorischen Vorbereitungen für den Beginn der Arbeit in den neuen Kreisverbänden abgeschlossen zu haben: die Wahl der Delegierten zum Kreisparteitag, die Wahl des Kreisvorstandes und der sonstigen Funktionsträger, die Entscheidung über den Kreisgeschäftsführer, die Wahl der Delegierten des neuen Kreisverbandes zum Landesparteitag und zum Bundesparteitag.

2. Arbeit am politischen Programm der Sächsischen Union und am Grundsatzprogramm der Bundespartei: Der Landesvorstand wird in seiner Januarsitzung die Programmkommission einsetzen, die die Kreisverbände bei der Durchführung des Arbeitsprogramms

begleitet, das der Parteitag in Riesa beschlossen hat. Über unseren möglichen Beitrag zum Grundsatzprogramm der Bundespartei werden wir entscheiden, sobald sich der Landesvorstand mit dem Entwurf befasst hat, der im Januar vom Bundesvorstand verabschiedet werden soll. Auf unserem nächsten Parteitag im Oktober in Chemnitz werden wir dann den Landesvorstand neu wählen und unser Programm für Sachsen verabschieden. Damit sind zugleich die Voraussetzungen für die Beratung und Verabschiedung unseres Wahlprogramms für die Kommunal- und die Landtagswahlen geschaffen.

3. Die Vorbereitung der Wahlen 1994. Die Staatsregierung wird den Entwurf des Landeswahlgesetzes vorlegen, sobald der endgültige Verlauf der neuen Kreisgrenzen feststeht. Da die Landesverfassung die Zahl der Mitglieder des Landtages von 160 auf 120 verringert hat, müssen durch das Gesetz auch die Wahlkreise neu bestimmt werden. Ich gehe davon aus, dass der Landtag das Landeswahlgesetz Mitte des Jahres verabschieden wird.

Zum Verlauf der Wahlkämpfe haben wir im Landesvorstand folgende Überlegungen angestellt: Der Kommunalwahlkampf findet im Wesentlichen auf kommunaler Ebene statt. Er wird in den letzten vier Wochen vor der Kommunalwahl von der Landespartei aktiv durch überörtliche Veranstaltungen unterstützt, an denen sich die Mitglieder des Landesvorstandes und unsere Europa-, Bundes- und Landtagsabgeordneten beteiligen.

Der Landtagswahlkampf beginnt in den Wahlkreisen mit der Aufstellung der Wahlkreiskandidaten. Sie haben von ihrer Nominierung an bis zum Ende der Sommerferien Zeit, sich im neuen Wahlkreis den Wählern vorzustellen. Falls der Landtag den vorgeschlagenen Wahltermin beschließt, beginnt der eigentliche Landtagswahlkampf Ende der Sommerferien mit einer Kundgebung und endet am Freitag, den 9. September, mit einer Abschlussveranstaltung. Nach der Landtagswahl beginnt dann unmittelbar der Bundestagswahlkampf. Er endet am 7. Oktober wiederum mit einer Abschlusskundgebung.

Damit ist das Arbeitsprogramm der Sächsischen Union in großen Zügen festgelegt. Die Zeit, dessen bin ich gewiss, wird wie im Fluge vergehen. Bis zur Landtagswahl sind es noch 21 Monate, bis zur Bundestagswahl 22. Rechnet man die rund 3 Monate Ferienzeit ab, so bleiben uns rund 18 bis 19 Monate, um die Aufgaben zu bewältigen, die wir uns gestellt haben.

16. Dezember 1992

Auf dem Weg nach Bonn. Morgen tagt die Ministerpräsidentenkonferenz, morgens nur die Ostrunde, dann die Vorgespräche für die Hauptrunde, die MPK, anschließend Gespräch der MPK mit dem Kanzler und abends die Kaminrunde. Am Freitag Bundesrat: Ratifikation von Maastricht und Bundeshaushalt sind die wesentlichen Themen. Wir werden uns vor allem beim Bundeshaushalt engagieren.

Nach wie vor weigert sich Bonn, uns Auskunft über den beabsichtigten Nachtragshaushalt zu geben. So haben wir gestern im Kabinett ausführlich unsere Position für den Fall beraten, dass es dabei bleibt. Einstimmiges Ergebnis: Wir rufen den Vermittlungsausschuss an, zusammen mit den A-Ländern. Allerdings ist kein weiteres CDU-Land bereit, uns auf diesem Weg zu folgen. Münch lässt erklären, die Länder schadeten sich selbst, wenn der Haushalt aufgehalten werde. Tatsächlich wird dann ein Zwölftel des Haushaltes 1992 zur Verfügung stehen. Für uns ist das günstiger. Wesentlicher scheint mir der Gesichtspunkt, man könne doch nicht gegen den Kanzler stimmen. Das Kabinett war anderer Ansicht, die Fraktion heute ebenfalls. Meine Feststellung, ich könne entscheidende Fragen unserer Zukunft nicht allein nach parteipolitischen Gesichtspunkten entscheiden, fand den stärksten Beifall.

Wir gingen im Kabinett alle Gesichtspunkte durch. Alle sprachen dafür, an unserer Linie festzuhalten. Jeder Zweifel an unserer Position muss unsere Glaubwürdigkeit beschädigen. Eine Wiederholung meiner Steuerentscheidung im November 1990 kann es nicht geben. Gewinnen können wir nur mit Standhaftigkeit. Sagurna beobachtet zu Recht, unsere Position würde in jedem Fall in wenigen Monaten positiv gesehen: Entweder die Bundesregierung gibt den ostdeutschen Ländern, was sie brauchen, um nicht in Schulden zu ertrinken. Dann haben wir diese Entscheidung befördert. Oder sie lässt uns im Stich. Dann waren wir zu Recht misstrauisch.

Am Ende unserer Beratungen formulieren wir die Voraussetzungen, unter denen wir auf eine Anrufung des Vermittlungsausschusses verzichten können: klare Vorgaben der Bundesregierung zu Höhe und Verwendungszweck des angestrebten Haushalts. Höhe wie in Augustusburg von allen Ost-Ministerpräsidenten beschlossen, soweit es unmittelbar der Entlastung der Haushalte dienen sollte, also 8 Milliarden DM. Dabei lassen wir die Verringerung der Steuereinnahmen unberücksichtigt. Zweck ist: die Entlastung unserer Haushalte, also eine Verringerung der Schuldenlast. Erklärt die Bundesregierung, dass sie dieses Ziel in einer Weise anstrebt, die für jeden erkennbar ist, dann können wir den Haushalt passieren lassen. Erklärt sie es nicht, rufen wir den Vermittlungsausschuss an.

Das Ergebnis unserer Beratungen habe ich vorhin an Kohl geschrieben und weitere Erläuterungen angeboten. Wichtigstes Argument ist dabei, dass auch die Bundesregierung den Haushalt nicht für ausreichend hält. Sonst hätte sie nicht zeitgleich mit der Verabschiedung des Etats einen Nachtrag angekündigt. Es gibt eine Meinungsverschiedenheit zwischen Bundesrats- und Bundestagsmehrheit über die Frage, ob der Haushalt den Anforderungen der deutschen Einheit ausreichend Rechnung trägt. Und es gibt eine Meinungsverschiedenheit zwischen Bundesregierung und Bundesratsmehrheit, jedenfalls Sachsen, über die Behandlung des Nachtragshaushalts. Beide müssen geklärt und entschieden werden. Besteht Klarheit über den Nachtrag, verliert die Differenz über den Haushalt selbst an Bedeutung, denn sie kann auf andere Weise korrigiert werden. Bleiben die Vorstellungen über den Nachtrag im Dunkeln, muss über den Haushalt gesprochen werden. Das geht nur, wenn zwischen Bundestag und Bundesrat vermittelt wird.

17. Dezember 1992

Heute Abend in der Kaminrunde wurde klar: Die SPD-Länder waren nicht länger bereit, den Vermittlungsausschuss anzurufen. Kohl war in unserem Gespräch und schon vorher in der Bundespressekonferenz auf einen wesentlichen Teil unserer Bedingungen eingegangen. Der Nachtrag sollte bald vorliegen und im März in den Bundestag eingebracht werden. Er wolle sich mit aller Kraft für eine ausreichende Ausstattung der ostdeutschen Länder einsetzen. Die Mittel, die mit dem Nachtrag erwirtschaftet werden sollten, wolle er vor allem für die Haushalte der Länder bereitstellen. Er könne noch keine Beträge nennen. Aber auf eine Anfrage Stolpes zur Verwendung der Mittel, zu der ich ihn angeregt hatte, bot Kohl an, sich im Januar mit der Ministerpräsidentenkonferenz zu treffen, um den Nachtrag zu beraten. Waigel hatte zu dieser Zeit die Sitzung bereits verlassen. Kohl nahm ihm mit seinem Angebot praktisch die Verhandlungsführung aus der Hand.

Vor allem dieses Angebot überzeugte Stolpe und mich, dass Kohl es ernst meinte und man die Brücke zum Nachtrag betreten könne. Eine Anrufung des Vermittlungsausschusses wäre unter diesen Bedingungen kontraproduktiv gewesen. So waren wir uns bei einem kurzen Gespräch in der Brandenburgischen Landesvertretung schnell einig. Stolpe würde den Vermittlungsausschuss nicht anrufen, ich auch nicht. Damit gab es für die Anrufung keine Mehrheit mehr. Stolpe wollte noch mit seinen Koalitionspartnern sprechen. Ich ging bereits zur Saarländischen Landesvertretung. Lafontaine hatte uns zu einem Essen seines berühmten Kochs eingeladen.

Als ich ankam, waren nur SPD-Ministerpräsidenten versammelt. Schröder empfing mich mit dem Ruf, ob ich denn nun auch zustimmen könne. Es war schon in dieser Runde deutlich, dass man nicht länger die Absicht hatte, den Haushalt aufzuhalten. Die von der SPD angemeldeten Gründe hätten eine Verzögerung ohnehin nicht rechtfertigen können. Nachdem die Unklarheiten zum Nachtrag weitgehend ausgeräumt waren, gab es für die Anrufung keine plausiblen Gründe mehr. Kohl hatte zudem in eindrucksvoller Weise auf die möglichen Auswirkungen einer Verzögerung hingewiesen – vor allem für das Währungssystem. Lafontaine wollte nicht mehr, weil er sich die Hilfe Kohls bei der Sanierung seines Landes erhofft. Engholm hatte mir bereits mittags zu verstehen gegeben, dass er in dieser Frage mir folgen wolle, und seinen Vertreter entsprechend instruiert.

So erbrachte bereits eine erste Rundfrage am Tisch, dass es keine Mehrheit unter den Ländern für eine Anrufung mehr gab. Als Stolpe später kam, erklärte auch er, er habe grünes Licht bekommen und werde nicht ablehnen. Der Haushalt konnte passieren. Es kommt jetzt nur noch auf die richtige Begründung an.

18. Dezember 1992

Der Haushalt hat den Bundestag passiert. Niemand hat den Vermittlungsausschuss angerufen.

Waigel hielt eine schwache Rede. Vorher war stundenlang zu Maastricht verhandelt worden. Zu den beiden Begleitgesetzen rief der Bundesrat den Vermittlungsausschuss an. Es geht um das Verhältnis von Bundesrat und Bundestag bei europäischen Maßnahmen, die die Länderzuständigkeiten betreffen, und um die Frage, ob der Bundestag den Ländern vorschreiben kann, wen sie zu nominieren haben. Die Reden, die gehalten wurden, waren zum größeren Teil entbehrlich.

In meinem Votum zum Haushalt hatte ich den Verzicht auf die Anrufung zu begründen. Es war nicht schwierig. Kohl hatte mit der Zusage eines Nachtrages anerkannt und in der MPK-Runde auch eingeräumt, dass der Haushalt den Bedürfnissen der deutschen Einheit nur unzureichend Rechnung trägt. Er hatte zugesagt, sich selbst um den Nachtrag zu kümmern und die Mittel in die Länderhaushalte fließen zu lassen. Vor allem aber hatte er sich bereit erklärt, mit uns über den Nachtrag im Januar zu sprechen; also zu dem Zeitpunkt, zu dem wir sonst im Vermittlungsausschuss gestritten hätten. So sagte ich es denn auch im Bundesrat: Statt des Vermittlungsausschusses hätten wir nun Helmut Kohl als Vermittler. Damit sei das ursprüngliche Begehren hinfällig. Also Erfolg auf der ganzen Linie. Ich fühle mich wohl und reise zufrieden nach Dresden zurück.

Nun muss Kohl selbst zeigen, was er kann. Aus dem Kanzleramt hören wir bereits, der Nachtrag werde rund 6 Milliarden DM betragen. Das ist das Doppelte dessen, was Bohl mir in Dresden als möglich in Aussicht gestellt hatte. Wenn wir geschickt verhandeln, werden wir uns noch weiter an 8 Milliarden DM annähern. Die anderen Bundesländer werden uns dabei helfen. Das gilt auch für die SPD-Länder. Ich habe sie mit meiner Bereitschaft beeindruckt, mich nicht aus parteipolitischen Gründen von ihnen trennen zu lassen. Das stärkt uns als Länder und erhöht meinen Einfluss auf unsere Beschlussfassungen. Kohl wird es gespürt haben.

Nach meiner Rede war das Klima im Verhältnis von CDU und CSU deutlich besser. Man war gelöst und sah in meiner Begründung einen Schritt nach vorne. Im Grunde war Waigel froh, dass ich das Problem Nachtrag, von dem Waigel nichts hält, auf die Ebene des Kanzlers gehoben hatte. Nun muss der auch die schwierigen Begleiterscheinungen verkraften, die mit Haushaltseingriffen verbunden sind. Einen Vorgeschmack bekam er mit der öffentlichen Reaktion auf eine »Streichliste«, die Waigel hatte aufstellen lassen und die man gestern Vormittag mit der SPD-Führung erörtert hatte. Diepgen zeigte sich darob in der Kanzlerrunde irritiert. Natürlich gelangte die Liste alsbald in die Öffentlichkeit und erzeugte dort die erwartete Reaktion. Wie im Mikado-Spiel: Wer sich bewegt, verliert. So geht es auch hier zu. Keiner hat noch den Mut, überhaupt Vorschläge zu machen. Überall trifft man auf Bedenkenträger, nie ist der Zeitpunkt richtig, im Grunde will man keine Änderung. Ich habe das Verfahren verteidigt.

Längeres Gespräch mit Wirtgen und Steingart vom *Spiegel*. Wirtgen interessiert sich für das Verhältnis von Kohl zu Waigel. Schon länger vermutet er, Kohl wolle die CSU vereinnahmen, um damit die Union vor Spaltung zu schützen. Wir sind einig, dass eine Kabinettsumbildung eigentlich zu einer Neubesetzung des Finanz- und des Wirtschaftsressorts führen müsse.

Schäuble kann ich auch in diesem Gespräch nicht wirklich einordnen. Wirtgen sieht in ihm einen der wichtigsten Berater Kohls. Rühe ist zurzeit in Ungnade. Kohl muss ihn schlecht behandeln. Hier wittert der alternde Platzhirsch seinen jüngeren Rivalen. Bei Strauß waren wir überzeugt, dieser Platzhirsch werde den Platz verwüsten, ehe er dem jüngeren weicht – falls es einen jüngeren überhaupt geben würde. Kohl ist dabei, die gleiche Verwüstung anzurichten.

Wir sprechen auch über die große Koalition. Ich habe nichts gegen sie und fürchte auch nicht ihre blockierende Wirkung. Denn eine große Koalition wird nicht zu einer Blockade, sondern zu einer Veränderung der politischen Strukturen beitragen, die sich in der alten Bundesrepublik entwickelt haben und der Herausforderung nicht gewachsen sind, die uns das geeinte Deutschland und Europa beschert hat.

Die zweite große Koalition könnte die Vorstellung abbauen, dass die Volksparteien das Zentrum der Macht sind. Sie könnte die Beweglichkeit zwischen den Volksparteien vergrößern, auch hier Gräben zuschütten helfen und etwas von der politischen Kultur nach Bonn bringen, die sich um den runden Tisch im Osten entwickelt hat. Wiederum würde sie damit Veränderungen nachvollziehen, die sich längst ereignet haben, aber in Bonn noch nicht wirksam geworden sind.

19. Dezember 1992

Selten ist es mir so schwergefallen aufzustehen, wie heute. Nun bin ich auf dem Weg nach Erfurt, um Bernd Vogel zum 60. Geburtstag zu gratulieren. Zwar sind wir weit davon entfernt, die beiden Länder wieder näher zusammenzuführen, eines Tages vielleicht zu vereinen – was sinnvoll wäre. Aber eine gute Zusammenarbeit möchte ich schon anstreben. Ob Vogel in Thüringen auch nach den kommenden Wahlen noch Ministerpräsident sein wird, ist ungewiss, auch wenn jüngere Nachfolger bisher noch nicht sichtbar geworden sind. In jedem Falle sollten die Verbindungen zwischen den Ländern gepflegt werden.

Die Zeitungen sind heute voll von der sogenannten Streichliste, die seit Donnerstagabend in Bonn kursierte und die Wogen immer höher gehen ließ. Niemand in der Regierung will es gewesen sein. Niemand will mehr wahrhaben, dass Kohl sie im Gespräch mit der SPD als »meine Liste« bezeichnet hatte. Waigel meinte dazu im Bundesrat, die Zusammenstellung der »Grausamkeiten« sei auf einer SPD-Schreibmaschine geschrieben worden; was Einblick in das Niveau gibt, auf dem man in Bonn nationale Fragen verhandelt. Monika Wulf-Mathies sprach von einer »wahren Horrorliste«. Fink beeilte sich, nicht dahinter zurückzustehen. Die Aussichten, ohne eine kompensatorische Steuererhöhung Beschränkungen im Bereich der Sozialleistungen durchsetzen zu können, werden immer geringer. Schon jetzt kann die SPD kaum noch zustimmen, wenn sie keinen »Ausgleich« vorzeigen kann.

22. Dezember 1992

Freude bereitet uns das Ergebnis der Herbstumfrage der Staatsregierung. Emnid schickte gestern die ersten Ergebnisse. Die politische Zufriedenheit mit der Institution Ministerpräsident ist demnach seit Mai 1992 wieder angestiegen, obwohl die Zeiten noch schwieriger geworden sind. Interessant sind vor allem die starken Unterschiede in der Zufriedenheit mit Bonn, der Landesregierung und dem Ministerpräsidenten. Die Bonner Regierung hat einen Tiefpunkt erreicht, den man kaum noch rechtzeitig vor der kommenden Bundestagswahl überwinden kann. Aber auch die CDU-Regierung in Sachsen liegt im Ansehen der Bevölkerung weit hinter dem Ministerpräsidenten. Die Personalisierung ist stärker, als ich es für möglich gehalten hätte. In den Umfrageergebnissen spiegelt sich wider, was wir auch in den Briefen häufig antreffen: Sie enthalten Kritik an der Regierung, nehmen aber den Ministerpräsidenten ausdrücklich aus. Für meine Anwesenheit wird überwiegend gedankt.

Erstaunlich auch der Zukunftsoptimismus der Sachsen. 28 Prozent sind überzeugt, die sächsische Wirtschaft werde in zehn Jahren mit der westlichen gleichziehen, 47 Prozent glauben, sie werde aufholen, 8 Prozent halten sie in zehn Jahren für überlegen und nur 16 Prozent glauben, sie werde zurückbleiben. 45 Prozent gehen davon aus, dass die wirtschaftliche Angleichung in zehn Jahren erreicht sein werde, 14 Prozent meinen, es werde 15 Jahre dauern, 13 Prozent glauben, das Ziel könne in fünf Jahren, 12 Prozent, es könne in 6 bis 9 Jahren erreicht werden.

Die eigene wirtschaftliche Lage wird von 3 Prozent als sehr gut, von 43 Prozent als gut bezeichnet, von 42 Prozent als mittel. Schlecht bewerten ihre Lage 10 Prozent, sehr schlecht 2 Prozent. Das Urteil über die witschaftliche Lage in Sachsen ist dagegen wesentlich schlechter: Niemand hält sie für sehr gut, nur 6 Prozent für gut, 46 Prozent für mittel, 41 Prozent für schlecht und immerhin 7 Prozent für sehr schlecht. Die Diskrepanz zwischen eigener Lage und der Wahrnehmung der wirtschaftlichen Lage des Gemeinwesens ist mithin nachhaltig. Die Medien vermitteln ein wesentlich schlechteres Bild, als es die große Mehrheit der Bevölkerung von ihrer eigenen Situation hat. Da auch die wirtschaftliche Lage des Ganzen nur auf der Lage der Einzelnen beruhen kann, hält sich offenbar eine große Mehrheit der Bürger für eine Minderheit im Land.

Für radikale Tendenzen hat die große Mehrheit, 82 Prozent, kein Verständnis. Demonstrationen gegen weitere Asylanten dagegen stoßen bei 58 Prozent auf Zustimmung. Wohnheimangriffe oder Auftritte von Rechtsradikalen jedoch werden von 97 respektive 95 Prozent für schlecht gehalten.

In den Parteiumfragen hat die CDU Terrain eingebüßt. Die Zahl derer, die meinen, sie sei schlechter geworden, hat zugenommen. Zwar haben wir in Sachsen immer noch die Nase vorne: im Unterschied zu den anderen ostdeutschen Ländern. Aber auch wir können uns dem Einfluss nicht entziehen, der von der Bonner Politik ausgeht. Von der absoluten Mehrheit jedenfalls sind wir derzeit weit entfernt. Je nach Gewichtung liegen wir bei 38 bis 45 Prozent, allerdings ohne dass es einen Wahlkampf gegeben hätte. Ich bin nach wie vor entschlossen, nur dann weiterzumachen, wenn ich wieder ein klares Mandat erhalte. Andernfalls müssen die Jüngeren weitermachen.

28. Dezember 1992

Ein schönes und gemütliches Weihnachten verbracht. Ingrid, Petra und ich waren für uns, die Sicherheitsleute kaum zu hören und im Übrigen nützliche Helfer im Haus. Ingrid hatte mich wieder mit einer Weihnachtspyramide überrascht, weil sie keine Lust hatte, einen Weihnachtsbaum zu schmücken. Tatsächlich haben wir das Haus dann mehr geschmückt: mit Lichtern, einem künstlichen Baum auf der Terrasse, den Schwibbögen, Girlanden vor der Haustür und über der Zwischentür, mit Engelskapelle und den Kurrendesängern auf dem Kaminsims und der wunderschönen neuen Pyramide von Werner, die ich im Spielzeugmuseum in Seiffen gesehen hatte und die Werner in fünffacher Ausgabe wiederhergestellt hat.

15. Januar 1993

Die erste Arbeitswoche im neuen Jahr geht zu Ende. Wir sind auf dem Weg nach Leipzig. Dort habe ich am Nachmittag zum Neujahrsempfang der Staatsregierung eingeladen. Abends bin ich Gast bei Ernst Dieter Lueg im Bonner Journal. Dann wartet auf uns ein ungestörtes Wochenende.

Schon auf dem Buchberg habe ich mit der Arbeit an meinen Anmerkungen zum CDU-Grundsatzprogramm begonnen. Trotzdem nahm die Kommentierung seit letztem Sonntag noch viel Zeit in Anspruch. Inzwischen liegt der Text vor.

Vorgestern und gestern Nacht trug ich noch meine Anmerkungen zum außenpolitischen Kapitel nach. Es ist, wie auch andere Teile des Entwurfs, geprägt von einem illusionären Altruismus, der das Heil der ganzen Welt zum politischen Ziel hat. Ich kann mich des Verdachts nicht erwehren, dass man, wenn auch unbewusst, auf diesem Wege den realpolitischen Problemen der Außenpolitik entkommen will, die sich aus der neuen Stellung Deutschlands in der Welt ergeben.

17. Januar 1993

Zur zurückliegenden Woche: Im Kabinett standen am Dienstag, dem 12. Januar, keine schwierigen Fragen an. Wir sprachen des Längeren über unser weiteres Vorgehen in Bonn und in Haushaltsfragen. Münch hatte sich in der Zwischenzeit in Form eines Briefes an Waigel von unserer Haltung distanziert. Er hatte in seinem Brief die Hoffnung zum Ausdruck gebracht, das sächsische Verhalten möge nicht das gute Verhältnis zwischen dem Bundesfinanzminister und Sachsen-Anhalt beeinträchtigen. Die hiesige Presse hat den Brief interpretiert, wie man ihn wohl sehen muss: als die Bemühung um eine Rückfahrkarte nach Bonn. Denn wenn derzeit Wahlen in den ostdeutschen Bundesländern wären, so Emnid in seiner Untersuchung, gäbe es nur noch in Sachsen eine CDU-Regierung. Auch ein Ergebnis der Kohl'schen Politik.

Gegen Mittag Empfang im Landtag zum 65. Geburtstag von Günter Kröber, dem FDP-Fraktionsvorsitzenden. Inzwischen hatte die FDP den Nachfolger für Möllemann gewählt: Rexrodt, wie erwartet. Möllemann war am 3. Januar zurückgetreten.

Abends war ich bei Kunckel in Radebeul. Ein bemerkenswerter Mann, unser Oppositionsführer. Seit den fünfziger Jahren sammelt er Bilder, vor allem hiesiger Künstler. So ist eine eindrucksvolle Kollektion zustande gekommen. Er erläutert sie mit Stolz und Sachverstand. Als Gastgeschenk brachte ich ihm diejenigen meiner Vorträge aus dem vergangenen Jahr, die ich für wichtig halte. Da auch über 70 Prozent sozialdemokratischer Wähler mit meiner Arbeit als Ministerpräsident zufrieden sind, gestaltet sich das Verhältnis zu Kunckel unkompliziert. Mich kann er nicht verdrängen – und will es auch nicht. Er ist jünger und hat Zeit. Ohne mich hat die SPD auch in Sachsen gute Chancen. Kommt es hier zu einer großen Koalition, die er wohl am liebsten hätte, wird er entweder Ministerpräsident oder dessen Stellvertreter sein.

Am Mittwochmorgen besuchte mich Dr. Trippen – früher WestLB. Wir haben ihn für die Aufgabe gewonnen, die Handelshochschule in Leipzig wiederaufzubauen. Er wird in Kürze einen ersten Entwurf für ein inhaltliches Konzept vorlegen, zu dem auch Henzler beitragen will. Für das Kuratorium suchen wir noch einen Vorsitzenden. Da ich keinen der Minister in dieser Rolle sehen will, schlage ich ihm vor, Sihler zu fragen. Er wäre für eine solche Aufgabe hervorragend geeignet.

Nachmittags führen wir den Präsidenten des Oberlandesgerichts in Dresden ein. Die Gerichtsbarkeit ist damit aufgebaut und funktionsfähig. Heitmann hat eine enorme Leistung vollbracht. In Fachkreisen ist er inzwischen angesehen. Alles Weitere ist, im Gerichtswesen wie auch in anderen Bereichen, jetzt Detailarbeit, Geduld, Ausdauer und Reden und noch einmal Reden. Neue Projekte müssen nicht mehr begonnen werden. Was wir begonnen haben, ist genug. Jetzt geht es darum, es auch durchzuführen.

Nachmittags Klausur des CDU-Bundesvorstandes in Windhagen. Der Entwurf eines Grundsatzprogramms wurde zur Kenntnis genommen und für die Diskussion in der Partei freigegeben. Im Übrigen hörten wir fast zwei Stunden Berichte des Vorsitzenden, von Seiters und Schäuble und diskutierten dann in der üblichen Manier. Georg Milbradt beeindruckte den Vorstand mit einem straffen und inhaltsreichen Bericht über die Beratungen zum Föderalen Konsolidierungsprogramm und seiner Beschreibung der sozialpolitischen Notwendigkeiten.

Gibowski von der Forschungsgruppe Wahlen war eingeladen worden, um zur politischen und wirtschaftlich-sozialen Befindlichkeit der Deutschen zu referieren. Der Bericht war für die CDU nicht besonders ermutigend. Kohl ließ sich davon jedoch nicht beeinträchtigen. Angesichts der Schwäche der SPD, ausgelöst auch durch die fortbestehenden Spannungen zwischen Engholm und Lafontaine, kann er seiner Sache für 1994 nach wie vor sicher sein. Der Bericht soll im März oder April vertieft diskutiert werden. Ich bat darum, ihn um Zahlen zur demografischen Entwicklung zu ergänzen. Wenn die Menschen im Land begreifen, was hier auf sie zukommt – und dass sie daran auch nichts ändern können –, werden sie einen weit größeren Schock erleben als den, den die plötzliche Einheit in Westdeutschland ausgelöst hat und noch auslöst. Diese »Schockwellen« erreichen derzeit erst Westdeutschland!

Wie immer nimmt Kohl solche und andere Themen auf, wenn es ihm opportun erscheint. Sie interessieren ihn nicht in der Sache, sondern lediglich als Gegenstand, um den man sich kümmern muss. Ergebnisse sind auch hier nicht zu erwarten. Bemerkenswert war nur das Votum eines neuen Mannes aus Rheinland-Pfalz, Herrn Rauen, der den Gedanken einer Trennung von Arbeits- und Sozialverhältnis wieder aufnahm.

Interessant war auch das Gespräch im Präsidium zu den Wahlterminen 1994. Die Kommunalwahlen sollen in den ostdeutschen Ländern mit der Europawahl zusammengelegt werden. Zu den Landtagswahlterminen berichtet Kohl von der Absicht der CSU, getrennt zu wählen. Er sei jedoch nicht bereit, mit der Bundestagswahl in den November zu gehen. Den Bayern bleibt deshalb nach ihren Ferien kaum Zeit für Eigenständigkeit – was Kohl mit sichtbarer Freude registriert. Ihm wäre gerade in Bayern eine Verbindung von Landtags- und Bundestagswahl recht. Sie würde die Eigenständigkeit der CSU weiter reduzieren.

Im Übrigen ging Kohl davon aus, unsere Landtagswahlen würden mit der Bundestagswahl verbunden. Vogel hatte die Frage aufgeworfen. Krause erklärte dazu für Mecklenburg, sie hätten noch nicht entschieden und würden auch strategisch entscheiden wollen. Auch bei uns, fügte ich hinzu, gingen die Überlegungen in eine andere Richtung. Wir wollten beide Termine trennen. Kohl war sichtlich irritiert. Er müsse doch darauf aufmerksam machen, dass die Ergebnisse 1990 wesentlich der Bundespartei zu verdanken seien. Für die anderen mag das zutreffen, für uns sicher nicht. Kohl will die Frage später förmlich behandelt wissen, damit man ihm nach den Wahlen keine Vorwürfe mache. Das kann er gerne haben. Unsere Umfragen zeigen uns jedenfalls, dass wir keine Chance hätten, eine Landtagswahl zu gewinnen, wenn sie mit der Bundestagswahl verbunden würde. In die Bundesregierung haben 10 Prozent der Sachsen Vertrauen, in die Landesregierung 25 Prozent und in den Ministerpräsidenten 50 Prozent. Mit diesem Pfund müssen wir wuchern.

Gegen acht Uhr verlasse ich die Sitzung und fahre nach Bonn zurück. Meine Stellungnahme zum Entwurf wird im Vorstand verteilt. Den Rest arbeite ich in der Nacht aus, nachdem ich vorher bei Ria gegessen und aus ihrer Fröhlichkeit Kraft und Zuversicht geschöpft habe.

18. Januar 1993

Der Tag begann, wie mancher vor ihm, mit Ärger über die *Morgenpost.* »Briefbogenaffäre bei Biedenkopf« lautete die Überschrift. Frau de Haas hatte ein Schreiben an die WOBA in Dresden gesandt mit der Bitte, die Vergabe eines Ladenlokals zugunsten einer Unternehmerin zu überprüfen, die ein Modegeschäft einrichten wollte. Der Frau war von der WOBA ein Lokal angeboten und ein Mietvertrag übersandt worden. Kurzfristig wurde ihr dann mitgeteilt, man habe die Absicht, das Lokal der Citybank zu überlassen, die mehr dafür zahle. Kein Einzelhändler kann mit den Mietzahlungen einer Bank konkurrieren. Frau de Haas war mit der Überschrift »Die Schuldige« abgebildet. Daneben war ein Teil des Briefes mit der Überschrift »Der Beweis« abgedruckt. Das Blatt behauptete, sie habe ein Lokal in bester Lage einem Wessi zuschanzen wollen.

Ich rief Bilges an, um ihm nach guten Wünschen zum neuen Jahr mitzuteilen, ich hätte die Absicht, alle Interventionen seines Verlages morgen in der Pressekonferenz vorzutragen, einschließlich der Wünsche der Zeitung, Testimonials von Politikern zu erhalten. Wenige Minuten später rief der Chefredakteur an: Ich wollte ihn sprechen. Ich sagte ihm, dass ich um das Gespräch nicht gebeten hätte. Dann sagte ich ihm, was ich von ihm hielte und was in der Pressekonferenz geschehen werde. Den Sachverhalt habe er nicht recherchiert, wohl aber seine Zeitungsmacht und sein Können gegen eine Frau gestellt, die weder über die notwendige Erfahrung noch über die Fähigkeit verfüge, sich gegen ihn durchzusetzen. Am Ende gestand er ein, einen Fehler gemacht zu haben, und versprach Wiedergutmachung.

Dann ein Gespräch mit den katholischen Bischöfen. Neben Reinelt und Huhn war diesmal auch der Magdeburger Bischof Nowak gekommen, zu dessen Sprengel ein kleines Stück Sachsen gehört. Bei der Vorbereitung des Katholikentages führte ich das Gespräch zu allgemeinen Fragen. Es ging mir um die Ausweitung des Individualismus, deren Gefahren für die Gemeinschaftsfähigkeit der Menschen und damit um die Entgrenzung. In Westdeutschland habe man versucht, die neuen Fragen mit den alten Antworten zu bedienen. Dieser Versuch werde scheitern. Zu den neuen Fragen habe man jedoch in beiden ehemaligen Teilen Deutschlands noch keine Antworten gefunden. Deshalb seien Westdeutsche den Ostdeutschen in diesen Fragen auch nicht überlegen.

Wichtig war der Gedanke, dass es nach der Überwindung der Teilung schwieriger geworden sei, die Gesellschaft zusammenzuhalten. Der Außendruck, Folge der Ost-West-Konfrontation, habe eine Ausweitung des Individualismus im Westen erlaubt, deren Folgen jetzt schwerer beherrschbar seien. Die politische Führung sei auf die Bewältigung der freigesetzten Zentrifugalkräfte nicht vorbereitet und dazu aufgrund ihrer bisherigen Erfahrungen auch nicht fähig.

Dagegen nähmen die Zentrifugalkräfte weiter zu. Dazu trage auch die extensive Rechtsprechung zu den Freiheitsrechten, insbesondere zur Meinungsfreiheit und der Freiheit der Kunst bei. Ausdrücklich erwähnte ich die Entscheidung des BGH, der brutale Bilder über die Zerstörung menschenähnlicher Wesen mit der Begründung gestattet habe, das Analogieverbot des Strafrechts verbiete eine Bestrafung, da es sich nicht um Menschen handele, die zerstückelt würden. Das informationelle Grundrecht in seiner extensiven Auslegung mache die Verfolgung von Verbrechen praktisch unmöglich; Ähnliches gelte für die Abwägung zwischen dem Recht auf Freiheit und der Notwendigkeit, neue Vergehen oder Verbrechen durch Untersuchungshaft zu verhindern. Von den Bischöfen wurden Fälle praktisch folgenloser brutaler Angriffe auf unbescholtene Bürger und ihre Familien geschildert. Der Schaden für den rechtsstaatlichen Gedanken sei enorm.

Den Kirchenmännern empfahl ich, Diskussionen über die Grenzen der Pressefreiheit zu beginnen. Gerne werde ich sie mit Anschauungsmaterial versorgen. Ein Wandel des Bewusstseins sei nicht mit vorsichtigen Verlautbarungen, sondern nur durch Provokationen zu erreichen. Ein neuer Pater Leppich werde gesucht.

Notwendig sei auch eine Untersuchung der Frage, in welchem Umfang die Lehren des Christentums zur Individualisierung der Gesellschaft beitragen und welche Konsequenzen daraus für die Entgrenzungskrise zu ziehen seien. Ich sei davon überzeugt, dass unsere Gesellschaft an ihrer Begrenzungskrise scheitern werde, wenn es ihr nicht gelänge, durch eine Wiederbelebung religiös begründeter Werte neue Stabilität und neuen Halt zu gewinnen.

19. Januar 1993

Als hätte ich es gewusst! Kohl hat heute Nachmittag der Fraktion seine Entscheidungen bekanntgegeben. Neben den bereits feststehenden Veränderungen Bötsch, Borchert und Rexrodt wird in Zukunft auch Wissmann den Kabinettstisch im Bundeskanzleramt zieren. Er wird Nachfolger von Riesenhuber. Von diesem hat sich Kohl getrennt, um dem Regionalproporz der Partei zu entsprechen. Hessen habe mehr Minister, als dem Landesverband zustünde. Riesenhuber soll sich »in der Nähe des Kanzlers« um die Forschungsbeziehungen zu den USA und Japan kümmern.

Kanther wusste bis gestern nichts von der Veränderung. Er hat mit der Feststellung reagiert, die Entscheidung sei schwer nachvollziehbar. Heute Morgen rief er mich an, um es mir mitzuteilen. Inzwischen haben sich Eggert und Kanther zusammengetan, um bei Hintze eine Präsidiumssitzung zu beantragen. Wird dem Wunsch nicht entsprochen, wollen die beiden an die Präsidiumsmitglieder schreiben. Sie seien nicht länger bereit, das derzeit beobachtete Verfahren zu akzeptieren. Man habe in der vergangenen Woche zusammengesessen und weder etwas über die Eckwerte des Nachtragshaushaltes noch über die Personalien erfahren.

Sein Versprechen, mit uns den Nachtrag für 1993 zu beraten, hat Kohl nicht gehalten. Für die Länderhaushalte ist im jetzt vorgelegten Vorschlag nichts vorgesehen. Die ostdeutschen Gemeinden will man mit 1,2 Milliarden DM Investitionspauschale bedienen. Auch dies steht unter dem Vorbehalt der Verwirklichung des Föderalen Konsolidierungsprogramms, die wiederum von der Zustimmung der SPD abhängt. Lafontaine will mich morgen besuchen, um unser weiteres Vorgehen mit mir zu besprechen.

20. Januar 1993

Fünf Prozent des neuen Jahres sind bereits vergangen. Die Zeit eilt wohl mit zunehmendem Alter immer schneller dahin.

Heute Morgen erst Abstimmung mit Bernhard Vogel über unsere Einlassung zum vorgelegten Entwurf für den Solidarpakt. Bernd ist mit mir der Ansicht, dass die Mittel, die man für uns im Nachtrag vorgesehen hat, völlig unzureichend sind. Gleichwohl hält er es nicht für sinnvoll, jetzt sogleich auf Konfrontationskurs zu gehen. Wir verabreden, von einem Schritt in die richtige Richtung zu sprechen, den Nachtrag nicht als das letzte Wort zu akzeptieren und im Übrigen auf die Notwendigkeit gründlicher Prüfung und weiterer Gespräche zu verweisen.

Nachmittags kommt dann Lafontaine zur Vorbesprechung. Wir stellen fest, dass wir in allen wesentlichen Punkten übereinstimmen, die den Solidarpakt betreffen. Wir wollen weiter auf der Zusammenstellung der voraussichtlichen Gesamtkosten der deutschen Einheit bestehen. Für die SPD ist die Beseitigung der sozialen Schieflage entscheidend. Das geht allerdings, darin stimmen wir auch überein, nicht durch eine weitere Belastung der hohen Einkommen. Vielmehr geht es um eine Neuordnung des Beitrages, den die Versichertengemeinschaft zu den »Konversionskosten« der deutschen Einheit jetzt leistet. Sie kann zwar für Solidarleistungen in Anspruch genommen werden, die dem Wesen der Solidarsysteme entsprechen, aber nicht für die allgemeinen Kosten des Strukturwandels und seiner Folgen für den Arbeitsmarkt. Dieser Teil der Kosten muss aus Steuereinnahmen gedeckt werden. Im Entwurf der Regierung wird dieses Problem nicht gesehen und deshalb auch nicht berücksichtigt. Folglich werden für die Entlastung der Versichertengemeinschaft auch keine Mittel vorgesehen. Man geht vielmehr davon aus, dass die derzeit geübte Praxis beibehalten werden kann.

Die Verschuldung der ostdeutschen Länder wird wieder mit der der westdeutschen verglichen. Eine Gesamtverschuldung der ostdeutschen Länder von 80 Prozent des Durchschnitts der Verschuldung der westdeutschen Länder und Gemeinden wird als ausgewogen bezeichnet, eine weitere schnellere Verschuldung als vertretbar. Dabei wird keine Notiz genommen von dem Umstand, dass unsere

Steuereinnahmen und die Leistungsfähigkeit unserer Wirtschaft weit hinter denen der westdeutschen Länder zurückbleiben werden. Relativ gesehen wird die Zinsbelastung unserer Haushalte also bereits Ende 1994 weit höher liegen als die der Westländer. Die damit verbundenen Standortnachteile sollen wir offenbar in Kauf nehmen.

Gefragt, ob er, Biko, denn nun die 8 Milliarden DM nicht bekommen werde, soll Solms erklärt haben: Die bekommt er nicht. Offenbar ist Solms stolz auf diese Feststellung. Er versteht ebenso wenig wie Waigel, dass sich der Westen mit der eingeschlagenen Politik selbst schadet. Niemand kann die Ostdeutschen zwingen, unter allen denkbaren Bedingungen in den ostdeutschen Ländern zu bleiben. Niemand kann die Westdeutschen von der rechtlichen Pflicht befreien, für diejenigen in Ostdeutschland einzustehen, die keine Arbeit mehr finden, nicht mehr arbeiten können oder letztlich auch nicht mehr arbeiten wollen. Was im Osten nicht in Gang kommt, muss der Westen bezahlen. Dazu verpflichtet ihn die Verfassung. Die Wiederherstellung der Teilung ist nicht möglich!

Lafontaine erkundigt sich ausführlich nach unseren Überlegungen zur Wahl des Bundespräsidenten. Die FDP sei nicht mehr so festgelegt, wie Kohl das annehme. Man sei dort über die freihändige Art verärgert, mit der Kohl über das Amt verfügen wolle. Rau habe zwar erklärt, er wolle in Düsseldorf bleiben, sei aber weiterhin interessiert. Viele in der FDP seien der Meinung, die SPD müsse wieder einmal die Chance haben, einen Bundespräsidenten zu nominieren. In den 45 Jahren des Bestehens der Bundesrepublik habe sie nur in einer Wahlperiode den Bundespräsidenten gestellt. Lafontaine will wissen, ob ich für das Amt zur Verfügung stünde, was ich verneine. Die SPD sähe in mir den einzigen CDU-Kandidaten, den sie mittragen könne und der zur Integration fähig sei. Allerdings sollte ich das Amt auch nicht anstreben. Denn ich würde in Bonn gebraucht. Man wünsche in der SPD, dass ich bald wieder stärker in Bonn verfügbar sei.

Heute Morgen schließlich meldete sich Kanther noch einmal, um meinen Rat zu erbitten. Kohl habe, so Kanther, wohl auch die Absicht, im Februar 1994 den Vorstand neu wählen zu lassen. Das könne nicht zugelassen werden. Wählen könne man erst nach der Bundestagswahl, nicht vorher. Ich erwähnte, dass auch die Frage offen sei, ob und wann der Kanzlerkandidat der CDU für 1994 bestimmt werde. Eigentlich müsse dies auf dem Bundesparteitag im Februar in Hamburg geschehen. Wir wollen über all diese Fragen sprechen, wenn Kanther nach den Kommunalwahlen am 7. März nach Dresden kommt.

22. Januar 1993

Die Koalitionsfraktionen haben am Dienstag und Mittwoch den Entwurf der Regierung zum Solidarpakt verabschiedet. Der ursprüngliche Versuch, die rund fünfzigseitige Vorlage bereits in der Sitzung der CDU/CSU-Fraktion am Dienstag zu verabschieden, scheiterte am Widerstand der Fraktion. Selbst in der Mittwochsitzung wurde der Unmut über die kurzen Fristen deutlich, die man den Abgeordneten zugemutet hatte. Auch dies war, neben den sachlichen Einwänden gegen den Text, ein Grund für die zahlreichen Stimmen gegen die Vorlage.

Die SPD und die Gewerkschaften haben das Konzept inzwischen als untaugliche Grundlage für den Solidarpakt abgelehnt. Georg Leber sagte gestern das für den 29. Januar geplante Gütersloher Gespräch ab. Er habe, berichtete er mir, bereits im Oktober Kohl die Bereitschaft der Tarifpartner signalisiert, einen Solidarpakt mitzutragen. Das Oktobergespräch in Gütersloh habe diese Bereitschaft und eine Reihe von Vorschlägen ergeben, die er Kohl auch vorgetragen habe. Er habe auf den Januartermin verwiesen und darum gebeten, bis dahin die wesentlichen Konturen des geplanten Paktes mitzuteilen. Die Tarifparteien wollten dann ihre eigenen Vorstellungen einbringen.

Uns hatte Kohl bereits im Dezember berichtet, die Gewerkschaften seien nicht bereit, sich an den Gesprächen über den Pakt zu beteiligen. Das ist, nach dem, was ich inzwischen weiß, nicht die Wahrheit. Jetzt haben sich die Fronten weiter verhärtet und es wird schwierig sein, sie wieder aufzulockern.

Die öffentliche Reaktion auf die Vorlage der Regierung ist gemischt. Man leugnet nicht, dass die Regierung sich zu einem Schritt in die richtige Richtung aufgerafft hat. Man lobt auch die Anstrengung, die sie damit auf sich genommen hat. Aber allgemein wird kritisiert, dass die Einsparungen noch nicht ausreichend seien.

Kaum jemand durchschaut das Zahlenwerk und seine Konsequenzen. West-Berlin wird in den Kreis der ostdeutschen Länder einbezogen, und damit auch die bisherigen und zukünftigen Berlinhilfen, ohne dass die Konsequenzen einer derartigen Veränderung für das Zahlenwerk erkennbar sind. Aus den Hauptstadtsubventionen werden unversehens Hilfen für die ostdeutschen Länder.

Die beiden wichtigsten Mängel des Konzeptes werden dagegen nicht gesehen und deshalb auch nicht behandelt: die schnell wachsende Verschuldung der ostdeutschen Länder und die unzulässige Inanspruchnahme der Sozialsysteme für den Aufbau Ost und die Kosten der Konversion von der Plan- zur Marktwirtschaft. Deutlich wird in der gegenwärtigen Debatte auch nur am Rande, welche weiteren finanziellen Risiken sich in den letzten zehn Jahren in Westdeutschland angesammelt haben, die man nun ebenfalls nicht länger vor sich herschieben kann. Die Bahn, die Post, die Verkehrswege, die inzwischen fälligen Bürgschaften für Ostgeschäfte und vieles andere mehr drängt an die Öffentlichkeit und will bezahlt werden. Wir haben über unsere Verhältnisse gelebt!

Im Verwaltungsrat der Treuhand haben wir heute wieder über rund 3 Milliarden DM entschieden. Es ging vor allem um Mecklenburg-Vorpommern, aber auch sächsische Unternehmen waren mit Hunderten von Millionen DM beteiligt. Die Notwendigkeit, so zu handeln, ist auch deshalb entstanden, weil es zur Privatisierung und Sanierung der vorhandenen Unternehmen keine Alternative gibt. Das Geld, das wir aufwenden, können wir nur im Rahmen der Privatisierung ausgeben. Es gibt daneben keine Institution, der ähnliche Möglichkeiten zur Verfügungen stehen, um eine Industrie neu aufzubauen. So muss man, um die Mittel einsetzen zu können, den alten Bestand auch dann sanieren, wenn es besser wäre, Neues zu finanzieren. Bei unserem Beschluss, die Werften in Stralsund zu privatisieren, wussten wir alle, dass die Unternehmen auch in ihrer neuen Konfiguration dauerhaft auf Subventionen angewiesen bleiben würden. Gleichwohl sahen wir zu den beschlossenen Schritten keine Alternative.

27. Januar 1993

Nachdem die Fraktion in der vergangenen Woche nach mühsamen Beratungen das Föderale Konsolidierungsprogramm beschlossen hat, beginnen nun die eigentlichen Verhandlungen um den Solidarpakt.

Gestern Nachmittag mit Lafontaine bei Kohl. Wir haben kein Mandat, über Inhalte zu verhandeln, und beschränken uns deshalb auf Verfahrensfragen. Als Kohl fragt, wie es denn nun weitergehen solle, so als liege die Initiative bei den Ländern, erinnere ich ihn an den tatsächlichen Ablauf der Dinge: an seine Einladung an die Ministerpräsidenten, die wir in Dresden angenommen hatten, an die Vorbesprechung mit uns und das anschließende Treffen am 17. Dezember, auf dem er uns versprach, den Nachtrag mit uns zu beraten, für eine weitere Ausstattung der ostdeutschen Länder besorgt zu sein und darauf hinzuwirken, dass vor allem die Haushalte der ostdeutschen Länder gestärkt würden. Nach dieser Vorgeschichte sei es nun an ihm, die weitere Initiative zu ergreifen.

Lafontaine erläuterte noch einmal die bekannten Positionen der SPD. Sein Vortrag war nicht sehr konzentriert. Da er mich bei jedem zweiten Satz Zustimmung suchend anblickte, wirkte er auf mich eher hektisch. Kohl schien der Inhalt des Vortrages weniger zu beeindrucken. Er weiß, dass sich die angeschnittenen Fragen ohnehin erst im Laufe der Gesetzesberatungen beantworten werden.

Für das Gespräch, das wir mit allen Ministerpräsidenten für den kommenden Mittwoch vereinbaren, soll nicht nur Waigel, sondern auch Rexrodt Übersichten vorbereiten; insbesondere auch zum Jahreswirtschaftsbericht, der in Kürze vorgelegt werden wird. Mir kommt es vor allem auf die Erweiterung der Beratungen um die konjunkturelle Lage und die konjunkturpolitischen Maßnahmen für ganz Deutschland an. Die Begrenzung der Diskussion auf die finanzpolitischen Probleme müsse überwunden werden. Waigel wirkt auf mich blass und unkonzentriert.

Abends dann das Gespräch im Präsidium der CDU. Kohl legt zu Beginn Wert auf die Feststellung, er habe zu der Sitzung eingeladen. Wer verbreite, man habe sie erzwingen müssen, sei wohl nicht auf der letzten Sitzung gewesen, auf der er weitere, außerplanmäßige Zusammenkünfte angekündigt habe. Die Erklärung wird mit

Schweigen quittiert. Zu der von Eggert angestoßenen Diskussion über eine Trennung von Kanzleramt und Parteivorsitz äußert Kohl sich eher behutsam. Zwar hat niemand die Initiative für sinnvoll gehalten. Aber es wird auch keine Kritik laut. Eggert stellt fest, wer das Interview gelesen habe, könne die Abweichung der Vorabmeldungen vom Text unschwer erkennen. Ich unterstütze ihn in dieser Ansicht, lobe das Interview und verweise auf die Aufforderung der Grundsatzprogrammkommission, über die Reform der Partei und ihrer Organisation zu diskutieren. Eggerts Einlassung könne nicht nach anderen Maßstäben gemessen werden als viele Äußerungen anderer. Nach wenigen weiteren Wortmeldungen, die sich eher zur Zweckmäßigkeit der vorgeschlagenen Trennung äußern, ist das Thema erledigt. Enttäuscht sind später vor allem die Journalisten.

Die Aussprache über den Solidarpakt beginnt mit einer Einleitung durch Kanther. In der Partei herrsche die Ansicht vor, dass die Regierung gescheitert sei, wenn sie ihr Versprechen nicht einlösen könne, einen Solidarpakt zustande zu bringen. Die Bevölkerung brauche Klarheit und eine Verstetigung der Politik. Beides sei bisher nicht gelungen. Im weiteren Verlauf ging es vor allem um die Verschuldung der neuen Länder. Als Ergebnis einer Kontroverse zwischen Waigel und mir über die Bewertung der geplanten Verschuldung war die Mehrheit der Ansicht, der Nachtrag müsse noch einmal überprüft werden. Seite erinnerte an das Versprechen, die Zuweisungen für 1993 zu erhöhen. Auf dieser Grundlage habe man dem Haushalt zugestimmt. Waigel protestierte gegen die Behauptung, er habe etwas versprochen. Kohl äußerte sich nicht.

Unsere sächsischen Positionen wurden ohne Widerspruch aufgenommen, selbst die Mitteilung, das Kabinett werde einer früheren Wiedereinführung der Solidaritätsabgabe nicht widersprechen. Kohl gab den Auftrag, in den Grundstücksfragen Klarheit zu schaffen. Unseren Vorschlag, eine Bundeswasserabgabe von 1,0 DM pro Kubikmeter und Jahr vorzusehen, soll Töpfer prüfen. Der Aufbaufonds, den wir vorschlagen, wird nicht weiterverfolgt.

Kanther warnt noch einmal vor der Gefahr, nicht zu einem konzeptionellen Ergebnis zu kommen. Die Regierung stehe und falle mit dem Solidarpakt. Gegen Ende kündigte Kohl eine weitere Sitzung des Präsidiums für den 8. Februar an. Wir werden zu dieser Zeit in Polen sein. Gegen Mitternacht trennen wir uns.

Mittwoch, der 27. Januar, ist zunächst mit Pressegesprächen ausgefüllt. Nachmittags dann das Treffen mit dem Präsidium der CSU im Kanzlerbungalow.

Die Herren aus München waren zehn Mann hoch angereist. Es wurde eine im Großen und Ganzen makabre Veranstaltung. Selten war ich so überzeugt vom Ende der alten Zeit, die da in Gestalt müder, einfallsloser und aufgeblasener Parteifunktionäre um den runden Tisch saß, als in diesen Stunden. Das eigentliche Thema, die Unterstützung der DSU durch die CSU, kam erst um kurz vor sieben, fast drei Stunden nach Beginn, auf den Tisch.

Zunächst referiert Kohl in epischer Breite über die Parteienlandschaft und die kommenden Wahlen. Kohl ist seine Parteienlandschaft abhandengekommen. Er ahnt es wohl, hat aber die Konsequenzen noch nicht begriffen. Die Wähler, so Kohl, seien risikofreudiger geworden, denn sie wechselten leichter von einer Partei zur anderen, vor allem von CDU zu SPD. Richtig ist jedoch, dass das Risiko zu wechseln viel geringer geworden ist, weil es zwischen den Volksparteien kaum noch Unterschiede gibt. Man müsse sich als Union durch Sachfragen von den anderen Parteien unterscheiden, meinte Kohl. Richtig ist, dass in einer Umbruchzeit nicht Sachfragen, sondern Personen den Unterschied ausmachen. Sind die Personen alle gleich viel oder wenig qualifiziert und vertrauenserweckend, dann gibt es keine wesentlichen Unterscheidungsmöglichkeiten. Sachfragen sind nur dann Unterscheidungsmerkmale, wenn sie über eine längere Zeit in gleicher Weise beantwortet werden können. Bleiben Antworten, etwa auf die Frage nach den Kosten der Einheit, nach Steuererhöhungen etc. nicht stabil, können sie auch nicht der Unterscheidung dienen. In Umbruchzeiten gibt es jedoch kaum stabile Antworten. Jedenfalls sind sie nicht von einer Politik zu erwarten, die auf Sicht fährt.

In den Senioren sieht Kohl »die Gruppe der Zukunft«. Kohl hat, mit anderen Worten, die älteren Wähler entdeckt. Nun weiß ich auch, warum sich die CDU die »Partei der Zukunft« nennt. Es geht wohl eher um Kohls Zukunft. Bei den älteren Menschen kann er mehr Zustimmung finden als bei den jüngeren. Dass die Senioren nicht gerade den innovativeren Teil der Bevölkerung stellen, dass die notwendige Veränderung vor allem von den jüngeren ausgehen muss, ist für Kohl deshalb nicht interessant, weil sein Zeithorizont

1998 endet. Länger kann er auch nach eigenen Vorstellungen nicht Kanzler bleiben.

Über den weiteren Verlauf habe ich mir notiert: 17.15 Uhr: bisher nur Geschwafel. Waigel: Wir reiten uns tot mit Terminen. Die Union sei in einer ernsten Situation. Sonst keine berichtenswerte Einlassung. Glück: Es gebe zwei überragende Themen: die innere Erneuerung und Deutschlands Rolle in der Welt. Zum ersten Thema habe die Union keine klare Position. Es handele sich nicht nur um ein Konjunktur-, sondern auch um ein Strukturproblem. Bewältigt werden müsse der Konflikt zwischen Ökonomie und sozialem Ausgleich. Habe die CDU hier Kompetenz? Notwendig sei es, eine ordnungspolitische Linie und Maßstäbe zu finden. Was sei die CDU-Linie? Ein Kurs sei nicht erkennbar. Die Wirkung auf die Öffentlichkeit sei verheerend. Wenn die SPD sich zu einer pragmatischen Politik entschließen könnte, hätte die CDU keine Chance. Sollten die Pragmatiker in der SPD die Oberhand gewinnen, hätte die CDU enorme Probleme.

Hintze bewegt die Frage, warum es der CDU trotz ihrer Leistungen so schlecht gehe. Eine eindeutige Antwort habe er nicht. Die Menschen fühlten sich in ihren Interessen nicht mehr vertreten. »Unsere Ziele sind nicht klar.« Sie sind es schon, aber wir reden nicht darüber und es sind nicht die Ziele der Menschen. Wir wollen an der Macht bleiben, Kohl will Kanzler bleiben, die Menschen wollen Erneuerung, die sie von uns nicht bekommen werden, wenn uns die Machterhaltung wichtiger ist.

Die Jugend habe sich von der CDU weggewendet. Ein dramatischer Modernisierungsschub habe sich ereignet. Die CDU habe sich nicht mit verändert. Wir sähen deshalb alt aus. Wir hätten keinen Zugang mehr zur Jugend. Die Jugend meine, die CDU verstehe die Zukunft nicht. Die Bewältigung des Umbruches, der sich vollziehe, erfordere häufig auch Anpassungen der Verfassung. Das sei immer nur mit der SPD möglich, deshalb auch immer mit Aufmerksamkeit für die SPD verbunden. Folglich müsse die CDU alle politischen Maßnahmen, für die sie die SPD brauche, so schnell wie möglich abschließen.

Blüm kommt zur Umbruchsituation zurück. In solchen Zeiten entstünden vagabundierende Ängste. Sie seien die Folge der Unübersichtlichkeit. Eine Problemreduktion sei erforderlich. In der

Zeit, in der die Ideologien des 19. Jahrhunderts zusammenbrächen, genieße die CDU kein Vertrauen. Man könne die Probleme nicht reduzieren, ohne einen Hauptnenner zu finden. Der könne jedoch weder in der Kollektivierung noch alleine in der Individualisierung liegen.

Die CDU habe keine Antworten. Sie habe zum Beispiel keine Antwort auf das Alter. Was könne man im Alter tun? Welche aktive Teilnahme werde ermöglicht? Was geschehe mit denen, die nicht mehr aktiv teilhaben könnten? Die Pflegeversicherung habe eine strategische Bedeutung. Mit einer Rückkehr zur Großfamilie sei nicht zu rechnen. Sparen in den öffentlichen Haushalten erfordere mehr Gerechtigkeit, wenn nicht mit weiterem Wachstum zu rechnen sei. Dies gelte (nachdem Kohl ungehalten auf den Begriff Gerechtigkeit reagiert hatte) auch in der Wohlstandsgesellschaft. Die Menschen verlangten nach Moral. Die Neigung zu fundamentalistischen Positionen nehme zu. Das westliche Konzept der Wohlstandsmehrung sei nicht ausreichend. Jugoslawien sei ein moralisches Problem. Man dürfe nicht nur fragen, was geschehe, wenn deutsche Soldaten in Särgen zurückkehrten. Man müsse auch fragen, was es für die Moral bedeute, wenn man aus Angst vor Verlusten das Abschlachten in der Nähe zulasse.

Schäuble plädiert für eine Reduktion der Themen (das geht aber nur, indem man die Zusammenhänge darstellt und somit das Ganze zum Thema wird statt seiner Teile). Man müsse das Gefühl vermitteln, dass unsere Entscheidungen klarer und härter sind (aber was sind die Konsequenzen und welche Entscheidungen sind gemeint?). Nicht so sehr die »Särge« seien zu fürchten, sondern die Politik des Einerseits-Andererseits. Die Achillesverse der SPD sei es, dass sie keine Entscheidungskraft habe. Die nationale Identität müsse betont werden. Die Menschen ließen sich nicht mit Bequemlichkeiten erreichen.

Mehr Fragen müssten streitig gestellt werden, zum Beispiel die Lohnfortzahlung, auch wenn man die Ersparnisse nicht für die Pflegeversicherung brauche. Man müsse mehr Streit in Kauf nehmen, auch wenn man für die eigene Position noch keine Mehrheit habe. Man dürfe nicht so schnell von Gerechtigkeit reden, wenn es in Wirklichkeit um Verteilung gehe. Die wirtschaftliche Lage solle man eher pessimistisch darstellen. Die Menschen kämen zur CDU, wenn sie Sorge um die Wirtschaft hätten (aber die Gefahr der Selffulfilling Prophecy muss auch gesehen werden).

Auch Stoiber tritt für eine Reduktion der Themenvielfalt und die Beschränkung auf wenige Themen ein. Die Basis verstehe die Komplexität der Politik nicht mehr. Bei diesen Vorschlägen wird übersehen, dass die Reduktion von Komplexität eine große Leistung ist, die die Fähigkeit zur Beherrschung der Komplexität voraussetzt, die man reduzieren will. Mit Wirkung für Dritte kann man hohe Komplexität im Grunde nur dadurch verständlich machen, dass Personen, denen die Bevölkerung die Fähigkeit zutraut, die Komplexität zu beherrschen, für den Gesamtzusammenhang stehen, der gestaltet werden soll. Die Beschäftigung mit einer Fülle von Einzelfragen, denen ständig wechselnde Bedeutung zugemessen wird, ist im Grunde eine Flucht vor der Komplexität des Gesamtzusammenhangs und der Aufgabe, ihn zu erklären und zu gestalten. Das bisherige *management of complexity* der Politik scheitert an der höheren Komplexität der deutschen Einheit und damit auch am Solidarpakt.

Die Republikaner müssten bekämpft werden. Die Union dürfe keine demokratische Partei rechts von der Union zulassen. Der Zerfall der inneren Autoriät des Staates und damit der Rechtsordnung werde auch durch den Umstand befördert, dass Minderheiten durch die Gerichte bestärkt würden. Deshalb dürfe man in der Verfassung keine ökologischen Rechte verankern.

Frau Merkel berichtet, dass junge Menschen fragten, warum sie nicht stolz sein dürften, Deutsche zu sein. Der Individualismus sei in der westlichen Gesellschaft zu weit getrieben worden. Die Politiker hätten zu viele Aufgaben an sich gezogen. Bei den Bürgern habe sich dehalb eine Konsumentenhaltung zur Politik entwickelt. Die Emanzipation der Frauen werde bei der SPD mit der Berufstätigkeit der Frauen gleichgestellt. Diese Entwicklung sei bereits in eine Sackgasse geraten. Wir müssten bereit sein, die ehrenamtliche und die Hausfrauentätigkeit als gesellschaftlich und moralisch gleichwertig anzuerkennen.

Zum Schluss kam es dann zu dem wohl unvermeidlichen Zusammenstoß zwischen Waigel und mir. Als Vogel und ich begründet hatten, warum wir die DSU für eine Gefahr für unsere Mehrheitsfähigkeit halten, begann Waigel aus meinem Brief an Kohl vorzulesen und dies als das Ungeheuerlichste zu bezeichnen, das ihm je begegnet sei. Er sei davon tief betroffen. Noch immer hätte ich jedoch keine Veranlassung gesehen, auf ihn zuzugehen. Ich belehrte Waigel, dass ich nicht die Absicht hätte, Briefe mit ihm zu diskutieren, die ich an Kohl geschrieben hätte und die nicht für ihn bestimmt seien. In der Sache habe er alle Regeln der gemeinsamen Arbeit durch seinen Wahlkampf in Sachsen verletzt, der gegen mich gerichtet war. Er habe eine Schlusskundgebung mit der DSU in Dresden nur eine Stunde vor meiner Schlusskundgebung veranstaltet und dabei für den Gegenkandidaten geworben. Hätten wir die DSU-Stimmen zusätzlich erhalten, dann hätten wir die gleiche Mehrheit erreicht wie die CSU. Letzteres löste einen fast stöhnenden Protest bei der CSU-Riege aus!

Nachdem ich meinen Ärger los war, ging ich. Münch und Eggert sollten sich weiter mit der CSU herumschlagen. Wie ich höre, hat man eine Kommission aus Vogel, Eggert und Münch gebildet, die mit den Generalsekretären beider Parteien das Problem lösen sollen.

Am Freitag, dem 29. Januar, trafen sich die Ost-Ministerpräsidenten im Gästehaus des Berliner Senats zur Vorbereitung der Zusammenkunft der MPK mit Kohl in der kommenden Woche. Das Ergebnis unseres Gesprächs war mehr als erfreulich. Wir stimmen in unseren Vorstellungen von dem, was für den Aufbau Ost erforderlich ist, weitgehend überein. Münch ist wieder voll an die Front zurückgekehrt. Über den Gang der Dinge in Bonn ist er tief verbittert. Das hat wohl auch damit zu tun, dass der Parlamentarische Staatssekretär Carstens das Bundesfinanzministerium verlassen musste und durch Echternach abgelöst wurde. Damit sind seine Kontakte in das Haus abgerissen und sein Bezirksvorsitzender hat erlebt, wie wenig Loyalität sich auszahlt, wenn sie Kohl gewährt wird.

Geeinigt haben wir uns auf folgende Punkte:

1. Anerkennung der Entscheidungen des Bundes, den Erblastfonds zu übernehmen, sich in der Frage Wohnbaualtschulden beweglich zu zeigen, die Entschädigungsfrage neu zu bedenken, einen wesentlichen Teil der ökologischen Altlasten zu tragen und das verbleibende Industrievermögen auf den Bund zu übertragen.

2. Die Verschuldung der ostdeutschen Länder muss im Verhältnis zu ihrer Steuer- und Wirtschaftskraft gesehen und auf dieser

Grundlage mit der Verschuldung der Westländer verglichen werden. Dabei muss berücksichtigt werden, dass die ostdeutschen Länder ihre Infrastruktur erst aufbauen müssen und dafür auf ihre Kreditfähigkeit angewiesen sind.

3. Dem wirtschaftlichen Aufbau der ostdeutschen Länder und neuen Arbeitsplätzen muss mehr Aufmerksamkeit geschenkt werden. Der Solidarpakt hat nicht nur mit Konsolidierung, sondern vorrangig mit dem Aufbau Ost zu tun.

4. Steuererhöhungen werden früher als 1995 notwendig werden. Ein Dissenz besteht nur in einem Punkt: Soll dies zum jetzigen Zeitpunkt auch gesagt werden. Vogel will sich nicht dazu erklären.

5. Wir halten auch eigene Sparvorschläge der ostdeutschen Länder für notwendig. Das Personal sollte um zehn Prozent gekürzt werden. Es sollte keine neuen Leistungsgesetze geben. Die Beamten sollten kein 13. Monatsgehalt erhalten. Ihre Gehälter sollten nicht erhöht werden.

6. Die Forderung von Augustusburg sollte aufrechterhalten werden: Acht Milliarden DM für 1993. Die Zuweisungen sollten nicht mit einer Kofinanzierung verbunden werden. Neue Zahlen sollten nicht genannt werden. Das führe nur zur Verwirrung.

7. Auch nach 1995 müsse noch ein Aufbau Ost möglich sein. Deshalb müssten auch die längerfristigen Perspektiven nicht vom Konsolidierungsgedanken, sondern von der Aufbauleistung bestimmt sein.

8. Das Föderale Konsolidierungsprogramm (FKP) ist ein Teil des Solidarpaktes, aber nicht der Pakt selbst.

3. Februar 1993

Die Vorbesprechung der B-Länder, die ich als Vorsitzender der Ministerpräsidentenkonferenz ebenfalls leiten muss, begann um neun Uhr in der baden-württembergischen Vertretung. Wir waren uns schnell einig, nachdem die Ost-MPs sich bereits in Berlin abgesprochen hatten und aus dem Westen nur Teufel gekommen war. Streibl, der zur Abwechslung wegen fremdbezahlter Fernostreisen Probleme hat und offiziell zur Kur ist, ließ sich durch von Waldenfels vertreten, was ein Gewinn war. Wir sprachen über das ATLAS-Projekt, nachdem Meldungen über Äußerungen Schommers beunruhigt hatten, wir wollten eine Staatsholding zur Sicherung industrieller Kerne gründen. Vogel übernahm die Begründung für die Notwendigkeit weiterer finanzieller Zuschüsse zu unseren Haushalten. Teufel wiederholte den wesentlichen Inhalt seines *Spiegel*-Interviews, in dem er das Waigel'sche Konzept in seinen wesentlichen Teilen verworfen und einen runden Tisch aller politischen Kräfte gefordert hatte, an dem der Solidarpakt beraten und beschlossen werden sollte.

In der Kaminrunde zeigte sich eine erstaunliche Übereinstimmung zwischen allen Ministerpräsidenten. Auch die SPD-Länder wollen den Pakt. Auch sie wollen eine schnelle Beratung und eindeutige Entscheidungen. Auch ihnen erscheint die langfristige Verstetigung der politischen Rahmendaten für den Aufbau Ost und die Neuordnung der Finanzverfassung unverzichtbar. Alle waren sich einig, dass der Kreis der Ministerpräsidenten derzeit die einzige politische Ebene darstellt, der es gelingen könne, die politische Lage wieder zu stabilisieren, nachdem die Bundesregierung mit ihrem FKP ihr politisches Pulver zunächst verschossen hat. Engholm betonte unsere Verantwortung in dieser Lage, Voscherau die Notwendigkeit, sich auch der verfassungsrechtlichen Bedeutung der Neugestaltung der bundesstaatlichen Ordnung bewusst zu sein. Er will die Ergebnisse dieser Neuordnung auch in der Verfassung verankert wissen.

Überall, auch beim Solidarpakt wird deutlich, wie sehr sich die politische Wirklichkeit der Bundesrepublik verändert hat. Nicht nur die Auseinandersetzung zwischen Bund und Ländern um die Verteilung der Souveränitätsverluste beeinflusst unsere Überlegungen. Auch die Neigung des Bundes, den Kreis der Länder aufzubrechen und die schwachen Länder auf die Seite des Bundes zu ziehen, beschäftigt uns. Sie ist durch die ostdeutschen Länder, die auf lange Zeit arme Länder bleiben werden, wesentlich verstärkt worden. Wenn uns nicht nur das Geld, sondern auch der Stolz fehlen sollte, unsere Selbstständigkeit zu sichern, wird der Bund leichtes Spiel haben.

Am Nachmittag dann Treffen mit Kohl und einigen Ministern im Kabinettssaal. Nach einer Einführung, in der Kohl sein Interesse an einer Klausurtagung mit den Ländern zeigte – ich hatte ihn vorher von unserer Absicht unterrichtet, ein solches Treffen vorzuschlagen, was ihm überhaupt nicht gefiel, was er sich dann aber zu überlegen versprach – seinen eigenen Gesetzgebungsfahrplan deshalb aber nicht aufgeben wollte, referierten Rexrodt, dieser in seiner neuen Eigenschaft als Bundeswirtschaftsminister, und Waigel. Rexrodt teilte die wesentlichen Zahlen des kommenden Jahreswirtschaftsberichtes mit: Bruttoinlandsprodukt 1 Prozent; im Übrigen dünnes Zeitungswissen. Waigel las einen Text vor. Vor Beginn der Sitzung hatte ich ihn mit der Bemerkung begrüßt, wir hätten uns jetzt gegenseitig angenommen, so dass nun die Zeit gekommen sei, sich zum Abendessen zu treffen, was er freudig begrüßte. Schlesinger hatte vorher einen Überblick über die Lage gegeben, wie die Bundesbank sie sieht, und dabei vor allem vor dem Verlust der Leitwährungsfunktion der D-Mark gewarnt. Rund 1000 Milliarden DM werden im Ausland als Währungsreserven und auf andere Weise gehalten. Dies zeige das Vertrauen in unsere Währung.

Die anschließende Aussprache zeigte, dass die Länder nicht gewillt waren, sich spalten zu lassen. Wenn es uns gelingt, zusammenzubleiben, werden wir viel erreichen können. Klar wurde jedenfalls, dass das Föderale Konsolidierungsprogramm nicht mehr darstellt, als eine Diskussionsgrundlage. Die politische Energie, die man zu seiner Verabschiedung in der Fraktion aufgewendet hat, ist weitgehend verloren. Für den 11. März wurde die gemeinsame Klausur vereinbart. Kohl bot dazu das Kanzleramt an. Ich bat ihn unter der Hand, den Tagungsort offenzuhalten. Später hörte er, dass es Widerspruch gegen das Kanzleramt gebe und man lieber an einem neutralen Ort tagen wolle. Das beschäftigte ihn so sehr, dass er mich gestern Abend noch darauf ansprach und heute Morgen Engholm anrief, um seine Zustimmung zum Kanzleramt zu erhalten. Engholm ließ ihn wissen, dass er nichts dagegen habe, dies aber nicht entscheiden könne, denn es sei kein Parteivorsitzenden-Gespräch. Kohl fühlt sich offenbar bedrängt.

Lafontaine, der sich zu Hause gegen Vorwürfe wehren muss, deren Gründe in seinen Kontakten zum Rotlichtmilieu zu suchen sind, und ich gingen anschließend mit Bohl vor die Presse. Mir kam es darauf an, dass die Länder in ihrer Gesamtheit der Bund sind und es deshalb falsch sei, von einer Konfrontation von Bund und Ländern zu sprechen. Im Übrigen wurde Bohl vor allem auf die Ungereimtheiten angesprochen, die sich aus der Gleichzeitigkeit von Klausur und Gesetzesinitiative der Regierung ergeben.

Abends dann CDU-Präsidium: Niemand wusste genau, was nun eigentlich beraten werden sollte. Kohl schien mürrisch, oder einfach müde. Er ließ Bohl berichten und eröffnete dann die Aussprache. Kanther ergriff das Wort. Er brauche jetzt Entscheidungen. Nicht Gesetzestexte, die keiner verstehe, sondern nachvollziehbare Eckpunkte. Die Stimmung sei schlecht in der Partei. Man habe zwar am Samstag versucht, den Delegierten Mut zu machen. Das sei auch leidlich gelungen. Nach dem heutigen Tag, an dem wieder nichts entschieden worden sei, werde die alte Lage wiederhergestellt sein. In Schwalbach habe die eigene Partei die örtlichen Kandidaten mit der Überschrift plakatiert: Schwalbach ist nicht Bonn.

Das erregt den Zorn Blüms, der sich persönlich angegriffen fühlt. Er habe keine Schwierigkeiten, die Leute zu motivieren, auch wenn er sie demotiviert antreffe. Dass sie nicht kämpferisch gestimmt seien, sei wohl auch auf Kanther zurückzuführen, der das Schwalbacher Plakat nicht ohne innere Zustimmung zitiert habe. Blüm hätte für den Ausbruch kaum ein untauglicheres Opfer als Kanther finden können. Die Nervosität in Bonn ist groß.

Die weitere Aussprache brachte keine neuen Erkenntnisse. Kohls Versuche, das Präsidium mit der Behauptung einzuschüchtern, alles werde berichtet und stünde in der Zeitung, beeindruckte niemand. Als er die Behauptung später noch einmal heftiger wiederholte, unterbrach ich ihn und verbat mir, jedenfalls für meine Person, ihre Wiederholung. Kohl erteilte wieder irgendwelche Aufträge. Die Aufträge der letzten Sitzung werden jedoch weder nachgehalten noch erledigt. Diesmal wurde Töpfer mit dem Kreis beauftragt, dem ich auch angehöre. Ich werde mich an derartigen Beratungen jedoch nicht beteiligen. Schade um die Zeit.

4. Februar 1993

Im Mittelpunkt des heutigen Tages stand ein Gespräch mit dem Bundespräsidenten. Er sprach von der Spätzeit, in der wir uns befinden, und der Unordnung im Denken, die damit verbunden ist. Meinen Text zum Entwurf des CDU-Grundsatzprogramms hatte er, wie er sagte, mit Gewinn gelesen. Das alte Programm war unter seinem Vorsitz zustande gekommen. Das neue hält er, wenn es beim Entwurf bleibt, nicht für einen Fortschritt.

Sorgen macht ihm die Konzentration aller Fragen im Kanzleramt. Als Genscher ihn von dessen Absicht unterrichtet habe, zurückzutreten, habe er ihn darauf hingewiesen, dass er nicht nur Kohl damit zusätzlich belaste, sondern auch die deutsche Außenpolitik gefährde. Das sei nun eingetreten. Der neue Außenminister bestehe darauf, neben seinem Amt auch noch die FDP in den Wahlkämpfen zu vertreten, die im kommenden Jahr anstünden. Das sei unverantwortlich. Aber es seien ihm die Hände gebunden. Darunter leidet Richard von Weizsäcker mehr, als ich bisher glaubte. Das Land habe keine Ziele mehr. Es herrsche eine ungeheure Betriebsamkeit, aber ohne erkennbare Ziele. Das gelte auch für die Verfassungsberatungen. Die Mitglieder der Kommission seien bei ihm gewesen. Über das Selbstauflösungsrecht des Bundestages habe man sich gestritten. Er sei dagegen. Aber auch diese Frage werde diskutiert, ohne nach den Zielen zu fragen, die man mit der Änderung verbinde. Niemand sehe, dass es ein Leichtes sei, in einer Krise zwei Drittel des Parlaments zur Flucht aus der Verantwortung zu überreden.

Seinen Gedanken, sich jetzt mit Fragen der Politikverdrossenheit zu befassen, rede ich ihm aus. Später sage ich es auch Meyer-Landrut. Wenn von Weizsäcker jetzt über Politikverdrossenheit eine Diskussion in Gang setze, und sei es auch in bester Absicht, so werde daraus unweigerlich eine Debatte über Politikerverdrossenheit im Allgemeinen und Kohlverdrossenheit im Besonderen. Das werde zu nichts führen. Er müsse sein Amt als Forum begreifen, das zur Diskussion von Themen zur Verfügung stehe, die über den Tag hinaus reichen und die Ziele unseres Landes zum Inhalt haben. Im Übrigen solle er die Ministerpräsidenten zu einem Gespräch über Deutschland einladen und den Reigen damit beginnen. Diesen Vorschlag nahm er sofort auf. Ich kann den Kollegen die Einladung überbringen. Richard von Weizsäcker entließ mich mit der Bemerkung, er freue sich, dass ich aus dem Amt des Ministerpräsidenten von Sachsen heraus die Zügel unseres Landes in die Hand zu nehmen bereit sei.

12. Februar 1993

Meinhard teilte gestern Abend meine wachsende Sorge um unser Land; Egon Bahr, den ich aus Anlass der Mitgliederversammlung der Stiftung Entwicklung und Frieden heute Nachmittag sah, auch. Wir sprachen über den zunehmenden Zerfall der Führung in Bonn. Zum ersten Mal steht Kohl vor der Notwendigkeit, Unübersichtlichkeit zu ordnen und aus der Ordnung Entscheidungen abzuleiten. In seiner bisherigen politischen Laufbahn – jedenfalls solange ich sie begleiten konnte – haben Entwicklungen, Umstände, Dritte oder Zeitablauf seine wichtigen Entscheidungen vorbereitet. Die Nachrüstungsentscheidung traf Helmut Schmidt, die deutsche Einheit wurde durch den Fall der Mauer entschieden, in der alten Bundesrepublik konnte man abwarten, bis alle außer einer Alternative sich erledigt hatten. Wirklich eigene Entscheidungen traf Kohl nur in Personalfragen, vorab zu seiner eigenen Karriere.

Im Bundesrat gab es keine Überraschungen. Ich konnte die Sitzung Ermisch überlassen und besuchte Schäuble.

Schäuble bedauert, dass in der CDU seit Jahren nicht mehr über außenpolitische Fragen gesprochen werde. Er versuche, das Präsidium zu aktivieren. Die bisher erzielten Fortschritte hält er noch nicht für ausreichend. Die letzte Präsidiumssitzung, an der ich nicht teilgenommen habe, sei schlecht verlaufen. Auch in der Innenpolitik habe sich ein Problemstau entwickelt, der uns nun zusätzlich belaste. Die Schwierigkeiten der Wirtschaft, darin teilt er meine Ansicht, seien nicht nur auf die konjunkturelle, sondern auch auf die strukturelle Schwäche der westdeutschen Wirtschaft zurückzuführen.

Zum CDU-Grundsatzprogramm sagte ich Schäuble, ich sei entschlossen, mich in dieser Debatte zu engagieren. Meine Stellungnahme wolle ich durch die Bundespartei versenden lassen. Weigere man sich im Konrad-Adenauer-Haus, dann werde ich die Kreisverbände und die Fraktion selbst mit dem Text versorgen. Ich wolle den Weg zwar nicht gehen, würde es aber tun, wenn der andere versperrt werde.

Wir sprechen auch über die verschiedenen Konfliktebenen, auf denen derzeit die Meinungsverschiedenheiten ausgetragen werden. Schäuble hat Sorge, dass über die Versuche, die Bund-Länder-

Konflikte zu lösen, die Konflikte zwischen CDU und SPD undeutlich werden könnten. Für die Wahlen sei die Thematisierung dieser Konflikte wichtig. Ich füge hinzu, dass auch der Konflikt unter den Ländern und der Streit um die Verteilung der Souveränitätsverluste zu sehen seien. Die verschiedenen Konfliktebenen überlagerten sich. Richtig sei es, rechtzeitig die parteipolitische Ebene zu sehen, um sie im Wahlkampf aktivieren zu können.

Die Fraktion sei, so Schäuble, integriert. Aber die Abgeordneten machten sich zunehmend Sorgen wegen der westdeutschen Entwicklung und der schwindenen Wahlaussichten. Dass das Föderale Konsolidierungsprogramm bereits wieder überholt sei, belaste die Fraktion. Man habe es nur nach großen Mühen verabschiedet. Die Bundeswehrdebatte – Kohl hat auf der Münchner Wehrkundetagung weitere Kürzungen zu Lasten der Bundeswehr angekündigt und damit den Widerspruch Rühes hervorgerufen, den er dann wiederum vor Fraktionsvorstand und Fraktion zurechtgewiesen hat – werde kaum noch verstanden.

Nach dem Gespräch habe ich nicht den Eindruck, dass Schäuble entschlossen ist, Kanzler zu werden. Aber Politik ist sein einziger Lebensinhalt geworden. Sein Ehrgeiz ist ungebrochen. Seine Fähigkeit, mit seiner einschneidenden Behinderung fertigzuwerden, ist bewundernswert.

16. Februar 1993

Gestern Morgen habe ich Stefanie Rehms Rücktritt entgegengenommen. Sie schrieb mir, dass sie aus gesundheitlichen Gründen zurücktrete.

Im Kabinett sprachen wir vor der eigentlichen Sitzung – es war die 101. – vor allem über die Schwierigkeiten, in die Eggert durch eine Sendung des Magazins *Fakt* des MDR geraten war. Man hatte ihm die Beschäftigung von Stasimitarbeitern in der Polizei vorgeworfen. Es war in der Tat einiges in seinem Bereich schiefgelaufen. Viele freuen sich über die Gelegenheit, ihm eins auszuwischen. Es ist wichtig, ihm den Schutz der Kollegialität zu sichern.

Die Erinnerung an die Zerstörung Dresdens beherrschte den Samstag. Abends waren wir bei einem eindrucksvollen ökumenischen Gedenkgottesdienst in der Hofkirche. Dresden ist die einzige Stadt in Deutschland, die in dieser Weise der Opfer ihrer Zerstörung gedenkt. Die CDU und andere Organisationen hatten im Anschluss an den Gottesdienst zu einer Lichterkette aufgerufen. 10 000 Menschen beteiligten sich und gedachten so der Opfer von damals und von heute in Bosnien und Kroatien. Eine eindrucksvolle Kundgebung menschlicher Zuwendung, aber auch der Kraft der Stadt. »Wer die Erinnerung zerstört, lässt die Gewalt neu entstehen«, war das Motto des kirchlichen Gedenkens.

18. Februar 1993

Heute Morgen haben wir die zweite Lesung des Haushaltes 1993 im Landtag abgeschlossen. Mein Einzelplan wurde bei nur wenigen Gegenstimmen und zahlreichen Enthaltungen mit großer Mehrheit angenommen. Das Abstimmungsergebnis kam dem bei meiner Wahl nahe. Heitmanns Etat fand kaum Gegenstimmen; auch die meisten anderen erhielten mehr Zustimmung als CDU-Abgeordnete im Saal waren. Wir haben noch immer gute politische Verhältnisse in Sachsen. Natürlich bewegte alle die Frage, wer denn nun Nachfolgerin oder Nachfolger von Frau Rehm werde.

Schimpff brachte mich auf die Idee, Wissenschafts- und Kultusministerium zusammenzulegen und damit wieder zu meinen ursprünglichen Überlegungen zurückzukehren. Zunächst war ich abgeneigt und begründete meine Skepsis mit den Schwierigkeiten, die es machen würde, die beiden bestehenden Häuser wieder zu fusionieren. Je länger ich darüber nachdachte, umso besser gefiel mir der Gedanke. Meyer schien auch nicht abgeneigt, ihn weiterzuverfolgen. Goliasch sprach mich ebenfalls darauf an. Georg Milbradt war von sich aus darauf gekommen und Eggert begann, sich dafür zu erwärmen. So bestellte ich die beiden Staatssekretäre abends zu mir und gab ihnen den Auftrag, ein Konzept für die Fusion zu entwickeln.

Am kommenden Donnerstag wollen Nowak und Noack mir das Ergebnis ihrer Überlegungen vortragen. Da von Bischof Hempel damals Widerstand gegen ein einheitliches Haus gekommen war, rief ich ihn heute an und bat ihn, bei sich zu klären, ob ich mit diesem Widerstand noch immer rechnen müsse. Eggert meint, dass dies nun nicht mehr der Fall sein werde. Hempel habe inzwischen

Vertrauen gefasst. Gabor *(Bild)* war natürlich auch heute tätig. Er beschimpfte mich, weil Husemann noch Parlamentarischer Staatssekretär sei, obwohl das Gesetz doch seine Entlassung vorsehe – er weiß nicht, dass Frau Rehm noch nicht entlassen ist. Außerdem schien er von meinem Gespräch mit Schimpff unterrichtet. Wie in Bonn und in allen anderen Landeshauptstädten wird auch in Dresden zu viel geredet.

In Bonn lässt der Beschluss des Kabinetts, die Bahn zu reformieren und in eine AG umzuwandeln, die Wellen hochgehen. Die Reform ist sicher notwendig. Aber noch so viele Fragen sind ungeklärt, dass in den nächsten Jahren kaum mit Ergebnissen zu rechnen ist. Die Nahverkehrsbereiche sollen auf die Länder übertragen werden. Doch die Länder können die Rahmenbedingungen für die Kosten des Individualverkehrs nicht verändern, denn der Bund hat die Zuständigkeit für die Gesetzgebung, insbesondere die Steuerhoheit. So sollen wir Verantwortung und Kosten für einen Bereich übernehmen, dessen zukünftige Entwicklung von Entscheidungen abhängt, die wir nicht treffen können.

Besonders kritisch ist die Lage für die ostdeutschen Länder. Nicht nur die Bahn ist in einem schlechten Zustand. Die Reparationen an die Sowjetunion haben tiefe Löcher in die Bahnanlagen gerissen, die noch keineswegs wieder geschlossen sind. In Sachsen haben wir das dichteste Schienennetz im Osten Deutschlands. Offenbar erwartet man in Bonn, dass wir die Strecken stilllegen, die man nicht mehr bezahlen kann. Damit verlieren wir zugleich die Möglichkeit, bei der Aufteilung des Verkehrs neue Wege zu gehen und mehr Verkehr auf die Schiene zu bringen, was ökologisch sinnvoll wäre. Da wir auch hier die Rahmenbedingungen kaum beeinflussen können, müssten wir die Strecken stilllegen, die wir mangels ausreichender Auslastung nicht bezahlen könnten. Nichts ist zu Ende gedacht.

Den Straßenverkehr will Kohl unter dem Einfluss von Krause durch die Ausgabe von Vignetten, also durch Straßenbenutzungsgebühren, verteuern. Die Einnahmen sollen dazu dienen, die Schulden der Bahn abzutragen. Das Ganze läuft unter Privatisierung der Autobahn, obwohl es nur darum geht, die Benutzung der Straße mit den Kosten zu belasten, die sie tatsächlich verursacht. Dabei spielt der ausländische Verkehr, vor allem der Güterfernverkehr, eine wesentliche Rolle. Man will die Holländer und alle anderen Nachbarn für die Nutzung unserer Autobahnen zur Kasse bitten, um damit auch die Wettbewerbsnachteile auszugleichen, unter denen heute die deutschen Transporteure leiden.

Während sich die Diskussion um die Bundeswehr wieder etwas beruhigt hat – Rühe ist derzeit in den USA –, brodelt es im Revier und in der westdeutschen Stahlindustrie. Das Erdbeben, das die Wiedervereinigung in Deutschland ausgelöst hat und dessen Schockwellen inzwischen Westdeutschland erreicht haben, hat auch den Damm zum Einsturz gebracht, hinter dem der westdeutsche Problemstau entstanden war. So kommen neben den Problemen der Einheit auch die westdeutschen Probleme auf die Bonner und die westdeutschen Landesregierungen nieder. Das erhöht nicht nur die Verwirrung. Es erschwert auch die Lösung unserer Probleme gewaltig. Rau unterstützt bereits die Forderung Steinkühlers nach einer nationalen Stahlkonferenz und einem europäischen Stahlkrisenkartell. Man wehrt sich vor allem gegen die Importe aus dem Osten. Der Baustahl aus Polen oder den GUS-Staaten kostet hier nur die Hälfte des westdeutschen, ist aber ebenso gut. Nun will man die Importe aus dem Osten begrenzen oder ganz verhindern. Schließt man jedoch die Grenzen für Stahl, dann kommen die Menschen, die ihn sonst produziert oder von seiner Produktion gelebt hätten. Gegen sie können wir die Grenzen kaum erfolgreich schließen.

All dies ist den Kumpeln im Revier nicht bekannt; wahrscheinlich interessiert es sie auch nicht. So organisieren sie Lichterketten in Dortmund, besetzen mit ihren Demonstrationen die B 1 und die Autobahnbrücken in Duisburg und drohen, im März nach Bonn zu marschieren. Sie sind das Opfer jahrelang verschleppter Anpassungen im Montanbereich und können nicht verstehen, warum ihr Produkt, auf das sie so stolz sind, nicht mehr gebraucht werden sollte. Hätte man das Stahlwerk Rheinhausen 1987 geschlossen, müsste man es heute nicht mehr schließen. Damals hätte der Boom die Menschen im Arbeitsmarkt aufgenommen. Heute ist kein Platz mehr für sie.

Aus der Sicht unserer Erfahrung ist die Reaktion in Westdeutschland auf die Arbeitslosigkeit in diesen Bereichen ohnehin kaum nachvollziehbar. Aber noch immer sagt man den Leuten nicht die

Wahrheit. Im Jahreswirtschaftsbericht der Bundesregierung werden bereits wieder Hoffnungen auf neues Wachstum geweckt, weil es in den USA aufwärtsgehen soll. Die eigentlichen Ursachen der Krise werden verschleiert oder nicht genannt. Deutschland ist zu teuer geworden. Unsere Technik ist anspruchsvoll, aber konventionell. Die Wettbewerber haben sie inzwischen erlernt und produzieren zu geringeren Kosten. Wir haben uns auf unseren Vorsprung in Europa verlassen und einen wesentlich höheren Lebensstandard als Frankreich oder England. Aber wir können ihn im Weltmarkt nicht mehr verdienen. Eine sechs- bis achtjährige Anstrengung aller Deutschen wäre notwendig, um den Vorsprung einzuholen. Aber wir verhalten uns wie die dritte Generation der Buddenbrooks: Wir verzehren das Kapital, das die beiden letzten Generationen angesammelt haben.

Dieser Kapitalverzehr findet in allen Bereichen statt: in der Wirtschaft selbst, durch öffentliche Verschuldung, im gesellschaftlichen Bereich, im kulturellen Bereich, in der Ökologie und in der Demografie. Die Aussichten unseres Landes sind nicht gut, wenn es dabei bleibt. Deutschland wird seine führende Rolle verlieren und seine verbleibenden politischen Energien in Verteilungskämpfen verbrauchen, statt sich zu erneuern. Darüber muss gesprochen werden.

Die SPD hat sich inzwischen auf ein eigenes Konzept für den Solidarpakt verständigt. Mit ihm will sie in die kommenden Verhandlungen gehen. Lafontaine rief mich gestern an, um mir zu sagen, dass es noch Raum für Kompromisse gebe. Nur die Kürzungen im sozialen Bereich könnten sie nicht mittragen. Dagegen seien sie bereit, den ostdeutschen Ländern auch 1993 und 1994 zusätzliche Mittel zur Verfügung zu stellen. Die Chancen, zu einer einvernehmlichen Lösung zu kommen, sind dadurch besser geworden. Münch hat das Konzept bereits als einen Schritt in die richtige Richtung begrüßt. Er war am Rande der 15. Wirtschaftsrunde bei Kohl gefragt worden. Die Runde habe nichts Neues gebracht, meinte er gestern, als ich ihn anrief. Nur vorher sei beschlossen worden, die Steuern vor 1995 nicht zu erhöhen. Die Koalition wird diesen Beschluss nicht durchhalten können.

Am 26. Februar werden sich die Ministerpräsidenten in Potsdam zu einer Klausurtagung treffen, um sich auf das Gespräch mit Kohl vorzubereiten. Die Finanzminister haben heute versucht, eine gemeinsame Linie für den Finanzausgleich zu finden. Es hat wohl nur eine Mehrheitsentscheidung gegeben. Baden-Württemberg blieb wieder mit seiner Ansicht allein, das Land müsse auch nach dem Finanzausgleich an erster Stelle stehen, dürfe durch den Ausgleich also nicht um seine führende Rolle gebracht werden. Für den horizontalen Ausgleich unter den Ländern ist das sicher richtig und wird auch nicht bestritten. Auch Voscherau vertritt die Ansicht, der Finanzausgleich dürfe die Abstände unter den Ländern zwar verringern, aber nicht die Reihenfolge ihrer finanziellen Ausstattung verändern.

Baden-Württemberg möchte jedoch sicherstellen, dass auch die Leistungen des Bundes, also der vertikale Finanzausgleich, die relative Stellung der Länder zueinander nicht verändert. Das bedeutet, dass der Bund seine Zuweisungen nicht nach dem Bedarf der Länder ausrichten könnte, sondern allen etwas geben müsste, wenn Dotationen zugunsten finanzschwacher Länder mit großen Aufgaben die Ausgaben pro Kopf über das Niveau reicherer Länder anheben würden. Eine solche Regelung würde es praktisch unmöglich machen, dass der Bund den ostdeutschen Ländern die Finanzierung des Nachholbedarfs im Infrastrukturbereich ermöglicht. So werden wir also nächste Woche erneut mit Baden-Württemberg reden müssen, um sie aus dieser Ecke herauszuholen.

Für mich könnten die beiden Klausurtagungen auch persönlich zu einer Zäsur werden. Gelingt es, die Finanzierungsfragen für den Aufbau Ostdeutschlands zu regeln und damit zu einer brauchbaren Grundlage für die Arbeit in den kommenden Jahren zu kommen, dann kann ich guten Gewissens in Sachsen weiterarbeiten. Dann wird auch die Arbeitslast etwas geringer, die mich jetzt bis zur Grenze meiner Leistungsfähigkeit fordert und mir keine Zeit mehr lässt für die Menschen im Land, aber auch für uns selbst. Und ich brauche diese Zeit, um zu lesen, mich zu erholen, über neue Wege nachzudenken und die Unordnung zu ordnen, mit der ich es täglich zu tun habe.

Scheitert der Versuch, zu einem tragbaren Ergebnis zu kommen, dann wird die Arbeit in Sachsen noch schwieriger. Die Gefahr wird wachsen, dass mehr Menschen hier den Mut verlieren, als es für die Zukunft des Landes gut wäre. Investitionen wären schwerer zu gewinnen, die Schuldenlast des Landes würde zu hoch und mit ihren

Kosten unseren ohnehin geringen Handlungsspielraum erdrücken. Vor allem aber stünde ich selbst vor einer schwierigen Entscheidung zwischen zwei Alternativen: Die eine Alternative wäre, sich langsam zurückzuziehen, die andere, die Ursachen des Scheiterns in Bonn selbst zu bekämpfen.

Meinhard ist nach wie vor der Ansicht, nur dieser zweite Weg käme in Frage. Es fällt mir schwer, mich der inneren Logik seiner Argumente zu entziehen; es fällt mir noch schwerer, sie zu akzeptieren. Ich bin doch empfindlicher gegen unsinnige Kritik, gegen unfaire Angriffe, gegen Belastungen durch Auseinandersetzungen, deren Sinn ich nicht sehe oder deren Notwendigkeit ich nicht anerkennen will, als ich selbst wahrhaben möchte und als andere vermuten. Immer wieder lockt mich die Versuchung, noch bis zum Herbst nächsten Jahres zu bleiben und dann wieder frei zu sein für die Dinge, die ich gerne tun würde, die mir Freude bereiten und meinen Wunsch befriedigen würden, noch viel von der Welt und ihren Problemen zu erfahren, zu studieren und zu reisen und so im Denken weiterzuführen, was ich in den letzten Jahren an praktischem Wissen gesammelt, aber bisher nicht habe durchdenken und ordnen können.

Ich möchte schreiben und lehren, beraten und forschen, aber nicht mehr der dauernden Gefahr ausgesetzt sein, öffentlich gehandelt, kontrolliert, vorgeführt und damit auch verletzt zu werden. Die Ereignisse des Jahres 1987 haben in mir Wunden zurückgelassen, die ich noch immer spüre und die sich immer wieder melden. Das führt auch zu Unsicherheiten. Außerdem belastet mich der Zwang, ständig darauf achten zu müssen, was ich tue, wie ich mich verhalte und welche Verhaltensweisen gleich oder später einmal Anlass zu Kritik geben könnten.

Sicher haben sich auch Politiker der allgemeinen Lockerung der Sitten und den Versuchungen nicht entziehen können, die vom Wohlstand ausgehen. Was im Kleinen der »petty theft«, ist im Großen die geschenkte Urlaubsreise, das kostenlose Mietauto oder der unentgeltliche Privatflug. Die Form allerdings, mit der solche Laxheiten inzwischen öffentlich diskutiert und geahndet werden von »Richtern«, die sich durch die Berufung auf die Freiheit der Presse und ein stillschweigendes Kartell gegenseitiger Schonung jeglicher Kontrolle des eigenen Handelns entziehen können, ist nur schwer erträglich und, jedenfalls in meinem Falle, abschreckend.

Ich möchte nie wieder Opfer einer Kampagne werden, wie sie mich im März 1987 fast zerstört hat, wäre Ingrid nicht gewesen, um mich im letzten Augenblick noch zur Besinnung zu bringen und damit im wahrsten Sinne des Wortes zu retten. Nun: Ende März werden wir mehr wissen.

19. Februar 1993

Der Landtag hat heute den Haushalt in dritter Lesung verabschiedet. Es gab keine Diskussion mehr, alles war am Mittwoch schon gesagt worden. Ich habe heute Morgen kurz an den Beratungen des Preisgerichts für die städtebauliche Gestaltung des Regierungsviertels in der Dresdner Neustadt teilgenommen. Unter den zehn verbliebenen Vorschlägen aus einem Wettbewerb mit 80 Bewerbern habe ich die beiden ausgesucht, die mir am besten gefielen. Ich bin gespannt, wie das Preisgericht letztlich entscheiden wird.

Auch in Sachen Kultusministerium bin ich mit meinen Überlegungen weitergekommen. Entweder lege ich die beiden Ministerien schon jetzt zusammen. Voraussetzung dafür ist die Bereitschaft Meyers, seinen Mitarbeitern mehr Raum für eigene Entscheidungen zu geben und nicht alles bei sich festzuhalten. Oder ich berufe Friedbert Groß als neuen Kultusminister. Er macht auf mich unter allen möglichen Kandidaten den besten Eindruck. Mit Hähle habe ich beide Alternativen besprochen. Er neigt zur zweiten Alternative, weil er nicht glaubt, dass Meyer beides bewältigen kann, ohne eine Entscheidungsblockade zu verursachen.

21. Februar 1993

Seit heute sind wir wieder für einige Tage auf dem Buchberg. Gestern haben wir in der Nähe von Stuttgart den 60. Geburtstag meines Bruders Gerd gefeiert.

Am Freitagabend waren wir Gäste der Scharpings bei *Mainz bleibt Mainz, wie es singt und lacht*. Erstaunlich, wie viele die Sendung immer noch sahen, obwohl die Darbietungen nur teilweise an die Qualität früherer Jahre heranreichten. Selbst den Kabarettisten und Büttenrednern fällt zu Bonn und der Politik kaum noch etwas Neues ein.

In mir nehmen die Vorstellungen über eine mögliche Herausforderung Kohls immer deutlichere Konturen an. Zwar will ich nach wie vor lieber in Sachsen bleiben und einige Jahre nach der nächsten Landtagswahl aus der aktiven Politik ausscheiden. Aber zugleich wächst die Sorge, dass eine Fortsetzung des jetzigen Zustandes unser Land ernsthaft gefährden könnte. Je länger ich mich mit den letzten Jahren beschäftige, umso deutlicher wird mir, dass Kohl diese, im Herbst 1994 zu Ende gehende Legislaturperiode weitgehend in den Sand gesetzt hat. Die Zeit, in der er etwas geleistet hat, endet mit der Vollendung der staatlichen Einheit Deutschlands im Oktober 1990 und damit mit der im Dezember 1990 zu Ende gegangenen Periode. Beginnend mit der Kabinettsbildung im Januar 1991, die mit der Ankündigung verknüpft war, in der Mitte der Legislaturperiode das Kabinett umzubilden, waren die folgenden Jahre bis heute durch Fehler, unzutreffende Einschätzungen der wirklichen Lage und zahlreiche politische Fehlentscheidungen geprägt.

Im Inneren gab Kohl mit der Weigerung, die wirklichen Kosten der Einheit zur Kenntnis zu nehmen, von Anfang an eine falsche politische Richtung an. Bis heute tragen wir an den Folgen. Weder die Wirtschafts- noch die Finanzpolitik entsprachen den Notwendigkeiten der Zeit. Alle Ansätze, soweit es überhaupt welche gab, blieben in den Anfängen stecken. Jede richtige Entscheidung, wie die Erhöhung der Steuern, um einen Teil der Kosten der Einheit zu finanzieren, die Korrektur der Koalitionsvereinbarung, die höhere Dotierung des Fonds »Deutsche Einheit« oder die Veränderung der Treuhandpolitik mussten Kohl abgerungen werden und kamen deshalb regelmäßig auch zu spät.

Auf europäischer Ebene war das Vertragswerk von Maastricht keine zukunftsgestaltende, sondern eine durch die Illusionen der Vergangenheit geprägte Entscheidung. Europa wird nie so werden, wie die Vertragspartner von Maastricht es sich vorgestellt haben – falls sie überhaupt eine gemeinsame Vorstellung von Europa ohne Teilung und Konfrontation gehabt haben. Joachim Fest hat dazu einen bemerkenswerten Vortrag gehalten. Ich teile seine Position uneingeschränkt. Dass man in Masstricht der Vergangenheit und nicht der Zukunft zugewandt war, zeigen die Ereignisse in Jugoslawien und die Unfähigkeit Europas, der Herausforderung des serbisch-kroatischen Krieges gerecht zu werden.

Die Diskussion um die Bundeswehr und ihre Zukunft gehört zu den schlimmsten Versagen Kohl'scher Politik. Es fehlt jede vom Kanzler entwickelte Vorstellung über die Zukunft des Heeres und seiner Aufgaben. Deutschland kommt als Partner unserer Verbündeten in immer größere Schwierigkeiten. Wir können unsere Probleme, so wie wir sie sehen, zwar den anderen erklären. Aber wir werden im Grunde nicht verstanden.

In allen Politikbereichen, in denen uns die Einheit die Chance zur Erneuerung oder Veränderung bot, ist bisher weder ein Reformansatz entwickelt worden noch der Wille sichtbar, die Chancen zu nutzen. Unter der Überschrift »Wirtschaftsstandort Deutschland« werden mehr oder weniger zusammenhanglos Unternehmenssteuerreform, Verwaltungsvereinfachung, Bahnreform, Privatisierung der Bundesautobahnen, Erneuerung unserer Universitäten und Ähnliches diskutiert, ohne dass sich in der Sache viel bewegt. Man könnte, wenn man angreifen wollte, wahrlich genug Gründe für die Notwendigkeit eines Wechsels finden. Wieder zeigt sich, dass acht Jahre Amtszeit als Kanzler genug sind und jede Verlängerung dem Land schadet.

Wenn sich die Dinge nicht wesentlich ändern, muss deshalb im späten Herbst eine Alternative geboten werden. Falls Schäuble Kohl nicht herausfordert, sollte ich es tun. Ein anderer ist nicht in Sicht und Schäubles Kandidatur wäre mit erheblichen Risiken behaftet. Notwendig wäre eine Gegenkandidatur schon, um der CDU das Argument zu nehmen, zu Kohl gäbe es keine Alternative. Man hat sich an diese Entschuldigung fürs Nichtstun gewöhnt und wird sich nicht leicht von ihr trennen. Aber die Menschen müssen das Gefühl haben, dass auch andere in der Lage sind, die Dinge in die Hand zu nehmen. In Frage kommt ein Termin im November 1993, an dem die Kandidatur erklärt werden könnte mit dem Ziel, auf dem Parteitag im Februar 1994 darüber zu entscheiden. Gut zwei Monate müssten ausreichen, um die verschiedenen Landesverbände zu besuchen, Unterstützung einzuwerben und sich ein Bild von der Stimmung im Volk und in der Partei zu machen.

Eine Kandidatur müsste gut vorbereitet werden, wobei fast alles, was dazu dient, auch ohne die Absicht einer Kandidatur notwendig wäre. Dies gilt insbesondere für die bereits geplanten Unternehmungen: die intensive Teilnahme an der Grundsatzprogramm-Diskussion (meine Anmerkungen habe ich inzwischen an Hintze mit der Bitte geschickt, sie an die Gliederungen der Partei zu verschicken), Rede im Bundestag zum Jahreswirtschaftsbericht und zum Nachtragshaushalt, Reden zu anderen Fragen, die von bundespolitischer Bedeutung sind, auch wenn sie nicht unmittelbar die Interessen Sachsens berühren, einige Reisen mit entsprechender außenpolitischer und europapolitischer Bedeutung, stärkere Kontakte zu den Ländern im Osten etc.

Intern müssen wir in den nächsten Monaten die wesentlichen Punkte eines eigenen Programms vorbereiten. Dazu gehören inhaltliche Fragen ebenso wie organisatorische. So möchte ich, falls es zur Kandidatur kommt, die Bundesregierung wesentlich verkleinern, den größten Teil der Parlamentarischen Staatssekretäre abschaffen, die Gesamtzahl der Beschäftigten in der Bundesregierung reduzieren, also eine schlankere Regierung bilden. Zur Personalpolitik sollte ich mit dem Anspruch antreten, die Ministerien in erster Linie nach Qualifikation zu besetzen und damit weder einen regionalen noch einen parteipolitischen Proporz noch ein Recht der beteiligten Parteien zu akzeptieren, »ihre« Minister verbindlich zu nominieren. Das Ganze müsste unter der Überschrift stehen, dass man neue Wege gehen muss, wenn die nationale Erneuerung gelingen soll, die nach einer langen Zeit der inneren Stagnation unumgänglich ist und die von den alten Kräften nicht erwartet werden kann.

Inhaltlich geht es einmal um die Erneuerung unserer bundesstaatlichen Ordnung und der Verteilung der Zuständigkeiten zwischen Bund und Ländern; dies auch im Blick auf die Veränderungen, die durch die EG ausgelöst worden sind. Auf der Länderebene müssen Reformen dem Ziel dienen, die bundesstaatliche Ordnung zu stärken. Das bedeutet einmal die Ablösung des Einstimmigkeitsprinzips bei Entscheidungen der Länder, die bundesstaatlichen Bedürfnissen dienen, und die Neuordnung der Länder mit dem Ziel, handlungsfähige Einheiten zu bilden, ohne die regionalen Besonderheiten außer Betracht zu lassen. So könnte ein neues Bundesland Mitteldeutschland aus Sachsen, Thüringen und wesentlichen Teilen Sachsen-Anhalts bestehen, wobei die drei Länder als Regierungsbezirke ihre Identität durchaus bewahren können, etwa indem neben dem gemeinsamen Parlament eine zweite Kammer die regionalen

Besonderheiten und ihre kulturelle Bedeutung vertritt. Ähnliches würde für Hessen/Rheinland-Pfalz/Saarland gelten oder für Niedersachsen/Bremen/Hamburg/Schleswig-Holstein. Meinhards Karte könnte als Grundlage dienen.

Die sozialpolitischen Reformen, die wir seit Jahren inhaltlich erarbeitet und vorgestellt haben, müssten Teil des Programms sein, vor allem die Reform der Alterssicherung und des Wohnungsbaus. Die Trennung zwischen Arbeitsverhältnis und Sozialverhältnis könnte eingeleitet und durch die Zusammenfassung von Wirtschaft und Arbeit in einem Ministerium unterstrichen werden. Überlegungen zur Neuordnung der Verwaltung der Sozialsysteme und zur Transparenz ihrer wirklichen Kosten könnten umgesetzt werden; so die Zusammenfassung der Arbeitnehmer- und der Arbeitgeberbeiträge zu den Sozialversicherungen als Arbeitnehmerbeiträge und die alleinige Selbstverwaltung durch Arbeitnehmervertreter. Damit und durch das Ressort Wirtschaft & Arbeit würde sich auch das Verhältnis der Gewerkschaften zur Regierung verändern. Vor allem die Bereiche, in denen marktwirtschaftliche Prozesse zur Steuerung sozialer Systeme Verwendung finden könnten, müssten in die Reformen einbezogen werden; so der soziale Wohnungsbau. Die Sozialsysteme würden fortan im Sozialministerium ressortieren, zu dem auch Gesundheit, Alter und Familie gehörten.

Zu den großen Reformbereichen gehören alle Fragen, die sich aus der demografischen Revolution ergeben. Die Regierung nimmt die Entwicklung bis heute nicht zur Kenntnis. Sie wird in wenigen Jahren ins Bewusstsein der Bevölkerung dringen und dort einen Schock auslösen. Zur den Folgen der demografischen Revolution gehören nicht nur die Notwendigkeit, die sozialen Systeme entsprechend umzubauen und anzupassen, sondern auch die Zuwanderungspolitik, die Erwachsenenbildung, die Berücksichtigung veränderter Wohn- und Wohnumfeldbedürfnisse, die Gestaltung der Infrastruktur – weniger Autofahrer, kürzere Wege zum Einkaufen, größere Nähe zwischen Wohnen und Arbeiten etc.

Im Bereich der Finanzpolitik können wir auf unsere IWG-Arbeiten zurückgreifen. Sie müssen neben der Berücksichtigung vernachlässigter wirtschafts- und standortpolitischer Notwendigkeiten auch unter ökologischen Gesichtspunkten weitergeführt werden. Dies ist nicht nur eine deutsche, sondern auch eine europäische Aufgabe. Dabei geht es allerdings weniger um einen Ausbau der Brüsseler Bürokratie und eine weitere Ausweitung detaillierter Standards als um Werbung für eine ökologische Lebensweise in allen europäischen Ländern und um entsprechende »Einmischung« in die Willensbildung in anderen europäischen Ländern, falls sich dies als notwendig erweisen sollte. Im Inneren geht es um eine eindeutige Begrenzung der Ansprüche an den Staat und um weit mehr Transparenz der Zusammenhänge zwischen Forderungen an die Gemeinschaft und Entwicklung der Möglichkeiten der Gemeinschaft.

Die Zahl der Ministerien ließe sich wesentlich reduzieren. Außen, Innen, Justiz, Finanzen, Verteidigung, Wirtschaft und Arbeit, Umwelt, Soziales, Landwirtschaft, eventuell Dritte Welt und/oder Europa wären die wesentlichen Ressorts. Alles andere lässt sich diesen zuordnen, wie Verkehr, Wohnungsbau, Familie, Jugend, Alter. Das Bundeskanzleramt könnte ebenfalls straffer gestaltet werden. Beratungsgremien müssten besser genutzt, Verantwortung sollte nachhaltig delegiert werden, auch auf die Länder. Zusammenkünfte zwischen dem Bundeskanzler und den Ministerpräsidenten sollten ein wichtiges Steuerungsinstrument werden.

Die Europapolitik müsste grundlegend überprüft werden. Spätestens in einem Jahr wird sich zeigen, dass Maastricht eine Sackgasse ist und die europäische Entwicklung anders verlaufen wird, als man es sich Ende 1991 vorgestellt hat. Die Agrarpolitik der EG ist nicht länger zu verantworten. Auslöser für eine Änderung wird die Belebung der Agrarwirtschaft in Osteuropa werden. Die deutsche Einheit hat bereits erheblichen Reformbedarf in Deutschland ausgelöst. Hauptaufgabe Europas wird es werden, zur Stabilisierung Osteuropas beizutragen. Neben Kapital ist vor allem Wissen und Können bedeutsam. Wie wir es nach Osteuropa bringen können, ist eine ebenso wichtige Frage wie die nach den militärischen Möglichkeiten, unser Land vor neuen Bedrohungen aus dem Osten zu schützen.

Die deutsche und europäische Sicherheitspolitik müsste neu erarbeitet werden. Abgesehen von den Bemühungen, die Nachfolgestaaten der Sowjetunion zur Übernahme der Verpflichtungen aus den Abrüstungsvereinbarungen zu bewegen und damit die Durchführung der Abrüstung zu sichern, und von der Auseinandersetzung um den Einsatz der Bundeswehr bei friedenssichernden und friedenserhaltenden Maßnahmen in Europa sind keine wirklichen Veränderungen unserer Sicherheitspolitik erkennbar, mit denen eine Antwort auf die Veränderungen in Europa und der Welt gegeben würde. Ähnliches gilt für die Außenpolitik. Wir werden in beiden Bereichen sachverständigen Rat brauchen; aber auch einige Reden müssen gehalten werden.

Zur organisatorischen Seite einer möglichen Kandidatur kurz Folgendes: Wichtig ist die Bildung eines Kreises von Persönlichkeiten, die die Kandidatur unterstützen. Sie müssen nicht CDU-Mitglieder sein. Eine Kandidatur – zunächst um die Nominierung durch die Partei – muss durch nachhaltige Zustimmung einer meinungsbildenden Öffentlichkeit unterstützt werden. Sonst wird die Partei nicht das Risiko eingehen, das sie in einer Trennung von Kohl selbst dann sehen wird, wenn sie nicht an seine Chance glaubt, die Wahl zu gewinnen. Durch eine Reihe von Gesprächen, die ich nach der Sommerpause führen sollte, muss geklärt werden, ob eine Kandidatur überhaupt Aussicht hat, durch Meinungsführer unterstützt zu werden.

Wichtig ist auch die rechtzeitige Einrichtung eines Wahlkampffonds. Wenn sich die Erfahrungen von 1990 wiederholen, wird es nicht besonders schwer sein, die Mittel zu erhalten, die für den innerparteilichen Wahlkampf erforderlich sind. Alle mit diesem Wahlkampf verbundenen Kosten müssen getrennt von meiner Regierungstätigkeit abgerechnet werden, einschließlich Autofahrten und Personal, das ich dafür in Anspruch nehme. Der Fonds kann bei der Sächsischen Union eingerichtet werden, die zweckgebundene Spenden entgegennehmen kann. Für die Einwerbung der Mittel kommen mehrere Persönlichkeiten in Frage, die sich alle zur Verfügung stellen würden, wenn ich sie frage.

Die kommenden Monate müssen genutzt werden, um diese und andere Fragen weiterzubearbeiten und zu allen wesentlichen Problemkreisen Aussagen zu formulieren. Eine Kandidatur hat nur einen Sinn, wenn sie sich durch die Politik rechtfertigt, die ich für unser Land will, und wenn sie sich durch die Klarheit der Vorschläge und die Wahrhaftigkeit der Positionen auszeichnet und vom bisherigen Politikverständnis unterscheidet. Wahrheit, Klarheit und Verlässlichkeit müssen die prägenden Eigenschaften meiner Position sein. Sie muss als Angebot an die Republik verstanden werden, durchzusetzen, das heißt mehrheitsfähig zu machen, was erforderlich ist, um das geeinte Deutschland zu erneuern und auf eine schwierige Zukunft in einer unruhigen Welt vorzubereiten. Es muss klar sein, dass ich meine Positionen nicht formuliere, um gewählt zu werden, sondern das, was ich für notwendig halte, mit meiner Person zur Wahl stellen will: zunächst in der CDU und, im Falle des Erfolges, im ganzen Land. Es ist meine Überzeugung, dass es den Bürgern nicht nur um eine personale, sondern auch um eine inhaltliche Alternative geht, selbst wenn sie sich im Rahmen dessen bewegt, was CDU-Politik ist. Dieser Rahmen ist weit und kann deshalb unsere Positionen ebenso aufnehmen wie das, was derzeit als CDU-Politik dargeboten wird.

27. Februar 1993

Unsere Ministerpräsidentenkonferenz-Klausur liegt hinter uns. Sie war ein voller Erfolg. Es ist gelungen, alle 16 Regierungschefs der Länder unter einen Hut zu bringen. Abgesehen von einem Dissens über die Zweckmäßigkeit einer Arbeitsmarktabgabe haben wir nur einstimmige Beschlüsse gefasst. Trotz erheblicher Bedenken einiger CDU-geführter Länder, vor allem Mecklenburg, Thüringen und Baden-Württemberg, fanden wir auch zu einer gemeinsamen Formulierung in der Steuerfrage. Wir sind der Ansicht, dass die Steuern bereits vor 1995 erhöht werden müssen, um die Kosten der Einheit zu finanzieren, die in den Jahren 1993 und 1994 entstehen werden. Die Länder wollen uns dafür zusätzliche Finanzmittel zukommen lassen, sowohl für unsere Haushalte wie für weitere Investitionen.

Wesentlicher jedoch sind die Verschiebungen, die durch die Klausur und den Zusammenhalt der Länder in der bundesstaatlichen Ordnung ausgelöst werden. Die Länder haben sich, jedenfalls mit dieser Tagung, als gleichberechtigte Träger auch der gesamtstaatlichen Interessen verstanden, auf gleicher Stufe mit der Bundesregierung. Wir haben an historischer Stelle getagt. 48 Jahre nachdem die Siegermächte über Deutschland sich in Potsdam trafen, um Europa und einen Teil der Welt unter sich aufzuteilen, und wenige Jahre nachdem ihre Ordnung unter der Last der Unfreiheit zusammengebrochen ist, treffen wir uns in demselben Raum, um die Trümmer der alten Ordnung zu beseitigen und am geeinten

Deutschland zu bauen. Die Atmosphäre des Hauses trug wesentlich zur Bereitschaft der Ministerpräsidenten bei, sich in den Beratungen um Gemeinsamkeit zu bemühen.

Mittags beauftragten wir die Finanzminister mit einer Reihe von Untersuchungen zum Finanzbedarf der neuen Länder und zu den Einsparungsmöglichkeiten, die sich aus dem FKP und den SPD-Vorschlägen ergeben könnten. Viel kam dabei am Ende nicht heraus. Mayer-Vorfelder erwies sich als ein besonderes Hindernis, an dem sich auch Georg Milbradt die Zähne ausbiss.

Nachmittags ging es dann bereits um Fragen der Finanzierung, zunächst unter dem Gesichtspunkt des Bedarfs. Ich begründete gegen Ende der Kaminrunde am ersten Tag den Bedarf der ostdeutschen Länder und warum ich Steuererhöhungen für weniger gefährlich hielte als eine weitere Kreditaufnahme oder eine fortdauernde Ungewissheit darüber, was nun eigentlich geschehen werde und womit man zu rechnen habe. Zum Staatsanteil stellte ich fest, wenn man die Teilung durch Teilen überwinden wolle, müsse mit den Mitteln für die notwendigen Infrastruktur-Investitionen auch der Staatsanteil zunehmen. Diese Zunahme sei jedoch anders zu bewerten als die Zunahme des Staatsanteils in einer entwickelten Volkswirtschaft, wie die der alten Bundesrepublik vor der Wende. Das werde bei den kritischen Anmerkungen zum wachsenden Staatsanteil zu wenig gesehen. Engholm zeigte sich später sehr dankbar für diese Begründung der Zulässigkeit einer Steuererhöhung. In der anschließenden einzigen weiteren Plenarsitzung prallten wieder die Meinungen der Finanzminister aufeinander, so dass ich die Diskussion nach wenigen Wortmeldungen beendete. Wir waren in der Kaminrunde schon weiter gewesen.

Am heutigen Morgen ging es dann zur Sache. Bis zum Mittagessen hatten wir die Fragen der Finanzierung so weit eingekreist, dass wir die Redaktionsgruppe beauftragen konnten. Als wir uns in diesem Kreis auf die Formulierung des Ergebnisprotokolls geeinigt hatten, war der Erfolg der Tagung so gut wie sicher. Zwar wollte Schröder dann den Kompromiss nicht annehmen. Aber Voscherau und Lafontaine halfen ihm über die Hürde. Andere zogen ihre Bedenken zurück. Streibl wollte plötzlich alles nicht mittragen, fiel aber nach dieser Kraftanstrengung wieder in sich zusammen und freute sich später mit Engholm über den gemeinsamen Vorschlag, den sie vor zwei Jahren zum nationalen Hörfunk geschmiedet hatten. Um 16.00 Uhr war der Beschluss einstimmig verabschiedet. Rau half uns mit wertvollen redaktionellen Hinweisen, die Eichel und ich umsetzten. Ich überwachte selbst die Übertragung in den Text und las Korrektur. Als ich wieder in den Konferenzraum kam – nachdem ich mich über das PC-Programm im Sekretariat hatte ärgern müssen –, war die Konferenz bereits in Auflösung begriffen. Einige gaben Interviews, rundweg positiv. So schlossen wir die Sitzung gegen fünf, um anschließend einer großen Zahl von Journalisten zu berichten.

Für die weitere Beratung des Solidarpaktes ist es hilfreich, dass sich alle Ministerpräsidenten, auch in der Öffentlichkeit, gegen die Vorschläge des Bundes und für die eigene Position ausgesprochen haben. Nun wird es darauf ankommen, sie auch in der Runde mit Kohl zusammenzuhalten.

28. Februar 1993

Heute Morgen habe ich den Bericht der Staatssekretäre Nowak und Noack zur Frage erhalten, ob man die beiden Bildungsministerien zusammenlegen sollte. Sie sprechen sich angesichts der enormen Aufgaben, die in beiden Ressorts noch bewältigt werden müssen, gegen eine Verbindung zum jetzigen Zeitpunkt aus. Ich bin zum selben Ergebnis gekommen. Wir werden die Häuser bis zum Ende der kommenden Legislaturperiode bestehen lassen. Ob man sie dann zusammenlegen sollte, kann mein Nachfolger entscheiden.

So werde ich morgen Friedbert Groß aus Leipzig anrufen und ihn bitten, das Kultusressort zu übernehmen. Ich denke, dass er sich nicht verweigern wird, vor allem, wenn er hört, dass es ein Engagement über 1994 hinaus sein wird. Denn selbst im Falle einer großen Koalition, und nur dann wird die CDU das Schulministerium aus der Hand geben können, hätten wir dann in diesem Ressort eine »große Koalition« von Minister und Staatssekretär. Mit dem Ergebnis bin ich zufrieden. Nach der Absage von Frau Koch muss ich mich auch nicht weiter um eine Frau bemühen.

2. März 1993

Frühmorgens mit dem Flugzeug von Paderborn nach Dresden. Groß holt mich am Flughafen ab. Wir besprechen die Einzelheiten der Übernahme des Ressorts, den zeitlichen Ablauf und erste politische Zielvorstellungen des neuen Ministers. Groß hat klare Vorstellungen von dem, was jetzt erforderlich sein wird. Er wird Ruhe in das Ressort bringen. Im Kabinett gebe ich die Berufung bekannt.

Nach der Kabinettssitzung zunächst ein kurzer Besuch bei der Pressekonferenz, um die Personalentscheidung bekanntzugeben. Es gibt nur wenige Fragen. Gabor *(Bild)* will wissen, ob ich nun das Ministergesetz ändern wolle. Ich verstehe seine Frage erst nicht. Später macht mich Sagurna darauf aufmerksam, dass Groß keinen Pensionsanspruch mehr erwerben könne. Darauf habe die Frage gezielt. Ich kann offenbar nicht so kompliziert – oder einfach – denken wie ein *Bild*-Journalist.

Dann erhält Groß seine Urkunde und ist damit Staatsminister für Kultus des Freistaates Sachsen. Er erzählt mir, dass seine Frau an der Entscheidung maßgeblich beteiligt gewesen sei. Erneut bin ich überzeugt, einen guten Griff getan zu haben. Nun kann die Legislaturperiode, so hoffe ich, mit dieser Besetzung zu Ende gehen.

7. März 1993

Heute Morgen fand in Dresden die zentrale Eröffnungsveranstaltung der Woche der Brüderlichkeit statt. Ich hatte ein Grußwort zu sprechen und die Teilnehmer später zu einem Empfang eingeladen. Andrzej Szczypiorski hielt die Hauptrede: eine strenge Bewertung unserer Schuld, vor allem gegenüber den polnischen Juden, die es, so wie er ihnen begegnet sei, nie wieder geben könnte. Die Juden in New York, in den gleichen Kaftan gekleidet wie die Juden im Warschauer Ghetto, aber fein und aus wertvollem Material, seien in den Augen seiner Erinnerung keine Juden mehr. Die Juden, denen er begegnet sei, seien endgültig ausgelöscht. Für sie sei der Holocaust ein wirklicher Holocaust gewesen. Letztendlich müssten alle Deutschen Juden werden, um das Kainsmal auszulöschen, das die Deutschen den Europäern auf die Stirn gedrückt hätten.

Während des Empfangs sprechen wir über seine Rede. Bubis

sieht einen Zusammenhang zwischen Szczypiorskis Urteil und seinem Buch »Die schöne Frau Seidenman«, in dem er das Verhältnis von Polen und Juden vor dem Weltkrieg weit besser dargestellt habe, als es wirklich gewesen sei. So fühle er eine gewisse Mitschuld, die nun nach einer Antwort gesucht habe. Ich verabredete mit Szczypiorski ein Gespräch über seinen Vortrag. Was er gesagt hat, kann ich so nicht verstehen.

10. März 1993

Schon wieder auf dem Weg von Dresden nach Köln/Bonn. Auch in dieser Woche komme ich kaum dazu, am Dresdner Schreibtisch zu arbeiten. Präsidium und Bundesvorstand, das im Januar ausgefallene Gespräch bei Merkle in Stuttgart, schließlich die Verhandlungsrunde mit der Bundesregierung zum Solidarpakt füllen die Woche aus.

Präsidium und Bundesvorstand standen ganz unter dem Eindruck der Hessenwahlen. Kohl war im Präsidium so nervös wie selten. Mit hochrotem Kopf saß er am Tisch und schien nur darauf zu warten, angegriffen zu werden. Er war erleichtert, weil die CDU nur noch wenig, die SPD dagegen besonders stark verloren hatte. So richtete sich die ganze öffentliche Aufmerksamkeit auf die Sozialdemokraten und Engholm, der durch die Jansen/Pfeiffer-Affäre ohnehin belastet ist. In Kassel haben die Sozialdemokraten gut 20 Prozent der Stimmen verloren; ein Zusammenbruch ihrer Hochburg, der ohne Vorbild ist.

Nachmittags flogen wir, Bernd Vogel und ich, mit Kohl gemeinsam nach Leipzig zur Eröffnung der Frühjahrsmesse. Es ist für mich noch immer ein Wunder, dass es die Messe weiterhin gibt, dass sie lebt und wir ihr ein neues Gehäuse bauen werden. Die Eröffnung im Gewandhaus war ein Erlebnis. Michael Schönheit spielte mit Bläsern des Gewandhausorchesters auf seiner Orgel den *Marche triomphale* von Vierne und Masur überwältigte uns zum Abschluss mit Mendelssohns *Schottischer Sinfonie*. Dazwischen Reden von Lehmannn-Grube, Tyll Necker, Kohl und mir. Kohl eher langweilig, aber schriftlich und deshalb am kommenden Tag in den Zeitungen. Das nehme ich mir auch immer wieder vor, ohne es wirklich zu schaffen.

Dienstags Kabinett. Groß nimmt zum ersten Mal an einer Kabinettssitzung teil. Wir haben mit Fragen der Gemeindeordnung nur einen wirklich wichtigen Punkt. Es geht um die Gemeindegrößen, von denen ab Bürgermeister hauptamtlich tätig werden können oder müssen. Die Fraktion hat sie trotz intensiver Warnungen durch Milbradt auf 2000 respektive 1200 Einwohner herabgesetzt. Folge: In einer großen Zahl kleinerer Gemeinden werden mit den hauptamtlichen Bürgermeistern Besitzstände entstehen, die uns die Gemeindegebietsreform wesentlich erschweren werden. Also beschließen wir, auf eine Korrektur dieser Entscheidungen hinzuwirken. Das ist nicht leicht, denn die engagierten Kommunalpolitiker haben viel investiert und bereits im zuständigen Ausschuss Beschlüsse gefasst.

Heute Morgen Fraktion. Nach zweistündiger Debatte und einem Antrag von mir korrigiert sie ihre Entscheidung zur Gemeindeordnung. Wir müssen das Personal auf kommunaler Ebene abbauen, wenn wir im Westen mit Erfolg weitere Mittel einwerben wollen. Die Personalkosten der ostdeutschen Gemeinden liegen schon heute, das heißt bei geringeren Gehältern, über denen der westdeutschen (rund 135 Prozent).

Im Büro wartet Helmut Schmidt, der mich zur Nationalstiftung sprechen wollte. Er macht sich, wie ich auch, Sorgen um unser Land. Ich müsse, meint er, auf jeden Fall noch in Sachsen bleiben. Ich habe nichts dagegen, seinem Rat zu folgen. Er sieht andererseits weder in seiner Partei noch in der CDU die Kräfte, die das Land mobilisieren und ihm die Anstrengungen abringen könnten, ohne die es sich nicht von den Folgen der Schlamperei erholen wird, die es sich in den vergangenen Jahren geleistet hat. Kohls geistig-moralische Wende hat nicht stattgefunden. Sie konnte von diesem Mann nicht ausgehen. Wir haben weitergemacht, uns durch den erneuten Aufschwung tragen lassen und auch die Chancen nicht genutzt, die uns die Einheit bot. Im Gegenteil: Die Einheit und damit der Zusammenbruch des Kommunismus haben die Illusionen verstärkt, die wir von unserer Kraft und der unserer Gesellschafts- und Wirtschaftsordnung hatten und haben.

Nun bemühen wir uns allenthalben, durch die Gründung von Gesprächskreisen, Stiftungen, Akademien und Zirkeln den vernachlässigten nationalen Dialog wieder in Gang zu setzen. Aber wir haben in den Führungsetagen weitgehend verlernt, auf intelligente und informierte Weise miteinander zu reden. Den meisten fehlt bereits das Wissen, das man für einen Dialog über die Zukunft Deutschlands braucht. Sie nehmen sich kaum noch die Zeit, über sich und unser Land nachzudenken. Viele wissen nicht mehr, wie das geht, und versuchen, es durch die Teilnahme an allen möglichen Veranstaltungen wieder zu lernen. Berater, die behaupten, derartige Fähigkeiten zu vermitteln, haben Hochkonjunktur.

12. März 1993

Die ersten beiden Runden unserer Solidarpakt-Klausur mit der Bundesregierung sind vorüber. Noch gibt es keine greifbaren Ergebnisse.

Es begann gestern Morgen mit der Vorbesprechung der B-Länder und der anschließenden Kaminrunde. Politisch sind zwischen CDU und SPD vor allem die Eingriffe in die Sozialgesetzgebung und der Termin und die Bedingungen der für 1995 vom Bund geplanten Steuererhöhung streitig. Alle anderen Fragen werden nicht nach Parteizugehörigkeit, sondern nach den Interessen des jeweiligen Landes oder des Bundes beurteilt. Für uns geht es dabei vor allem um die Ausstattung für 1993/94, um den Mehrbedarf ab 1995, um den Abbau der Altschulden im Wohnungsbereich, die Entschädigung für Enteignungen und ihre Finanzierung und um eine Reihe von weiteren Fragen, die der Bund mit seinem FKP-Vorschlag erst zur Diskussion gestellt hat.

Die Länderrunde in der NRW-Vertretung brachte keine neuen Erkenntnisse, aber auch keine Anzeichen von Spaltung. Ich rief zwischendurch Kirchner an, um mit ihm über den drohenden Streik in Ostdeutschland zu sprechen. Er teilte meine Ansicht, dass die Kündigung der Arbeitgeber vom Tisch müsse. Ebenso müssten jedoch die Gewerkschaften auf die 26 Prozent Steigerung verzichten. Er ist einverstanden, dass ich mich um eine Verständigung bemühe.

Nachmittags dann das erste Plenum unserer Konferenz. Vorher gab es einen Zusammenstoß mit Kohl, der sich weigerte, neben den Ministerpräsidenten auch die Finanzminister und die Chefs der Staatskanzleien am Plenum teilnehmen zu lassen. In proletenhafter Form versuchte er, mich am Telefon einzuschüchtern. Als das nichts half, war er bereit, an der Eröffnungssitzung alle teilnehmen zu lassen; anschließend sollten sie den Saal verlassen. So geschah es auch. Doch nach einer Stunde, nachdem die allgemeinen Reden gehalten waren und wir zur Sache kamen, wurden die Finanzminister auf Anregung Voscheraus wieder hereingebeten. Seit heute Morgen sind auch die Chefs der Staatskanzleien wieder dabei. Es war eine der üblichen Droh- und Einschüchterungsgebärden, mit denen Kohl seit so vielen Jahren Erfolg hatte – lange auch bei mir!

Nach einem Abendessen tagten wir bis gegen 23.00 Uhr weiter. Für heute Morgen wurde eine kleine Runde verabredet, die sich mit Kohl treffen sollte. Die Finanzminister wurden gebeten, das noch immer unvollständige Zahlenwerk zu klären – was Waigel nach wie vor verweigert. Eine andere Gruppe sollte Vorschläge zur Einbeziehung der Wohnbau-Altschulden in den Erblastfonds entwickeln, eine dritte die Frage klären, welche Veränderungen im Sozialbereich gemeinsam getragen werden könnten.

Das Gespräch heute Morgen brachte keine Annäherung. Kohl hielt am Steuertermin 1. Januar 1995 fest, wohl auch mit Rücksicht auf die FDP, die bei dem Gespräch durch Lambsdorff und Solms vertreten war. Beide haben mich nicht beeindruckt. Sie haben noch immer nicht verstanden, dass die Finanzierung der Einheit nach anderen Gesetzen verlaufen muss als denen, die vor der Einheit die Konjunkturpolitik bestimmten. So versuchte Kohl der SPD, vertreten durch Klose, Rau, Engholm und Lafontaine, den späteren Termin mit dem Angebot schmackhaft zu machen, auf die soziale Komponente einzugehen. In der Arbeitsgruppe soll diese Anregung nun weiter vertieft werden.

Im anschließenden Plenum ging es einmal um die Zahlen, zum Zweiten um die Altschulden des Wohnungsbaus. Wieder war keine Einigung zu erzielen. Waigel hatte seinen Leuten die Weisung erteilt, Alternativen zur Vorgabe Kohls einzubringen. Er will die Altschulden nicht in den Erblastfonds übernehmen, sondern in den Länderfinanzausgleich, was die Länder kaum akzeptieren werden. Waigel fehlt das politische Gespür für die politische Dimension der Stunde. Das wird auch in seinen Diskussionsbeiträgen deutlich.

Das Einzige, was wir bisher geklärt haben, ist die Finanzierung des Programms Industrielle Kerne. Sie soll, wie wir das schon seit längerem vorschlagen, aus dem Erblastfonds erfolgen. Alles andere ist noch offen und wird wohl auch bis zuletzt offenbleiben. Denn die Länder sind ebenso wenig bereit, sich in einem Punkt festzulegen, ehe sie die Gesamtbelastungen kennen, wie der Bund. Das gilt vor allem für den Länderfinanzausgleich.

14. März 1993

Habemus pactum! Gestern Abend haben wir gegen 20.00 Uhr das Ergebnis unserer Beratungen verkünden können. Wir haben einen neuen Länderfinanzausgleich. Ein wesentlicher Teil der in Potsdam beschlossenen Grundlagen ist in das Ergebnis eingegangen. Die Leistungen ab 1995 sind festgeschrieben. Insgesamt ist auch hier das Ziel erreicht. Rechnet man Entlastungen im Bereich der Altschulden Wohnungsbau hinzu, dann kommen wir spätestens 1996 auf rund 60 Milliarden DM. Lediglich die Finanzierung des Nachholbedarfs ist noch offen. Jede Regelung musste wohl daran scheitern, dass wir diesen Bedarf weder im Einzelnen begründen noch die Frage derzeit beantworten können, in welchem Zeitraum wir in der Lage sind, die gestellte Aufgabe zu bewältigen.

Im Einzelnen wurde vereinbart: 1. Transfervolumen ab 1995 rund 56 Milliarden DM. 2. Zusätzliche Mittel im Erblastfonds für die Sanierung industrieller Kerne und die ökologischen Altlasten. 3. Stärkung des Wohnungsbaus durch Übernahme von 31 Milliarden DM Altschulden, Erweiterung des KfW-Programms von 30 auf 60 Milliarden DM für Wohnungsbau, Verlängerung des Fördergebietsgesetzes. 4. Der Mehrbedarf über den Transfer hinaus soll objektiv durch ein Verfahren ermittelt werden, auf das sich Bund und Länder verständigen. 5. 1993 erhalten wir neben der Investitionspauschale von 1,5 Milliarden DM weitere 3,7 Milliarden DM haushaltswirksam, 1994 werden es 10,7 Milliarden DM sein, wovon nur 1,85 Milliarden DM noch umstritten sind, denn die alten Bundesländer haben sich noch nicht bereit erklärt, ihren Teil zu tragen. 6. Für Arbeitsbeschaffungsmaßnahmen stellt der Bund 1993 weitere 1,8 Milliarden DM der Bundesanstalt für den Osten zur Verfügung, 200 Millionen DM für den Westen. 7. Es soll geprüft werden, ob man Instrumente zur Förderung des Absatzes ostdeutscher Produkte entwickeln kann.

Alle waren mit dem zufrieden, was uns in den zurückliegenden drei Tagen gelungen war, und können es auch sein. Niemand bezweifelt, dass der Erfolg vor allem der Geschlossenheit der Länder zu verdanken war. Diese wiederum wäre ohne Potsdam nicht denkbar gewesen. Nicht die Bundesregierung, sondern die Länder waren diesmal Herr des Verfahrens, vor allem, was die Resultate angeht. Das wird das Selbstbewusstsein der Länder in der bundesstaatlichen Ordnung stärken. Sie ist nicht mehr das, was sie vor der Neuordnung des Länderfinanzausgleichs war.

Doch zunächst noch einmal zum weiteren Ablauf. Ich nutze den freien Nachmittag zu einem Mittagsschlaf und einem Besuch beim Parlamentsfriseur. Die Landesvertretung war bereits verwaist. In Bonn arbeitet man am Freitag nur bis zur Mittagsstunde. Später, nach einem Interview für die Abendnachrichten im MDR, besuchte ich Miegels zum Abendessen. Dort erreichte mich ein Anruf von Hans-Werner Wagner, ich werde in der NRW-Vertretung gebraucht. Man habe sich in der Finanzausgleichsgruppe zwar bewegt, aber nun gäbe es Probleme unter den Ländern. Am Ort traf ich Scharping, Schleußer und Milbradt an. Georg mit seinem schon fast zum Warenzeichen gewordenen finsteren Gesicht, das ihn jedesmal befällt, wenn er Gefahren für sein Land und dessen Haushalt wittert; und dies ist fast immer der Fall. Waigel hatte inzwischen, zur allgemeinen Überraschung, die Forderung der Länder anerkannt, mit 44,5 Prozent an der Mehrwertsteuer beteiligt zu werden. Grund: Die von Georg erzwungene Nettorechnung der Bundeszahlen hatte deutlich werden lassen, dass der Bund nach seinem Modell die gesamte Last auf die Länder – alt wie neu – verlagert hatte. So konnte Waigel nicht, wie noch am Tag zuvor, mit seinen Horrorzahlen beeindrucken. Es musste nachgeben, wenn er sich nicht lächerlich machen wollte.

Aber es verblieb noch eine Lücke zu unseren Lasten, denn die neue Rechnung verhalf zwar den westdeutschen Ländern zu einer stärkeren Position, ließ jedoch bei uns eine Lücke von rund 7 Milliarden DM, was auch den SPD-Kollegen aus dem Westen nicht akzeptabel erschien. 1,7 Milliarden DM, die sich aus der Verteilung der Berlinhilfe und eines halben Mehrwertsteuerpunktes (weniger gegenüber Potsdam) für unsere Länder ergaben, war man wohl bereit zu übernehmen. Aber was sollte aus den restlichen 5 Milliarden DM werden? Der Bund, das war sicher, werde sie nicht noch zusätzlich übernehmen können. So kam der Gedanke auf, wenn nötig die Mehrwertsteuer um einen Punkt zu erhöhen. Lafontaine, Scharping und Schleußer versprachen es mir in die Hand, dazu bereit zu sein. Nur könne man jetzt und in absehbarer Zukunft nicht darüber sprechen.

Am Samstagmorgen herrschte zunächst große Verwirrung. Inzwischen hatte man im Finanzministerium gerechnet und dabei eine Lücke von rund 10 Milliarden DM entdeckt. Der ganze Kompromiss schien wieder bedroht. Milbradt und Kühbacher entdeckten dann den Fehler. Inzwischen hatte sich die Nachricht bereits verbreitet, Waigel könne nicht rechnen – was ihn sehr verletzte. Tatsache war, dass beide Rechnungen, die des Bundes und die der Länder, von verschiedenen Voraussetzungen ausgingen. Waigel hatte die Amortisation des Erblastfonds mit in die staatlichen Ausgaben gerechnet, die Länder nicht. So setzten sich Waigel, Scharping, Wedemeier und ich hin und rechneten selbst. Dabei kam es zu weiteren Korrekturen des Ergebnisses zugunsten der ostdeutschen Länder.

Von da an entwickelte sich der Kompromiss. Nachdem der Länderfinanzausgleich in trockenen Tüchern war, konnten wir auch die weiteren Probleme lösen. Niemand hätte es mehr gewagt, das Ganze in Frage zu stellen.

Nun haben wir die finanzielle Grundlage für den weiteren Aufbau in Sachsen. Ich habe lange dafür gekämpft. Wenn die Ausstattung nachweislich nicht reicht, kann ich immer noch auf die Zusage der SPD zurückgreifen, die normale Mehrwertsteuer um einen Punkt zu erhöhen, um die Differenz auszugleichen. Jetzt kommt es erst einmal darauf an, mit den vorhandenen Möglichkeiten intelligent umzugehen und mehr daraus zu machen, als man im Westen daraus machen würde. Der Wettbewerb wandelt sich damit vom Kampf um die Mittel zum Kampf um die intelligenteste Problemlösung. Können wir in Sachsen mit der gleichen oder einer geringeren Ausstattung mehr zustande bringen als andere, auch westliche Länder? Können wir die noch fehlenden Mittel durch eine intelligentere Beteiligung privater Investoren bei öffentlichen Investitionen ausgleichen? Können wir mit weniger Personal bessere Ergebnisse erzielen, zum Beispiel im Bildungsbereich? Diese und viele andere Fragen stehen jetzt zur Debatte und müssen – im Wettbewerb – entschieden werden. Aus Sachsen, das habe ich in der Journalistenrunde festgestellt, wird man keine Forderungen mehr hören. Jetzt geht es darum, mit dem erfolgreich zu arbeiten, was wir haben. Wenn uns das in Sachsen gelingt, wird es uns auch in Deutschland gelingen.

19. März 1993

Treuhandverwaltungsrat in Berlin. Sachsen ist nur mit einem Punkt auf der Tagesordnung vertreten: Wir privatisieren die Flugzeugwerft in Dresden durch Verkauf an die Deutsche Aerospace. Nur noch wenige Menschen sind in dem ehemals wichtigen, vor allem der Rüstung dienenden Betrieb beschäftigt. Der neue Eigentümer will den verbliebenen Kern wieder ausbauen. In Dresden wird er damit keine Schwierigkeiten haben.

Mir war in unseren Beratungen vor allem die Frage wichtig, wie wir nun die Bonner Beschlüsse zur Sanierung industrieller Kerne umsetzen wollen. In der Treuhandverwaltung gibt es dazu noch keine Überlegungen.

Pieroth beglückwünschte mich zum Bonner Ergebnis. Er habe die Dimension der Probleme vor einem Jahr nicht gesehen. Heute müsse er mir recht geben. Es sei ja wohl mein Werk, dass es zu dem Pakt gekommen sei. Soweit die ostdeutschen Länder betroffen sind, nehme ich den Glückwunsch gerne entgegen. Für die Auswirkungen, die die Einigung auf den Bund und die alten Bundesländer, allgemeiner, auf die westdeutsche Gesellschaft haben wird, kann ich dagegen keine Verantwortung übernehmen. Sie sind das Ergebnis der Verhandlungen, die Kohl und Waigel im Wesentlichen mit den sozialdemokratisch geführten westdeutschen Ländern geführt haben.

In der Öffentlichkeit ist die Stimmung bereits umgeschlagen. Was am Sonntag und Anfang der Woche noch als eine große Tat gefeiert wurde, als eine Grundlage für solide wirtschaftliche Entwicklung, erntet inzwischen Überschriften wie »Katzenjammer in Bonn«, »schlimme Folgen für die Staatsfinanzen« und Ähnliches. Tyll Necker hatte am Tag der Vereinbarung noch positiv reagiert. Inzwischen hat er sich weit vom Ergebnis distanziert.

Tatsächlich zeichnet sich in der Einigung von Bonn eine längerfristige Verschiebung der Machtverhältnisse in Deutschland ab. Die

Unfähigkeit Kohls hat ein Vakuum entstehen lassen, dass die Opposition in Bonn bis heute nicht hat füllen können. Da die Menschen im Land, schon ihrer Altersstruktur wegen, nicht zur Radikalität neigen, gibt es auch keine radikale Alternative, die sich des Vakuums bemächtigen könnte. So mussten früher oder später die Länder einen Teil der brachliegenden Macht übernehmen. Damit haben sie in Dresden begonnen. In Potsdam hat sich ihre Haltung verfestigt. In Bonn kam es nun zum Schwur – und der Bund musste das Feld räumen.

20. März 1993

Gestern, nach der Rückkehr aus Berlin, trafen sich IG Metall und der Sächsische Metallarbeitgeberverband bei mir zu einem ersten Gespräch über den Tarifstreit, der die sächsische Metallindustrie mit Streik bedroht. Beide Seiten haben nicht mehr miteinander gesprochen. Die Kündigung des Tarifvertrages nach gescheiterter Schlichtung unter Berufung auf den Wegfall der Geschäftsgrundlage durch die Arbeitgeber wird von der Gewerkschaft als Rechtsbruch angesehen, der weitere Gespräche unmöglich macht. Die Arbeitgeber wollen reden, dürfen die Kündigung aber nicht zurücknehmen. Die IG Metall hat die Sorge, dass die Anerkennung der Möglichkeit, einen Tarifvertrag wegen wesentlich veränderter wirtschaftlicher Bedingungen zu kündigen, den Abschluss längerfristiger Verträge unmöglich macht, eine Sorge, die ich teile. Sie fürchtet weiter eine innere Auflösung der Ordnungsfunktion des Vertrages, wenn zu vielen Betrieben im Rahmen von Öffnungsklauseln gestattet wird, wegen ihrer wirtschaftlichen Lage geringere Löhne als die tarifvertraglich vereinbarten zu bezahlen. Aber auch die Gewerkschaft verschließt sich nicht von vornherein der Notwendigkeit, den Tarifvertrag vom März 1991 an die veränderten Bedingungen anzupassen. Sie sucht jedoch einen Weg, die vereinbarte Lohnsteigerung beizubehalten und die Veränderungen auf sonstige Leistungen oder die Streckung der Fristen zu begrenzen, nach denen weitere Anhebungen erfolgen sollen.

Für beide Seiten ist ein Arbeitskampf mit erheblichen Risiken verbunden – abgesehen davon, dass im Westen nach Abschluss des Solidarpaktes niemand Verständnis für eine Gefährdung der industriellen Entwicklung in Sachsen durch einen Arbeitskampf haben wird. Beide Seiten wollen deshalb wieder miteinander reden, sehen aber keine Möglichkeit, über ihre jeweiligen Schatten zu springen.

22. März 1993

Inzwischen habe ich mich intensiver mit den Fragen befasst, die zwischen den Tarifparteien streitig sind. Die Zulässigkeit einer Kündigung des Tarifvertrages wegen Wegfalls der Geschäftsgrundlage wirft interessante juristische Probleme auf. Offenbar gibt es dazu praktisch keine Literatur. Bisher ist wohl noch niemand auf die Idee gekommen, aus diesem Grund zu kündigen.

Beide Tarifparteien erklären, weitere Verhandlungen seien für sie nur möglich, wenn das Ergebnis vorher bereits im Wesentlichen feststehe. Düvel hat Sorge, dass erneute Verhandlungen sonst scheitern und er dann ohne einen Ausweg dastehen könnte. Die Arbeitgeber fühlen sich sicherer. Denn in vielen Betrieben wird darüber diskutiert, wie man einen Streik durch lokale Vereinbarungen verhindern könne. In einigen Unternehmen hat man sich bereits mit den Betriebsräten und Belegschaften auf geringere Lohnsteigerungen geeinigt. Den Arbeitnehmern ist der sichere Arbeitsplatz wichtiger als der höhere Lohn. Nur diejenigen, die noch mit Entlassung rechnen müssen, wollen die höheren Löhne, um sich so ein höheres Arbeitslosengeld zu sichern.

Meine Anmerkungen zur Konfliktlage habe ich beiden Seiten als »Non-Paper« zustellen lassen, um später mit ihnen darüber zu sprechen.

23. März 1993

Das Kabinett tagt heute in Weißwasser. Es ist ein trister Morgen, regnerisch und verhangen, so recht ein Tag, der aufs Gemüt schlägt. Um mein Gemüt ist es auch nicht besonders gut bestellt. Ich mache mir Sorgen um das Land, um die weitere Entwicklung in Europa und um die Zukunft in Bonn.

Kohl versucht es weiter mit den alten Methoden seiner Machtstruktur. Man sitzt zusammen und fasst Beschlüsse. Aber sie halten nicht. Man versucht, in allen Fragen zu einem Konsens aller politischen Kräfte zu gelangen. Aber auch dieser Konsens hält nur so lange, bis ein neues Problem auftaucht. Dann zerfällt er wieder. Kohl merkt, dass man die Entscheidungsalternativen nicht, wie in der alten Bundesrepublik, durch Zuwarten verringern kann. Wenn er heute ein Problem auszusitzen versucht, wird die Zahl der möglichen Alternativen nicht geringer, sondern größer.

So springt er von Thema zu Thema, erklärt die jeweils wichtigste Frage zur »Chefsache«, ohne dass deshalb wirklich etwas entschieden oder gestaltet wird, und ersetzt inhaltliche Führung durch demonstrative Aktivität. Die Schwäche der SPD gibt ihm Auftrieb. Längst hat er sich mit der Vorstellung vertraut gemacht, auch einer großen Koalition als Kanzler vorzustehen, selbst wenn er die Absicht einer solchen Koalition weiterhin leugnet. Schon aus wahltaktischen Gründen kann er nicht anders.

Die Parallelitäten zur Endzeit Adenauers sind verblüffend. Auch damals konnte Adenauer nur deshalb mit Aussicht auf Erfolg noch einmal antreten, weil die SPD keine Alternative war. Heute ist es wieder so. Kaum noch jemand würde Kohl wollen, wenn es eine wirkliche Alternative gäbe. Schäuble wird von vielen als Alternative gesehen, obwohl er schwerstbehindert ist. Aber Kohl wird den Weg für Schäuble nie freigeben. Und Schäuble wird ihn sich nicht freikämpfen können.

Das Vakuum führt dazu, dass die Ministerpräsidenten ihre nationale Verantwortung entdecken, stark relativiert durch ihre Länderinteressen zwar, aber dennoch nicht ohne Wirksamkeit. Es wird jedoch die intellektuelle Durchdringung der neuen Komplexität sein, die man von der Zentralregierung erwarten wird und auch erwarten muss, wenn das Ganze nicht zerfallen soll wie so häufig zuvor in der deutschen Geschichte. Nur die intellektuelle Führung wird in Zukunft in der Lage sein, das Land zusammenzuhalten, damit zu integrieren und so vor dem Verfall zu bewahren. Die Bundesregierung wird, wenn sie ihre Rolle als Zentralregierung nicht verlieren will, aber auch angesichts der gewachsenen Bedeutung der Länder und ihres Selbstbewusstseins, durch ihre geistige Kraft ersetzen müssen, was ihr an bisheriger Machtstruktur abhandengekommen ist. Genau diese Führungsleistung kann Kohl jedoch nicht erbringen.

Unser Besuch in Weißwasser war wieder eine Ermutigung für

mich. Obwohl es eine der Regionen des Landes ist, die durch den Umbruch besonders betroffen sind, war vom Bürgermeister Lößner nur Positives und Aufbauendes zu hören, als er uns im Ratssaal seines Rathauses zur Kabinettssitzung begrüßte. Die Sitzung selbst war im Wesentlichen dem laufenden Geschäft gewidmet.

Heute Nachmittag Besuch in der Bärenhütte, einer Glaswaren-Fabrik. Wertvolles Tafelglas und Schmuckglas wird von Mund geblasen und geschliffen. Ein westdeutscher Unternehmer aus Düren hat das Unternehmen übernommen, die Glaswanne durch eine moderne Konstruktion ersetzt und mit einer motivierten Mannschaft von Künstlern und Handwerkern einen neuen Betrieb im alten Gehäuse aufgebaut. Die Belegschaft ist jung und engagiert. Man hat fast einstimmig entschieden, erst die Wirtschaftlichkeit des Unternehmens zu steigern und dann die Löhne zu erhöhen. Der Unternehmer will seine Produktion in Düren auch nach Weißwasser verlegen. Seine Belegschaft im Westen sei überaltert, Anspruchsdenken weitverbreitet, die Motivation wesentlich geringer. Er arbeite lieber hier.

Schon vorher hatte der Bürgermeister berichtet, dass das Durchschnittsalter der Bevölkerung 33 Jahre betrage. Thiele bitte ich, diese Daten auch für andere Standorte zu ermitteln und in den Standortatlas einzutragen. Jüngere Bevölkerung wird bald ein Standortvorteil sein. Im Übrigen besuchen wir das Eissportstadion und die Trophäenstube der Eishockeymannschaft. Der Sport spielt in der Stadt eine große Rolle, bindet die jungen Leute und ihre Energien und gibt dem Ort eine besondere Identität. Man möchte das Stadion gerne überdachen und modernisieren, aber das Geld fehlt. Auf der anderen Seite gibt die Stadt ein Drittel ihres Etats von rund 60 Millionen DM für Kindertagesstätten und Horte in Schulen aus. So schlage ich dem Bürgermeister vor, durch den freiwilligen Einsatz der Bevölkerung in diesem Bereich – der wie kein anderer den Eltern vorbehalten ist – Ausgaben einzusparen und die Mittel zur Finanzierung der Investitionen für das Stadion einzusetzen. Er war noch nicht auf die Idee gekommen, dass dies möglich sein könnte, und will darüber nachdenken.

24. März 1993

Ein reiner Bürotag liegt hinter mir, vor mir der Flug nach Köln und ein Treffen mit Meinhard.

Gestern Abend ein ausführliches Gespräch mit Herrn Münter, dem Verhandlungsführer der Metallarbeitgeber. Münter ist in den ostdeutschen Ländern für Bosch tätig. Seit zwei Jahren in Sachsen, aber nach wie vor auf das engste mit dem Westen verbunden. Wohl die Schlüsselfigur auf der Arbeitgeberseite, obwohl er weder Präsident noch Hauptgeschäftsführer des Verbandes ist.

In der Sache ist Münter kaum beweglich. Dass man den Tarifvertrag nicht nur in seinen Lohnbestimmungen aus wichtigem Grund kündigen kann, räumt er gegen Ende des Gesprächs eher unwillig ein. Mein Gutachten, das »Non-Paper«, hat er sorgfältig gelesen. Er betont die Punkte, in denen er mit mir übereinstimmt. Seine Formulierungen sind eloquent und eher behutsam vorgetragen. In der Sache will er eine Neuverhandlung des Stufenplans, seine zeitliche Streckung und den Verzicht auf eine Festlegung auf das Ziel »100 Prozent der Tariflöhne West«. Der Vertrag sei von falschen Voraussetzungen ausgegangen. Den Verzicht auf eine wirksame Schlichtung habe er immer als Fehler angesehen. Man wolle in Zukunft lieber neu verhandeln. Öffnungsklauseln hält er für wichtig, ist aber bereit, darauf zu verzichten, wenn es einem Abschluss dient. Er räumt ein, dass es notwendig sein könnte, über die 9 Prozent Erhöhung hinauszugehen, die die Arbeitgeber bisher schon angeboten hätten. In diesem Jahr könne man eine höhere »Hausnummer« vereinbaren als im kommenden Jahr. Eine Streckung der Fristen für weitere Erhöhungen sei unverzichtbar, wird aber auch von der Gewerkschaft akzeptiert.

Ich lasse keinen Zweifel, dass das Land die möglichen Folgen eines Arbeitskampfes für die Betriebe nicht durch finanzielle Maßnahmen auffangen werde. Wir werden das Geld, das wir mühsam im Westen erbettelt haben, nicht für die Beseitigung der Folgen von Stellvertreterkriegen der westdeutschen Kontrahenten ausgeben.

Mit dem Gespräch war ich an sich zufrieden. Gleichwohl hatte ich ein unsicheres Gefühl. Ich konnte mit dem Mann nicht warmwerden und auch nicht genau sagen, welche eigenen Vorstellungen er mit dem Konflikt verband.

Heute Morgen sprach ich dann mit Düvel über das Ergebnis und die Frage, wie er denn nun weiterzuverhandeln gedenke. Düvel erzählte, Münter sei auf eine Karriere im Gesamtverband ausgerichtet und der Liebling Kirchners. Was immer er auch tue, sei mit Kirchner abgesprochen. Sein Ehrgeiz sei grenzenlos, sein Interesse an Sachsen gering. Kirchner wolle, wenn auch nicht in diesem, so doch im kommenden Jahr die Schwäche der IG Metall nutzen, um das Machtgleichgewicht zu verändern. Deshalb sei er, im Unterschied zur IG Metall, an einer Zentralisierung der Verhandlungen interessiert, nicht an einer Dezentralisation. Der Arbeitgeberverband sei von innerer Auflösung bedroht, im Westen wie im Osten. Kirchner brauche die Konfrontation und den Sieg über die Gewerkschaft, um dem Prozess der Desintegration begegnen zu können.

Mit Münter habe er mehrfach gesprochen. Er glaube nicht an die Bereitschaft, zu einem Ergebnis zu kommen. Er, Düvel, könne eine Streckung des Vertrages und eine Hälftelung der für das kommende Jahr vorgesehenen Steigerungen akzeptieren. Die Steigerungen in diesem Jahr könne er nicht reduzieren. Die Zahl sei eine Glaubensfrage geworden. Er sei jedoch zu einer Verständigung darüber bereit, dass man Betriebe, die in Schwierigkeiten gerieten, nicht im Stich lassen werde. Nur wolle er keine Öffnungsklausel vereinbaren. Sie würde von zu vielen Betrieben in Anspruch genommen und gefährde dadurch den Zusammenhalt der Gewerkschaft. Schon Münter hatte eingeräumt, dass Vereinbarungen zwischen Unternehmer und Betriebsrat vom Unternehmer leicht manipuliert werden könnten. Deshalb sei eine externe Kontrolle wünschenswert.

Prof. Zacher hat mir den Beschluss des Senats der Max-Planck-Gesellschaft mitgeteilt, der Hauptversammlung vorzuschlagen, mich wieder in den Senat zu berufen. Der Beschluss sei einstimmig gefasst worden. Ich freue mich darüber.

Zum Abschluss des Tages schließlich das Gespräch mit Meinhard. Er berichtet über die verschiedenen Studien, die das IWG in den kommenden Monaten vorlegen wird. Als Erstes sein Buch über die Folgen der demografischen Entwicklung. Es ist der zweite Band der »Verkannten Revolution« und soll wahrscheinlich auch unter diesem Titel erscheinen. Es wird ein besonders wichtiges Buch werden.

25. März 1993

As ich heute Morgen aufwachte, wollte ich nichts mehr von der Möglichkeit wissen, noch einmal nach Bonn zurückzukommen, und dies gar mit dem Ziel, mich um das Amt des Kanzlers zu bemühen. Ich war müde und hatte Sehnsucht nach der Zeit jenseits meines Engagements in Sachsen. Vier Jahre in Dresden schienen mir genug, ähnlich wie im Amt des Generalsekretärs. Nichts wollte ich tun, um eine andere Entwicklung auch nur zu ermutigen, geschweige denn selbst zu befördern. Häufig beschleicht mich morgens die Sehnsucht, von der Last befreit zu sein, die ich mir aufgeladen habe.

26. März 1993

Mit dem Verlauf der Ministerpräsidentenkonferenz bin ich zufrieden. Nicht nur in der Nachmittagssitzung, auch abends bewährte sich der »Geist von Dresden«, der uns den Weg nach Potsdam und dann nach Bonn gewiesen hat. Diesmal haben wir beschlossen, uns auch auf den Bildungsgipfel so vorzubereiten, dass die Länder die Initiative gewinnen und der Bund auf der Grundlage unserer Konzepte verhandeln muss. Dazu können uns die Standortstudien dienen, die das IWG vorlegen wird, aber auch meine eigenen Ausarbeitungen.

Aus dem Kreis der Ministerpräsidenten ist inzwischen eine handlungsfähige Gruppe geworden. Sie beginnt, die Fähigkeit zu erwerben, Konflikte unter sich zu lösen, ohne dass dies sofort eine parteipolitische Frage wird. So konnte ich Teufel dafür gewinnen, der Einbringung des Gesetzesentwurfs von Nordrhein-Westfalen und Bayern zum Solidarpakt zuzustimmen, obwohl es für ihn noch wichtige offene Fragen gibt. Dafür versprach ich ihm, um eine faire Lösung besorgt zu sein.

Rau erzählte mir am Rande des Konferenz-Plenums, er wolle mich für den nordrhein-westfälischen Verdienstorden und für die nächste Stufe des Bundesverdienstordens vorschlagen. Was ihn dazu bewogen hat, weiß ich nicht. Aber ich freue mich darüber.

27. März 1993

Auf dem Weg nach Washington. Wolfgang Pordzik, der gestern Abend auch zur Arthur Burns Memorial Lecture gekommen war, begleitet mich. Er berichtet von Bewegungen in Kreisen amerikanischer Intellektueller, die Notwendigkeit von Gemeinschaft neu zu begründen. Vor allen erwähnt er Amitai Etzioni, einen Professor an der George Washington University, und dessen Buch »The Spirit of Community«. Etzioni habe eine größere Gruppe von Leuten um sich versammelt, um der Gemeinschaftsbezogenheit des Menschen und seiner Verantwortung für seinen Lebenskreis neue Geltung gegenüber überzogenen Vorstellungen von Selbstverwirklichung zu verschaffen.

Zu Bill Clinton meint Pordzik, er genieße einen erheblichen Vorschuss an Vertrauen. Man spüre in den USA eine neue Welle der Zuversicht, obwohl die bisherigen handwerklichen Leistungen des Präsidenten nicht überzeugend seien. Wesentliche Berufungen, wie im Justizministerium, stünden aus. Was bisher an Politik formuliert worden sei, lasse noch kein Urteil über die neue Administration zu. Aber noch gebe man dem neuen Präsidenten Zeit.

Gestern Morgen war auch Kohl in Washington, um Clinton seinen Antrittsbesuch zu machen. Man sprach über Europa, über die Entwicklung in Russland und die Handelsfragen, die zwischen den USA und Europa streitig sind. Die Chemie habe gestimmt, meinte Clinton später. Zeitlich passte der Besuch gut mit der Plenartagung der Trilateralen Kommission zusammen, die heute in Washington zusammentritt. Im Fernsehen konnte ich heute Morgen die Wiedergabe der gemeinsamen Pressekonferenz und die Pressekonferenz Kohls sehen. Es war gute deutsch-amerikanische Freundschaftsrethorik. Zwischen unseren Ländern gibt es derzeit keine wirklichen Probleme, wenn man einmal von den noch immer blockierten GATT-Verhandlungen absieht, die aber eher den Franzosen angelastet werden. Obwohl sie erwähnt wurde, hat die AWACS-Frage in den Pressekonferenzen keine Rolle gespielt. Clinton zog sich auf eine entsprechende Anfrage geschickt aus der Affäre. Dabei blieb es dann.

Der gestrige Abend war sehr nett, hätte aber, für sich genommen, die Reise nicht gerechtfertigt. Senator Charles Mathias ist zwar durch seine Krankheit, die zu einer verringerten Kontrolle der Muskeln führt, behindert, aber nach wie vor im Vollbesitz seiner geistigen Kräfte. Helen Burns war auch gekommen, noch fragiler, zerbrechlicher als in Bonn, aber fröhlich und glücklich mit ihrem Enkel Oskar. Um ihn zu besuchen, wollte sie die Verantsaltung früher verlassen, hörte sich aber noch den wesentlichen Teil meines Vortrages an.

Der wiederum fiel ganz anders aus als vorgesehen. Zwar blieb ich bei der Einführung zu Arthur Burns, wenn auch in gekürzter Form. Aber ich sprach nicht über Leadership, sondern über unsere Aufgaben in Deutschland, über den Prozess der Vereinigung und die Lehren, die man daraus für den osteuropäischen Konversionsprozess ziehen kann. Mathias hatte mir bedeutet, ich solle nach der Vorspeise und vor dem Hauptgang etwa 20 bis 30 Minuten sprechen und später Fragen beantworten. Er selbst musste die Veranstaltung gegen acht Uhr verlassen. Es wurden dann knapp 40 Minuten und rund eine Stunde für Fragen. Aber die Vorbereitung auf dem Flug nach New York hätte ich mir weitgehend sparen können. Ich werde den Text trotzdem noch einmal diktieren, denn die Gedankenführung ist durchaus brauchbar.

Ansonsten ist es einfach schön, wieder einmal hier zu sein. Man kennt mich und schätzt mein Urteil. In allen wichtigen Universitäten bin ich willkommen. Pordzik zeigt mir gerade einen Artikel in der *New York Times* zur Nachfolge von Weizsäckers, in dem ich als ein guter Kandidat erwähnt werde – allerdings geht es vor allem um Bubis und dessen Kandidatur, die ich zwar für eine interessante, aber auch für eine verfrühte Idee halte. Wie gestern bereits Peter Westrik will auch Pordzik wissen, ob ich als Nachfolger Kohls bereitstünde. Aber ich äußere mich dazu nicht.

28. März 1993

Gestern Mittag hatte ich Walther Leisler Kiep getroffen, der mich einlud, abends mit ihm ins Kennedy-Center zu einer Ballettaufführung des Ballet de l'Opéra de Paris zu kommen. Wolfensohn habe ihn eingeladen. Vorher sei im Center ein Essen vorgesehen. Es war ein herrlicher Abend. La Bayadère wurde gegeben. Der dritte Akt war von einer fast unwirklichen Transzendenz und Schönheit. Der

Abend wurde, auch durch die Gespräche vor der Aufführung und in den Pausen, zum interessantesten und lohnensten Teil einer Veranstaltung, auf die man im Übrigen in Zukunft verzichten könnte.

Das ist nicht nur meine Meinung. Otto Wolff von Amerongen, den ich eben traf, teilt sie ebenso wie eine Reihe anderer Teilnehmer. Sie empfanden die Diskussion, die ich gestern vorzeitig verließ, als peinlich. Die Themen, noch mehr die Diskussionen, in denen sie behandelt werden, haben keine Beziehung mehr zu den Fragen unserer Zeit, auf die es wirklich ankommt. Die Honoratioren, die das Sagen haben, haben nichts zu sagen. Auch sie sind so beschäftigt, dass ihnen keine Zeit zum Nachdenken bleibt. Deshalb fällt ihnen nichts mehr ein. Sie sind die Protagonisten einer Zeit, die längst zu Ende gegangen ist – sie wissen es nur noch nicht.

Zu ihnen gehört auch ein Mann wie Zbig Brzeziński. Er hat ein neues Buch geschrieben, von dem er ein erstes Exemplar dabeihatte, um es dem Vorsitzenden zu schenken. Der Titel: »Out of Control«. Als er seinem Verleger diesen Titel mitgeteilt habe, erzählte er stolz, habe der den Vorschuss verdoppelt. Was in dem Buch steht, weiß ich, auch ohne es zu lesen. Variationen über Zbik Brzeziński!

Degegen gibt es hier eine bemerkenswerte Diskussion über die Gemeinschaftsfähigkeit unserer Gesellschaft, auf die Pordzik mich aufmerksam gemacht hat. Das Buch von Etzioni habe ich mir gekauft – und Perots Wahlkampfprogramm. Offenbar entdeckt man unter dem Eindruck der wachsenden Gewaltgeneigtheit und der zunehmenden Verarmung der »unvollständigen Familie«, dass der extreme Liberalismus den sozialen Zusammenhalt der westlichen Gemeinschaft bedroht und sie damit zukunftsunfähig macht. Zusammen mit den Folgen eines falsch vestandenen Multikulturalismus müssen uns diese Phänomene weit mehr beunruhigen als alles, was wir in den letzten beiden Tagen als »issues of leadership« zu hören bekamen. Jedenfalls fühle ich mich durch diese Debatte in meinen Ansichten bestätigt, die ich in den Anmerkungen vertreten habe.

Die kulturelle Auseinandersetzung verbindet sich zudem mit der Frage nach der Bedeutung der Religion für den Zusammenhalt von Gemeinschaft. Auch hier wird die Debatte mit der für Amerika kennzeichnenden Direktheit, Gründlichkeit und Intensität geführt. Das Land, und dafür muss man es beneiden, kann Streit nicht nur vertragen: Es kann auch etwas daraus machen.

Wichtig ist mir vor allem die Überlegung, dass die USA nach dem Ende der Nachkriegsordnung eine neue Schlüsselrolle übernehmen müssen. Als atlantische Macht sind sie an der Trias USA-Europa-Russland beteiligt. Als pazifische Macht nehmen sie teil an der Trias USA-Japan-China. Dies, so Karsten Voigt, lasse auch die Trilaterale Kommission in neuem Licht erscheinen. Auf Dauer reiche es nicht, sich auf die drei klassischen Regionen zu begrenzen, die in der Kommission zusammengefasst sind. Russland und China träten als neue Großmächte hinzu, nachdem sie nicht länger durch die Konfrontation des Kalten Krieges ausgeschlossen und gemeinsam Gegner der westlichen Welt seien.

In Russland hat sich Jelzin offenbar in der Auseinandersetzung mit dem Kongress der Volksdeputierten behaupten können. Der Versuch, ihn seines Amtes zu entheben, verfehlte die notwendige Zweidrittelmehrheit. Die Deputierten wendeten sich dann gegen Chasbulatow, der die Auseinandersetzung betrieben hatte. Aber auch dessen Abwahl scheiterte an der fehlenden Mehrheit. All dies ist nur Ausdruck der wachsenden Instabilität, durch die Russland auf dem Weg zu einer neuen Ordnung gehen muss.

29. März 1993

Wieder in Dresden. Im Büro habe ich heute nur wenige Stunden verbracht. Zu einem Gespräch mit Düvel über den weiteren Verlauf des Arbeitskampfes ist es bisher nicht gekommen. Noch kann ich den beiden Parteien auch Zeit lassen. Wenn sie sich jedoch in den nächsten Tagen nicht auf eine tragfähige sächsische Lösung einigen können, werde ich sie öffentlich dafür verantwortlich machen.

Wieder einmal bin ich von einer Plenartagung der Trilateralen Kommission zurückgekommen, entschlossen, meine Mitgliedschaft zu beenden oder darauf hinzuwirken, dass die gesamte Veranstaltung beendet wird. Alles hat seine Zeit. Die Trilaterale Kommission hatte die ihre. Eigentlich sollte man ihre Tätigkeit jetzt auslaufen lassen. Wenn nicht, muss sie mit gänzlich anderen Aufgaben fortgeführt werden. So jedenfalls lohnt sich der Aufwand nicht mehr.

Weiterhin beschäftigt mich, was ich in den USA zur Wiederbelebung der Gemeinschaftsfähigkeit des »modernen westlichen Menschen« beobachtet habe. Meinhard arbeitet ebenfalls an diesen

Fragen. Sie stehen, wie er heute berichtete, im Mittelpunkt seines neuen Buches. Mehrere dialektische Prozesse werden sichtbar:

1. Die zunehmende Tendenz zur Selbstverwirklichung beeinträchtigt den Zusammenhalt der gesellschaftlichen Strukturen, die zwischen Staat und Individuum »vermitteln«. Dazu habe ich auf dem Parteitag der CDU 1981 gesprochen. Was ich dort zur mediatisierenden Funktion der Verbände und der kleinen Lebenskreise gesagt habe, gewinnt heute Bedeutung. In dem Maße nun, in dem die kleinen Lebenskreise den Menschen nicht mehr vor der direkten Berührung mit der staatlichen »Gewalt« schützen können, weil ihre selbständige Bedeutung durch zunehmende Individualisierung geschwächt wird, trifft der Einzelne direkter als bisher mit dem Staat und der Anonymität seiner kollektiven Strukturen zusammen. Das Leben wird dadurch nicht freier, sondern kälter und letztlich unfreier.

2. Der Abbau gemeinwohlorientierter Verhaltensnormen, der mit zunehmender Individualisierung Hand in Hand geht, verringert die Wirksamkeit sozialer Kontrollen. Die Summe der Individuen macht noch keine Gemeinschaft, in der sich die Menschen gegenseitig zu gemeinwohlorientiertem Verhalten anhalten. Die für freies und friedliches Leben in der Gemeinschaft unverzichtbaren Normen müssen, wenn sie nicht mehr als sozial, durch die Mores veranlasste Normen wirksam sind, durch staatliche Normen ersetzt und damit auch durch staatliches Handeln durchgesetzt werden. Ohne Inanspruchnahme quasidiktatorischer Vollmachten kann der Staat das umfassende Normengeflecht jedoch nicht ersetzen, dessen Beachtung den Mitgliedern der Gemeinschaft bisher durch ethische und moralische Normen aufgegeben war, die ihre Wirksamkeit vorwiegend sozialer Kontrolle verdankten. Zunehmende Individualisierung führt somit letztlich zu einem dialektischen Umschlag in die Unfreiheit.

3. Die Tendenz zur unbegrenzten Selbstverwirklichung erschwert die Sicherung und Erneuerung der kulturellen Substanz der Gesellschaft durch Erziehung und Ausbildung der nachwachsenden Generationen. Dies insbesondere dann, wenn den Kindern bereits vor dem Abschluss ihrer Erziehung und Sozialisation gestattet – und damit zugemutet – wird, sich selbstbestimmt zu entwickeln und zu »emanzipieren«. Die derzeitige, durch die Ideologie der Emanzipa-

tion (von gesellschaftlichen Zwängen) stark beinflusste Erziehung vernachlässigt die für die Erhaltung kultureller Normen notwendige Erziehung im Sinn der Weitergabe und Verankerung dieser Normen in den jeweils nachfolgenden Jahrgängen und Generationen. Als Folge verbraucht sich der Fundus kultureller und damit auch religiöser Normen. Es sind jedoch diese Normen, die den Einzelnen in der Wahrnehmung seiner Freiheitsrechte und -möglichkeiten begrenzen und sich damit auch als wesentliche begrenzende Kraft in der Gesellschaft auswirken. Der Verbrauch der normativen kulturellen Substanz, der mit unbegrenzter Selbstverwirklichung der gegenwärtigen erwachsenen Bevölkerung verbunden ist, gefährdet die Fähigkeit zur normativen Begrenzung der Gesellschaft und trägt damit zu ihrer Begrenzungskrise bei.

4. Die mit emanzipatorischen Zielen begründete Relativierung der Familienbindungen und die Bereitschaft vieler Frauen, sich auch ohne Ehe für Kinder zu entscheiden, führt zu Störungen in der Entwicklung der Kinder. Die Freiheit, die Erwachsene sich auf diese Weise in der Gestaltung ihres Lebens sichern, wird von den Kindern mit Beschränkungen ihrer Entwicklungsmöglichkeiten bezahlt. Die Vereinsamung und, bei Einzelkindern häufigere, Verringerung der Gemeinschaftsfähigkeit bei Kindern, die ohne stabile Familien aufwachsen, führt zu einer höheren Gewaltgeneigtheit dieser Kinder und damit auch für deren Elterngeneration zu einem Verlust an Lebensqualität, verursacht durch höhere Kriminalität Jugendlicher.

Alles in allem gibt es eine dialektische Beziehung zwischen einer übermäßigen Ausweitung individueller Entfaltung und einem Verlust an Freiheit. Letzterer wird durch die Folgen ausgelöst, die eine entgrenzte Selbstverwirklichung für die Gemeinschaftsfähigkeit der Menschen haben muss. Denn die Gemeinschaft ist, als Bedingung menschlicher Existenz, wenn sie freiheitlich bleiben soll, neben dem staatlich gesetzten Recht auf die Einhaltung eines Minimums an gemeinschaftserhaltenden Normen angewiesen, deren Geltungsgrund kultureller Natur ist. Wird dieses Minimum nicht durch die Beachtung der Mores gewährleistet, muss es durch den Staat erzwungen werden.

Charakteristisch für diesen Zusammenhang – und die damit verbundenen Missverständnisse – ist der Beitrag, den Reißmüller heute in der *FAZ* veröffentlicht hat. Unter der Überschrift »Was sich da alles selbst verwirklicht« zählt er eine Reihe von Sachverhalten auf, die sämtlich Normverletzungen betreffen. Beginnend mit dem Besprühen von Wänden über Wohnungseinbrüche, Straßenüberfälle und -raub, Gewalttätigkeit in öffentlichen Verkehrsmitteln, Autoraub und -diebstahl, Vandalismus, illegale Müllkippen bis hin zu Drogen, Ladendiebstählen und der Missachtung von Geschwindigkeitsbegrenzungen sieht er die Notwendigkeit, die Einhaltung des Rechts durch die Polizei zu erzwingen. Diese werde jedoch nicht tätig, weil sie keine Leute habe oder überfordert sei.

Das ist richtig, aber eben nur die halbe Wahrheit. Würde die Polizei all diese Verhaltensweisen zu verhindern suchen, müsste sie nicht nur allgegenwärtig sein, sondern auch mit Rechten ausgestattet werden, die niemand in Deutschland der Polizei zu gewähren bereit ist – auch Herr Reißmüller nicht. Jedenfalls dann nicht, wenn man selbst betroffen wäre. Tatsächlich kann die Polizei die Weigerung der Bevölkerung, selbst, beginnend in den kleinen Lebenskreisen, durch soziale Kontrolle zur Einhaltung der Normen beizutragen, nicht ausgleichen, ohne dass ein nachhaltiger Freiheitsverlust in Kauf genommen wird. Die Eskalation der Normverletzung, von der begrenzten zur unbegrenzten, wird weitergehen, wenn die Bürger nicht selbst, wie ich das formuliert habe, die Straße besetzen; und dies nicht nur durch Lichterketten, sondern im täglichen Leben und in Solidarität miteinander.

4. April 1993

Drei Tage Budapest und Ungarn liegen hinter uns. Offiziell waren wir Gast des ungarischen Ministers für Kultur und Bildung, Herrn Mádl. Tatsächlich wurden wir wie Staatsgäste behandelt, mit sechsköpfiger Polizeieskorte, allen protokollarischen Ehren und Besuchen bei allen wesentlichen Politikern, vom Staatspräsidenten angefangen über den Ministerpräsidenten und einen wesentlichen Teil des Kabinetts bis zum Parlament, dem außenpolitischen Berater des Ministerpräsidenten und führenden Politikern der Regierungskoalition und der Oppositionsparteien. Dazu ein Besuchsprogramm in der näheren Umgebung, das uns einen, wenn auch bescheidenen, aber dennoch eindrucksvollen Einblick in die kulturellen Schätze des Landes erlaubte, die ungeachtet der türkischen Besetzung und der mit ihnen verbundenen Verwüstungen auch diesen Teil unseres Kontinents als europäisches Kernland ausweisen.

Mehrere nachhaltige Eindrücke bringe ich von unserer Reise mit, außer dem der überschwänglichen Gastfreundschaft. Als Erstes das große Interesse an einer Wiederbelebung der Handelsbeziehungen, die in der Zeit des Rats für gegenseitige Wirtschaftshilfe zu Sachsen bestanden. Noch hat man nicht ganz verstanden, dass sich die Arbeitsteilung der planwirtschaftlichen Vergangenheit selbst mit Hilfe staatlicher Interventionen nicht rekonstruieren lässt. Man wünscht sich wieder die landwirtschaftlichen Maschinen des Kombinats Fortschritt, zumindest die Ersatzteile für die Maschinen, die in Ungarn im Einsatz sind. Man erhofft sich neue Handelsbeziehungen im Vorfeld eines ersehnten baldigen Beitritts zur EG. An der Euroregion Böhmen-Sachsen-Schlesien wäre man gerne beteiligt, ebenso an der Zusammenarbeit mit Polen, wenn es um die Ukraine geht. An der A 13 von Dresden nach Prag interessiert vor allem die Schließung der Lücke, die derzeit die Verbindung von der Ostsee nach Budapest behindert.

Voller Sorgen beobachtet man die Entwicklungen in der früheren Sowjetunion. Vor allem die wachsenden Spannungen zwischen der Ukraine und Russland werden als gefährlich angesehen. Was soll geschehen –, das war auch in Washington bereits Gegenstand von Spekulationen – wenn die Ukraine von Russland angegriffen wird, weil man dort in der Konfrontation die Rettung vor dem inneren Zerfall sucht, und die Ukraine sich mit Hilfe der Atomwaffen verteidigt, die sich noch in ihrem Besitz befinden?

Eben haben mich Düvel und Hein verlassen. Wir haben uns auf einen Weg verständigt, den drohenden Tarifkonflikt abzuwenden. Die Warnstreiks waren für Düvel ein Erfolg. Der erleichtert es ihm, auf einen neuen, verlängerten Anpassungsprozess einzugehen. Für 1993 habe ich einen Doppelschritt vorgeschlagen, der wiederum Hein die Möglichkeit gibt, das Gesicht zu wahren. Nun hoffe ich, dass die Gremien der beiden mitwirken. Ich werde morgen früh unsere Erwartungen an die Tarifparteien noch einmal öffentlich verkünden, um Druck auf die Gremien auszuüben. Die Verhandlungsführer sind damit einverstanden.

8. April 1993

Während der letzten Tage verhärtete sich der Konflikt in der Metallindustrie. Düvel konnte seine Tarifkommission, wie erwartet, davon überzeugen, die von uns besprochene Brücke zu betreten. Hein scheiterte in seinem Vorstand und trat zurück. Man hatte die Vorstandsmitglieder in seiner Abwesenheit eingeschworen, ohne ihn davon zu unterrichten. Als er montags morgens seinen Geschäftsführer unterrichtete, gab dieser die Botschaft nach Köln weiter, von wo die Nachricht zu Mundorf gelangte. In einem Gespräch mit Gottschol hatte ihm dieser noch zu verstehen gegeben, die Sachsen würden ohnehin machen, was sie wollten; er, Gottschol, werde nicht intervenieren. Tatsächlich waren die Entscheidungen längst gefallen – wie bei meiner Schlichtung 1984 auch, auf die man sich in Köln jetzt wieder mit dem Argument bezieht, ich wäre auch damals gescheitert, weil ich zu gewerkschaftsfreundlich gewesen wäre.

Mittags erhielt ich ein Fax von Gottschol, sämtliche Verbände in Ostdeutschland lehnten den Kompromiss ab. Auch der sächsische Vorstand werde ihn am Abend ablehnen. Ich rief ihn daraufhin an, um Näheres zu erfahren. Abgesehen von unfruchtbaren Argumenten über Prozente lautete seine Begründung für die Ablehnung: Ein Kompromiss in Sachsen müsse die gesamte Arbeitgeberstrategie zum Einsturz bringen. Hein, dem ich das Fax vorlas und der seinen Inhalt nicht kannte war betroffen. Er habe eine derartige Intervention nicht erwartet.

Abends kam es dann, wie es kommen musste. Hein konnte den bereits festgelegten Vorstand nicht überreden, die Öffnung zu nutzen, zu der Düvel bereit gewesen war, und mit der Gewerkschaft über die Alternativen zu sprechen, die man für 1993 überlegt hatte: 26 Prozent am 1. April und dafür Streckung der Stufen bis 1997 oder 21 Prozent am 1. April, die Nebenleistungen erst zum 1. Oktober und Streckung der Nebenleistungen bis 1996. Als Antwort auf die Unbeweglichkeit seines Vorstandes trat Hein vom Präsidentenamt zurück, blieb aber im Vorstand.

Beides war am nächsten Tag die Hauptnachricht. Ich nahm die Pressekonferenz zum Anlass, um über den Tarifkonflikt und die neuesten Arbeitsmarktzahlen zu sprechen. Aufforderung an die Tarifparteien, weiterzuverhandeln, behutsames Lob für die IG Metall, die sich bewegt habe, erneute Feststellung, dass das Land Streikfolgen nicht mit öffentlichen Mitteln lindern werde, und die Sorge, in Sachsen könne ein Konflikt ausgetragen werden, der nicht hierhergehöre, waren die wichtigsten Aussagen.

Gesamtmetall war in einer schwierigen Lage. In der Öffentlichkeit hatte man wenig Verständnis für die Unbeweglichkeit. Da Hein durch seinen Rücktritt den Verdacht einer »Fernsteuerung« noch unterstrichen hatte, musste man ihn zunächst einmal neutralisieren. Das geschah durch die Behauptung, er habe sich von Düvel über den Tisch ziehen lassen. Später hieß es dann, er habe die Dinge wohl nicht übersehen, sei unachtsam gewesen und habe sich gar nicht auf ein Gespräch eingelassen, sondern nur den Arbeitgeberstandpunkt vorgetragen.

Daneben musste man aber auch meine Mitwirkung und damit meine Autorität in Sachsen berücksichtigen. Also wurden auch hier Schuldzuweisungen vorgetragen. Zuerst die Behauptung, es handele sich um meinen Vorschlag, den die Arbeitgeber als wirtschaftspolitisch unverantwortlich abgelehnt hätten. Später hieß es dann, ich hätte die Gesprächsbereitschaft von Hein missbraucht. Barbier schrieb heute in der *FAZ*, ich befände mich auf dem Weg von Dresden nach Weimar! Mein Populismus müsse gestoppt werden.

Wieder, wie schon 1984, stoße ich auf die Machtstrukturen, die sich im Verhältnis von Gesamtmetall und IG Metall gebildet haben. Kirchner ist für mich, bei aller Konzilianz, zu der er fähig ist, eine der letzten Bastionen des Klassenkampfes in Deutschland. Die Rezession und die Schwäche der Gewerkschaft in Ostdeutschland wecken neue Gelüste, die Stärkeverhältnisse zu verschieben. Kirchner konnte wohl nicht damit rechnen, dass ich mich in die Auseinandersetzung einmischen würde. Deshalb die heftige Reaktion, für die er bei Barbier einen allzu willigen Bundesgenossen gefunden hat. Auch Kirchner wird lernen müssen, dass wir in anderen Zeiten leben und deshalb auch andere Wege gehen müssen. Die Tarifautonomie kann ebensowenig unbegrenzt definiert werden wie die persönlichen Freiheiten des Einzelnen. Die Autonomien der Tarifpartner sind ebenso sozialgebunden wie die Freiheitsrechte Eigentum, Vertragsfreiheit oder Wettbewerbsfreiheit. Es ist die Trennung dieser Rechte und Befugnisse von den Pflichten, die wir dem *domaine public* schulden, die unser Land in die Schwierigkeiten gebracht hat, in denen es sich befindet.

9. April 1993

Auf einem Bergrücken, etwas ab von der Küste, hat Justus Frantz vor rund zwanzig Jahren auf Gran Canaria ein Haus gebaut und eine Finca angelegt, die dem Paradies auf Erden ziemlich nahekommt. Was einst kahle Höhe war, ist jetzt dicht bewachsen. Herrliche Bäume, Gärten, Obstbäume, in das Gefälle des Berges einbezogene Terrassen und Ställe für allerlei Tiere, eine wundervolle, grob gepflasterte Auffahrt, die durch schattenspendenden Baumbestand zu dem herrlichen Haus führt, das nach zwanzig Jahren noch immer seiner Zeit weit voraus und doch so geborgen und selbstverständlich ist, als habe es schon immer hier gestanden.

Justus ist ein zauberhafter Gastgeber und wir sind schon jetzt dankbare Gäste, die der Gedanke beflügelt, dass man an diesen himmlichen Ort zurückkehren kann, wenn man ihn nach wenigen Tagen wieder verlassen muss. Heute Abend wollen wir in das letzte der Konzerte gehen, die Justus mit seiner Stiftung zum Wohl der Insel veranstaltet. Er hat bereits rund 2000 Bäume pflanzen lassen. Auch wir werden uns daran beteiligen.

17. April 1993

Ein zauberhafter Tag hat unseren Aufenthalt auf Gran Canaria beendet. Morgens waren wir am Meer. Man fährt nur wenige Minuten vom Monte León zum Strand und den Dünen, die Maspalomas vorgelagert sind. Es war, des Wochenendes wegen, sehr voll am Strand. Ingrid glaubte, noch nie so viele Menschen auf einem Platz gesehen zu haben – von Versammlungen abgesehen. Und dennoch verlief sich die Menge. Wir fühlten uns nicht beengt. Im Meer waren nur wenige Menschen. Das Wasser war frisch, aber von einer seltenen Klarheit und Transparenz. Es war herrlich!

Mittags aßen wir wieder auf dem Dach der Finca, abends hatte Justus zu einer Fiesta eingeladen. Im steinernen Backofen war tagsüber Brot gebacken worden. Abends wurde ein Schwein gebraten. Die Gäste saßen auf dem Platz vor dem Pferdestall an einem langen

Tisch, Spanier und Deutsche bunt durcheinander. Justus hatte ein Gesangs- und Gitarrenquartett aus der Umgebung und eine Musikgruppe aus der Universität Las Palmas eingeladen, die den ganzen Abend abwechselnd spielten und sangen. Entzückende junge Leute, die Ingrid zum Abschluss, nach Mitternacht, noch ein Ständchen brachten. Unter klarem Sternhimmel, mit der Venus als Abendstern, war es ein zauberhaftes Fest.

Die Rückreise fiel uns nicht leicht. Nicht nur scherzhaft war ich eine Zeitlang versucht, der Aussteiger des Jahres zu werden und in Gran Canaria zu bleiben. Man kann dort gut leben. So haben wir uns, trotz unseres gegenseitigen Versprechens, nichts zu kaufen, doch mit dem Gedanken angefreundet, oberhalb der Finca ein Haus zu bauen, falls Justus das Grundstück erwerben könnte. Der Hügel fügt sich gut in das Gelände der Finca ein, könnte mit ihr zusammen ausgestaltet und bewirtschaftet werden und böte uns so gemeinsame Möglichkeiten und dennoch unsere private Sphäre. Später könnte das Haus einmal in den Besitz einbezogen werden, den Justus sich geschaffen hat. Ob ich dafür allerdings den Buchberg aufzugeben bereit wäre, ist noch keineswegs sicher. Eher würde ich gerne im Sommer dort und im Winter auf Gran Canaria leben, von einigen Wochen Kultur während der Wintersaison abgesehen. Wie schön, dass wir noch immer Pläne machen können.

19. April 1993

Die Arbeit hat uns wieder. Gestern Abend wollte ich noch nichts von dem lesen, was mich erwartete. Nun habe ich den ersten Tag bald hinter mir. Er war am Vormittag vor allem dem Tarifkonflikt gewidmet. Die Frage, wie wir in Sachsen einen Streik vermeiden könnten, beschäftigte mich auch in unserem Urlaub. So sprach ich heute Morgen erst mit Georg Leber, um seine Ansichten zum weiteren Vorgehen kennenzulernen. Er ist mit meinem Versuch, nach der Urabstimmung zu einer Schlichtung zu kommen, einverstanden. Allerdings will er selbst als Schlichter nur zur Verfügung stehen, wenn die Parteien sich darauf einigen, dass unter seiner Leitung bis zu einer endgültigen Regelung verhandelt werden muss.

Dazu wäre, wie das anschließende Gespräch mit ihm zeigte, Franz Steinkühler nicht bereit. Er hält nichts von einer besonderen Schlichtung. Noch immer hängt er dem Gedanken nach, Tarifverträge mit den Unternehmen zu schließen und anschließend den Verband wegen der Kündigung des Stufentarifvertrages zu verklagen. Da ich einen solchen Prozess für wenig aussichtsreich halte, habe ich versucht, ihn davon abzubringen. Stattdessen habe ich ihm den Gedanken nahegebracht, den Arbeitgebern nach erfolgreicher Urabstimmung noch einmal ein Einigungsgespräch, eventuell unter einer neutralen Moderation, anzubieten.

Mit Georg Leber verabrede ich anschließend, mich als Ministerpräsident in den nächsten Tagen zurückzuhalten, meine Verantwortung für das ganze Land, aber auch die Verantwortung der Tarifpartner zu betonen und im Übrigen das besondere Interesse des Landes an einer friedlichen Beilegung der Auseinandersetzung zu unterstreichen. Dies vor allem mit dem Hinweis auf das starke Engagement des Landes durch Zuschüsse an die Unternehmen. Der Metallindustrie hat das Land rund 1,5 Milliarden DM Zuschüsse gewährt.

23. April 1993

Schon wieder geht eine Woche zu Ende. Wir sind auf dem Weg zurück von Bonn – vorher Düsseldorf – nach Dresden.

In Bonn herrschte strahlendes, fast sommerlich warmes Wetter. Wir trafen uns im kleinen Kabinettssaal: Waigel mit seinem Staatssekretär und zwei weiteren Beamten, Bohl als Vertreter des Hausherrn, Scharping mit seinem Finanzstaatssekretär und ich. Nach dem Austausch von Argumenten über die Ursachen für die noch offenen Fragen, insbesondere die Lücke von rund 4,5 Milliarden DM, suchten wir nach Möglichkeiten, die Restfinanzierung des Solidarpakts zu sichern. Wieder wurde deutlich, dass Scharping und ich die Zahlen des Rechenwerkes und die Zusammenhänge besser kennen als die Vertreter des Bundes. Die Überlegenheit der Länder ist nicht eine Frage ihrer Zahl, sondern eine Folge ihrer höheren Kompetenz.

Ich stellte als Erstes die im Finanzplan des Bundes enthaltenen Zahlungen für die Treuhand und den Erblastfonds zur Debatte. Waigel hat Leistungen vorgesehen, die er in diesem Umfang nicht braucht, schon weil die Zinsen gefallen sind und weiter fallen werden und er so langfristig zu besseren Konditionen finanzieren kann, als ursprünglich angenommen. Zudem sind neben dem Erblastfonds weitere Leistungen in der Rechnung enthalten, die jedenfalls nicht Dauerleistungen sind, also die längerfristige Verteilung der Lasten zwischen Bund und Ländern nicht berühren. Wir verständigten uns zunächst auf eine Überprüfung dieser Zahlen. Später erklärte Waigel sich bereit, weitere rund 2 Milliarden DM zu übernehmen und dafür den Prüfungsauftrag zu streichen. Das zeigt mir, dass er sich einen erheblichen Spielraum gelassen hat, ihn aber nicht aufdecken wollte.

Sodann ging es um die soziale Komponente beim Solidarzuschlag, der ab 1995 erhoben werden soll. Waigel deutete an, dass man diese Komponente aus dem Aufkommen der zusätzlichen Steuer bestreiten könne. Schließlich führt die Verwirklichung der Einsparvorschläge der Finanzminister zu einer weiteren Entlastung des Bundes von rund 300 Millionen DM, auch wenn man das Unterhaltsgeld der Bundesanstalt nicht, wie vom Bund angestrebt, kürzt. In diesem Zusammenhang kam es – außerhalb der Tagesordnung – zu einem Gespräch über die weitere Entwicklung der Sozialleistungen. Ich erläuterte, warum man die Expansion der staatlichen Sozialleistungen nicht mit bürokratischen Mitteln unter Kontrolle bringen könne. Die ständige Expansion der Leistungen und ihre zunehmende missbräuchliche Inanspruchnahme sind Folge der bürokratischen Organisation der Sozialsysteme. Deshalb kann man den Missbrauch nicht mit bürokratischen Methoden überwinden. Es gilt der allgemeine Grundsatz, dass man systembedingte Mängel nicht mit eben diesem System überwinden kann. Waigel und ich waren uns in einem Gespräch am Rande unseres Treffens, während Scharping den Text unserer Empfehlung diktierte, einig, dass es einer grundlegenden Neuordnung der sozialen Systeme bedürfe.

Umso mehr habe ich mich darüber gefreut, zu lesen, dass der NRW-Mittelstand sich meine Überlegungen zur Reform der Sozialsysteme zu eigen gemacht und sie in Form von Anträgen an den Bundesmittelstandstag in Stuttgart eingebracht hat. Fink soll bereits von einem Angriff auf die soziale Marktwirtschaft gesprochen haben. Es fällt ihm eben nichts anderes mehr ein als die alten Formeln. Wenn die CDU-Sozialausschüsse so weitermachen, werden sie zur Bedeutungslosigkeit verkümmern.

Dienstag bis Donnerstag waren der Büroarbeit und der Politik in Sachsen gewidmet. Bei der Vorbereitung der Landtagssitzung im Kabinett beschäftigte uns ein Antrag des Haushaltsausschusses zum Bericht des Rechnungshofes zum Jahr 1991.

Da die IG Metall ihre Mitglieder zur Urabstimmung aufgerufen hatte, beschäftigten uns auch die möglichen Folgen. Während der Kabinettssitzung gab ich Sagurna für die Pressekonferenz die folgende Instruktion: Auch eine Urabstimmung lässt weitere Möglichkeiten einer Verständigung vor dem Arbeitskampf zu. Die Tür ist damit weiter für eine friedliche Beilegung des Konflikts offen. Diese Chance muss genutzt werden. Deshalb ergeht ein Appell an die Tarifparteien, ihrer besonderen Verantwortung für die wirtschaftliche Entwicklung des Landes gerecht zu werden. Sie müssen zugleich daran erinnert werden, dass auch die Tarifautonomie dem Gebot der Sozialpflichtigkeit unterliegt. Der Tarifkonflikt in Sachsen ist ungeeignet, als Plattform für die Austragung von Grundsatzkonflikten über die zukünftige Entwicklung der Tarifordnung zu dienen.

Den Vorwurf, der Ministerpräsident habe sich in den Tarifkonflikt eingemischt, und die Aufforderung Jagodas, die Politiker sollten sich aus dem Konflikt heraushalten, müssen wir zurückweisen. Denn das Land ist an dem Konflikt in mehrfacher Hinsicht beteiligt. Für Unternehmen in der Metallindustrie hat Sachsen rund 1,5 Milliarden DM GA-Mittel genehmigt und ausgezahlt. Das Land ist mit dem ATLAS-Programm an zahlreichen Unternehmen in der Metallindustrie und ihren Sanierungsanstrengungen interessiert. Auch hier wird von ihm eine finanzielle Beteiligung erwartet. Das Land hat schließlich auch die Interessen der Steuerzahler zu berücksichtigen, die eine weitere Ausdehnung der Kreditaufnahme der Treuhandanstalt vermeiden, jedenfalls aber keine Steuermittel in einem Arbeitskampf verbraucht sehen wollen. Das Land gedenkt, seine Verantwortung auch in diesem Sinn wahrzunehmen.

Die Kulturstiftung und der Kultursenat wurden vom Landtag in zweiter und dritter Lesung verabschiedet. Zuvor hatten mir Meyer und Dr. Vogt über die Arbeit der Naumann-Kommission berichtet. Der Gedanke der Kulturregionen hat inzwischen Form angenommen und wird auch unserer Gesetzgebung zur Kulturlandschaft zugrunde liegen. Mehrere Landkreise werden sich die Kosten ihrer regionalen Einrichtungen teilen und damit auch die kulturellen Einrichtungen im Land erhalten können, die zur kritischen kulturellen Masse gehören.

Schmidt und Lüst besuchten mich am Mittwoch, um weitere Einzelheiten der Nationalstiftung zu besprechen. Ihre Gründung ist auf einem guten Weg. Wir werden das Gespräch im Juni in Hamburg fortsetzen. Der Senat der Stiftung soll ein Spiegelbild unserer nationalen Identität werden. Deshalb sollten auch Persönlichkeiten wie Georg Leber, Bubis und ein führender ehemaliger Militär zu seinen Mitgliedern gehören. Im Herbst wollen wir die Stiftung in Weimar vorstellen. Sie soll dort ihren Sitz haben.

Am Mittwochabend trafen wir uns in einem netten Gasthaus, am Eingang zur Dresdner Heide gelegen, zu einem Gespräch im Präsidium der CDU. Es gab keine feste Tagesordnung. Hähle hatte den Wunsch geäußert, einmal allgemein zur weiteren Entwicklung der CDU in Sachsen zu sprechen. Dazu gehörten die Aktivitäten der Gruppe Sachsen 2000, die Hähle in einem Rundschreiben kritisch beleuchtet hatte, die weitere Entwicklung der Geschäftsstelle und des Personals in den Kreisverbänden und die Mitgliederbewegungen. Noch immer scheiden Mitglieder aus, die vor 1989 in die CDU eingetreten waren. Viele können mit der neuen Parteirolle wenig anfangen. Der Umschichtungsprozess, der dadurch ausgelöst wird, ist für die Partei kein Schaden. Ohnehin wird nicht die Mitgliederpartei in den nächsten Jahren dominieren, sondern die Organisation als Trägerin von Wahlkämpfen und politischen Entscheidungen. Es war ein ehrliches und fruchtbares Gespräch und Eggert sagte es auch. Undenkbar, dass wir in ähnlicher Weise offen und kameradschaftlich im Bundesvorstand oder Präsidium reden könnten.

24. April 1993

Dresdner Kreisparteitag, Sitzung des Landesvorstandes, zusammen mit den Kreisvorsitzenden – beides im Rathaus – und eine Rede auf der Tagung der Vizepräsidenten (Gesellen) der deutschen Handwerkskammern im Ausbildungszentrum Großenhain liegen schon hinter mir, Gespräche mit Hans Geisler, mit Düvel und ein Besuch des Filmballs des Filmfestes Dresden 1993 mit Preisverleihung noch vor mir. Sowohl der Kreisparteitag wie unsere Landespartei haben meine Ankündigung, 1994 wieder zu kandidieren und nicht das Amt des Bundespräsidenten anzustreben, mit großer Erleichterung aufgenommen. Wenn ich auch diesmal unsere Aussichten, die absolute Mehrheit zu erringen, geringer einschätze als 1990, so will ich die Chance, das Ziel zu erreichen, doch nicht ausschließen. Meine Arbeit in Sachsen wird in Deutschland zunehmend zur Kenntnis genommen. Zum ersten Mal führte mich das ZDF-*Politbarometer* gestern in der Reihe der zehn angesehensten Politiker, und zwar an vierter Stelle, auf. Lafontaine dagegen wurde nicht mehr genannt. Genscher führt nach wie vor die Liste an, gefolgt von Frau Hildebrandt und Schäuble.

29. April 1993

Gerade komme ich vom diesjährigen 1. Mai-Empfang der DAG. Derselbe Funktionär, in demselben, weit außerhalb der Stadtmitte liegenden Raum, dasselbe Forderungsgeschwätz. Sicher, die DAG kann sich nicht in jeder Stadt in den ostdeutschen Ländern Überflieger leisten. Mit Personal wie dem, das sie für Dresden auserkoren hat, kann sie jedoch kaum Erfolg haben. Westdeutschen Funktionären dieses Zuschnittes wird es auch nach längerem Aufenthalt in Sachsen nicht gelingen, ihre Forderungs- und Katastrophenterminologie hinter sich zu lassen und über die Wirklichkeit zu sprechen. So riet ich ihm in meinem Grußwort, neben all den Forderungen doch auch die Leistungen anzuerkennen, die die Menschen in Sachsen während des letzten Jahres erbracht haben. Er brauche in dieses Lob ja nicht die Staatsregierung einzubeziehen.

Im Kabinett ging es vor allem um den sogenannten Zentralitätsausgleich bei der Kreisreform. Das Innenministerium – Eggert war in den USA – hatte einen allgemeinen Vorschlag vorgelegt, der die Wünsche der betroffenen Abgeordneten kaum konkret zu befriedigen in der Lage sein würde. So gab es den Auftrag, weitere praktische Vorschläge zu erarbeiten. Wir wollen den Städten, die den Kreissitz verlieren, wie versprochen Kompensationen anbieten, um ihnen die Sorge zu nehmen, ihre Entwicklung könnte gefährdet sein.

Heute Morgen waren wir zur Grundsteinlegung für ein PVC-Werk in Eilenburg. Ein strahlender, warmer Frühsommertag ließ den Hubschrauberflug über unser schönes Land zu einem Fest der Farben und der Bilder werden. Viel ist noch zu tun und wird auf Jahre zu tun bleiben. Aber es ist schön in Sachsen, das Land ist schön, die Menschen nehmen uns auf und ich müsste verrückt sein, wenn ich dieses Kapital preisgeben wollte.

Zurück im Büro beschäftigte mich ein Treuhandproblem in Chemnitz. Die Firma Schieß, eine Maschinenbautochter der Metallgesellschaft, hat die Union in Chemnitz erworben und sich verpflichtet, mindestens 230 Arbeitsplätze und 11 Millionen DM Investitionen zu sichern, in Gera 450 Arbeitsplätze und 15 Millionen DM Investitionen. Inzwischen schließt das Unternehmen Chemnitz, zieht die modernen Maschinen nach Gera ab – obwohl der Chemnitzer Standort der weitaus modernere ist – und schickt sich an, die Grundstücke zu verwerten, die es im Rahmen der Privatisierung erhalten hat. Der Betriebsrat hat gegen den Abtransport der Maschinen eine einstweilige Verfügung beantragt und erhalten. Wir haben den Eindruck, dass sich im kommenden Jahr dasselbe in Gera wiederholen wird, nachdem die Garantiefrist für die Erhaltung der Arbeitsplätze Ende des Jahres abläuft.

Hero Brahms kümmert sich selbst um den Vorgang. Auch Frau Breuel empfindet ihn als Skandal. Ich habe ihr geraten, auf die Metallgesellschaft Druck auszuüben. Selbst wenn das Unternehmen nicht mehr lebensfähig sein sollte, nachdem Schieß die Produktionsunterlagen und die Marktanteile mitgenommen hat, muss vermieden werden, dass die Treuhand und das Unternehmen als diejenigen erscheinen, die zusammenwirken, um die Konkurrenz im Osten zugunsten eines westlichen Unternehmens auszuschalten.

An der Streikfront ist inzwischen klar, dass die Metaller hinter ihrer Gewerkschaft stehen. In der Urabstimmung haben rund 85 Prozent der stimmberechtigten Metaller einem Streik zugestimmt. Beide Seiten suchen nach Wegen, das Gespräch wieder aufzunehmen, ohne das Gesicht zu verlieren oder sich in eine defensive Stellung drängen zu lassen. Düvel hat Gesamtmetall Gespräche angeboten und sich bereit erklärt, die Frage der Rechtmäßigkeit der Kündigung auszuklammern. Die Arbeitgeber haben sich bereit erklärt, ohne jede Vorbedingung zu verhandeln. Düvel wollte gestern Abend noch von mir wissen, ob damit auch seine »Bedingung« gemeint sein könnte, die Kündigungsfrage auszuklammern. Ich riet ihm, vom Gegenteil auszugehen. Selbst wenn es eine Bedingung sein sollte, könnten die Arbeitgeber deshalb ein Gespräch nicht verweigern.

Mir wäre am liebsten, die Parteien kämen ohne fremde Hilfe zu einem Ergebnis. Ich fürchte jedoch, dass die Gewerkschaft die Intervention von außen braucht, um sich bewegen zu können. Wenn, dann wird man wohl auf mich zukommen. Falls nicht, habe ich den Sonntag für mich und werde ihn zu einer Spazierfahrt nutzen, vielleicht nach Seiffen.

Nachmittags die Eröffnung der Postleitzahlen-Infoshow der gelben Post auf dem Altmarkt in Dresden. Viele Menschen haben sich in Volksfeststimmung versammelt. Als ich ankomme, höre ich, wie die Kapelle spielt »Jetzt kommt Kurt«. Als die Menschen mich unter sich entdecken, freuen sie sich. Ich werde herzlich begrüßt. Warum sollte ich dieses Land wieder verlassen, das so schön ist und dessen Bürger mich tragen?

2. Mai 1993

Das erste Drittel dieses Jahres ist vergangen. Die Zeit eilt so schnell, dass es schwer ist, sich an alles zu erinnern, was sie uns gebracht hat. Der letzte Apriltag führte mich nach Mecklenburg-Vorpommern. Seite hatte uns in seinen Wahlkreis zur Sitzung der Ministerpräsidentenkonferenz-Ost eingeladen. In einem zum Hotel umgebauten Schlösschen in der Nähe der Müritz, herrlich gelegen und vom strahlenden Wetter besonders begünstigt, hatten wir uns verabredet. Es war, wie immer, ein freundschaftliches Treffen. Neben der Routine beschäftigte uns der Tarifkonflikt. Münch, aber auch Stolpe, wollten in einer gemeinsamen Erklärung die Ministerpräsidenten als Schlichter oder Gesprächspartner anbieten. Seite und ich konnten es ihnen ausreden.

Eine kurze Kontroverse gab es, als Diepgen den Versuch machte, die Ministerpräsidenten zu einer Unterstützung der Olympiabewerbung Berlins zu veranlassen. Ich widersprach mit der Begründung, ohne eine genaue Kenntnis der finanziellen Konsequenzen für den Aufbau Ost in meinem Land könnte ich eine solche Unterstützung nicht gewähren. Noch immer leide Leipzig darunter, dass in der Vergangenheit alle Kräfte auf Berlin konzentriert worden seien und die sächsische Stadt sich nicht habe entwickeln können.

Nach meiner Rückkehr meldete sich Düvel. Er habe mit Münter verhandelt. Man sei übereingekommen, mich erneut um Vermittlung oder Moderation zu bitten. Man wolle so verfahren wie besprochen. Erst Vorgespräche zur Klärung der Sachlage, dann Entscheidung, ob die Parteien alleine oder mit mir gemeinsam zusammentreten, um den Konflikt im Verhandlungswege zu beenden. Kurz darauf meldete sich auch Münter. Ich bestellte ihn mit einem Begleiter für den 1. Mai in die Schevenstraße, Düvel für den heutigen Nachmittag.

6. Mai 1993

Was war dies schon wieder für eine Woche! In Sachsen wird in der Metallindustrie gestreikt. Bis Dienstagabend war ich damit beschäftigt, den wesentlichen Teil des Schutts abzuräumen, der sich zwischen den Tarifpartnern angesammelt hatte. Über die noch herumliegenden Steine sind sie dann zielsicher gestolpert. Inzwischen bedrohen sie sich mit Ausdehnung des Streiks und Aussperrung und versuchen so, die Arbeiter und sächsischen Unternehmer bei Laune und in Arbeitskampfbereitschaft zu halten. Weit her ist es damit nicht, vor allem, seitdem der wichtigste Anlass für die Gewerkschaft, der Rechtsbruch durch die Arbeitgeber, ausgeräumt ist.

Im Einzelnen: Nach verschiedenen Gesprächen am Wochenende, unter anderem einem Abendessen mit Steinkühler am 1. Mai und einem Nachmittagsgespräch mit Düvel und Kracht am 2. Mai in der Schevenstraße, treffen wir uns in der Staatskanzlei zu einem Gespräch mit Münter, Düvel und ihren Begleitern. Gegen 22.30 Uhr haben wir in den vier Punkten einen Konsens erzielt, um die es vor allem geht: Beseitigung des »Rechtsbruchs« und Versicherung, dass keine weiteren außerordentlichen Kündigungen geplant sind, Beibehaltung des Stufentarifs, fester Schlusspunkt für 100 Prozent Tarifecklohn West und Härteklausel für Unternehmen, die nicht mithalten können. Am nächsten Morgen sollen die Verhandlungskommissionen im Dresdner Hof zusammentreten. Ich soll das Ergebnis bekanntgeben und erläutern. Sobald es auch von der Kommission angenommen ist, will man in die eigentlichen Lohnverhandlungen eintreten. Meine Mission ist dann beendet. Für eine

Moderation der eigentlichen Lohnverhandlungen stehe ich nicht zur Verfügung. Ich gehe davon aus, dass dies auch nicht nötig ist.

Am Dienstagmorgen ruft Düvel erregt an. Gottschol habe eben im Frühstücksfernsehen verkündet, ein Stufentarif komme nicht in Frage. Die Arbeitgeber seien nur bereit, einen Tarifvertrag für eine Stufe abzuschließen, dann müsse man wieder verhandeln. Wenig später meldet sich Münter: ob er mit Kirchner zu einem Gespräch kommen könne. Als die Herren erscheinen, stellt sich heraus, sie wollen noch einmal über den Stufentarif sprechen.

Gegen 11.00 Uhr beginnen die Verhandlungen. Münter erscheint mit seinem Hauptgeschäftsführer, dem Justiziar von Gesamtmetall, Siebel, und vier sächsischen Unternehmern, die allerdings kaum einen Beitrag leisten sollten. Düvel kommt mit Kracht, einer Frau aus der Zentrale und vier Funktionären aus dem Westen, die sich ebenfalls weniger durch eigene Beiträge als durch gelangweiltes Flegeln hervortun.

Die Frage, wie man den »Rechtsbruch« aus der Welt schaffen könne, macht keine Schwierigkeiten. Nach kurzer Zeit ist eine Formel gefunden, die unserer Vereinbarung vom Vorabend entspricht. Schwieriger gestaltet sich das Gespräch über den Stufenplan. Zwar wird die Bereitschaft, ihn auch der neuen Vereinbarung zugrunde zu legen, nicht in Frage gestellt. Aber die Gestaltung der Flexibilität am Ende ist nicht leicht zu beantworten. Nachmittags ist jedoch auch diese Hürde genommen.

Dann werden die Verhandlungen immer zähflüssiger. Die Öffnungsklausel/Härteklausel erweist sich als das eigentliche Hindernis für eine Verständigung. Da es sich auch um juristische Probleme handelt, bitte ich die Juristen beider Seiten zu einer eigenen Beratung. Das Ergebnis soll der Jurist der IG Metall formulieren. Als er fertig ist, kommen auch die Arbeitgeber mit einem Formulierungsvorschlag. Er bleibt weit hinter dem zurück, was bereits besprochen war.

Deshalb verlange ich, mit der Arbeitgeberdelegation allein reden zu können. Als ich mit Münter in den Raum komme, muss ich feststellen, dass dort die gesamte Tarifkommission der Arbeitgeber versammelt ist.

Ich sage den Versammelten, was ich von ihnen halte, und schildere den Anwesenden, wie sich die Dinge aus meiner Sicht darstellen. Kirchner versucht, sich zu verteidigen, aber es gelingt ihm nicht besonders gut. Ich erkläre den Arbeitgebern, dass ich meinen Auftrag als beendet ansähe. In den wesentlichen Punkten sei Verständigung erzielt. Der zum Schluss eingebrachte Wunsch, nicht nur den Endpunkt, sondern auch die Stufen variabel zu gestalten, habe den ganzen Tag nicht zur Debatte gestanden, sei auch in dem Morgengespräch nicht angemeldet gewesen. Ich sei deshalb nicht bereit, die noch offenen Fragen weiter zu behandeln. Das müssten die Tarifparteien nun alleine machen.

Dasselbe sage ich anschließend auch den wieder zusammengetretenen Verhandlungskommissionen. Dann gehe ich vor die Presse, berichte über das erreichte Ergebnis und das Ende meiner Mission und gehe nach Hause.

Am Montag trat Engholm von allen seinen Ämtern zurück. Nur sein Landtagsmandat behielt er bei, um seine Immunität nicht zu verlieren, bis der Untersuchungsausschuss seine Befragungen abgeschlossen hat. Sein Abgang war stilvoll und fand ein eher positives Echo. Ich habe ihm deshalb auch geschrieben. Für die SPD ist der Rücktritt ein schwerer Schlag. Nach Rau und Lafontaine ist nun auch Engholm an seiner eigenen Partei gescheitert. Denn die Affäre allein erklärt seine Entscheidung nicht. Wieder hat ein Politiker aufgegeben, weil er die Bedingungen nicht länger zu akzeptieren bereit ist und auch nicht länger ertragen kann, unter denen Politiker leben und arbeiten müssen.

In Bayern wächst der Druck auf Streibl, den Weg für einen Nachfolger freizumachen. Nachdem die CSU im Landtag einen Antrag der Opposition auf Einsetzung eines Untersuchungsausschusses in der »Amigo-Affäre« mit der Begründung abgelehnt hat, der Fragenkatalog sei nicht akzeptabel, hat sie nun selbst einen Ausschuss mit einem entschärften Fragenkatalog eingesetzt. Kohl ist bisher von der ganzen Unruhe noch nicht berührt.

Inzwischen höre ich, dass Krause zurückgetreten ist. Kohl hat den Rücktritt bekanntgegeben. Wissmann übernimmt das Verkehrsressort. Paul Krüger, MbB aus Mecklenburg, von dem ich bisher nichts gehört habe, übernimmt das Forschungsministerium. Obwohl der Anlass im Grunde lächerlich war, wollte Kohl wohl zeigen, dass bei ihm keine Personalprobleme ungelöst bleiben.

7. Mai 1993

Gerade habe ich mit Düvel und Münter über den Streik gesprochen. Man beschuldigt sich nach wie vor in der Öffentlichkeit, eine Verständigung sabotiert zu haben. Arbeitgeber und Belegschaften in Sachsen haben Angst, in ein Spiel gezogen zu werden, das sie nicht verstehen und dem sie sich ausgeliefert fühlen. Die Arbeitnehmer möchten ihre Gewerkschaft nicht im Stich lassen und sind deshalb bereit zu streiken. Sie empfinden es gleichwohl als eine Not, in einen derartigen Interessenkonflikt zwischen Arbeitsplatzsicherheit und Gewerkschaftsloyalität gezwungen zu werden. Die Arbeitgeber würden am liebsten zahlen, um ihre Betriebe zu retten, und sich auf die Zusammenarbeit mit ihren Betriebsräten verlassen, wenn sie nicht weiterkommen. Den Treuhandgeschäftsführern ist der Ausgang letztlich gleichgültig, denn es sind nicht ihre Betriebe. Die Treuhand erlaubt ihnen auch keine eigenen Bewegungsspielräume, sondern bindet sie an die Beschlüsse der Arbeitgeber in Köln. Deren Beschlüsse wiederum haben wenig zu tun mit unseren besonderen Bedingungen. Sie sind durch die Fronten geprägt, die zwischen Köln und Frankfurt entstanden sind.

In Frankfurt sieht man sich in einer Grundsatzauseinandersetzung mit Gesamtmetall über die zukünftige Existenz der Gewerkschaft und der Tarifautonomie. Die Öffnungsklausel in der Breite, wie die Arbeitgeber sie fordern, muss nach Ansicht der IG Metall aus dem Flächentarif einen durchlöcherten Flickenteppich werden lassen, dem keine Ordnungsfunktion und keine Schutzkraft mehr innewohnt. Die Auseinandersetzung darüber will man in Sachsen austragen. Noch ist nicht über die neuen Löhne, die Zeitachse und die sonstigen Leistungen gesprochen worden. Den Streikenden fällt es deshalb immer schwerer zu erkennen, wofür sie eigentlich streiken. Sie sehen nur, dass ihre Arbeitsplätze gefährdet werden und westliche Unternehmen sich unter Hinweis auf den Streik dazu entschließen, nicht in Sachsen, sondern in Böhmen zu investieren, und damit den Menschen in Sachsen die Hoffnung auf neue Arbeitsplätze nehmen. In ihrer Not suchen sie Schutz bei der Gewerkschaft, ohne dass diese ihnen derzeit wirklich helfen kann. Denn auch sie ist in den Ritualen gefangen.

Auch mit Steinkühler habe ich gesprochen. Er berichtet von

einem Unternehmer in Frankfurt (Oder), der ihm die Bücher geöffnet habe, um ihn über seine wirtschaftliche Lage zu unterrichten. Das Unternehmen, so der Unternehmer, habe sich gefangen und den Zugang zum westlichen Markt gefunden. Seine Bewegungsfreiheit sei jedoch durch die Altschulden begrenzt, die es abtragen müsse. Wären die Altschulden nicht zu bedienen, dann hätte er keine Schwierigkeiten, höhere Löhne zu bezahlen. De facto müssen so die Arbeitnehmer mit ihrem Lohnverzicht die Staatsschulden der DDR bezahlen. Der gleiche Fall wie in Zittau und in vielen anderen Unternehmen!

Kurze Zeit später kam Koch vom *Spiegel*. Er habe einige Punkte, die Aktuelles beträfen, aber auch den Wunsch nach einem ausführlicheren Gespräch. In Bonn geschehe alles nur noch unter dem Gesichtspunkt der Machterhaltung. Es herrsche Endzeitstimmung. Kohl sei zu allem bereit, solange er nur Kanzler bleiben könne. Er werde eine große Koalition bilden, Schröder akzeptieren, jede andere Verbindung eingehen und jede Bedingung akzeptieren, wenn das einzige Ziel damit erreicht werden könne, das er habe: Machterhaltung.

Schäuble übernehme sich schon jetzt. Gleichwohl versuche er, auch noch die strategische Richtung der Partei zu bestimmen und damit die Funktion des Generalsekretärs an sich zu ziehen. Im Kanzleramt habe kürzlich eine von Kohl an allen Gremien vorbei eingeladene Gruppe einschließlich Engholm und Klose zusammengesessen, um die Pressegesetze zu verschärfen. Man habe in Bonn jeden Blick für die deutsche Wirklichkeit und die großen Fragen verloren, die zur Entscheidung anstünden.

Er, Koch, sei daran interessiert, mit mir ins Gespräch über diese Fragen zu kommen. Er kenne die Bonner Situation besser als Kaden, der etwas weit entfernt sei. Vor allem habe er Einblick in die Bewegungen, Strömungen und Verästelungen der Bonner Szene. Diese müsse man jedoch kennen, wenn man versuche, die Veränderungen, auch an der Spitze, durchzusetzen, die notwendig seien. Diese Erfahrung wolle er einbringen. In den letzten Jahren habe er mehrere Versuche erlebt, Kohls Herrschaft zu beenden. Sie seien alle gescheitert, weil sie nicht professionell genug angelegt gewesen seien. Er wolle mir deshalb raten, falls ich seinen Rat gebrauchen könne.

Nachdem ich ihm meine Haltung in dieser Frage erläutert hatte (dass ich lieber in Sachsen bliebe und mich mit dem Gedanken, meinen Hut in den Ring zu werfen, nur anfreunden könnte, wenn die Notwendigkeiten der Stunde einen derartigen Schritt rechtfertigten und wenn eine ausreichend deutliche Bereitschaft zur Veränderung bestehe), ergänzte Koch, ich könne nur antreten, wenn ich gerufen würde, es also gelänge, einen Sog zu erzeugen, dem ich nachgeben könnte.

8. Mai 1993

Heute vor 48 Jahren endete der Zweite Weltkrieg. Grauen und Elend waren der deutsche Alltag. Nur wenige werden des Datums gedacht haben. Ich kann mich erinnern, als wäre es gestern gewesen. Die amerikanischen Truppen hatten Schkopau längst besetzt. Sie waren in der zweiten Aprilhälfte gekommen. Die Verbrüderung an der Elbe bei Torgau hatte stattgefunden. Um Berlin und einige andere Orte wurde noch gekämpft. Hitler hatte Selbstmord begangen und mit ihm Goebbels und seine Familie. Die Straßen waren überfüllt von flüchtenden Menschen. Wir hatten, kurz vor dem Einmarsch der Amerikaner, noch Lebensmittel aus der Fleischerei und anderen Läden bekommen. Die Händler öffneten ihre eisernen Reserven. Die Schinken hatten wir unter dem Dach versteckt, um sie vor möglichen Plünderern zu schützen. Niemand wusste genau, ob die Amerikaner oder die Russen uns eher erreichen würden. Die Frauen waren in Panik bei der Vorstellung, die Russen könnten zuerst kommen. Man hatte schreckliche Dinge aus den Gebieten gehört, in denen die Truppen gehaust hatten.

In Schkopau waren wir vom Krieg weitgehend verschont geblieben. Bomben waren kaum gefallen. Man habe, so ging das Gerücht, das Bunawerk schonen wollen, um es intakt zu besetzen. Dafür hatten Merseburg und Halle schrecklich gelitten. Noch wenige Tage vor Kriegsende standen amerikanische Tanks auf dem Feld vor unserem Garten und beschossen Merseburg. Für uns Jungens war es aufregend und schrecklich zugleich. Dass etwas schrecklich aufregend sein könnte, war in unserem Sprachschatz noch nicht vorgesehen.

Nun sind wir eineinhalb Generationen weiter. Im Westen kann

man sich die Schrecken des Kriegsendes kaum noch vorstellen. Nichts im allgemeinen Lebensbild erinnert mehr daran. Der größere Teil der Bevölkerung ist erst nach dem Krieg geboren oder bewusst aufgewachsen. Für sie ist all dies, an das ich mich erinnere, ohnehin geschichtlich und damit unwirklich. Ihre Lebenserfahrung schließt es nicht mehr ein. So ist es auch nicht verwunderlich, dass man die Schrecken in Jugoslawien als Vorgänge miterlebt, die man sich nicht vorstellen kann und deshalb zu verdrängen sucht.

9. Mai 1993

Die Leipziger Oper beging heute in einem Festakt ihr dreihundertjähriges Bestehen. Ingrid konnte nicht teilnehmen. Sie hatte mich gestern Abend bei einer festlichen Opernaufführung vertreten, an der ich wiederum nicht teilnehmen konnte, weil ich Bill Rogers versprochen hatte, zum Alumni-Treffen der Firma in Berlin zu kommen und über unsere politische und wirtschaftliche Lage zu reden. Ingrid weiht dafür heute einen neuen privaten Radiosender in Dresden ein.

Das Opernfest war eigenwillig, interessant und unterhaltend – teilweise auch bewegend. Zu Beginn zwei kurze Reden von Zimmermann als Hausherr und Bangemann als Schirmherr, der die europäische Dimension des Ereignisses repräsentieren sollte. Zimmermanns wenige Sätze beeindruckten mich. Ich ließ mir den Text geben. Zur Oper sagte er unter anderem:

»Gewiss, Oper ist und muss im höchsten Sinn ein Spiel bleiben, ein Spiel, zu dem wir uns immer wieder zusammenfinden, um eine Unwirklichkeit wirklich zu machen und um gemeinsam zu lachen und zu weinen. Aber wenn wir an all die täglichen Tragödien unserer Welt denken, müssten wir dann nicht immerfort bemüht sein, Wirklichkeit unwirklich zu machen, um sie ertragen zu können? Nein! Die Kunst muss teilnehmen lassen am Menschen, an seiner Trauer, seiner Verzweiflung, an seiner Freude und an seinem Schmerz. Holen wir unsere glücklichsten Träume – vielleicht sind es die unwirklichsten – in diese unsere unbarmherzige Wirklichkeit, nicht als verlorene Illusionen, sondern als Glaubensbekenntnis an den Menschen, an unser Denken, Fühlen und Handeln. Wenn Opernkunst heute etwas leisten kann oder muss, dann eben die ständige Erneuerung des Glaubens an den Menschen – dies ist ihre vornehmste, ihre dringlichste Pflicht.«

Kurt Masur und Frau trafen sich anschließend mit mir im Hotel zum Essen. Mir lag daran, die Irritationen zu beseitigen, die sich zwischen Meyer und Masur entwickelt hatten. Masur kann es nicht verstehen, dass der Aufwand, den wir für sein Orchester betreiben, besonders begründet werden muss. Er sorgt sich, die »Breitenkultur« könne zu Lasten der »Spitzenkultur« entwickelt und ausgebaut werden. Ich sage ihm, dass Ausgaben für ein Spitzenorchester nicht mehr von Kurfürsten oder reichen Bürgern bestritten und deshalb auch entschieden werden können, sondern von allen steuerzahlenden Bürgern mitgetragen werden müssten. Deshalb müsste sich die »Spitzenkultur« auch immer neu legitimieren.

Von Masur möchte ich weiter die Zustimmung zu seiner Mitwirkung im Senat der Nationalstiftung und Anregungen für weitere mögliche Mitglieder. Er ist von Schmidts Idee sehr angetan und will gerne mittun.

12. Mai 1993

Gestern Abend haben die Tarifparteien sich wieder gemeldet. Münter und Düvel wollen noch einmal zu Vorverhandlungen zusammenkommen und dafür meine Moderation in Anspruch nehmen.

Sind die Voraussetzungen gegeben, dann werden die Parteien relativ schnell zu einem Ergebnis finden können. Man wird die Zeitachse des Vertrages um zwei Jahre verlängern, den Lohnanstieg entsprechend flacher gestalten und dafür durch schnellere Anpassung der Urlaubsregelungen einen Ausgleich schaffen. Ende der Woche sollte der Arbeitskampf beendet werden können.

Im Kabinett ging es um das Kulturkonzept für den ländlichen Raum. Inzwischen hat die Idee Gestalt angenommen, Theater und Orchester in den Mittelstädten durch eine Art Zweckverband der Gemeinden und Kreise tragen zu lassen, um so die Kosten für die Einrichtungen auf die Einzugsgebiete umzulegen, die auch den Nutzen haben. Auch der sogenannte Zentralitätsausgleich ist verabschiedet. Beides fand nachmittags die Zustimmung der Landräte.

14. Mai 1993

Der Tarifkonflikt ist beigelegt. Wir sind alle sehr erleichtert. Es ist gelungen, auch die letzte Hürde, die Härteklausel, zu nehmen und zu einer Verständigung über die Grundsatzfragen zu gelanden. Um dieses Ergebnis haben wir gestern von 15.30 bis 23.00 Uhr in meinem Büro gerungen. Dann war die Verständigung erreicht. Frau Tauscher schrieb das gemeinsam diktierte Dokument und die vier Verhandlungsführer Düvel, Kittner, Münter und Kirchner unterschrieben es. Kirchner wollte erst nicht unterschreiben, ließ sich dann aber doch dazu verleiten und war anschließend fast erschrocken, dass er unterschrieben hatte. Für mich war es eine späte Genugtuung für Kirchners Eingriff in meine Schlichtung 1984.

Noch in der Nacht begannen dann die eigentlichen Lohnverhandlungen. Heute Mittag waren sie abgeschlossen. Die Löhne werden in diesem Jahr in drei Schritten bis zum Dezember auf gut 80 Prozent und dann in weiteren Schritten bis 1996 auf 100 Prozent Tarifecklohn West erhöht. Beide Seiten zeigten sich mit dem Ergebnis zufrieden und lobten den Moderator, ohne dessen Mitwirkung das Ergebnis nicht zustande gekommen wäre. Ich selbst ging erst am späten Nachmittag vor die Presse. Ich wollte mich weitgehend zurückhalten. Eigenlob verhindert Fremdlob. Und Fremdlob ist allemal besser.

16. Mai 1993

Wieder ist eine Woche vergangen und der Mai schon zur Hälfte verstrichen. Die Kommentare der Zeitungen zum Tarifabschluss sind rundweg positiv, was meine Mitwirkung angeht. Ähnlich war es bereits am Freitagabend in den TV-Nachrichten. Zugleich wurde das *Politbarometer* für Mai vorgestellt. Ich stehe nach wie vor an vierter Stelle – nach Genscher, Hildebrandt und Schäuble –, also eigentlich an zweiter Stelle, wenn man Genscher und Hildebrandt auslässt, die beide nicht mehr oder nicht für bundespolitische Funtionen in Frage kommen. Die Bewertung durch alle Befragten hat sich von 1,0 auf 1,3 verbessert; CDU-Wähler bewerten mich weiterhin mit 2,0 in der Skala von plus 5 bis minus 5. Kohls Werte zum Vergleich: 0,0 und 2,7. Auch in diesen Zahlen drückt sich die

Zustimmung aus, die ich bei Menschen finde, welche nicht CDU wählen. An der breiten Zustimmung war mir immer gelegen. Ich bin überzeugt, dass man ohne das damit angebotene Vertrauen die Probleme nicht lösen kann, die bewältigt werden müssen.

Gestern Vormittag Präsidium und Landesvorstand der Sächsischen Union in der Nähe von Bautzen. Wir treffen uns zunächst mit dem Landrat, den örtlichen Bürgermeistern und Mitgliedern des Kreisverbandes zu einem Gespräch über Partei und Landkreis. Wieder tauchen Probleme mit der Treuhand auf. So wird der Vollzug notarieller Kaufverträge durch Grundbucheintragung verschleppt, weil man auf mögliche Rückgaberechte des Grafen Rücksicht nehmen will, dem früher die wesentlichen Ländereien um Gaußig gehörten. Das Gesetz, das eine solche Rückgabe vorsehen soll, ist noch nicht einmal verabschiedet. Ich werde also wieder intervenieren müssen.

Schwierigkeiten bereitet auch die Werbung von Bürgermeistern und Mitgliedern der Gemeindevertretungen für die kommende Kommunalwahl. Viele wollen nicht mehr als Abgeordnete dienen. Vor allem in den kleineren Gemeinden mit ehrenamtlichen Bürgermeistern wird es schwierig werden, geeignete Persönlichkeiten zu finden. Bei der SPD ist die Schwierigkeit noch weit größer als bei uns.

Die Sitzung war vor allem einer Aussprache über den gegenwärtigen Stand der Programmdiskussion gewidmet. Manches ist schon zusammengekommen, das wir gebrauchen können. Vieles bleibt aber auch noch zu tun. Aber langsam beginnen die Menschen, sich auch mit den Grundlagen einer freiheitlich-demokratischen Ordnung zu befassen und auseinanderzusetzen. Wie schwierig dies ist, lernt man erst, wenn man es unternimmt, mit ihnen programmatische Aussagen zu formulieren.

In Mecklenburg ist Krause auch als Landesvorsitzender der CDU zurückgetreten. Frau Merkel soll die Nachfolge antreten. Herr Bohl reiste nach Schwerin, um die Dinge im Sinn von Kohl zu regeln. Kohl hat inzwischen auch keine Bedenken mehr, Bundesminister für Parteizwecke einzusetzen. Der Generalsekretär findet bei solchen Missionen nicht statt.

Im Kabinett gibt es keine besonderen Probleme. Wir sind alle erleichtert, dass der Tarifkonflikt beigelegt ist. Da ich in den kommenden beiden Wochen nicht in Dresden bin, bereiten wir auch die Sondersitzung des Landtages zur Kreisreform vor. Noch müssen einige Gespräche zum Ausgleich für die Städte geführt werden, die den Kreissitz verlieren.

Mittags erfreut uns ein Chor aus Kempen, Niederrhein. Ich hole die Männer in die große Halle, damit ihre Stimmen sich voll entfalten können. Dann Gespräch mit Dr. Trippen über die Handelshochschule in Leipzig. Trippen war sehr erfolgreich mit der Einwerbung von Lehrstühlen für die Hochschule. Wir werden, dank seiner Bemühungen, auch Unterstützung durch Insead erhalten. Man ist an einer Zusammenarbeit mit uns interessiert.

Der Nachmittag ist einem Kreisbesuch in Bautzen gewidmet. Bei herrlichem Wetter fliegen wir mit dem Hubschrauber zunächst nach Schirgiswalde, um den neuen Obermarkt einzuweihen. Der Ort war nach dem Wiener Kongress eine Zeitlang souverän. Man hatte vergessen, der sächsischen Regierung die Neuordnung dieses Gebietes zwischen Sachsen und Böhmen mitzuteilen. Erst eine Generation später endete der Zustand der Selbstständigkeit mit der Einbeziehung in sächsisches Gebiet. Da Schirgiswalde früher zu Böhmen gehörte, lebt dort eine weitgehend katholische Bevölkerung.

In Bautzen besuchen wir einen Gewerbepark. Er entsteht auf dem Gelände einer stillgelegten Fabrik. Erstaunlich, was durch die Gruppe bereits erreicht ist, die den Park konzipiert und angelegt hat. Vor allem der Bürgermeister Schramm imponiert mir wieder. Er bedauert, dass es nicht zum Ausbau der alten Herrschaftshäuser am Markt gekommen ist, den Max geplant hatte. Nun werde man eine andere Lösung suchen müssen.

Auf dem Ausflug nach Bautzen begleiten mich zwei Jungen und zwei Mädchen, die auserkoren wurden, für den MDR eine Sendung zum Weltkindertag zu gestalten. Sie interviewen mich, suchen ihre eigenen Motive und sind insgesamt sehr interessiert. Eine gute Idee.

Abends bin ich Gast eines Symposiums, das die Generalvikare der deutschsprachigen Bistümer im Bischof-Benno-Haus in der Nähe Bautzens veranstalten. Ich soll über die Perspektiven der Gesellschaft in den neuen Bundesländern und die Erwartungen an die Kirchen sprechen. Nach dem Vortrag entwickelt sich eine Diskussion, die mich zunehmend ärgerlich werden lässt. Nicht wegen eines nachhaltigen Widerspruches der Herren, sondern wegen ihrer Ängstlichkeit. Schließlich finde ich mich in der merkwürdigen Lage wieder, dass ich den Generalvikaren Mut mache, zu ihnen von den Chancen der Kirche und ihrer Mission spreche und ihnen – zum Beispiel dem Generalvikar von München – Vorschläge zur Verwirklichung des Subsidiaritätsprinzips in der Caritas-Organisation mache. Wenn selbst diese Männer, die völlig unabhängig sind, Angst haben, sich dem Zeitgeist entgegenzustellen und sich mit der entgrenzten Individualität auseinanderzusetzen: Wie soll es dann in unserem Land zu einer Erneuerung der geistigen Werte kommen?

20. Mai 1993

Lange haben wir uns auf diese Reise gefreut. Jetzt sind wir unterwegs nach Washington. Anlass ist die Ehrenpromotion durch die New School for Social Research, aber auch mein Wunsch, mir einen Überblick über die politische Entwicklung in den USA zu verschaffen, nachdem Clinton nun vier Monate im Amt ist. Nach anfänglichem Höhenflug in der öffentlichen Meinung erlebt er derzeit eher den freien Fall nach unten. Noch immer sind wesentliche Positionen seiner Regierung nicht besetzt. Seine Außenpolitik bleibt unentschlossen. Nach anfänglichen starken Tönen zieht er sich gegenwärtig aus dem Jugoslawienkonflikt zurück. Begründung: Die Europäer seien den Ereignissen näher und müssten sie deshalb auch gestalten. Keine Rede mehr von der Führungsrolle der Vereinigten Staaten oder einer »partnership in leadership«.

Im Kongress findet Clinton nicht die erhoffte Unterstützung bei der demokratischen Mehrheit. Die Besitzstände, mit denen er sich anlegen müsste, wenn er seine innenpolitischen Reformvorstellungen durchsetzen wollte, erweisen sich als wesentlich stärker denn vermutet. Die kleine Welt des Gouverneurs Clinton hat den Präsidenten Clinton nicht auf die Wirklichkeit vorbereitet, die ihn in Washington erwartete. Meinhards Beurteilung des Kandidaten war zutreffend. Figur macht eigentlich nur die Frau des Präsidenten. Sie hat sich die Aufgabe gestellt, Konzepte für eine Reform des staatlichen Gesundheitswesens zu entwickeln, das sich in einer tiefen Krise befindet.

Die Einigung im Tarifkonflikt, die wir in Sachsen gefunden haben, ist inzwischen in allen Tarifbereichen übernommen worden. Das sächsische Modell oder die sächsische Lösung ist in aller Munde. Überall begegne ich Lob und Anerkennung für die Moderation, selbst beim Vorsitzenden der Landespressekonferenz gestern Abend aus Anlass der Eröffnung des Landespresseballs; im wiederhergestellten Schloss Albrechtsberg war es bei warmem Sommerwetter ein zauberhafter Abend, zu dem Petra mich begleitete, weil Ingrid Restbestände auf ihrem Schreibtisch noch aufarbeiten wollte.

24. Mai 1993

Auf dem Weg nach New York. Hinter uns liegt ein ausgefülltes Wochenende. Nach dem Gespräch mit Botschafter Stabreit führte uns der Weg in die Georgetown Mall zum Einkaufen, von dort nach Mount Vernon zu einem schönen Spaziergang unter den Bürgern des Landes bei strahlendem und zunehmend warmem Frühlingswetter und schließlich zu einem Bummel durch Alexandria mit Einkäufen bei GAP Outlet, das ich bisher nicht kannte, und einem netten Abendessen in einem der vielen kleinen Restaurants, einem Italiener. Auf dem Weg zurück von Mount Vernon fuhren wir durch die Bell View Apartments. Nichts Wesentliches hat sich dort in den vergangenen 34 Jahren verändert.

Auch der Sonntag war der Erkundung der näheren Umgebung gewidmet. Die erste Station war das neue Einkaufszentrum Tyson II. Was wir vorfanden, war eher eine Konsum-Kathedrale, denn eine Einkaufsmall. Als wir gegen 11.00 Uhr eintrafen, waren die Geschäfte noch nicht geöffnet. Wir waren allein in dem riesigen Gebäude mit dem Reinigungspersonal, das die Pracht für die Konsumenten vorbereitete. Selbst als sich am Nachmittag die Hallen füllten, kamen wir uns noch eher verloren vor in den riesigen Dimensionen und in dem in seiner verschwenderischen Fülle fast erdrückenden Angebot. Für Petra fanden wir ein zauberhaftes Abendkleid für den Ball in New York. Bei aller Freude an den unbegrenzten Möglichkeiten zum Einkauf beschlich mich ein Unbehagen an den Zeichen der Entgrenzung einer Industriegesellschaft, die nur noch existieren kann, indem sie immer mehr Dinge produziert, die man immer weniger notwendig braucht.

Nach unserem Einkaufsbummel besuchten wir die Great Falls und genossen die Landschaft. Abends blieben wir im Hotel und ließen den Tag mit einem kleinen Essen in unserem Zimmer ausklingen. Auch an Heinrich Kronsteins Haus fuhren wir vorbei. Wie oft bin ich die Treppe zu dem kleinen Haus emporgestiegen, um meinen Lehrer zu besuchen oder bei ihm zu wohnen.

Heute Morgen zunächst ein Besuch im Bergsten Institut. Sein Mitarbeiter für den osteuropäischen Raum berichtete über die Erkenntnisse, die man zur Konversion der östlichen Volkswirtschaften gewonnen hat. Man weiß noch sehr wenig über das, was sich ereignet, und von den Voraussetzungen für eine erfolgreiche Entwicklung. Ich habe Bergsten und seine Leute nach Dresden eingeladen.

26. Mai 1993

Heute Morgen hat mich die New School of Social Research zum Doktor der Rechte honoris causa promoviert. Es war eine besonders würdige Feier in der Riverside Church, mit rund 2000 Teilnehmern im Kirchenschiff und auf der Empore. Die Studentinnen und Studenten der verschiedenen Fakultäten und Schulen in ihren akademischen Gewändern, die Dekane, Professoren und Trustees in Talaren und die Honorees, ebenfalls in ihren Talaren, ergaben ein schönes Bild. Die Würde des Ereignisses wurde von niemandem missverstanden als der Versuch, Altes und Überholtes zu konservieren oder alte Strukturen zu sichern, sondern als Ausdruck der Kontinuiät einer Idee, die Menschen verschiedenster Herkunft in einer Institution vereinen kann, wie die New School sie geworden ist.

Am Abend zuvor waren wir mit Henry und Nancy Kissinger zusammen. Ernesto Stiefel hatte uns in Vertretung von Henry Arnhold eingeladen. Henry meinte gleich zu Beginn, ich sollte Kanzlerkandidat der SPD werden und Helmut Schmidt der Kandidat der CDU. Dann werde es einen wirklichen Wahlkampf über die Fragen der Zeit geben. Der Abend bescherte uns dann ein wirklich interessantes Gespräch über die europäische und die amerikanische

Politik. Henrys Kritik am amerikanischen Präsidenten war verhalten, aber deutlich. Allgemein ist man hier entsetzt über die vielen kleinen, aber vieldiskutierten Fehler der neuen Administration. Vergleiche werden zur Carter-Administration gezogen, obwohl die Ursachen für die Fehler verschieden sind. Clinton ist kein Missionar. Eher schon seine Frau, der großer Einfluss zugesprochen wird, ohne dass man daran besonderen Anstoß nimmt. Frau Clinton genießt im Gegenteil hohes Ansehen. Die *New York Times* brachte in ihrem Sonntagsmagazin einen ausführlichen Bericht über die »politics of virtue«, der Mrs. Clinton zum Durchbruch verhelfen will. Ihre Überlegungen sind zwar intellektuell noch wenig durchdacht, haben aber eine starke Ähnlichkeit zu dem, was auch mich beschäftigt und was hier von den Communitarians unter der geistigen Führung von Etzioni diskutiert wird.

Die Krankheitssymptome der westlichen Industriegesellschaft sind in den Vereinigten Staaten fast die gleichen wie in Europa. Sie sind nach dem Ende der Zeit der Konfronation auf beiden Seiten des Atlantiks sichtbar geworden. Das Ende der Nachkriegszeit ist zugleich der Beginn einer Zeit der inneren Erneuerung der westlichen Welt, die die Auseinandersetzung mit dem Kommunismus zwar überstanden hat, aber nun die Folgen zeigt, die diese Auseinandersetzung hatte.

2. Juni 1993

Morgen geht unsere Reise zu Ende. Es waren schöne, erfüllte und lehrreiche Tage, genau so, wie ich es mir gewünscht hatte. Das Pfingstwochenende, das auch hier drei Tage dauerte, da sich der Memorial Day an das Wochenende anschloss, verbrachten wir unterwegs auf den Spuren der Kräfte und Traditionen, aus denen dieses Land seine Kraft bezieht.

Donnerstag und Freitag letzter Woche waren ausgefüllt mit Gesprächen in Washington, über die Kuhl einen Bericht schreiben wird. Sowohl beim IMF wie bei der Weltbank fiel mir der Mangel an authentischer Information über das auf, was sich in Europa ereignet, aber auch das Defizit an geordneter Analyse der Veränderungen, die uns in den kommenden Jahren beschäftigen werden. Dass nicht nur im Osten, sondern auch im Westen Europas tiefgreifende Transformationsprozesse stattfinden müssen, ist meinen Gesprächspartnern kaum bewusst. Dem Managing Director des IWF, Michel Camdessus, war bereits von seiner Taskforce über unser Gespräch in Dresden berichtet worden. Er war ungewöhnlich interessiert. Wir verabredeten eine Fortsetzung unseres Treffens in Dresden.

Interessant schließlich ein 30-Minuten-Interview mit Herrn Richter, der N-TV in Washington vertritt. Ein alerter junger Mann mit viel Gespür für die wesentlichen Fragen und einem gesunden Selbstbewusstsein, das ihn aber nicht unsympathisch macht. Wir sprechen in der Sendung über die Fragen, die auf beiden Seiten des Atlantiks gestellt und beantwortet werden müssen. Ich benenne die vier Bereiche, in denen Entwicklungen stattfinden, die unser Land zu Transformationen zwingen werden: Die Konversion der Volkswirtschaften in Deutschland und Europa, die demografische Entwicklung, die Einwanderung und die kulturellen Konversionen, die stattfinden müssen, wenn es uns gelingen soll, wieder ein Gleichgewicht zwischen Freiheit und Verantwortung der Person zu entwickeln. Das Gespräch sollte am vergangenen Samstag gesendet werden.

Heute Morgen nun die zweite Begegnung mit Etzioni. Es geht mir um die Möglichkeiten, die hiesige Bewegung mit den Ansätzen in Verbindung zu bringen, die sich in Deutschland und Europa erkennen lassen. Beide Seiten der atlantischen Gemeinschaft leiden unter denselben Krankheiten, wenn auch in verschiedenen Stadien und mit verschiedenen Symptomen. Die bisherigen institutionellen Ebenen, auf denen europäisch-amerikanische Probleme diskutiert wurden, nehmen die neuen Fragen nicht auf. Auch hier hat sich ein Establishment mit Besitzständen entwickelt. Ob Trilaterale Kommission oder Atlantikbrücke: Überall sitzen die alten Herren (und Damen), die sich und ihre Themen seit Jahren kennen und sie auf immer neue Weise wiederholen. Nichts, so hat Galbraith bereits in den 50er Jahren beobachtet, lässt sich besser diskutieren als ein Problem, das sich erledigt hat. So verkommen die Begegnungen, Konferenzen und Programme zu Ritualen über alte Fragen, die nicht die Zukunft, sondern die Vergangenheit betreffen.

Die Zukunft: das heißt die Definition der Atlantic Community nicht als Verteidigungsgemeinschaft, sondern als eine Lerngemeinschaft. Während in der Vergangenheit die gemeinsamen Verteidigungsinteressen im Vordergrund standen und die Wertegemeinschaft als selbstverständlich vorausgesetzt wurde, werden in Zukunft eben diese Wertvorstellungen, ihre kulturelle Verankerung und ihre institutionelle Ausprägung im Vordergrund stehen müssen. Ob die Einsicht in die überragende Bedeutung dieser Fragen für die Zukunft der westlichen Kultur so, wie wir sie kennen, ausreichen wird, um die Kohäsion zu ersetzen, die durch die gemeinsame Verteidigung erzeugt wurde, ist schwer zu sagen. Sicher ist, dass der Zusammenhalt der westlichen Welt, die Gemeinsamkeit ihrer ethischen und normativen Grundlagen – das Individuum und die gemeinsamen wirtschaftlichen und politischen Interessen – davon abhängen werden, ob es gelingt, die westliche Kultur auch in Zukunft weiter gemeinsam zu entwickeln.

Die USA werden in der atlantischen Gemeinschaft in Zukunft nicht länger eine »leadership role« einnehmen. Mit dem Ende der Konfrontation und damit des Gegenlagers in einer bipolaren Welt wird sich Amerika zwar nicht auf den nordamerikanischen Kontinent zurückziehen. Dazu sind seine weltweiten Interessen zu ausgeprägt. Aber es wird keine Führungsrolle in dem Sinn mehr übernehmen können, dass es die gemeinsamen Anstrengungen der atlantischen Verteidigungsgemeinschaft als Führungsmacht gestaltet und insoweit seine nationalen Interessen in die der Gemeinschaft einordnet, ohne sie deshalb unterzuordnen. Es wird seine »leadership role« vielmehr neu definieren.

Dies wurde im Gespräch mit Peter Tarnoff, dem Under-Secretary for Political Affairs, eindrucksvoll bestätigt. Tarnoff definierte, auf meine Frage nach der fortdauernden Führungsfunktion der USA trotz Verlustes des Gegners, die neue Führungsaufgabe mit der eindeutigeren Vertretung der nationalen Interessen der USA. Warren Christopher habe erklärt, man müsse im State Department auch einen American Desk einrichten. Er müsse dafür sorgen, dass die Interessen des amerikanischen Volkes, welches die Außenpolitik der USA erst möglich mache, durch diese Außenpolitik angemessen vertreten würden. Tarnoff versteht, mit anderen Worten, unter »leadership« in Zukunft die kraftvolle Vertretung der nationalen Interessen der USA. In diesem Sinn kann es zwar auch eine »partnership in leadership« geben, in der beide Partner ihre nationalen Interessen vertreten und sich um eine gegenseitige Abstimmung bemühen. Gleichwohl werden die nationalen Interessen der USA in Zukunft anders definiert werden als in der Vergangenheit. Man wird die enge Verbindung mit den Verbündeten in Europa zur gemeinsamen Abwehr der aus dem Osten drohenden Gefahren nicht mehr als ein im nationalen Interesse liegendes Ziel ansehen.

Die USA kehren damit zur traditionellen Machtpolitik einer Großmacht zurück – eine Politik, die für sie in dieser Eindeutigkeit neu ist. Ihr Engagement in Europa wird sich in Zukunft an diesen nationalen Interessen und nicht an den gemeinsamen Interessen gemeinsam bedrohter Nationen orientieren. Die Folge wird sein, dass die unterschiedlichen wirtschaftlichen und politischen Interessen der USA und Europas deren Beziehungen stärker beeinflussen werden. Insbesondere kann es zu einem Wettbewerb zwischen den USA und Europa um politischen und wirtschaftlichen Einfluss in Russland und den anderen GUS-Staaten kommen. Dieser Wettbewerb wird nicht nur von wirtschaftlichen, sondern auch von allgemeinpolitischen Überlegungen beeinflusst werden. Zu diesen gehört das Interesse der USA, den Einfluss Europas nicht größer werden zu lassen, als dies mit den neu definierten nationalen Interessen der USA vereinbar ist. Die Haltung der USA im Jugoslawienkonflikt ist bereits Ausdruck dieser neuen Politik. Amerika kann kein Interesse daran haben, den Europäern in Jugoslawien die Kastanien aus dem Feuer zu holen und damit die politischen Kosten für die Bewältigung eines Problems zu übernehmen, das die Europäer aus eigener Kraft nicht lösen können, das sie im wohlverstandenen Interesse Europas, wie es sich aus der neuen Ordnung der Kräfte ergibt, aber aus eigener Kraft lösen müssten.

Aus der Veränderung der Interessenlagen nach der Überwindung der Konfrontation in Europa kann sich in der westlichen Welt eine neue Form der klassischen Gleichgewichtspolitik entwickeln. In deren Mittelpunkt wird diesmal nicht die politische Kontrolle Deutschlands (als zentrale Macht in der Mitte der alten westlichen Welt, zu der die USA nicht gehörten), sondern die politische Kontrolle Westeuropas durch die USA und Russland stehen. Dies wiederum kann die Westeuropäer dazu verführen, sich den Zerfall des zaristischen Reiches nutzbar zu machen und durch die Unterstützung anderer GUS-Staaten, allen voran der Ukraine, mäßigend auf Russland einzuwirken. Sie werden außerdem die historische Nähe

Russlands zu Europa beschwören und dafür auch bereit sein, stärker auf die kulturellen und politischen Besonderheiten Osteuropas einzugehen, als dies sonst der Fall wäre.

Für die Triade USA-Europa-Japan ergeben sich aus diesen Entwicklungen wichtige Veränderungen. Die Fähigkeit der Japaner, in den USA Fuß zu fassen, dort zu produzieren und damit Einfluss auf die wirtschaftliche Entwicklung Amerikas und die amerikanische Politik zu nehmen, die Antagonismen, die sich aus diesen und anderen Gründen zwischen Japan und den USA entwickeln können und der Wettbewerb beider Nationen um Einfluss im pazifischen Raum und auf die Entwicklung in China werden immer wieder zu Spannungen zwischen den USA und Japan führen. Kommt es gleichzeitig zu wirtschaftspolitischen Differenzen zwischen den USA und Europa, so kann dies die Europäer veranlassen, sich stärker Japan anzunähern. Das gemeinsame europäisch-japanische Interesse an einer Entwicklung Russlands, vor allem des sibirischen Raumes, kann eine solche Annäherung fördern. Dies vor allem dann, wenn man bedenkt, dass weder Japan noch Europa ein Interesse an einem besonderen amerikanischen Einfluss auf diese Entwicklung haben können. Unter dem Eindruck dieser Konstellation werden sich Japan und Russland auf eine Lösung der Kurilenfrage verständigen können, die sonst eher nicht möglich wäre. Vielleicht wird Japan die Inseln von Russland zurückkaufen.

4. Juni 1993

Wir sind wieder in Deutschland. Pünktlich um 7.04 Uhr landete das Flugzeug, das uns von Washington nach Frankfurt brachte. Sein Startgewicht in Washington betrug über 200 Tonnen. Obwohl ich es nun schon so oft erlebt habe, bleibt es für mich ein Wunder, dass sich eine Maschine von diesem Gewicht und mit rund 200 Menschen an Bord in die Luft erheben und in rund sieben Stunden den Atlantik überqueren kann.

Petra und ich haben gestern das United States Holocaust Memorial Museum in Washington besucht. Angeleitet und begleitet von Mr. Berenbaum, dem Leiter des Aufbaustabes des Museums und voraussichtlichen zukünftigen Direktors, haben wir fast zwei Stunden in einem Gebäude verbracht, in und mit dem es gelungen ist, eines der schrecklichsten Ereignisse der Menschheitsgeschichte zu dokumentieren und auf eine Weise darzustellen, die es unmöglich macht, sich der Dimension des Verbrechens zu entziehen, ohne jedoch von ihr überwältigt zu werden. Wenn meine Erfahrung mit dem Museum verallgemeinerungsfähig sein sollte, dann ist es gelungen, die Vernichtung der europäischen Juden durch Deutsche – und die Rolle der westlichen Welt, einschließlich der USA – in einer Weise darzustellen, die den Betrachter in Anspruch nimmt, ihm die Schicksale der gequälten, verfolgten und ermordeten Menschen nahebringt, aber ihn dennoch nicht zwingt, zum eigenen Schutz einen wesentlichen Teil der angebotenen Information zu verdrängen. Das Museum ist nicht nur auf besondere Weise ein Kunstwerk und ein Mahnmal. Es ist auch eine große Leistung für die ganze Menschheit. Denn was in dem gleichen Deutschland zum Ausbruch kam, das der Menschheit Dichter und Komponisten in großer Zahl geschenkt hat, ist im Menschen als Möglichkeit mit angelegt und hat sich in der Geschichte der Menschheit immer wieder, wenn auch nie zuvor in derartig systematischer Weise offenbart. Berenbaum zeigte uns alles mit einer Einfühlsamkeit, einer Klarheit und dennoch Menschlichkeit, selbst einigen der Täter gegenüber (so bei dem Bild der Soldaten, die Frauen in einen Wald geleiten, in dem sie von ihnen erschossen werden, und dabei eine Behutsamkeit an den Tag legen, die unter kultivierten Menschen nicht ausgeprägter hätte sein können), dass es uns nicht allzu schwer war, das Museum als Deutsche zu erleben. Petra, Herr Kuhl und ich waren jedenfalls dankbar, das Museum gesehen zu haben.

Die USA-Reise war wichtig und gut. Hintze, den ich auf dem Rückflug in Washington traf, war mit mir der Ansicht, dass wir die Kontakte zu den USA nachhaltig verstärken müssen. Ich werde wieder zweimal im Jahr in die USA reisen, einmal für zwei Wochen, einmal für eine. Richtig vorbereitet und um bestimmte Fragen organisiert, können diese Reisen wesentlich zum besseren Verständnis unserer Entwicklung in den USA beitragen.

Steinkühler ist zurückgetreten. Offenbar gab es auch noch andere Aktiengeschäfte mit Insider-Informationen. Die IG Metall hat das Ganze schwer getroffen. Zwickel, der bisherige stellvertretende Vorsitzende, wird wohl die Nachfolge antreten. Ein zuverlässiger Mann, aber ohne den Glanz, der von Steinkühler ausging.

In München hat sich der Wachwechsel von Streibl zu Stoiber ebenfalls in der letzten Woche vollzogen. Wie es viele vorausgesagt hatten: Streibl zog nicht mehr in die neue Staatskanzlei ein. Waigel konnte sich mit seinem Wunsch, die Streibl-Nachfolge anzutreten, nicht durchsetzen. Ob Stoiber sich rechtzeitig in der neuen Rolle einrichten und so überzeugen kann, dass die CSU wieder eine absolute Mehrheit erringen kann, ist zweifelhaft. Zwar ist er, wie Hintze berichtete, bereits mit einer Kurskorrektur beschäftigt. Doch Vorurteile sind nur schwer zu korrigieren. Derzeit liegt die CSU in Umfragen eher bei 40 als bei 50 Prozent. Als ein Teil des Kompromisses will man wohl in Bayern die Landtagswahl mit der Bundestagswahl verbinden, um einen Wahlkampf Stoiber gegen Streibl zu vermeiden. Hintze, der dies gestern berichtete, wollte wissen, ob wir uns nun auch entschließen könnten, Landtags- und Bundestagswahl zusammenzulegen. Ich sagte ihm, dass wir dies erst im Frühjahr kommenden Jahres endgültig entscheiden wollten, wenn die Bundesentwicklung besser abzuschätzen sei als derzeit. Wahrscheinlich werde es jedoch bei einer getrennten Wahl bleiben.

In Schleswig-Holstein hat Frau Simonis das Amt des Ministerpräsidenten übernommen; die erste Frau, die nach dem Krieg ein solches Amt bekleidet. Wenn wir uns zur nächsten Ministerpräsidentenkonferenz treffen, ist der Kreis derer, die mir im Dienstalter nachfolgen, wieder um zwei größer geworden.

6. Juni 1993

Nachdem wir von einem schönen Nachmittag auf der Galopprennbahn in Dresden zurück waren, kam Meinhard zu Besuch. Wir hatten uns verabredet, um über die nächsten Schritte auf unserem Weg zu Veränderungen in Deutschland – einschließlich der politischen Führung – zu sprechen. Meinhard und ich hatten inzwischen die Beschlussvorlage für den Bundesvorstand zum Wirtschaftsstandort Bundesrepublik gelesen. Sie enthält, genau besehen, eine objektive Darstellung unserer wirtschaftlichen Probleme und die ehrliche Feststellung, dass die Mehrzahl dieser Probleme nicht auf die Einheit oder die Weltkonjunktur zurückgeführt werden können, sondern hausgemacht sind. Damit fällt sie jedoch zugleich ein kritisches Urteil über die Ergebnisse der Politik der Bundesregierung während der letzten zehn Jahre. Vorschläge, wie die Defizite überwunden werden können, werden nur in sehr allgemeiner Form gemacht. Vor allem wird der anstehende Handlungsbedarf beschrieben, den die Regierung in den kommenden Jahren befriedigen muss.

Meinhard und ich waren uns einig, dass es nicht meine Aufgabe sein kann, jetzt die Antworten auf die gestellten Fragen zu geben. Vielmehr sollten wir den beschriebenen Handlungsbedarf einfordern. Dabei sollte deutlich werden, dass die Partei die notwendigen Antworten nicht ohne entsprechende Richtlinienentscheidungen der Regierung geben kann. Deshalb müssen nun diese Richtlinienentscheidungen angemahnt werden. Ich werde in diesem Sinn im Bundesvorstand votieren. Bei der Beurteilung der weiteren Entwicklung in Bonn gehen wir von folgenden Überlegungen aus:

Kohl sitzt fest im Sattel. Trotz der zahlreichen Schwächen, die in letzter Zeit deutlich geworden sind, war er selten stärker als heute. Niemand sieht zu ihm eine Alternative. Er ist entschlossen, ein viertes Mal zu kandidieren. Gewinnt die CDU nicht genug Stimmen, um auch die nächste Regierung mit der FDP bilden zu können, wird er auch eine große Koalition mit der SPD akzeptieren. Wesentliche innenpolitische Entscheidungen wird Kohl bis zur Wahl nicht mehr treffen. Er wird sie den Koalitionsgremien überlassen und sich ganz auf die Außenpolitik konzentrieren, häufig ins Ausland reisen, viele Abkommen unterschreiben, allen möglichen Ländern unsere Hilfe zusagen und so – wie vor ihm Konrad Adenauer – im Ergebnis sein eigener Außenminister werden.

Dabei kommt ihm einmal entgegen, dass die Außenpolitik im Wesentlichen durch die weitere politische Integration Europas vorgezeichnet ist. Sie bietet deshalb nur noch geringe nationale Handlungsspielräume, ist damit aber auch mit weniger sichtbaren Risiken verbunden. Den Anforderungen, die die gewachsene Komplexität der außenpolitischen Lage unseres Landes in der Mitte Westeuropas und die Entwicklungen in Ost- und Südosteuropa an unsere Außenpolitik richten, weicht Kohl dadurch aus, dass er sich als guter Europäer in die europäische Politik einordnet. Unter Hinweis auf unsere nationale Vergangenheit gibt er die Wahrung eines niedrigen außenpolitischen Profils als Tugend aus. Damit wälzt er zugleich die politischen Kosten der Außenpolitik auf die Europäische Gemeinschaft und deren Mitglieder ab, von denen die Bereitschaft zu wesentlichen außenpolitischen Initiativen derzeit auch nicht zu erwarten ist.

Außenminister Kinkel wird einer derartigen Konzentration der Außenpolitik auf den Kanzler kaum wirksam entgegentreten können. Denn Kohl kann ihn als Vorsitzenden der FDP mit innenpolitischen Konflikten beschäftigen und damit als Außenminister praktisch lahmlegen. Kinkel wird zu spät merken, dass er sich mit der Kombination beider Ämter nicht nur übernommen hat, sondern beide Funktionen sich auch gegenseitig lähmen können.

Als Kanzler wird Kohl in der verbleibenden Zeit dieser Legislaturperiode – und in Vorbereitung auf die wahrscheinliche große Koalition – eine Kombination von Kanzler und Bundespräsident anstreben. Da seine eigene Partei von ihm nichts mehr verlangt, sondern sich völlig untergeordnet hat, muss er auf sie auch keine Rücksicht mehr nehmen. So kann er die Deutschen daran gewöhnen, dass der Kanzler nicht entscheidet, sondern moderiert und dabei auch die anderen politischen Auffassungen zu Wort kommen lässt. Als Kanzler der ausgehenden dritten und angestrebten vierten Legislaturperiode kennt er keine Parteien mehr: Er kennt nur noch Deutsche.

Diese Rolle entspricht in geradezu idealer Weise seinem Verständnis seines Amtes. Kohl entscheidet politische Fragen nicht aus ihrem Ordnungs-, sondern aus ihrem Machtzusammenhang. Das heißt, jede konsensfähige Entscheidung ist eine richtige Entscheidung. Der Inhalt der jeweiligen Entscheidung wird nicht von ihm vorgegeben, notfalls im Rahmen seiner Richtlinienkompetenz. Er leitet sich vielmehr aus dem Zusammenspiel der Kräfte in dem jeweiligen Entscheidungsgremium ab, dessen Kohl sich zur Entscheidungsfindung bedient, dessen Zusammensetzung er sorgfältig beeinflusst und dessen Beratungen er als Kanzler moderiert. Findet sich in diesem Gremium eine Antwort auf das jeweils gestellte Problem – wobei der Inhalt wesentlich durch die personelle Zusammensetzung des Gremiums bestimmt wird –, dann gilt diese Antwort als politisch richtige Entscheidung. Kohl zeigt sich mit dem Konsens zufrieden und sieht in dessen Herstellung seine Leistung. Richtig betrachtet beeinflusst Kohl die Entscheidungen, die unter seiner Verantwortung gefunden werden, indem er die Machtverhältnisse durch die Auswahl der Personen zu beeinflussen sucht, die in den jeweiligen Gremien entscheiden. Stimmen die Personen, die entschieden haben, dann stimmt auch die Entscheidung.

Kohls Absicht, die Rollen von Kanzler und Präsident in einer Moderatorenrolle zusammenzufassen, kommt nicht nur seinem Verständnis politischer Entscheidungsverfahren entgegen. Mit dieser Rollenveränderung schiebt er auch den Bundespräsidenten zur Seite – und verringert die Bedeutung des Nachfolgers. Vor allem kommt er damit jedoch dem Bedürfnis eines erheblichen Teils der Bevölkerung nach Kontinuität und Beständigkeit in einer unübersichtlich gewordenen Zeit entgegen. Der schätzt ihn zwar nicht als Kanzler. Aber er würde sich durch einen Wechsel eher noch mehr irritiert fühlen. Man hat sich an Kohl gewöhnt und möchte angesichts der vielen Veränderungen, die ohnehin schon eingetreten sind, nicht noch durch weitere Ungewissheiten belastet werden.

Kohl spürt diesen Wunsch nach Beständigkeit in einer Zeit des Wechsels und kommt ihm nach – zumal er damit auch seinen eigenen Intentionen entspricht. Zwar wird er sich nicht das Motto Adenauers zu eigen machen: »keine Experimente«. Aber er wird in eben diesem Sinn handeln.

Kohl hat dafür gesorgt, dass es unter den 45- bis 55-jährigen Führungspersönlichkeiten der CDU niemanden gibt, der ihm seine Position streitig machen könnte. Die darauffolgenden geburtenstarken Jahrgänge der 25- bis 40-Jährigen sind diejenigen, die sich entscheiden müssen, ob sie die dritte, die das Geschaffene verzehrt, oder die erste Generation sein wollen, die nach der deutschen Einheit die Zukunft neu beginnt. Kohl wird, wie auch jetzt schon, viel von Erneuerung reden. Aber er wird alles tun, um diese Generation davon abzuhalten, die erste zu werden, die erneuert. Seine bisherigen Personalentscheidungen zeigen, dass er Anpassung und Einordnung belohnt und wirklichen Willen zu Veränderung bestraft. Kohl will bis zur kommenden Bundestagswahl und danach keine Unruhe. Aus der CDU ist deshalb, wenn nichts unternommen wird, keine Veränderung zu erwarten.

Die SPD bietet derzeit ein Bild der Orientierungs- und Führungslosigkeit. Scharping, Schröder, Wieczorek-Zeul bewerben sich um den Parteivorsitz, Lafontaine zusätzlich um die Kanzlerkandidatur.

Zwar sind in dem Wahlverfahren, zu dem sich die Partei durchgerungen hat, durchaus auch Ansätze für ein neues Politikverständnis auszumachen. Längerfristig kann dies die Entwicklung der SPD zu einer offenen Partei fördern und damit ihre Akzeptanz stärken. In einer großen Koalition unter Kohl würden diese Ansätze zur Erneuerung jedoch zunächst wieder gelähmt. Denn Kohls Politikverständnis und seine Neigung, dem jeweils konsensfähigen Inhalt einer Entscheidung den Vorzug vor dem ordnungspolitisch an sich notwendigen zu geben, würde zunächst diejenigen in der SPD fördern, denen die Machtteilhabe wichtiger ist als die innere Erneuerung des Landes. Die Bundestagsfraktion der SPD wiederum ist in wesentlichen Fragen zerstritten. Als wirksame Opposition und damit als Alternative zur Regierung Kohl fällt die SPD deshalb derzeit praktisch aus.

Bleibt es dabei, so ist eine große Koalition nach den nächsten Bundestagswahlen praktisch unvermeidlich. Sie wird für ihre Politik die letzte Legislaturperiode in diesem Jahrhundert und damit zugleich die letzte zur Verfügung haben, in der es gelingen könnte, noch rechtzeitig die grundsätzlichen Kurskorrekturen unserer politischen Entwicklung zu entwerfen und durchzusetzen, ohne die wir im 21. Jahrhundert nicht in Frieden werden leben können. Eine große Koalition unter Kohl wird dieser Aufgabe mit an Sicherheit grenzender Wahrscheinlichkeit nicht gerecht werden. Es sind keinerlei Anzeichen dafür erkennbar, die erwarten lassen, dass Kohl den vor uns liegenden Aufgaben intellektuell gewachsen und bereit sein könnte, die mit einer neuen Politik verbundenen Risiken einzugehen. Eine große Koalition unter Kohl wird weit eher eine große Koalition der Stagnation werden, an deren Ende die Mittelmäßigen beider Parteien fest im Sattel sitzen werden. Denn Kohl hat sich in den vergangenen zwölf Jahren Regierungszeit so sehr mit Mittelmäßigkeit umgeben und so zahlreiche politische Bindungen gegenüber Mittelmäßigen begründet, dass er sich auch dann nicht aus dem entstandenen Geflecht von Loyalitäten und Erwartungen lösen könnte, wenn er es wollte. Es ist aber auch nicht zu erwarten, dass er es will. Kommt es zu einer großen Koalition unter Kohl, so wird es im Unterschied zu 1968 diesmal keinen Aufstand gegen sie geben.

Dass mit einer großen Koalition und der Fortsetzung der jetzigen, letztlich von der Mehrheit der Funktionäre beider Volksparteien akzeptierten Entscheidungsverfahren derartige Konsequenzen verbunden sein können – und wahrscheinlich sein werden –, wird vor allem die Grünen stärken. Joschka Fischer, ihr begabtester Repräsentant, hat dies erkannt. Unter seiner inhaltlichen Führung kann es den Grünen gelingen, die eigentliche Zukunftspartei und damit auch die politische Heimat wichtiger Teile der geburtenstarken Jahrgänge zu werden. Obwohl sie in mehreren Koalitionen mit der SPD zusammenarbeiten, wird es nicht gelingen, die Grünen in das Gremienkartell zu integrieren, in dem die Entscheidungen aus Machtzusammenhängen getroffen werden. Sie werden deshalb auch nicht von dem Autoritätsverlust betroffen sein, den die Fortsetzung der gegenwärtigen Politik auch durch eine große Koalition auslösen wird.

Damit wird das inhaltliche Vakuum in erster Linie die Position der Grünen stärken. Dagegen wäre nichts einzuwenden, wenn damit zu rechnen wäre, dass sie mit ihren Vorstellungen auf fundierte ordnungspolitische Alternativen aus den beiden Volksparteien stoßen würden. Genau daran wird es jedoch fehlen – denn sonst wäre das Ideenvakuum nicht entstanden. Vielmehr müssen wir davon ausgehen, dass die Volksparteien ähnlich reagieren werden wie nach 1968: mit dem Versuch, die Ideen aufzunehmen und durch die Erfordernisse der Mehrheitsbildung zu relativieren, ohne sie jedoch in ihrer ideologischen Substanz wesentlich zu verändern. Die innovative Schwäche von Entscheidungen aus bestehenden Machtzusammenhängen wird es den Grünen erleichtern, ihre Ideen und ideologischen Ordnungszusammenhänge durchzusetzen, obwohl sie an den Machtzusammenhängen nicht direkt beteiligt sind, sondern aus der Opposition agieren.

Die Folgen einer solchen Entwicklung gingen vor allem zu Lasten der Union. Im Unterschied zur SPD hat die Union jede Zusammenarbeit mit den Grünen bisher abgelehnt. Es ist kaum anzunehmen, dass es in der Partei eine Bereitschaft geben wird, diese Haltung kurzfristig zu ändern. Zwar hat die Union, wenn auch unter dem Eindruck der politischen Konkurrenz mit den Grünen, eigene Positionen zur ökologischen Marktwirtschaft entwickelt. In einer großen Koalition wird sie jedoch in diesen Fragen kaum die politische Führung behalten können, zumal die SPD, schon mit

Rücksicht auf spätere Koalitionsmöglichkeiten, für Überlegungen der Grünen aufgeschlossener sein wird.

Nimmt man alles zusammen, so spricht viel dafür, dass eine große Koalition unter den beschrieben Bedingungen dazu führen wird, dass die Union als Regierungspartei in Bonn durch ein Bündnis von SPD und Grünen abgelöst werden wird und die große Koalition diese Ablösung vorbereitet. Wiederum wird es dann die Unfähigkeit der Union, vor allem der CDU, zur inneren politischen und personellen Erneuerung gewesen sein, die sie, wie schon nach 1966 die Macht gekostet hat. Kohl wird auch in diesem Sinn ein Epigone Adenauers bleiben. Welche Folgen eine derartige Entwicklung für Deutschland haben kann, ist schwer absehbar. Unter dem Eindruck der Verteilungsprobleme, die sich aus den voraussichtlichen wirtschaftlichen, finanziellen, sozialen, ökologischen und demografischen Entwicklungen ergeben werden, ist es nicht auszuschließen, dass sich eine Art ökologischer Sozialismus entwickelt, der dem Bedürfnis der Menschen nach annähernder Gleichheit und dem zunehmenden Verlust der Fähigkeit der Bevölkerung Rechnung trägt, den Nutzen größerer materieller Unterschiede für das Ganze einzusehen, und bereit ist, die Verwirklichung emanzipatorischer Ideale und multikultureller Utopien mit einem Verlust an wissenschaftlich-technischen-organisatorischen Eliten und den materiellen Entwicklungschancen zu erkaufen, die nur sie sichern können.

Jeder Versuch, die Verhältnisse zu ändern, muss mit einer wirklichen Bestandsaufnahme der gegenwärtigen Probleme und ihrer Ursachen beginnen. Daran gibt es nicht nur ein Unions-, sondern auch ein nationales Interesse. Als Erstes muss darüber gesprochen werden, ob die hier dargestellten Entwicklungen und Zusammenhänge die politische Wirklichkeit und ihre voraussichtliche Entwicklung zutreffend beschreiben. Analyse und Prognose müssen zur Debatte gestellt werden. Werden sie geteilt, muss überlegt werden, wie die für die Union ungünstige Entwicklung vermieden oder die Risiken jedenfalls verringert werden können.

So überlegen wir, wie man in der Partei eine neue Diskussion über die Führungsfrage in Gang setzen könnte. Durch Gespräche wollen wir prüfen, ob es eine Bereitschaft geben könnte, die Frage zu stellen, wie eigentlich über die nächste Kanzlerkandidatur entschieden werden soll. Bisher gehen wohl alle davon aus, dass es dazu keiner Entscheidung mehr bedarf, nachdem Kohl entschieden hat. Auch unter dem Eindruck des Hamburger Urteils, das Neuwahlen anordnete, weil die CDU-Kandidaten undemokratisch aufgestellt wurden, aber auch mit Blick auf das demokratische Verfahren in der SPD, sollte auch die CDU sich bereitfinden, eine vorbereitete Entscheidung über die Kanzlerkandidatur durch einen Parteitag zu treffen. Damit würde zumindest die Möglichkeit eines Wettbewerbs eröffnet, der es erlaubt, über die Konsequenzen der sich jetzt abzeichnenden Entwicklung zu sprechen und andere Kandidaten zu nominieren.

Um zu klären, ob die Möglichkeit besteht, einen solchen Weg zu gehen, wollen Meinhard und ich verschiedene Gespräche führen. Dabei geht es vor allem um die Frage, ob es eine Bereitschaft in der CDU gibt, die formelle Entscheidung über die Kanzlerkandidatur auf einem Parteitag zu verlangen und damit den Eindruck zu überwinden, es gäbe nicht nur keine Alternative zu Kohl, sondern auch kein Bedürfnis der Partei, zur erneuten Kandidatur Kohls überhaupt noch gefragt zu werden. Weimann, der vorübergehend Landesgeschäftsführer in Baden-Württemberg war und wieder in Dresden ist, soll ermitteln, ob aus seinem Bundesland eine entsprechende Initiative erwartet werden kann. Ich will dasselbe in Nordrhein-Westfalen tun.

7. Juni 1993

In der vergangenen Nacht habe ich kaum geschlafen. Das Gespräch mit Meinhard hat mich sehr beschäftigt. Alle möglichen zusätzlichen Gedanken gingen mir durch den Kopf. So die Frage, warum die Initiatoren des Dresdner Manifestes nun nicht auch den zweiten Schritt tun und die Erneuerung des Landes durch aktives Handeln befördern. In ganz Deutschland müssten sich Komitees zur Erneuerung unseres Landes bilden und Bürgerinnen und Bürger aus allen politischen Lagern um sich scharen. Wenn es uns ernst ist mit der Erneuerung, dann muss sie in der kommenden Legislaturperiode beginnen. Von Kohl sind derartige Initiativen ebenso wenig zu erwarten wie von einer von ihm geleiteten großen Koalition.

Auch unsere eigenen Überlegungen ließen mich nicht schlafen. Ich bin hin- und hergerissen zwischen dem Gefühl, mich einsetzen zu müssen für eine Veränderung in Bonn – und dafür auch selbst zur Verfügung zu stehen –, der Verpflichtung gegenüber den Menschen in Sachsen, die auf mich setzen, und dem Wunsch, mich nach einigen weiteren Jahren in Dresden (1996) aus der aktiven Politik zu verabschieden und das zu tun, was ich eigentlich schon nach 1990 tun wollte und jetzt noch viel besser könnte: Vorlesungen halten, reisen, schreiben und den letzten Lebensabschnitt wieder den Aufgaben widmen, die mir im Grunde die liebsten sind.

8. Juni 1993

Am späteren Nachmittag Gespräch mit dem Rektor der Leipziger Universität, Cornelius Weiss, und Staatsminister Meyer. Letzterer hat Ersteren ermutigt, mir seine Sorgen über mögliche weitere Personaleinsparungen vorzutragen. Vor allem die Stellensperren, die Milbradt verfügt hat, bereiten der Hochschule große Sorgen. Man habe in den letzten beiden Jahren das Personal fast halbiert. Nun brauche man Ruhe, um wieder aufbauen und neu beginnen zu können. Ich beruhige Weiss und sichere ihm zu, dass ein weiterer Stellenabbau, wo er nötig sein sollte, nicht nach der Rasenmäher-Methode vollzogen werde.

Abends dann der Besuch des früheren Generals John R. Galvin. Er soll neuer Vorsitzender des American Council on Germany werden, eine gute Wahl. Eugene McCarthy kann die Aufgabe seiner Krankheit wegen nicht mehr wahrnehmen. Wir sprechen erst im Büro miteinander und essen dann in der »Erholung« – wir sind die einzigen Gäste. Zwischen uns herrscht eine große Übereinstimmung in der Beurteilung der europäisch-amerikanischen Beziehungen und der besonderen Bindungen, die sich in den letzten Jahrzehnten zwischen Deutschland und den Vereinigten Staaten entwickelt haben. Ich freue mich auf die kommende Zusammenarbeit mit ihm. Wir verabreden uns für meinen nächsten Besuch in den USA und für eine Vorlesung in West Point. Dort hat er inzwischen einen Lehrstuhl für strategische Fragen.

16. Juni 1993

Schon wieder ist fast eine Woche seit meiner letzten Eintragung vergangen. Freitag, den 11. Juni, bis Sonntag, den 13. Juni, waren wir auf dem Buchberg. Ich war vor allem mit der Arbeit an der Analyse der gegenwärtigen Lage, der Strategie Kohls und der Konsequenzen beschäftigt, die sich daraus ergeben könnten.

Samstag Nachmittag waren Stoiber und Frau bei uns. Es war eine besonders nette Begegnung. Stoiber berichtete, er sei selbst überrascht gewesen von der breiten Zustimmung, die er in der CSU gefunden habe. Waigel habe man nicht als neuen Ministerpräsidenten gewollt. In seinem Amt in Bonn sei er überfordert. Außerdem leide er unter seinen ungeklärten persönlichen Verhältnissen. Er wage es nicht, sich offen zu seiner Situation zu bekennen. Deshalb könne er auch nicht mit der Frau auftreten, die jetzt seine Lebensgefährtin sei. Das Beste sei für ihn, darin stimmen wir überein, ein Amt in einer internationalen Organisation wie dem Internationalen Währungsfonds oder der Weltbank zu übernehmen. Im Ausland könne er auch mit der Frau offen leben, die er gefunden habe. Waigel tut mir inzwischen wirklich leid. Er hat sich in Zusammenhängen verstrickt, die er nicht mehr entwirren kann.

Von Stoiber gewinnen wir alle, Ingrid, Petra und ich, den Eindruck, dass er ein guter Bundesgenosse sein könnte. Er ist intellektuell offen, interessiert, kann auch komplexe Sachverhalte durchdringen und ist fest entschlossen, in Bayern erfolgreich zu sein. Wir sind deshalb keine Konkurrenten, sondern natürliche Verbündete. In der CSU gebe es, so Stoiber, eine lebhafte Diskussion über die weitere Entwicklung der CDU unter Kohl. Dem CDU-Vorsitzenden traue man nicht zu, die nächste Wahl zu gewinnen. Wir sprechen zwar nicht über eine personelle Alternative. Dazu ist es noch zu früh. Aber Stoiber wäre wohl durchaus bereit, über diese Frage nachzudenken, wenn er darin auch einen Nutzen für die CSU sähe.

Montag und Dienstag, der 14. und 15. Juni, Klausurtagung des Kabinetts in Holzhau. Es geht um den Haushalt für 1994 und 1995 und die Art, wie wir mit den engen Grenzen fertigwerden können, die uns durch den Solidarpakt gezogen sind. Den ersten Tag verwende ich zu einer intensiven Grundsatzdebatte, in deren Verlauf alle ihre Ressorts und deren Dringlichkeiten vorstellen. Auch wenn darauf viel Zeit verwendet werden muss, so hilft es doch, allen klarzumachen, wie eng die Grenzen sind, in denen wir uns bewegen. Am nächsten Tag lege ich dann fest, dass es 1994 keine zusätzlichen Personlasten geben kann und 3000 Stellen eingespart werden müssen. Da im Haushalt 1994 gut 30 Milliarden DM bereits durch Bundes- und Landesgesetze und durch die Komplementärfinanzierung festgelegt sind, steht auch nicht mehr als rund 1 Milliarde DM für freie Programme zur Verfügung. Gleichwohl wird die Neuverschuldung dann zwischen 6,2 und 7,2 Milliarden DM betragen, ein Betrag, den niemand im Kabinett überschreiten will.

Gestern Abend habe ich den geschäftsführenden Fraktionsvorstand zum Abendessen in die Schevenstraße eingeladen. Ich will mich bei ihm für die Verabschiedung der Kreisreform bedanken, über die Klausur berichten und einige Punkte besprechen, die nicht besonders wichtig sind. Das Verhältnis ist gut. Man merkt, dass die Wahlen näher kommen und von mir erwartet wird, dass ich sie wieder gewinne.

17. Juni 1993

Vor vierzig Jahren erhoben sich die Bauarbeiter auf der Stalinallee gegen die Herrschaft der Kommunisten unter Ulbricht und forderten ihre Freiheit. In allen Städten der DDR fanden sie bei den Arbeitern und der Bevölkerung Unterstützung. Noch am gleichen Tag wurde der Aufstand durch die sowjetische Armee niedergeworfen. Die Menschen mussten sich mit der bestehenden Ordnung abfinden. Sie hatten versucht, sie abzuschütteln. Niemand konnte ihnen dabei helfen. Sie waren gescheitert. Sie mussten weitere 36 Jahre warten, bis die Geschichte ihnen eine neue Gelegenheit bot.

Heute nun trafen wir uns im Reichstag, um dieser Ereignisse zu gedenken. Es war eine würdige Feier. Kohl sprach zunächst – wie immer –, nachdem ein Kinderchor die Veranstaltung mit dem Lied eröffnete: *Die Gedanken sind frei*. Im Mittelpunkt eine eindrucksvolle Rede von Rovan. Er sagte uns einiges zum Charakter der DDR, das uns aus den Augen zu schwinden droht. Es war ein unmenschliches Unrechtsregime! Anschließend verlieh Kohl zehn Bauarbeitern, die 1953 aktiv mitgewirkt hatten, den Streik zu organisieren, im Namen des Bundespräsidenten das Bundesverdienstkreuz. Wir beendeten die Feierstunden mit der Nationalhymne. Ich war gerührt von den Kleinen, die sie mit Inbrunst sangen.

Um die Feier die Sommertagung der Ministerpräsidentenkonferenz, das letzte Plenum unter meinem Vorsitz. Morgens die Vorbesprechung der B-Länder ohne Probleme. Alles war vorzüglich vorbereitet. So konnten wir auch das Plenum in Windeseile beenden und den Staatsvertrag zur Gründung des Deutschlandradios unterzeichnen. Ich bin stolz darauf, dass es zustande kam. Die Gründung eines nationalen Hörfunks auf der Grundlage des Deutschlandfunks ist im Wesentlichen mir zu verdanken. Hätte ich nicht dagegengehalten, wäre der Deutschlandfunk beim ZDF gelandet und nach wenigen Jahren nicht mehr erkennbar gewesen.

Nachmittags das Treffen mit Kohl. Es war wenig ergiebig. Kohl beeindruckte einige Ministerpräsidenten vor allem mit seinem außenpolitischen Bericht und mit der Art, wie er seine Kabinettsmitglieder behandelt. Den Außenminister habe er nach Genf geschickt, um einen Brief abzugeben, die anderen – Rexrodt und die unaussprechliche Justizministerin – bezeichnete er als seine Mitarbeiter. Wahrscheinlich hat er sogar in gewissem Sinn recht. Denn beide haben kaum die Qualität zur wirklichen Selbstständigkeit.

Im kleineren Kreis sprachen wir anschließend über den Bildungsgipfel. Kohl will zunächst eine Art Anhörung durchführen, unter seinem Vorsitz. Dann erst soll der eigentliche »Bildungsgipfel« stattfinden. Die Länder wollen diesen durch eine eigene Bildungsklausur vorbereiten. Dieses Vorhaben stößt bei den Kollegen und Frau Simonis auf Bedenken. Schröder will sich nicht von Kohl vereinnahmen lassen. Er sieht die baldigen Wahlen und die Werbewirkung einer Veranstaltung, die eine Fülle neuer Forderungen produziert, welche sich sämtlich gegen die Länder richten werden. Andere halten es dagegen für ausgeschlossen, sich einer Einladung des Bundes zu verweigern. Wir erhalten den Auftrag, mit dem Bund weiterzuverhandeln.

Zahlreiche andere Fragen beschäftigen uns, ohne dass wir sie abschließen können. So die Bahnreform, die kaum in diesem Jahr abgeschlossen werden kann, die Kompensation der Pflegeversicherung durch Verzicht auf Feiertage – Bayern sieht sich außerstande, auch auf nur einen Feiertag zu verzichten, Frau Simonis plädiert leidenschaftlich für die Pflegeversicherung, von deren Notwendigkeit wir doch alle überzeugt sind. Stoiber wirkt noch sehr schwarz-weiß und vielleicht auch etwas unsicher. Er ist jedoch, schon wegen seiner fundierten Kenntnisse und Vorbereitung, ebenso ein Gewinn für die Runde wie Frau Simonis – eine gutaussehende Frau mit Mut, Common Sense und fröhlichen Augen. Sie wird bei den kommenden Wahlen in Schleswig-Holstein nicht zu schlagen sein.

Später fliegen wir von Tempelhof mit der Bundeswehrmaschine nach Bonn. Rau und ich hatten uns noch zu einem Gespräch verabredet. Eigentlich wollten wir über unser Land und seine weitere Entwicklung sprechen. Dazu war es zu spät. So beschränkte ich mich auf ein Gespräch über die Neuwahl des Bundespräsidenten. Ich möchte, dass Rau der Nachfolger von Weizsäckers wird. Einmal sollte die SPD wieder einen Bundespräsidenten stellen. Von den 45 Jahren hat sie bisher nur fünf Jahre den Präsidenten gestellt. Zum Zweiten wäre Rau ein ausgleichender Präsident. Würde er von CDU und FDP nominiert, dann wäre er der CDU noch näher, als er es ohnehin schon ist. Er wäre ein Präsident des Ausgleichs, aber mit der notwendigen politischen Erfahrung, um Brücken zu einer Zeit zu bauen, in der wir sie brauchen werden: zwischen Ost und West ebenso wie zwischen den gesellschaftlichen Gruppen. Zum Dritten wäre damit NRW wieder offen für einen politischen Wechsel. Nimmt man hinzu, dass Christa Thoben eine gute Chance hätte, in einer Mitgliederbefragung als Spitzenkandidatin nominiert zu werden, so besteht eine begründete Aussicht, NRW 1995 zu gewinnen.

Das ist auch deshalb bedeutsam, weil, gemessen nach heutigen Umfragen, unter den ostdeutschen Ländern nur noch Sachsen eine Chance hat, eine CDU-geführte Regierung zu behalten. In Thüringen soll die CDU derzeit bei 20 Prozent liegen; in Sachen-Anhalt ist die Lage nicht besser, in Mecklenburg-Vorpommern ist sie für die CDU noch schlechter. Bleibt es bei der Regierung Schröder in Niedersachsen, wofür viel spricht – obwohl die CDU dort zugelegt hat –, dann wird die SPD nach den Wahlen 1994 eine Zweidrittelmehrheit im Bundesrat haben. Auch wenn die CDU/CSU aus den Bundestagswahlen als stärkste Partei hervorgeht, was im Falle einer Kandidatur Kohls ebenfalls nicht sicher ist, wird sie kaum noch einen politischen Einfluss ausüben können. Umso wichtiger ist es deshalb, die drohende Blockade durch eine Veränderung in NRW zu durchbrechen.

Rau will Bundespräsident werden und fühlt sich stark genug, das Amt auch wahrzunehmen. Wir haben niemanden von auch nur annähernd gleicher Qualität, wenngleich auch Roman Herzog das Amt durchaus ausfüllen könnte. Er ist, politisch gesehen, weit weniger überzeugend.

Bernd Vogel folgt meinen Überlegungen, meint allerdings, wir könnten sie nur weiterverfolgen, wenn die FDP für diese Lösung zu gewinnen sei. Deshalb wollen wir mit Genscher reden. Wir sollten den Vorschlag mit ihm gemeinsam machen. Wir wollen jedenfalls vermeiden, dass die Entscheidung wieder allein von Kohl getroffen wird. Das Land braucht keinen Bundespräsidenten von Kohls Gnaden.

18. Juni 1993

Der sogenannte kleine Parteitag der CDU war eine unsägliche Veranstaltung. Noch nie habe ich so intensiv die Gefahr empfunden, die von einer Fortdauer der jetzigen politischen Verhältnisse für unser Land ausgeht; noch nie auch die unerträgliche Anmaßung Kohls, unser Land in den schwierigen Zeiten führen zu wollen, die vor uns liegen und denen er offensichtlich nicht gewachsen ist.

Als ich gegen elf Uhr ins Konrad-Adenauer-Haus kam, redete Kohl bereits. Um zehn nach zwölf redete er immer noch. Bernd Vogel und ich – wir saßen hinter dem Rednerpult auf der Tribüne – flüsterten uns das Stichwort für die jeweils nächste Passage der Rede zu. Bernds Treffsicherheit war noch besser als meine. Zu meiner Linken saß Kanther, tief verbittert über das Ergebnis der Präsidiumssitzung, an der ich nicht teilgenommen hatte. Auf seine Frage nach dem Charakter der Etatkürzungen, über deren Volumen man bereits in der Zeitung lesen konnte, war er beschieden worden, darüber werde nicht im Präsidium der Partei gesprochen.

Vor Kohls Rede war Hintze die ehrenvolle Aufgabe zugefallen, Kohls Leistungen während seiner nunmehr zwanzigjährigen Tätigkeit als Bundesvorsitzender zu würdigen. Viele empfanden den Vorgang als peinlich. Von der Tatsache, dass wir in Westdeutschland noch eine CDU-Landesregierung stellen – und diese in einer großen Koalition –, war in der Laudatio nicht die Rede. Sicher ist Kohl der Ansicht, dass er damit nichts zu tun hat.

Auch nachdem Töpfer anschließend die Thesen zum Wirtschaftsstandort Deutschland vorgestellt hatte, kam es noch nicht zu der Aussprache, für die die ganze Veranstaltung eigentlich stattfand. Erst musste es eine allgemeine Aussprache geben. Gegen 14.00 Uhr war es dann so weit. Um 15.00 Uhr war die Sitzung zu Ende. Ich hatte schon vorher meine Wortmeldung zurückgezogen. In drei Minuten kann man zur Sache nichts Sinnvolles sagen. Mein Zorn über den ganzen Vorgang war auch am Abend noch nicht verraucht.

In der Lounge traf ich Joachim Schmidt, der ebenfalls unglücklich über den Verlauf des Bundesausschusses war. Er berichtete vom letzten Treffen der Ostabgeordneten mit Kohl und der Häme, mit der Kohl seine Ausarbeitung zur Forschungspolitik abgetan habe. Man spüre förmlich die Ablehnung, auf die er und andere Ostabgeordnete bei Kohl stießen, die nicht bereit seien, sich einzufügen. Würde ich gegen Kohl kandidieren, meinte er, seien mir jetzt schon 40 Prozent der Partei sicher. Die Dinge reifen heran, schneller, als ich es noch vor wenigen Monaten für möglich gehalten habe.

25. Juni 1993

Noch drei Wochen bis zum Beginn der Ferien. Am 18. Juli werden wir zum Buchberg reisen und dann bis zum 25. August Urlaub haben. Ich brauche die Zeit, um nachdenken zu können über das, was geschehen kann, um unser Land vor weiterem Schaden durch wachsende Inkompetenz in Bonn zu schützen.

Die Woche hat mir bisher keine Zeit gelassen für Aufzeichnungen. Gestern traf sich der Aufsichtsrat der Meißener Manufaktur zu seiner Jahresabschlusssitzung. Die Manufaktur wird ihre Planzahlen für 1993 nicht erreichen. Statt rund 90 Millionen DM wird der Umsatz allenfalls 75 Millionen DM betragen. Der Rückgang der Kaufbereitschaft wirkt sich auch im Bereich der Luxusgüter aus. Die Marktlage ist, wie Schmidt-Warnecke beobachtet, außerordentlich verworren. Im Grunde plätschere das Geschäft dahin, sei auch nicht schlecht, aber unübersichtlich und unvorhersehbar. Auch hier, wie überall, ein wenig Durcheinander. Wir werden uns in den folgenden Jahren an die neue Situation gewöhnen müssen.

Deshalb soll die Zahl der Mitarbeiter weiter verringert werden. Die Betriebsräte tragen diese Notwendigkeit mit. Sie beklagen, dass man nach westdeutschem Recht die Betroffenen nach sozialen Kriterien auswählen müsse und nicht nach Können und Fähigkeiten. Das schütze die weniger Guten und diskriminiere die leistungsfähigen Jüngeren. Deshalb beschließen wir, lieber höhere Abfindungen zu zahlen, als uns dem Diktat der Sozialverträglichkeit zu beugen, eines Kriteriums, das nicht auf die Verhältnisse in unserem Unternehmen passt.

Nachmittags besuchte ich die Landesbibliothek, um ihre Unterbringung kennenzulernen und mir einige ihrer Schätze anzusehen. Eine Bibliothekskommission hat beschlossen, sie mit der Universitätsbibliothek zu fusionieren. Dagegen gibt es in der Landesbibliothek erheblichen Widerstand. Ich kann ihn, nachdem ich dort war, besser verstehen. Das vorgeschlagene Konzept beeinträchtigt in der Tat die Identität dieser historischen, ins 16. Jahrhundert zurückreichenden Institution, mehr als dies aus Gründen der Sparsamkeit notwendig ist.

Am Mittwoch, dem 23. Juni, trafen wir uns mit den Bürgermeistern des Regierungsbezirkes Chemnitz in Chemnitz zum dritten Treffen dieser Art. Referaten von mir, Eggert und Milbradt folgte eine längere Aussprache, in der viele Einzelfragen angesprochen wurden, aber keine grundlegende Kritik und wenige Klagen. Immer wieder bin ich voller Bewunderung für die »Frauen und Männer der ersten Stunde« in den Gemeinden und Städten. Ehrlichkeit und Klarheit über die Grenzen, die unserem politischen Handeln durch die Mittel gezogen sind, die uns zur Verfügung stehen, sorgten eher für Beruhigung als für Aufregung. Man weiß, woran man ist, und kann sich deshalb besser einrichten. Besonders kritisch wurde der Personalaufwand gesehen, der mit den Kindertagesstätten verbunden ist. Man will nach Alternativen suchen. Ich werde mich selbst daran beteiligen.

Als ich heute Morgen aufstand, war ich zum ersten Mal seit langem wieder einmal deprimiert. Was ich mir aufgebürdet habe, erschien mir als sinnlose Last. Schon vorher hatte mich die Berichterstattung über den EG-Gipfel niedergeschlagen gemacht. Die EG hat nicht die Kraft, zu einer gemeinsamen Friedenspolitik zu finden. Kohl hatte den Versuch unternommen, das gegen Bosnien gerichtete Waffenembargo aufzuheben, war damit jedoch auf den Widerstand der anderen EG-Länder gestoßen. Vielleicht auch deshalb, weil er seinen Vorstoß mit einem Brief Clintons legitimiert hatte, der ihn aufforderte, sich für eine Aufhebung der Diskriminierung der Bosnier einzusetzen. Man habe heftig darüber diskutiert, hieß es anschließend.

In Bonn wächst das Durcheinander. Das Gespräch mit Waigel und Frau Breuel in Berlin war unergiebig. Der Bund hat Versprechungen gemacht, bisher aber nicht gehalten. Die Treuhandanstalt behauptet, ebenfalls kein Geld mehr zu haben. In Grundstücksfragen will Waigel die Bundesvermögensverwaltung zu einem offeneren Verhalten veranlassen. Bei der Treuhand kann er sich nicht dazu durchringen. Dort gelten nach seiner Meinung andere Bilanzierungsvorschriften. Tatsächlich will die Treuhand die Grundstücke nur zu Preisen abgeben, die im Osten weitgehend unrealistisch sind – vor allem, wenn man die Leistungsfähigkeit der Gemeinden berücksichtigt.

Montagabend, 21. Juni, Empfang für die Fraktionsvorsitzendenkonferenz in Schloss Rammenau. Helmut Linssen hatte Geburtstag. Wer hätte vor sechs Jahren gedacht, dass ich ihm als Ministerpräsident von Sachsen und in Sachsen gratulieren würde? Anschließend Treffen mit Meinhard. Ich berichte ihm über den Bundesausschuss und weitere Gespräche. Wir überlegen, dass es gut wäre, würde zum Bundesparteitag im September der Antrag gestellt, über den Kanzlerkandidaten der CDU im Februar 1994 zu entscheiden. Aber es bleibt uns unklar, ob und wie das organisiert werden könnte und ob es etwas bringen würde. Denn die Denkblockade, die die Gewöhnung an Kohl ausgelöst hat, ist fast allgemein. Auch die Presse fällt ihr ohne Ausnahme zum Opfer. So schreibt die *FAZ* nach der Entscheidung Scharpings, als Kanzlerkandidiat seiner Partei anzutreten: »Scharping ist der Herausforderer von Kohl«.

26. Juni 1993

Der Tag begann mit einem Vereinigungsparteitag der beiden CDU-Kreisverbände Torgau und Oschatz. Sie verbinden sich als Folge der Kreisreform, die inzwischen Gesetz geworden ist. Rund 250 Mitglieder waren gekommen. Es herrschte eine gute Stimmung, obwohl die Region enorme Probleme hat. Sie wurden von den Landräten auch angesprochen. So sprach man sich gegen die neue Messe in

Leipzig aus und wollte das Geld stattdessen in der Region investiert sehen. Ich erläuterte den Petenten, warum sie Vorteile von der neuen Messe haben werden, das Geld aber in keinem Falle erhalten können, da es den Projekten folgt und ihnen nicht vorausgeht.

Molière hat uns ins Stammbuch geschrieben: Wir tragen nicht nur Verantwortung für das, was wir tun. Wir tragen auch Verantwortung für das, was wir nicht tun. Um diese Verantwortung geht es zunehmend. Bisher konnte man sich – parteitaktisch – noch damit trösten, dass die SPD in ihrer Zerstrittenheit und Führungslosigkeit keine Chance habe, selbst einen verbrauchten Bundeskanzler Kohl abzulösen. Dies hat sich in der Zwischenzeit geändert. Die CDU hat ihren Vorsprung vor der SPD in den Umfragen bereits wieder verloren. Der große Erfolg der Mitgliederbefragung, die Klärung der Führungsfragen, die Wahl Scharpings durch den gestrigen Sonderparteitag der SPD und die Ankündigung Helmut Schmidts, er werde sich im kommenden Bundestagswahlkampf für Scharping engagieren, werden die Aussichten der SPD nachhaltig verbessern. Kohl dagegen hat keine Reserven mehr, die er noch mobilisieren kann.

Schmidts Ankündigung sehe ich im Übrigen als Ausdruck der Entscheidung, sich nicht länger staatsmännisch zurückzuhalten und positiv zu Kohl zu äußern, wie er das noch vor kurzem in Anwesenheit Alans Lutz Merkles getan hat. Darüber muss ich morgen noch mit ihm sprechen. Er darf Kohl nicht weiter unterstützen, weder direkt noch indirekt. Jede Unterstützung durch Schmidt stabilisiert Kohl und erschwert uns damit eine Änderung unserer Politik oder die Veränderung der Führung selbst. Ich denke, dass Schmidt jedenfalls insoweit noch immer staatsmännisch denkt und deshalb Kohl nicht zum Nutzen seines eigenen Kandidaten weiter stabilisieren wird.

27. Juni 1993

Gestern Abend beim Abendessen im Haus Girardet in Berlin. Versammelt waren die Teilnehmer des Kolloquiums, zu dem Lord Weidenfeld nach Berlin eingeladen hatte.

Wir sprachen über die Auswirkungen der Veränderungen in Europa und Deutschland auf die Politik unserer Zeit. Einigkeit bestand auch unter deutschen Gesprächspartnern – Joffe, von Richthofen, dem neuen deutschen Botschafter in London –, dass Kohl auf dem Kopenhagener Gipfel falsch gehandelt habe. Er hätte den Brief des US-Präsidenten nicht ungeprüft zur Grundlage seiner Intervention beim EG-Gipfel machen dürfen. Zudem hätte er diese Initiative nicht so auf den Brief stützen dürfen, dass der Eindruck entstehen konnte, der Kanzler sei eher ein Bote des US-Präsidenten, als dass er unter dem Gesichtspunkt deutscher Interessen handele.

Zu Maastricht gibt es nur noch wenige, die an die Zukunft des Vertrages glauben. Ich habe meine Haltung in der Sitzung des Kolloquiums heute Morgen auf die Formel gebracht, man müsse Maastricht auf jeden Fall ratifizieren, um den Vertrag dann friedlich ändern zu können. Im Übrigen waren die rund eineinhalb Stunden, die ich mit dem Kolloquium verbrachte, jedenfalls für mich ein Gewinn.

Das Treffen mit Helmut Schmidt und die anschließende Besprechung mit Reimar Lüst und dem Geschäftsführer der zukünftigen Deutschen Nationalstiftung im Hause Schmidts waren ebenso ergiebig wie erfreulich. Wir haben uns über alle Fragen Klarheit verschafft, die im Zusammenhang mit der Stiftung noch zu beantworten waren. Zuvor unterhielten wir uns in seiner kleinen Bar – sie ist voller Erinnerungsstücke; Schmidt wohnt seit dreißig Jahren in seinem Haus – über das Land und seine politische Zukunft. Schmidt hält die wachsende Arbeitslosigkeit und die zunehmende Verschuldung des Landes für die größten wirtschaftspolitischen Probleme Deutschlands. Im Ausland sehe es nicht besser aus. Mit der SPD-Entwicklung ist er zufrieden. Seine Ankündigung, sich in den Wahlkampf einzuschalten, sei nicht so ernst gemeint gewesen, wie man das berichtet habe. Aber er werde Scharping schon unterstützen. Für Kohl werde er jedenfalls nicht mehr reden, auch nicht im kleinen Kreise.

29. Juni 1993

Der Tag begann mit einem Gespräch, um das Heitmann gebeten hatte. Ob ich auch in der nächsten Legislaturperiode auf ihn rechnete, wollte er wissen. Ich sagte ihm, dass ich nicht auf ihn verzichten könnte. Er sei neben Eggert für mich ein möglicher Nachfolger, sollte ich aus irgendeinem Grund nicht mehr zur Verfügung stehen können. Milbradt, den Heitmann als Alternative sah, sei in meinen Augen ein vorzüglicher Finanzminister und als solcher für das Land unentbehrlich, aber keine integrierende Persönlichkeit. Heitmann äußerte Zweifel, ob Eggert diese Eigenschaft habe. Wir vertieften diese Überlegung jedoch nicht, sondern sprachen noch über die Verfassungszuständigkeit des Justizministers und die Zuständigkeit der Staatskanzlei in Grundsatzfragen.

Im Kabinett ging es noch einmal um die Anwendung des § 249h des Arbeitsförderungsgesetzes und seine Finanzierung. Angesichts der Mittelknappheit haben wir erhebliche Probleme, alle Wünsche zu erfüllen, vor allem für eine Überleitung aus ABM-Stellen zu sorgen, wie das von uns eigentlich erwartet wird. Meine Hoffnung, die Sitzung könnte diesmal nur wenige Stunden dauern, erfüllte sich nicht. Gleichwohl – und trotz aller Auseinandersetzungen unter den Kollegen – war es wieder eine gute Sitzung. Nur komme ich mir manchmal wie ein Dompteur vor. Für meinen möglichen Nachfolger wird es schwierig sein, die Truppe zusammenzuhalten.

Abends dann ein Gespräch mit Kunckel. Wir hatten uns wieder einmal zu einem Spaziergang verabredet und wollten anschließend bei uns eine Kleinigkeit essen. In den vorausgegangenen Tagen hatte es in der SPD heftige Auseinandersetzungen zwischen Kunckel und seinen Anhängern mit dem SPD-Landesvorsitzenden Lersow und dessen Kumpanen gegeben. Kunckel hatte man durch Behauptungen über seine Vergangenheit zu diskreditierten versucht. Das hatte den braven Mann offenbar schwer getroffen.

Wir waren noch nicht dem Auto entstiegen, um uns in herrlicher Abendsonne und schon kühlerer Luft auf den Weg durch die Heide zu machen, als Kunckel mir eröffnete, er wolle mir seine Biografie erzählen. Sein Großvater war Westfale, ebenso sein Vater. Er stammt aus Thüringen und ist nun in Sachsen. In Thüringen wohnt man nahe der Grenze im sogenannten Sperrgebiet. Im Sommer 1961 will man die DDR verlassen. Der Vater hat bereits alles, was nicht niet- und nagelfest ist, nach Westberlin geschafft. Mit der Übersiedlung, die für August geplant ist, will man warten, bis der Sohn von einem Ferienlager auf Rügen zurückkommt. Als er dort ist, entsteht die Mauer. Als er zurückkommt, sitzen Vater und Sohn in der fast leeren Wohnung und sind gefangen. So müssen sie sich auf Dauer einrichten in dem Unrechtsstaat, den sie verlassen wollten.

Kunckel wird Starkstromtechniker. In der Universität hält er sich politisch zurück. Mehrere interessante Chancen lässt er ungenutzt, weil sie mit Eintritt in die Partei verbunden sind. Als aus Algerien der Wunsch kommt, die DDR möge ein wissenschaftliches Institut einrichten, fällt die Wahl auch auf Kunckel. Nach längerer Zeit und sprachlicher Vorbereitung darf er nach Algerien fahren und ein Institut in seinem Forschungsbereich aufbauen. Vier Jahre bleibt er dort. Nach zwei Jahren ist er Chef des Projekts. Als sein Vater die DDR unerlaubt verlässt, um nach Westfalen zurückzukehren, wird er nicht nach Hause geholt. Man braucht ihn weiterhin in Algerien, wo er inzwischen ein zweites Institut einrichtet.

Wieder zu Hause, möchte er in die Wissenschaft zurückkehren. Mit politischen Ämtern will er nichts zu tun haben. Man schickt ihn noch einmal ins Ausland. Dann soll er sich an der Kampfgruppe in der Universität beteiligen. Nach langem Widerstand stimmt er zu; nicht aus politischen Gründen hat er Widerstand geleistet, sondern wegen der Unsinnigkeit der Aufgabe. Was sollen 45- bis 50-jährige Wissenschaftler in einer Kampfgruppe? Als sich die Wende anbahnt und die Gefahr besteht, dass die Kampfgruppen gegen die eigene Bevölkerung eingesetzt werden könnten, trennt er sich von ihnen. Kaum hat sich die Wende ereignet, findet er sich in der SPD und in führender Rolle in der Universität wieder. So wächst er in die Politik.

Ich sage ihm nach seiner Geschichte, nicht ohne freundschaftliche Gefühle zu empfinden, das Einzige, was mich an der Geschichte traurig mache, die von einem großartigen Leben berichtet habe, sei, dass er sich veranlasst gesehen habe, sie mir zu erzählen. Später beim Wein in der Schevenstraße besprechen wir Einzelfragen aus dem täglichen Geschäft. Auch wegen Thied fragt Kunckel. Ob die Auseinandersetzung mein Interesse an der Konversionsgesellschaft habe erlahmen lassen? Ich versichere ihm, beides habe nichts miteinander zu tun. In Sachen Kultur habe er sich des Auftrages seiner Kollegen zu entledigen, »den Alten« zu fragen, ob man mit einer finanziellen Unterstützung der spontanen Kultur rechnen könne. Dafür sei man auch bereit, das Konzept der Kulturregionen zu unterstützen. Ich sage ihm Unterstützung zu.

1. Juli 1993

Drei Jahre ist es nun her, dass ich am Leipziger Flughafen ankam und wir nicht mehr kontrolliert wurden. Deutschland war nicht nur in der Realität, sondern auch wirtschaftlich wieder eine Einheit geworden. Der lange Weg des wirtschaftlichen Zusammenbruchs und des Wiederaufbaus im Osten hatte begonnen.

Morgens der Besuch von Oberbürgermeister Pilz. Der Mann ist am Ende. Nach drei abgewehrten Abwahlversuchen will er nun selbst Schluss machen. Ich rate ihm, dies aufrecht zu tun.

Das anschließende Gespräch mit den Landräten von Aue und Schwarzenberg war angenehm. Die Kreisreform ist beschlossen und wird mit ihren Ergebnissen zur neuen Wirklichkeit. Matko hat Enormes geleistet, bis hin zur Verhinderung einer Verfassungsklage gegen das Kreisreformgesetz. Wir verständigen uns auf die bereits früher besprochenen Maßnahmen zum Schutz der weiteren Entwicklung in Schwarzenberg. Matko selbst sage ich, dass er sich um seine Zukunft keine Sorge machen müsse. Wir überlegen, ihn zum Vizepräsidenten im Regierungsbezirk Chemnitz zu machen.

Nachmittags Gespräch mit Bürgerinitiativen, die sich organisiert haben, um den Gesteinsabbau im Vogtland zu verhindern, jedenfalls aber in Grenzen zu halten. Tüchtige Menschen, die durch die Tatsache aufgeschreckt sind, dass nach DDR-Recht das Oberbergamt die Bodenschätze unter der Oberfläche zur Ausbeutung freigeben kann – was in Westdeutschland nicht geht, da die Bodenschätze dem Bodeneigentümer gehören. Das Amt hat durch die Bewilligung großer Claims die Bevölkerung tief beunruhigt. Wir finden Wege, das Problem, wenn auch nicht zu lösen, so doch wesentlich zu entschärfen.

2. Juli 1993

Inzwischen ist es meine Lieblingsbeschäftigung geworden, morgens beim Rasieren auszurechnen, wieviel Arbeitstage es noch sind, bis die Legislaturperiode zu Ende ist. So war es auch heute. Wenn ich mit den Fingern richtig gerechnet habe, dann werde ich am 29. Juli genau 1000 Tage im Amt gewesen sein. Noch gut 400 Tage trennen mich dann vom Ende der jetzigen Amtszeit. Wenn ich derartige

Rechnungen anstelle, bin ich mir keineswegs sicher, ob ich noch einmal wieder Ministerpräsident werden will. Dann hoffe ich abwechselnd, dass ich keine Mehrheit bekommen möge oder, wenn doch, nach einem weiteren Jahr den Staffelstock an einen Nachfolger weitergeben könne. Der Gedanke, ich könne in Bonn gefordert sein, erfüllt mich dann mit Schrecken. Allein die Vorstellung, mit all den hergebrachten Strukturen umgehen zu müssen, in denen der Geist Kohls fortdauern würde, ist mir unerträglich.

In solchen Augenblicken male ich mir aus, was wir alles tun könnten, wenn ich nach dem 11. September nicht mehr Ministerpräsident sein und dem Land dienen muss. Verlockende Angebote liegen schon auf dem Tisch, weitere kommen gewissermaßen täglich dazu. Was mich am meisten lockt, ist die Vorstellung, niemandem mehr Rechenschaft schuldig zu sein, sich nicht von Leuten über das, was ich tue, befragen lassen zu müssen, deren Rat zu erfragen ich sonst nie auf die Idee gekommen wäre, weil sie nichts von dem verstehen, was ich tun muss.

4. Juli 1993

Abends fliege ich nach Bonn, um am nächsten Morgen rechtzeitig zur Präsidiumssitzung kommen zu können. Mit Meinhard spreche ich noch die einzelnen Punkte ab, die vorgetragen werden sollen. Auf der Fahrt zum Flughafen hören wir, dass Seiters zurückgetreten ist. Er wollte damit die politische Verantwortung für die Pannen übernehmen, die im Bereich seines Ressorts im Nachgang zur Festnahme zweier Terroristen der RAF in Mecklenburg-Vorpommern aufgetreten waren, bei der ein Terrorist und ein Beamter der GSG 9 erschossen worden waren. Bereits an diesem Abend hatte ich den Eindruck, der sich in Bonn verdichtete, dass Seiters sich und seine Familie nicht dem Kesseltreiben aussetzen wollte, das für Minister mit Vorgängen dieser Art bei uns inzwischen verbunden ist. Eigentlich bestand kein Anlass zum Rücktritt. Nicht Seiters, sondern hohe Beamte nachgeordneter Bundesbehörden haben versagt, allen voran der Generalbundesanwalt. Aber niemand in diesem Bereich hat sich bereit erklärt, eigene Verantwortung zu übernehmen. So trat Seiters für sie ein. Er wird einen ehrenvollen Abgang haben und deshalb auch für alle neuen Aufgaben zur Verfügung stehen.

5. Juli 1993

CDU-Präsidium in Bonn. Der Rücktritt Seiters bestimmt den Tag. Manfred Kanther wird sein Nachfolger werden. Noch vor Beginn der Sitzung setzt er sich zu mir, um es mir zu sagen. Deshalb müsse er jetzt »mit gebremstem Schaum« argumentieren. Tatsächlich äußert er sich überhaupt nicht zu unseren Themen, was ich verstehen kann. Man kann nicht die Berufung zum Bundesinnenminister annehmen und sogleich kritisch mit dem Bundeskanzler umgehen. Ob wir Kanther damit für zukünftige Auseinandersetzungen verloren oder einen neuen Bundesgenossen im Kabinett gewonnen haben, muss sich erst zeigen.

Seiters berichtet zu Beginn über die Vorgänge in Mecklenburg-Vorpommern. Sicher ist jetzt, dass der GSG 9-Mann durch Grams erschossen wurde. Unklar ist dagegen, wie Grams getötet wurde. Die Untersuchungen sind noch nicht abgeschlossen. Die Beamten bestreiten, einen Nahschuss abgegeben zu haben. Es gibt jedoch Anzeichen, die für einen solchen Schuss sprechen. Seinen Rücktritt begründet Seiters vor allem mit den Koordinationsmängeln zwischen den nachgeordneten Bundesbehörden. Die Art, wie die Verantwortung von den einzelnen Behörden abgelehnt worden sei, wie man in kleinlicher Weise Verantwortung hin und her geschoben habe, sei ihm unerträglich erschienen.

Kohl bedauert den Rücktritt. Er habe ihn nicht für notwendig gehalten. Erwin Teufel, Rita Süssmuth und Münch schließen sich dieser Meinung an. Wenn aus derartigen Anlässen ein Rücktritt erfolgreich gefordert werden könne – und dies als Ausdruck politischer Kultur –, wann könne man dann länger in einem exponierten Amt bleiben?

Unbeschadet der Ursachen für diesen Rücktritt hat sich das Kabinett Kohl bisher als äußerst instabil erwiesen. Von seinem ersten Kabinett (1982 bis 1983) ist nur noch Blüm übrig geblieben. Das Gleiche gilt für das zweite Kabinett (1983 bis 1987). Aus dem dritten Kabinett Kohl (1987 bis 1989) sind nur Blüm, Waigel und Töpfer übrig; Letztere haben erst später einen Kabinettsposten übernommen. In der gegenwärtigen Legislaturperiode haben es von denen, die diese Periode im Kabinett begonnen haben, nur Blüm, Waigel, Kinkel (im anderen Ressort), Ortleb, Spranger und Töpfer geschafft, bis heute dabeizubleiben. Im Wirtschaftsministerium, zum Beispiel, hat Kohl fünf Minister berufen, im Verteidigungsressort vier, in Gesundheit vier, im Wohnungsbau drei, in Forschung drei und so weiter. Kein Ausweis besonders stabiler Personalpolitik!

Zur Lage berichtete Kohl: Der Sondergipfel der EG im Herbst solle den Sinn haben, deutlich zu machen, dass man entschlossen sei, den Weg nach Europa weiterzugehen. Dabei solle auch über den Sitz der Europäischen Zentralbank entschieden werden. Das größere Deutschland habe eine größere Bedeutung gewonnen. Man erwarte von uns, dass wir die neue Verantwortung übernehmen. Niemand verstehe unsere Haltung zu AWACS und zum Einsatz der Bundeswehr in Somalia. Die Debatte über unsere Mitgliedschaft im UN-Sicherheitsrat komme schneller in Gang, als wir erwartet hätten. Die USA wünschten uns und Japan in dem Gremium zu sehen. Voraussetzung sei eine Verfassungsänderung in Deutschland, die uns in die Lage versetze, unseren gewachsenen Pflichten nachzukommen. Die europäische Reaktion auf die Vorschläge, Deutschland als ständiges Mitglied in den Sicherheitsrat aufzunehmen, sei unterschiedlich. Frankreich sei verhalten dafür, England schweige.

In der allgemeinen Aussprache, die sich anschließt, diskutieren wir zunächst Äußerungen Geißlers zu den Ursachen der Gewalt. Geißler hatte dafür auch den geistigen Zustand der Union verantwortlich gemacht. Kohl verurteilt die Aussage und will das Thema wieder »austragen«, notfalls öffentlich. Schäuble warnt vor der Verallgemeinerung einzelner Aussagen aus der CDU durch Geißler.

Es schließt sich eine Debatte über die Erklärung an, die Diestel, de Maizière, Perschau und Geil am Wochenende in Berlin zu Fragen der Versöhnung und Vergeltung in den ostdeutschen Ländern abgegeben haben. Kohl hatte dazu bereits in seiner Rede vom 17. Juni und wieder vor dem Bundesausschuss Andeutungen gemacht. Offenbar fürchtet man, die SPD könne den früheren SED-Mitliedern vor der Wahl das Angebot machen, für sie eine neue politische Heimat zu werden. Zugleich geht es um die Zuordnung des Begriffes »wertkonservativ«, den man nicht anderen überlassen dürfe.

Erwin Teufel nimmt die wirtschaftspolitischen Aussagen des Lageberichtes auf. Er könne nicht davon ausgehen, dass die konjunkturelle Entwicklung nach oben weise. In seinem Land steige die Zahl der Betriebe, die zu Entlassungen gezwungen seien, und damit auch die Arbeitslosigkeit an. Ich knüpfe daran mit folgenden Aussagen an:

Zunächst könne es eine ehrliche Solidarität nur mit politischen Aussagen geben, an deren Formulierung ich beteiligt gewesen sei. Die Sparbeschlüsse der Koalition und der Fraktion seien ohne Beratung im Präsidium gefasst worden. Dabei sei dies das einzige Gremium der CDU, in dem Regierung, Bundestagsfraktion und Ministerpräsidenten vereint seien. Nutze man die Möglichkeiten dieses Gremiums nicht, so müsse das zu Problemen im Bundesrat führen. Ich hätte jedenfalls erhebliche Schwierigkeiten, mich durch Beschlüsse gebunden zu fühlen, die ich nicht hätte mitgestalten können.

Die Sparbeschlüsse seien ein erster Schritt in die richtige Richtung. Es sei gut, da man sie noch nicht als endgültig ansehen müsse. Denn alle Alternativen müssten ebenfalls erörtert werden. Der prinzipielle Mangel der jetzt vorgelegten Vorschläge bestehe darin, dass sie die strukturellen Ursachen für ständig wachsende Ausgaben unverändert ließen. Deshalb sei zu befürchten, dass sich die alten Mängel erneut zeigten, sobald der Spardruck abnehme, der durch den Rückgang der Steuereinnahmen ausgelöst worden sei. Die Bekämpfung der Ursachen für die gegenwärtigen Fehlentwicklungen stehe deshalb noch aus.

Einsparungen seien in drei Bereichen möglich: im Bereich der Staatsausgaben selbst, bei den Transferleistungen und bei den Subventionen. Dabei sei zu beachten, dass Subventionen in der Regel verdeckte Transferleistungen seien. Die Staatsausgaben im engeren Sinn seien in die Sparvorschläge nicht einbezogen worden. Es gebe jedoch auch in diesem Bereich erhebliche Einsparpotentiale. So sei es durchaus möglich, zwei bis drei Bundesministerien und 10 bis 15 Prozent des Bundespersonals einzusparen. Die Gesetzgebung zeichne sich nach wie vor durch eine kaum zu bewältigende Kompliziertheit aus. Wir beschlössen zwar ständig, einfachere Gesetze seien nötig. Aber wir handelten nicht danach. Die Gesetzesentwürfe zur Entschädigungsfrage seien dafür ebenso beispielhaft wie das Standortsicherungsgesetz.

Die Wirtschaft werde sich nicht so schnell erholen, wie das vielfach angenommen werde. Ein Teil der jetzt als Krise empfundenen

Veränderungen seien in Wirklichkeit Normalisierungen nach dem Vereinigungsboom, der zu einer Vermehrung der Beschäftigung um über 3 Millionen Arbeitsplätze geführt habe. Jetzt würden Arbeitsplätze wieder abgebaut, die man nicht mehr halten könne, nachdem der, auch durch die Neuverschuldung angeheizte, Boom vorüber sei.

Die wesentlichen Ursachen für langfristige Schwierigkeiten blieben jedoch auch dann bestehen, wenn sich die Auftragslage in bestimmten Bereichen verbessere. Der Hauptgrund für langfristige Probleme liege in der Veränderung der wirtschaftlichen Arbeitsteilung in Europa. Man werde Massenproduktionen und lohnintensive Arbeiten zunehmend in die europäischen Niedriglohnländer verlagern. Deutschland könne seinen Lebensstandard nur erhalten, wenn es diese Verlagerungen hinnehme und sie durch höheres technisches Niveau der eigenen Produktion ausgleiche.

Im Arbeitsmarkt werde es unter der Herrschaft der bestehenden Strukturen keine Überwindung der Arbeitslosigkeit geben können. Solange die Einkommensersatzleistungen bei Arbeitslosigkeit durch Umlagen finanziert würden, die der Arbeitsplatz tragen müsse, werde die Arbeit immer teurer. Dies führe zu einer weiteren Steigerung der Kapitalintensität und einer Verdichtung der Arbeit als Folge weiterer Rationalisierung und Intensivierung der Effizienz. Die Zahl derer, die diesen Anforderungen gewachsen seien, nehme jedoch ab. Als Folge müssten immer mehr Menschen durch Transferleistungen getragen werden. Den Teufelskreis, der sich daraus ergebe, könne man nur durch eine Veränderung der Struktur des Arbeitssystems durchbrechen, die tief in die Sozialsysteme und deren Finanzierung eingreife. Dazu wolle ich nach der Sommerpause Vorschläge machen.

Notwendig sei es weiterhin, Konsequenzen aus den Beschlüssen zu ziehen, die wir bereits gefasst hätten. Dazu gehöre der Beschluss des Bundesausschusses, der die Sachverhalte richtig beschreibe und die Aufgaben formuliere, die sich daraus ergeben, aber noch keine Wege zur Lösung enthalte.

Insgesamt sei es erforderlich, die notwendigen Weichenstellungen jetzt vorzunehmen. Sollte es zu einer großen Koalition kommen, was wir nicht wollten, womit aber immer mehr Wähler, auch aus unserem Lager rechneten, dann sei die Chance für eine wirkliche Reform unserer Wirtschafts- und Sozialordnung auf längere Zeit vertan. Denn die Tendenz in der SPD, alle Probleme mit Hilfe des Staates zu lösen, werde durch die noch immer wirksame Prägung der Menschen in Ostdeutschland verstärkt, von den Einwirkungen osteuropäischen Denkens auf unsere Ordnungsvorstellungen ganz zu schweigen.

In seiner Antwort ging Kohl nicht auf die Koalitionsfragen und die Voraussetzungen für Solidarität ein. Den wirtschaftspolitischen Überlegungen stimmte er weitgehend zu, soweit er sie verstanden hatte.

6. Juli 1993

Vor der Kabinettssitzung besuchte mich Herr Franzen, der die Ruhrkohle in unserem Raum vertritt. Sein Anliegen war ungewöhnlich. Da die Ruhrkohle von Subventionen lebe, könne sie sich selbst an größeren Privatisierungen in Sachsen nicht beteiligen. Deshalb könne sie auch zur Privatisierung der MIBRAG kein Angebot abgeben, was sie jedoch gerne tun würde. Ob das Land sich in der Lage sehe, die Ruhrkohle AG aufzufordern, sich mit einem Angebot an der Privatisierung zu beteiligen. Wenn die Kohle vom Land gerufen werde, könne man ihr eine Teilnahme am Verfahren, auch den Erwerb des Unternehmens nicht verweigern. Nur so könne die Ruhrkohle AG sich jedoch auf die Zeit vorbereiten, in der sie nicht mehr von der Kohle allein leben könne.

Leider musste ich Franzen enttäuschen. Mit den Kollegen im Bundestag teile ich die Ansicht, die Ruhrkohle sollte Gewinne, die sie mit anderen Aktivitäten als dem Bergbau erzielt, zur Verringerung der Subventionen verwenden und nicht für Akquisitionen. Dagegen hätten wir keine Bedenken, die Kohle zu einer Mitwirkung an Management AGs einzuladen. Sie verfüge über gute Leute, die uns helfen könnten, die bestehenden Managementlücken zu schließen. Der Staatsminister für Wirtschaft und Arbeit und Franzen wollen eine Liste von Unternehmen zusammenstellen, die man eventuell in eine Management AG aufnehmen könnte, die dann von der Ruhrkohle geführt wird.

Im Kabinett gab es keine bedeutsamen Entscheidungen – nur Routine. Es war, nebenbei, die 116. Kabinettssitzung! Unter Verschiedenes diskutierten wir des Längeren über die »Berliner Erklärung« der Herren de Maizière, Diestel, Perschau und Geil. Eggert berichtete aus dem CDU-Präsidium, nachdem ich gegangen sei, habe die Erklärung noch einmal eine Rolle gespielt. Dabei sei deutlich geworden, dass die Herren keineswegs auf eigene Rechnung gehandelt hätten. Hinter ihrer Erklärung stehe Schäuble, der eine Öffnung der CDU im Osten aus Gründen des Wahlkampfes für notwendig halte. Man dürfe sich nicht von der SPD durch ein »Friedensangebot« an die SED-Mitglieder überraschen lassen. Eggert habe sich zunächst geweigert, der Kommission beizutreten, die sich mit dieser Frage befassen solle. Später habe er dann auf Drängen von Frau Merkel eine indirekte Zusage zur Mitarbeit gegeben.

7. Juli 1993

Abends in Chemnitz zum dritten Treffen mit Leuten aus der Wirtschaft. Der Abend in einem schönen Restaurant und Hotel außerhalb der Stadt gelang besonders gut. Die Diskussion reichte von den Mängeln des Oberbürgermeisters bis zu Fragen der Bevölkerungspolitik. Die Atmosphäre war gut, die Bereitschaft, sich zu engagieren, fühlbar.

Auf der Fahrt nach Chemnitz begleitete mich Hähle, mit dem ich Fragen der Partei besprechen wollte. Ich erzählte ihm, dass ich schon vor einiger Zeit den Gedanken geäußert hätte, Kanther könnte vielleicht einmal der Nachfolger Kohls aus der nächsten Generation werden. Nur hätte ich damals keinen Weg gesehen, ihn ins Spiel zu bringen. Über Nacht habe Kohl ihn nun selbst ins Spiel gebracht. Spätestens im Herbst könne man beurteilen, wie er sich im neuen Amt bewähre und wie er Kohl und dessen weitere Aussichten beurteile. Vielleicht zeichne sich nun endlich eine plausible Alternative zu Schäuble als Nachfolger Kohls ab.

8. Juli 1993

Beim Aufstehen überrascht mich Ingrid mit der Frage, ob es nun, nachdem wir Kanther in Bonn hätten, der als Nachfolger Kohls in Frage komme, nicht doch bedenkenswert sei, das Amt des Bundespräsidenten anzustreben. Kuhl sei der Meinung, ich solle Bundespräsident werden und in diesem Amt die beiden Teile Deutschlands miteinander verbinden. Auch mir erscheint der Gedanke nicht mehr so abwegig wie noch vor einigen Wochen.

So frage ich im Büro Kuhl um seine Meinung. Er glaubt, als Bundespräsident könne man mehr zu Thematisierung der neuen Fragen und zur Ermutigung beitragen, Antworten zu suchen, als aus dem Amt des Kanzlers. Niemand kenne die beiden Teile Deutschlands besser als ich. Niemand genieße auch mehr Autorität auf beiden Seiten des politischen Spektrums. Nicht exekutive, sondern geistige Autorität sei jedoch gefragt.

Seit diesen Gesprächen beschäftigt mich die Frage, ob ich meine Haltung nicht doch noch einmal überprüfen müsse. Dabei spielt sicher auch die Scheu vor einer offenen Auseinandersetzung mit Kohl eine Rolle. Aber sie ist nicht entscheidend. Ich bin zeit meines erwachsenen Lebens immer vor allem Lehrer und Wissenschaftler gewesen. Diese Qualitäten kann man im Amt des Präsidenten weit besser entfalten als im Amt des Kanzlers. Was mich jedoch vor allem bewegt, ist die Frage, wie man die geburtenstarken Jahrgänge und deren Denken und Engagement erreichen kann. Immer wieder muss ich daran denken, was ich Ingrid 1974 über das Verhältnis von Macht und Geist geschrieben habe. Vielleicht bietet das Amt des Präsidenten eine institutionelle Möglichkeit, beides nebeneinander wirksam werden zu lassen.

Bedenkenswert erscheint mir auch der Gedanke, dass es nach den kommenden Wahlen zu einer Blockade der beiden großen Parteien kommen könnte, die sich nur von außen auflösen ließe. Meinhard sieht eher die Möglichkeit, dies durch eine Spaltung der CDU zu erreichen. Mit 10 bis 15 Prozent der Stimmen, so meinte er kürzlich, könne man die Politik in einer Situation des Patts entscheidend beeinflussen. Ich bin nicht sicher, ob er das nicht zu idealistisch sieht; zu sehr vielleicht auch beeinflusst durch die französischen Erfahrungen.

Denkbar ist auch, dass sich in einer Pattsituation die Möglichkeiten des Präsidenten als moralisch-politische Instanz über das bisher Gewohnte ausweiten ließen, ohne die Verfassung zu verletzen. Zwar besitzt der Präsident keine formale Macht. Sein Amt erlaubt ihm aber, sich jederzeit zu Fragen von Bedeutung zu äußern, Gespräche zu führen, Repräsentanten der verschiedenen Gruppen einzuladen und so auch Einfluss auf politische Entscheidungen zu gewinnen. Dadurch könnte er Kräfte in der Gesellschaft außerhalb der Politik auf sich ziehen und ihr Handeln beeinflussen. Zugleich könne er zu einer Art Treuhänder für Anliegen und Probleme werden, die von den organisierten Interessen im allgemeinen politischen Prozess nicht ausreichend gesehen und vertreten werden. Ich werde mit einigen Freunden darüber reden müssen, deren Urteil ich vertrauen kann. Schmidt soll, so Meinhard, die Dinge ähnlich sehen.

In Kiel war ich als Redner auf der Jahresversammlung der Landfrauen angesagt. Die Ostseehalle war bis auf den letzten Platz gefüllt. Meine Rede war nicht besonders, wurde aber dennoch freundlich aufgenommen. Die Halle ist zu groß, als dass man die Menschen wirklich erreichen könnte. Ingrid signierte derweil Kochbücher.

Auf dem Flug nach Bonn las ich in *Die Woche* eine Umfrage von Forsa. Danach könnte die Union in einer Wahl am kommenden Sonntag nur mit 33 Prozent der Stimmen rechnen, die SPD mit 39 Prozent. Auf die Kanzlerfrage nannten 34 Prozent Scharping, 27 Prozent Kohl. 39 Prozent wollten keinen der beiden. Immer mehr sind ratlos!

10. Juli 1993

Der Tag begann mit einem Besuch des Bezirkstages der IG Metall in Chemnitz, zu dem auch der neue amtierende Vorsitzende der Gewerkschaft, Klaus Zwickel, gekommen war.

Von mir wurde ein Grußwort erwartet, zu dem Düvel einige Stichworte lieferte. Es ging vor allem um die weitere Finanzierung von Maßnahmen im Rahmen des § 249h des Arbeitsförderungsgesetzes durch die Treuhand. Frau Breuel hatte Zwickel geschrieben, dass sie Mittel nur für rund 8000 derartige Maßnahmen zur Verfügung stellen könne. Düvel gab mir eine Kopie mit allen Anzeichen der Empörung. Metallern müsste auch in Zukunft eine Chance in ihrem Beruf gesichert werden; sie könnten nicht für Fremde Betten beziehen. Wir seien uns einig, antwortete ich ihm, dass in Sachsen auch in Zukunft Investitionsgüter produziert werden müssten. Unsere verbleibenden Betriebe dürften nicht zum Konjunkturpuffer westdeutscher Unternehmen oder aus dem Markt genommen werden, um westdeutsche Arbeitsplätze zu sichern. Das sei jedoch kein Konflikt entlang Parteigrenzen von oder zwischen Regierung und Gewerkschaft, sondern innerhalb der Gewerkschaft.

Zum Brief von Frau Breuel könne ich nicht Stellung nehmen, ohne ihn sorgfältig geprüft zu haben. Nur einen Punkt wolle ich deshalb erwähnen. Dem Schreiben nach zu urteilen habe der Haushaltsausschuss des Bundestages einstimmig eine Kürzung des Kreditrahmens der Treuhand um eine Milliarde DM beschlossen. Die Treuhand könne jedoch Geld, das ihr nicht zur Verfügung gestellt werde, auch nicht ausgeben. Deshalb müsse sich unsere Forderung, die Zusagen der Bundesregierung einzulösen, an die Adresse des Bundestages richten.

Von Chemnitz ging es anschließend nach Eppendorf zum Fusionsparteitag der bisherigen Landkreise Freiberg, Flöha und Brand-Erbisdorf. Man bereitete mir einen stehenden Applaus zu Beginn und zum Abschied. Die Stimmung war trotz der Probleme gut, die die Flöhaer mit dem Zusammenschluss haben. Sie wären lieber in der Chemnitzer Nähe geblieben.

Im gleichen Ort tagte dann auch der Landesvorstand der Sächsischen Union. Man beriet, als ich kam, gerade den Text des Programmantrages des Landesvorstandes, den wir auf dem Parteitag im Oktober beraten und verabschieden wollen. Hähle hat sich viel Mühe gemacht. Ihm vor allem ist es zu verdanken, dass ein brauchbarer Entwurf zustande gekommen ist. In den weiteren Beratungen spielte wieder die »Berliner Erklärung« eine große Rolle. Wir beschlossen einen Antrag an den Bundesparteitag, auch die Bundesbehörden in den ostdeutschen Ländern in die Stasiüberprüfung einzubeziehen. Vor allem in den Arbeitsämtern haben ehemalige Mitarbeiter Unterschlupf gefunden. Der Hauptpersonalrat der Bundesanstalt hat die Überprüfung gleichwohl abgelehnt. Wir wollen nun in Berlin darüber eine Debatte auslösen. Eggert soll den Antrag dort begründen.

Immer deutlicher zeigt sich, dass wir in dieser Frage eher eine Außenseiterposition einnehmen. In den anderen ostdeutschen Ländern wird unsere Haltung zur Vergangenheitsbewältigung nicht geteilt, in der Bundespartei ohnehin nicht. So wird der Gedanke begrüßt, zu einem Treffen mit den Präsidien der anderen Landesverbände einzuladen, um das Problem mit ihnen zu diskutieren und zu einer gemeinsamen Linie zu finden. Immer deutlicher schält sich heraus, dass diese Frage zur eigentlichen Bewährung einer ostdeutschen »Identität«, jedenfalls in Sachsen, werden könnte. Auch hier liegt ein Grund für die tiefen Emotionen, die in der Fraktion aufgebrochen sind. Man fühlt sich um die Chance betrogen, wenigstens einen Teil der Gerechtigkeitserwartungen einlösen zu können, von der die Wende getragen war.

Nachmittags dann der Besuch Konrad Adams. Es werden vier gute und inhaltsreiche Gesprächsstunden, die wie im Fluge vergehen. Wir sprechen über den Zustand unseres Landes, die Notwendigkeit einer Neubesinnung, die tiefen Spuren, die ein außer Kontrolle geratener Individualismus auch im Denken der jüngeren Generationen hinterlassen hat, und die Schwierigkeiten, die es bereiten muss, die bestehenden politischen Strukturen aufzubrechen. Adam erläutert die Intentionen, die die Frankfurter Initiative veranlasst haben, Jens Reich als Bundespräsident zu nominieren. Wir sind uns einig in der Bewertung eines solchen Schrittes, aber auch in der Beurteilung der Defizite, die Jens Reich im Grunde doch als für das Amt ungeeignet erscheinen lassen.

11. Juli 1993

Auch heute beschäftigt mich – angestoßen durch die Gespräche mit Adam – die Frage, ob ich für das Amt des Bundespräsidenten zur Verfügung stehen soll. Würde ich mich bereit erklären, es zu übernehmen, wäre die Wahrscheinlichkeit groß, dass es mir auch angetragen würde. Deshalb muss ich mir überlegen, was ich will, ehe ich Andeutungen mache, dass ich – entgegen meiner bisherigen Erklärung – bereit wäre, mich wählen zu lassen.

Dabei geht es einmal um Sachsen. Die Frage, wer die Nachfolge von Richard von Weizsäcker antreten soll, wird im Herbst entschieden werden. Fällt die Wahl auf mich – und nehme ich den Vorschlag an –, dann muss ich etwa im März aus dem Amt des Ministerpräsidenten ausscheiden. Denn der Nachfolger muss Zeit haben, sich noch als Ministerpräsident vorzustellen. Ohnehin wird er dies dann nur noch im Wahlkampf können. Wer dabei als Nachfolger am ehesten geeignet wäre, wird letztlich ein Landesparteitag entscheiden müssen. Im Grunde kommen nur Eggert, Heitmann und Milbradt in Frage. Möglicherweise werden sich Eggert und Heitmann auf Milbradt einigen. Er genießt ein hohes Ansehen und könnte mit Hilfe der beiden anderen ganz erfolgreich sein.

Wichtiger ist die Frage, ob ich die Aufgabe wirklich übernehmen will. Meine Neigung ist aus den Gründen, die ich bereits festgehalten habe, gewachsen. Hinzu kommt, dass ich seit dem Gespräch mit Adam wieder weniger Aussichten sehe, Kohls Position mit Aussicht auf Erfolg anzugreifen. Was ich jedoch nicht will, ist, bis zur Bundestagswahl zu warten, ob eine große Koalition sich bildet, die nicht von der SPD, aber auch nicht von Kohl geführt werden kann, und die deshalb auf mich als Kanzler zurückgreifen könnte. Zum einen glaube ich nicht an eine solche Entwicklung. Wenn die CDU als stärkste Partei aus den Wahlen hervorgeht, aber dennoch auf die SPD angewiesen ist, wird Kohl auch die kommende Regierung führen wollen. Niemand wird ihm dies streitig machen können. Hat die SPD die Nase vorn, was ich keineswegs ausschließen will, dann wird die Regierung von Scharping geführt werden.

Kommt es zu einer großen Koalition, gewinnen die Sozialdemokraten zudem Niedersachsen wieder und zwei ostdeutsche Länder dazu – und damit die Zweidrittelmehrheit im Bundesrat –, dann müssen wir mit einer Zeit der Stagnation rechnen, die man durch Ideen und Argumente nur dann auflockern kann, wenn diese mit großer Autorität vorgetragen werden können.

Der Bundespräsident könnte eine derartige Rolle übernehmen, ohne die Verfassung zu verletzen. Denn er ist zwar zur parteipolitischen Neutralität, nicht aber zur politischen Abstinenz verpflichtet. Da die neuen Fragen jedoch quer zu den alten Antworten und damit auch quer zu den alten parteipolitischen Strukturen liegen, kann sich der Bundespräsident mit den neuen Fragen intensiv befassen, ohne sich in den alten Strukturen zu verheddern. Vor allem jedoch kann er eine Art Anwalt der Generationen werden, die im demokratischen Diskurs nicht mehr oder noch nicht gehört werden, also für Vergangenheit und Zukunft. Auf diese Weise kann er der selbstzerstörerischen Tendenz unserer Kultur entgegenwirken, sich ganz auf die Gegenwart zu konzentrieren und in selbstbespiegelndem Hedonismus die Zukunft zu verlieren. Ob dies in gleicher Weise aus dem Amt des Bundeskanzlers heraus möglich sein wird, zumal, wenn seine Kräfte durch die täglichen Spannungen und Probleme einer komplexen Koalitionslage in Anspruch genommen werden, erscheint mir fraglich. Viel spricht deshalb dafür, entgegen bisheriger Überlegungen den Weg ins Amt des Bundespräsidenten dem Weg ins Kanzleramt vorzuziehen. Nicht nur ist letzterer unsicherer als ersterer. Er vermeidet auch die Notwendigkeit parteipolitischer Polarisierung, die jedenfalls dann besteht, wenn die Stellung des Bundeskanzlers bereits aus der Rolle des Kandidaten angestrebt wird, nicht erst als gemeinsamer Kandidat einer großen Koalition.

Praktisch gesehen gestattet das Amt des Bundespräsidenten eine Fülle von Einwirkungsmöglichkeiten. So kann der Präsident sich über den Gang der politischen Entscheidungen regelmäßig berichten lassen und dazu seine Meinung äußern. Er kann die Ministerpräsidenten ebenso einladen wie das Kabinett. Er kann Gesprächskreise aus Wissenschaft und Kunst um sich versammeln, die Kirchen in seine Begegnungen einbeziehen und vielfache Anlässe wählen, um sich zu Fragen von allgemeiner politischer Bedeutung zu äußern. Insbesondere kann er auf die Aufklärung von Sachverhalten drängen, entsprechende wissenschaftliche Untersuchungen anregen, mit den Universitäten ins Gespräch kommen und den zahlreichen Bürgergruppen als Gesprächspartner zur Verfügung stehen, die sich bereits gebildet haben und noch bilden werden, um Fragen zu behandeln, die die traditionelle Politik eher vernachlässigt.

Der Präsident kann sein Reiseprogramm im In- und Ausland so anlegen, dass es ihm wiederum Gelegenheiten zu Stellungnahmen bietet, die sich aus den Anlässen für Reisen oder den Ereignissen ergeben, die er zum Anlass für Besuche wählt. Er kann die Beziehungen zu den wichtigsten westlichen Ländern pflegen, Universitäten im Ausland besuchen und durch Reden die Gemeinsamkeit zentraler Probleme der westlichen Kultur bezeichnen. Bei all diesen Anlässen kann er zugleich zur inhaltlichen Definition der deutschen Identität und damit zum Aufbau einer nationalen Identität beitragen, aus der wiederum Maßstäbe für ein »richtiges« politisches Handeln abgeleitet werden können. Er kann den Wiederaufbau einer ethischen Bindung unseres politischen Handelns fördern, dessen ethisches Defizit Marion Dönhoff gerade in der *Zeit* zu Recht beklagt hat.

Schließlich kann sich der Präsident auch literarisch an der politischen Diskussion beteiligen. Einen Aufsatz wie den zur Verstaatlichung der Nächstenliebe kann auch der Präsident schreiben, ohne seine politische Neutralitätspflicht zu verletzen. Ähnliches gilt für umfangreichere Texte, soweit sie allgemeine politische, kulturelle oder geistige Fragen zum Gegenstand haben, wie etwa die zentrale Frage nach dem Verhältnis von Selbstverwirklichung und Gemeinschaftsbindung. Dabei kommt ihm die Tatsache, dass er überparteilich zu argumentieren hat, in besonderer Weise zugute. Sie schützt ihn nicht nur vor parteipolitischer Einseitigkeit, sondern macht zugleich deutlich, dass die neuen Fragen sich eben nicht den alten Schemata von links und rechts zuordnen lassen. Die Möglichkeiten, die sich demnach bieten, sind es wert, weiterverfolgt zu werden.

12. Juli 1993

In Leipzig haben wir heute den Schlussstein in unser Verfassungsgebäude gefügt und den Verfassungsgerichtshof des Freistaates gegründet. Im Mittelpunkt einer würdigen Feier im Festsaal des Alten Rathauses stand die Festansprache von Professor Isensee, in der er die Möglichkeiten eines eigenständigen Verfassungsrechts der Länder im Bundesstaat behandelte. Isensee gehört zu der Gattung von Professoren, die so gut formulieren können, dass sie von einem bestimmten Punkt an, von der Lust an der Formulierung überwältigt, immer weniger darauf achten, was sie sagen, und immer mehr darauf, wie sie es sagen.

In meiner Ansprache behandelte ich das Spannungsverhältnis zwischen Verfassungsgerichtsbarkeit und Politik. Das Justizministerium hatte eine gute Vorarbeit geliefert, die ich weitgehend verwenden konnte. Als neues Verfassungsproblem bezeichnete ich eine Gesetzgebung, die Gesetze, einer schnellen Veränderung der Wirklichkeit folgend, in kürzeren Intervallen verändert, als die Verwaltungen, die sie anwenden sollen, benötigen, um Inhalt und Administration des Gesetzes zu erlernen. Das brachte mir den einzigen Zwischenbeifall einer sonst eher auf Feierlichkeit eingestimmten Zuhörerschaft ein. Isensees Rede war streckenweise eine Liebeserklärung an Sachsen.

Heute Morgen regelten wir noch offene Haushaltsfragen in den Ressorts Innen und Schule. Gegen Abend bereiteten wir die

Kabinettssitzung vor, auf der wir den Entwurf für den Haushalt 1994 verabschieden wollen. Anschließend sprach ich mit Goliasch über die noch immer in der Fraktion herrschende Aufregung über Nowak. Groß und ich sind uns einig, dass wir Beschlüsse der Fraktion, die eine Entlassung des Staatssekretärs fordern sollten, ignorieren wollen. Mit ihnen würde in rechtsstaatlich unzulässiger Weise in ein schwebendes Verfahren eingegriffen. Offenbar ist es Rößler und einigen anderen gelungen, die Stimmung der vergangenen Woche durch weitere Agitation gespannt zu halten. Aber man hat inzwischen auch etwas Angst vor der eigenen Courage. Wir werden sehen, was sich am Mittwoch ereignet.

Mit Kuhl sprach ich heute Abend noch einmal über seinen Vorschlag, ich sollte Bundespräsident werden. Er kann gute Gründe für einen solchen Weg vorschlagen, aber nicht die Frage beantworten, was dann in Sachsen geschehen soll. Sollte ich gehen, muss damit gerechnet werden, dass wir auch in Sachsen die Wahl verlieren. Denn wir haben, das ist unserer beider Urteil, im Kabinett niemanden, der von der Bevölkerung in ähnlicher Weise angenommen würde. So wird es wohl keine andere Möglichkeit geben, als in Sachsen zu bleiben, falls nicht noch eine andere Lösung gefunden werden kann. Sie wird ohne aktive Mitwirkung Kohls kaum gefunden werden können.

13. Juli 1993

Ingrid hat eine schwere Lungenentzündung. Ihre Bereitschaft, den Blumenmädchen in Torgau mit ihrer Jacke gegen die Kälte zu helfen, muss sie teuer bezahlen. Unsere Reise zum Buchberg müssen wir verschieben. Ingrid wird frühestens Mitte der kommenden Woche reisen können. Sie ist in guter ärztlicher Betreuung. Aber Sorgen mache ich mir doch.

Im Kabinett haben wir den Tag mit der Beratung des Haushaltes verbracht. Im kommenden Jahr werden wir rund 7 Milliarden DM Kredit aufnehmen müssen. Trotzdem können wir nur einen Bruchteil dessen finanzieren, was wir eigentlich für erforderlich halten. Besondere Schwierigkeiten hat uns schon in den Vorgesprächen der Personalhaushalt bereitet. Von unserem Ziel, den Personalbestand auf rund 102 000 Personen zu reduzieren, sind wir weit entfernt. Wir werden es in den kommenden Jahren kaum erreichen können.

Nach den eigentlichen Beratungen bat ich die Kabinettsmitglieder, noch zu bleiben und mit mir den Fall Nowak zu erörtern. Es war nicht nur eine interessante, sondern auch eine aufschlussreiche Erfahrung. Wer ein Mann ist, zeigt sich eben erst in der Krise. Groß hat mich sehr beeindruckt. Ich habe mich in ihm nicht getäuscht. Es entspräche nicht seinen Wertvorstellungen, einen Mann fallen zu lassen, nur weil sein Kopf gefordert werde. Er habe mit Nowak erst drei Monate zusammengearbeitet. Dabei habe er gute Erfahrungen gemacht. Den Inhalt des Interviews habe er verurteilt. Ein solches Interview sei jedoch für ihn noch kein Anlass, sich von Nowak zu trennen.

Nach mir hatte zunächst Eggert votiert. Er war noch immer von der Sorge geprägt, die ihn schon letzten Samstag umgetrieben hatte. Eigentlich müsse Nowak von sich aus gehen. Man müsse es ihm nahelegen. Nur so könne man Schaden von mir und der Fraktion abwenden. Die Fraktion sei entschlossen, seine Entlassung zu verlangen. Entweder werde sie sich an mich oder an Nowak direkt wenden. In jedem Fall wäre es ein Eklat, den man vermeiden müsse.

Heitmann wollte zunächst wissen, was die Ursache für das Disziplinarverfahren sei. Nachdem ich es ihm erläutert hatte, schloss er sich der Ansicht an, man müsse das Verfahren nun erst durchführen. Wahrscheinlich sei es ein Fehler gewesen, sich nicht sofort von Nowak zu trennen. Jetzt könne man seine Entlassung nicht mehr politisch begründen. Meine Absicht, erst nach einem Abschluss des Verfahrens zu entscheiden, müsse man respektieren.

Vaatz war unsicher. Den Text des Interviews fand er empörend. Es sei für ihn völlig unakzeptabel. Wie man sich im Blick auf die Leidenschaften verhalten sollte, die in der Fraktion ausgebrochen seien, sei angesichts der Vielschichtigkeit des Konfliktes schwer zu sagen. Der Tendenz nach war er wohl eher für eine Entlassung Nowaks, wenn er es auch nicht aussprach.

Geisler ging, wie immer, behutsam an die Sache heran. Zwar nahm er nicht ausdrücklich für den Standpunkt Partei, Nowak zu halten und den Konflikt mit der Fraktion durchzustehen. Aber er tat sich schwer, den Verurteilungen zuzustimmen, die in den bisherigen Voten offen oder versteckt enthalten waren. Ähnlich auch Jähnichen, den ich besonders schätzen gelernt habe.

Meyer bemühte sich um eine ausgleichende Position. Es war nicht ganz klar, was er mir und uns allen wirklich raten wollte. Er charakterisierte Nowak sehr zutreffend und beobachtete zu Recht, dass zwischen dem Staatssekretär und der Fraktion von Anfang an ein Spannungsverhältnis bestanden habe. Es sei wohl nicht nur auf den Mann, sondern auch auf seine Zugehörigkeit zur SPD zurückzuführen. Nowak habe sich große Verdienste mit der Entwicklung der Mittelschule und der Lehrerentlassung erworben. Nun müsse man darauf achten, dass die großen Leistungen im Schulsektor durch den Streit nicht beeinträchtigt würden.

Milbradt erläuterte ausführlich, dass die Fraktion nicht mehr für eine einlenkende Position zu gewinnen sein werde. Man müsse fragen, ob die Auseinandersetzung zu gewinnen sei. Das sei die entscheidende Frage. Nach seiner Überzeugung sei sie nicht zu gewinnen. Deshalb müsse Nowak gehen. Er habe immer Zweifel an der Kompetenz Nowaks gehabt. Zudem halte er ihn nicht für ehrlich. Nowak habe schließlich keine Beziehungen zu Sachsen begründet. Auch das spräche dagegen, sich für ihn in aussichtsloser Position einzusetzen.

Das weitere Gespräch brachte keine wesentlich anderen Erkenntnisse. Groß machte noch einmal deutlich, dass er nicht bereit sei, sich von Nowak zu trennen, ohne selbst Gründe für eine solche Entscheidung zu haben. Die anderen wiederholten im Wesentlichen ihre Positionen. Sie waren, mit Ausnahme von Groß, eher ratlos. Milbradt war offen ablehnend – und dies nicht nur aus Sorge um mich oder die Regierung. Eggert war vor allem ängstlich. Ich ließ die beiden noch einmal ihre Positionen zusammenfassen. Dann schloss ich die Sitzung. Eggert und Milbradt hatten mich enttäuscht.

Später vereinbarten Groß und ich, dass wir uns in der Fraktion für Nowak aussprechen würden. Sollte die Fraktion dennoch seine Entlassung verlangen – oder ihn zum Rücktritt auffordern –, würden wir die Entscheidung in unsere Betrachtungen einbeziehen. Folgen würden wir der Empfehlung jedoch nicht. Notfalls, so Groß, werde er die Beziehungen zum Landtag und zur Fraktion alleine gestalten. Ich bewundere den an sich stillen Mann. Er hat Rückgrat und lässt sich nicht einschüchtern.

Später telefonierte ich mit Grüning, der morgen den Antrag einbringen will, Nowak möge sein Amt zur Verfügung stellen. Grüning erklärte, es schmerze ihn, aber er könne auf den Antrag nicht verzichten. Man wolle nicht mich auffordern, sondern den Staatssekretär selbst, um nicht in eine Konfrontation mit der Regierung zu geraten. Ich antwortete ihm, seine Haltung fände durchaus meinen Respekt. Sollte die Fraktion sich seinem Antrag anschließen und damit in meine Personalhoheit eingreifen, so sei aber auch ich wieder frei, meine Konsequenzen daraus zu ziehen.

Zum Ausklang sprach ich mit Frau Martens über die Bundespräsidentenfrage. Sie erinnerte mich daran, dass sie mir schon vor einem Jahr geraten habe, ich solle für dieses Amt zur Verfügung stehen. Zwar sei es nicht einfach, für Sachsen eine vernünftige Lösung zu finden. Aber in einem solchen Falle stünde ihr das ganze Land näher als Sachsen. In einer Zeit des Umbruchs sei das Amt des Bundespräsidenten eher geeignet, Ausgangsort für Ideen und Anstöße zu sein, als in normalen Zeiten. In jedem Falle biete es mehr Möglichkeiten, Orientierung zu geben, als das Amt des Kanzlers. Sollte ich mich entscheiden, gebe es nur einen, mit dem zu reden sei: Kohl.

Der Gedanke, für das Amt des Präsidenten zur Verfügung zu stehen, wird mir zunehmend vertrauter. Merkwürdig, auf welch verschlungenen Wegen sich derartige Entscheidungen letztlich anbahnen. Vor wenigen Wochen wollte ich noch Kohl herausfordern. Nun will ich mit ihm über ein anderes Amt sprechen. Aber vielleicht ist dies die eigentliche Herausforderung.

14. Juli 1993

Die Fraktion hat die Entlassung Nowaks nicht verlangt. Sie hat sich darauf beschränkt, eine von Grüning verfasste, von Abscheu und Empörung gesättigte Entschließung zu verabschieden, in der jedoch in der Diskussion die entscheidenden Aussagen mehrheitlich gestrichen wurden. Statt vom Disziplinarverfahren die unverzichtbaren Maßnahmen zu verlangen, beschränkte sie sich in der revidierten Fassung darauf, das Verfahren zu begrüßen. Statt von Nowak zu fordern, dass er zurücktrete, wurde von ihm nur erwartet, die notwendigen Konsequenzen zu ziehen. Damit war die Rücktrittsforderung abgelehnt, die im Text zunächst enthalten war. Mehrere Abgeordnete meldeten sich, die auf die Konsequenzen einer weitergehenden Beschlussfassung hinwiesen. Auch Groß stand zu seiner Position.

Goliasch hatte die Debatte mit der Mitteilung eröffnet, der Fraktionsvorstand lege Wert auf die Feststellung, dass nichts in der Beschlussfassung als gegen den Ministerpräsidenten und seine Regierung gerichtet interpretiert werden könne. Die Erregung war offensichtlich einer nüchternen Bewertung der Lage gewichen. Mannsfeld bat Grüning, auf einige zu weit gehende Formulierungen zu verzichten. Weder könne davon die Rede sein, dass als Antwort auf die Äußerungen Nowaks ein Aufschrei durch das Land gegangen sei, noch könne man behaupten, die große Mehrheit im Lande habe unter Einsatz ihres Lebens für die Wende gekämpft. Die übertriebenen Formulierungen waren vielen eher peinlich. Aber sie zeigen zugleich, wie wichtig es vielen ist, die Bedeutung der Wende zu verteidigen, die ihrem Leben in der DDR einen neuen Sinn geben konnte, und wie sehr sie sich gegen eine Relativierung der Ziele ihres Kampfes und deren Bedeutung wehren.

So konnten Mannsfeld und Husemann sich mit moderaten Änderungsvorschlägen zur entscheidenden Ziffer 5 durchsetzen, die die eigentlichen Konsequenzen der ersten vier Ziffern enthielt. In der Abstimmung unterlagen diejenigen, die die Entlassung Nowaks verlangen wollten, mit 27 zu 40 Stimmen denen, die eine offene und moderate Formulierung bevorzugten. Zum Schluss waren alle mit dem Ergebnis zufrieden.

15. Juli 1993

Ingrid geht es wesentlich besser. Sie hat gut geschlafen. Das Fieber ist gesunken. Es besteht nun gute Aussicht, dass sie in der kommenden Woche zum Buchberg reisen kann.

Heute Morgen erst ein ausführliches Interview mit dem Radiosender DT 64. Es wird von der Presseabteilung ausgeschrieben. Dann Vereidigung des Verfassungsgerichtshofs im Landtag. Ein festlicher Augenblick und ein erhebendes Gefühl für alle, die sich noch an die rechtlose Zeit vor wenigen Jahren erinnern können. Ich freue mich, dass auch die Mitglieder des Verfassungsgerichtshofes noch in unserem provisorischen Plenarsaal unter dem Wandgemälde mit dem Gekreuzigten vereidigt wurden; Symbol für den Abschluss der Gründerarbeit im neuen Freistaat Sachsen. Am 3. Oktober werden wir den neuen Plenarsaal mit Reden von Bubis, Iltgen und mir einweihen und von dann an dort tagen, drei Jahre nach der Wiedererstehung unseres Bundeslandes. Fast alles, was wir tun, ist auf die eine oder andere Weise geschichtsträchtig.

Hauptpunkte auf der heutigen Tagesordnung waren das Hochschulgesetz und das Landtagswahlgesetz. Beides wurde im Sinne unserer Vorgaben verabschiedet. Das Hochschulgesetz wurde in den Beratungen des Landtages weiterentwickelt und kann als das modernste Gesetz seiner Art in der Bundesrepublik gelten.

Mit dem Hochschulgesetz und dem Wahlgesetz haben wir unsere Gesetzgebung für diese Legislaturperiode praktisch abgeschlossen. Was bleibt, sind der Haushalt und einige technische Gesetze. Das Fundament für den Freistaat ist gelegt. Es ist durch unsere Politik geprägt. Auch unsere Nachfolger im Parlament können es praktisch nicht mehr ändern. Wir können stolz sein auf das, was wir geleistet haben.

Fromme hat heute einen längeren Beitrag zur Bundespräsidentenfrage in der *FAZ*. Aus dem Osten lobt er Heitmann als einen möglichen Kandidaten. Ich freue mich für Heitmann, den ich Kohl selbst vorgeschlagen habe. Wenn der Bundespräsident aus dem Osten kommen soll – und ich selbst nicht zur Verfügung stehe oder nicht in Frage komme –, wäre Heitmann nach wie vor die beste Lösung. Nur fehlt ihm leider auch die politische Erfahrung mit ganz Deutschland und mit den ordnungspolitischen Fragen, die in den nächsten Jahren eine wesentliche Rolle spielen werden. Sollen sie im Amt des Bundespräsidenten eine Rolle spielen, kommt eigentlich nur Roman Herzog in Frage, wenn ich nicht selbst das Amt übernehme.

16. Juli 1993

Nach einer infas-Umfrage würden wir, wären nächsten Sonntag Landtagswahlen, 46 Prozent der Stimmen erzielen. Könnten die Sachsen ihren Ministerpräsidenten direkt wählen, 70 Prozent würden mir ihre Stimme geben. 70 Prozent der Bürger in Sachsen sind nach unserer Emnid-Umfrage vom Juni der Ansicht, ich hätte ihre Erwartungen erfüllt; im Dezember 1992 waren es 71 Prozent. 76 Prozent (Dezember 1992: 79 Prozent) sind mit meiner Politik einverstanden (97 Prozent der CDU-, 70 Prozent der SPD- und 89 Prozent der FDP-Wähler; selbst 55 Prozent der PDS- und 70 Prozent der GRÜNE/Bündnis 90-Anhänger erklären sich einverstanden). Ingrid und ich haben das Vertrauen der Menschen nicht nur behalten, sondern vermehren können. Und dies, obwohl es in den vergangenen Jahren nicht einfacher geworden ist. Denn die anfängliche Euphorie, die auch zu unserem guten Wahlergebnis führte, trägt die Menschen nicht mehr durch die Schwierigkeiten, mit denen sie heute fertigwerden müssen.

Im Verwaltungsrat der Treuhand, zu dessen Sitzung ich in Berlin war, haben uns vor allem die Überlegungen des Vorstandes zur Neuordnung der Anstalt nach 1994 und die Vorgänge um den Kalibergbau in Bischofroda beschäftigt. Während niemand der Treuhand das Recht streitig machen wollte, sich auch in ihrer Organisation auf das baldige Ende der Privatisierung einzustellen, waren mehrere Mitglieder, auch ich, unzufrieden mit den Vorstellungen des Vorstandes zur Behandlung der noch nicht privatisierten Unternehmen.

Im Kalibergbau in Thüringen hat sich ein Konflikt entwickelt, der fast unlösbar geworden ist. Rund vierzig Bergleute des Bergwerks in Bischofroda, das zum Jahresende geschlossen werden soll, befinden sich im Hungerstreik. Beobachtet und zunehmend auch angefeuert von einem Dutzend Fernsehkameras, die sich vor allem für den Zeitpunkt interessieren, zu dem einer der Hungernden in Lebensgefahr gerät, und unterstützt und ermutigt von den Betroffenheitstouristen, die von derartigen Ereignissen angezogen werden wie die Motten vom Licht – unter ihnen der Pfarrer, der vor Jahren in Rheinhausen Berühmtheit erlangte, diesmal aber die ruhige Schließung des Stahlwerkes nicht mehr verhindern konnte –, haben sie sich in einen Zustand der Erregung gesteigert, der es fast unmöglich macht, sie noch zu erreichen.

Sie kämpfen – und sterben notfalls – für ihr Bergwerk, für ihre Arbeit, für ihre Ehre als Bergleute, für ihre Identität als Ostdeutsche und im Kampf gegen die Ungerechtigkeit, die sie darin sehen, dass ihr Bergwerk Rationalisierungsmaßnahmen zum Opfer fällt, welche in ihren Augen westdeutsche Arbeitsplätze schützen sollen.

Was sich seit Jahren an Demütigungen, wirklichen und vermeintlichen, an Umstellungslasten, an Verlust von bisher gültigen Lebenserfahrungen, an scheinbar verlorener Lebensleistung, an Unsicherheit, vergeblicher Suche nach Orientierung und schlichter Angst vor einer unlösbaren Aufgabe angesammelt hat, bricht nun im Kampf um rund 700 Arbeitsplätze auf.

Denn das Ende ihres Bergwerks, in dem seit Jahrzehnten Kali gewonnen und auch nach Westdeutschland verkauft wurde, ist Teil einer Privatisierung durch den Zusammenschluss der Mitteldeutschen Kali AG mit der Kali & Salz AG in Kassel, einer Tochter der BASF. Sie war das einzige Unternehmen, das sich bereit erklärte, den ostdeutschen Kalibergbau zu übernehmen, der sonst ganz hätte geschlossen werden müssen. Um das, was im Wettbewerb noch lebensfähig war, zu retten, stellte die Treuhand rund eine Milliarde DM für Sanierung und Schuldenausgleich zur Verfügung. Dadurch war es möglich, gut 3000 Arbeitsplätze im Osten und rund 4000 im Westen zu erhalten. Gruben werden im Westen und im Osten geschlossen, vor allem in Thüringen.

Aber es wurden auch Fehler gemacht. Zwar war Bernd Vogel bei der ersten Beschlussfassung über das Fusionskonzept nicht anwesend und hatte in der zweiten Beratung in Düsseldorf widersprochen. Aber sein Vertreter hatte das Fusionskonzept mitberaten und ihm zugestimmt. So konnte Thüringen auch den Fusionsvertrag nicht mehr ablehnen, der in Düsseldorf allein zur Debatte stand. Nachdem die Entscheidung einmal gefallen war (im Dezember vergangenen Jahres!), wurde nicht von Anbeginn für Klarheit über die Konsequenzen gesorgt. So konnte die Hoffnung aufkommen, es gäbe Alternativen und damit einen Ausweg aus dem Unvermeidlichen.

Den hatte es nie gegeben. Das Bergwerk im Eichsfeld war nicht mehr lebensfähig. Es konnte keine Zukunft haben. Niemand hat den Leuten das von Anfang an gesagt, auch die Gewerkschaft nicht, die die Schließung ebenfalls für notwendig hält, sich aber vor Ort kaum sehen lässt, weil sie Angst vor den Gefühlen und dem Vorwurf hat, vor allem die Interessen der westdeutschen Kumpel zu vertreten. So kommt es, dass die Menschen niemanden haben, dem sie als Führungspersönlichkeit vertrauen können, außer den eigenen Leuten, die die unerfüllbaren Hoffnungen auf ein Weiterleben des Bergwerks mit ihnen teilen.

Erst als das Kind in den Brunnen gefallen war und die Streikenden sich unter Tage im Hungerstreik befanden, erklärte sich die Bundesregierung bereit, 700 Ersatzarbeitsplätze zu stellen. So dankbar man für diese Bereitschaft sein kann, so gefährlich ist das Präjudiz, das durch sie geschaffen wird.

Im Verwaltungsrat kam es zu einer zwar ruhigen, aber scharfen Auseinandersetzung über den Thüringer Konflikt. Es hatte nicht ausbleiben können, dass die Treuhand als die eigentlich Schuldige an dem Unglück der Bergleute erscheinen musste. In den Augen der Betroffenen hatte sie mit der Privatisierung das Bergwerk an die Kapitalisten ausgeliefert. Sie hatte es möglich gemacht, dass »der Kapitalismus seine Fratze zeigte«, wie Bernd Vogel es in seiner Erregung über einen Vorgang nannte, der seiner Kontrolle entglitten war. Der Landtag fasste Beschlüsse gegen den Willen der Regierung, der Wirtschaftsminister sprach von Chancen einer Revision der Privatisierung, die es nicht gibt, niemand fand die Kraft und hatte die Autorität, den Menschen aus einer Situation zu helfen, aus der sie sich selbst nicht mehr befreien können.

Irgendwann wird der Konflikt ausgebrannt sein und erlöschen. Zurückbleiben wird die Asche zerstörter Hoffnungen in einer Region – dem Eichsfeld –, in der die CDU in der ersten Landtagswahl über 90 Prozent der Stimmen erhalten hatte; sicher auch deshalb, weil die Bevölkerung überwiegend katholisch ist. Kohl war dort besonders gefeiert worden. Heute könnte und würde er sich dort wohl kaum noch blicken lassen. Er besucht nur die Schokoladenseiten der Einheit, wie kürzlich in Mecklenburg-Vorpommern; oder zelebriert »Männerfreundschaften«, wie bei seinem Ausflug auf dem Baikalsee mit Jelzin, mit dem er sich jetzt duzt! Seit im Osten für die CDU keine Stimmen mehr zu holen sind, hat er auch für Kohl viel an Interesse verloren. Dafür sind nun in seinem Amt Bohl und Ludewig zuständig – und Frau Merkel, die mit viel Mut versucht, die Lücke zu füllen.

19. Juli 1993

Die bisherigen Anmerkungen befassen sich mit der Möglichkeit, für das Amt des Bundespräsidenten zur Verfügung zu stehen und den möglichen Folgen einer großen Koalition unter der Führung Kohls und den Gründen für einen personellen Wechsel an der Spitze der CDU und der Bundesregierung. Von einigen, eher beiläufigen Bemerkungen abgesehen, gehen sie noch nicht auf die Frage ein, wie ich meiner Verantwortung entsprechen sollte, wenn ich nicht für das Amt des Bundespräsidenten zur Verfügung stehen will. Diese Frage hat uns gestern Abend und heute beschäftigt. Als Ergebnis erscheint uns Folgendes richtig.

Erstens: Wie zugesagt, stehe ich in Sachsen für eine erneute Kandidatur für das Amt der Ministerpräsidenten zur Verfügung. Einmal sollte die 1990 begonnene Aufgabe bis zum Ende der Legislaturperiode fortgeführt und dem Urteil der Landtagswahl unterworfen werden. Zum anderen brauchen nicht nur Sachsen, sondern alle ostdeutschen Länder in ihren Beziehungen zu Westdeutschland auch weiterhin einen Anwalt. Helmut Schmidt stellte heute im Gespräch zu Recht fest, dass es außer mir einen wirksamen politischen Anwalt für Ostdeutschland nicht gibt.

Würde ich das Amt des Ministerpräsidenten in Sachsen vorzeitig abgeben, könnte ich weder meine Zusage einhalten, die Sächsische Union in den kommenden Wahlkampf zu führen, noch im Wahljahr für die Aufgabe des Anwalts des Ostens zur Verfügung stehen. Zugleich würde ich Anlass bieten, die Vorurteile gegen meine Zuverlässigkeit und Verlässlichkeit zu erneuern, die in den zurückliegenden Jahren der Auseinandersetzung mit Kohl eine wesentliche Rolle gespielt haben. Damit würde ich jedoch die Autorität gefährden, die mir seit 1990 nicht nur in Sachsen, sondern in Deutschland zugewachsen ist. Zumindest ergäben sich aus der Notwendigkeit, die vorzeitige Beendigung der sächsischen Aufgabe begründen zu müssen, zusätzliche politische Risiken. Sie sollten nicht ohne Not eingegangen werden.

Zweitens: Gelingt es, die gegenwärige Zustimmung der sächsischen Bevölkerung zu meiner Politik zu erhalten, dann haben wir gute Aussichten, in der kommenden Landtagswahl erneut eine absolute Mehrheit zu erreichen. In jedem Fall wird das Wahlergebnis wesentlich besser ausfallen als in den anderen ostdeutschen Ländern. Dies wird mir eine stabile politische Basis sichern und meine Position in der Union und im Bundesrat stärken. Sollte das Wahlergebnis wider Erwarten schlecht ausfallen, haben sich die folgenden Überlegungen ohnehin weitgehend erledigt.

Die Sächsische Union und die Fraktion sind entschlossen, die Landtagswahl nicht mit der Bundestagswahl zusammenzulegen, sondern bereits für den 11. September 1994 anzuberaumen. Unsere Sommerumfrage hat gezeigt, dass die Bevölkerung mit der Arbeit der Landesregierung zu zwei Drittel, mit der Arbeit der Bundesregierung jedoch nur zu einem Drittel zufrieden ist. Schon aus diesem Grunde wäre es töricht, der Aufforderung Kohls zu folgen und beide Wahlen in einem Wahlgang zu verbinden. Nur die Trennung kann ein zutreffendes Bild der politischen Bewertung unserer Arbeit in Sachsen vermitteln.

Drittens: Eine vorgezogene Landtagswahl hat zudem den Vorteil, dass ich bereits über ein erneutes, überzeugendes Mandat verfüge, wenn im Bund gewählt wird. Dies gibt mir nicht nur mehr Unabhängigkeit gegenüber dem jeweiligen Ergebnis der Bundestagswahl. Ein solides Ergebnis in Sachsen erweitert auch meinen bundespolitischen Handlungsspielraum unmittelbar nach der Bundestagswahl. Das ist sowohl im Blick auf mögliche parteipolitische Konsequenzen der Bundestagswahl als auch für die Einflussnahme auf die Koalitionsbildung von Bedeutung.

Viertens: Für die weitere Entwicklung nach der Bundestagswahl 1994 ist entscheidend, wie das jeweilige Ergebnis für die Union gewertet wird. Wahlziel ist, auch nach den Erklärungen Kohls, die Fortsetzung der gegenwärtigen Regierungskoalition. Tritt Kohl wieder als Kanzlerkandidat an, wovon auszugehen ist, dann hat er die Wahl gewonnen, wenn ihm das Wahlergebnis die Fortsetzung der CDU/CSU/FDP-Koalition gestattet. Verfehlt die Koalition die Mehrheit, dann hat Kohl die Wahl verloren. Er hat damit zugleich das Ende seiner politischen Laufbahn erreicht.

Diese Bewertung des Wahlziels und damit auch der möglichen Wahlergebnisse muss in den kommenden Monaten zum unbestrittenen Bestand der Union gemacht werden. Dabei kann insbesondere die CSU helfen. Bereits auf dem CDU-Parteitag im September in Berlin muss Kohl durch eigene Aussagen und ihre Interpretation auf diese Definition des Wahlziels festgelegt werden. Die Möglichkeit, dass Kohl auch einer großen Koalition als Kanzler vorstehen könnte, muss bereits rechtzeitig vor der Bundestagswahl ausgeschlossen werden.

Fünftens: Bis zur Bundestagswahl sollte von uns alles vermieden werden, was als Vorbereitung einer Personaldiskussion ausgelegt werden könnte. Die innerparteiliche Diskussion muss sich ganz auf politische Sachfragen konzentrieren. Sie muss von uns auf dem Berliner Parteitag mit einer Standortbestimmung eröffnet und dann mit Aussagen zu den wichtigsten politischen Reformbereichen bis in das kommende Jahr fortgesetzt werden.

Unsere Beiträge müssen einmal die Anforderungen an die Politik der Bundesregierung definieren. In ihrer Gesamtheit müssen sie unsere politischen Alternativen zur Politik der Bundesregierung umfassen und damit als alternatives CDU-Regierungsprogramm erkennbar sein. Im Unterschied zur Politik Kohls müssen sie die wesentlichen Reformvorhaben umreißen. Sie müssen unsere Vorstellung von der Rolle Deutschlands in Europa und der Welt verdeutlichen und durch die Art ihrer Argumentation unsere methodischen Ansätze im Unterschied zu denen der Regierung erläutern. Es geht um den Nachweis, was ordnungspolitisches Denken im Unterschied zum Handeln aus machtpolitischen Zusammenhängen leisten kann.

Sechstens: Sollte Kohl das Wahlziel »Fortsetzung der gegenwärtigen Regierungskoalition« erreichen, dann hat sich die Bevölkerung für seine Art der Politik entschieden.

Sollte er das Wahlziel verfehlen, aber dennoch den Anspruch erheben, die Regierung auch in der kommenden Legislaturperiode zu führen, muss ihm entgegengetreten werden. Dies kann in erster Linie auf dem Parteitag im November 1994 geschehen, auf dem der Vorsitzende neu gewählt werden muss. Verfehlt Kohl sein Wahlziel, könnte ich mich um den Parteivorsitz bewerben und damit gegen Kohl antreten. Wählt der Parteitag erneut Kohl, dann steht ihm auch das Recht zu, Kanzler einer großen Koalition zu werden. Wählt der Parteitag Kohl nicht mehr, kommt er – nach seinem eigenen Parteiverständnis – auch nicht mehr als Kanzler einer großen Koalition in Betracht. Die Kanzlerfrage kann dann neu entschieden werden.

Dieses Vorgehen hat den Vorteil, dass ich mich der bundespolitischen Verantwortung nicht verweigere und dennoch der Verantwortung gerecht werde, die ich für Sachsen übernommen habe. Mit anderen Worten: Ich bleibe in Sachsen, bestreite die kommende Landtagswahl, lasse die Wähler hier über meine bisherige und zukünftige politische Arbeit entscheiden und engagiere mich, wenn die Wahlergebnisse im Land und im Bund entsprechend ausfallen, erst nach den Wahlen wieder in Bonn.

Das heißt auch: Es wird keine eigene Initiative geben, die darauf gerichtet ist, das Amt des sächsischen Ministerpräsidenten vorzeitig zu verlassen. Kommen Anforderungen von außen, ohne dass sie von mir in irgendeiner Weise ermutigt wurden, muss neu überlegt werden.

30. Juli 1993

Die letzten beiden Tage habe ich mit der Sicherung und Ordnung meiner Papiere und Aufzeichnungen verbracht. Einiges ist in den letzten Jahren zusammengekommen. Was hier ist und nicht im Archiv in Dresden, reicht bis zum Anfang der 70er Jahre zurück. Noch sind die zahlreichen Vorträge, Zeitungs- und Zeitschriftenbeiträge und Interviews nicht erfasst. Ich habe sie nur zeitlich geordnet und damit leichter zugänglich gemacht. Aber schon jetzt ist mir vieles aus den letzten 20 Jahren wiederbegegnet, das ich vergessen oder nicht mehr so deutlich in Erinnerung hatte, wie die Auseinandersetzungen um den westfälischen Parteivorsitz und die nach wie vor schmerzhafte Niederlage gegen Kohl im Frühjahr 1987.

Ein wenig erschrocken bin ich schon darüber, wie sehr mein Leben in den vergangenen 20 Jahren, seit meiner Wahl zum Generalsekretär der CDU, durch die Spannungen und Auseinandersetzungen mit Kohl bestimmt war. Immer wieder hat mich der Mann, seine Art Macht auszuüben, seine beherrschende Rolle in der CDU und seine Fähigkeit beschäftigt, die Macht zu sichern und zu mehren, ohne das Land wirklich voranzubringen. Immer wieder kam es zu Auseinandersetzungen zwischen ihm und mir. Bis auf die letzte, bei der es um die Kandidatur in Sachsen ging, habe ich mich gar nicht oder nur teilweise durchsetzen können.

Kohl, meint Ingrid, stehe in dieser Auseinandersetzung nicht nur für den Mann, sondern für ein ganzes System: für die Herrschaft der Mittelmäßigkeit. Vielleicht hat Tocqueville doch recht mit seiner skeptischen Prognose, die demokratische Herrschaftsform müsse früher oder später zu einer Herrschaft der Mittelmäßigkeit führen. Wenn das so wäre, dann wäre die europäische Art zu leben nicht mit demokratischen Methoden zu sichern. Denn die Besitzstände, die sich in demokratischen Systemen besonders gut behaupten können, werden jede rechtzeitige Reform unmöglich machen.

Dass ich mich immer wieder mit Kohl beschäftige, hat sicher auch persönliche Gründe. Ich wehre mich dagegen, dass ein Mann, den ich für ungeeignet halte, in Deutschland am Schalthebel der Macht sitzt und nach allem, was man heute erkennen kann, auch in Zukunft sitzen wird. Immer wieder, diesmal angeregt durch die zahlreichen Erinnerungen, die in den vergangenen Tagen auf mich eindrangen, frage ich mich, ob ich Kohl das Amt neide, weil ich es selbst haben will. Immer wieder komme ich zu dem Ergebnis, dass dies nicht der Fall ist. Ich würde gerne auf einen Kanzler der CDU zuarbeiten, mich auch gerne in ein Team einordnen, das Deutschland regiert, wenn ich den Mann an der Spitze seiner Fähigkeiten und seines Charakters wegen respektieren könnte. Kohl kann ich nicht respektieren. Also muss ich ihn ertragen.

Das ist nicht einfach. Wenn man sehenden Auges miterleben muss, wie ein Volk die Chancen verspielt, die ihm das Schicksal knapp 45 Jahre nach einem verlorenen Krieg, nach der Stunde tiefster Demütigung und weltweitem Entsetzen über unvorstellbare Barbarei mit der deutschen Einheit gewährt, dann muss man verzweifeln. Nicht, dass ich nicht warten könnte. Aber Jahr um Jahr verstreicht, ohne dass wir die Entscheidungen vorbereiten und treffen, die notwendig sind, um uns vor schweren inneren Krisen zu bewahren. Die Entwicklung der Altersstruktur der Bevölkerung liegt für die kommenden 30 Jahre weitgehend fest. Frühestens dann könnten sich nachhaltige Veränderungen des Geburtenverhaltens auswirken – Veränderungen, die sich durch nichts andeuten. Die langfristigen Folgen unseres ökologischen Fehlverhaltens sind ebenfalls nicht mehr zu ändern. Auch hier sind nachhaltige Veränderungen unserer Art zu leben eine Frage des Überlebens.

2. August 1993

Seit vergangenem Freitag sind wir in Cap d'Antibes im Hotel du Cap. Es ist ein herrlicher Platz, weit weg von allem Trubel, der derzeit, mit den französischen Sommerferien, die Mittelmeerküste erfasst hat. Seit unserer Ankunft haben wir das Hotel, seinen Park und das Badehaus nicht verlassen. Mittags und abends essen wir im Eden Roc Hotel direkt am Meer. Trotz der Hitze erholen wir uns gut.

Was in der Außenwelt geschieht, dringt nur durch die beiden Zeitungen zu mir: *FAZ* und *Süddeutsche Zeitung*. Das ist allerdings schon eine ganze Menge. Das Europäische Währungssystem zittert und droht zu zerbrechen. Am Wochenende hat man wohl Anstrengungen unternommen, es zu retten – insbesondere den Franzosen zuliebe. Für sie ist der stabile Franc inzwischen zum Symbol nationaler Ehre und Bedeutung geworden – so wie früher die Force de frappe. So versuchen alle, die Wechselkurse in der engen Schlange des Europäischen Währungssystems zu halten, in der sie nicht zu halten sind.

Die Bundesbank hat am vergangenen Donnerstag zwar den Lombardsatz, nicht aber den Diskont gesenkt und damit alle Hoffnungen auf eine Zinssenkung enttäuscht, die die D-Mark weniger attraktiv gemacht und damit dem Franc geholfen hätte – was wenigstens die Experten glauben, ich weniger. So müssen die Franzosen fürchten, dass ihre jahrelangen Bemühungen, den Franc durch eine energische Stabilitätspolitik zu sichern und nicht gegenüber der D-Mark abwerten zu müssen, letztlich doch vergeblich gewesen sein könnten. Von Spannung zwischen Deutschland und Frankreich ist deshalb bereits die Rede, von Rissen in der Achse Bonn-Paris. Ich habe von einer Achsenpolitik nie viel gehalten, auch wenn es stimmt, dass nur eine Zusammenarbeit zwischen den beiden kontinentalen Mächten Westeuropas eine westeuropäische Gemeinschaft als Kern einer europäischen Friedensordnung sichern kann.

Dass das Europäische Währungssystem in Schwierigkeiten kommen musste, konnte dagegen niemanden wirklich überraschen. Zu verschieden sind die Auswirkungen des europäischen Umbruchs auf die Volkswirtschaften der Mitglieder der EG, als dass man etwas anderes als zunehmende Spannungen erwarten könnte. Zwar haben sich die Volkswirtschaften so weit aneinander angeglichen, dass man sie alle als Marktwirtschaften bezeichnen kann. Aber ihre sozialen Systeme sind nach wie vor sehr verschieden. Die jeweiligen Vorstellungen vom Verhältnis des Staates zur Wirtschaft weichen stark voneinander ab. Die Elastizitäten, mit denen die Wirtschaftsordnungen auf Veränderungen reagieren, unterscheiden sich nachhaltig.

Frankreich ist ein zentralistischer Nationalstaat geblieben. Zwar haben seine großen Unternehmen in den vergangenen Jahren eine tiefgreifende Erneuerung durchlaufen, ihre Strukturkrise gewissermaßen hinter sich gebracht. Aber der Zentralismus und die jetzt wieder wirksamen politischen Blockaden der Kohabitation wirken sich weiterhin lähmend auf eine wirkliche Erneuerung des Landes aus. Noch immer können die Bauern die Politik weit stärker beeinflussen, als es ihrer wirtschaftlichen Bedeutung entspricht. Noch immer fehlt es an einem funktionierenden Zusammenwirken von Arbeitgebern und Gewerkschaften, noch immer ist der »Patronat Francais« eine ehrwürdige und eher antiquierte Institution – unbeschadet aller Modernisierungsversuche in Teilen der Unternehmerschaft. Und was besonders ins Gewicht fällt: Nach wie vor werden ökonomische Entwicklungen in den Dienst eines nationalen Stolzes und nationaler Aspirationen gestellt. Dadurch werden sie verfälscht und die wirtschaftspolitische sinnvolle Steuerung der Wirtschaft wesentlich erschwert.

In Deutschland belasten die Kosten der Einheit und der notwendigen Anpassungen an veränderte wirtschaftliche Bedingungen die Wirtschaft und die öffentlichen Haushalte. Die Verluste werden sichtbar, die durch jahrelang vertagte Anpassungen und Veränderungen ausgelöst wurden. Die Macht der Besitzstände nimmt eher zu statt ab, weil sie in Teilen der Bevölkerung nach wie vor die Illusion aufrechterhalten können, man könne so weitermachen wie bisher. Die Neuordnung der innerdeutschen Arbeitsteilung, der Abbau der volkswirtschaftlichen Verschwendung, die man sich in einem wachstumsinduzierten Anfall volkswirtschaftlicher Hybris glaubte leisten zu können – und der sich auf den »Körper« unserer Volkswirtschaft ähnlich auswirkt wie der Entzug der Droge auf den Körper des Süchtigen –, die Enttäuschungen, die mit dem Zusammenbruch bisher scheinbar festgefügter Besitzstände verbunden sind: All dies hat Auswirkungen auf die Wirtschaftspolitik.

Die britische Wirtschaft wiederum schwankt zwischen der Hoffnung auf einen Aufschwung und der Resignation in der Krise. Die Regierung Major ist denkbar schwach, auch wenn sie die Abstimmung über die Maastrichter Verträge mit Hängen und Würgen gewonnen hat. Ihre Wirtschaftspolitik ist erratisch. Das Pfund ist zwar nicht mehr im Europäischen Wirtschaftssystem – und deshalb auch nicht mehr bevorzugtes Opfer der internationalen Währungsspekulation. Aber unsere Volkswirtschaften sind über die EG doch zu sehr miteinander verbunden, als dass uns die britische Entwicklung unberührt lassen könnte.

Auch die anderen Volkswirtschaften reagieren auf die gegenwärtige Krise des Westens höchst unterschiedlich. So wäre es mehr als verwunderlich, wollte man erwarten, dass die Schwankungen ihrer Währungen sich auf eine Bandbreite von nur 2,5 Prozent des Mittelwertes ihrer Wechselkurse begrenzen ließen, gewissermaßen als Klammer, die die zunehmend sperrigen Beziehungen unter den Volkswirtschaften der Länder zusammenhalten könnte. Wie schon seit Jahren bei der politischen Bewertung der Wachstumsraten wird jetzt auch im Falle der Währungsrelationen die Manipulation eines Indikators zum Ersatz für die eigentlich bedeutsame Leistung: die Leistungsfähigkeit der Wirtschaft nämlich. In meiner Kindheit beeindruckte mich eine Geschichte besonders, in der ein junger Neger das Barometer zertrümmerte, weil er es für den Hurrikan verantwortlich machte, dessen Herannahen es angezeigt hatte. Wir verhalten uns nicht wesentlich intelligenter, wenn wir das Messinstrument verstellen oder seine Zeiger anhalten, um nicht mit der Wahrheit über die wirklichen Leistungen unserer Volkswirtschaften konfrontiert zu werden.

Langsam scheint man jedoch zu erkennen, dass man die Bandbreite der zulässigen Schwankungen vergrößern muss, um die Spekulation zu entmutigen und zu verlässlicheren Aussagen über den wirklichen, das heißt den Marktwert der Währungen des Europäischen Wirtschaftssystems zu gelangen. Je länger man damit wartet, umso größer werden die Spannungen im System werden. Wenn es an diesen Spannungen zerbricht, ist der Schaden in der Tat enorm. Denn angesichts der Bedeutung, die man dem EWS als Ausdruck europäischer Integration beimisst, müsste sein Zusammenbruch als Scheitern der wirtschaftlichen Integration selbst erscheinen.

24. August 1993

In der Kabinettssitzung erinnerte ich die Mitglieder daran, dass wir bis zum Ende der Legislaturperiode noch rund zehn Monate echte Arbeitszeit haben werden. Der Rest gehe für den Wahlkampf und die Ferien drauf. Unser politisches Programm sei weitgehend erledigt. Was noch offen sei, müsse in den nächsten Monaten abgewickelt werden. Am Ende der ersten Legislaturperiode sollten wir alle wesentlichen Entscheidungen so getroffen haben, dass sie in der kommenden Periode nicht widerrufen werden könnten. Die Union müsse es sein, die die Fundamente des Freistaates gelegt habe.

Sachlich beschäftigte uns die A 13 von Dresden nach Prag und die Anwendung des § 249 h des Arbeitsförderungsgesetzes. Als Trasse für die Autobahn zeichnet sich eine Linienführung in der Nähe Dresdens, aber im weiten Bogen um Kreischa ab. Bei der Anwendung des neuen arbeitsmarktpolitischen Instruments haben wir den Eindruck, dass der Bund erneut den Versuch macht, Kosten auf die Länder abzuwälzen, um sich dadurch für die Niederlage schadlos zu halten, die er bei den Solidarpakt-Verhandlungen erlitten hat.

Im Zusammenhang mit dem Arbeitsmarkt erörterten wir die Konsequenzen, die sich aus der Veränderung der europäischen Arbeitsteilung für den deutschen Arbeitsmarkt ergeben könnten. Den Gedanken habe ich inzwischen mehrfach diskutiert und vorgetragen. Er leuchtet jedem sofort ein, wie dies häufig bei Gedanken ist, sie so naheliegend sind, dass keiner sie denkt. Heitmann bat ich, die verfassungsrechtlichen Bedenken gegen die Pflegeversicherung zu prüfen. Ich wolle dem Gesetz im Bundesrat nicht zustimmen, wenn diese Bedenken, die ich teile, nicht ausgeräumt werden könnten.

Welche Konsequenzen die Verbindung von Rente und Arbeit haben kann, zeigte sich uns im Zusammenhang mit der Entscheidung der Bundesregierung, eine besondere Regelung für die Bäuerinnen vorzusehen. Im Kabinett waren wir der Ansicht, man könne schlecht Sozialausgaben kürzen und gleichzeitig Sondervorteile für die Bauern beschließen. Da unsere Bäuerinnen überwiegend Angestellte waren und deshalb einen Rentenanspruch haben, interessiert uns die geplante Regelung nicht direkt. Wir wollen uns deshalb im Bundesrat zurückhalten, aber doch Bedingungen für den Fall formulieren, dass wir zustimmen sollten.

Der erste Tag endete mit einem Kammerkonzert, das Anne-Sophie Mutter in der Semperoper gab. Ein herrliches Erlebnis, ein wundervolles, zartes und dennoch kraftvolles Spiel. Als wir uns später beim Empfang begegneten, hielt sie ihre Geige im Geigenkasten fest im Arm und trennte sich auch nicht von ihr, als wir uns niedergelassen hatten, um etwas zu drinken. Sie schien mir einerseits reif und älter als ihre 29 Jahre, andererseits wie ein Kind, das Schutz sucht. Es ist wohl nicht nur eine Gnade, mit einer solchen Begabung leben zu müssen.

25. August 1993

Nachmittags Grundsteinlegung der neuen Leipziger Messe. Kohl war gekommen, strahlte gute Laune und Zuversicht aus – wozu angesichts des Ereignisses auch aller Anlass bestand – und benahm sich anständig, auch zu Ingrid, die sich selbst überwunden hatte, um dasselbe zu tun. Ich sprach in meinem Grußwort von einem großen Tag für Leipzig, einem wichtigen Tag für Sachsen und einem guten Tag für Deutschland. Das gewaltige Vorhaben mit einer Investition von rund 1,33 Milliarden DM wurde in knapp mehr als einem Jahr durch alle Genehmigungsverfahren geleitet. In Westdeutschland wäre eine vergleichbare Verwaltungsleistung nicht möglich.

Einige Sätze aus Kohls Rede habe ich mir aufgeschrieben, um sie in meiner Parteitagsrede verwenden zu können: Wer auf die Fragen nach der Zukunft Deutschlands antworten will, der muss von den Tatsachen ausgehen. – Dazu gehören die Demografie, die Grenzen der Technik, der Umfang unseres Exports. – Wir müssen uns zusammensetzen und überlegen, was kurzfristig, mittelfristig und langfristig geändert werden muss. – Wir haben in der alten Bundesrepublik über unsere Verhältnisse gelebt. – Ein ganzheitliches Denken ist erforderlich.

Später sprach ich mit Buttolo über seine zukünftige Tätigkeit als Staatssekretär im Innenministerium. Ich bin froh, dass ich ihn habe gewinnen können. Er wird den wohnungsbaupolitischen Bereich im Haus leiten und mir diese wichtige Flanke abdecken. Niemand hat sich bisher besser in dem Gebiet sachkundig gemacht als er.

27. August 1993

Morgens in Leipzig zur Präsentation der Konzeption der Medienstadt Leipzig. Wie häufig stand auch hier die Technik eines Medienzentrums im Vordergrund. Medienstadt wird Leipzig in der Konkurrenz mit anderen Städten, die die Medien als Zukunftsindustrien entdeckt haben, jedoch nur werden, wenn die Stadt mit der Technik neue Aufgaben verbindet. Sie müssen aus der besonderen Lage und der damit verbundenen Aufgabe der Stadt abgeleitet werden. Vor allem darüber wurde deshalb diskutiert.

Anschließend unterzeichneten Münch und ich den Staatsvertrag zur gemeinsamen Planung und Entwicklung des Raumes Halle-Leipzig. Er soll als *ein* Wirtschaftsraum entstehen. Die beiden Städte werden eines Tages zusammenwachsen und ein einheitliches Ballungszentrum mit rund einer Million Einwohnern bilden. Münch war erholt und gelöst. Wenn er auch nach wie vor Schwierigkeiten haben wird, die kommende Landtagswahl zu gewinnen, so hat er sich doch in der neuen Aufgabe inzwischen gut zurechtgefunden. Er erzählte von einer einwöchigen Fahrradtour durch Teile seines Landes, die ihm die Schönheit der Landschaft erschlossen und ihn den Menschen nähergebracht habe. Im Raum Halle-Leipzig wollen wir noch in dieser Legislaturperiode einmal eine gemeinsame Radtour unternehmen. Es sei die Region, berichtete ich später der Presse, in der ich schon als Junge mit dem Fahrrad unterwegs gewesen sei.

Mittags bei den Geschäftsführern der Arbeitgeberverbände der Chemischen Industrie. Molitor war der Gastgeber. Wir kennen uns jetzt seit 1956, also bald 40 Jahre. Er hatte mir als Thema »durch den Tunnel zum Licht« vorgegeben. Ich wandelte es ab zu »der Weg ist das Ziel«. Wir seien nicht in einem Tunnel, sondern auf dem Weg, das Land wiederaufzubauen. Das Licht, mit dem man wohl die Verhältnisse in Westdeutschland meine, sei nicht unbedingt unser Ziel. Wichtiger als den Westen zu kopieren, sei es, die Fragen zu stellen und gemeinsam zu behandeln, die man bisher weder im Westen noch im Osten beantworten könne. Bei der Arbeit an diesen Fragen gebe es keinen Wissensvorsprung des Westens, sondern unterschiedliche Erfahrungen, die für die Antworten gleichermaßen bedeutsam seien.

Zwischendurch immer wieder in Klages' Buch »Häutungen der Demokratie« gelesen. Klages setzt seine Überlegungen zur Parteiendemokratie und ihren Mängeln fort. Seine Analyse ist ebenso anregend wie die Vorschläge, die er zur Überwindung der entstandenen Defizite macht. Parteienverdrossenheit ist nach seiner Ansicht nicht eine Folge des Wertewandels oder des Egoismus der Menschen, sondern eines sich hochschaukelnden Prozesses der Entfremdung von Menschen und Parteiapparaten, ausgelöst auch durch die Enttäuschung der Bürger über die Unfähigkeit des Staates, die Versprechen einzulösen, die die Parteien gemacht haben, um sich Legitimation durch Wahlen zu verschaffen.

Wichtig scheint mir Klages' Annahme, die Emanzipation führe nicht zu einem egoistischen, gemeinschaftsunfähigen, sondern zu einem »schwierigen« Wähler der Mitte. Die Bereitschaft der Bürger, füreinander einzustehen, sich zu helfen, Solidarität miteinander zu üben, sei ungebrochen. Dagegen seien sie nicht länger bereit, sich für den Staat oder die Politik in Anspruch nehmen zu lassen. Sie wollten mehr selbst gestalten und sich politischer Rationalität nur dann einordnen, wenn sie von der Notwendigkeit überzeugt seien. Führung werde auch von ihnen respektiert, wenn sie kompetent sei.

Praktisch heißt dies, was ich auch vermute: Regieren wird immer schwieriger, verlangt mehr Sachkompetenz und Argumentationsfähigkeit. Der Staat, besser, seine Institutionen, werden zu Dienstleistungseinrichtungen und verlieren in weiten Bereichen ihren hoheitlichen Charakter. Soweit es sich nicht um staatliches Handeln im engen Sinn handelt, treten sie in Konkurrenz zu privatwirtschaftlichen Leistungsangeboten. Diese zwingen sie, entweder besser zu werden oder den privatwirtschaftlichen Wettbewerbern zu weichen. Auch dies verbirgt sich hinter der zunehmenden Privatisierungsdiskussion.

Wir haben diese Diskussion durch die Bekanntgabe von Vorschlägen zur Privatisierung öffentlicher Leistungen nachhaltig angestoßen. Was die Staatskanzlei dazu erarbeitet hat, fand bundesweite Aufmerksamkeit – und löste sofort die Proteste der Besitzstände aus, vor allem der Gewerkschaften. Aber Klages hat recht, wenn er schreibt, der Veränderungsprozess, den er »Häutung« nennt, sei längst im Gange. Unter dem Druck der bestehenden Defizite und Fehlentwicklungen entsteht und zeigt sich Neues. Es erscheint den etablierten Kräften als Unordnung, trägt aber wesentliche Elemente der neuen Ordnung bereits in sich.

28. August 1993

Sitzung des Landesvorstandes der CDU in Waldheim. Im Mittelpunkt unserer Beratungen stand das Programm der Sächsischen Union, das der Parteitag im Oktober verabschieden soll. Das Experiment, zu dem ich die Partei im vergangenen Herbst aufgefordert habe, ist aufgegangen. Fritz Hähle hat daran wesentlichen Anteil. Aus den ersten Entwürfen und vielen Stellungnahmen aus der Mitgliedschaft – weniger von den Parteigliederungen – ist, unter der Anleitung Hähles und der Programmkommission, ein wirklich brauchbarer Text geworden. Er wird durch weitere Anregungen und Anträge zusätzlich bereichert werden. Vor allem aber hat er schon jetzt einen wesentlichen Teil seiner Funktion erfüllt: die Diskussion über den Standort der Sächsischen Union zu fördern und damit ihre neue Identität entwickeln zu helfen.

Neben dem Leitantrag beschäftigten uns ein jugendpolitisches Programm und die Grüne Charta der sächsischen Union. Beide werden den Delegierten im Oktober ebenfalls als politische Anleitungen des Landesvorstandes vorliegen. Beachtlich ist vor allem die Grüne Charta, die bereits Gegenstand der Beratungen auf der umweltpolitischen Tagung vor der Sommerpause war. Der Text zeigt, welches Potential die Partei in Sachfragen mobilisieren kann, auch wenn die einschlägigen Themen erst seit wenigen Jahren in Freiheit diskutiert werden können.

Schließlich nominierte mich der Landesvorstand mit 23 zu 1 Stimmen erneut für das Amt des Vorsitzenden des Landesverbandes. So werde ich wohl in Chemnitz noch einmal kandidieren. Allerdings habe ich mit der Annahme der Kandidatur zugleich angekündigt, dass dies das letzte Mal sein wird. In zwei Jahren muss die Sächsische Union sich einen anderen Vorsitzenden wählen, auch wenn ich weiterhin Ministerpräsident in Sachsen sein sollte. Wer die Gegenstimme abgegeben hat, wird die Mitglieder des Landesvorstandes sicher länger beschäftigen als mich. Viele waren erschrocken darüber. Tatsächlich ist sie der Beweis dafür, dass geheim abgestimmt wurde. Ich hatte die Beratungen während der Behandlung dieses Punktes verlassen.

Abends das Jahresfest des Kunstvereins, diesmal im Wasserpalais im Schloss Pillnitz. Eine wundervolle Atmosphäre: Erst die Begrüßung an der Anlandung zum Schloss, das nicht nur scherzhafte Gedenken an das »Beilager« August des Starken und der Gräfin Cosel, der August später Pillnitz schenkte, der Blick über den Fluss auf die Berge der Sächsischen Schweiz, ein zartes Abendrot über Dresden gegen einen dunklen, regenschwangeren Himmel, der herrliche Garten, auf der gegenüberliegenden Seite begrenzt durch wieder instand gesetzte Gebäude, und im Inneren die Schätze, die das Kunstgewerbemuseum gesammelt hat. Abende wie dieser versöhnen mit vielen Stunden der Mühe und des scheinbaren Leerlaufs. Dann wissen wir: Es ist nicht nur schön, hier sein zu können, sondern ein Geschenk.

29. August 1993

Lange ist es her, dass ich zum letzten Mal an einem Schreibtisch im Merkur saß, um Notizen zu machen. Am kommenden Mittwoch jährt sich zum dritten Mal der Tag, an dem ich in Dresden zum Spitzenkandidaten der CDU in Sachsen gewählt wurde. Seitdem genieße ich in Sachsen hohes Ansehen. Veen von der Konrad-Adenauer-Stiftung und der Vertreter von infas, die beide morgen auf der Klausustagung der CDU-Landtagsfraktion über die demografische Situation in Sachsen und in Deutschland berichten werden, bestätigten, dass sich an der Zustimmung zu mir in den vergangenen drei Jahren praktisch nichts verändert hat.

Der *Spiegel* wird morgen mit einem Beitrag erscheinen, der mich als Kontrahenten von Kohl vorstellen wird. Man beginnt nach der Sommerpause wohl mit der Polarisierung, von der schon länger die Rede ist. Was an inhaltlichen Indizien angeführt wird, ist vergleichsweise schwach. Aber es reicht bereits, dass man den Konflikt überhaupt thematisiert, um Aufmerksamkeit zu erregen. Zugleich wird die Zeitschrift die neue Umfrage publizieren, mit der ermittelt wird, in welchem Umfang die Bevölkerung sich für ausgewählte Politiker mehr Einfluss in Bonn wünscht. Nach der Information, die mir Sagurna noch hat zukommen lassen, wünschen sich 53 Prozent der Westdeutschen und 70 Prozent der Ostdeutschen, ich möge in Bonn mehr Einfluss haben. Damit rangiere ich an vierter Stelle von insgesamt 22 Politikern.

Den Nachmittag verbrachten Ingrid und ich mit einer Fahrt

im offenen Wagen durch den nördlichen Teil unseres Landes: von Dresden über Meißen nach Riesa und von dort über Oschatz und Grimma nach Leipzig. Die Landschaft ist, abgesehen vom Elbtal, nicht so abwechslungsreich und schön wie südlich der Autobahn Dresden-Leipzig, eher landwirtschaftlich geprägt. Der Herbst liegt bereits in der Luft, wenn die Bäume sich auch noch nicht färben. Auf der Autobahn, auf der wir das letzte Wegstück zurücklegten, konnten wir erleben, wie Herr Eggert sich im Lande bewegt: rasend, mit Blaulicht die Autofahrer beiseitedrängend, arrogant und machtbetont. Nachdem ich erst wütend war, wurde ich dann eher traurig darüber, wie schnell sich ein Mann, der gegen das alte Regime gekämpft hat, die Allüren der alten Herrscher aneignet und sich damit von den Menschen entfernt. Ich hätte mehr Einsicht von Eggert erwartet. Nun muss ich eben anordnen, dass sich diese Art der Fahrerei nicht wiederholt.

30. August 1993

Morgens Präsidium und Vorstand der Bundespartei. Kohl benennt im Präsidium in einem kurzen Bericht die Themen, die er erörtern will: die Initiativen aus Sachsen zur Aufarbeitung der SED-Vergangenheit, das Sparpaket der Bundesregierung, Wirtschaftspolitik und -standort Deutschland und Wahl des Bundespräsidenten.

Aus Sachsen liegen neben dem Brief, den Hähle mit Zustimmung der Landespartei und der Landtagsfraktion zur Erklärung von de Maizière und anderen geschrieben hat, zwei Initiativen vor: ein Antrag an den Bundesparteitag, der eine Überprüfung der Mitarbeiter aus den ostdeutschen Bundesländern auch in Bundesbehörden anstrebt, und eine Initiative im Bundesrat, die Verjährung für Vergehen mit bis zu drei Jahren Strafandrohung zu verlängern. Der Antrag an den Bundesparteitag war in der Antragskommission auf Widerstand gestoßen. Vor allem Worms hatte sich mit der Begründung dagegen gewandt, man könne doch nicht bei allen Mitarbeitern untersuchen, ob sie früher einmal gegen die Menschenrechte verstoßen hätten. Kohl will versuchen, den Antrag so zu bescheiden, dass es auf dem Parteitag nicht zu einer kontroversen Debatte kommt. Bis zum kommenden Mittwoch, wenn sich das Präsidium zu einer weiteren Sitzung in Bonn trifft, soll ein Weg gefunden werden.

Die Verjährungsinitiative wird von der Mehrheit des Präsidiums unterstützt. Diepgen und Blüm wenden sich dagegen, Schäuble neigt ihnen zu. Kohl schließt sich der Mehrheit an. Zwei Gründe sind dafür ausschlaggebend: Viele hatten noch nicht Gelegenheit, »ihre« Akten einzusehen und Strafanträge zu stellen; die Justizbehörden waren nach dem 3. Oktober 1990 noch nicht in der Lage, Straftaten aus der Zeit der DDR wirksam zu verfolgen, was bei der Abwägung zwischen einer Fortdauer des Strafanspruches des Staates und der Gewährleistung des Rechtsfriedens berücksichtigt werden muss. Das Kabinett wird deshalb der Initiative des Bundesrates zustimmen und die Verlängerung der Verjährung der »kleinen Vergehen«, die der Bundesrat bisher mit den Stimmen der westdeutschen Länder abgelehnt hat, dem Bundestag anheimgeben. Stimmt der Bundestag zu, so wird sich auch der Bundesrat nicht verweigern.

Beim Sparpaket sieht Kohl an drei Stellen einen Nachbesserungsbedarf: Berufliche Ausbildung, Forschung und Kulturförderung in den ostdeutschen Ländern in 1994. Auch sonst seien Änderungsvorschläge zum Etat willkommen, solange das Einsparungsvolumen dadurch nicht verringert werde. Einige Anregungen seien bereits eingegangen. Die Einsparungsvorschläge seien nicht immer seriös.

Zur Wahl des Bundespräsidenten will sich Kohl erst in der nächsten Sitzung des Präsidiums äußern. Allerdings besteht er, auch im Bundesvorstand, darauf, dass die Union einen eigenen Kandidaten nominiert. Die Union habe, zusammen mit der FDP, eine breite Mehrheit in der Bundesversammlung. Niemand würde verstehen, wenn sie zugunsten der SPD auf einen eigenen Kandidaten verzichte. Rau habe er nie die Kandidatur versprochen. Schon vorher hatte die *Welt* verkündet, Kohl werde Heitmann nominieren, um so seinem Anspruch, ein Ostdeutscher müsse vorgeschlagen werden, zu entsprechen. Da ich Heitmann selbst vorgeschlagen habe, habe ich dagegen nichts einzuwenden. Aber ich halte es politisch für falsch, die SPD, die in 45 Jahren den Bundespräsidenten erst fünf Jahre gestellt hat, wieder zu übergehen und die Bundespräsidentenwahl zu einer Koalitionsfrage zu erklären. Genau diese Verhaltensweisen sind es, die zur Parteiverdrossenheit führen.

Im Bundesvorstand redet Kohl wieder eine gute Stunde. Zur Situation innerhalb der Partei: Man sollte sich nicht mit Scharping befassen. Er wird in vielen Fällen unsere Politik kopieren. Man wird ihn dann für offen halten. Kohls Ziel ist es, die Koalition fortzusetzen. Das Gerede von der großen Koalition muss man diesmal ernst nehmen. Viele wollen sie, auch die SPD will sie. Erst will man die zweite Rolle spielen, dann die erste. Kohl kämpft für die Fortsetzung der jetzigen Koalition. Er hält sie auch für möglich, das Ziel für realistisch.

Zur Bundespräsidentenwahl muss die CDU einen eigenen Kandidaten vorschlagen. Kohl hat sich nicht an der Nennung von Namen beteiligt. SPD, FDP und Grüne haben in der Bundesversammlung zusammen 653 Mandate. Sie brauchen 10 weitere, um einen Bundespräsidenten zu wählen. Die Union hat 621 Stimmen.

Hier musste ich gehen, um, zusammen mit Geisler, zur Klausur nach Leipzig zu fliegen. Später hat man im Bundesvorstend festgestellt, dass niemand gegen einen eigenen CDU-Kandidaten war. In der Presse wird heute dazu berichtet, die CDU habe für einen eigenen Kandidaten votiert und damit den Überlegungen eine Absage erteilt, Rau zu unterstützen. Namen seien von Kohl allerdings noch nicht genannt worden.

Vor allem in der *Welt* geht man offenbar davon aus, dass die Wahl des Bundespräsidenten wieder genau entlang der Fraktionsgrenzen erfolgt und praktisch von wenigen vorgegeben wird, denen dann die große Mehrheit der Delegierten folgt. Man kann nicht sehen, dass sich die Einstellung der Öffentlichkeit zum Wahlvorgang zwischen jetzt und dem 23. Mai noch nachhaltig ändern und einem Wahlvorgang den Vorzug geben könnte, der wirklich offen ist, so dass jeder Versuch, ihn durch Fraktionszwang zu manipulieren, eher kontraproduktiv sein müsste. Hier liegt auch die Chance von Rau, dessen Wahl ich weiterhin für vernünftig halte. Heitmann ist, das ist meine heutige Einschätzung, für das Amt noch zu unerfahren und auch zu jung.

Abends spreche ich mit Heitmann darüber. Die Kandidatur komme im Grunde zu früh, was er auch so sieht. Bedenken, dass eine erfolglose Kandidatur ihm schaden könnte, hat er nicht – wahrscheinlich auch zu Recht. Ich erläutere ihm die Gründe für meine Unterstützung einer Kandidatur Rau, vorausgesetzt CDU und FDP können für eine solche Kandidatur gewonnen werden. Falls die Führung der CDU abschließend entscheidet, einen eigenen

Kandidaten Heitmann zu benennen, und die FDP dem zustimmt, werde ich ihn auch unterstützen. Aber ich werde mich weiter für eine offene Abstimmung einsetzen.

1. September 1993

Heute vor drei Jahren wurde ich in Dresden zum Spitzenkandidaten für die Landtagswahl in Sachsen gewählt. Drei Jahre sind keine lange Zeit. Und dennoch kommen sie mir wie eine endlos lange Zeit vor. Was haben wir in dieser Zeit alles erlebt und was hat sich alles geändert. Ingrid und ich haben eine neue Aufgabe übernommen, die uns beiden, wie man so sagt, auf den Leib geschrieben ist. Wir durften beide in einer Weise gestalten und aufbauen, wie es nur in Zeiten des Umbruchs möglich ist. Trotz aller Lasten, die mich immer wieder einmal mit Rückzug aus dem Amt nach der Legislaturperiode liebäugeln lassen, sind wir doch dankbar für diese Chance, Bleibendes zu bewirken.

Wie selbstverständlich das Erreichte inzwischen geworden ist, spürt man in den Diskussionen der Fraktion. Heute Morgen ging es um die Schulpolitik. Die ohnehin zur Larmoyanz neigenden Schulpolitiker, vielfach selbst Lehrer, sprachen in erster Linie von Mängeln, von unzureichendem Ausbau der Schulen, von Schwachstellen in der Personalpolitik und der Unzulänglichkeit der Behörden. Ich nahm deshalb zum Schluss dieser Aussprache das Wort, um sie an all das zu erinnern, was sich praktisch in den letzten zwei Jahren ereignet hat, seitdem wir überhaupt wieder eine funktionierende Schulverwaltung haben. Dass die Lehrer zu den privilegierten Mitarbeitern im öffentlichen Dienst gehören, deren Dienstleistungsunternehmen nur knapp 20 Prozent der Beschäftigten entlassen musste, während die große Mehrzahl bei sicheren Arbeitsplätzen Einkommen erzielt, von denen die große Mehrheit der Beschäftigten nur träumen kann. Dass es die Pflicht der Lehrer ist, durch Flexibilität und einen vermehrten Arbeitseinsatz bei der Umstellung des Bildungssystems mitzuwirken, statt vor allem über ihre Arbeitsbedingungen zu jammern, und vieles mehr. Nicht das Geld entscheidet über den Erfolg des Aufbaus unseres Landes, sondern die Bereitschaft der Menschen, sich einzubringen und mehr zu leisten als andere!

Die letzten Stunden der Fraktionsklausur waren gestern der inneren Sicherheit gewidmet. Milbradt rief mich in die Sitzung zurück: Die Fraktion sei entschlossen, 2000 neue Stellen für die Polizei zu beschließen. In erregter Rede versuchte er, die Fraktion von ihrem Vorhaben abzubringen, und steigerte damit nur deren Entschlossenheit. Erst als ich die Kollegen bat, nur auf der Grundlage vorbereiteter Beschlussunterlagen zu entscheiden, beruhigte sich die Debatte. Heute beschränkte man sich dann auf einen allgemeinen Auftrag, mit dem alle leben können.

Zuvor hatte es eine hervorragende Debatte zu Grundsatzfragen der politischen Ehrlichkeit und demokratischer Grundsätze gegeben. Anlass war die Absicht der Fraktion, für die Wahlen der Bürgermeister und Landräte 1994 eine Ausnahme von den allgemeinen, erst vor wenigen Monaten beschlossenen Wahlregeln vorzusehen. Zur Begründung für die Ausnahme wurde angegeben, man könne den Wählern angesichts der Fülle der Wahlen in den Fällen, in denen die Personalwahlen kein eindeutiges Ergebnis gebracht habe, nicht eine zweite Wahl zumuten. Tatsächlich wollte man die Bürgermeister und Landräte sogleich mit einfacher Mehrheit wählen, um das Wahlrisiko für die CDU zu verringern. In der Debatte erklärten sich immer mehr Abgeordnete, die zunächst der Ausnahme zugestimmt hatten, gegen diese Regelung. Sie diene in Wirklichkeit der Machterhaltung und sei deshalb undemokratisch. Zuletzt stimmten nur noch acht Mitglieder der Fraktion für die Ausnahme, die große Mehrheit dagegen. Ich hatte mich an der Debatte nur mit der Bitte beteiligt, sich auf Begründungen für die Ausnahme zu beschränken, mit denen man glaubte, in der politischen Auseinandersetzung bestehen zu können. Nach der Abstimmung dankte ich der Fraktion und sagte ihr, dass ich stolz auf sie sei.

Gestern Abend haben wir mehrere wichtige Entscheidungen getroffen. Einmal haben wir einen Kandidaten für das Amt des Oberbürgermeisters in Chemnitz. Dr. Ohnesorge, ehemals Oberbürgermeisters in Neustadt an der Weinstraße, vorher lange Jahre in der Kommunalverwaltung in Hannover und derzeit im Bereich der Wirtschaftsförderung in Bitterfeld tätig. Der 56-jährige Mann will die neue Aufgabe übernehmen und die Stadt in Ordnung bringen. Er ist zweifelsfrei dazu fähig. Wir werden ihn am Wochenende in Chemnitz der CDU vorstellen, anschließend auch den möglichen politischen Partnern. Wenn deren Eindruck so ist wie meiner, werden sie ihn wählen und damit die Hängepartie in Chemnitz beenden.

Sodann haben wir uns für die Errichtung einer medizinischen Fakultät in Dresden entschieden, allerdings ohne Zahnklinik. Geisler wird die Krankenhäuser zum Teil in die allgemeine medizinische Versorgung einbeziehen und damit auch einen Teil der Kosten für Investitionen übernehmen. Darüber hinaus wollen wir private Investoren gewinnen, die sich am Aufbau beteiligen – vorausgesetzt, ihr Angebot ist besser als das, was wir mit dem Staat leisten können. So ist auch dieses Kapitel abgeschlossen.

Schommer konnte über den Abschluss der Vereinbarungen über den Wiederaufbau der Getriebefabrik des Kombinats Kamaz in Russland berichten. Wenn es uns gelingt, das Projekt zu verwirklichen, werden wir einen Durchbruch erzielt haben. Die russische Nomenklatura im industriellen Bereich hätte einen Vorgang, an dem sie sich für weitere Bereiche der Zusammenarbeit orientieren könnte, zum Beispiel im Waggonbau. Die Deutsche Waggonbau wollen wir, drittens, in eigene Regie übernehmen, um so ihre Unabhängigkeit zu sichern und ihr die Möglichkeit zu geben, als eigenständiges Unternehmen die Zukunftschancen in diesem Markt zu nutzen. Wenn möglich, wollen wir diesen Schritt zusammen mit Sachsen-Anhalt unternehmen. Dabei geht es mir vor allem um den Betrieb in Ammendorf, den ich schon aus meiner Kindheit kenne. Er liegt im unmittelbaren Einzugsgebiet des Raumes Leipzig, den wir gemeinsam mit Sachsen-Anhalt entwickeln wollen. Auch Genscher interessiert sich für Ammendorf und will uns bei der Sicherung von Aufträgen für die Waggonbau behilflich sein.

Schommer habe ich deshalb heute beauftragt, der Treuhandanstalt unsere Absicht zu signalisieren, eine ostdeutsche Lösung für die Deutsche Waggonbau zu entwickeln, mit Sachsen-Anhalt über die Möglichkeit einer Zusammenarbeit zu sprechen und die Voraussetzungen für die Gründung einer sächsischen Führungsgesellschaft zu klären. Außerdem soll er prüfen, welche Bürgschaften wir geben müssen, um die Lieferung der Schlafwagen an die russischen Bahnen möglich zu machen, die diese in Görlitz bestellt haben und die Hermes, das heißt Bonn, derzeit nicht verbürgen will – obwohl das Risiko in diesem Falle nicht besonders groß ist.

Gestern Abend spät war ich beim hiesigen Hotelfriseur. Eine adrette junge Frau bediente mich. Seit einem Monat hat sie mit einer Partnerin das Geschäft gepachtet. Ihr Laden ist von 7 bis 24 Uhr geöffnet. Sie ist 41 Jahre alt und hat zwei Kinder, der ältere Sohn ist 20 Jahre alt. Bisher war sie als Angestellte beschäftigt. Es ist dieser Mut und diese Tatkraft, die das Land wieder großmachen werden. Selbstbewusst und doch bescheiden, bereit zu arbeiten und auch zu dienen. Es war ein schöner Abschluss eines langen Tages.

Mit Meinhard habe ich ab Mittag über die weiteren politischen Schritte beraten, die wir unternehmen wollen. Wir haben das Gespräch im Büro aufgezeichnet. Als ein Ergebnis wollen wir noch einmal überlegen, ob es sinnvoll ist, sich auf dem Parteitag zu Wort zu melden. Die unmittelbare parteipolitische Landschaft ist so steril und ausgetrocknet, dass sie möglicherweise nicht in der Lage ist, neue Gedanken überhaupt aufzunehmen. Jede kritische Anmerkung wird deshalb eher als persönlicher Angriff auf Kohl gewertet und damit zugleich politisch neutralisiert. Man kann jedoch derartige Anstöße nicht beliebig wiederholen.

Am späteren Nachmittag kam der neue Sparkassenpräsident Köhler zum Antrittsbesuch. Es war ein glücklicher Umstand, dass Meinhard noch da war. Die beiden verstanden sich sofort und verabredeten sich in Bonn. Wir wollen, auf Anregung Köhlers, einen Gesprächskreis in Bonn gründen – Meinhard und ich hatten zuvor ebenfalls darüber gesprochen. Köhler wird ein wichtiger Mitstreiter werden. Er hat das Finanzministerium verlassen, weil er glaubte, in den politischen Bindungen zu ersticken, die ihm auferlegt waren. Zwar habe er das Vertrauen des Kanzlers gehabt und ihm hin und wieder auch widersprechen können; warum wisse er nicht. Aber es habe keine Möglichkeiten mehr gegeben, etwas zu bewegen. Durch das Schicksal seiner Tochter – sie ist erblindet und jetzt 20 Jahre alt – habe er eine innere Unabhängigkeit gewonnen, die er früher nicht gehabt habe und die ihm heute helfe. Mit dem neuen Amt hoffe er, etwas bewegen zu können, vor allem, wenn es ihm gelingen sollte, seine Basis, ähnlich wie sein Vorgänger, zu pflegen und dafür in der »großen Politik« freie Hand zu haben.

3. September 1993

Tag der Sachsen in Görlitz.

Gestern Abend hatte ich Besuch von Wirtgen und Koch. Sie wollen in der kommenden Woche mit mir ein *Spiegel*-Gespräch führen. Der *Focus* will dasselbe.

Inhalt des Gesprächs waren Fragen der weiteren Entwicklung der CDU, des Bundesparteitages und der Wahl eines neuen Bundespräsidenten. Wir sprachen offen, nachdem Koch »tiefen Hintergrund« zugesagt hatte. Dabei ging es vor allem um die Erläuterung meiner Position zu Fragen einer großen Koalition, zum Verhältnis der südlichen Bundesstaaten zueinander, den weiteren Überlegungen in der Partei und meinen eigenen Plänen, falls es zu Schwierigkeiten in Bonn kommen sollte.

Höhepunkt des heutigen Tages war für mich das feierliche Gelöbnis der Rekruten der Heimatschutzbrigade 37 »Freistaat Sachsen«. Die Zeremonie, ohnehin eindrucksvoll in ihrer getragenen Feierlichkeit, gewann noch durch die Kulisse des Stadtparks und das schöne Wetter, das sich abends leider verabschiedete. Ich hielt die Festrede, zu deren Beginn ich den jungen Leuten mein Erlebnis mit dem Wechsel von der Nationalen Volksarmee zur Bundeswehr in der Fliegerschule Kamenz erzählte. Der kommandierende Offizier von damals, Herr Langener, hat inzwischen einen Flugdienst in Kamenz gegründet und Geisler und mich am letzten Montag von Bonn nach Leipzig geflogen. Die Bundeswehr hat mehr zum Vollzug der Einheit beigetragen, als den meisten – auch Politikern – bewusst ist. Dies zu sagen, bot die Gelöbnisfeier eine gute Gelegenheit.

Vor allem kam es mir auf zwei Gedanken an: Der eine betraf den Frieden nach der Überwindung der deutschen und europäischen Teilung. Vieles ist seitdem besser geworden. Die Anwesenheit der polnischen und tschechischen Soldaten und Offiziere zeigt uns, dass wir besser in Frieden leben können als vorher. Aber Friede ist kein Naturzustand. Man muss für ihn arbeiten und auch bereit sein, Opfer zu bringen. Der zweite Gedanke betraf den Wissensvorsprung der Westdeutschen. In vielen Dingen wissen sie mehr als wir. Aber wenn es um die Frage geht, wie das geeinte Deutschland sich in Zukunft verstehen, welche Aufgaben es für sich in Deutschland und Europa und in der Welt sehen soll, dann wissen die Deutschen in beiden Teilen Deutschlands gleich viel. Beide müssen diese Frage gemeinsam beantworten. Das macht uns auch gleichwertig.

4. September 1993

Gleich früh morgens, zu Beginn des zweiten Tages unseres Sachsenfestes, war ich als Lokomotivführer der Parkeisenbahn gefragt. Ein 15-Jähriger, Dirk, hatte mir geschrieben und mich zur Eisenbahn eingeladen. Sie wurde als Nachbildung des Adlers in den 70er Jahren von der Deutschen Waggonbau in Görlitz gebaut und fährt seitdem, von einem Dieselmotor angetrieben, Jung und Alt um den Park, einer von vielen in Görlitz. Rund 40 Parkeisenbahner hat eine engagierte Lehrerin um sich versammelt, Jungen und Mädchen, die ihre Eisenbahn sehr ernst nehmen.

Nach einem ausführlichen Stadtrundgang, der uns trotz des schlechten Wetters die neu entdeckten und die noch verborgenen Schönheiten der Stadt erkennen ließ, mittags Treffen mit den CDU-Landräten und Kreisvorsitzenden im Hotel. Mitten in die Zusammenkunft reicht mir Sagurna eine dpa-Meldung über eine Vorabberichterstattung des *Spiegels*. Danach hätte ich die Absicht, im kommenden Herbst und im Falle einer großen Koalition gegen Kohl anzutreten. Die Kandidatur Rau soll ich unterstützen, weil durch sie eine große Koalition gefördert werde. Ich verbände damit die Hoffnung, Kanzler oder Vizekanzler einer großen Koalition zu werden.

Zunächst versuchte ich, ohne unser Parteitreffen zu stören, mit Koch oder Wirtgen zu telefonieren. Beide waren jedoch nicht erreichbar. So diktierte ich Sagurna ein Dementi: Die in der Meldung enthaltenen Behauptungen seien frei erfunden. Der *Spiegel* setze offenbar seine in der vergangenen Woche begonnenen Versuche fort, Spannungen zwischen Bonn und Dresden zu erzeugen. Ich hätte nicht die Absicht, Sachsen zu verlassen. Sollte ich wieder aufgestellt und gewählt werden, würde ich die begonnene Aufgabe gerne fortführen. Dazu sei eine gute Zusammenarbeit mit Bonn erforderlich. Meldungen, wie die im *Spiegel,* behinderten diese Zusammenarbeit. Sie seien deshalb auch dem Aufbauwerk im Osten abträglich. Heitmann habe ich im Jahre 1992 Kohl selbst als möglichen Kandidaten vorgeschlagen. Eine wirkliche Kandidatur setze allerdings einen breiten Konsens voraus. Die Bundespräsidentenwahl dürfe keine Ost-West-Konfrontation werden.

Wenig später wurde das Dementi über dpa verbreitet. Wir waren unterdessen bei der Deutschen Waggonbau, um uns über die Lage in Görlitz zu unterrichten. Meine Entschlossenheit nimmt zu, DWA notfalls durch staatliche Intervention vor der Übernahme durch westdeutsche Konkurrenten zu schützen. Gegen Ende des Besuches, der uns auch auf das Werksgelände führte, um neue und alte Fahrzeuge des Unternehmens zu besichtigen, gab ich der ARD ein Interview zu der *Spiegel*-Geschichte, in dem ich mein Dementi wiederholte. Abends wurden nur die Passagen zu Heitmann gesendet. Die Nachricht des *Spiegels* hatte man bereits fallen lassen. Mein Dementi erschien den Medien offenbar glaubwürdiger. Koch und Wirtgen haben auf mir nicht erklärliche Weise journalistische Grundregeln verletzt und aus einem vertraulichen Gespräch berichtet, dazu zum Teil noch falsch. Ich werde mit ihnen keine derartigen Gespräche mehr führen können. Es war auch weniger die Meldung als das verletzte Vertrauen, das mich betroffen machte. Das *Spiegel*-Interview am kommenden Montag sagen wir ab.

An den Besuch bei DWA schloss sich ein Empfang in der Landskron-Brauerei an, zu dem ich eingeladen hatte. Der Enkel des Gründers ist nach 38-jährigem Aufenthalt in Venezuela nach Görlitz zurückgekehrt, um das väterliche Erbe zu übernehmen. Herr Scheller ist 66, aber noch rüstig. Zusammen mit seinem Sohn will er das Wagnis eingehen, in Sachsen eine echte Familienbrauerei zu unterhalten. Er schenkte mir ein Exemplar meiner Bierrede. Der Text habe ihm so gut gefallen, dass er ihn ins Englische und Spanische übersetzen und an seine Kollegen in Nord- und Südamerika habe verteilen lassen. Der »theoretische Beitrag« zum Bierabend der CSU 1976 ist noch immer aktuell.

Um sechs Uhr abends besuchten wir einen ökumenischen Gottesdienst in der renovierten Kirche Sankt Peter. Ein wundervolles Gotteshaus, dessen Orgel noch auf Erneuerung wartet; Sonnenorgel genannt, weil ein Teil ihrer kleineren Pfeifen im Kreis angeordnet sind und sie deshalb wie Sonnen erscheinen. Rogge und Huhn sprachen: gute Predigten, die Mut machten, zur Geduld mahnten und den Segen des Aufbaus lobten – ungeachtet aller Mühen. Rogge kritisierte den MDR für seine Eröffnungssendung: Solche

Filme brauchen wir nicht. Ein polnischer Geistlicher sprach gegen Ende ein Grußwort, kurz und eindrucksvoll. Weit mehr geschieht in der Grenzregion unter dem Eindruck des Friedens und der Nähe.

5. September 1993

Die ganze Nacht hatte es praktisch nur geregnet. Der Tag begrüßte uns mit der gleichen Witterung. Es goss, als wir das Heilige Grab besuchten, die einzige noch erhaltene Nachbildung in Europa. Sie stammt aus dem Ende des 15. Jahrhunderts und wurde von einem bedeutenden Bürger der Stadt gebaut. Grabkirche und Grabkapelle bilden, zusammen mit einer Pietà, ein wunderschönes Ensemble in einem kleinen Park, dessen Hügel den Kreuzigungsberg Golgatha symbolisiert. Der Weg führte uns dann durch Teile der Altstadt, entlang eines Teils der erhaltenen Festungsmauern, durch den Karpfengrund zur Peterskirche. Wunderschöne alte und wiederhergestellte, oft bereits in DDR-Zeiten restaurierte Häuser. Görlitz wird einmal eine der schönsten Städte Deutschlands werden.

Ein Besuch im CDU-Zelt schloss sich an. Wollziefer und seine Leute hatten trotz des schlechten Wetters viel Besuch. Um die Morgenstunde war das Zelt allerdings noch leer. Einige Leute, die sich einfanden, kamen dann mit uns ins Gespräch. Eine Radiosendung mit General Richter, Frau Zimmermann und dem fähigen Kulturdezernenten der Stadt, Herrn Großmann, schloss sich an (seine Frau und er haben 5 Kinder, die Frau ist als Ärztin tätig und beide sind noch recht jung).

Schließlich der Festzug! Kaum waren die ersten Gruppen an uns vorbeigezogen, vor der Kulisse wohlhabender Bürgerhäuser und herrlicher Fassaden, hörte der Regen auf. Schon vorher hatte die Sonne sich angekündigt, konnte sich aber nicht durchsetzen. Es war ein bunter Zug von Vereinen aus allen Teilen des Landes, nicht immer sehr professionell, aber gerade deshalb umso liebenswerter und fröhlicher. Viele Schützenvereine sind bereits wieder erstanden oder neu gegründet. Tanzgruppen und Kapellen lösten sich ab mit Wagen und historischen Bildern, Feuerwehren, dem Technischen Hilfswerk und Karnevalsvereinen, bewundert von Tausenden fröhlichen Menschen. Ich musste Dutzende Mal meinen Hut ziehen, um Fahnen und Gruppen zu begrüßen. Kaum einer, der nicht zurückgegrüßt und sich gefreut hätte. Es war eine Fröhlichkeit in den Menschen, die auch uns glücklich machte. Die Bonner, im Mief ihrer Egozentrik, müssen verrückt sein, zu glauben, ich könnte diese Offenheit und Zuneigung verlassen, um mich in Bonn mit Leuten herumzuschlagen, die jede sinnvolle Politik verhindern.

Auf der Heimfahrt sprachen wir noch einmal über die *Spiegel*-Story und ihre Bedeutung. Ingrid sagte, sie habe schon ein merkwürdiges Gefühl gehabt und mich warnen wollen, nicht zu sehr zu vertrauen. Nun: Schaden ist keiner entstanden, aber wir wissen eher, woran wir sind. Stüting hatte Informationen, dass Kohl selbst zu den Meldungen beigetragen habe, ich wollte ihm Konkurrenz machen. Sagurna hatte Ähnliches schon früher erzählt. Man wollte in Bonn offenbar ein frühes Dementi, um sicherzugehen, dass man nicht mit Konkurrenz rechnen müsse. Die Haltung Kohls und seiner Leute erscheint aus unserer Sicht eher pathologisch.

Wir sollten noch einmal festhalten:

1. Von der CDU erwarte ich, dass sie die Mehrheit der Mandate zu ihrem Wahlziel erklärt. Allenfalls kann es um eine Fortsetzung der jetzigen Koalition gehen. Bleibt das Ergebnis der Wahl dahinter zurück, haben wir die Wahl verloren.

2. Geht man davon aus, dass es das Wahlziel sein muss, die eigene Politik zu verwirklichen, dann hat die CDU die Wahl auch dann verloren, wenn es zur Bildung einer großen Koalition mit der SPD reicht. Denn die SPD wird mit ihrer Regierungsbeteiligung und ihrer Mehrheit im Bundesrat die Politik bestimmen können, auch wenn die CDU den Kanzler stellt. Die CDU sollte deshalb eindeutig erklären, dass sie für eine große Koalition nicht zur Verfügung steht und die SPD deshalb zwingen wird, selbst eine Regierung – notfalls eine Minderheitenregierung – zu bilden.

3. Kohl muss ebenfalls erklären, dass er als Kanzler einer großen Koalition nicht zur Verfügung stehen wird. Seine früheren Aussagen in diesem Sinn sind durch seine Äußerungen in den letzten Monaten relativiert.

4. Die Partei muss wissen, dass die Beteiligung an einer großen Koalition, gleich unter welcher Führung, die CDU spalten kann. Insbesondere der Mittelstand und die Leistungseliten werden sich durch eine CDU nicht mehr vertreten fühlen, die sich praktisch der

politischen Führung durch die SPD unterordnet und damit die Verantwortung für SPD-Politik mit übernimmt.

5. Die Wahl des Bundespräsidenten hat mit der großen Koalition nur insoweit etwas zu tun, als sie helfen soll, die Position der CDU zu stärken. Setzt die CDU einen unbekannten Kandidaten gegen den Kandidaten Rau der SPD durch, wird dies als erneuter Beweis für die Richtigkeit der Beobachtung angesehen werden, die CDU sei machtversessen. Rau ist kein Extremer. Die SPD hat den Bundespräsidenten in 45 Jahren nur einmal für 5 Jahre gestellt. Unterstützen wir Rau aus diesen Gründen, könnten wir die SPD später umso heftiger angreifen.

6. Die sächsische CDU hat in jedem Fall einen Vorteil von einer Nomination Heitmanns. Wird Heitmann Bundespräsident, hilft uns dies in der Landtagswahl. Wird er es nicht, weil Kohl ihn nicht durchsetzen kann, hilft uns dies auch. Es gibt deshalb, wenn man die übergeordneten Gründe außer Acht lässt, keinen Grund, Heitmann nicht zu unterstützen.

6. September 1993

Ein Bonn-Tag. Die Kanzlerrunde verlief nach dem inzwischen eingeübten Ritual. Weil dies wohl auch Kohl aufgefallen war, durchbrach er es, indem er erst den Gewerkschaften und dann den Unternehmern das Wort erteilte. Zuvor führte er in die Debatte ein. Es war eine teilweise peinliche Vorstellung, soweit er von seinem vorbereiteten Text abwich. Von uns war die Rede, die wir im Urlaub das Elend in der Bundesrepublik von außen hätten betrachten können, von den Politikern in Bonn, die sich wie Pawlowsche Hunde verhielten und Argumente nur noch nach politischer Herkunft bewerteten; von der Notwendigkeit, sich jetzt der Zukunft zuzuwenden und nicht über die Fehler der Vergangenheit zu räsonieren, da Schuldzuweisungen sinnlos seien – die CDU werde sich ihrer Mitverantwortung stellen; von der Automobilindustrie, die vor wenigen Jahren auch noch gänzlich andere Dinge gesagt und nicht im Traum an das gedacht habe, was sie heute sagen müsse, und von ihm selbst, der er vieles habe ertragen müssen, aber immer noch da sei und auch noch länger da sein werde. Es war peinlich und von einer pathologischen Qualität, die ich an ihm noch nicht beobachten konnte.

Rexrodt durfte sein »Rexrodt-Papier« vortragen, ohne dass Kohl später Wortmeldungen dazu zulassen wollte – Späth hatte sich vom Ritual entfernt und die Stirn besessen, sich zur Streichung des Schlechtwettergeldes zu äußern. Anschließend kamen die Vertreter der gesellschaftlichen Gruppen zu Wort. Meyer bot Kohl die Zusammenarbeit der Gewerkschaften bei der Lösung der Probleme an. Man wolle keine konzertierte Aktion, aber doch eine Art runden Tisch, an dem man über alles sprechen könne. Kohl dankte für das Angebot, das er gerne aufnehme. Issen freute sich daraufhin über die Bereitschaft Kohls, das Angebot anzunehmen. Die Wirtschaft war eher zurückhaltend. Aber auch dort hat man gegen das bewährte Kartell der Besitzstände mit wechselseitig zugestandenem Veto nichts einzuwenden. Auch hier möchte man den Wettbewerb sorgfältig kanalisieren.

Wissman konnte als Sonderfall der Einkauf-Ost-Kampagne, die, wie von Dohnanyi als Beauftragter der Treuhand berichten musste, noch nicht besonders erfolgreich ist, eine umfangreiche Bestellung von S-Bahn-Wagen und andere Aufträge für die Deutsche Waggonbau bekanntgeben, was den Appetit von Siemens auf dieses Unternehmen zweifellos weiter vermehren wird. Man habe, so von Pierer, DWA auch bereits Zugang zu internationalen Märkten im Rahmen von Siemens-Aufträgen verschafft. In der Lehrstellenfrage will Bonn zwar sein Versprechen einhalten, jedem einen Ausbildungsplatz zu sichern. Aber die Länder sollen die Hälfte der Kosten übernehmen. So will man es im Kabinett beschließen. Wir werden uns der Forderung wahrscheinlich wieder nicht entziehen können, ohne die Ausbildung unserer jungen Leute zu gefährden.

Schließlich erhielt Herr Krüger die Möglichkeit, über die Forschung in Ostdeutschland zu berichten. Man hatte große Charts an der Rückseite des Raumes angebracht, damit auch der Letzte verstehen möge, worum es geht. Vom Personalabbau in der industriellen Forschung war die Rede und von der relativ gleichen Beschäftigungszahl in der außeruniversitären Forschung – was immer das bedeutet, wurde ebenso wenig erläutert wie die Unterschiede der Forschungslandschaft in Ost und West. Ich nahm dann, die Sitzung näherte sich dem Ende, das Wort, um auf einige Unterschiede hinzuweisen, vor allem darauf, dass sich Forschung und Forscher nur dort ansiedeln, wo der dispositive Faktor des Unternehmens seinen Standort hat. An verlängerten Werkbänken werde nicht geforscht.

Das Gespräch mit Meinhard war wieder eine Auftankveranstaltung. Zweimal wurde unser Gespräch durch Anrufe unterbrochen: Rita Süssmuth und Heiner Geißler. Beide wollten wissen, wie es am Mittwoch in der Präsidiumssitzung weitergehen solle. Beiden sagte ich, wir müssten Zeit gewinnen und erst einmal ausführlich über unser strategisches Konzept sprechen. Dass man Rau auch unter dem Gesichtspunkt einer Verbesserung der CDU-Position wählen könne, war beiden neu. Sie klagten über Schäuble und dessen zunehmende Intransigenz, dass auch er nur noch taktisch handelte, über Kohls Weigerung, überhaupt noch andere Meinungen entgegenzunehmen, und über die Gefahr, mit einer Kandidatur Heitmann gegen die Wand zu laufen. Dass eine Unterstützung Raus uns den Vorwurf ersparen könnte, wir seien machtversessen und undemokratisch – beides wenige Monate vor der Bundestagswahl und wenige Tage vor der Europawahl leicht und wirksam begründbar –, überraschte sie. Was ist dieses Bonn für ein Nest, dass man selbst derartig naheliegende Gedanken nicht mehr denken kann, weil Kohl in die andere Richtung denkt? Im Übrigen sagte ich beiden, sie müssten die Probleme in Bonn schon selbst lösen. Ich sei dem Sachverhalt zu fern und hätte im Übrigen andere Prioritäten. Die Bonner Diskussion sei mir fremd geworden. Bei meinen früheren Versuchen, Dinge im Präsidium zu ändern, sei ich letztlich immer im Stich gelassen worden. Deshalb müssten sie den Widerstand gegen die von ihnen beklagte Entwicklung diesmal schon selbst organisieren. Wer sich im Osten unseres Landes am Aufbau beteilige, könne vieles von dem, was in Bonn für wichtig gehalten werde, ohnehin nicht mehr nachvollziehen. Ich sei gerne bereit, mich im Präsidium an einer Aussprache zu den strategischen Fragen zu beteiligen, aber nicht um den Preis, wieder alleingelassen zu werden.

9. September 1993

Gestern Abend Präsidium der CDU im Kanzlerbungalow. Auf der Tagesordnung standen der Bundeshaushalt, der Bundesparteitag, die Pflegeversicherung und die Bundespräsidentenwahl. Bei der Pflegeversicherung geht es nach wie vor um die Kompensation der Arbeitgeber für die zusätzlichen Kosten, die ihnen durch eine Anhebung der Krankenversicherungsbeiträge entstehen werden. Inzwischen ist man wieder bei den Feiertagen gelandet, wohl wissend, dass die Länder nicht alle bereit sind, sich an einer solchen Regelung zu beteiligen. Jede andere Lösung, auch wenn sie vernünftiger wäre, scheitert jedoch inzwischen an der Intransigenz von Kohl und Blüm, bei Ersterem aus Unwissen, bei Letzterem aus Dickköpfigkeit. So wird es letztlich zu einer wie immer gearteten Krampflösung für ein Problem kommen, das derzeit nicht drängend ist – wenn man andere Aufgaben bedenkt, die gelöst werden müssen –, deren Durchsetzung aber die Möglichkeit bietet, den Pflegenden ab Januar kommenden Jahres Geld zu zahlen und damit der CDU geneigt zu machen.

Den Bundesparteitag hat man nun umorganisiert, weil – wie nicht anders zu erwarten war – die Delegierten aus entfernteren Gegenden nicht mehr nach Hause kämen, würde man am Dienstag länger tagen. So soll der Antrag zur Inneren Sicherheit bereits am Montag beraten werden, der bildungspolitische Antrag dann am Dienstag nach den Reden von Schäuble und Waigel. Für die Diskussion bleiben am Montag kaum mehr als zwei Stunden. Es ist deshalb fraglich, ob ich mich zu Wort melden werde. Über den Bundeshaushalt wollen wir erneut sprechen, sobald die ostdeutschen Ministerpräsidenten ihre Vorstellungen entwickelt haben.

Vor allem aber ging es um Heitmann. Nach einer ausführlichen Aussprache im Kabinett hatten wir ihn am Dienstag als sächsischen Kandidaten für das Amt des Bundespräsidenten nominiert. Durch die *Spiegel*-Geschichte vom Montag und die ständige Streuung von Gerüchten war auch im Kabinett eine Irritation entstanden, auch bei mir. Sie zu überwinden war mir ebenso wichtig wie eine Meinungsbildung zur Kandidatur. Georg gab die Richtung unseres Gesprächs vor, als er von Heitmann wissen wollte, ob er nun kandidiere und vorschlug, ihn in diesem Falle zu nominieren und Kohl damit festzulegen. Dieser hatte sich bis dahin geweigert, einen Namen zu nennen, und vom Spätherbst als dem Zeitpunkt gesprochen, zu dem man offiziell mit einer Nomination rechnen könne.

Heitmann erklärte sich: Er habe auf die Anfragen nach reiflicher Überlegung nicht nein gesagt. Damit sei die Frage eigentlich beantwortet. Georg war dies nicht genug – mir auch nicht. Man müsse schon wollen, wenn man in Konkurrenz mit anderen gewählt werden wolle. Heitmann will. Das weitere Gespräch zeigte dann, dass wir auch bereit waren, ihn zu unterstützen, wenn auch nicht bei allen mit Überzeugung. Auch ich bin unsicher, ob Heitmann gut beraten ist, sich in diese Auseinandersetzung zu begeben. Gleichwohl werde ich ihm jede Möglichkeit verschaffen, sich bekannt zu machen. Allerdings werde ich auch, wie ich es im *Stern*-Interview getan habe, Wert auf die ungebundene Abstimmung in der Bundesversammlung legen.

Nachdem wir in der Sache einig waren, kam es nun darauf an, seine Kandidatur auch formell zu sichern. Wir entschlossen uns, ihn als sächsischen Vorschlag zu nominieren und im Präsidium auf einer Entscheidung zu bestehen. In diesem Teil des Gesprächs spielte auch der *Spiegel*-Artikel eine Rolle, wonach ich Kohl ablösen wolle. Meyer sah in ihm den bisher gefährlichsten Angriff auf mich aus Bonn. Gänzlich anders fiel die Bewertung aus, die Vaatz ihm gab. Freudestrahlend verkündete er, der Artikel garantiere in seinen Auswirkungen fast die erneute Mehrheit der Mandate. Durch den Beitrag werde eine Diskussion ausgelöst, wer von uns beiden der bessere Kanzler wäre, Kohl oder ich. Die *Morgenpost* hatte damit am Montag bereits begonnen. Diese Diskussion werde – wie in der *Morgenpost* geschehen – zu Gunsten des Ministerpräsidenten ausgehen. Wenn nun der Ministerpräsident, ungeachtet der Auffassung, er sei der bessere Kanzler, in Sachsen bleibe, werde er mit Sicherheit mehrheitlich wiedergewählt. Diese Analyse, rief ich ihm zu, sollten wir protokollieren: Werde sie bestätigt, werde er von mir eine Kiste Champagner erhalten – andernfalls müsse er mir eine Flasche stiften.

In der Sache beschlossen wir, Kohl zu einer Entscheidung zu veranlassen. Heitmann stimmte uns zu, man könne mit der endgültigen Klärung der Haltung der CDU nicht mehr lange warten. Dauere es länger, stehe er nicht mehr zur Verfügung. Davon könne ich Gebrauch machen. Im Fernsehgespräch im MDR mit Frau Wolf konnte ich so über das Ergebnis unserer Beratungen und die Erklärung Heitmanns berichten.

11. September 1993

Wir sind gestern Abend im Parkhotel abgestiegen, nach einer nicht unbeschwerlichen aber doch schönen Autofahrt von Schmalkalden nach Düsseldorf.

In Düsseldorf gingen wird dann, nachdem wir uns über das Parkhotel geärgert hatten, weil es die vereinbarten Zimmer nicht reserviert hatte – der Besuch des Kaisers von Japan und ein gigantisches Feuerwerk, das zu seinen Ehren veranstaltet werden sollte und Besucher aus allen Herren Ländern angezogen hatte, war wohl die Ursache –, noch einmal in die »Ente«. Viele Erinnerungen wurden wach, als wir an dem Tisch saßen, an dem wir so oft über die Probleme in Düsseldorf und in Nordrhein-Westfalen gesprochen hatten. Sie waren die Folge meiner Entscheidung, statt des verstorbenen Heinrich Köppler für NRW zu kandidieren, nach Düsseldorf zu gehen und dort auch zu bleiben, als sich die Möglichkeit bot, nach Brüssel zu wechseln. Nichts zieht uns hierher zurück; es war, alles in allem, keine schöne Zeit.

Auf der Reise nach Düsseldorf ließ ich die letzten Tage noch einmal vorüberziehen. Die Runde in Bonn war so typisch für die gegenwärtige Führung unseres Landes. Kohl im Hemd und Schlappen, flankiert von Hintze zur einen und Schäuble zur anderen Seite, alles dominierend. In der Runde um den Tisch im Bungalow das Präsidium und einige der Ministerpräsidenten. Links neben mir Kanther, rechts Klepsch. Kanther blickte »stumm auf dem ganzen Tisch herum« und sprach kaum ein Wort. Als er einen Beitrag leistete und damit eine Diskussion auslöste, zog er ihn zurück. Kurz darauf ging er.

In der Aussprache über Heitmanns Kandidatur, die als Letztes auf der Tagesordnung stand, hatten wir eine gute Position. Nach meiner Vorstellung – Heitmann ist weitgehend unbekannt –, unterstützte Dregger den Vorschlag. Rita Süssmuth und Christa Thoben hatten Anfragen, die ich auch durch Hinweise auf Heitmanns Frau beantwortete. Blüm zeigte sich beeindruckt von der Biografie Heitmanns. Man dürfe die Kandidatur nicht mit der Herkunft aus Ostdeutschland, sondern nur mit der Qualität des Mannes begründen. Er betonte die Offenheit der Abstimmung und bezog sich dabei auf meine Stellungnahme. Er muss an einer Wahl Raus interessiert sein, wenn er in Nordrhein-Westfalen noch eine Chance haben soll. Außerdem hat Kohl ihn im Zusammenhang mit der Vorstellung des Kabinettsbeschlusses zum Wirtschaftsstandort Deutschland so schlecht behandelt, dass er ihn kaum nachhaltig bei der Durchsetzung der Heitmann-Kandidatur unterstützen wird. Überhaupt bietet Kohl seinen Gegnern in der Partei mit der Heitmann-Kandidatur eine Gelegenheit, durch die Verweigerung der Zustimmung zu Heitmann Kohl zu treffen. Mancher wird sich bei seiner Stimmabgabe von solchen Gedanken leiten lassen – und sein Verhalten mit der politischen Bedeutung Raus, der bisherigen Zurücksetzung der SPD im Amt des Bundespräsidenten und der Jugend und Unerfahrenheit des Kandidaten Heitmann, aber auch dem Wunsch rechtfertigen, das Amt nicht der Verfügung durch den Bundeskanzler zu überlassen. Viele werden es jedoch nicht sein, die so handeln werden.

Schließlich schlägt Kohl vor, das Präsidium möge mit großer Sympathie den Vorschlag der sächsischen Freunde zur Kenntnis nehmen. Geißler will vorsichtiger formulieren. Wir seien dabei, zum ersten Mal einen Bundespräsidenten vorzuschlagen, für den wir noch keine Mehrheit hätten (bei Schröder war es auch nicht anders). Ob wir uns das leisten wollten? Mehrfach wird nach der Kandidatur Genschers und unserer Reaktion gefragt, sollte er sich doch noch bereitfinden. Kohl besteht auf der von ihm vorgeschlagenen Formulierung; er hatte auch keine andere Wahl. Geißler kann sich nicht durchsetzen – obwohl seine Bedenken nicht unberechtigt sind. So kommt es zu der faktischen Nomination. In der Berichterstattung erscheint Heitmann nur noch als Kohls Kandidat. Durch seine Nomination in Sachsen ist es uns offenbar gelungen, der Falle zu entgehen, die Kohl aufgestellt hatte. Jetzt haben wir gute Optionen: Gelingt es Kohl nicht, die Kandidatur durchzusetzen, zieht sich Heitmann zurück. Wird er gewählt, haben wir einen Bundespräsidenten aus Sachsen. Fällt er durch, hat Kohl versagt, ohne dass Heitmann deshalb Schaden nehmen muss.

13. September 1993

CDU-Bundesparteitag in Berlin. Kohl begrüßt im ICC den Parteitag und geht nach der Totenehrung sogleich auf Sachfragen ein. Die Erfolge des letzten Jahres seit dem Parteitag in Düsseldorf: Solidarpakt und Asylgesetzgebung. Es ist erstaunlich, wie Kohl von Anfang an den Parteitag dominiert. Seine Art, mit einer gewissen, Widerspruch von vornherein ausschließenden Heftigkeit in der Stimme zu sprechen, wenn er den Parteitag zur Ordnung ruft oder

Entscheidungen ankündigt, ist eindrucksvoll. Die Delegierten folgen ihm, schon weil es einfacher ist und sie ohnehin keine Alternative sehen. Sie sind auf Kohl als Leittier angewiesen, weil kein anderes Leittier in Sicht ist und es ohne Leittier nicht geht. Eigentlich müssen diejenigen sich Vorwürfe machen, die den Delegierten und damit der Partei Alternativen verweigern. Denn nur, wenn Alternativen sich zeigen, können die Delegierten entscheiden. Nur dann wächst ihnen wieder die Souveränität zu, die ihnen eigentlich zusteht. Deshalb schafft derjenige, der bereit ist, eine Alternative zu bieten, den Delegierten und damit der Partei die Möglichkeit, zu wählen und zu entscheiden. Von den möglichen Alternativen, nicht von den Delegierten, hängt es letztlich ab, ob es innerparteiliche Demokratie gibt. Das wird im Spätherbst kommenden Jahres von Bedeutung sein.

Kohls Rede war eine Überraschung. Ingrid bewertete sie als ausgezeichnet und die beste Rede, die sie von Kohl bisher gehört habe. Sie hätte streckenweise von mir geschrieben sein können. Kohl hob fast alle Tabus auf, die die Diskussion in der Partei bisher behindert haben. Seine Fragen waren den neuen Problemen angemessen. Den politischen Gegner erwähnte er kaum. Stark war auch sein europapolitischer Teil, vor allem wegen des Engagements, mit dem er ihn vortrug. Überraschend war dann auch die Reaktion der Delegierten. Während sie die Europapassagen mit anhaltendem Beifall quittierten, war der Schlussbeifall zurückhaltend, ohne wirkliche Begeisterung, weit von einer Ovation entfernt, die man eigentlich hätte erwarten sollen. Mir scheint, die Mehrzahl der Delegierten hat sich durch den eher braven Tonfall der Rede irreleiten lassen, mit einem wesentlich veränderten Inhalt auch nicht gerechnet und ihn vielleicht auch nicht erkennen können. Oder, was auch sein könnte – und viele vermuten: Man glaubt Kohl die Öffnung nicht mehr, will darüber aber auch nicht streiten.

Nimmt man Kohls Rede zum Nennwert, dann ist meine eher ironische Bemerkung, ich hieße Kohl im Club der Querdenker willkommen, durch sie bestätigt worden. Kohl besetzte mit ihr die Reformrhetorik. Er geht damit allerdings auch das Risiko ein, dass den Ankündigungen nichts folgt, was sie einlöst. Gelingt es jedoch, durch die aufgestoßenen Türen zu gehen und die Reformvorhaben voranzutreiben, dann soll es mir recht sein. Die Union hätte dann eine gute Chance, die Politik auch in der kommenden Legislaturperiode zu gestalten; und wenn es für die Fortsetzung der kleinen Koalition reicht, auch mit Kohl. Aber zunächst muss nun der Beweis erbracht werden, dass Kohl es ernst meint.

Nachmittags entschloss ich mich dann, doch in der Diskussion zu sprechen, obwohl die Redezeit auf nur fünf Minuten begrenzt worden war. Als ich an die Rede kam, wurde sie noch einmal auf drei Minuten verkürzt – und Hähle musste es mir als derzeitiger Tagungspräsident mitteilen, was zu Heiterkeit führte. Ich beschränkte mich auf drei Punkte: Dank an den Westen für die Leistungen, die er für den Osten erbringt, Aufforderung zur Sparsamkeit auch im öffentlichen Bereich und zur intelligenteren Mittelverwertung und die Auswirkungen der demografischen Revolution auf den Arbeitsmarkt und die Innovationsfähigkeit der Gesellschaft. Das Ganze war eine Art Vorspiel für das, was nun in den kommenden Monaten an Innovationsanstößen folgen muss.

Am Rande zahlreiche Interviews zur Heitmann-Nomination, zur Rede Kohls, zur Situation der Partei und zu den Einschätzungen der Wahlkampfchancen. Die Berichterstatter sind nicht besser geworden. Mancher jüngere Kollege muss erst in den Senkel gestellt werden, ehe er sich der Form nach ordentlich benimmt und sich in der Sache um brauchbare Fragen bemüht. Die älteren Journalisten waren kaum zu sehen. Koch vom *Spiegel* lief mir über den Weg. Ob Wirtgen bereits mit mir gesprochen habe, wollte er wissen. Ich hatte keine Zeit für ihn.

14. September 1993

Zweiter Tag des Bundesparteitages in Berlin. Der Berliner Abend war bestimmt durch die Anwesenheit Heitmanns. Er saß neben Ingrid am Tisch Kohls, der von Fotografen und Kameras umlagert war. Heitmann war zunächst ob der Turbulenzen, die er auslöste, sehr unsicher und aufgeregt, wurde aber zunehmend sicherer. Er sprach vor allem mit Ingrid und Frau Merkel, die ihm gegenübersaß. Ich hatte Schäuble zum Gegenüber, der mit seiner Frau gekommen war. Beide meistern sie das Schicksal des Mannes in eindrucksvoller Weise.

Zwischendurch versteigerte Eggert mit viel Getöse einen bunten Trabbi, den man vor dem Palast aufgestellt hatte. Er erlöste über 10 000 DM. Später gingen Heitmann, Ingrid und ich durch den Saal zu den Sachsen, die auf der Empore saßen. Dank unserer Vorbereitung am Sonntagabend konnten sie allen Auskunft über Heitmann und seine Qualitäten geben. Einige hatten bis zu zehn Interviews absolviert und waren mächtig stolz auf ihren Einsatz – zu Recht! Ingrid hatte Liedertexte zusammengestellt und so sangen wir, wie auch in Düsseldorf, aus Herzenslust, Heitmann mitten unter uns. Er war ein wenig verlegen ob der Geborgenheit, die ihm die Sachsen geben wollten, aber nicht ablehnend. Nach einer Weile ging er, würdig, als sei er bereits unser Präsident. Wir folgten ihm wenig später.

Schäuble sprach heute Morgen gut. Seine Stimme war kraftvoll und tragend, seine Rede inhaltlich klar, gut geordnet und voller zitierfähiger Passagen. Er berührte alle wesentlichen Fragen, hielt sich, ebenso wie Kohl, mit Kritik an der SPD zurück und vermittelte den Delegierten ein klares Bild der Aufgaben, die gelöst werden müssen. Eine wichtige Rolle spielten die Ermahnungen an die Adresse der FDP, die so bei Kohl nicht zu hören waren. Zu Heitmann äußerte er sich erneut sehr positiv und nahm ihn gegen die vorschnellen Urteile in Schutz, die man sich schon über ihn gebildet habe. Seine Entscheidung, am zweiten Tag zu sprechen und den Delegierten so eine Art Gegenstück zu Kohl zu liefern, ohne mit ihm offen in Konkurrenz zu treten, war klug. Schon kurz darauf wurde sie in den Wandelgängen mit Vokabeln wie Kronprinz, Nachfolger Kohls und Ähnlichem kommentiert. Immer wieder bin ich überrascht, mit welcher scheinbaren Unbeschwertheit Schäuble trotz seiner enormen Behinderung in der Rolle eines deutschen Kanzlers gesehen wird.

Auch Waigels »Grußwort« wurde vom Parteitag gut aufgenommen. Er stimmte der Nominierung Heitmanns praktisch zu. Man müsse ihn noch ein wenig besser kennenlernen, das sei eine notwendige Grundlage für Freundschaft. Seine positiven Äußerungen, die er auch in die Verteidigung eines bis dahin unbekannten Kandidaten aus dem Osten gegen vorzeitige Urteile und Verunglimpfungen kleidete, fanden den anhaltenden Beifall der Delegierten. Sie hatten Heitmann damit praktisch durch Akklamation nominiert. Später, als Heitmann selbst zu den Delegierten sprach – ich war schon gegangen –, erntete er erneut lang anhaltenden Beifall, eine Art Nomination durch Akklamation. Ob diese Zustimmung hält, wenn die Delegierten zu Hause nach den Gründen für ihr Verhalten gefragt werden: Darauf wird es jetzt ankommen. Praktisch gesprochen ist Heitmann seit heute unser Kandidat für das Amt des Bundespräsidenten. Er hat, wenn die CDU zustammensteht, eine gute Chance, der nächste Bundespräsident zu werden. Welch eine Karriere für diesen Mann.

Was nun hat der Parteitag gebracht, mit dem wir uns im Vorfeld so intensiv beschäftigt haben? Jedenfalls nicht die Konfrontation, auf die so viele gewartet hatten. Dafür aber die Erkenntnis, dass Kohl unverändert die dominierende Figur der Partei ist, sich niemand gegen ihnen stellen will und wohl in der Partei derzeit auch nicht stellen kann. Kohl als »Übervater«, wie er in der Kommentierung zum Parteitag zunehmend genannt wird, entspricht dem Gemütszustand der Partei und eines wesentlichen Teils der deutschen Bevölkerung. Seine Wahrheiten werden ertragen, weil sie in die Watte beruhigender Worte verpackt sind und sich als weitgehend konsequenzlos erweisen. So fehlte auch in Kohls ansonsten bemerkenswerter Rede jeder Hinweis auf praktische Konsequenzen des vielbeschworenen Umdenkens. Werden Konsequenzen wirklich ausgesprochen, wie im Redebeitrag eines jüngeren Delegierten zum Umweltschutz oder bei Töpfer, werden sie verdrängt oder von den Delegierten zum großen Teil nicht wahrgenommen. Viele sagten mir zwar zu meinem Redebeitrag, sie hätten die kurze Redezeit bedauert und mir gerne noch länger zugehört. Aber Wirkungen hätte ich damit wahrscheinlich auch nicht ausgelöst.

Die Partei ist wie ein ausgetrocknetes Land, das den Regen der Argumente nicht mehr aufnehmen und deshalb die in ihm verborgenen Wachstumskräfte auch nicht mehr entfalten kann. Die Partei müsste ganz anders angepackt werden: fordernd und lenkend zugleich, Talente suchend und fördernd, Argumentationshilfen gebend und damit die Fähigkeit zu eigener Entfaltung aufbauend, statt instrumentalisierend und durch eine Art Übervater beruhigend, wie Kohl dies macht. Er ist damit ungewöhnlich erfolgreich. Die Leute laden bei ihm ab und schimpfen über ihn, wenn sie wieder zu Hause sind. Mit seiner Rede hat er dem Wunsch nach Veränderung im Lande Rechnung getragen, zugleich jedoch den Delegierten das Gefühl vermittelt, auch die notwendigen Veränderungen seien bei ihm in den besten Händen und blieben im Ergebnis ohne beschwerliche Konsequenzen.

Seine Reden vom Verzicht, von Veränderungen und Umdenken wirken auf die Partei wie eine Droge, die beruhigt und die Illusion der Zukunftsfähigkeit weckt. Kein Besitzstand wird in Frage gestellt, keine Konsequenz aus den Ankündigungen gezogen. So kann jeder in der Gewissheit nach Hause reisen, dass nicht er, sondern die anderen gemeint seien, wenn es um das Verändern geht. Die mit der Veränderungsrhetorik gebotene Chance können die Delegierten ohnehin kaum nutzen. Es fehlen ihnen die Möglichkeiten, selbst neue Ideen so zu entwickeln, dass sie damit die allgemeine Diskussion in Gang setzen und beeinflussen können. Von Kohl werden jedoch Anstöße und Veränderungen nicht kommen. Die Partei müsste umgepflügt werden, damit die in ihr vorhandenen Kräfte und Möglichkeiten sich wieder entfalten könnten. Kohl pflügt sie nicht um, sondern tritt den Boden immer weiter fest, bis er sicher sein kann, dass neben ihm nichts mehr wächst. Es bleibt dabei: Wenn Kohl mit der CDU fertig ist, muss man sie entweder umpflügen oder spalten.

So stellt sich mir erneut die Frage, ob ich die geöffnete Türe jetzt nicht selbst durchschreiten und zu den wichtigsten Fragen eigene Diskussionsvorschläge machen sollte – wie schon zum Grundsatzprogramm. Darüber muss ich mit Meinhard sprechen. Denn noch immer steht die Frage an, was geschehen soll, wenn wir die gegenwärtige Koalition im kommenden Herbst nicht fortsetzen können. Aus der Verantwortung, sie zu beantworten, kann ich mich auch nicht mehr mit dem Argument entlassen, es sei noch zu früh. Die Tage nach der Bundestagswahl sind – wenn die Sachsen mich wieder auf den Schild heben – die eigentlichen, aber auch die letztmöglichen Tage der Entscheidung.

15. September 1993

Auf die Frage, ob ich im nächsten Jahr wieder als Ministerpräsident in Sachsen zur Verfügung stehen würde, habe ich geantwortet: Wenn die Sachsen im kommenden September das Mandat erneuern, das sie mir am 14. Oktober 1990 gegeben haben, bleiben meine Frau und ich gerne in Sachsen, um dem Land weiter zu dienen.

17. September 1993

Obwohl ich gestern Abend fieberfrei war, blieb ich noch bis 10 Uhr im Bett, ehe ich dann nach Berlin zur Treuhand fuhr. So hatte ich Zeit, die Tageszeitungen gründlich zu lesen. Unterwegs rief mich Bohl an: Der Kanzler habe gebeten, ich möge doch selbst oder durch einen Vertreter meiner Wahl an einer Koalitionsrunde zur Pflegeversicherung teilnehmen, die er für Montagfrüh eingeladen habe. Die Verhandlungen seien sehr kompliziert und liefen schlecht. Im Grunde sei das ganze Projekt bedroht. Sobald ich entschieden hätte, wer teilnehmen werde, wolle er ausführlich über den Stand der Verhandlungen berichten. Ich bat daraufhin Geisler, mich zu vertreten. Er sei mit der Sache besser vertraut und könne einen Kabinettsvorbehalt machen, müsse sich also nicht festlegen.

Der Anruf mit dem Hilferuf Kohls, der sich nach dem vernichtenden Ergebnis der Anhörung des Bundestages zum Gesetzesentwurf der Regierung in einer schwierigen Lage befindet, die durch das wachsende Misstrauen der FDP gegen Absprachen zwischen SPD und Kohl weiter belastet wird, kam zu einem merkwürdigen Moment. Denn ich hatte kurze Zeit vor der Abfahrt aus Dresden, als ich die *FAZ* las, ein Erlebnis, das mich auf eine Weise traf, die ich noch nicht ganz verstehen und bewerten kann, das mich aber seitdem nicht mehr losgelassen hat.

Gestern schon hatte mich der Leitartikel Feldmeyers zum Parteitag beschäftigt, in dem von der dominierenden Rolle Kohls und davon die Rede war, dass sich in Berlin neben der alles überragenden Gestalt des Vorsitzenden die Konturen eines zweiten Mannes – gemeint war Schäuble – abzeichneten. Zwar sei in der Sache nicht viel geschehen. Aber dies und die Ordnung, in der die Partei sich finde, könnten die Delegierten doch mit nach Hause nehmen.

Heute nun stoße ich in der *FAZ* auf eine Karrikatur von Hanel. Sie sagt mehr aus über den Zustand der CDU und all die Gesichtspunkte, die mich seit langem beschäftigen, als ich selbst oder viele Leitartikel es je mitteilen könnten.

Sie bringt nicht nur besser als jeder Text den Kern des Problems auf den Punkt. Sie hat auch mich getroffen. Ich fragte mich plötzlich, welches der unzähligen Gesichter in der gleichförmigen Menge wohl mein Gesicht sein könnte und welche die meiner Freunde und

Kollegen im Bundesvorstand, welche die der Ministerpräsidenten der CDU und der Mitglieder im Kabinett. Ich begann laut mit diesen und jenen zu reden – nicht im Sinn eines Selbstgesprächs, sondern eher einer vorweggenommenen Auseinandersetzung – und sie zu fragen, in welchem der vielen Gesichter sie sich denn wohl wiedererkennen würden. Und noch ehe ich diesen Gedanken weiterverfolgen konnte, wurde mir bewusst, dass ich mich selbst in einem dieser Gesichter suchen und wiederfinden müsse. Denn auch ich gehöre zu denen, die Hanel in seinem »Kommentar« benennt, ohne sie noch zu identifizieren. Wir sehen fast alle gleich aus. Nur wenige Konzessionen macht der Karrikaturist an die Vielfalt der Personen, Männer und Frauen, von denen die Rede ist. Nur wenige kann er auch machen angesichts der Erfahrungen mit der CDU, die er beschreibt.

Ich fühlte, wie mich der Zorn darüber packte, dass ich mich in eine Lage gebracht haben sollte, die einen derartigen Kommentar rechtfertigt. Zum Zorn gesellten sich alsbald ein Aufbegehren gegen den von der Karrikatur so treffend beschriebenen Zustand und die schnell wachsende Einsicht, dass ich ihn kaum länger würde ertragen können, welche bedeutsamen taktischen oder strategischen Gesichtspunkte auch immer dafür sprechen sollten, ihn noch eine längere Zeit zu akzeptieren. Ich verspürte den Wunsch, allen Mitgliedern des Bundesvorstandes das Bild mit der Aufforderung zu schicken, sich in der Menge zu identifizieren, um nicht im Schatten des Mächtigen zu verschwinden. Die Wucht all dieser Gefühle war so groß, dass es mir unmöglich erschien, weiter zu schweigen, wollte ich nicht – mangels Widerspruch und Widerstand – in die große Schar derer eingeordnet werden, welche sich mit der Charakterisierung abfinden, die Hanel für sie alle gefunden hat.

Auch der Verlauf des Parteitages erschien mir jetzt in einem anderen Licht. Ich hatte mir wohl etwas vorgemacht, als ich mir Gründe zurechtlegte, die die allgemeine Beschränkung der Redezeit rechtfertigen sollten – aber wohl doch nicht dazu geeignet waren. Kohl, Hintze und Schäuble nahmen, wenn man den Gast Waigel unberücksichtigt lässt, rund drei Stunden Redezeit für sich in Anspruch. Nach der Redezeitregelung hatten alle CDU-Ministerpräsidenten zusammen eine Redezeit von 30 Minuten, wovon mir nur noch drei Minuten zugestanden wurden. Ingrid hatte recht, wenn sie diese Regelung schon auf dem Parteitag als einen Affront und den Versuch ansah, mich am Reden zu hindern.

So schien es mir denn auch unverzichtbar, wahrzumachen, was ich schon gestern überlegt hatte: für die kommende Klausurtagung des Bundesvorstandes eine Diskussion über den Parteitag zu beantragen. Inzwischen, auch unter dem Eindruck der Bewertung des Berliner Treffens in den Medien – und eben auch durch Hanel – ist mir klar, dass sich die Diskussion über den Parteitag hinaus auf die Frage erstrecken muss, mit welcher Wahlkampfstrategie die CDU die kommende Bundestagswahl gewinnen will. Will die Partei sich ganz auf Kohl konzentrieren, also eine Art »Übervater-Wahlkampf« führen und sich damit als selbständige Kraft praktisch verleugnen? Wollen wir, mit anderen Worten, Hanels Karrikatur zur Grundlage unserer Wahlkampfstrategie machen? Oder soll es einen wirklichen CDU-Wahlkampf geben, in dem die Begründung für die Notwendigkeit einer vierten Kanzlerschaft Kohl eines, aber keineswegs das einzige Element des Wahlkampfes ist? Welche Chancen sind mit dem einen und dem anderen Konzept verbunden? Von welchen demoskopischen Erkenntnissen und welchen Einsichten aus den Wahlen der letzten Jahre können wir dabei ausgehen?

Sagurna habe ich heute Morgen gebeten, dazu Materialien zusammenzustellen. Allensbach hatte gestern eine Umfrage in der *FAZ*, wonach die Union derzeit mit 36 Prozent, die SPD mit 38 Prozent der Stimmen in einer Bundestagswahl rechnen könnte. Die CDU wäre dabei in den ostdeutschen Ländern besonders schwach, mit 23 Prozent. Nun hoffe ich nur, dass mich nicht wieder der Mut zur Aktion verlässt und ich mich wieder einordnen lasse, zum Wohl des Ganzen und der Partei, der man die damit verbundene Aufregung doch nicht zumuten darf. Was mich hoffentlich vor einer solchen Haltung schützt, jedenfalls schützen sollte, ist das Interesse des Freistaates an einem selbstständigen, unabhängigen und vor dem Thron der Mächtigen auch furchtlosen Ministerpräsidenten. Und was mir sicher hilft, ist Ingrids und einiger Freunde Überzeugung, ich dürfe all die nicht im Stich lassen, die selbst aus der Hanel-Menge nicht herausfinden und deshalb auf ein Vorbild hoffen, das ihnen hilft und den Bann bricht, der die Partei lähmt.

In der Diskussion über die Pflegeversicherung ist meine Position seit dem Studium der Unterlagen klarer geworden. Wir sollten in etwa wie folgt Stellung nehmen: Der Freistaat Sachsen unterstützt die gesetzliche Einführung einer Pflegeversicherung. Er hält eine leistungsfähige Versicherung gegen das Pflegekostenrisiko für eine notwendige politische Aufgabe. Vor allem mit Rücksicht auf die in Zukunft wachsende Zahl älterer Menschen muss ausreichend Vorsorge für das Kostenrisiko der Alterspflege getroffen werden.

18. September 1993

Das Gespräch über die Deutsche Waggonbau bei der Treuhand war gut. Wir haben Einverständnis darüber erzielt, dass die DWA als Systemanbieter ausgebaut und als Unternehmen erhalten werden muss. Eine Arbeitsgruppe wird sich in Zusammenarbeit mit den beiden Ländern und etwaigen Interessenten um eine solche Lösung bemühen, die auch eine vorübergehende Übernahme durch die Länder einschließen kann.

In der *Süddeutschen Zeitung* schrieb Busche über Helmut Kohl und seine CDU. Die christlichen Demokraten hätten begriffen, dass sich die Entscheidung in der kommenden Bundestagswahl auf die Frage reduziere, ob Kohl wieder Bundeskanzler werden kann oder nicht. Deshalb hätten sie Kohl in Berlin die überragende Rolle bestätigt, die dieser sich in den Jahren zuvor mit messerscharfer Personalpolitik und ohne Rücksicht auf die Außenwirkung solcher Praxis für das Ansehen der Partei erstritten habe. Die CDU sei ein Kanzlerwahlverein.

Das Ergebnis der Bürgerschaftswahlen in Hamburg bestätigt Busches Feststellung, der Prozess, der seit langem im Gang sei, habe zu einer Schwächung der CDU in den Ländern geführt. In Hamburg ist die CDU auf dem tiefsten Punkt ihrer Entwicklung seit 1974 angelangt. Sie spielt politisch praktisch keine Rolle mehr. Es wird lange dauern, bis sie sich von diesem Niedergang erholen wird. Zugleich wird deutlich, warum sich die Partei immer mehr zu einer zentralistischen Partei entwickelt. Weil die Politik der Bundesführung die Länder zugunsten einer Machterhaltung im Bund zu opfern bereit ist, fehlt das Gegengewicht der Länder, das den Bund an einer zentralistischen Politik hindern könnte. Die Partei wird immer zentralistischer und konzentriert sich – um die parlamentarische Kontrolle in Bonn zu verringern – zudem immer stärker auf die Bürokratie in Brüssel. So verliert die CDU genau die föderale Struktur, die es ihr in der Vergangenheit möglich machte, sich mit der Identität und den Interessen der einzelnen Bundesländer zu identifizieren und dadurch eine starke Machtbasis im Bundesstaat aufzubauen. Seitdem alle politischen Interessen der Partei dem einen Ziel untergeordnet werden, die Macht in Bonn und für Kohl zu sichern, verliert die CDU ihre eigentliche Basis als föderale Partei. Schon jetzt ist abzusehen, dass sich dieser Prozess im kommenden Jahr weiter fortsetzen wird.

Als Folge wächst aus den Ländern auch keine politische Führungsschicht nach, die im Alter an die Generation Kohls anschließt. Vielmehr muss die CDU in den Ländern – wie Niedersachsen zeigt – bei der Rekrutierung politischen Nachwuchses auf Jahrgänge zurückgreifen, die offensichtlich noch zu jung und unerfahren sind, um ein Land erfolgreich regieren zu können.

19. September 1993

Endlich wieder einmal ein sonniger Tag! Wir haben lange darauf gewartet. Schon gestern beim Konzert in Pillnitz verwöhnte uns das Wetter. Die Sonne schien; und obwohl es kühl war, war eine Wärme und Fröhlichkeit eingekehrt, der sich niemand entziehen konnte und die durch die Art, wie Ingrid ihre Gastgeberrolle wahrnahm, noch verstärkt wurde.

Als wir nach Hause kamen, fand ich Heitmanns Bitte vor, mich anzurufen. Er meldete sich besorgt über die Wirkungen, die er mit einem Interview in der *Süddeutschen Zeitung* ausgelöst hatte. Er hatte sich dort auch zur deutschen Vergangenheit geäußert und dabei Formulierungen gebraucht, die man vor dem Hintergrund der bisherigen westdeutschen Debatte als eine Aufforderung verstehen konnte, mit der Vergangenheitsdiskussion nun ein Ende zu machen. Bubis hatte sich wohl alsbald mit der Feststellung zu Wort gemeldet, mit der Einheit sei die Vergangenheit keinesfalls zu einer normalen Vergangenheit geworden. Er müsse Heitmann nachhaltig widersprechen und ihn daran erinnern, dass der gegenwärtige Bundespräsident dies anders sehe.

Ingrid, die Heitmann in ihrer erfrischenden Weise zusprach und Mut machte, und ich versuchten, ihn zu beruhigen. Ich besorgte ihm Bubis Telefonnummer, damit er ihn anrufen und die Dinge klarstellen konnte. Aber wieder war ein Schaden durch voreilige und ungeschickte Stellungnahmen entstanden. Heitmann tut mir fast leid. Er hatte sich den Weg zur Nomination und Wahl wohl anders vorgestellt.

Inzwischen liegen auch die endgültigen Ergebnisse der Hamburger Wahl vor. Das Wahlergebnis der CDU ist vernichtend. Die Wähler haben ihr die Quittung für ihr bisheriges Verhalten gegeben. So wird auch in Hamburg deutlich, dass eine Zeit zu Ende geht. Vielleicht werden auch viele bemerkt haben, dass Echternach in Bonn unter Kohl Karriere macht, obwohl er in Hamburg gegen die Verfassung verstoßen hatte.

20. September 1993

Als ich heute Morgen aufstand – Ingrid war in Köln, um an einer sächsischen Veranstaltung teilzunehmen –, hatte ich den Eindruck, es werde schwierig werden, den Tag durchzustehen, denn ich war erst gegen zwei Uhr ins Bett gekommen. Dafür war mein Schreibtisch leer und ich war erleichtert. Es war mir gelungen, Unterlagen aufzuarbeiten, die ich schon wochenlang mit mir herumgeschleppt hatte. Trotzdem wurde es dann ein langer und interessanter Tag.

Wichtig und gewinnbringend vor allem der Antrittsbesuch von Bubis, dem neuen Vorsitzenden des Zentralrates der Juden in Deutschland. Der Mann war mir zum ersten Mal aufgefallen, als er am 9. November 1992 auf einer zentralen Veranstaltung gegen Gewalt in Berlin nach intensiven Störungen durch linke Chaoten, die auch von Weizsäcker angriffen, das Wort ergriff und den Störern zurief, ob sie sich nicht schämten. Wir sprachen über die Angelegenheiten, die die jüdischen Mitbürger interessieren, aber auch über Heitmanns Äußerungen in seinem Interview mit der *Süddeutschen Zeitung*. Bubis war, ungeachtet seines Widerspruchs in der Sache, voller Verständnis, auch im anschließenden Pressegespräch. Er will sich in Kürze mit Heitmann treffen.

Von Bubis wollte ich wissen, ob die wachsende Gewaltgeneigtheit unserer Gesellschaft vielleicht auch auf die Ahnung zurückzuführen sei, dass es für die Menschen keine wirkliche Zukunft gebe. Als ein Mann, der bereits im 7. Jahrtausend lebe (dem jüdischen Kalender nach), wisse er vielleicht besser, als ich das wissen könne, ob es sich auch bei dieser Krise um einen der Umbrüche handele, die die Menschheit in ihrer bisherigen Geschichte hin und wieder gezwungen habe, einzuhalten und sich ihrer selbst zu vergewissern – wie zum Beispiel im 14. Jahrhundert.

Bubis hat mich beeindruckt. Wir haben uns zu einem Gespräch über die Zukunft der Menschheit verabredet. Die Einladung, die ich aus Israel zu einer Konferenz über den Friedensprozess im Nahen Osten erhalten habe, rät er mir anzunehmen. In der anschließenden Pressekonferenz berichtet er über unser Gespräch. Heitmanns Äußerungen seien nicht besprochen worden. Anschließend äußert er sich jedoch gleichwohl zu ihnen in moderater Form. Seine Bemerkungen werden Heitmann nicht schaden.

21. September 1993

Ein guter Tag liegt hinter uns. Heute trafen sich zum ersten Mal die Kabinette der beiden Freistaaten zu einer gemeinsamen Kabinettssitzung. Wir tagten wegen der großen Zahl der Gäste – die Bayern waren mit Minister und Staatssekretären plus einem beachtlichen Tross angerückt – in Schloss Albrechtsberg, einem der drei Elbschlösser.

Es wurde eine richtige Kabinettssitzung, mit Diskussionen auch innerhalb der Reihen der beiden Kabinette. Wir sprachen über Verwaltungshilfe – Bayern erwartet sich Erfahrungen zur Deregulierung und zum Abbau von Bürokratie auch von der Mitwirkung bayerischer Beamter bei unserem Aufbau – und über die Immobilität unserer Gesellschaft, die Veränderungen ablehne, deren verbliebene Mobilitätsbereitschaft aber auch durch die wachsende Bürokratie entmutigt werde. »Wenn wir nicht selbst es schaffen, unser Land zu erneuern, dann werden wir wegerneuert«, meinte Stoiber, auch im Blick auf die Wahlen in Hamburg. Wo der Staat handeln müsse, müsse er auch handeln können. Wo er nicht handeln müsse, sollte er andere handeln lassen können; dies bezogen auf unsere Vorlage zur Privatisierung, die bei den Bayern auf große Zustimmung stieß. Von einer administrativ-juristischen Lähmung war die Rede, gegen die man mit Maßnahmen wie denen vorgehen müsse, die Stoiber in seiner Regierungserklärung genannt hatte.

Die CDU, darin waren wir uns einig, neigt immer mehr zum Zentralismus. Sie wird nicht länger von den Ländern zurückgehalten und zu föderaler Politik veranlasst, weil in Westdeutschland nur noch ein Land von der CDU regiert wird, und auch das nur in einer großen Koalition. Ziel der »Südschiene« muss es sein, diesem Trend entgegenzuwirken.

Stoiber will vor allem die Diskussion über die EG verändern. Die alte EG war ein Kind des Kalten Krieges. Man kann die Vertiefung und die Erweiterung nicht gleichzeitig vornehmen. Vor allem: Ein gemeinsamer deutscher Nenner, der für die Einheit wichtig ist, kann nicht entwickelt werden, wenn Deutschland gleichzeitig in der EG aufgehen soll. Wir haben aber ein zentrales Interesse an der Einbeziehung der osteuropäischen Nachbarn in die EG. Damit würde auch die Nord-Süd-Ausrichtung der EG durch eine Ost-West-Ausrichtung ergänzt.

Nach einer Aufzeichnung für das Bayerische Fernsehen nehmen wir uns noch Zeit für ein Gespräch in meinem Zimmer. Ich frage Stoiber zu meiner Absicht, im Bundesvorstand über die Wahlkampfstrategie der CDU und die Entscheidung über die Kanzlerkandidatur zu sprechen, um seine Meinung. Stoiber rät mir, nichts zu tun, was Kohl die Chance geben könnte, mich der Einleitung einer Personaldebatte zu verdächtigen. Die *Spiegel*-Geschichte sei ein Versuch gewesen, ein solches Verhalten zu provozieren. Man müsse Kohl durch inhaltliche Auseinandersetzungen angreifen. Vor allem seine europapolitischen Positionen seien nicht haltbar. Das wisse er wohl inzwischen selbst, könne es aber nicht mehr ändern. Zu Schäuble teilt er meine Ansicht, dass eine Berufung in das Amt des Kanzlers problematisch sei. Er habe in einer Auseinandersetzung mit Schäuble diesem einmal gesagt, er gehöre in eine Effizienz-Partei, nicht in die CDU.

Zum Schluss sagte ich Stoiber, dass ich ihn derzeit für den einzigen Unionspolitiker seiner Generation hielte, der auch die Führung in Bonn übernehmen könne. Besonders beeindruckt sei ich von der Tatsache, dass er seine Arbeit in Bayern, aber auch die Hilfe für Sachsen, in einem nationalen Zusammenhang sehe. Wenn es überhaupt gelingen könne, dem nationalen Gedanken in Deutschland wieder einen Inhalt zu geben, dann durch intensive Arbeit an den Überlebensfragen der Nation, vor allem im Osten. Drei Herausforderungen seien es, die die Deutschen bestehen müssten: den Wegfall verteilbarer Zuwächse des Bruttoinlandsprodukts als Folge der Lasten, die mit der deutschen Einheit, der Stärkung Westeuropas und dem Wiederaufbau in Osteuropa verbunden seien, die Folgen der Überalterung unseres Volkes und die Überwindung der ökologischen Gefahren. Gelinge es uns nicht, werde dies zur Herrschaft eines ökologischen Sozialismus führen. Wolle man diesen Herausforderungen begegnen, müsse in Deutschland ein neues politisches Kraftzentrum entstehen, das in der Lage sei, die Menschen zu motivieren. Dieses Zentrum müsse den nationalen Gedanken so wiederbeleben, dass er nicht als eine Neuauflage des preußischen Nationalismus missverstanden werden könne. Deshalb müsse die Erneuerung von Süddeutschland, insbesondere von den Ländern ausgehen, die unverdächtig seien, das preußische Erbe reaktivieren zu wollen. Es war, wie gesagt, ein guter Tag.

24. September 1993

Im Bundesrat standen der Haushalt des Bundes und die Pflegeversicherung an. Wir hatten uns die Arbeit geteilt: Bernd Vogel sprach zum Haushalt und trug im Wesentlichen die Beschlüsse von Schmalkalden vor. Ich meldete mich zur Pflegeversicherung mit den Überlegungen, die ich bereits in Berlin zu Papier gebracht hatte. Interessant die Übereinstimmung darüber, dass der Aufteilung der Beiträge in Arbeitgeber- und Arbeitnehmerbeiträge jede sachliche Rechtfertigung fehlt. Blüm sprach von einem Streit um Türschilder, gleichwohl wolle er die Teilung aufrechterhalten. Denn sie sei die Grundlage für die Teilnahme der Arbeitgeber an der Selbstverwaltung. Dass diese auch anders begründet und verankert werden kann, kam ihm nicht in den Sinn. Praktisch diskutieren wir also über eine Kompensationsregelung, um die gemeinsame Selbstverwaltung der Sozialsysteme zu sichern. Absurder geht es kaum noch.

Ich nahm die Gelegenheit wahr, nicht nur zur bisherigen Diskussion, sondern auch zu den Fragen Stellung zu nehmen, die sich aus der demografischen Entwicklung und der zunehmenden Belastung der Arbeitseinkommen ergeben. Wenn man von einem derartigen Beitrag – und der lebhaften Diskussion im Bundesrat, die er auslöste – auch keine Wunder erwarten darf. Ein wichtiger Schritt war es trotzdem. Ich habe erneut gesehen, dass man im Bundesrat mehr bewegen kann, als bisher deutlich wurde. Und ich habe manchen nachdenklich gemacht, der die Debatte bisher den sogenannten Experten überließ.

Rau traf ich am Ausgang. Er war fröhlich und voller Zuversicht, doch noch Bundespräsident zu werden. Nach dem bisherigen Verlauf der Präsentation unseres Kandidaten kann ich dies durchaus verstehen. Aber noch haben wir fast acht Monate Zeit, das Blatt zu wenden. Ich halte Steffen Heitmann jedenfalls für den besseren Kandidaten.

Was im Westen, vor allem in den Medien, wohl am meisten irritiert, ist die Tatsache, dass Steffen Heitmann die Sprache aus der Zeit vor der 1968er-Wende spricht – wenn auch mit der Erfahrung dessen, der nicht dort stehengeblieben ist. Dieter Schröder sprieb in der *Süddeutschen Zeitung* von der »unzeitgemäßen« Sprache Heitmanns. Eggert bemerkte in unserer gemeinsamen Kabinettssitzung, vor allem die 1968er seien gegen Heitmann, weil er die Tabus gefährde, die sie aufgerichtet hätten. Das ist sicher ein wichtiger Grund für den Widerstand, auf den er in wichtigen Teilen der Medien stößt. Hinzu kommt, dass Heitmann manches genauso formuliert, wie die Bürger es empfinden, nach Ansicht ihrer Medienvormünder aber nicht empfinden dürften. So machen sie Heitmann dafür verantwortlich, dass er ausspricht, was in den Köpfen ist, aber nicht gesagt werden darf. Nur so jedenfalls ist die Schärfe mancher Reaktion zu erklären.

25. September 1993

Gestern Abend waren wir wieder auf dem Buchberg. Es ist gut, dass er nicht näher bei Dresden liegt. Es würde mir sonst noch schwerer fallen als jetzt, nicht immer hier zu sein.

Heute Nachmittag in Ascholding. Wieder werden enorme Beträge für die Rettung kultureller Güter in Dresden und Umgebung gespendet. Ein Stein aus der Mauer mit der Unterschrift Reagans, die Frau Dussmann persönlich einholte, wird von ihrem Mann mit 120 000 DM ersteigert, eine für diesen Zweck gestiftete schöne, aber nicht überwältigende Pendeluhr um 1790 mit über 20 000 DM.

Später dann die Eröffnung einer Ausstellung Leipziger Künstler in Prien. Landrat Dieck und seine Frau und einige der Künstler sind gekommen. Ein Pressegespräch schließt sich an, in dem wieder die Frage gestellt wird, ob ich nicht doch Kohl verdrängen wolle. Die Absicht der Fragestellerin ist weniger von Boshaftigkeit als von der Hoffnung geprägt, es könnte stimmen. Man will Kohl nicht mehr.

Im ZDF-*Politbarometer* werden deutliche Veränderungen der politischen Landschaft sichtbar. Die Unzufriedenheit mit der Demokratie hat weiter zugenommen. 51 Prozent sind eher unzufrieden, 46 Prozent sind eher zufrieden. Und immer weniger der Befragten erklären, dass bei uns im Großen und Ganzen die richtigen Leute die führenden Positionen einnehmen: Im Juni waren es noch 26 Prozent, im September sind es 22 Prozent. Zwei Drittel in West und Ost glauben, es seien nicht die richtigen Leute. 49 Prozent wollen derweil lieber Scharping, 35 Prozent lieber Kohl als Bundeskanzler. Ungewogen liegen die Union in der Sonntagsfrage bei 32 Prozent, die SPD bei 37 Prozent, die FDP bei 5 Prozent und die Grünen bei 17 Prozent. Gewogen ist das Ergebnis nach Ansicht der Forschungsgruppe Wahlen 37, 37, 6 und 10 Prozent, die Republikaner liegen bei 5 Prozent. Kohl und Waigel rangieren auf der Skala der Beliebtheit unter zehn an letzter Stelle. Die Einführung einer europäischen Währung stößt mittlerweile bei 71 Prozent auf Ablehnung.

28. September 1993

Wieder in Dresden. Gestern Abend waren wir Gast bei Oskar Lafontaine und seinem legendären Koch. Richard von Weizsäcker und seine Frau waren die Ehrengäste. Von den 16 Ministerpräsidenten waren acht mit ihren Frauen erschienen. Von Weizsäcker suchte sogleich das Gespräch. Der *Spiegel* hatte am gleichen Tag berichtet, er habe sich abfällig über Heitmann geäußert und ihn als ungeeignet bezeichnet, Bundespräsident zu werden. Das Dementi, das das Präsidialamt daraufhin veröffentlicht hatte, erschien Bernd Vogel als zu schwach. Von Weizsäcker berichtete, Vaatz habe ihn besucht, sie seien schon länger verabredet gewesen. Das Gespräch sei nicht erfreulich gewesen. Er sei sich wie in einem Verhör vorgekommen. Vaatz neige wohl zu Fanatismus. Es sei schade, dass man sich kaum noch vertrauen könne. Heitmann wolle er am nächsten Tag anrufen und ihn zu einem Gespräch einladen.

Die Abendunterhaltung drehte sich vor allem um Politikverdrossenheit und die möglichen Ursachen. Rau, Voscherau, Lafontaine und Bernd beteiligten sich vor allem. Von niemandem spürte ich einen wirklichen Willen, den von allen als gefährlich empfundenen Vertrauensverlust kraftvoll zu überwinden. Wir saßen bis nach Mitternacht zusammen. Stoiber hatte heute seinen Geburtstag. Lafontaine schenkte ihm einen Stich vom Königlich-Bayerischen Landtag. Uns erschien die ganze Veranstaltung schon auf der Fahrt ins Hotel als merkwürdig entrückt, fast ein wenig makaber. Dem Land und seiner Führung, wie sie an diesem Abend versammelt war, fehlt das Vertrauen in die eigene Kraft. Von Weizsäcker bat um einen baldigen Besuch.

Im Kabinett sprachen wir heute noch einmal über das weitere Vorgehen bei der Beschlussfassung zur Kandidatur Heitmann. Er hatte sich am Abend zuvor in der Magazinsendung des MDR gut geschlagen und seine Äußerungen erläutert, die so heftig kritisiert worden waren. Sagurna hatte bei der Vorbereitung geholfen und war mit dem Ergebnis sehr zufrieden. Wir waren der Meinung, der Bundesvorstand müsse nun in seiner Klausurtagung am 1. und 2. Oktober die Kandidaturformel beschließen und dann mit der CSU zu einer gemeinsamen Linie finden. Kinkel hatte am Wochenende für die FDP erklärt, Heitmann sei nicht ihr Mann. Die FDP werde einen eigenen Kandidaten benennen. Frau Hamm-Brücher ist im Gespräch.

Alle waren mit mir der Meinung, Heitmann könne nicht länger als Kandidaten-Kandidat ohne den Schutz einer formalen Nomination bleiben. Die Vorstandsmitglieder aus Sachsen, so wurde beschlossen, würden eine solche Beschlussfassung auf der Klausurtagung beantragen. Heitmann müsse man die Gelegenheit geben, sich dort auch vorzustellen – schon um zu vermeiden, dass Mitglieder des Vorstandes eine Beschlussfassung mit der Begründung ablehnten, sie kennten ihn nicht. Wäre die Kandidatur erst einmal formell beschlossen, wären auch die Regionalfürsten der Partei, die sich jetzt noch abwartend verhielten, gezwungen, sich für Heitmann einzusetzen. Ich übernahm es, Kohl anzurufen und ihm zu schreiben.

Heitmann leidet unter den Diffamierungen und abschätzigen Kommentaren über ihn. Er habe nicht die Absicht aufzugeben, habe sich die Kandidatur aber nicht so schwierig und aufreibend vorgestellt. Vor allem für seine Frau sei sie eine große Belastung. Er wolle deshalb auch nicht ausschließen, dass er sich wieder zurückziehen könnte, wenn ihm das Ganze zu viel werde. Wir waren uns einig, dass er bis zu einer formellen Bestätigung nicht noch bis Ende Oktober warten könne.

Vaatz berichtete von seinem Gespräch mit von Weizsäcker. Er habe nach der Lektüre des *Spiegels* zunächst Meyer-Landrut angerufen, um ihn um ein Dementi zu bitten. Dieser habe sich eine Stunde später mit einem schwachen Text gemeldet, der ihm nicht ausreichend erschienen sei. Meyer-Landrut habe deshalb empfohlen, er möge mit dem Bundespräsidenten selbst sprechen. Diesen habe er dann auch telefonisch erreicht. In einem längeren, zum Teil unerfreulich harten Gespräch habe er ein klares Dementi nicht erhalten können. Der Bundespräsident habe sich außerstande gesehen, den Tenor der wiedergegebenen Kritik und abschätzigen Bemerkungen eindeutig zu dementieren. Zum Schluss hätten beide den eher verzweifelten Versuch unternommen, das Gespräch zu beenden.

Ihn habe von Weizsäcker morgens dann angerufen, berichtete Heitmann. Die Frage, ob er sich in der behaupteten Weise geäußert habe, habe er verneint. Das wolle er, Heitmann, ihm auch glauben, obwohl der *Spiegel* bei seiner Darstellung geblieben sei. Zu einem Gespräch habe er ihn allerdings nicht eingeladen. Vielmehr habe er gesagt, wenn Heitmann es für nötig halte, mit ihm zu sprechen, stehe er ihm zur Verfügung. Das Ganze ist wenig glücklich und Wasser auf die Mühlen der Heitmann-Gegner.

Heute abend *Bild*-Abend in den Kasematten der Brühlschen Terrassen. Ein wundervolles Bauwerk, das weitgehend wieder freigelegt worden ist. Unsere Leute waren fast alle gekommen, wir hätten eine Kabinettssitzung abhalten können. Die Auseinandersetzung um Heitmann hat uns einander nähergebracht.

29. September 1993

Heute Morgen habe ich mit Iltgen den neuen Plenarsaal besichtigt. Ein Bauwerk, weit gelungener als der Plenarsaal in Bonn, aber auch geprägt von Stilelementen, die nach meiner Überzeugung keinen dauerhaften Bestand haben werden. Wir bauen keine Bauwerke mehr, die den Anspruch manifestieren, ewig zu bestehen. Das muss kein Fehler sein, wenn der Verzicht auf diesen Anspruch bewusst geschieht. Ich vermute jedoch eher, dass postmoderne Moden dem Architekten die Feder geführt haben als tiefere Einsichten in die Vergänglichkeit alles Irdischen.

Im Inneren gibt es noch manchen Mangel zu beheben. So wird das Rednerpult viele Abgeordnete schon deshalb irritieren, weil es ihrem Körper keinen Schutz gewährt und viel zu nahe an der Regierungsbank steht. Ich kann von meinem Sitz aus den Redner praktisch berühren! Die Stirnseite des Plenarsaals ist mit den Konturen einer Landkarte Sachsens geschmückt, in der Löcher die Dichte der Besiedlung anzeigen sollen – eine eher blutleere Dekoration ohne jeden Bezug zur Geschichte und Eigenstaatlichkeit des Landes. Daneben hatte man die Absicht, drei Fußbodenöffnungen für drei Fahnenmaste vorzusehen, von denen einer die sächsische Fahne tragen sollte. Die beiden anderen wollte man für die Bundesfahne und die europäische Fahne vorsehen. Ich schlug vor, sich auf die sächsische Fahne zu beschränken und diese als Ausdruck der Staatlichkeit des Freistaates permanent zu installieren. Schließlich habe ich veranlasst, dass die Stenographen nicht vor mir, sondern vor der anderen Seite der Regierungsbank sitzen werden – jedenfalls so lange, als wir keinen Rollstuhlfahrer unter den Abgeordneten haben.

Dann Grußwort zur Eröffnung des Informatiker-Kongresses im Hygiene-Museum. Ich berichte von den drei Begegnungen, die ich in meinem Leben mit der Datenverarbeitung hatte: 1950 bei Dyckerhoff mit Hollerith, 1970 bei Henkel mit dem Großrechner und 1990 mit dem eigenen PC. Das Verhältnis zu ihm war zunächst verhaltene Zuneigung. Heute ist es von Leidenschaft gekennzeichnet – manche meinen schon, es weise Merkmale der Süchtigkeit auf. Sollte es so ein, ist es mir nicht bewusst.

Wichtig war mir vor allem die Erfahrung, dass die Bereitschaft, Informationen anzunehmen und zu nutzen, das heißt aber, Konsequenzen daraus zu ziehen, nicht Schritt mit unserer Fähigkeit gehalten hat, Informationen zu verarbeiten. Je größer unsere Fähigkeiten geworden sind, Informationen aus den verschiedensten Bereichen miteinander zu korrelieren, neben den hierarchischen auch analoge Beziehungen zwischen ihnen herzustellen und sie damit fruchtbar zu machen für neue Fragen und Probleme, umso geringer ist – zumindest relativ zur Fähigkeit ihrer Verarbeitung, zunehmend aber auch absolut – unsere Bereitschaft geworden, die erschlossenen Informationen unserem Handeln zugrunde zu legen oder für unser Handeln Konsequenzen daraus zu ziehen.

Diese wachsende Diskrepanz zwischen den technisch-naturwissenschaftlichen Möglichkeiten, die wir uns erschließen, und ihrem praktischen, für den Bürger sichtbaren Nutzen, kann auch die Wissenschaft selbst gefährden. Deshalb ist es gut, dass die Informatiker sich neben ihren Fachfragen mit inhaltlichen Fragen, wie Problemen der Ethik, befassen. Denn die Legitimation des wissenschaftlichen Aufwandes wird gefährdet, wenn das, was die Wissenschaft zur Verfügung stellen kann, immer weniger zur Bewältigung der Aufgaben herangezogen wird, die uns aufgegeben sind.

Meinhard ist seit Montag von seiner Fernostreise zurück. Heute Morgen haben wir wieder überlegt, wie man der wachsenden Entscheidungsunfähigkeit in Bonn begegnen kann. Die Koalition konnte sich wieder nicht auf ein Datum für den Umzug nach Berlin einigen. Der Bericht, den Kanther vorlegen sollte, enthielt keine Zahlenangaben und wurde deshalb zurückgegeben. Am Freitag hatte der Bundesrat bereits das Pflegeversicherungsgesetz mit der Begründung zurückgewiesen, es sei nicht beratungsfähig. Die dringend notwendige Entschädigungsregelung für enteignete Bürger der früheren DDR ist nach einer vernichtenden Anhörung praktisch gescheitert und muss neu erarbeitet werden. Heitmanns Kandidatur hängt immer noch in der Luft. Ich habe heute Kohl geschrieben und eine Beschlussfassung des Bundesvorstandes am 1./2. Oktober beantragt, zugleich im Namen von Eggert, Geisler und Milbradt.

Meinhard sieht, auch nach den Wahlen in Hamburg, eine gute Chance für eine Parteineugründung. Ich halte davon wenig, sollte ich derjenige sein, der sie gründet. Einmal würde ich die Sachsen im Stich lassen. Zum Zweiten schmeckt es nach Verrat, wenn man seine Partei verlässt und eine neue gründet, ohne die notwendigen Reformen in der eigenen Partei versucht zu haben. Deshalb werden wir wohl in der kommenden Woche erneut darüber reden, ob man Kohl im Februar durch die Forderung nach Wahl des Kanzlerkandidaten durch den Parteitag stellen soll. Erst wenn dies scheitert, kann man überhaupt an die Gründung einer neuen Partei denken. Zuvor müsste dann noch überlegt werden, ob man nicht mit der

CSU zusammengehen sollte, auch wenn es mit ihr keine Listenverbindungen geben kann und es für eine Fusion wahrscheinlich zu früh wäre. Noch immer zögere ich, mich mit dem Gedanken wirklich anzufreunden. Doch der Druck der Erkenntnis wächst, dass ich Schuld auf mich laden könnte, wenn ich die Dinge treiben lasse, obwohl ich die Möglichkeit hätte, eine Änderung zumindest zu ermöglichen. Dennoch: Wann immer ich mich solchen Gedanken nähere, meldet sich die Stimme der Vorsicht. In Sachsen habe ich eine solide Basis. Warum sollte ich sie verlassen und mich erneut all den Anfeindungen aussetzen, die mit einem Angriff auf Kohl verbunden wären – zumal die Aussichten, erfolgreich zu sein, nicht besonders groß sind.

Vorhin kam mir die Idee, Joschka Fischer einmal nach Dresden einzuladen. Mit ihm zu sprechen, wäre keine schlechte Idee – und es andere wissen zu lassen, auch nicht.

1. Oktober 1993

Bubis hat sich schon wieder zu Heitmann geäußert. Diesmal in einer Weise, die ich nicht unwidersprochen lassen kann. Heitmann, so Bubis, habe durch seine Äußerungen den Antisemitismus salonfähig gemacht. Im Grunde ein ungeheuerlicher Vorwurf gegen den sächsischen Justizminister. Am Sonntag soll Bubis nun zu unserer Feierstunde am Tag der Einheit im neuen Plenarsaal den Festvortrag beitragen. So rief ich Kohl an, um ihn zu fragen, wie ich mich verhalten solle. Wir einigen uns darauf, dass ich mit Bubis selbst reden sollte. Außerdem wollen wir die Reihenfolge der Redner am Sonntag verändern. Ich werde nicht vor, sondern nach ihm sprechen und, falls dies erforderlich sein sollte, die Dinge zurechtrücken, die er zum Thema gesagt haben könnte.

Kohl bestätigte bei dieser Gelegenheit, dass der Bundesvorstand in seiner Klausurtagung Heitmann offiziell zu unserem Kandidaten für das Amt des Bundespräsidenten bestimmen werde. Wir hatten einen entsprechenden Antrag gestellt, dem damit entsprochen wird. Heitmann wird dann nicht mehr nur der Wunschkandidat Kohls, sondern der Kandidat der CDU sein. Die CSU wird sich dem Votum anschließen.

Am Nachmittag – nach einem ausführlichen Interview mit der

Washington Post – bereiten wir in der Prellerstraße den CDU-Parteitag in Chemnitz vor, auf dem ich noch einmal als Landesvorsitzender gewählt werden soll. Meine politische Rede will ich diesmal, neben den Fragen, die das Land betreffen, vor allem zwei Themen widmen: der Entwicklung der Parteienlandschaft in Deutschland und den Zukunftsaufgaben in Deutschland. Die Ziele für Deutschland will ich an fünf Feldern demonstrieren: Arbeitsmarkt, soziale Systeme, Demografie, Umwelt und Europa. Beispiele sollen die Landwirtschaft und ihre Neuorientierung sein – wie auf der Agrarwirtschaftlichen Tagung –, die Folgen der demografischen Entwicklung für das Ausbildungssystem – lebenslanges Lernen –, Neuordnung des sozialen Systems statt Abbau und praktische Arbeitsmarktprobleme. Zum Sozialsystem kommen inzwischen Vorschläge für eine Art Grundeinkommen von der FDP, die bedenkenswert sind.

3. Oktober 1993

Es war ein würdiger Tag der Einheit in Dresden. Wir trafen uns im neuen Plenarsaal zur Feierstunde, die der Landtag ausgerichtet hatte. Der Saal ist schön, hat eine wundervolle Akustik und bietet durch die weitgeschwungene Fensterwand einen herrlichen Blick auf das andere Elbufer. Wir werden uns mit dem Parlament wohlfühlen in unserer neuen Behausung. Welch ein Wunder, dass wir sie genau auf den Tag drei Jahre nach der Einheit beziehen können.

Alle empfanden das Besondere der Stunde, wohl auch unser Festredner Bubis. Er sprach nach Iltgen, wie wir das verabredet hatten. Seine Rede war ausgewogen, ernsthaft und, vor allem im letzten Teil, auch sehr engagiert. Heitmann, der ihm direkt gegenübersaß – die beiden waren die Hauptattraktion des Tages –, erwähnte er mit keinem Wort. Nur, dass die Nachkriegsgeschichte noch nicht zu Ende sei, sagte er. Damit hat er recht. Denn nicht um die Nachkriegsgeschichte ging es Heitmann – sie kann nie zu Ende sein, wie Geschichte ganz allgemein nie zu Ende gehen kann, solange es Menschen gibt, die sich erinnern können. Zu Ende gegangen ist die Nachkriegszeit, wie Bush und andere, auch ich, es immer wieder gesagt haben und wie es auch Bubis nicht bestreitet. Worte können nachhaltige Irrtümer und Missverständnisse auslösen, wenn man sie nicht richtig zu nutzen weiß.

6. Oktober 1993

Nach 9 Uhr kam Stoltenberg zu Besuch. Eine Gruppe französischer Journalisten, die ich nachmittags auch sah, hatte ihn nach Dresden geführt. Er kümmert sich seit einiger Zeit um das deutsch-französische Verhältnis. »Stolti« saß kaum, als er auch schon anfing, über die politische Lage im Allgemeinen und die der Union im Besonderen zu klagen. Eine Weile hörte ich mir das an und trug auch meinen Teil dazu bei. Dann wollte ich wissen, was er denn dagegen zu tun empfehle. Die Politik der zu Ende gehenden Legislaturperiode sei, so Stoltenberg, durch schwere Fehler gekennzeichnet. Mit Kohl allein könne man keinen Wahlkampf gewinnen. Deshalb müsse man ein klares Konzept für den Wahlkampf erarbeiten, das geeignet sei, der Union wieder wirtschafts- und finanzpolitisches Vertrauen zu verschaffen. Er glaubte offenbar wirklich, dass das ginge. Vielleicht sah er sich auch selbst daran engagiert. In Wirklichkeit gibt es nur eine Lösung: den Führungsmann auszuwechseln. Davon sprach er nicht, obwohl er es wohl wusste.

Ausführliches Gespräch mit Heinrich Ostrop. Nachdem wir die üblich gewordene Klagerunde über die Zustände in Bonn und in der Partei hinter uns hatten, bat ich ihn, über folgende beiden Alternativen nachzudenken, die sich für mich stellen könnten, wenn ich selbst etwas gegen die bestehenden Verhältnisse unternehmen wollte:

1. Wir fordern, dass der Partei die Gelegenheit gegeben werden muss, bei der Entscheidung über die Kanzlerkandidatur der CDU für 1994 mitzubestimmen. Der Forderung wird entsprochen und für den Parteitag in Hamburg eine Abstimmung über die Kanzlerkandidatur vorgesehen. Dabei trete ich gegen Kohl an. Die Absicht, dies zu tun, gebe ich im Dezember bekannt und fordere die CDU-Landesverbände zugleich auf, mir Gelegenheit zur Erläuterung meines Programmes zu geben. Außerdem rege ich an, die Mitglieder der CDU an der Willensbildung über den Kandidaten für 1994 zu beteiligen.

Die Forderung nach Mitbestimmung der Partei könne nicht abstrakt erhoben werden. Sie müsse mit der Aussicht auf eine Entscheidungsalternative verbunden sein, sonst mache sie keinen Sinn. Deshalb müsse, wenn die Forderung nach Mitbestimmung erhoben wird, eine Bereitschaft zu kandidieren ebenfalls deutlich werden.

Beides gehöre zusammen. Die Bereitschaft zur Kandidatur wiederum müsse aus der politischen Notwendigkeit eines Kurswechsels abgeleitet und zugleich damit begründet werden, dass der Partei nicht länger eine Alternative vorenthalten werden kann. Es gehe nicht an, ständig über die Zustände zu klagen und sich gleichzeitig mit der Behauptung von der Alternativlosigkeit zu Kohl aus der Verantwortung zu stehlen.

2. Wir setzen die ohnehin notwendige Auseinandersetzung mit der Politik der Kohl-Regierung in der Sache fort. Schwerpunkte sind der Wirtschaftsstandort Deutschland, (also die Wirtschafts-, Sozial- und Finanzpolitik, Fragen des Arbeitsmarktes und der zukünftigen Entwicklung der Steuern und Abgaben), die Europapolitik nach Maastricht (West-Ost-Dimension, Entwicklung Osteuropas, Führungsrolle Deutschlands etc.) und die Bildungs- und Wissenschaftspolitik.

Gewinnt Kohl die Wahl nicht mit einer Mehrheit, die die Fortsetzung der gegenwärtigen Koalition erlaubt, dann trete ich bei der Wahl des Parteivorsitzenden gegen ihn an, falls er wieder kandidiert. Falls das Wahlergebnis eine große Koalition unter CDU-Führung notwendig macht, bewerbe ich mich um das Amt des Kanzlers. Voraussetzung für all dies ist ein ordentliches Landtagswahlergebnis in Sachsen. Es wird allerdings immer schwieriger, diese Voraussetzung zu sichern. Denn die fehlende Zustimmung zur CDU bei Bundestagswahlen beginnt sich auf die Bereitschaft auszuwirken, die CDU in Sachsen zu wählen. Das zeigt sich in der wachsenden Diskrepanz zwischen Zustimmung zu mir (nach wie vor würden mich bei einer Direktwahl des Ministerpräsidenten rund 70 Prozent wählen) und der Entwicklung der Antworten auf die Sonntagsfrage (von 53,4 Prozent-Wahlergebnis auf inzwischen 34 bis 38 Prozent). Eine derartige Differenz kann der Ministerpräsidenten-Bonus nicht mehr ausgleichen.

7. Oktober 1993

Heute Nacht habe ich wieder über diese Möglichkeiten nachgedacht – weniger prinzipiell als bereits taktisch. Ich gewöhne mich an den Gedanken, handeln zu müssen, und verliere die Scheu vor dem Konflikt, der damit verbunden sein wird. Das erleichtert die

Beschäftigung mit den anstehenden Fragen. Aber es bedeutet noch lange nicht, dass ich mich wirklich entscheiden werde, den Weg zu gehen, weder den ersten noch den zweiten.

Doch sollte Folgendes geschehen: In der nächsten Präsidiumssitzung sollte der Antrag gestellt werden, für die Beratungen im nächsten Bundesvorstand eine Analyse der gegenwärtigen demoskopischen Lage und der strategischen Erfordernisse zu erarbeiten, die sich daraus ergeben. Die Analyse sollte von der CDU-Bundesgeschäftsstelle in Zusammenarbeit mit der Konrad-Adenauer-Stiftung erstellt werden. Anders als 1978/79 werde ich diesmal nicht selbst aktiv werden – allerdings werden wir unsere eigene Analyse anfertigen und bereithalten. Die Untersuchung muss die Rolle und die Bewertung Kohls einbeziehen und Vorschläge enthalten, wie man die derzeitigen Defizite in der Bewertung Kohls überwinden kann.

Mit der Vorlage der Analyse muss eine Diskussion über die Aussichten eingeleitet werden, mit Kohl die kommenden Wahlen zu gewinnen. Reicht die Analyse der Adenauer-Stiftung dazu nicht aus, muss sie durch eigene Untersuchungen und Überlegungen ergänzt werden. Werden die Untersuchung der Sachverhalte und ihre Bewertung verweigert, muss darüber in der Öffentlichkeit gesprochen werden. Alles muss darauf angelegt sein, den Boden für eine mögliche Entscheidung im ersteren Sinn zu bereiten.

Inhaltlich kann eine eigene Kandidatur nicht alle offenen Fragen beantworten. Das Angebot an die Wähler kann nicht lauten: Ich weiß alle Antworten auf die neuen Fragen. Es kann nur lauten: Ich weiß, wie man die Antworten auf die neuen Fragen finden kann. Dazu muss erst einmal der Schwafel-Schutt weggeräumt werden, der uns den Zugang zu den Tatsachen versperrt. Es muss eine wirkliche Bilanz der augenblicklichen Stärken und Schwächen unseres Landes gezogen werden.

8. Oktober 1993

Noch vor wenigen Jahren wäre gestern in Moskau und anderen sozialistischen Ländern der Tag der Oktoberrevolution gefeiert worden. Gestern haben nicht einmal Leitartikel an dieses Ereignis und seine für die Nachkriegszeit bestimmenden Militärparaden erinnert. So schnell ist ein Weltreich zerfallen und in Vergessenheit geraten. Heute kämpft Jelzin um die innere politische und wirtschaftliche Stabilität Russlands, verliert Schewardnadse im Heimatstaat Stalins die Macht an Rebellen. Überall gerät die alte Ordnung ins Wanken. Wir streiten derweil über den CDU-Kandidaten für das Amt des Bundespräsidenten, spielen Personal- und Koalitionsspielchen, fallen übereinander her, wenn einer mit Argumenten aus der Reihe tanzt, und erhoffen uns, dass auf mirakulöse Weise gleichwohl unser Lebensstandard erhalten und unsere Zukunft gesichert sein möge. Welch ein romantisches Volk!

Morgen beginnt der Landesparteitag der Sächsischen Union in Chemnitz. Ich bin schon heute Nachmittag nach Chemnitz gefahren und wohne hier bis Sonntag im Hotel. Obwohl Dresden nur rund 70 km entfernt ist, dauert es dennoch sehr lange, um von einem Ort zum anderen zu kommen. Außerdem ist Ingrid unterwegs, so dass ich auch in Dresden alleine wäre.

Die Sitzung der Mitgliederversammlung des IWG gestern gehörte zu den interessantesten seiner Geschichte. Meinhard und seine Mitarbeiter stellten die Grundlagen der Standortstudie vor, die im kommenden Frühjahr erscheinen soll. Der Wirtschaftsstandort Deutschland ist noch immer attraktiv, aber gefährdet. Anstatt der ökonomischen die mentalen Ursachen zu verändern, die unsere weitere Entwicklung hemmen, wird weit schwieriger sein. Je länger ich mich mit dem Thema beschäftige, umso mehr Sorgen mache ich mir, ob wir die notwendigen Veränderungen noch rechtzeitig genug werden durchführen können. Die Droge staatliche Versorgung hat sich tief in das Bewusstsein der Bevölkerung gefressen. Ludwig Erhards Warnung, es sei gefährlich, der Bevölkerung trotz wachsenden Wohlstandes immer neue Versprechungen und Hoffnungen auf staatliche Leistungen zu machen, weil sie dadurch ihren Willen zur Freiheit und letztlich auch ihre Freiheit selbst verliere, erweist sich als prophetisch.

Meinhard berichtete den Kuratoren über die Schwierigkeiten, die das Innenministerium der Veröffentlichung der demografischen Studie des IWG in den Weg zu legen versuchte. Man hatte sich geweigert, die Genehmigung zur Veröffentlichung zu geben mit der Begründung, die Studie passe nicht in die politische Landschaft. Sie beschreibe mit ihrem Tatbestand einen politischen Handlungsbedarf, dem man nicht entsprechen könne. Deshalb müsse ihre Veröffentlichung unterbleiben. Nur der aufrechten Haltung der Beamten im Wissenschaftsministerium sei es zu verdanken, dass das Buch dennoch habe erscheinen können. Der Bericht löste in der Mitgliederversammlung eine lebhafte Diskussion über die Grenzen der Freiheit der Forschung und über die demokratische Ordnung, aber auch über die Notwendigkeit aus, unabhängige Institute wie das IWG zu haben. Für die Kuratoren war es ein Lehrstück, das die Bedeutung ihrer Unterstützung verdeutlichte. Im Grunde konnte man das alles nicht glauben und verstehen und war, konfrontiert mit der Wirklichkeit, eher erschrocken als empört.

Abends waren Ingrid und ich bei Ria mit Susanne und Clemens zum Essen. Susanne fände es gut, wenn ich, falls es zu einer formellen Beschlussfassung über den Kanzlerkandidaten kommen sollte, gegen Kohl oder für diese Aufgabe kandidieren würde. Nur könnte ich den Prozess nicht selbst in Gang setzen. Kohl unternehme bereits wieder alles Mögliche, um mir zu schaden, bis hin zur Verbreitung des unseligen Buches »Ich bin ich« als angebliche Erlebnisse Sabines. Immer wenn Kohl mich besonders fürchtet, taucht das Buch auf. Es kann mich nicht mehr erreichen.

Mit Wollziefer zu Abend gegessen. Er glaubt nicht, dass es Heinrich Ostrop gelingen könnte, in Nordrhein-Westfalen Kreisverbände zu finden, die eine Abstimmung über die Kanzlerkandidatur auf dem Parteitag in Hamburg beantragen würden. Die nordrheinwestfälische CDU sei am Ende. Sie habe keine Kraft mehr. Ihr politisches Personal habe nur noch ein Interesse: Posten und Positionen. Überall habe Kohl seine Leute platziert. Wie auch im Bundesvorstand, in dem die Mehrheit der Mitglieder von Kohl abhängig sei, sei auch in NRW keine eigene Initiative mehr zu erwarten. Dagegen hält er es für eine gute Idee, in der nächsten Präsidiumssitzung eine Untersuchung über die Wahlaussichten in Auftrag zu geben, die auch die Grundlagen eines Kanzlerwahlkampfes liefern könnte. Nur so könne man Kohl treffen.

Pflüger, MdB, hat sich gestern als erster CDU-Bundestagsabgeordneter gegen die Kandidatur Heitmanns ausgesprochen. Geißler hat ihn heute gegen den Vorwurf verteidigt, er sei unsolidarisch, mit der Feststellung, Loyalität sei nicht Gehorsam. Im Übrigen hat er mit guten Argumenten das Verfahren kritisiert, das dazu geführt hat, dass nun jede Partei mit einem eigenen Kandidaten antritt. Die

Gefahr nehme zu, dass Heitmann erst im dritten Wahlgang und dann nur knapp oder aber gar nicht gewählt werde. Eine knappe Wahl des ersten gesamtdeutschen Präsidenten sei die schlechteste aller Möglichkeiten. Man solle, meinte er, als ich heute mit ihm sprach, die Kandidatur annullieren und noch einmal den Versuch machen, einen gemeinsamen Kandidaten zu finden. Sein Wunschkandidat sei Rita Süssmuth, die auch im Osten des Landes ein hohes Ansehen genieße. Ich glaube nicht, dass sie mehrheitsfähig wäre. Die Heitmann-Kandidatur sieht er auch bei der CSU gefährdet, wenn bekannt wird, dass Heitmann sich bei der erneuten Reform des Paragraphen 218 für die Fristenlösung einsetzt.

Als wir heute Abend nach dem Landesvorstand über die Bundesvorstandssitzung sprachen, in der Heitmann nominiert worden war und ich berichtete, Rita Süssmuth habe die Sitzung und den Zwang zur offenen Abstimmung wie eine SED-Sitzung empfunden, meinte Geisler, er habe auch nicht den Mut gehabt, eine schriftliche Abstimmung zu beantragen. Wo sind wir hingekommen, dass solche Männer und Frauen Angst haben, sich für eine ordentliche Abstimmung einzusetzen.

9. Oktober 1993

Inzwischen neigt sich der erste Tag des Chemnitzer Landesparteitages dem Ende entgegen. Es ist ein guter Tag geworden. Die Delegierten vertreten eine Partei, deren Selbstbewusstsein gewachsen ist und die sich in ihrer Gemeinsamkeit wohl fühlt, ohne sie als geistlose Geschlossenheit misszuverstehen. Meine Rede ist mir gelungen und hat die Delegierten erreicht. Das gilt in besonderer Weise auch für das, was ich zu Heitmann und der Diskussion um Heitmann zu sagen hatte. Ich habe sie als »Selbstdiagnose der westdeutschen Gesellschaft und ihrer Medien« analysiert, die uns vor Augen führt, dass wir im Begriff sind, die Fähigkeit zu verlieren, wirklich bedeutsame Fragen angemessen und ausreichend gründlich, wenn auch im Streit miteinander, zu diskutieren und so tragfähige Entscheidungen vorzubereiten.

Hähle hat uns heute Nachmittag mit einer großen Rede überrascht. Ich bin stolz auf ihn und dankbar für das Talent, das sichtbar geworden ist. Die Delegierten haben ihm ebenfalls mit einer stehenden Ovation gedankt. Meine Wahl des ersten Stellvertreters, praktisch des Generalsekretärs, war richtig. Wenn zwei Talente, wie Hähle und Eggert, zusammenarbeiten, dann ist mir um die Sächsische Union nicht bange. Sie wird ihren Weg machen und einen wichtigen Einfluss auf die Gesamtpartei ausüben können. Zugleich hat Hähle gezeigt, dass man die Reform der Politik auch anders vorantreiben kann als Vaatz, ohne deshalb weniger zu bewirken. Die vielen Gespräche und die Zeit, die ich mir genommen habe, um mein Wissen und Denken weiterzugeben, beginnt Früchte zu tragen.

Mit Heitmann habe ich heute Mittag noch einmal länger gesprochen. Auch er wusste nicht, dass Kohl zu keinem Zeitpunkt das Gespräch über seine Kandidatur mit mir gesucht hat und es mir praktisch verweigerte, als ich es suchte. So ist der einmalige Zustand eingetreten, dass Kohl einen Kandidaten aus meinem Kabinett benennt, ohne mit mir vorher darüber zu sprechen. Eine intensivere Form der Verachtung für jede Form innerparteilicher Zusammenarbeit ist kaum denkbar. Mit Eggert habe ich vereinbart, dass ich am kommenden Montag im Präsidium über diesen Sachverhalt sprechen werde.

Auch Heitmann leidet unter der Art, wie ihm Leute zur Seite gegeben wurden, die ihn unterstützen sollen. Er habe, so sagte er mir, dagegen nichts unternehmen können, da er auf Hilfe angewiesen gewesen sei. Besonders peinlich war ihm die Mitteilung über den »Begleitschutz« aus dem Kanzleramt und dem Konrad-Adenauer-Haus. Wie ich sieht er die Gefahr, dass man seine Kandidatur ins Lächerliche ziehen könne. Wir werden in den nächsten Tagen überlegen, wie wir es ermöglichen können, ihn von Bonn abzunabeln, um ihm damit jedenfalls einen Teil seiner Unabhängigkeit von Kohl zurückzugewinnen.

11. Oktober 1993

Der Parteitag liegt hinter uns. Am Sonntag wurde ich mit 171 von 194 Stimmen erneut zum Vorsitzenden der Sächsischen Union gewählt, gut 88 Prozent gegenüber rund 80 Prozent vor zwei Jahren. Hähle erhielt 177 von 194 Stimmen, worüber ich mich besonders gefreut habe. Er ist nun, nicht nur in meinen Augen, der designierte

Nachfolger. Wie immer ging auch etwas schief: Diesmal waren es der Stimmzettel für meine Wahl, der keine Möglichkeit vorsah, mit Nein zu stimmen, und deshalb zurückgezogen werden musste, und die Melodie für die Hymne, die viel zu schnell gespielt wurde, so dass wir mit dem Singen kaum mitkommen konnten. Aber der Tontechniker, davon konnte ich mich noch überzeugen, war keine »rote Socke«. Er hatte es gut gemeint und im Laden eine CD mit den Nationalhymnen vieler Länder gekauft. Als konzertante Musik waren sie gut zu hören, als Gesangsbegleitung unbrauchbar.

Die Delegierten waren wieder ungewöhnlich diszipliniert. Gegen 6.00 Uhr am Sonntagabend waren noch immer 183 Delegierte im Saal und beteiligten sich an der Stichwahl zum Landesvorstand. Meine Stellvertreter sind jetzt Heinz Eggert, Arnold Vaatz (der Streit zwischen beiden ist damit internalisiert) und Schimpff. Alle drei sind, ebenso wie Hähle, erst nach der Wende zur CDU gekommen. Leider wurde keine Frau gewählt. Zwei Kandidatinnen standen sich im Weg und konnten sich auch in der Stichwahl nicht darauf verständigen, wer von ihnen zugunsten der anderen zurücktreten sollte. Das nächste Mal werden sie es besser machen.

Der Landesvorstand ist gut zusammengesetzt. Die Partei hat damit ihre Regeneration abgeschlossen. In der Sächsischen Union muss hinfort nicht mehr über Vergangenheitsbewältigung gesprochen werden. Zum Schluss der Antragsberatung beschloss der Parteitag noch eine Empfehlung an die Gliederungen, für Mandate keine Kandidaten zu wählen, die in der Partei früher führende Funktionen hatten. Damit hat sich auch die Beratung weiterer Handreichungen der Bundespartei erledigt, wie die Ost-CDU mit der Vergangenheit umgehen soll. Wir werden uns an derartigen Beratungen, zu denen die Bundesgeschäftsstelle eingeladen hat, nicht länger beteiligen.

12. Oktober 1993

Die 123. Kabinettssitzung hatten wir heute. Kein Jubiläum aber Erstaunen über die Zahl und damit den Weg, den wir bereits zurückgelegt haben. Die Tagesordnungen werden kürzer. Die wesentliche Arbeit ist bereits getan. Was jetzt ansteht, wird weniger im Kabinett als in vielen Einzelgesprächen entschieden.

Morgens schon rief Münch an, um für eine Teilnahme Wissmanns am Kamingespräch der Ministerpräsidenten in Bonn zu plädieren. Wir hatten es bereits versucht, waren aber an der SPD gescheitert. Nun versuchten wir einen Kompromiss und waren erfolgreich. Wissmann wird später dazustoßen und sein Konzept für die Bahnreform erläutern. Deprimiert zeigte sich Münch von der Präsidiumssitzung. Man könne keinen Gedanken mehr zu Ende führen, ohne unterbrochen zu werden. Nichts werde richtig durchdacht. Die Treffen seien weitgehend wertlos. Er sei zunehmend ratlos, wie alles weitergehen solle. Gegen Bonn ließen sich auch bei uns keine Wahlen mehr gewinnen. Dies beschwere ihn besonders, denn seine Aussichten, die kommenden Landtagswahlen zu gewinnen, seien ohnehin nicht besonders groß. Münch hat seine Haltung zu Kohl wesentlich geändert. In Sachfragen wird er zunehmend unser Verbündeter, etwa in der Bahnreform oder beim Sparpaket, soweit es um die Verlagerung bisheriger Ausgaben des Bundes auf die nachgeordneten Ebenen geht.

Im Kabinett sprachen wir noch einmal mit Heitmann. Er hat heute in der *FAZ* einen ausgezeichneten Beitrag über Vergeltung, Vergebung, Amnestie und Versöhnung; eine begriffliche Klarstellung, mit der man gut argumentieren kann. Wir haben ihn gewarnt, sich nicht als Wertkonservativer missbrauchen und in den Wahlkampf einbeziehen zu lassen. Wenn er auf diese Weise daran gehindert werde, der Präsident aller Deutschen zu werden, dann werde auch seine Präsidentschaft kein Erfolg werden. Für Kohl ist die Heitmann-Kandidatur inzwischen zum Test geworden. Die Schlagzeile in einer Zeitung, die Kohls Ausspruch in dem Satz zusammengefasst hat »Kohl: Heitmann soll fertiggemacht werden«, müsste eigentlich lauten: »Kohl soll fertiggemacht werden«. Kohl erwartet sich von der Konfrontation über »wertkonservativ« und »links« offenbar eine Solidarisierung der CDU für seinen Kandidaten. Ob dies noch einmal gelingen kann, erscheint mir immer fraglicher. Diese Konfrontation ist zudem für die kommende Bundestagswahl ungeeignet.

Die FDP hat inzwischen einstimmig Frau Hamm-Brücher nominiert. Zwar rechnet niemand mit ihrer Wahl. Eine Richtungsentscheidung ist es dennoch. Denn Hildegard Hamm-Brücher ist eine Verfechterin der sozialliberalen Koalition. Die Stimmen, die die

FDP für sie abgeben wird, können kaum anschließend zu Heitmann gehen.

14. Oktober 1993

Auf den Tag drei Jahre nach der Landtagswahl tagen wir zum ersten Mal im neuen Plenarsaal. Niemand erinnert daran, dass es der Jahrestag der ersten freien Landtagswahlen in Sachsen war. Der erste Tagesordnungspunkt, zu dem es eine Aussprache gab, war ein Gesetz über die Umzugskosten für Beamte. Förster, SPD, hielt das fälschlicherweise für eine Grundsatzfrage und nutzte die Debatte über die Vorlage, die den zuständigen Ausschuss in wenigen Minuten einstimmig passiert hatte, zu einer Polemik gegen die Verbeamtung. Auch das Banale hat seine Würde.

Eindrucksvoll dagegen der Zwischenbericht des Untersuchungsausschusses, der Machtmissbrauch in der DDR auf die Spur kommen soll. Dass der Bericht gerade an diesem Tag zur Behandlung anstand, war ein wichtiger Zufall, fast eine Fügung: der Jahrestag der freien Wahlen, die erste Sitzung im neuen Parlamentsgebäude und die Abrechnung mit der SED und ihrem Unterdrückungssystem. Die PDS-Landtagsabgeordneten waren teilweise irritiert und verwirrt, teilweise, wie ihr Anführer, ungewöhnlich aggressiv. Ein eher schreiender Bartl beendete mit seinem Beitrag die Debatte. Während er sprach, leerte sich das Plenum.

16. Oktober 1993

Deutsch-französisches Treffen in Evian. Schäuble und ich flogen gestern mit der Bundeswehr nach Genf. Die Unterhaltung im Flugzeug war nicht sehr ergiebig. Nur kurz sprachen wir über Heitmann. Schäuble ließ erkennen, dass er noch immer eine Kandidatur von Richard Schröder vorziehen würde, jetzt aber Heitmann als den Kandidaten der CDU unterstütze. Leider habe Kohl seine ursprüngliche Absicht, einen gemeinsamen Kandidaten mit der SPD zu suchen, nicht verwirklichen können oder wollen. Die CSU vor allem habe einen SPD-Kandidaten abgelehnt.

In der folgenden Gesprächsrunde mit Delors, Scharping, Schäuble, mir und Lamassoure, dem französischen Europaminister, zeichnete

Delors ein pessimistisches Bild Europas. Die Völker in Europa, mit Ausnahme Dänemarks und Großbritanniens, sind aufgewacht und wollen Europa. Das Bundesverfassungsgericht hat den Deutschen dabei bestimmte Grenzen gezogen. Jugoslawien ist eine Tragödie. Europa konnte die Tragik nicht verhindern. Zwischen Frankreich und Deutschland zeigen sich große Meinungsverschiedenheiten. Wir befinden uns in einer doppelten Rezession. Es gibt keine Konvergenz der Währungen mehr. Die Arbeitslosigkeit nimmt in allen EG-Ländern zu.

Der Vertrag von Maastricht ist zweideutig. Deutschland und Belgien verbinden mit der politischen Union föderale Vorstellungen. Frankreich nimmt eine ambivalente Position in der Mitte ein. Man neigt jetzt eher zu einer Freihandelszone, ohne einen gemeinsamen politischen Willen zu haben. Vor allem: Maastricht hat keine Vorkehrungen für die Erweiterung der EG gebracht. Dennoch muss man die Errungenschaften und die Vorteile sehen. Der gemeinsame Markt ist verwirklicht. Es gibt eine regionale Solidarität, die eine wirtschaftliche und soziale Kohäsion erzeugt. So stammen 6 Prozent des griechischen Bruttoinlandsprodukts aus den Kassen der EG. Die EG leistet humanitäre Hilfe für mehrere Länder. Die EG arbeitet auch an der Lösung der noch offenen Probleme. So wird es in Kürze ein Weißbuch zur europäischen Wirtschaft geben. Es wird auch Vorschläge zum Aufbau Jugoslawiens, des Nahen Ostens und Teilen von Afrika enthalten.

Die Beitrittsverhandlungen mit den EFTA-Staaten laufen erfolgreich. Offen ist, welche intitutionellen Strukturen geschaffen werden müssen: Mehr Kommissare oder weniger, weitere Rotation der Präsidentschaft, Ausbau des Parlamentes? Dennoch: Die Verfahren der Willensbildung und Entscheidung in Europa sind umständlich und müssen vereinfacht werden. Niemand sieht mehr durch, wie Entscheidungen zustande kommen. Demokratie muss einfach sein.

In meinem eigenen Beitrag kam es mir auf folgende Punkte an: 1) Die Zeit von 1945 bis 1989 war in der europäischen Geschichte eine Ausnahmesituation. Maastricht stellt den Abschluss der EG-Entwicklung vor der Öffnung Osteuropas dar. Der Vertrag hat diese neue Situation, praktisch die Wiederherstellung der europäischen Normalität, nicht gesehen. Deshalb muss der Maastricht-Prozess nach der Ratifikation des Vertrages weitergeführt werden. Europa muss um eine West-Ost-Dimension erweitert werden. 2) Wie unsere nationalen Volkswirtschaften auf die Öffnung Osteuropas reagieren werden, ist offen. Sie werden mit Sicherheit verschieden reagieren. Die politische Kohäsion Europas reicht nicht aus, um eine gemeinsame Reaktion sicherzustellen. Denn die Umverteilung der Arbeit in Europa, die in den kommenden Jahren stattfinden wird, wird in den einzelnen Ländern zu unterschiedlichen politischen Reaktionen führen. Diese unterschiedlichen Reaktionen werden auch die Wechselkurse beeinflussen. Schon aus diesem Grunde ist es unwahrscheinlich, dass sich unsere Währungen in einer Weise einander annähern, die eine Währungsunion möglich macht. Karlsruhe hat noch einmal, zu Recht, die Bedeutung der Kriterien betont. Vor allem hat die Entscheidung den Automatismus beseitigt, den Maastricht vorsieht. Der Bundestag muss neu entscheiden, ob die Währungen miteinander verbunden werden sollen. Frühere Festlegungen können (entgegen Schäubles Meinung) spätere Parlamente nicht binden. 3) Zu einer gemeinsamen Außen- und Sicherheitspolitik, die diesen Namen verdient, ist es bisher nicht gekommen. Dieser Mangel ist für das Desaster auf dem Balkan verantwortlich. Auch hier brechen die alten historischen Strukturen wieder auf, die während der Ausnahmesituation der letzten Jahrzehnte verdeckt waren. Frankreich müsste in den Verbund der NATO zurückkehren, zumindest sein Verhältnis zum Bündnis normalisieren, und einsehen, dass seine atomaren Systeme ihre politische Bedeutung verloren haben. 4) In Deutschland, mit einer zeitlichen Verzögerung auch in Europa, findet eine demografische Revolution statt. Die deutsche Bevölkerung wird in wenigen Jahren im Durchschnitt 50 Jahre alt sein. Eine vergreisende Bevölkerung verhält sich gegenüber Visionen anders als eine junge. Das Gleiche gilt für die Fähigkeit und Bereitschaft der Bevölkerung zu Innovationen. Mit zunehmendem Alter wendet sich der Blick eher zurück auf bisher Erreichtes als nach vorne auf neue Ziele. Jedenfalls haben wir mit einer demografischen Situation, wie sie sich derzeit entwickelt, keine Erfahrungen. Vor allem wissen wir nicht, in welchem Umfang eine alternde Bevölkerung bereit ist, Gegenwartsinteressen, etwa im Bereich der Sozialpolitik, zugunsten zukünftiger Notwendigkeiten zurückzustellen. 5) Nicht nur in Deutschland, sondern in allen Mitgliedstaaten der EG stehen die Volkswirtschaften vor der Notwendigkeit, den Einsatz ihrer Ressourcen nachhaltig zu verändern. Der europäische Lebensstandard kann nur erhalten werden, wenn die Europäer in der Lage sind, ihren technisch-naturwissenschaftlichen Vorsprung durch ständige Innovationen und Neuentwicklungen zu sichern. Die Innovationshöhe im Verhältnis zu Volkswirtschaften mit geringerem Lebensstandard muss der Differenz der Lebensstandards entsprechen. Die damit verbundenen Umverteilungen werden auf eine Bevölkerung stoßen, die sich in ihren Besitzständen eingerichtet hat. Welche Aussicht besteht, diese Besitzstände zu überwinden? Können wir davon ausgehen, dass die politischen Ordnungen in den Mitgliedsländern mit den Widerständen in vergleichbarer Weise fertigwerden können? Wenn nicht (Beispiel Griechenland): Welche Konsequenzen werden wir aus den Disparitäten ziehen, die dadurch entstehen? 6) Was wird die europäische Gemeinschaft in Zukunft zusammenhalten? Wird es eine Vision sein, wie Delors es für notwendig hält, oder werden die neuen Gefahren für unsere Lebensweise es sein oder beides? Welchen Beitrag kann die gemeinsame europäische Kultur leisten, die vor allem Frankreich auch im Rahmen der GATT-Verhandlungen vor Überwältigung durch die USA schützen will? Ist nicht die Tatsache, dass ein solcher Schutz für notwendig gehalten wird, ein Indiz für die geringe identitätsstiftende Wirkung einer europäischen Kultur? Wie unterstützen die Institutionen, die wir in Europa geschaffen haben, den Zusammenhalt der europäischen Gemeinschaft und welche Bedeutung haben in diesem Zusammenhang besondere Beziehungen zwischen einzelnen Mitgliedstaaten, zum Beispiel zwischen Frankreich und Deutschland (Achse Paris-Bonn)? Welche Bedeutung hat die NATO als nicht nur militärisch definierte atlantische Gemeinschaft?

20. Oktober 1993

Kreisbereisung in Oelsnitz. Es ist erstaunlich, was der Landrat und die Bürgermeisterin in diesem kleinen Kreis inzwischen auf die Beine gestellt haben. Mehrere Gewerbegebiete sind weitgehend vergeben. Interessante Investoren haben sich angesiedelt. Man kämpft um die Zukunft. Ich sollte häufiger ins Land fahren. Dort kann ich mir wirklich Mut holen, wenn ich ihn zu verlieren drohe.

Abends sind Heitmanns bei uns. Er war tags zuvor in der Bundestagsfraktion gefeiert worden. Zwar wurde wieder offen abgestimmt. Aber seine Position in der CDU ist gleichwohl gestärkt. Das hilft ihm. Rita Süssmuth ging mit ihren kritischen Anmerkungen unter. Man hat sie wohl regelrecht ausgebuht. Viel Frust machte sich dabei Luft, der weniger mit Heitmann als mit der Unabhängigkeit Ritas selbst zu tun hat. Sie ist bereits in ihrem Wahlkreis aufgestellt und deshalb nicht mehr gefährdet. Aber Bundestagspräsidentin wird sie wohl nicht wieder werden – vorausgesetzt, wir stellen noch die stärkere Fraktion.

Mit Heitmanns sprechen wir erst gegen Ende des Abends über den weiteren Gang seiner Kandidatur. Ich rate ihm, sich langsam aus der Umarmung Kohls zu lösen und nicht mehr davon zu sprechen, dass der gegen ihn gerichtete Widerstand eigentlich Kohl meine. Auch solle er Formulierungen wie die »er werde durchhalten« nicht mehr verwenden. Für die Bundespräsidenten-Kandidatur sei dies nicht angemessen, denn es betone die polarisierende Wirkung der Bewerbung. Sein Ziel müsse es sein, mehr Beiträge wie den in der *FAZ* zur Vergangenheitsbewältigung in Ostdeutschland zu schreiben. Zu Themen, zu denen er sich äußern wolle, stünde ich ihm gerne zur Verfügung.

Die Aussichten für seine Kandidatur sind inzwischen nicht besser geworden. Die Zustimmung der Bundestagsfraktion kann nicht darüber hinwegtäuschen, dass Heitmann in der Bevölkerung keinen Rückhalt findet. Das werden die MdBs in ihren Wahlkreisen zu spüren bekommen. Sie werden sich, wenn die Begründungslast zu groß wird, auf das Argument zurückziehen, auch der Fraktionsvorsitzende habe ja den Gedanken an einen Konsenskandidaten nicht aufgegeben. Dabei spielt eine Rolle, dass die FDP sich in der Ablehnung Heitmanns immer weiter festlegt. Kinkel kann, selbst im dritten Wahlgang, seiner FDP-Fraktion in der Bundesversammlung nicht mehr zumuten, für Heitmann zu stimmen. Wenn die Union Rau verhindern will, muss sie deshalb einen Alternativvorschlag machen. Wahrscheinlich wird sie Roman Herzog vorschlagen. Besser noch wäre es, dieser Vorschlag käme zu Beginn des kommenden Jahres. Denn für unsere Kommunalwahlen wäre es nicht gut, wenn der endgültige Kandidat erst im dritten Wahlgang sichtbar würde. Er wäre dann durch die FDP erzwungen worden.

21. Oktober 1993

Nach drei Jahren, fast auf den Tag genau, war ich wieder zu einer Betriebsversammlung im Kraftwerk Thierbach eingeladen. Der Vorsitzende des Gesamtbetriebsrates, Heibutzki, wollte damit zugleich den Wahlkampf für die Betriebsratswahl im kommenden Frühjahr eröffnen. Als wir beim Werkstor angelangten, trafen wir auf etwa 200 demonstrierende Bergleute. Sie hatten sich mit Transparenten bewaffnet, auf denen sie mir einen heißen Winter prophezeiten. Statt durch ihre Reihen zu fahren, stieg ich aus und lud sie ein, an der Betriebsversammlung des Kraftwerkes teilzunehmen. Dort könnten sie auch ihre Argumente vortragen. Heibutzki schloss sich der Einladung an.

Die Versammlung selbst verlief, entgegen aller Vorhersagen, friedlich und konstruktiv. Heibutzki setzte mit seinem Eröffnungsreferat den kooperativen Ton. Ich erläuterte unsere Position, die von Anfang an von der Fortführung des Kraftwerkes und des Bergbaus ausgegangen war. Heibutzki erinnerte an die Wette, die wir seinerzeit abgeschlossen hatten. Er sei glücklich, sie verloren zu haben. Mir war wichtig, auch in der Diskussion, deutlich zu machen, was der Staat kann und welche Grenzen ihm gezogen sind. Nie habe ich etwas versprochen, was ich nicht halten könne. Daran werde sich auch in Zukunft nichts ändern. Wenn die Bergleute, wie eine Diskussionsrednerin das erklärt hatte, Druck machen und immer wieder die Regierung fordern wollten, so hätte ich dagegen nichts einzuwenden. Es würde jedoch nicht dazu führen, dass wir mehr zusagen oder unternehmen würden, als ich verantworten könne. Eine weitere Verschuldung des Landes könne ich nicht verantworten. Sie werde deshalb auch nicht stattfinden.

24. Oktober 1993

Ein ausgefüllter Sonntag! Er beginnt mit einem Gespräch über das weitere Verfahren bei der Sanierung der noch vorhandenen Treuhand-Unternehmen, zu dem ich neben Schommer, Milbradt und Thiele auch Herrn Tränkner von der THA eingeladen habe. Wir wollen ihn und seine Mannschaft als Mitstreiter für die Aufgabe gewinnen. Tränkner ist bereit, die Treuhand zum Jahreswechsel für die Aufgabe zu verlassen, wenn die notwendigen Voraussetzungen geschaffen werden können. Dazu brauchen wir vor allem die Bundesregierung, in Sonderheit Waigel. Er müsste den finanziellen Rahmen schaffen, in dem wir den Unternehmen, die saniert werden können, die notwendige Zeit für ihre Genesung sichern können. Tränkner macht auf mich einen sehr dynamischen und optimistischen Eindruck, wenn er auch nicht ganz mein Fall ist. Er besitzt zweifellos die Fähigkeiten und die Energie, die man für diese komplizierte Aufgabe braucht. In der THA leitet er die Abwicklung von Unternehmen. In ihrem Rahmen hat er bereits erhebliche Sanierungserfolge erzielt. Ihn zu gewinnen, war auch Düvels Idee.

Gegen Mittag kommt der ukrainische Präsident Krawtschuk. Die Ukraine bezieht ihren inneren Zusammenhalt vor allem aus der Konfrontation mit Moskau, also Russland. Das Land selbst teilt sich praktisch in drei Teile: den westlichen, der früher polnisches Gebiet, mit Lemberg, umfasst hat und der der europäischste Teil ist; den mittleren, in dem Kiew liegt, und den östlichen, der am stärksten durch Russland beeinflusst ist. Seine innere Stabilität ist deshalb gering. Dies erhöht die Versuchung Moskaus, sich in die inneren Konflikte einzumischen und die Unabhängigkeit dadurch zu beeinträchtigen. Außerdem sind nach wie vor die alten Kräfte am Werk, die sich nach der zentralistischen Sowjetunion zurücksehnen, der sie ihre einstige Macht und ihre Privilegien verdanken.

Krawtschuk weiß um all die Schwierigkeiten. Aber er weiß auch, dass die Ukrainer nicht bereit sein werden, ihre Unabhängigkeit noch ein drittes Mal an Russland abzugeben. Man ist entschlossen, sie diesmal erfolgreich zu verteidigen. Deshalb ist man auch nicht bereit, auf die nuklearen Systeme zu verzichten, die aus sowjetischen Zeiten auf die Ukraine übergegangen sind. Drei Bedingungen nannte Krawtschuk: eine Sicherheitsgarantie für die Ukraine, wohl am liebsten eine Mitgliedschaft in der NATO, auch gegen Angriffe Russlands; technische Hilfe bei der Entsorgung der Systeme; finanzielle Hilfe bei den Kosten der Entsorgung. Zu Tschernobyl befragt erklärte Krawtschuk, die stillgelegten Kraftwerke seien gefährlicher als die aktiven. Man sei nicht glücklich über die Kraftwerke, habe sie jedoch nachgerüstet und fühle sich deshalb jetzt sicherer. Sie vom Netz zu nehmen sei auch deshalb nicht möglich, weil es für die Energieausfälle keinen Ersatz gäbe.

25. Oktober 1993

Heute war ein wichtiger Tag. Der Bundespräsident zeichnete mich mit dem höchsten Orden aus, den er zu vergeben hat: dem Großen Verdienstkreuz mit Stern und Schulterband. Wir hatten neben Miegels nur noch Ria eingeladen, an der kleinen Zeremonie in der Villa Hammerschmidt teilzunehmen. Von Weizsäcker würdigte meine Verdienste nicht nur in Sachsen, sondern bereits als Wissenschaftler, Manager und Generalsekretär der CDU. Es war eine Lobrede, wie ich sie nur selten zu hören bekam. Ich antwortete ihm, den Orden nähme ich nicht nur für mich, sondern vor allem für die Menschen in Sachsen und in Ostdeutschland entgegen. Er habe mich mit seinem Lob beschämt, aber auch glücklich gemacht.

Nach einer kurzen Plauderpause mit den Gästen schloss sich ein Gespräch unter vier Augen an. Nicht nur Heitmann und dessen Kandidatur, auch der Zustand des Landes und seiner Führung bereiten dem Bundespräsidenten Sorge. Er brachte sie in unserem Gespräch auf vielfältige Weise zum Ausdruck. So meinte er, ebenso wie wir, man müsse eine große Koalition unter Kohl verhindern, Schäuble könne auch nicht Kanzler werden. Sein jüngst verstorbener Freund Axel von dem Bussche, der im Krieg ein Bein verloren habe, habe ihm schon zu Beginn der Vorsitzendenschaft Schäubles erklärt, die CDU müsse verrückt sein. Einem derartig behinderten Mann dürfe man keine Letztverantwortung zumuten. Man dürfe sie ihm aber auch nicht anvertrauen. Von Weizsäcker will mit Schäuble sprechen, um zu erfahren, ob er wirklich das Kanzleramt anstrebe. Meinhard meinte später, er glaube nicht, dass Schäuble sich von von Weizsäcker überzeugen lassen werde.

5. November 1993

Fragen des Arbeitsmarktes und des Wirtschaftsstandortes Deutschland haben mich in den vergangenen Tagen so in Anspruch genommen, dass ich meine Aufzeichnungen vernachlässigen musste. Deshalb jetzt in Kürze die wichtigsten Ereignisse der letzten Tage:

26. Oktober: Mit dem Kabinett beginnen wir bereits kurz nach acht, um uns auf die gemeinsame Sitzung mit dem Fraktionsvorstand vorzubereiten. Es geht um den Haushalt 1994, den letzten die-

ser Legislaturperiode. Den Übergang vom Fonds »Deutsche Einheit« zum Solidarpakt müssen wir 1994 mit einer Verschuldung ausgleichen, die weit über das hinausgeht, was man unter normalen Bedingungen hätte verantworten können. Rund 22 Prozent des Haushaltes werden durch Kreditaufnahme finanziert werden; mit rund 1700 DM pro Einwohner werden wir uns verschulden. Die Gesamtverschuldung der Bayern beträgt nur rund 2800 DM pro Einwohner.

Der Fraktionsvorstand hatte sich drei Problembereiche als besonders dringlich notiert: Polizei, Förderschulen und Hochschulen. In allen wollten die jeweiligen Arbeitskreise zusätzliche Stellen und damit Ausgaben beschlossen haben. Die Polizei hatte uns bereits anlässlich der Klausurtagung in Leipzig beschäftigt. Deshalb war es relativ einfach, Bandmann davon zu überzeugen, dass neue Stellen erst beschlossen werden können, wenn alle Reserven im Bestehenden ausgeschöpft sind. Zu den Förderschulen konnte ich zusagen, dass wir die noch offenen Fragen bis zum März nächsten Jahres entschieden haben werden.

Eine veritable Auseinandersetzung gab es über den Antrag, auf die geplanten Stellenkürzungen im Hochschulbereich zu verzichten. Rößler hatte sich zu der Drohung verstiegen, man werde dem Haushalt sonst nicht zustimmen. Ich explodierte und ließ die versammelte Runde wissen, dass sie sich dann einen neuen Ministerpräsidenten suchen müssten. Das half, die Gemüter zu beruhigen und den Blick für das Machbare zu schärfen. Am Ende kam heraus, dass die Wahlkreisabgeordneten Probleme haben, die Notwendigkeit weiterer Eingriffe in den Personalbestand der Hochschulen zu begründen. Unter der Begründungslast gehen sie in die Knie und machen Zusagen, die sie dann in der Fraktion einlösen wollen.

So mache ich den Vorschlag, mit den Rektoren und Kanzlern selbst zu sprechen und mit ihnen zu klären, ob sie wirklich nicht auf weitere 1,5 Prozent ihres Personals verzichten können. Professor Meyer war darob wenig glücklich. Er bäte um einen Gesprächstermin, ließ er mich anschließend wissen; er müsse ein ernstes Gespräch mit mir führen. Es wird nicht das letzte gewesen sein.

Nach einem Besuch bei der Jahrestagung der SPAR-Organisation in Dresden, auf der ich sie für ihre mittelstandsfördernden Aktivitäten lobte, traf ich mich mit der Arbeitsebene des Sächsischen Ministeriums für Wissenschaft und Kunst und des Sächsischen Ministeriums für Wirtschaft und Arbeit zu einem Gespräch über die Koordination der außeruniversitären Forschung mit der Wirtschaft im Lande. Zwar arbeiten die beiden Häuser inzwischen recht gut zusammen. Aber sie warten eben, wie bei Bürokratien üblich, bis jemand kommt und ihre Dienste in Anspruch nehmen will. Ein aktiver, werbender Impuls geht von ihnen dagegen bisher nicht aus. Darauf jedoch kommt es mir gerade an. So beschließen wir, dass ein Konzept für die Einrichtung einer, vielleicht auch privatwirtschaftlich organisierten, Gruppe entwickelt und mir vorgelegt werden soll, die im werbenden Sinn die Möglichkeiten der Zusammenarbeit beiden Seiten nahebringen kann.

Abends hatte ich das Kabinett wieder einmal zum Essen in die Schevenstraße eingeladen. Diese Treffen sind, auch wenn sie nicht häufig stattfinden, eine wichtige Ergänzung unserer Kabinettsarbeit. Hauptpunkte waren Fragen des herannahenden Wahlkampfes, Methode und Darstellung der Landesregierung, Abgrenzung zu Bonn und weitere Pläne der Minister – vor allem ihr Wunsch, als Abgeordnete in den Landtag einzuziehen, soweit sie noch nicht dazugehören. Aber wir sprachen auch über den Arbeitsmarkt, die Kandidatur Heitmanns und die Entwicklung in Sachsen und in Deutschland.

Heitmanns Kandidatur hat unterdessen ruhigere Gewässer erreicht. Die zum Teil unverständlich gehässige Atmosphäre in zahlreichen Medien ist einer ruhigeren Betrachtung gewichen.

28. Oktober: Jahres-Ministerpräsidentenkonferenz in Mainz. Ingrid und ich kommen bereits gegen 9.00 Uhr im Mainzer Hilton an und genießen unsere Suite, den herrlichen Blick auf den Rhein und das strahlende Herbstwetter. In der Vorbesprechung führe ich als bisheriger Vorsitzender der MPK weiter den Vorsitz – bis zum kommenden Jahr. Dann wird, seine Wiederwahl vorausgesetzt, Münch den Vorsitz der MPK und damit gleichzeitig auch den der B-Länder übernehmen. Wird er nicht wiedergewählt, bleibt die Aufgabe weiter an mir hängen – was leider wahrscheinlicher ist. Die Staatskanzlei hat die Sitzungen wieder sehr gut vorbereitet. Insbesondere in Wagner habe ich einen ausgezeichneten Mann. Falls ich in Dresden bleibe, wird er der nächste Staatssekretär in der Staatskanzlei werden.

Zwei Fragen beschäftigen uns vor allem in Mainz: die Bahnreform und die Pflegeversicherung. Zur Erörterung der Bahnreform haben wir noch einmal Wissmann und Dürr eingeladen. Nach den bisherigen Gesprächen, auch dem persönlichen, das ich mit beiden wenige Tage zuvor geführt hatte, ist Wissmann klar: Eine statische Betrachtungsweise der Kosten, die wir in Ostdeutschland aufwenden müssen, um die Investitionsversäumnisse der Vergangenheit auszugleichen, wird nicht möglich sein. Es kommt nur eine dynamische Formel in Frage, die das Ziel der gemeinsamen Anstrengungen beschreibt, uns aber nicht auf eine bestimmte Kostenvorgabe beschränkt. Ob diese Regelung im Grundgesetz selbst verankert oder Gegenstand einer Vereinbarung zwischen dem Bund und den ostdeutschen Ländern werden sollte, bleibt offen. Für mich wären beide Wege denkbar. Dagegen könnte ich die Regelung dieser Fragen durch einfaches Gesetz nicht akzeptieren.

Die weiteren Gespräche sollen nun auf der Ebene der Ministerpräsidenten und mit dem Kanzler stattfinden. Mehrere Fragen sind noch offen. So sind die Kosten des zukünftigen Betriebs des Schienen-Nahverkehrs, der rund 70 Prozent des Schienen-Personenverkehrs ausmacht, für die neuen Länder nicht kalkulierbar, denn wir haben keine ausreichende Erfahrung mit der neuen Verkehrssituation. Die Erfahrungen aus der Zeit der DDR sind als Grundlage ungeeignet. Wir können die Verkehrsströme auch nicht beeinflussen. Denn die Rahmenbedingungen werden vor allem vom Bund beeinflusst. Niemand weiß schließlich, was der Schienen-Nahverkehr bei uns tatsächlich kostet. Es gibt keine Kostenrechnung und keine verlässlichen Kalkulationsunterlagen. So bewegen sich die Schätzungen über den Zuschussbedarf auch zwischen 11 und 41 Milliarden DM. Auch deshalb ist eine endgültige Vereinbarung über die Höhe der Zuschüsse derzeit nicht möglich.

Abends Empfang und Essen in Schloss Waldthausen in Budenheim. Auf der Fahrt dorthin erinnere ich mich an die Fahrten von Groß Umstadt nach Ingelheim mit dem Fahrrad, die mich damals, 1947 und 1948, auch durch Budenheim geführt haben. Scharpings sind gute Gastgeber.

Rau spricht dann für uns alle in seiner unnachahmlich launigen Art und dankt den Gatsgebern. Zum Schluss lädt er uns alle nach Berlin ein. Er ist sehr sicher, Bundespräsident zu werden. Ich habe den Verdacht, dass er sich auf Absprachen stützen kann, von denen wir nichts wissen. Sie können eigentlich nur mit der NRW-CDU getroffen und von der Hoffnung getragen sein, die Vorherrschaft der SPD besser beenden zu können, wenn Rau nicht mehr kandidiert. Gegen Ende unserer Beratungen hatte er schon mit der Bemerkung zur allgemeinen Heiterkeit beigetragen, morgen werde Clement persönlich kommen. Ich habe Rau selten so gelöst gesehen.

29. Oktober: Das Morgengespräch der Ministerpräsidenten – als Fortsetzung unseres Gesprächs am Kamin – befasst sich vor allem mit der Pflegeversicherung. Schon in unserem Abendgespräch hatte sich die Möglichkeit einer gemeinsamen Haltung aller Ministerpräsidenten abgezeichnet. Scharping nimmt den Faden wieder auf. Obwohl er durch Beschlüsse seiner Partei auf eine Ablehnung des Gesetzes im Bundesrat festgelegt worden war, sucht er nach einer Plattform, die uns erlauben könnte, gemeinsam den Vermittlungsausschuss anzurufen und zuvor über notwendige Gesetzesänderungen mit der Bundesregierung zu sprechen.

Dazu hat er einen Entwurf für eine gemeinsame Erklärung mitgebracht. Der Text findet im Grundsatz Zustimmung. Alle sind bereit, den Vermittlungsausschuss pauschal anzurufen. In einer Entschließung sollen die noch bestehenden Mängel des Vorhabens bezeichnet werden. Kritik an der Bundesregierung, die über das Notwendige hinausgeht, wird in der Diskussion gestrichen. Schwierigkeiten bereitet die vorgeschlagene Feststellung, das Entgeltfortzahlungsgesetz werde endgültig abgelehnt. Scharping brauchte diese Formel an sich für seine Leute; wir können sie so nicht akzeptieren. Schließlich findet mein Vorschlag allgemeine Zustimmung, das Entgeltfortzahlungsgesetz nicht abzulehnen, sondern festzustellen, dass die Finanzierungsfragen der Pflegeversicherung in diesem Gesetz geregelt werden sollten. Damit ist zugleich der Versuch der Regierung vereitelt, die Pflegeversicherung und die umstrittene Kompensation in verschiedenen Gesetzen zu regeln, um die Mitwirkung des Bundesrates an dem Gesamtkomplex zu begrenzen. In der Pressekonferenz, die die MPK abschließt, äußere ich mich nur zu dieser Frage.

4. November 1993

Der heutige Tag verlief nicht programmgemäß. Der Nebel machte uns einen Strich durch die Rechnung. So kam ich nicht rechtzeitig nach Bonn, um an der Pressekonferenz mit Helmut Schmidt und

Prof. Lüst teilzunehmen, mit der wir die Deutsche Nationalstiftung vorstellen wollten. Ich rief Schmidt an, als deutlich wurde, dass keine Chance bestand, rechtzeitig nach Westen zu kommen. Er war sehr verständig und versprach, auch in meinem Namen zu sprechen. Diesen Versprechens entledigte er sich zur großen Heiterkeit der Pressekonferenz später mit der Erklärung, allem, was ich zu sagen gehabt hätte, hätte er zustimmen können.

Als wir dann über Frankfurt in Bonn ankamen, setzte ich mich wieder über die Unterlagen zum Standort Deutschland. Den Bericht der Bundesregierung versah ich mit einer Fülle von Anmerkungen und Fußnoten. Er ist brauchbar, soweit es um die Feststellung der Defizite geht. Im therapeutischen Teil führt er kaum über konventionelles Denken hinaus, enthält dazu eine ganze Reihe von schlichten Fehlern und Irrtümern, auch Zeugnisse oberflächlichen Denkens, und vernachlässigt die Dimension Einheit in fast unverzeihlicher Weise. Ich war froh um den fast geschenkten Tag und die Möglichkeit, mich wirklich intensiv vorzubereiten.

Abends dann die Begegnung mit dem Journalisten-Kreis »Gelbe Karte«. Treffpunkt war das neue Bundeshaus-Restaurant. Ich werde es kaum aufsuchen, wenn ich nicht muss. Ein Irrer muss es dekoriert und ein Verklemmter muss es gebaut haben. Es hat nicht nur keine Atmosphäre, sondern stößt jeden Versuch, sich selbst eine zu schaffen, mit Entschlossenheit zurück. Kaum ein Gebäude verkörpert mehr als der neue Plenarsaal und seine Nebenräume die Not der Deutschen mit ihrem Selbstverständnis.

5. November 1993

Heute nun fand die Debatte im Bundesrat über den Bericht der Bundesregierung zum Wirtschaftsstandort Deutschland statt. Zuvor hatten sich die Ost-Ministerpräsidenten mit Waigel und Rexrodt – plus deren Begleiter – zum Gespräch über die Zukunft der Treuhand getroffen. Waigel, so schien mir, wird wohl bereit sein, sich ernsthaft mit unseren Überlegungen zur Landesholding zu beschäftigen. Rexrodt verstand sich, nachdem er seine üblichen, nicht vorbereiteten Sprechblasen abgesondert hatte, schließlich zu der herablassenden Erklärung bereit, jede pragmatische Lösung finde seine Unterstützung.

Kohl präsentierte uns mit seiner Regierungserklärung den Zweitaufguss dessen, was er am 21. Oktober bereits im Bundestag zu sagen wusste. Wieder war von Umdenken, von Anpacken, vom Vergleich mit 1948 und der Zeit danach und von der Notwendigkeit die Rede, nicht zu jammern, sondern zu handeln. Wieder wurde angekündigt, was die Regierung nun tun und wo sie entschlossen handeln werde. Es ist offensichtlich: Kohl will die Änderungsrhetorik bis zu den Wahlen besetzen, um keine Flanke zu bieten. Wird er noch einmal gewählt, wird nichts geschehen. Erstaunlich, wie es ihm gelingt, sich völlig von der Tatsache zu lösen, dass der wesentliche Teil der beklagten Missstände in seiner Regierungszeit entstand und alle in dieser Zeit gewachsen sind. Erstaunlich aber auch, wie die Medien dieselben Sprüche ihren Lesern und Hörern immer wieder kritiklos präsentieren, in Artikeln und Überschriften zitieren, so als handele es sich um eine absolute Neuigkeit. Schade, dass ich so wenig Zeit habe. Ich hätte dazu gerne einmal einen, auf Recherchen beruhenden Essay geschrieben.

Scharping antwortete sicherer als zu Beginn seiner neuen Rolle, aber doch recht nüchtern und konventionell. Außer seiner Kritik an der Bemerkung Kohls, Deutschland könne die Zukunft nicht als Freizeitpark gewinnen – auf die Kohl prompt antwortete –, war seine Rede eher konsensorientiert. Das hat wohl auch mit dem Parteitag zu tun, den er in wenigen Tagen zu bestehen haben wird. Ich war mit meiner Rede zufrieden und werde sie deshalb überarbeiten und vertiefen. Selten hatte ich mich aber auch so gründlich vorbereitet.

6. November 1993

Obwohl ich von Peres eine Einladung hatte, nach Israel zu kommen, entschied ich mich dafür, den Termin in Lübeck wahrzunehmen, zu dem mich die Nordelbische Kirche eingeladen hatte. Ich sollte auf dem 4. Ethik-Symposium das Einleitungsreferat halten. Neben dem protestantischen Klerus waren zahlreiche Unternehmer, unter ihnen Murmann mit Frau und sein Bruder vom CDU-Wirtschaftsrat, gekommen. Der Aufsichtsratsvorsitzende der VEAG holte mich in Hamburg ab. Auf dem Weg nach Lübeck sprachen wir über die Kraftwerke in Sachsen, vor allem über Boxberg. Die dortige Investition ist unsicher geworden und damit die Zukunft der Lausitz. Ich hoffe, dass wir zu einer vernünftigen Lösung kommen können.

Mein Vortrag hat die Teilnehmer sehr beeindruckt. Ich werde ihn überarbeiten und in die Reihe wichtiger Reden einordnen. Murmann überließ ich meinen Vorschlag, eine Arbeitsmarkt-Kommission zu berufen. Was er in seinen Eröffnungsworten zum Arbeitsmarkt zu sagen hatte, zeigte mir, wie wichtig die Erforschung der Sachverhalte wirklich ist. Nürnberg hatte die Zahlen für Oktober bekanntgegeben: keine Veränderung im Osten und 70000 neue Arbeitslose im Westen. Fünf bis sechs Millionen Arbeitsplätze fehlten in Deutschland, meinte Murmann. Zähle man die verdeckte Arbeitslosigkeit hinzu, seien es noch mehr. Wie man verdeckte Arbeitslosigkeit misst, weiß allerdings niemand. Das Gleiche gilt für die Zahl der fehlenden Arbeitsplätze. Ebenso wenig weiß man über die Ursachen für den Anstieg der Beschäftigung und der Arbeitslosigkeit. Niemand stellt die Frage, an wen sich die Forderung richtet, mehr Arbeit zu schaffen.

»Veraltete, im Wettbewerb nicht mehr haltbare Arbeitsplätze sind durch rentable neue zu ersetzen«, heißt es in dem Beschlussantrag, den Bayern für unsere Bundesratsdebatte vorbereitet hatte. »Die Träger dieses Wandels, Investitionen und Innovationen, müssen durch die Schaffung eines günstigen Umfeldes verstärkt gefördert werden.« Kein Wort in dem Antrag zu der Frage, wer diese Träger eigentlich sind, wie Arbeitsplätze entstehen und wer Adressat der Forderung »sind zu schaffen« sein soll. Gedankenlos werden Investitionen und Innovationen als »Träger« bezeichnet, als ob es sich um Adressaten politischer Forderungen oder Erwartungen handele. Diejenigen, die die Probleme verursacht haben, können sie in der Tat nicht beheben.

Diese Frage beschäftigte mich gegen Ende meines Referates, aber auch in der Diskussionsgruppe, die von einer intelligenten Pröbstin aus Hamburg geleitet wurde. Als immer wieder davon die Rede war, die Menschen könnten sich ohne Arbeit nicht entfalten – und Entgeltarbeit gemeint war –, meinte ich, wir seien doch alle sehr durch marxistisches Denken beeinflusst. Man könne sich offenbar nicht vorstellen, dass Arbeit ohne Entgelt eine ähnlich erfüllende Rolle im Leben der Menschen spielen könne, wenn das lebensnotwendige Einkommen auf andere Weise gesichert sei.

9. November 1993

Ein Tag voller Geschichte. Heute vor 75 Jahren wurde in Berlin die Republik ausgerufen, nachdem der Kaiser mittags abgedankt hatte. Zwei Tage später wurde Friedrich Ebert zum ersten Reichspräsidenten gewählt. Fünf Jahre später, wieder am 9. November, versuchte Hitler in München gegen diese Republik zu putschen. Fünfzehn Jahre später begann die offene Judenverfolgung mit der Reichskristallnacht. Ein Jahr darauf scheiterte das Attentat gegen ihn im Bürgerbräukeller in München. Und wiederum 50 Jahre später öffnete sich die Mauer, hinter der 16 Millionen Deutsche als Folge des Zweiten Weltkrieges 28 Jahre lang eingesperrt waren.

Im Kabinett erinnerte ich an diese Häufung historischer Daten und an die Tatsache, dass sich gestern zum dritten Mal der Tag jährte, an dem das Kabinett vor dem Landtag vereidigt wurde. Die Sitzung verlief ohne Höhepunkte.

Nachmittags kam mir eine Presseerklärung der Mittelstandsvereinigung der CDU auf den Tisch, in der ich auf übelste Weise beschimpft wurde. Grund: Mit meiner Unterschrift unter die gemeinsame Entschließung des Bundesrates zur Pflegeversicherung hätte ich die Marktwirtschaft verraten. Meine Absicht sei gewesen, alte Rechnungen zu begleichen und Kohl anzugreifen etc. Ich rief Bregger an, der sich fröhlich und offenbar unbeschwert meldete, obwohl ihm diese Absurditäten in wörtlichen Zitaten zugeschrieben worden waren. Das Gespräch verlief jedoch keineswegs gutgelaunt. Ich hatte eine Stinkwut und stellte ihn in den Senkel.

Dabei wurde deutlich, dass er keine Ahnung hatte, worum es eigentlich ging. Offenbar hatte sein Statthalter in Bonn – und der seiner Vorgänger – in vorauseilendem Gehorsam eine Möglichkeit gesehen, sich bei Kohl und Anhang beliebt zu machen. Aus diesem Bonn wird so nie eine wirkliche Innovation kommen können. Bregger forderte ich auf, das in Ordnung zu bringen und die Vorwürfe zurückzunehmen. Er wisse nicht, wie er das tun solle. Diese Sache sei doch gelaufen und ich solle sie auf sich beruhen lassen. Wüste Beschimpfungen also eher als Ritual der Bonner Politik, für das man »doch Verständnis haben müsse«! Ich habe es nicht und werde es mir auch nicht angewöhnen.

Abends war ich in Bautzen zur Eröffnung einer Anne-Frank-

Ausstellung. Sie wird in vielen deutschen Städten und in aller Welt durch die Anne-Frank-Stiftung in Holland und bei uns mit Hilfe der Friedrich-Ebert-Stiftung veranstaltet, was Ernst Breit nach Bautzen führte. Man hatte mir für meine kleine Rede einiges aufgeschrieben. Auf der Fahrt nach Bautzen hatte ich jedoch den Katalog der Ausstellung gelesen und das, was ich sagen sollte, schien mir nicht mehr angemessen.

»Lebte Anne Frank noch«, so begann ich, »dann wäre sie jetzt 64 Jahre alt und sicher eine gute Journalistin und eine große Autorin geworden, wie sie es sich gewünscht hatte. So ist sie mit Millionen anderen Opfer einer schrecklichen Barbarei geworden. Aber sie hat uns mit ihrem Tagebuch ein Vermächtnis hinterlassen, das immer gültig bleiben wird. Mein verehrter väterlicher Freund, Arthur Burns, hat mich gelehrt, dass ein Volk keine Zukunft hat, wenn es verlernt, die Stimmen seiner Vorfahren zu hören. Anne Frank ist in diesem Sinn nicht unser Vorfahre. Aber ihre Stimme gehört zu denen, die wir immer hören sollten. Denn sie sagt uns nicht nur etwas über die Zeit des Schreckens, der Schmach und des Verbrechens. Sie sagt uns auch etwas über uns selbst. Diese Ausstellung hilft ihr dabei.

Ich habe aus der Ausstellung viel gelernt. Als Erstes dies: dass wir nicht nur nach dem Verbrechen fragen dürfen, sondern danach, wie es dazu kam. Die Ausstellung zeigt nicht nur Annes, ihrer Eltern und Schwester Schicksal. Ihre Bilder zeichnen auch den Weg nach, den der Terror durch unser Land und unser Leben nahm, bis er am Ende uns alle beherrschen, vergewaltigen und morden konnte. Was sie vor allem zeigen, ist die Gleichgültigkeit derer, die sich abwandten, ihre Türen und Fenster schlossen, nichts sehen und hören wollten von dem Unrecht, das vor ihren Augen geschah, von der Missachtung der Menschenwürde, der Verhöhnung Hilfloser, der rechtsbrechenden Gewalt, der zerstörerischen Instinkte.

Je länger die Gewalt Zeit hatte, sich zu etablieren, umso aussichtsloser wurde es, sich ihr zu widersetzen. Jetzt hätten sie Helden sein müssen, um das zu erreichen, was sie wenige Jahre zuvor gefahrlos hätten erreichen können. Vor allem dies ist die Lehre, die wir aus den Schrecken der Nazizeit und dem Holocaust ziehen müssen. Wir haben nicht gemordet, wir wollten auch nicht morden. Aber wir haben denen, die morden wollten, die Straßen überlassen, als sie noch nicht die Macht über sie hatten, wir aber sehen konnten und deshalb wussten, dass sie morden wollten.

Auch heute zeigt sich wieder Gewalt: Gegen Wehrlose, Behinderte, Fremde, Asylsuchende, Ausländer, Menschen, die anders scheinen als wir. Wieder beginnen viele Menschen, ihre Fenster und die Läden zu schließen, wegzusehen und nichts damit zu tun haben zu wollen. Wieder meinen sie, die Gewalttätigen seien nur eine kleine Minderheit. Wieder machen sie einen Bogen, wenn Wehrlose in Gefahr geraten, auch wenn sie helfen könnten. Wieder beginnen sie, die Straßen denen zu überlassen, die die Würde des Menschen verachten und den Wehrlosen schmähen.

Deshalb ist es so wichtig, dass sich Tausende gefunden haben, um in vielen Städten durch ihre Lichterketten, durch friedlichen Protest und mahnende Demonstrationen jeder Gewaltgeneigtheit zuzurufen, dass die Straßen schon besetzt sind von Bürgern, die den Frieden lieben und bereit sind, für Recht und Menschenwürde einzustehen.«

10. November 1993

Zwei Telefongespräche haben mir Freude bereitet. Das erste mit Friedrich Nowottny. Er hatte einen lesenswerten und objektiven Beitrag in der *Süddeutschen Zeitung* über den bisherigen Verlauf der Heitmann-Kandidatur geschrieben und ich wollte ihm dafür danken. Der Beitrag war, wie er sagte, auch nach innen, an die eigenen Kollegen gerichtet. Aber auch Heitmann wurde bedeutet, dass er sich eine kritische Begleitung durch Kommentare, Karikaturen, auch Persiflagen gefallen lassen müsse, wenn er aus der Unbekanntheit seines bisherigen Lebens mit dem Anspruch in die Öffentlichkeit trete, das höchste Amt im Staate einnehmen zu können.

Das zweite war mit Heidi Busch MdL aus Nordrhein-Westfalen. Sie hatte mir einen Aufruf zugeschickt, mit dem sie und Persönlichkeiten aus anderen Parteien eine neue Wertedebatte fordern. Eine Verständigung über »Grundwerte« sei unverzichtbar. Sie sei Voraussetzung für eine Pädagogik, die diese Werte weitergeben könne. Ich ergänzte diese wichtige Initiative der früheren Kollegin durch einige Anregungen und machte sie auf Etzioni aufmerksam, der in die gleiche Richtung denke.

Ehe Riehl-Heyse kam, las ich das Interview von Heitmann im *Kölner Stadtanzeiger*, in dem er die Möglichkeit nicht mehr ausschloss, sich aus der Kandidatur zurückzuziehen. Damit hat sich Heitmann die Möglichkeit des Rückzuges eröffnet. Tritt er ihn eines Tages an, dann wird niemand sagen können, er habe dies auf Druck Kohls getan. Riehl-Heyse und ich sind der Überzeugung, dass die Kandidatur nicht erfolgreich sein kann. Heitmann wäre deshalb gut beraten, dies nicht erst im ersten und zweiten Wahlgang feststellen zu wollen. Er werde weder im Westen noch im Osten angenommen.

Was ich denn von der Kandidatur Jens Reich halte, wollte Riehl-Heyse wissen. Er habe in München einen fulminanten Vortrag gehalten, sei ungewöhnlich gebildet und eine wirklich eindrucksvolle Persönlichkeit. Ich war seiner Ansicht, habe aber Zweifel, ob man ohne jede politische Erfahrung mit der Bundespolitik – und damit vor allem mit der Politik im Westen – in den kommenden Jahren ein guter Bundespräsident sein könne. Wir vertieften die Frage nicht weiter. Mir scheint, dass Roman Herzog derzeit die besten Chancen hat, ein gemeinsamer Kandidat der Koalition zu werden.

Ansonsten sprachen wir über die Fragen, die offenbar uns beide derzeit am meisten bewegen. Zur Kontroverse um Stoiber begründete ich, warum Stoiber in der Sache recht hat. Die Verträge von Maastricht sind der Schlussstein der alten EG. Sie gehen noch von den Denkstrukturen aus, die sich in Westeuropa vor der Öffnung Osteuropas entwickelt haben, das heißt, in der historischen Ausnahmesituation der europäischen Teilung. Sie berücksichtigen deshalb nicht die grundlegenden Veränderungen, die durch die Öffnung Osteuropas und durch den Eintritt der Schwellenländer in den Weltmarkt hervorgerufen werden. Mein Gast bietet mir an, dazu in der *Süddeutschen Zeitung* zu schreiben.

Wenn ich das tue, muss es mir vor allem um drei Fragen gehen: 1. Welches ist das Selbstverständnis der deutschen Nation? Was verstehen wir darunter? Welche Entscheidungen treffen wir in Fällen, in denen nationale Interessen von Entwicklungen in der Europäischen Union betroffen sind? Beispiel: EKO-Stahl oder die Bremer Hütte? Beispiel: die von Stoiber beanstandeten Eingriffe der europäischen Bürokratie in Detailfragen. Welche Konflikte sind sonst denkbar, etwa im Bereich der Sicherheitspolitik? 2. Welche

Konsequenzen ergeben sich aus der Öffnung nach Osten? Wie weit wollen wir unsere Märkte öffnen, wenn es um den Import östlicher Waren geht? Wer entscheidet darüber? 3. Wie werden wir mit der Bedrohung der westeuropäischen »Insel« fertig, auf der wir uns in den vergangenen 40 Jahren eingerichtet haben? Wie reagieren wir auf die wachsende Übervölkerung der nordafrikanischen Küste? Dies alles vor dem Hintergrund der demografischen Entwicklung in Europa.

Maastricht gibt auf diese Fragen keine Antworten. Was wirklich beschlossen und nicht nur, wie die gemeinsame Außenpolitik, in Aussicht genommen wurde, sind ökonomische Fragen, im Mittelpunkt die Währungsunion. Dagegen findet die neue europäische Idee keinen hinreichenden Ausdruck. Es fehlen, wie Delors es selbst empfindet, die Visionen.

12. November 1993

Um neun Uhr Gespräch über die Bahnreform bei Wissmann. Wir sind uns in allen wesentlichen Punkten einig. Der Bund wird auch eine grundgesetzliche Absicherung seiner Verpflichtung akzeptieren, die Investitionsaltlasten im Osten abzutragen. Anschließend Vorbesprechung bei Scharping. Er ist, wie immer, glänzend vorbereitet. Wir verständigen uns darauf, dass neben dem Hauptanliegen der Westländer unsere Ostprobleme nicht untergehen dürfen.

In der anschließenden Besprechung mit Kohl geht es allein um den Betrag, den der Bund den Ländern zum Ausgleich der Leistung zahlen wird, die sie mit der Übernahme des Regionalverkehrs erbringen. Nach einer allgemeinen Debatte wird eine kleine Gruppe gebildet, die im kleinen Kabinettssaal weiterverhandelt. Schlüssel ist weniger der Ausgangsbetrag als seine Dynamisierung. Scharping hat dazu vernünftige Überlegungen entwickelt. Man kann ihm die weiteren Verhandlungen überlassen.

Deshalb bitte ich Günter Meyer, mich zu vertreten, und fahre nach Düsseldorf, um das Flugzeug nach Leipzig zu erreichen. Dort findet am Abend der erste Benefiz-Ball in Sachsen statt. Rolf Rau MdB hat ihn mit seinem Gnandburger Gesprächskreis initiiert. Ingrid hat die Schirmherrschaft übernommen. Sie entledigt sich der Aufgabe mit großer Bravour. Ich genieße es, ihr zuzuschauen, und bin ziemlich stolz auf unsere Landesmutter. In Leipzig höre ich in den Abendnachrichten, dass man sich in Bonn auf einen Betrag und seine weitere Entwicklung verständigt hat. Das größte Hindernis auf dem Wege zur Bahnreform ist damit ausgeräumt.

13. November 1993

Morgens konstituieren wir in einem Gasthaus in Langebrück, nördlich der Dresdner Heide zwischen Radeberg und Klotzsche, den neu gewählten Landesvorstand. Der Parteitag hat eine gute Auswahl getroffen. Wir werden in den kommenden zwei Jahren gut miteinander auskommen. Die Aufgaben, die vor der kleinen Sächsischen Union liegen, sind umfangreich genug. Vorbereitung der Wahlen auf allen vier Ebenen der Demokratie, Mitwirkung an der Beratung und Verabschiedung des CDU-Grundsatzprogramms, Sicherung der Parteifinanzen, Organisation der Landtagswahlen nach der Sommerpause und eines Parteitages im August. Dazu all die Dinge, die das Parteileben so mit sich bringt.

Mittags überlasse ich die Sitzung der bewährten Führung durch Hähle, um am 100. Bergedorfer Gesprächskreis teilzunehmen. Er findet diesmal in Schloss Albrechtsberg statt, dessen Gartensaal inzwischen vorzüglich restauriert ist. Eine herrliche Atmosphäre für ein offenes Gespräch unter Menschen, die sich etwas zu sagen haben. Von Weizsäcker und Richard Schröder nehmen teil, Ted Sommer, Christa Thoben, Hildegard Hamm-Brücher, Fritz Stern, Klages aus Speyer, Stürmer und Oetker, Bischof Beier (Rheinland) und Frau Vollmer, um nur diejenigen zu nennen, die ich schon kannte. Das Gespräch wird vom Bundesverfassungsrichter Grimm geleitet und von dem Vorsitzenden der Körber-Stiftung, Voswinckel, betreut. Eingeleitet wird es von einem Referat von mir und einem Koreferat von Prof. Hirschman aus dem Institute for Advanced Studies in Princeton. Es geht um die Frage: Wieviel Gemeinsinn braucht die liberale Gesellschaft? Einführung und Diskussion werden, wie immer, gedruckt werden.

Abends essen Ingrid und ich mit von Weizsäcker. Ich nutze die Gelegenheit, ihn zu bitten, nicht wegen Heitmann an Kohl zu schreiben. Die Kandidatur, das sei mein Eindruck, werde sich auch so erledigen. Von Weizsäcker überrascht mich mit der Bitte, Heitmann möge nicht zu früh das Handtuch werfen. Es gehe bei allem, was er für das Amt des Bundespräsidenten empfinde, weniger um seine Nachfolge als darum, eine weitere Amtsperiode Kohl zu verhindern. Dies trägt er mit großer Entschiedenheit vor. Ich kann ihm nicht widersprechen.

16. November 1993

Kabinett und Fraktionstag. Im Kabinett beschäftigt uns wieder die Bahnreform. Mit dem Ergebnis des Gesprächs bei Kohl sind wir im Großen und Ganzen zufrieden. Was noch geregelt werden muss, wird von uns definiert und auf den Weg gebracht. Am Rande beschließen wir, für die nächste Bundesvorstandssitzung eine Diskussion über den Ladenschluss zu beantragen. Kohl hatte die hoffnungsvoll begonnene Diskussion mit der Feststellung beendet, in dieser Legislaturperiode werde es keine Änderung geben, und damit Hintze im Regen stehen lassen, der mit Rexrodt eine Novellierung des Gesetzes und eine weitgehende Lockerung der Ladenschlusszeiten erreichen wollte. Wir wollen uns dafür einsetzen, dass diese Bemühungen fortgesetzt werden.

Kohl ist inzwischen nach China gereist, begleitet von der bisher größten Wirtschaftsdelegation. Es sind die alten Gesichter, die sich nun auch um China kümmern wollen. Die Zeitungen berichten, die Wirtschaft erhoffe sich von der Reise Milliarden-Aufträge. Warum ist sie nicht in der Lage, diese Aufträge selbst einzuwerben? Immer deutlicher wird, dass unsere Unternehmensleiter nicht Unternehmer, sondern Verwalter sind. Reuter, der ebenfalls mit von der Partie ist, hat es gerade, trotz eindringlicher Bitten mehrerer Ministerpräsidenten abgelehnt, die vorgesehenen Schließungen mehrerer Produktionsstandorte der DASA rückgängig zu machen. Die gleichen Leute, die die sogenannte Friedensdividende nicht schnell genug verteilen konnten, würden nun am liebsten wieder Kampfflugzeuge und Satelliten bauen lassen, damit keine Arbeitsplätze verlorengehen.

Heitmann nahm an der Kabinettssitzung teil. Er machte auf mich den Eindruck eines Mannes, der darüber nachdenkt, ob er in Sachsen nicht besser aufgehoben ist als auf dem Bonner Schlachtfeld. Seine Kandidatur läuft nicht gut. Am Wochenende wurde berichtet, Kohl habe ihn praktisch abgeschrieben und bereite sich auf eine Kandidatur Herzog vor. Das Konrad-Adenauer-Haus dementierte pflichtgemäß. Aber niemand glaubt mehr den Dementis. Zu offensichtlich ist inzwischen, dass Heitmann keine Akzeptanz findet. Die FDP legte sich erneut gegen Heitmann fest. Eylmann, der Vorsitzende des Rechtsausschusses im Bundestag, empfahl ebenfalls, von der Heitmann-Bewerbung Abstand zu nehmen. Heitmann sei ein honoriger Mann. Aber er sei nicht mehrheitsfähig. Ziele, die man nicht erreichen könne, solle man auch nicht verfolgen.

In der Fraktion sprachen wir ebenfalls über Bahnreform und Kulturfinanzierung. Die Enttäuschung über das gebrochene Versprechen ist auch hier groß. Nach längerer Diskussion beschloss die Fraktion mit großer Mehrheit, den Staatsvertrag über das neue Deutschlandradio zu ratifizieren. Ich hatte zuvor für diese Entscheidung geworben und die Grenzen aufgezeigt, die unseren Forderungen an den Westen gezogen sind. Man wollte den Deutschlandfunk von Köln nach Weimar verlegen und sah in der Weigerung Nordrhein-Westfalens, eine solche Verlagerung mitzutragen, den Ausdruck unzureichender Solidarität.

Abends waren wir dann »draußen im Land«, in Mülsen St. Niclas in der Nähe von Zwickau. Der Mülsengrund besteht aus einer Reihe von sieben kleinen Gemeinden, die sich in dem Bachtal wie eine Perlenkette aneinanderreihen. Christian Hauck MdL, ein treuer Kollege, hat dort sein Revier. Man hatte uns zur Eröffnungsveranstaltung »Brot für die Welt« eingeladen, die der CDU-Verband dort seit 1989 ausrichtet. Es war bewegend zu erleben, welche Verehrung uns die Menschen entgegenbringen. Die knapp vier Stunden Fahrzeit, die ich zunächst als eine große Belastung empfand, hatten sich dann doch gelohnt.

17. November 1993

Heute nun fand das Treffen mit den Hochschulen statt. Ich hatte mich intensiv vorbereitet, weil ich weiß, wie schwierig es ist, die Rektoren und Professoren zu weiteren Einsparungen in ihren Etats zu bewegen. Aber das Treffen war ein Erfolg. Rößler, der teilnahm, meldete sich nicht zu Wort. Aber er war wohl so beeindruckt von der Diskussion, die teilweise nicht ohne Härte geführt wurde, dass er anschließend anbot, es im Arbeitskreis bei den Kürzungsbeschlüssen zu belassen. Meine Kenntnisse der Hochschule kamen mir sehr zugute.

Eine Reihe interessanter Überlegungen entwickelten sich während des Gesprächs. So die Frage, welche wirtschaftsfördernde Leistung die Hochschulen erbringen, wenn sie kleinen und mittleren Unternehmen bei der Lösung ihrer Forschungsprobleme helfen, auch wenn diese nichts dafür bezahlen können. Oder die Frage, wie man in den Hochschulen betriebswirtschaftlich orientierte Kostenerfassung organisieren könne, um zu besseren Mittelverwertungen zu gelangen und die Einführung von Globalhaushalten vorzubereiten, die unser Hochschulrecht vorsieht. Ich habe in Aussicht gestellt, dass wir uns in Zukunft mit der Hochschulkonferenz ebenso regelmäßig treffen wollen wie mit den Landräten.

19. November 1993

Gerade sind wir in Bonn angekommen und im Maritim abgestiegen. Heute Abend ist Bundespresseball. Die Bundespressekonferenz hat sich wieder ein tolles Programm ausgedacht. Wir freuen uns auf den Abend und darauf, Freunden zu begegnen.

Heute Morgen die erste Sitzung des Senats der Max-Planck-Gesellschaft, an der ich wieder teilnehme. Sollte ich erneut für zwei Perioden gewählt werden, wie das erste Mal, werde ich 75 Jahre alt sein, wenn ich den Senat zum zweiten Mal verlasse.

Aus dem Eingangsreferat von Zacher habe ich mir Folgendes notiert: Das politische Umfeld der Forschung habe sich verschlechtert. Man brauche die Forschung, um den zukünftigen Lebensstandard zu sichern, wolle sie aber nicht. Man halte angewandte Forschung für wichtiger als Grundlagenforschung, jedenfalls so lange, bis die aufgetretenen wirtschaftspolitischen Turbulenzen überwunden seien.

Unser Land befinde sich in einer Angebotskrise: Wir wissen nicht mehr, was wir der Welt anbieten sollen oder ob die Welt es bezahlen kann. Die Gründe könnten unzureichende Innovationen, eine unzureichende Kosten-Nutzen-Relation oder eine unzureichende Kostenstruktur sein. Als Reaktion auf diese Krise konzentriere sich alles auf die angewandte Forschung. Am gesamten Forschungsaufwand Deutschlands habe die Max-Planck-Gesellschaft einen Anteil von 1,8 Prozent. Aber selbst dieser kleine Anteil werde in Frage gestellt.

Der technisch-naturwissenschaftliche Ertrag unserer Gesellschaft werde auf zwei Ebenen erzielt: in der Forschung, vor allem der Grundlagenforschung, und in den Unternehmen. Die Grundlagenforschung brauche einen langen Zeithorizont. Den könne vor allem die Max-Planck-Gesellschaft gewährleisten. Sie wirke zusammen mit der Forschung in den Universitäten und der Industrie. Vielfalt und eine Fülle von Vernetzungen zwischen beiden Bereichen sicherten einen hohen Forschungsertrag. Auf der Ebene der Unternehmen werde dieser Ertrag umgesetzt. Ihre Aufgabe sei es, die Marktimpulse in Produkte umzusetzen oder für neue Produkte Bedürfnisse zu wecken.

Das Zusammenspiel beider Ebenen sei in der Vergangenheit, auch dank der marktgesteuerten Entscheidungsverläufe, sehr erfolgreich gewesen. Derzeit jedoch gehe der Prozess nicht mehr auf. Die Reaktion seien hoheitliche Eingriffe in das System zugunsten übergeordneter Vorstellungen von kurzfristigen Zielen. Man plane einen Technologie-Rat. Wolle man ihn einrichten, um die bestehenden Defizite besser erkennen zu können, sei er nützlich. Wäre er als Eingriffsmechanismus in die Forschung gedacht, sei er gefährlich. Gleichwohl müssten Anstrengungen gemacht werden, um die Zusammenarbeit zwischen Forschung und Wirtschaft zu verbessern, etwa durch Austausch von Wissenschaftlern zwischen Unternehmen und Wissenschaft oder Verbundforschung zwischen beiden Ebenen.

Die anschließende Diskussion zeigt, dass sich an den Grundsatzfragen kaum etwas geändert hat. Gewachsen ist die Dringlichkeit, zusammen mit allen anderen Strukturen auch die Grundlagenforschung auf den Prüfstand zu stellen und ihre Notwendigkeit neu zu begründen. In meinem Votum merke ich im Lauf der Debatte folgende Punkte an: 1. Alle Versuche, Forschung und Entwicklung voneinander abzugrenzen, machen nur einen Sinn, wenn man weiß, warum man die Abgrenzung vornimmt. Welches sind also die Gründe, die uns zu einer Unterscheidung und damit Abgrenzung veranlassen? 2. Umbruchzeiten stellen alles in Frage: Die Grundlagen und die Institutionen, die auf ihnen beruhen, müssen neu durchdacht und begründet werden. Die Forschung darf auf die Erwartung einer Neulegitimation nicht defensiv antworten. Sie muss ihr offensiv entsprechen. 3. Jede Neubegründung ist auf Sachverhalte angewiesen. Sie müssen erarbeitet werden. Dazu gehört auch die Darstellung der Hemmnisse aus dem öffentlichen Bereich. 4. Eine Verbesserung der Zusammenarbeit von Forschung und Wirtschaft gehört in diesen Bereich. Welche Hemmnisse stehen ihrer Intensivierung entgegen? 5. Die Darstellung der Sachverhalte kann die Neulegitimation der Grundlagen- und angewandten Forschung leisten, wenn es gelingt, die Zusammenhänge zwischen der Forschung und dem künftigen Wohlstand darzustellen.

Der SPD-Bundesparteitag in Wiesbaden geht heute ebenfalls zu Ende. Scharping wurde gestern mit einer eindrucksvollen Mehrheit erneut zum Vorsitzenden gewählt. Es ließ die Wahl vom Juni, als er zum Nachfolger von Engholm gekürt wurde, durch den ordentlichen Parteitag wiederholen und sich dabei auch nicht von Kritikern irritieren, die ihm eine übermäßige Sehnsucht nach Legitimation bescheinigten. Seine Position ist nachhaltig gestärkt. Lafontaine hat sich zu Beginn des Parteitages für seinen Vorstoß in der Lohnfrage – langsamerer Anstieg in Ostdeutschland – entschuldigt und sich in die Führungsmannschaft Scharpings eingeordnet. Für eine gesetzliche Regelung des sogenannten Lauschangriffes – der Begriff hat sich inzwischen festgesetzt – erhielt Scharping eine knappe Mehrheit. Sie erlaubt ihm, sich an der Grundgesetzänderung zu beteiligen. Damit hat die Union eine weitere Möglichkeit verloren, die SPD als reformunfähig auszugrenzen. Die SPD bereitet sich auf die Übernahme der Regierungsverantwortung vor. Sie hat zum ersten Mal eine gute Chance, die Union abzulösen.

Als Kanzlerkandidat gewinnt Scharping Konturen. Er wird Fragen der Wirtschafts-, Arbeitsmarkt- und Finanzpolitik in den Mittelpunkt der kommenden Auseinanderseztung rücken und damit den Dringlichkeiten entsprechen, die das Wahljahr bestimmen werden. Dabei wird er keine Versprechungen machen, sondern Anstrengungen und Begrenzungen fordern. Lafontaine wird diesen Part vor allem übernehmen. Man nimmt es ihm trotz oder gerade wegen der mehrfachen Anläufe ab, die er in der Vergangenheit bereits unternommen hat. Er hat die ideologischen Verfestigungen und Wachstumsorientierung der SPD durch seine Vorstöße aufgelockert und damit die Voraussetzungen für einen Vorstoß seiner Partei auch in den Bereich der CDU-Wähler geschaffen. Scharping nutzt diese Möglichkeit. Die Partei folgt ihm auf diesem Weg.

Für Kohl wird die Auseinandersetzung mit Scharping dadurch schwieriger. Dem Kanzler werden weder wirtschaftspolitische noch finanzpolitische Kompetenzen zugerechnet. Die Union hat praktisch keine personale Vertretung in diesem Bereich. Waigel hält man allgemein für überfordert. Ob die FDP der Union im Herbst kommenden Jahres noch zur Verfügung stehen wird, erscheint mir mehr als zweifelhaft. Kinkel ist es bisher nicht gelungen, sich als unbestrittener Vorsitzender durchzusetzen. Er muss, wenn er die Führung behalten will, auf Distanz zu Kohl gehen.

Die FDP spürt weit stärker als die Union, dass Kohls Zeit zu Ende geht. Sie sieht kaum noch Gründe, die dafür sprechen, ihn bei dem Versuch zu unterstützen, für eine vierte Legislaturperiode gewählt zu werden. Vor allem Kohls Verhalten in der Bundespräsidentenfrage hat die FDP verletzt und in eine ablehnende Position gebracht, die sie nicht mehr korrigieren kann. Kohl wird sich deshalb von Heitmann trennen müssen. Er weiß nur noch nicht, wie er dies anstellen soll, ohne die eigenen Anhänger zu verprellen und als unzuverlässig zu erscheinen. Je länger die Kandidatur Heitmann aufrechterhalten wird, je länger Heitmann von Partei- zu Parteiveranstaltung zieht und als Kohls Kandidat Unterstützungsversprechen einsammelt, umso schwieriger wird eine Korrektur des eingeschlagenen Kurses.

In den kommenden Gesprächen über Fragen der Wahlkampfführung werden wir untersuchen müssen, mit welchen Argumenten eine erneute Kandidatur Kohls wirksam begründet werden kann. Dem Argument größerer Erfahrung steht das Argument entgegen, Kohl sei verbraucht und den neuen Herausforderungen nicht gewachsen. In den entscheidenden Fragen hat er keine eigene Kompetenz. Die Außenpolitik, mit der Adenauer bis zuletzt seine Unentbehrlichkeit begründete, wird im kommenden Jahr kaum eine Rolle spielen. Nur sie könnte Kohl, wie schon einmal 1989 mit der deutschen Einheit, vor einer Niederlage retten. Einen in Fragen der Wirtschaft und des Arbeitsmarktes kompetenten Mann hätte die Union allenfalls in mir. Aber sie wird sich nicht gegen Kohl und für mich entscheiden. Zudem würde ich einer solchen Entscheidung auch nur mit großen Bedenken folgen. Denn Partei und Fraktion sind derzeit in einer Verfassung der Ermüdung und Resignation, aus der sie kaum unvermittelt in einen Zustand des Selbstvertrauens und der Zuversicht übergehen könnten.

23. November 1993

Aus dem Kabinett ist nicht viel zu berichten. Heitmann nimmt teil, aber wir sprechen nicht über seine Kandidatur. Er macht auf mich einen eher abgeklärten Eindruck. Vielleicht hat er sich innerlich schon von der Aufgabe gelöst, die er nicht bewältigen kann.

Es geht noch einmal um die Landesplanung und ihre legislative Bewältigung. Inzwischen haben wir festgestellt, dass wir unsere Vorlage nicht nur den Organisationen, sondern zugleich auch dem Landtag zur Anhörung vorzulegen haben. Wir machen uns Gedanken, ob wir damit nicht eine Diskussion und Forderungen auslösen könnten, die uns mehr Probleme bescheren, als wir durch die Planung lösen können. Schließlich entscheiden wir uns, die Vorlage weiterzugeben, sie aber in einer Klausurtagung im Januar oder Februar noch einmal gründlich zu beraten.

Vor der Konferenz der Landräte besucht mich der Landrat von Flöha und Kreisvorsitzender der CDU. Er will mir noch einmal erklären, warum er meinen Brief, mit dem ich für Dr. Schmidt geworben habe, nicht verlesen hat. In der Nominierung ist er als Kandidat für den Landrat durchgefallen. Wahrscheinlich ist dies die Rache der Freiberger für die Mobilisierung der Flöhaer bei der Wahl des Kreisvorsitzenden. Die Bäume wachsen auch nach der Wende nicht in den Himmel. Ich verspreche ihm Unterstützung, wenn es um seinen weiteren beruflichen Werdegang geht.

24. November 1993

Heitmann hat mich heute Nachmittag aufgesucht, um mir zu sagen, dass er auf seine Kandidatur verzichten werde. In einer Pressekonferenz wolle er morgen seinen Verzicht bekanntgeben und zugleich Richard Schröder als geeigneten Kandidaten für das Amt des Bundespräsidenten vorschlagen. Nach reiflicher Überlegung sei er zu dem Ergebnis gelangt, dass die Kandidatur nicht zu einem erfolgreichen Ende geführt werden könne. Helmut Kohl habe er am Nachmittag angerufen, um ihm seine Entscheidung mitzuteilen. Kohl habe die Mitteilung und den beabsichtigten Vorschlag zur Kenntnis genommen. Die Entscheidung habe er nach längerer Überlegung selbst getroffen. Seit etwa zwei Wochen gehe er mit ihr schwanger. Kohl habe ihn zu keiner Zeit zum Verzicht aufgefordert. Er handele aus eigenem Antrieb.

Ich sagte Heitmann, dass ich seine Entscheidung für richtig hielte. Ich hätte schon in der letzten Kabinettssitzung den Eindruck gewonnen, dass er sich wieder Sachsen zugewendet habe. Heitmann meinte, er sei ein schlechter Schauspieler – aber ich hatte es so nicht gemeint. Mir sei an ihm nur eine Veränderung aufgefallen, aus der ich entnommen hätte, dass er in einer wichtigen Sache mit sich ins Reine gekommen sei.

Wir unterhielten uns dann über die Zweckmäßigkeit, nicht nur den Weg für einen Konsenskandidaten freizugeben, sondern auch Schröder zu benennen. Er bringe Kohl und die CDU damit in eine schwierige Lage. Denn die CSU werde kaum einem sozialdemokratischen Kandidaten zustimmen können. Auch in der CDU werde es Widerstand geben. Kohl werde deshalb wohl gezwungen sein, seinem Vorschlag zu widersprechen und nach einem Konsenskandidaten für die Koalition zu suchen, sich also wahrscheinlich für Roman Herzog entscheiden. Noch schwieriger könnte die Situation für Kohl werden, sollte Rau bereit sein, ebenfalls auf seine Kandidatur zu verzichten, um den Weg für Richard Schröder frei zu machen.

Zwar rechnet Heitmann offenbar nicht mit einem derartigen Verzicht. Aber er teilte meine Ansicht, es wäre gut, einen Sozialdemokraten zu wählen, der aus dem Osten stammt. Für die CDU könne eine solche Entscheidung nur gut sein. Tatsächlich spricht manches dafür, dass Rau verzichten könnte. Denn er hat in keinem Fall mehr eine Chance, gewählt zu werden. Hält er an seiner Kandidatur fest, gibt er Kohl die Möglichkeit, einen Kandidaten der Koalition zu präsentieren, der dann auch im ersten Wahlgang gewählt würde. Verzichtet er, öffnet er den Weg für die Wahl Richard Schröders, bringt er Kohl in die Verlegenheit, einen Kandidaten aus dem Osten abzulehnen, den sein bisheriger Kandidat selbst vorgeschlagen hat. Das wird das Ansehen der CDU im Osten weiter verringern.

Selbst die Möglichkeit, dass sein Vorschlag Kohl schaden

könnte, konnte Heitmann nicht von seiner Absicht abbringen, den Vorschlag zu machen. Er habe sich, sagte er, alle möglichen Weiterungen sorgfältig überlegt, auch diese. Das könne er eben nicht ändern. Ob er sich der möglichen Konsequenzen für Kohl wirklich bewusst ist, konnte ich nicht erkennen. Aber manches spricht dafür, dass er nicht länger bereit ist, auf Kohl Rücksicht zu nehmen. Für einen ehrenhaften Verzicht sei die Zeit gekommen. Länger könne er damit nicht mehr warten. Für ihn müsse dann aber auch das Amt, das er selbst angestrebt habe, nun ganz im Vordergrund stehen. Er dürfe den richtigen Gedanken nicht aufgeben, einen Kandidaten aus Ostdeutschland zu fördern und der SPD eine Chance einzuräumen, das Amt zu besetzen. Dass der CSU eine Zustimmung zu diesem Weg schwerfallen werde, sehe er auch. Aber sie habe noch immer die Gelegenheit, ihre Position zu korrigieren.

Noch heute Morgen hatte ich die Heitmann-Kandidatur sowohl im ZDF wie in einem Interview mit Hans-Ulrich Jörges verteidigt. Vor allem im Interview ging es mir um die Selbstdiagnose, die mit einer Analyse der bisherigen Medienbegleitung der Kandidatur Heitmanns verbunden ist.

So haben wir Heitmann wieder für Sachsen. Er hat in der Zeit seit September ein Stehvermögen gezeigt, das ich ihm nicht zugetraut hätte. Heute weiß ich, dass er nicht illoyal war, sondern sich in der Pflicht gegenüber Kohl sah und sich erst von einer falschen Loyalität gegenüber Kohl befreien musste, ehe er seine Entscheidung treffen konnte. Heitmann ist mir in dieser Stunde nähergekommen.

Heute Nachmittag Besuch von General von Scheven, der als Drei-Sterne-General für die neuen Bundesländer zuständig ist.

Anschließend Gespräch mit dem neuen US-Botschafter in Bonn. Fritz Stern und Henry Kissinger hätten ihm gesagt, der wichtigste Mann in Deutschland, mit dem er sprechen müsste, sei ich. Holbrooke war sichtlich bemüht, Verbindung zu mir zu finden. Langsam zahlen sich auch meine langjährigen US-Investitionen aus. Wir haben uns für Januar in Bonn verabredet, bevor Fritz Deutschland wieder verlässt.

Schließlich heute Abend ein ausführliches Gespräch mit dem Bundesbahn-Vorstand im neuen Schulungszentrum der Bahn in der Nähe von Großenhain. Ob die Bahnreform wirklich zustande kommt, ist noch ungeklärt. Stoiber berichtete heute Nachmittag, sein Kabinett sei geschlossen gegen die jetzige Regelung. Allenfalls eine weitere Verbesserung der finanziellen Zusagen des Bundes könnte Bayern zu einer Zustimmung bewegen. In anderen Bundesländern sieht es nicht viel besser aus. Wir haben mit Dürr vor allem über Strecken nach Görlitz und die IC-Anbindung von Chemnitz verhandelt. Ohne entsprechende Zusagen wollen auch wir nicht zustimmen.

25. November 1993

Die Initiative Fachhochschule Plauen suchte mich morgens auf, um mir eine Unterschriftensammlung zu übergeben, mit der für eine baldige Gründung der Fachhochschule plädiert wird. Der Abgeordnete Stempell, der sie begleitete, weiß genau, dass die Haushaltslage die Erfüllung der Petition unmöglich macht. Aber die Last, dies seinen Leuten selbst zu sagen, ist ihm zu groß. Also exportiert er sie aus seinem Wahlkreis auf meinen Tisch: auch eine Aufgabe des Ministerpräsidenten. Also sage ich den guten Leuten, dass ihr Wunsch nur zu Lasten anderer Hochschulen verwirklicht werden kann. Bleibt am Ende der Wunsch, die Fachschule in Reichenbach möge nicht geschlossen werden. So könne man eine Anwartschaft auf eine spätere Hochschulgründung erhalten. Vielleicht eine unwichtige Angelegenheit, aber für die Leute, die sich extra auf den Weg gemacht haben, um nach Dresden und zu mir zu kommen, ist es eine wichtige Sache.

Mittags dann in Leipzig zum 9. Weltwirtschaftlichen Seminar. 1984 fand es zum ersten Mal im Neuen Rathaus statt, unter der Aufsicht des Prorektors Stein, der den Auftrag hatte, dauernd nach Berlin zu berichten, was denn nun in Leipzig geschehe. Ein Mal wurde es verboten, als Axen seine Hand nicht über die Veranstaltung halten konnte. Nun saßen wir wieder in dem Raum im Hauptgebäude, in dem sich im Januar 1990 die damalige Fakultät versammelt hatte, um mit mir zu diskutieren und anschließend über meine Berufung abzustimmen. Miegel führte ein und ich hielt meinen Vortrag über die politische und ökonomische Zusammenarbeit zwischen Polen, der Tschechischen Republik und Deutschland. Zuvor hatte der Rektor Weiß ein Grußwort gesprochen. Er schien mir weniger pessimistisch, als er bei unserem Buß- und Bettagsgespräch gewesen war. Der Vortrag wurde, wie immer, aufgezeichnet und wird wieder eine Überarbeitung erfordern. Aber er war gut. Ich hatte die Skizze auf dem Weg nach Leipzig geschrieben.

In Bonn, wohin ich anschließend flog, traf ich erst mit Waigel zusammen. Ich musste wieder eine Viertelstunde lang warten. Nachdem er mich bereits bei unserer letzten Verabredung versetzt hatte, war ich stinksauer, was er auch merkte. Wir kamen jedoch mit meinem Anliegen, die regionale Sanierung zu ermöglichen und damit bereits im kommenden Jahr zu beginnen, gut voran. So verabschiedeten wir uns freundschaftlich und ich sagte ihm, ich sei sauer gewesen. Er hatte es gemerkt, aber nicht gewusst warum. Es stellte sich heraus, dass er ein schwieriges persönliches Telefonat hatte führen müssen, das er auch nicht verschieben konnte. Weil mir seine Ehrlichkeit gefiel, lud ich ihn, zusammen mit seiner Partnerin, nach Dresden ein. Er freute sich mit einer Herzlichkeit, die mich an meine Erleichterung erinnerte, die ich früher empfunden hatte, wenn jemand Ingrid und mich gesellschaftlich anerkannte.

Nach der Eröffnung des Weihnachtsmarktes in der Landesvertretung – er war nicht so bunt wie der des letzten Jahres – Ministerpräsidentenkonferenz in Bonn. Wieder war es die Bahnreform, die uns vor allem beschäftigte. Wir sind ein Stück weitergekommen, aber noch keineswegs am Ziel. Noch immer ist vor allem unklar, wie die Ostinvestitionen gesichert werden sollen, mit denen man den Nachholbedarf abdecken will. Scharping erwies sich in der Verhandlungsführung wieder als kompetent, gut informiert und ruhig, fast souverän. Er wird von seinen Kollegen zweifellos anerkannt. Ein Gespräch mit den »kommunalen Spitzenvertretern« schloss sich an, auf das man auch hätte verzichten können. Oberbürgermeister Burger aus Köln erzählte nichts anderes als das, was er auch schon vor Jahren erzählte. Nur die Anlässe hatten gewechselt. Gegen Mitternacht war ich im Hotel.

28. November 1993

Heute ist die Regierung Münch zurückgetreten. Die Minister, die aus dem Westen kamen, und der Ministerpräsident hatten sich zu hohe Bezüge zahlen lassen. Anders als bei uns wurden ihre Gehälter durch eine gesetzliche Regelung an ihren West-Besitzstand angehoben. Deshalb hing die Höhe der Bezüge vom Einkommen ab, das sie zuletzt bezogen hatten. Münch hatte, ebenso wie die anderen, dazu Angaben gemacht. Er hatte neben seinem Abgeordneteneinkommen auch die steuerfreie Pauschale als Einkommen angegeben, außerdem den Gegenwert für besondere Vergünstigungen, wie Freifahrkarten und freie Telefonbenutzung. Der Rechnungshof hatte diese Berechnung bereits im vergangenen Jahr beanstandet, ohne Ergebnis. Nun hat die Entwicklung, die man im vergangenen Jahr spielend hätte kontrollieren können, die Betroffenen eingeholt. Trotz aller Beteuerungen, nichts Unrechtes getan zu haben, gab es wohl keine andere Wahl mehr.

In Sachsen-Anhalt wird sich, als Folge des Rücktritts, wahrscheinlich der Landtag auflösen und vorgezogene Wahlen werden anberaumt. Es wird kaum möglich sein, für den Rest der Legislaturperiode noch einen Ministerpräsidenten und Minister zu gewinnen. Das Ergebnis ist unschwer vorauszusehen. Die SPD wird, nach zwei gescheiterten Regierungsversuchen der CDU, jetzt ihre Chance bekommen, es besser zu machen. Damit stünde die Bundes-SPD, noch vor den Bundestagswahlen, kurz vor der Zweidrittelmehrheit im Bundesrat. Uns fiele dann die Rolle des Züngleins an der Waage zu. Wir haben, mit anderen Worten, längst die große Koalition in Bonn.

Morgens Feierstunde in der Semperoper: zehn Jahre Deutsche AIDS-Hilfe. Rita Süssmuth war gekommen, um die Festrede zu halten. Auch ich dankte den Leuten für ihre Bereitschaft zum Dienst am Nächsten und der Gemeinschaft. Sie haben nicht nur viele Selbsthilfegruppen gebildet, sondern auch, was einmalig ist, sich zur Prävention gefunden und damit sicher mehr Menschenleben gerettet, als man je wird erfassen können.

Nachmittags geht es dann wieder nach Bonn zur Präsidiumsrunde im Kanzlerbungalow. Der Rücktritt der Regierung Münch hat die Tagesordnung verändert. Niemand weiß etwas Genaues, auch Kohl nicht. Bohl hat mit Akteuren gesprochen und berichtet darüber. Dann ruft Münch aus Magdeburg an. Er hat in seiner Erklärung von Rufmord und Kampagne und davon gesprochen, dass sich niemand etwas zuschulden habe kommen lassen. Von Töpfer, der auf dem Weg zu unserem Treffen Nachrichten gehört hat, erfahren wir, Bergner soll neuer Ministerpräsident werden. Ich warne uns davor, die Argumentation Münchs zu übernehmen. Münch habe sich ungeschickt verhalten und dann die Kontrolle über den ganzen Vorgang verloren. Er war mit dem Rücktritt Horst Rehbergers unkontrollierbar geworden. Der war schon am Samstag von seiner Partei zum Rücktritt gezwungen worden. Der FDP-Vorsitzende ist nicht im Landtag und lebt offenbar in Spannung mit der Landtagsfraktion seiner Partei.

Auch Münch und die FDP hatten Probleme miteinander. Der Rücktritt zwang Münch und seine Leute zum Handeln. Die Begründung des Rücktritts: Man sei solidarisch mit dem Ministerpräsidenten zurückgetreten. Keiner der Westminister kann nach diesem Vorgang wieder in ein Kabinett unter einem neuen Ministerpräsidenten zurückkehren. Niemand weiß, was sie in Zukunft machen werden. Die Runde ist recht betroffen, obwohl Münch in ihr nicht viele Freunde hat. Man fragt sich allenthalben, wie es denn nun weitergehen soll. Einer kommt auf die naheliegende Idee, Bergner anzurufen und ihn davon abzuhalten, sich Münchs Erklärung zu eigen zu machen. Schadensbegrenzung ist angesagt; auch meine Beiträge zielen darauf ab. Es ist voraussehbar, dass wir nun in allen ostdeutschen Ländern eine Gehälter-Diskussion bekommen werden. Münch hat uns keinen Gefallen getan.

Dabei wäre der ganze Vorgang vermeidbar gewesen. Auch Kohl fragt immer wieder, warum man nicht miteinander gesprochen habe. Ich frage mich, warum Kohl nicht mit Münch gesprochen hat, als die Sache vor einem Jahr zum ersten Mal ruchbar wurde. Die Bezüge, die Münch sich zugebilligt hatte, waren lange bekannt. Hätte Münch, als erste Zweifel auftauchten, Waigel um eine Stellungnahme gebeten und sich danach gerichtet, vielleicht auch Überzahlungen zurückgegeben, wäre er heute noch Ministerpräsident. Niemand hätte Anstoß genommen.

Schon ernüchtert durch den Fall Münch wenden wir uns der Wahl eines Kandidaten für das Amt des Bundespräsidenten zu. Seit Heitmann nicht mehr zur Verfügung steht, ist die Frage wieder offen. Mehrfach wird über Herzog gesprochen. Das veranlasst mich, darauf aufmerksam zu machen, dass man den Präsidenten des Bundesverfassungsgerichts nicht durch Kandidatengerede in Verlegenheit bringen dürfe. Die Funktion und die Würde des Amtes ließen es nicht zu. Ähnlich habe ich auch in einem Interview für *Die Woche* votiert. Dregger hatte dafür Verständnis, hielt jedoch eine Kandidatur trotzdem für möglich. Schäuble nahm das Argument ebenfalls ernst. Kohl konnte keinen Zusammenhang sehen.

Offenbar will die FDP die CDU auf ein Signal warten lassen, dass man bereit sei, erneut über einen gemeinsamen Kandidaten zu sprechen. Herzog kann jedoch nicht mehr lange warten. Eigentlich hätte er der Diskussion um seine Person längst ein Ende bereiten müssen. Frau Hamm-Brücher wird kaum für Herzog aufgeben. Schäuble will jedoch einen gemeinsamen Kandidaten. Deshalb hält er auch nichts von Herzog. Kohl ist in großer Verlegenheit. Er sieht, dass Herzog kein Konsenskandidat werden könnte. Einen anderen hat er jedoch nicht. Rita Süssmuth wird er nicht nennen, notfalls mit der Begründung, sie sei in der Union, vor allem bei der CSU, nicht mehrheitsfähig. So endet auch dieser Teil unseres Gesprächs in Ratlosigkeit.

Über den Arbeitsmarkt, eines unserer Hauptthemen, reden wir erst gar nicht inhaltlich. Dazu ist es bereits zu spät. Deshalb wird nun die Wahlkampfstrategie aufgerufen. Hintze gibt uns eine längere Einführung. Sie ist mehr durch seine Begeisterung über sein Wissen als durch den Nutzen des Gebotenen für die Tischrunde geprägt. Immerhin sitzen drei ehemalige Generalsekretäre am Tisch, die alle Wahlkämpfe ausgerichtet haben, davon die beiden erfolgreichsten außer 1957.

Es schließt sich eine längere Diskussion an, an der ich mich nicht beteilige. Meine Ausarbeitung zur Wahlstrategie – eine meiner Anmerkungen – behalte ich für mich, nachdem die Bundesgeschäftsstelle Unterlagen, wenn auch dürftige, vorgelegt hat. Ein Exemplar erhält Eggert. Die Redebeiträge kreisen um die alten Themen: Man will noch Aktivitäten auslösen, bemüht sich um die Definition wirksamer Schwerpunkte, die je nach politischer Neigung wechseln, und berät, ob sich die Verwischung der Fronten durch die Provokation von Streit überwinden lasse. Umfragen warnen uns davor: 75 Prozent der Befragten wünschen sich eine Zusammenarbeit der beiden großen Parteien. Auch Kohl, der ansonsten der Aussprache schweigend folgt, hält nichts von Provokation.

Gegen halb eins morgens trennen wir uns. Die Diskussion war wenig zielführend. Wir redeten, als seien wir Oppositionspartei, die mit Programmen über das, was zu tun ist, die Wähler gewinnen will. Dass wir regieren und das, was wir alles fordern, eigentlich selbst gestalten könnten oder längst hätten gestalten müssen, wird kaum noch wahrgenommen. Es war eine Runde der Hilflosigkeit, aber auch der beginnenden Distanzierung vom Leittier, das seine Witterung verloren hat. Kohl war, in später Stunde, eine traurighässliche Gestalt.

29. November 1993

Nachdem ich ein Telefoninterview gegeben und das Interview für *Die Woche* noch einmal überarbeitet hatte, setzten wir die Präsidiumssitzung im Konrad-Adenauer-Haus fort. Nun stand Christa Thobens Ausarbeitung auf der Tagesordnung. Auch jetzt hörte ich zunächst zu und meldete mich erst gegen Ende der Diskussion. Der Wert der Ausarbeitung liege zunächst darin, dass sie Auskunft über das gebe, was in der CDU konsensfähig sei. Dabei war in der Diskussion deutlich geworden, dass selbst dies nicht ganz stimmte. Denn Blüm und Geißler hatten in langatmigen Vorträgen mehrere Einwände gegen den Text und seine Intentionen vorgetragen. Die Autoren waren bemüht, dem durch Formulierungsangebote und Formelkompromisse Rechnung zu tragen.

Vor allem interessierte mich jedoch, wo in dem ganzen Text die Arbeitgeber geblieben seien. Man gehe offenbar immer noch davon aus, dass das Land voller Menschen sei, die nichts sehnlicher zu tun wünschten, als Arbeitgeber anderer Bürger zu werden und damit Verantwortung für andere zu übernehmen. Ob man sich schon einmal gefragt habe, wollte ich wissen, was geschehen solle, wenn der wachsenden Erwerbsneigung der Bevölkerung eine abnehmende Neigung entspreche, selbstständig oder Arbeitgeber zu werden. Während unser Arbeitsrecht große Anstrengungen unternehme, den Arbeitnehmer zu schützen, ihm Verantwortung abzunehmen und seine Freiheiten zu sichern – der Arbeitnehmer genieße Kündigungsschutz, der Arbeitgeber nicht –, dehne es die bürokratischen Kontrollen, finanziellen Lasten, staatlichen Agenturfunktionen und rechtlichen Bindungen ständig weiter aus. Auch der vorgelegte Text beteilige sich an dieser Tendenz. Was aber wäre zu tun, sollte sich herausstellen, dass man den Arbeitgeber überlastet habe und er sich verweigere, gewissermaßen in die innere Emigration gehe, oder auswandere? Könne es vielleicht sein, dass uns nicht die Arbeit, sondern der Arbeitgeber abhandengekommen sei? Dass nicht die Arbeit ausgehe, sondern die Bereitschaft, Arbeit zu schaffen? Die Frage wurde gehört, aber schon wegen der fortgeschrittenen Zeit nicht mehr aufgenommen.

Zwischendurch Gespräch mit Milbradt, der wissen will, ob er mein Einkommen als Ministerpräsident bekanntgeben darf. Ich sage ihm, er solle alles offenlegen. Es gibt ein gutes Kontrastprogramm zu Sachsen-Anhalt. Mittags fliege ich mit Rita Süssmuth nach Berlin.

Auf dem Wege zur Einladung des Bundespräsidenten für die Nationalstiftung besuche ich das ZDF-Studio, um für das *heute Journal* Aussagen über mein Einkommen zu machen und den Rücktritt in Sachsen-Anhalt zu kommentieren. Vor der Aufzeichnung werde ich so zornig über die Zumutung, die in in derartigen Anfragen liegt, dass ich am liebsten das Studio wieder verlassen hätte. Aber die Einladung hat auch ihr Gutes. Bei der Aufzeichnung selbst bin ich wieder gelassen.

Beim Bundespräsidenten dann das Gespräch über die Stiftung und ein anschließendes Abendessen. Von den rund siebzig eingeladenen Damen und Herren sind die Hälfte gekommen: eine sehr gute Quote, ähnlich wie beim IWG. Das Gespräch nach der Vorstellung des Stiftungsgedankens ist fruchtbar. Es gebe keine Dichotomie zwischen Europa und der Nation, sagt Schmidt zu Beginn der Aussprache, wie manche es heute behaupteten. Falsch sei es zu sagen, Europa sei eine Kopfgeburt und die Nation eine Sache des Herzens. Zu beiden, Europa und der Nation, gebe es eine Beziehung des Verstandes und des Herzens. Diese Bindung des Herzens an Europa, das ist auch meine Überzeugung, gibt es nicht nur. Sie würde auch sehr schnell deutlich, wenn die Europäer wieder einer gemeinsamen Gefahr ausgesetzt wären.

Wichtig war vor allem ein Beitrag von Leicht, der, um die Aufgabe der Stiftung zu veranschaulichen, an den Bau von Kathedralen erinnerte. Niemals hätten diejenigen, die sie geplant oder zu bauen begonnen hätten, je daran geglaubt, das fertige Werk zu erleben. Diese Fähigkeit, über das eigene Leben und Wirken hinaus zu denken, sei uns abhandengekommen. Nur wer nicht erwarte, das Ergebnis selbst zu erleben, könne sich jedoch auf den Weg machen, dem Land ein gewachsenes Verhältnis zur Nation zu vermitteln.

Ich nahm den Gedanken auf und erzählte die Geschichte von dem Waldbauern, die ich Heinrich Ostrop verdanke. Von Abgeordneten des Landtages befragt, warum er die Setzlinge pflanze: Er habe doch nichts davon, antwortete dieser: Er habe nichts davon. Ob denn sein Sohn etwas davon habe? Auch sein Sohn habe nichts davon. Wohl aber habe sein Urenkel etwas davon. Für ihn pflanze er die Bäume. In einer individualisierten, auf Selbstverwirklichung bezogenen Gesellschaft schrumpft der Zukunftshorizont. Die Fähigkeit geht verloren, sich vorzustellen, dass man für Zwecke handeln könnte, die über die eigene Lebensspanne hinausreichen. Wer keine Kinder hat, kann auch nicht für seinen Urenkel Bäume pflanzen.

1. Dezember 1993

In Sachsen-Anhalt hat die FDP sich im Landesvorstand gegen die Landtagsfraktion und für Neuwahlen entschlossen. Ich habe immer damit gerechnet. Denn nur, wenn sie sich an die Spitze der Bewegung setzt, kann sie bei Wahlen noch überleben. Die Presse verbreitet die Ergebnisse von Blitzumfragen, die im Falle von Neuwahlen für die CDU nichts Gutes ahnen lassen.

2. Dezember 1993

Bürgermeistertreffen in Böhlen. Es ist das vierte Mal, dass ich mit den Stadt- und Gemeindeoberhäuptern zusammentreffe. Die Stimmung ist gut, obwohl die Frauen und Männer einen wesentlichen Teil der Last zu tragen haben, die mit der Transformation unseres Landes verbunden ist. Eggert und Vaatz referieren. Es folgt eine längere Aussprache, die sich vorwiegend um Umwelt- und Deponiefragen dreht. Weder die Schule noch die Kindergärten werden als Problem angesprochen. Die Reformen in diesen Bereichen sind offenbar akzeptiert.

Mittags gibt mir Frau Müller aus der Presseabteilung den Text des Porträts, das Schreiber in *Die Woche* veröffentlicht hat. Er hat von mir ein Zerrbild geliefert, das einem Psychopathen näherkommt als den Vorstellungen, die ich von mir habe. Der Text verletzt mich und ich bin zornig zugleich. Außerdem fühle ich mich und mein Vertrauen ausgenutzt und meine Offenheit missbraucht. Wenn ich wirklich so sein sollte, sage ich Sagurna, als ich wieder in Dresden bin, solle er es mir sagen. Dann würde ich mich selbst um einen Nachfolger bemühen.

Den Chefredakteur Jörges, der morgen Abend mit Lütgert und Leyendecker vom *Spiegel* nach Dresden kommen soll, um mit mir zu reden, lasse ich von Frau Martens wieder ausladen. Sie ist auch nicht glücklich mit dem Porträt. Wir haben aber keine Zeit, darüber zu sprechen. Als ich später mit Heinz telefoniere, bitte ich ihn, sich das Porträt anzusehen. Er hatte *Die Woche* bereits gelesen und war von dem Interview angetan. Auch Meinhard fand den Duktus gut, der schon am Vortag über die Agenturen verbreitet worden war. Meine Feststellung, die SPD werde im kommenden Bundestag und im Bundesrat ein Übergewicht haben, hat eine enorme Resonanz ausgelöst. Die Zeit ist reif für die Diskussion und ich werde ihr auch nicht im Wege stehen.

3. Dezember 1993

Auf dem Weg nach Flöha, wo ich zur Einweihung des Förderzentrums Mittelsachsen erwartet werde, rufe ich Frau Martens an und sage ihr, sie solle Jörges wieder einladen. Es wäre falsch, so zu reagieren. Sie habe die Reaktion durchaus verstehen können und lange mit Jörges gesprochen. Auch Lütgert habe angerufen. Nun hoffe sie, dass die Dinge sich noch richten ließen.

In Flöha hat ein ehemaliger Mitarbeiter von Siemens, Dr. Daetz, eine nützliche Idee verwirklicht. Man forscht im Anwendungsbereich für den Mittelstand. Bezahlt wird nicht in Geld, sondern in Beschäftigung von Arbeitskräften. Für ein Mannjahr Leistung zwei sichere Arbeitsplätze. Rund 860 Zusagen hat man schon erarbeitet, viele davon sind bereits eingelöst. Das Zentrum ist in einem Fabrikgebäude untergebracht, das früher die Plauener Spitze beherbergte. Seine Aktivitäten senden Impulse in die Umgebung und erhöhen deren Standortqualität. Noch sind seine Möglichkeiten mehr im Bereich der Hoffnungen angesiedelt. Aber Zukunft hat der Gedanke und was daraus gemacht wurde schon.

Mittags dann wieder in Dresden. Ich lege letzte Hand an den

Text, den ich für die Verleihung der Hans-Böckler-Medaille geschrieben habe. Vor allem die Thesen müssen noch ausgedruckt werden. Zwischendurch besucht mich die Mittelstandsvereinigung der CDU in Glauchau. Engagierte Leute, die ihr Land wieder aufbauen wollen und sich durch die Schwierigkeiten nicht entmutigen lassen, mit denen sie ständig zu kämpfen haben.

Dann die Preisverleihung. Ich habe mich lange darauf gefreut. Geuenich hält die Laudatio. Wieder einmal wird mir bewusst, wie weit der Weg von Nordrhein-Westfalen nach Sachsen wirklich war und welche Bereicherungen er mir gebracht hat. Ich werde als ein Mann gefeiert, der sich immer für Konsens und Gemeinsamkeiten eingesetzt hat und bestrebt war, objektiv zu sein. Nachdem ich meine Thesen vorgetragen hatte, finden wir uns zu einem Rundgespräch: Rappe, Berger, Schulte (IG Metall) und Warburg von der ÖTV. Alle stimmen sie meinem Vorschlag zu, eine Arbeitsmarkt-Kommission zu berufen. Es war eine schöne Veranstaltung.

Abends kamen die drei: Lütgert, Leyendecker und Jörges. Sie standen an der Pforte, als ich in der Schevenstraße ankam. Für Ingrid hatten sie zwei kleine Christsterne gekauft. Es wurde ein freundschaftlicher Abend. Wir aßen im Silberzimmer und sprachen über Gott und die Welt – bis gegen halb zwölf. Immer wieder musste ich sie davon überzeugen, dass ich nicht nach Bonn wolle. Immer wieder überlegten sie, ob das nicht doch besser sei. Immer wieder mussten sie feststellen, dass es nicht geht. Kohl hat die Verhältnisse so festgezurrt, dass sich die Partei ohne die Hilfe der Wähler nicht bewegen kann. Ihm kommt dabei die Länge der Wahlkampfzeit zu Hilfe. Schon im Februar kann man mit Rücksicht auf Niedersachsen nichts mehr ändern. Kohl sitzt fest im Sattel. Aber der Gaul hat die Kraft verloren, ihn als Ersten durchs Ziel zu bringen. So richten sich alle darauf ein, dass es ein quälender Prozess werden wird. Die Widersprüche werden zunehmen, die Probleme damit wachsen. Aber wir werden erst im kommenden Herbst sehen, wie es weitergeht.

5. Dezember 1993

Die Wahlen in Brandenburg haben der CDU eine schwere Niederlage eingetragen. Einige Zeit lang schien es so, als würde sie hinter die PDS auf den dritten Platz fallen. Nun liegt sie einige Zehntel Prozentpunkte vor der PDS bei knapp 22 Prozent. Sie hat damit fast ein Drittel ihrer Wähler verloren. Die SPD hat zugenommen, ebenso die PDS. Sie hat mit ihrem OB-Kandidaten in Potsdam fast doppelt so viele Stimmen gewonnen wie der amtierende SPD-Oberbürgermeister. Allerdings reichte es nicht zur absoluten Mehrheit.

Mit der Wahl setzt sich die Serie von Rückschlägen fort, die die CDU in den letzten Wochen einstecken musste. Erst der Rücktritt Heitmanns, dann der Rücktritt der Münch-Regierung, nun die Wahlniederlage in Brandenburg. Frau Hartfelder, die CDU-Landesvorsitzende, schlug sich gestern Abend im Fernsehen beachtlich. Ohne die Dinge zu beschönigen, strahlte sie doch eine verhaltene Zuversicht aus und den Glauben, dass es nun, nachdem die Verhältnisse in der CDU geordnet seien, wieder besser werden könne. Dazu trägt sicher bei, dass auch Stolpe nicht mehr der Strahlemann ist, der er noch vor einem Jahr war. Er ist Diplomat, aber nicht handlungsorientierter Ministerpräsident. Gäbe es einen Präsidenten für sein Land: Er wäre der ideale Kandidat.

6. Dezember 1993

Die Wahl in Brandenburg beherrscht die Nachrichten. Viele sehen im Ergebnis ein weiteres Indiz für den Niedergang der Ära Kohl. Er selbst scheint vom Wahlergebnis kaum berührt. In der Kanzlerrunde macht er einen gelösten Eindruck. Der Mann muss sich seiner sehr sicher sein. Oder er hat sich längst von den Niederungen der Politik, wie er sie sieht, gelöst und lässt die Dinge auf sich zukommen. Viel zu verlieren hat er nicht mehr. Gewinnt er die Wahlen im kommenden Herbst, ist es gut. Gewinnt er sie nicht, ist es für ihn auch gut. Dann zieht er sich eben zurück. Dass die CDU dabei auf der Strecke bleibt, scheint ihn nicht zu stören. Für ihn war die Partei, das zeigt sich immer deutlicher, ohnehin nur ein Instrument; ein Mittel zum eigenen Zweck, was immer dieser auch gewesen sein mag. Meinhard wird recht behalten: Wenn Kohl sich zurückzieht, wird er in der CDU nur noch verbrannte Erde zurücklassen. Es wird Jahre dauern, bis die Partei sich von den Folgen erholt. Es wird nie wieder die alte CDU sein.

Das Aufbau-Ost-Gespräch verläuft lebhafter als sonst. Ich hatte an alle Teilnehmer Pulsnitzer Pfefferkuchen verteilen lassen, um auf das alte Handwerk aufmerksam zu machen, das immer noch nicht als Lehrhandwerk anerkannt ist. Kohl verspricht, eine Lösung zu ermöglichen. Aber viel wert ist das nicht. Er hat in letzter Zeit kein Versprechen mehr gehalten, das er uns gegeben hat. Dennoch: Alle freuen sich über den Nikolaus!

Anschließend eine Reihe von Interviews, vorrangig zu Brandenburg. Man interessiert sich auch für die Spannungen zwischen Kohl und mir. Der *Spiegel* berichtet auch heute wieder von der Kanzlerdämmerung und meiner angeblichen Rolle im Machtspiel. Es ist gerade, als wolle man mich zwingen, mich daran zu beteiligen. Aber es wäre unter allen denkbaren Umständen falsch, sich aus der Reserve locken zu lassen. Die Basis in Sachsen kann ich nur einmal verlieren. Nichts wäre Kohl lieber, als wenn ich jetzt gegen ihn antreten würde. Schäuble wäre gezwungen, sich auf seine Seite zu schlagen. Damit wäre auch die letzte noch denkbare Gefahr beseitigt. So aber weiß er nicht, was ich nun eigentlich vorhabe. Ich werde mich auch in Zukunft streng an sachliche Fragen halten, Zusammenhänge erläutern und die neuen Fragen behandeln.

7. Dezember 1993

Nachmittags rief Scharping an, um mit mir über die Pflegeversicherung zu sprechen. Ob ich nicht helfen könne. Die SPD habe sich so weit auf die Koalition zu bewegt, dass sie keinen Spielraum mehr habe. Man sei bereit, einen Tag zur Kompensation zu konzedieren. Das sei angesichts des Widerstandes der IG Metall schon mehr, als er eigentlich verantworten könne. Dies umso mehr, als zunächst die ambulante Pflege finanziert werden solle. Dafür reiche ein Tag als Kompensation. Ich rate ihm, den Vorschlag zu machen, dass die weitere Kompensation 1997, wenn auch die stationäre Pflege durch das Gesetz finanziert werden solle, durch Tarifvertrag geregelt werden sollte. Er glaubt nicht, dass die FDP dies akzeptieren könne, bittet mich aber dennoch, mit Blüm zu sprechen. Ich rufe Blüm an, aber er kann sich auch nicht bewegen.

9. Dezember 1993

Morgens zunächst ein Gespräch über den Staatsvertrag, den wir mit dem Bund noch abschließen wollen. Milbradt und ich hatten gestern Abend die Grundzüge besprochen. Wir wollen sicherstellen, dass die ostdeutschen Länder den Niveauausgleich vom Bund direkt verlangen können. Ohne einen Schutz gegen die Verzögerung wollen wir der Änderung des Grundgesetzes nicht zustimmen.

Dann ein längeres Interview und Gespräch mit Herles vom *General-Anzeiger* in Bonn.

Anschließend schicke ich Schäuble meinen Interview-Text mit der Bitte, ihn der Fraktion zugänglich zu machen. Außerdem stelle ich meine Gedanken zur Wahlkampfstrategie in Aussicht. Ich bin nicht länger bereit, Angriffe von Kohl ohne Widerspruch hinzunehmen. Das kann ich auch mit meinem Amt in Sachsen nicht vereinbaren, wenn ich nicht meine eigene Wahl gefährden will.

10. Dezember 1993

Heute Morgen Ministerpräsidentenkonferenz-Ost in Naumburg/Saale. Auf der Tagesordnung standen das Treuhandgesetz, die Bahnreform, der Kohlepfennig und eine Reihe weiterer Fragen von untergeordneter Bedeutung. Zur Neuordnung der Treuhand wünschen die Länder eine stärkere Beteiligung an den Entscheidungen der Bundes und der veränderten Treuhand. Das gilt vor allem für die Begleitung sanierungsfähiger Unternehmen und für das sogenannte Vertragsmanagement, das die Einhaltung der Verträge überwachen und die personalisierten Zusagen durchsetzen soll.

Zur Bahnreform können wir uns nicht auf die Forderung nach einem Staatsvertrag einigen, sondern nur auf den Vorschlag, ein Verwaltungsabkommen mit dem Bund zu schließen. Allerdings soll sich der Bund verpflichten, die gesamten Kosten für die Angleichung der Schienenwege und Sachinvestionen im Osten an das West-Niveau zu übernehmen. Die ostdeutschen Länder können die Risiken nicht tragen, die mit der jetzigen Regelung verbunden sind. Ob die Länderfront auch steht, wenn der Bund dies ablehnt, weiß ich nicht. Auch wenn sie auseinanderfällt, werden wir der Bahnreform nicht zustimmen, falls der Bund die Garantie nicht übernimmt. Wir werden uns dann auf den heutigen Beschluss und auf die Zusage des Bundeskanzlers berufen können. Ich werde beides im Bundesrat vortragen.

Der Beschluss des Kabinetts, dem der Bundestag wohl folgen wird, den Kohlepfennig zu erhöhen und auch im Osten zu erheben, ist besonders ärgerlich. Wir werden dann zur Finanzierung von überflüssigen Arbeitsplätzen herangezogen, obwohl wir aus dem Abbau unserer überflüssigen Arbeitsplätze in der Braunkohle bereits enorme materielle und immaterielle Lasten zu tragen haben. Ein solches Verfahren zeigt die ganze Absurdität der gegenwärtigen Politik, die sich immer mehr in Widersprüche verwickelt. Alles wird nur noch aus dem jeweiligen begrenzten Zusammenhang heraus entschieden, ohne Rücksicht auf die Auswirkungen der Entscheidungen in anderen Bereichen.

Bergner war zum ersten Mal Gastgeber der MPK-Ost, eine Woche nach seiner Wahl zum Ministerpräsidenten in Sachsen-Anhalt. Inhaltlich war er noch unsicher, räumte es aber auch ein und bat um Unterstützung. Ich hatte sie ihm schon vorgestern zugesagt. Die Verhandlungsführung dagegen zeigte den bisherigen Fraktionsvorsitzenden. Sie war geschickt, zügig und aufmerksam. Er lässt sich auch nicht, wie man so schön sagt, die Butter vom Brot stehlen. Seine Blässe und die leicht asketisch wirkenden Gesichtszüge passen nicht ganz zu seiner sonoren und tragenden Stimme. Sagurna hält ihn für einen guten Kommunikator.

In Berlin heute Nachmittag eine Podiumsdiskussion zum Thema Treuhand. Stephanie Wahl war eine der beiden Moderatorinnen. Die Professoren Schneider und Hax, Brahms von der THA anstelle der erkrankten Birgit Breuel, Stolpe und ich waren die Teilnehmer. Es ging um Fragen der Treuhand, ihrer Politik und um die Bewertung ihrer bisherigen Arbeit. Tatsächlich wird man in dieser Arbeit eines Tages eine große Leistung sehen, die allerdings auch nur unter den besonderen Bedingungen der deutschen Wiedervereinigung denkbar war.

13. Dezember 1993

Am Samstag Präsidium und Landesvorstand der Sächsischen Union. Wir hatten die Kreisvorsitzenden dazu geladen. Im Präsidium besprechen wir auch die weitere Haltung unserer CDU zu den Schwächen der Bundespartei und den Tiraden Kohls gegen meine Äußerungen in *Die Woche*. Man ist damit einverstanden, dass ich in der heutigen Sitzung des Bundespräsidiums die Kontroverse anspreche.

In der anschließenden Vollsitzung lasse ich alle Kreisvorsitzenden über die Arbeit in ihren Kreisverbänden, den Stand der Nominierungen und Wahlkampfvorbereitungen berichten. Was sich ergibt, ist ein buntes und keineswegs negatives Bild des Lebens und Arbeitens der Sächsischen Union und ihrer Kreisparteien. Wir haben uns inzwischen zu einer leistungsfähigen Partei gefunden, die nicht mehr nur durch mich getragen wird. Hähle macht seine Sache ausgezeichnet. 1995 kann er die Führung der Partei übernehmen oder als Generalsekretär – als den wir ihn dann wieder bezeichnen können – einem anderen Vorsitzenden die wesentlichen Aufgaben abnehmen. Zufrieden komme ich gegen drei Uhr wieder in die Schevenstraße.

Der heutigen Präsidiumssitzung hatte ich mit gemischten Gefühlen entgegengesehen. Ich wusste, dass ich Kohl nicht ohne Kommentar seine verdeckten Angriffe fortsetzen lassen durfte. Andererseits hatte ich keine Lust, mich mit unnötigem Streit zu belasten. Meinhard hatte mir gestern geraten, meine Haltung zum Inhalt des Interviews noch einmal klarzustellen, aber die Auseinandersetzung nicht fortzuführen. Stattdessen sollte ich meine Anmerkungen zur Wahlkampfstrategie dem Generalsekretär zur weiteren Veranlassung überlassen; dies in der Sitzung und für jedermann erkennbar. Da ich kein Freund von Streit bin und meine Kraft für andere Dinge dringend brauche, war mir all dies lästig.

Die Sitzung begann nicht mit einem Lagebericht, sondern mit der zweiten Lesung der Ausarbeitung, die Christa Thoben und Klaus Töpfer im Wesentlichen zu verantworten haben. Anschließend ging es um die Pflegeversicherung. Berlin und Baden-Württemberg werden sich am Freitag im Bundesrat enthalten müssen. Ihre Koalitionsvereinbarungen mit der SPD lassen Diepgen und Teufel keine andere Wahl. Wenn sich auch die SPD-geführten Länder, die von einer Koalition mit der FDP regiert werden, der Stimme enthalten sollten, werden insgesamt fünf Länder bei der Abstimmung über die Pflegeversicherung im Bundesrat nicht mitstimmen. Auch abgesehen von den inhaltlichen Problemen, die dies für die Regierung bedeutet, lähmt sich damit der Bundesrat in einer Weise, die das

Vertrauen der Bürger in die Handlungsfähigkeit unserer Institutionen beeinträchtigen muss.

Nach der Beratung über diese Situation wollte Kohl mit guten Wünschen und warmen Worten zu Weihnachten die Sitzung schließen. Ich bat jedoch ums Wort und erklärte, ich wäre wegen meines Interviews in *Die Woche* kritisiert worden. Ich hätte deshalb Kopien des Interviews mitgebracht, um den Mitgliedern des Präsidiums Gelegenheit zu geben, selbst die Stichhaltigkeit der Vorwürfe zu prüfen. Kohl, offenbar irritiert durch die rüde Behinderung seiner Bemühungen um einen harmonischen Abschluss, der alle Angriffe der letzten Tage hätte verjähren lassen, wurde aggressiv und schloss, was ein Fehler war, auch gleich Vorwürfe gegen Eggert in seine Antwort ein: Dieser habe sich an der Diskussion über eine Mannschaft beteiligt und auch Namen genannt, dabei jedoch Schäuble nicht erwähnt. Eggert bestritt, jemals Namen genannt zu haben, und verlangte die Vorlage von Interview-Texten von dem, der das Gegenteil behaupte. Kohl bestand auf seiner Behauptung; allerdings sollten die Namen von Eggert jetzt nicht in Interviews, sondern in Hintergrundgesprächen genannt worden sein. Eggert bestritt auch dies, worauf Kohl erklärte, er habe keinen Grund, seinen Informanten zu Misstrauen. An dieser Stelle unterbrach ich die Kontroverse und stellte fest: Ein stellvertretender Vorsitzender der CDU habe soeben im Präsidium eine Erklärung abgegeben, Kohl habe ihn daraufhin praktisch der Lüge bezichtigt. Ich wollte nun wissen, welche Informationen er darüber habe. Andernfalls könne er seinen Vorwurf nicht aufrechterhalten. Wenn in diesem Kreis das Wort eines Stellvertreters nichts mehr gelte, könnten wir unsere Zusammenarbeit einstellen.

Kohl lenkte ein. Er sei froh, wenn er von der Erklärung Eggerts ausgehen könne. Er sei auch sehr einverstanden, dass wir vom gegenseitigen Vertrauen ausgehen wollten. Inzwischen hatte sich auch Geißler gemeldet. Jeden Montag, so Geißler, gebe es Auseinandersetzungen darüber, was der eine oder andere gesagt oder was über das Gesagte gemeldet worden sei. Zur inhaltlichen Debatte über das, was gesagt worden sei, komme es nicht mehr. Daraufhin ging Kohl auch Geißler an, allerdings schon sehr viel behutsamer. Er sei seit einigen Tagen Gegenstand einer Kampagne, die ohne Vorbild sei. Das Wahlergebnis in Brandenburg sei voraussehbar gewesen. Wer nun in eine solche Kampagne mit Vorschlägen komme wie Eggert, der von der Trennung von Vorsitz und Kanzler gesprochen habe, oder Geißler, der die Frage nach einer Mannschaft stelle, der müsse doch wissen, dass er zur Verstärkung der Kampagne beitrage.

Kohl ist durch die »Dämmerungs-Kampagne« offenbar stark verunsichert. Er wehrt sich gegen jede Äußerung, die man auch nur im Entfernten als eine Kritik an ihm verstehen kann. Seine Einlassungen zur Frage, ob man den Wahlkampf auf ihn konzentrieren oder eine Mannschaft anbieten solle, wechselten ständig. Nachdem er den Gedanken zunächst weit von sich gewiesen hatte, sprach er später von der Notwendigkeit, ihn zu diskutieren, und schließlich davon, er habe ihn selbst ins Spiel gebracht. Die Strategiediskussion sollte zunächst mit der Sitzung im Bungalow als beendet gelten. Als ich bemerkte, wir hätten mit der Aussprache erst begonnen, und meine Ausarbeitung ankündigte, die ich dem Generalsekretär überlassen wolle, war unser Gespräch auch bei Kohl erst der Beginn einer Erörterung der Strategiefragen. Man merkt, wie ungewohnt es für Kohl ist, in der Sache zur Diskussion gezwungen zu sein und nicht seine Stellung ausspielen zu können.

Meine Anmerkungen überließ ich anschließend Hintze mit der Bemerkung, er müsse entscheiden, was er damit zu tun gedenke, ob er sie für sich behalte oder im Präsidium zur Diskussion stellen wolle. Nun bin ich gespannt, was mit ihnen geschieht.

Heute Abend nun geht es um die Ansiedlung einer Siemens-Produktion in Dresden und die Übernahme der Mikroelektronik durch die Münchner. Wir müssen sehen, ob wir die Erwartungen erfüllen können, die Siemens an staatliche Zuschüsse hat. Auch darin spiegelt sich ein Verlust an Seriosität und Ordnungspolitik wider: Eines der größten deutschen Unternehmen kommt nur nach Sachsen, wenn wir ihm den Weg mit Geld ebnen, das wir nicht haben und deshalb leihen müssen. Eine wirkliche unternehmerische Leistung ist das kaum!

15. Dezember 1993

Zweiter Tag der Haushaltsdebatte. Wie schon im vergangenen Jahr wurde Georgs Haushalt auch diesmal wieder mit großer Mehrheit und praktisch ohne Gegenstimmen angenommen. Keiner der Einzelpläne bereitete Schwierigkeiten. Die Presse berichtete gut über die gestrige Debatte. Allgemein wurde die Schwäche der Opposition notiert. In der SPD herrscht Unmut über Kunckel, der selbst einen müden und etwas resignierten Eindruck macht. Er ist derzeit in einer ähnlichen Lage wie die, in der ich im Landtag von Nordrhein-Westfalen war: konfrontiert mit einem Regierungschef, der allgemein Zustimmung findet und die besten Chancen hat, wieder eine Mehrheit zu gewinnen.

Zwischendurch eine Reihe von Gesprächen. Frau Michalk MdB ist in ihrem Bereich nicht wieder aufgestellt worden. Stattdessen hat man sich für Haschke entschieden. Nun werde ich sie auf der Landesliste weit oben platzieren müssen, damit wir nicht gänzlich ohne Frauen antreten. In den Wahlkreisen haben die Frauen kaum eine Chance. Schiemann, der bei der Moses-Verleihung mit in Berlin gewesen war, äußerte seine Sorge, ich könnte Sachsen doch verlassen und nach Bonn gehen. Eine Gruppe israelischer Journalisten, die in Bonn akkreditiert sind, wollte ebenfalls wissen, ob ich nach Bonn gehen würde, wenn es zu einer großen Koalition komme. Niemand glaubt mir so recht, dass ich gerne hier bleiben würde.

Schommer und seine Leute haben den ganzen Tag mit Siemens verhandelt. Wir sind uns weitgehend einig. Von Pierer und ich werden in der kommenden Woche das Ergebnis bekanntgeben. Eine gute Nachricht für die Sachsen wenige Tage vor Weihnachten. Mit dem Oberbürgermeister müssen wir noch über die Erledigung der Baugenehmigungen sprechen. Ich habe mein Wort dafür verpfändet, dass wir sie rechtzeitig erhalten können.

16. Dezember 1993

Gerade habe ich in der *Zeit* einen Beitrag des Sozialrichters Jürgen Borchert zur Pflegeversicherung gelesen. Borchert hält das jetzt zur Entscheidung anstehende Modell für verfassungswidrig. Seine Begründung ähnelt den Argumenten, die Meinhard und mich veranlasst haben, eine neue Alterssicherung zu entwickeln. Borchert stützt sich dabei auf die Entscheidung des Bundesverfassungsgerichts zum Familienlastenausgleich und der Besteuerung der Familie. Was er zum Umfang der Umverteilung in der Gesellschaft zu Lasten der Familie mitzuteilen hat, ist aufregend. Es ist offenbar noch schlimmer, als ich immer vermutet hatte. Die Familie mit Kindern trägt einen wesentlichen Teil der Lasten, die es den Singles gestattet, ein angenehmens Leben zu führen – so wie sie es verstehen. Borchert erwähnt die Frau, die zehn Kinder großgezogen hat und 700 DM Rente erhält, obwohl ihre Kinder zusammen über 8000 DM Beiträge zahlen.

Die vorliegende Gesetzgebung zur Pflegeversicherung wird morgen abgelehnt werden. Die Bundesregierung wird dann nochmals den Vermittlungsausschuss anrufen. In der Zwischenzeit sollte man erneut den Versuch machen, einen anderen Weg zu gehen, der nicht auf einer zusätzlichen Belastung des Arbeitsverhältnisses beruht. Falls abgelehnt wird, sollte ich noch einmal zum Thema schreiben! Der Beitrag von Borchert wäre ein guter Anlass.

Die Uruguay-Runde ist gestern erfolgreich beendet worden. Alle 117 Mitgliedstaaten des GATT haben unterschrieben. Die Kommentare sind zwiespältig. Die Mehrzahl lobt die Erleichterungen für den freien Welthandel. Andere meinen, die Dritte Welt sei wieder die Verliererin. Ich glaube, dass die Entwicklung in wenigen Jahren über die heutigen Vorstellungen vom freien Welthandel hinweggehen wird. Handelszonen werden sich entwickeln, die groß genug sind, um in ihnen alle Vorteile des Wettbewerbs zu entfalten, ohne Gefahr zu laufen, den eigenen Lebensstandard zu sehr zu gefährden.

In den Vorgesprächen der B-Länder ergaben sich zur Ministerpräsidentenkonferenz und zum Bildungstreffen mit Kohl keine neuen Einsichten. Auch die B-Länder sahen keinen Sinn darin, die Vorlage des Bundes inhaltlich zu behandeln. Die SPD hatte bereits zu erkennen gegeben, dass sie nicht die Absicht habe, mit Kohl über Fragen zu sprechen, die in die alleinige Zuständigkeit der Länder gehören. Pfeifer, der wie immer an den Beratungen der B-Länder teilnahm – und total übermüdet aussah –, bat mich darum, zu verhindern, dass das Treffen mit Kohl in einem Fiasko enden würde. Hätten wir normale Verhältnisse, hätte Kohl mich angerufen, ehe er seine Ausarbeitung verschicken ließ, um wenigstens die Länder vorzubereiten, die von der Union regiert werden. Aber nichts dergleichen geschieht mehr.

Zu Beginn des anschließenden Gesprächs mit Kohl drohte die Zusammenkunft, die das Kanzleramt als ein Treffen propagiert hatte, von dem Beschlüsse zu erwarten seien, tatsächlich zu scheitern. Nachdem Scharping sich geduldig die Ausführungen des zuständigen Staatssekretärs Fritz Schaumann (früher NRW-Landtag) angehört hatte, erklärte er in der ihm eigenen sachlichen Art, für eine inhaltliche Beschlussfassung sehe er keine Veranlassung. Die Länder hätten ihren Beratungsfahrplan im Oktober festgelegt und hätten die Absicht, danach zu verfahren. Als sich auch Schröder in diesem Sinn geäußert hatte, wollte Kohl das Gespräch beenden. Wenn man das so wolle, sei er bereit, die Sache auszutragen – eine seiner Lieblingsformeln. Er sei nicht bereit, zusammenzukommen, nur um Arbeitsgruppen zu beschließen. Ich machte daraufhin den Vorschlag, sich doch kurz mit dem Thema berufliche Bildung zu befassen, zu dem Kohl selbst eine Arbeitsgruppe vorgeschlagen habe. So kam das Gespräch doch noch zustande und brachte am Ende die Verständigung darauf, diese und eine weitere Arbeitsgruppe zur Hochschulpolitik zu berufen.

17. Dezember 1993

Eine lange und zeitweise recht turbulente Bundesratssitzung liegt hinter mir. Wir haben die Pflegeversicherung mehrheitlich abgelehnt, gegen das Lohnfortzahlungsgesetz Einspruch eingelegt und eine Entschließung verabschiedet, die den zwischen Scharping und mir besprochenen Inhalt hatte. Zuvor stimmten die B-Länder einer ähnlichen Entschließung zu, die jedoch ohne Mehrheit blieb. Vogel hatte sie formuliert, um deutlich zu machen, dass auch wir eine erneute Verhandlung im Vermittlungsausschuss erwarten. Der SPD-Entschließung wollten die B-Länder außer Berlin nicht zustimmen, weil sie bereits Hinweise auf den möglichen Kompromiss enthält. Lafontaine hatte zuvor die Ablehnung durch die SPD-Länder begründet, Blüm hatte ihm mit einer emotionalen, teilweise kabaretthaften Rede geantwortet, in der er seine Position so überzog, dass ihm am Ende kaum noch jemand zuhörte.

Alle wussten zudem, dass er wusste, dass der Vermittlungsausschuss erneut zusammentreten würde. Deshalb waren seine Drohungen mit dem Scheitern der Pflegeversicherung auch wenig glaubwürdig. Noch am späteren Nachmittag erklärte die Bundesregierung, sie wolle erneut den Vermittlungsausschuss anrufen. Die »1,7 Millionen alten und hilflosen Menschen« werden also nicht im Stich gelassen. »Jetzt oder nie« war nicht, wie Blüm behauptet hatte, die Alternative. Worum es alleine ging, war, ob das Gesetz, das ohnehin erst im April in Kraft treten soll, schon vor Weihnachten oder erst Ende Januar verabschiedet werden wird.

Zur Bahnreform nahm ich ausführlich Stellung. Viel Aufmerksamkeit konnte ich damit allerdings nicht mehr erzielen. Die war fast vollständig durch die Debatte und die Abstimmungen zur Pflegeversicherung verbraucht. Ich begündete, warum Sachsen der Verfassungsänderung nicht zustimmen werde. Der Bund wird durch sie insoweit aus der Verpflichtung entlassen, für ein ausreichendes Verkehrsangebot zu sorgen und damit das Allgemeinwohl zu sichern, als es um den Nahverkehr geht. Dafür übernimmt er für die kommenden Jahre einen Teil des Defizits, das den Ländern aus ihrer Verantwortung für ein ausreichendes Nahverkehrsangebot erwachsen kann.

Da dies für alle Länder gleich gilt – und auf der Basis des westdeutschen Verkehrsangebotes berechnet wurde –, ist der Bund bereit, unser Verkehrsangebot auf das westliche Niveau anzuheben. Allerdings hat er diese Bereitschaft begrenzt. Er stellt ohne Haushaltsvorbehalt in den kommenden Jahren 10 Milliarden DM zur Verfügung, um das Nahverkehrsangebot an das Niveau des Westens anzupassen. Reicht der Betrag nicht, bleibt es praktisch ihm überlassen, in welchen Zeiträumen er die noch bestehende Lücke schließen will. Die Länder haben keinen eigenen Anspruch gegen den Bund, diese Leistungen zu erbringen, haften aber für die Folgen eines unzureichenden Verkehrsangebotes. Kohl hatte uns versprochen, den ostdeutschen Ländern einen eigenen Anspruch zu gewähren, sei es durch Verfassungsbestimmung oder durch Staatsvertrag. Er hat sein Versprechen, wie auch bei der Kulturfinanzierung, nicht gehalten. Als Antwort auf die ungelöste Risikoverteilung lehnten wir es deshalb ab, der Änderung der Verfassung zuzustimmen.

Anschließend mehrere Interviews. Frau Däubler-Gmelin hat auf ihre Kandidatur zum Bundesverfassungsgericht verzichtet. Ich spreche ihr und der SPD meinen Respekt für die Entscheidung aus und halte sie für richtig. Es kommt nicht auf die Unabhängigkeit der Frau, sondern darauf an, ob ein Kläger oder Beklagter in Fragen, die zwischen SPD und CDU streitig sind, sie als Richterin für befangen halten könnte.

20. Dezember 1993

Mit dem CDA-Geschäftsführer spreche ich über die Pflegeversicherung. Die sächsische CDA hatte sich dafür entschieden, die Arbeitnehmer alleine die Beiträge zahlen zu lassen. Es sei unsolidarisch, zur Erhöhung der Arbeitskosten und damit zu weiteren Entlassungen beizutragen. Man habe sich allerdings mit dieser Ansicht in Bonn kein Gehör verschaffen können. Eine derartige Regelung, so sei man belehrt worden, zerstöre das System der solidarischen Selbstverwaltung. Was sie nicht verstünden, sei, dass diese Wirkung von einer Kompensation nicht befürchtet werde. Im Ergebnis sei doch beides dasselbe. Meinen Vorschlag, die Arbeitnehmer wählen zu lassen, ob sie den Beitrag alleine zahlen oder den Arbeitgeber bevollmächtigen wollten, seinen Beitrag mit dem Lohnfortzahlungsanspruch bei Feiertagen oder bei Urlaub zu verrechnen, finden sie gut und wollen ihn unterstützen.

Abends bin ich mit Düvel und dem neuen IG Metall-Vorsitzenden im Bellevue verabredet. Wir essen diesmal nicht in einem eigenen Zimmer, wie bei Steinkühler, sondern in den Elbterrassen. Zwickel gefällt mir besser, als ich zu hoffen gewagt hatte. Er ist ruhig, aber kein sturer Funktionär, als der er mir von verschiedenen Seiten geschildert worden war. Wir sehen vieles ähnlich, vor allem die Veränderungen der Tarifautonomie hin zur Flexibilität und zur betriebsnahen Tarifpolitik. Meine Anregung, der Bundespräsident möge zu einem Spitzengespräch der Tarifparteien einladen, um über den Basiskonsens zu sprechen, findet er sehr sympathisch. Er hat nichts dagegen, dass ich Richard von Weizsäcker einen entsprechenden Vorschlag mache. Auch Zwickel fragt an, ob ich bereit wäre, die Position des 21. Mannes bei Mannesmann zu übernehmen. Ich rate dazu, erst bei Klöckner mit Bleicher und Breuer zu sprechen, um zu klären, ob es eine Kollision der Interessen geben könnte.

23. Dezember 1993

Welch ein Tag! Gleich in zweifacher Weise wurden wir beschenkt und für unseren Einsatz belohnt. Heute Morgen die Pressekonferenz, auf der Siemens seine Entscheidung verkündete, in Dresden das modernste Halbleiter- und Systemchip-Werk Europas zu bauen, es mit umfangreichen Forschungskapazitäten anzureichern und insgesamt rund 2,4 Milliarden DM zu investieren. Die Pressekonferenz im Bellevue war überfüllt. Von Pierer und seine Leute waren sehr beeindruckt; mehr Leute hätten sie auch bei ihren Bilanz-Pressekonferenzen nicht, die sie in München abhalten.

Am späteren Nachmittag dann die erste vorweihnachtliche Vesper vor und in der Frauenkirche seit 1944. Der alte Altar ist freigelegt. Hempel und sein Superintendent zogen während des Gottesdienstes, zusammen mit Mitgliedern des Kirchenvorstandes, in die Ruine ein. Der Bischof las auf den Stufen des Altars die Weihnachtsgeschichte nach Lukas. Anschließend stellten die Mitglieder des Kirchenvorstandes ihre Kerzen auf den Altar und nahmen ihn damit wieder in Besitz. Rund 30 000 Menschen waren gekommen, um an der Vesper teilzunehmen. Der Kreuzchor sang, Güttler und sein Ensemble spielten, Emmerlich und ein Bariton sangen. Der Himmel war klar, aber es war nicht zu kalt. Der Regen, der die Flüsse anschwellen und die Elbe über die Ufer treten ließ, hatte heute Morgen bereits nachgelassen und war dann versiegt. Es war fast windstill, der zunehmende Mond erhellte den Himmel und der Lichterbaum, dessen Kerzen von Spendern für die Frauenkirche bezahlt worden waren, erstrahlte neben den beleuchteten Ruinen. Ich war, als ich das Wort nahm, so bewegt, dass ich nicht mehr genau weiß, was ich eigentlich gesagt habe.

Anschließend saßen wir noch im Restaurant »Applaus« im Dresdner Hof zusammen. Beim Bischof meldete ich mich zu einem Gespräch im neuen Jahr an, um über den weiteren Gang des Aufbaus der Frauenkirche mit ihm zu sprechen. Die bestehende Organisation ist ungeeignet für die Bewältigung eines Dreihundert-Millionen-DM-Vorhabens und muss deshalb umgebaut werden. Ich will mich, das habe ich mit Heinze vereinbart, der mich heute Nachmittag besuchte, nach der Weihnachtspause darum kümmern. Vor allem will ich erreichen, dass die Frauenkirche allein durch Sachsen finanziert wird, also ohne Bundeshilfe. Für jede Mark, die gespendet wird, sollten wir fünf Mark dazutun. Dann bringen wir mit rund 50 Millionen DM Spenden die rund 300 Millionen DM zusammen, die wir brauchen. Zugleich müssen wir eine Organisation schaffen, die den Honoratioren eine angemessene Reverenz erweist und dennoch eine effiziente Baubetreuung und Spendenwerbung sichert. Zugleich müssen die Eigentumsverhältnisse am Grundstück und die Formen der Verfügung geregelt werden. Die Stadt, die derzeit Eigentümerin ist, sollte das Grundstück auf die Kirche übertragen. Diese sollte dem Staat ein Erbbaurecht einräumen, mit dem auch das Eigentum an der Kirche auf den Staat übergeht. Das Erbbaurecht sollte 60 bis 90 Jahre dauern. Der Heimfall sollte dann an die Kirche erfolgen. So können wir uns in den kommenden Jahrzehnten um die Kirche kümmern und die Landeskirche kann sich auf die spätere Übernahme der Verantwortung für die Frauenkirche vorbereiten.

Das eigentliche Arbeitsjahr geht heute zu Ende. Es war ein schönes und erfolgreiches Jahr und wir haben es mit den Ereignissen des heutigen Tages würdig beendet. Bei allen Mängeln und den Fehlern, die uns sicher unterlaufen sind: Wir hätten es kaum besser machen können.

8. Januar 1994

Wir sind wieder auf dem Buchberg. St. Moritz war schön.

Die beiden ersten Tage des neuen Jahres bis zur Abfahrt nach St. Moritz am 3. Januar waren dem Thema Rente gewidmet. Nachdem die »führenden Sozialpolitiker« sich in hysterischer Agressivität gegen meine Äußerungen zur Sicherheit der Rente zur Wehr gesetzt hatten – in Wirklichkeit ging es wohl eher um die Abwehr eines Debattanten, der nicht zum Verein der Sozialpolitiker gehört –, schrieb ich eine Entgegnung.

Tatsächlich haben die Rentenpolitiker inzwischen zugegeben, dass die Renten in 25 Jahren nicht mehr sicher sind. Die *Frankfurter Allgemeine* brachte heute einen ausführlichen Bericht über Äußerungen Dreßlers von gestern. Danach entscheidet nicht nur die demografische Struktur über die Sicherheit der Rente, sondern auch die Dauer des Arbeitslebens, der Umfang der Beschäftigung, also das Verhältnis von Beschäftigten zu Rentnern. Außerdem wird zum ersten Mal eine Zuwanderung jüngerer Arbeitskräfte ins Auge gefasst. All dies sind jedoch Bedingungen, die niemand garantieren kann, die jedenfalls keinen verfassungsrechtlichen Schutz, ähnlich dem Eigentum, für die Anwartschaften mehr erlauben. Jetzt fehlt nur noch der Hinweis, der Staat müsse dann eben aus Steuermitteln eine Art Ausfallbürgschaft übernehmen, im Ergebnis also einen wesentlichen Teil der Rente bezahlen, um das Gebäude der beitragsfinanzierten, lohnabhängigen Rente zum Einsturz zu bringen.

Kohl hat sich unterdessen ungehalten über die neue Rentendebatte gezeigt. Sie sei überflüssig – das Übliche. Das erhöht noch den Reiz der Auseinandersetzung.

Kohl habe ich von St. Moritz aus meine Anmerkungen zur Wahlkampfstrategie geschickt und meine Rentenstellungnahme angekündigt. Er soll später nicht sagen können, er hätte meine Überlegungen zum Wahlkampf nicht gekannt. Verlieren wir, kann ich sie veröffentlichen, falls es hilfreich wäre.

12. Januar 1994

Zum vierten Male habe ich heute als Ministerpräsident des Freistaates Sachsen zu einem Neujahrsempfang eingeladen. Diesmal in Zwickau in der »Neuen Welt«, der guten Stube der Stadt. Noch selten sind mir die Menschen so freundschaftlich und vielfach herzlich begegnet wie heute Nachmittag. Ingrid musste das Bett hüten, konnte also nicht dabei sein. Unzählige gute Wünsche bekam ich für sie mit auf den Weg. Nach drei Jahren werden wir immer mehr gemeinsam als diejenigen gesehen, die dem Land vorstehen. Sie ist eine wirkliche Landesmutter geworden, ein schöner Lohn für einen großen Einsatz.

Die Woche begann nach der Rückkehr vom Buchberg mit einem Treffen der Landesgruppe. Neben der Tagesordnung sprachen wir auch über die Rentendebatte in Bonn und in den Medien. Ich hatte den Mitgliedern meine Anmerkungen zukommen lassen.

Ein wichtiger Punkt für die Abgeordneten war die geplante Ausdehnung des Kohlepfennigs auf die ostdeutschen Länder. Auf den Brief hin, den Schommer dazu an Kohl geschrieben hatte, bekam er auch eine Antwort vom Vorstand der Ruhrkohle. Der rechnete uns in dem Brief vor, welche Leistungen der Westen für den Osten erbringe. Deshalb sei es nur recht und billig, wenn wir auch eine Leistung für den Westen zu erbringen bereit seien. Im Bundestag, auch in der Fraktion, sei die Debatte über den Kohlepfennig noch einigermaßen gesittet verlaufen, berichtete Johannes Nitsch. Aber in den Gängen habe es durchaus heftige Angriffe gegen ostdeutsche Abgeordnete gegeben, weil sie nicht bereit seien, die zusätzliche Belastung des Strompreises auch für den Osten zu akzeptieren. Dass bei uns die Strompreise bereits höher sind als in vergleichbaren westdeutschen Ländern, habe niemanden interessiert. Andere hätten erklärt, man habe etwas für NRW tun wollen und habe nun die Ostdeutschen gegen sich. Wir sind, das zeigt auch dieser Vorgang wieder, in Bonn noch weit von einem einheitlichen Denken entfernt.

Mein Freund Szczypiorski machte mir anschließend die Freude, uns eine Zusage für den Senat der Nationalstiftung zu geben. Wir werden uns bald sehen und ich freue mich darauf. Er ist ein wirklicher Freund Deutschlands, ein guter Ratgeber und unentbehrlich, wenn es darum geht, Brücken zu bauen.

Abends versammelte sich der Landesvorstand, um Anträge zur Behandlung des Grundatzprogrammes in Hamburg zu beschließen. Im Grunde waren wir alle der Ansicht, das Programm sei in seiner gegenwärtigen Fassung noch nicht fertig. Noch immer sei es vor allem ein Westprogramm, ohne wirkliche Antworten auf wichtige neue Fragen. Die ostdeutschen Verbände haben sich an den bisherigen Beratungen kaum beteiligt. Die CDU ist bei uns und in den anderen neuen Bundesländern im letzten Jahr viel zu sehr mit sich selbst beschäftigt gewesen, als dass sie sich an einer Debatte mit einem derartigen Abstraktionsgrad hätte beteiligen können. Die meisten Fragen sind nicht unsere Fragen.

So beschlossen wir eine Reihe von Änderungsanträgen, die, wenn sie behandelt werden, auch Diskussionen auslösen könnten. Vor allem aber wollen wir mit den anderen ostdeutschen Verbänden sprechen, um festzustellen, ob sie, ähnlich wie wir, auch eine erste Lesung und weitere Beratung des Textes einer endgültigen Verabschiedung in Hamburg vorziehen würden.

Ansonsten ging es um die Vorbereitung der Landeslisten für die Landtags-, die Bundestags- und die Europawahlen. Anfang Februar wollen wir uns dazu im Landesvorstand treffen. Am 19. Februar soll dann die Landesvertreterversammlung über die Listen entscheiden. Eine Entscheidung steht heute schon fest: Ich werde die Landesliste anführen.

12. Januar 1994

Ein ruhiger Bürotag mit zahlreichen Gesprächen. Insgesamt eine angenehme erste Arbeitswoche im neuen Jahr. Joachim Schmidt rief an, um von einem Gespräch bei Kohl zu berichten. Man habe sich im Kreise der Bezirksvorsitzenden getroffen. Da es sie im Osten nicht gebe, ziehe man die Landesgruppenvorsitzenden hinzu. Kohl habe über den Wahlkampf berichtet. Hauptgegner sei die SPD. Von der FDP und den Grünen müsse man sich abgrenzen, ohne sie in den Mittelpunkt der Auseinandersetzung zu rücken.

Drei Themen stünden im Vordergrund: äußere Sicherheit, innere Sicherheit und Standort Deutschland, also die Wirtschaft und der Arbeitsmarkt. Schmidt hatte den Eindruck, Kohl analysiere zwar, habe aber keinen wirklichen Zukunftswillen. Er neige zunehmend zur Ironisierung all derer, die anderer Meinung seien als er. Eine wirkliche Begründung für den Anspruch, noch für eine vierte Legislaturperiode gewählt zu werden, habe er nicht geliefert. Von seinen Ausführungen seien keine Kraft und keine Richtungsweisung ausgegangen. In der Diskussion habe er auf die Unterschiede hingewiesen, die man zwischen West- und Ostdeutschland nach wie vor beachten müsse. Dem habe Kohl nicht widersprochen, sei aber auch nicht darauf eingegangen. Auch sein Schlusswort habe keinen Aufschluss über den Weg gebracht, wie man die Wahl nun wirklich gewinnen wolle. Er, Schmidt, habe die Besprechung eher mit dem Gefühl einer gewissen Niedergeschlagenheit verlassen.

Mein Rundruf unter den benachbarten Landesvorsitzenden ergab, dass alle – zurückhaltend nur Frau Merkel – eine zweite Lesung des Grundsatzprogramms im kommenden Jahr begrüßen würden. Bernd Vogel war am klarsten: Ein Grundsatzprogramm zum jetzigen Zeitpunkt mache wenig Sinn. Entweder wir seien im Herbst erfolgreich. Dann werde von uns die politische Gestaltung des verbleibenden Jahrhunderts erwartet. Oder wir seien nicht erfolgreich. Dann würde ohnehin ein neues Programm geschrieben werden. Deshalb solle man sich jetzt auf ein Aktionsprogramm für alle Wahlen konzentrieren.

18. Januar 1994

Morgens, wie immer, Kabinett. Die Mehrzahl der Punkte zählt zur Grünen Liste, ist also schon abschließend zwischen den Häusern behandelt. Wir haben wieder Zeit für einige grundsätzliche Fragen. Diesmal geht es um die Frauenkirche. Ich hatte vorgeschlagen, sie neben den Spenden der Bürger und Stiftungen allein aus den Mitteln des Freistaates zu finanzieren, also keine Mittel aus Bonn in Anspruch zu nehmen. Der Vorschlag löste eine ausführliche und zum Teil auch leidenschaftliche Debatte darüber aus, ob man in Zeiten akuter Knappheit öffentlicher Mittel eine derartige Entscheidung treffen könne.

Die Mehrheit des Kabinetts war nicht dagegen, den Bau letztlich auch mit staatlichen Mitteln zu fördern. Milbradt, wie andere auch, war jedoch überzeugt, dass eine Mitteilung, wir wollten den Bau letztlich finanzieren, zum jetzigen Zeitpunkt auf Unverständnis stoßen werde. Man habe den Wiederaufbau bisher damit rechtfertigen können, dass es sich um eine private Initiative handele. Das fasziniere die Menschen, fordere ihnen Bewunderung ab und ermutige sie zum Mittun. Sobald der Staat sich einschalte, werde die private Bereitschaft erlahmen und die Bewertung des Wiederaufbaus sich ändern.

Heitmann wurde ärgerlich, als der Wiederaufbau und der Aufwand dafür unter dem Gesichtspunkt diskutiert wurden, ob man die Kirche brauche. Auch ich fand diese Frage unpassend, nicht dagegen unser Enfant terrible Eggert, der meinte, es gehe auch ohne die Kirche – was mich zu der Bemerkung veranlasste, dann könne man auch in einer Scheune Gottesdienst abhalten: Gott sei überall.

Dass der Wiederaufbau des protestantischen Doms, einer Art Peterskirche der evangelischen Kirche, auch Ausdruck eines Selbstwertgefühls, einer Verbundenheit mit der Kultur des Landes, wenn schon nicht mit der Kirche oder dem Glauben sein könne, war der Mehrheit der Kabinettskollegen ein fernliegender Gedanke. Ich meinte zum Schluss, vielleicht sei ich inzwischen sächsischer als die meisten am Tisch versammelten Sachsen. Ich werde den Gedanken jedenfalls nicht aufgeben.

Die Veranstaltung der Frauen Union im Festsaal des Neuen Rathauses war gut besucht, aber mühsam. Man muss in fast allen Fragen zunächst einmal die Grundlagen legen, ehe man sich überhaupt verständlich machen kann. Einige Frauen beeindruckten mich durch die Initiativen, die sie ergriffen haben. Sie zeigen, dass die Arbeitslosigkeit auch neue Kreativität auslösen kann.

20. Januar 1994

Nachmittags und abends in Berlin bei der Treuhandanstalt. Zunächst Gespräch mit Frau Breuel, an dem Thiele teilnimmt. Vor allem geht es uns um die Führungs-Holding für die noch nicht privatisierten, aber sanierungsfähigen Unternehmen. Die THA will dazu bis Anfang März ein Konzept vorlegen, aus dem sich ergeben soll, wie sie mit den Unternehmen umzugehen gedenkt, die sie zwar sanieren, aber noch nicht privatisieren kann.

Bei dem anschließenden Abendessen, zu dem Lennings den Verwaltungsrat eingeladen hatte, geht es um die Forderung des Untersuchungsausschusses des Bundestags, die Protokolle des Verwaltungsrates und des Vorstandes und die allgemeinen Akten einsehen zu können. Die Bundesregierung hat die Einsicht mit der Begründung abgelehnt, die THA gehöre zum exekutiven Kernbereich, sei also geschützt. Man hält diese Begründung nicht für sehr stichhaltig. Ich bin jedoch wegen der Teilnahme der Ministerpräsidenten anderer Ansicht. Deshalb werde ich mich auch mit Scharping in Verbindung setzen. Unsere Teilnahme fällt unter die Wahrnehmung unserer Regierungsfunktion und kann deshalb vom Bundestag nicht kontrolliert werden.

Was die allgemeine Akteneinsicht angeht, so hat die Bundesregierung mit Hilfe der Koalition eine Geheimhaltung durchgesetzt, die auch strafrechtlich sanktioniert ist. Dennoch traue ich der Sache nicht. Werden Informationen an die Presse weitergegeben, so kann niemand feststellen, von wem sie kommen. Denn die Presse muss ihre Quellen nicht aufdecken. Die Risiken, dass der Ausschuss undicht ist, sind im Wahljahr besonders groß. Für uns bedeuten Indiskretionen eine wesentliche Verschlechterung unserer Privatisierungschancen.

21. Januar 1994

Vor der Sitzung des Verwaltungsrates der THA treffe ich mich mit Stolpe wegen der Braunkohle. Der Ausbau und damit die Zukunft der Reviere in der Oberlausitz sind gefährdet, weil die westdeutschen Investoren Bedenken haben, die geplanten Kraftwerkskapazitäten zu bauen. Man will die VEAG und die regionalen Verteiler an die drei Partner des Stromvertrages privatisieren. Das bedeutet, dass die ostdeutschen Länder keine eigene energiepolitische Position mehr haben. Obwohl wir ohne Subventionen Strom erzeugen können, erhöht man zugleich die Subvention der Steinkohle für Kraftwerke und erstreckt den Kohlepfennig auf Ostdeutschland. Die Folge: Wir zahlen die Subventionen für die Steinkohle mit und müssen zugleich auf unsere Strombasis zum Teil verzichten – und dies in den am meisten von der Deindustrialisierung betroffenen Gebieten! Der Irrsinn einer solchen Politik hat schon Methode.

Beide Fragen, Untersuchungsausschuss und Energiepolitik, spielen auch in der Verwaltungsratssitzung eine wesentliche Rolle. Wir verabschieden zum Ersteren einen Beschluss, der die Herausgabe der Verwaltungsratsprotokolle verweigert und den Ausschuss auf seine besondere Verantwortung für die Geheimhaltung hinweist. Zur Energiepolitik kündigen wir eine harte Haltung an, wenn wir zu dem Ergebnis kommen müssten, dass das westdeutsche Erzeugerkartell uns aus dem Markt drängen will.

25. Januar 1994

Güttler ist mein erster Gast. Wir sprechen über die zukünftige Organisation und die weitere Entwicklung des Projektes Frauenkirche. Auch er sieht die Notwendigkeit, sich aus der praktischen Verantwortung zurückzuziehen und einen wirklich guten Geschäftsführer zu finden. Die Dame, die er sich ausgedacht hat, ist nach meiner Überzeugung nicht besonders geeignet. Zur kommenden Kuratoriumssitzung sollten wir bereits neue Vorstellungen entwickelt haben.

Im Kabinett beschäftigt uns vor allem die Frage, wie wir uns zur Anforderung des Untersuchungsausschusses des Bundestages stellen sollen, die Protokolle der THA einzusehen. Wir sind gemeinsam der Ansicht, dass unsere Regierungstätigkeit nicht Gegenstand von

Untersuchungen des Bundestages sein kann. Im Übrigen zeigt sich, dass die beteiligten Häuser noch immer nicht die Fragen haben regeln können, die mit dem endgültigen Status der Förderschulen verbunden sind. Genau ein Jahr ist es her, dass wir den Auftrag erteilt haben. Nowak ist es nicht gelungen, ihn zu erledigen.

So nehme ich mir die Sache selbst vor, bestelle alle Beteiligten und berate mit ihnen, bis Pujol zu seinem Besuch kommt. Abends soll es dann weitergehen. Gegen zehn Uhr sind dann alle Fragen geklärt und entschieden. Warum so etwas ohne mich nicht geht, werde ich nie begreifen. Aber der Vorgang zeigt mir zugleich, wie schwierig es werden wird, wenn ich dereinst das Kabinett nicht mehr führe. Wer immer aus dem Kreis der Minister die Nachfolge antreten wird: Er wird noch viel lernen müssen.

Der Besuch Pujols und seiner Delegation war sehr vergnüglich. Wir unterhielten uns zunächst bei mir über die weitere Entwicklung der Europäischen Union. Die Notwendigkeit einer Ergänzung der Nord-Süd-Ausrichtung durch eine West-Ost-Dimension leuchtet Pujol ein, wenn er auch die Folgen sieht, die dies vor allem für Spanien haben muss. Zum Abendessen haben wir in die Schevenstraße eingeladen. Ingrid hat eine hervorragende Atmosphäre geschaffen, den Flur mit Bildern ausgestattet und ihre Küche zu Höchstleistungen motiviert. Jetzt, da wir die Schevenstraße wohl bald räumen müssen – ein Restitutionsanspruch ist in zweiter Instanz anerkannt worden, wir werden allerdings in die Revision gehen und unsere »Besatzung« wird im Laufe dieses Jahres weitgehend ausziehen –, haben wir endlich die Zeit gefunden, sie als Residenz auch zu repräsentativen Zwecken zu nutzen.

28. Januar 1994

Heute beginnt mein 65. Lebensjahr. Wäre unser Land in guten Händen, ich würde mich darauf freuen, in absehbarer Zeit die Lasten des öffentlichen Amtes gegen die Möglichkeiten zu tauschen, die mir mein Können und meine Erfahrungen in allen wichtigen Bereichen des wissenschaftlichen und wirtschaftlichen Lebens bieten. Wann immer ich an diese Möglichkeiten denke, habe ich jedoch das Gefühl einer Art Fahnenflucht. So werden wir also weitermachen, in Sachsen und im Bund.

Ich habe den Brief, den ich nach der letzten Bundesvorstandssitzung und der Presseberichterstattung dazu an Kohl schreiben wollte, noch nicht geschrieben. Inzwischen ist es dafür fast zu spät. Nachdem die erste Wut verraucht war, schien mir ein solcher Brief auch nicht mehr so wichtig. Vorbereiten müssen wir uns allerdings dennoch auf den Parteitag in Hamburg. Wenn es dort zu Angriffen kommt, muss ich ihnen mit der notwendigen Härte begegnen.

Das gilt vor allem für die Haltung, die Kohl uns gegenüber eingenommen hat und die Art, wie er mit unseren Leuten umgegangen ist. Bisher hat er keinen Parteitag besucht. Die Nominierung Heitmanns hat er nicht mit uns abgesprochen. Weder erhalten wir Gesprächstermine noch Antworten auf unsere Briefe. Zu meinen Wahlkampfüberlegungen hat er bis heute nicht Stellung genommen, und so weiter. Die Partei gewinnt mit ihm keine Perspektive mehr und hat auch nichts mehr davon, wenn er die Wahl noch einmal knapp gewinnen sollte. Dennoch habe ich kein Interesse an einer Auseinandersetzung zur jetzigen Zeit. Nur im Ausnahmefall wäre es sinnvoll, schon heute eine Gegenkandidatur gegen Kohl auf dem nächsten Wahlparteitag anzukündigen. Nach dem 16. Oktober, an dem jetzt gewählt werden soll, ist dafür immer noch Zeit – falls ich es dann überhaupt noch für sinnvoll halte.

Abends Landessportball, diesmal in Dresden. Alles ist wesentlich besser als im vergangenen Jahr. Mancher Ratschlag ist befolgt, das Programm auf Sport ausgerichtet. Eine schöne Atmosphäre und viel Beifall, als von meinem Geburtstag die Rede ist. Wir zeichnen Sportler aus, die von der Sportpresse ausgewählt wurden, unter ihnen der Skispringer Weißpflog, der gute Aussichten hat, in Lillehammer eine Medaille zu gewinnen. Ein netter Kerl, Figur wie ein Jockey, zierlich und knochig wie ein Vogel.

31. Januar 1994

Ehe ich zur Einweihung der Dresdner AEG-Niederlassung in der alten Artilleriefabrik fuhr, diktierte ich den Entwurf eines Briefes an Scharping und Blüm in Sachen Pflegeversicherung. Die Auseinandersetzung über die Kompensationsregelung treibt inzwischen seltsame Blüten. Jemand kam auf die geniale Idee, einen vollen und einen auf den Freitag fallenden Feiertag als Kompensation anzubieten, mit der Begründung, am Freitag werde ohnehin nur halbtags gearbeitet. Ich schlage deshalb vor, den Arbeitnehmern ein Wahlrecht zwischen der Möglichkeit einzuräumen, den Beitrag selbst zu zahlen oder den Arbeitgeberanteil wahlweise mit der Lohnfortzahlung an Feiertagen oder bei Urlaub zu verrechnen.

Die Individualisierung der Kompensation vermeidet sowohl die Verletzung der Tarifautonomie wie der Über- oder Unterkompensation. Beides lässt sich auf andere Weise nicht regeln.

1. Februar 1994

Im Kabinett geht es einmal um die Vorbereitungen des Haushaltes für 1995 und Einsparmaßnahmen im laufenden Haushalt. Zum Zweiten sprachen wir kurz über die Pflegeversicherung. Inzwischen hatte sich erneut Blüm gemeldet und verkündet, der Vorschlag sei im eigenen Lager freundlich aufgenommen worden. Später konnte ich das Gleiche auch von Schäuble hören. Vielleicht gelingt es wirklich, die Pflegeversicherung über die Hürde zu bringen. Dann hätten es die Sachsen getan, was unseren Ruhm nur mehren kann.

Der Nachmittag gehört einer Kundgebung der IG Bergbau in Weißwasser. Es geht um die Braunkohle und den Bau des Kraftwerks Boxberg. Die westdeutschen Energieunternehmen, die bisher zwei Blöcke zu je 800 Megawatt bauen wollten, zögern mit der Investition von rund 4,5 Milliarden DM. Sie können den Strom nicht gebrauchen. Stattdessen will man den Kohlepfennig erhöhen und ab 1996 auch auf unser Gebiet erstrecken. Die Folge wäre, dass wir mit dem Kohlepfennig die Subvention der Steinkohle bezahlen und unsere Braunkohle, die man nicht subventionieren muss, notleidend wird. Die Absurdität dessen, was sich hier als Energiepolitik präsentiert, ist kaum noch zu überbieten.

Vor dem Rückflug ein kurzer Besuch bei der CDU-Kreisversammlung, die den Kandidaten für das Amt des Landrats wählen soll, nachdem die erste Wahl an Formfehlern scheiterte. Ich spreche von unserer politischen Kultur, von der Idee der gelebten Verantwortung und dem, was Mitglieder der Partei von anderen unterscheiden sollte. Das Prinzip der gelebten Verantwortung ist nicht nur einleuchtend. Es ist überzeugend. Man kann es durch Beispiele so lebendig werden lassen, dass die Menschen es nicht nur verstehen, sondern annehmen können. Es wird meine Botschaft werden.

Der Hubschrauberflug nach Weißwasser war eine Lehrstunde in verwüsteter Landschaft. So deutlich habe ich die schrecklichen Narben noch nicht gesehen, die die rücksichtlose Ausbeutung der Kohle hinterlassen hat. Wir werden Jahrzehnte brauchen, um den Schaden gänzlich abzutragen.

3. Februar 1994

Inzwischen hat in Bonn der Vermittlungsausschuss erneut über die Pflegeversicherung beraten, aber kein Ergebnis erzielen können. Dreßler habe, so wird berichtet, die individuelle Kompensation als untragbar und unvereinbar mit der Tarifautonomie abgelehnt. Über das Urlaubsgeld könne der Arbeitnehmer ebensowenig verfügen wie über die Lohnfortzahlung an Feiertagen. In Wirklichkeit geht es Dreßler darum, zu verhindern, dass die Arbeitnehmer den Beitrag für die Pflegeversicherung erkennbar alleine bezahlen. Er fürchtet, dies könne zu einer generellen Veränderung der Finanzierung der sozialen Systeme führen.

Also hält man an der Kompensation durch Feiertage fest, die aber nie zielgenau sein kann. Sie ist auch eine Zumutung für alle Bürger, die nicht direkt betroffen sind. Niemand wird einsehen, warum die ganze Bevölkerung auf Feiertage verzichten soll, nur weil die SPD nicht bereit ist, offen einzugestehen, dass die Arbeitnehmer eine Versicherung alleine bezahlen, aus der sie auch alleine Leistungen erwarten können. Will man die Fiktion geteilter Beiträge beibehalten, dann bleibt nur der Weg der individuellen Kompensation. Verweigert man sich diesem Weg, dann wird das Pflegeversicherungsgesetz keinen Bestand haben.

Die meisten Journalisten verstehen die Auseinandersetzung nicht mehr. Vorschlägen wie den Buß- und Bettag auf einen Freitag zu verlegen, werden von den Bürgern nur noch mit Kopfschütteln zur Kenntnis genommen. Die *FAZ* hatte in Antwort auf diesen Unfug empfohlen, den Karfreitag auf den Ostermontag zu legen. Im Vorraum der Verhandlungen des Vermittlungsausschusses empfahlen Journalisten den von ihren selbsterzeugten Problemen geplagten Politikern, Christi Himmelfahrt und Mariä Himmelfahrt auf einen

Tag zu legen. Beide könnten dann eine Fahrgemeinschaft bilden. Die Politiker haben es nicht besser verdient.

Die Fahrt nach Brüssel ist angenehm, wenn auch bei regnerischem Wetter. Ballner ist ein ausgezeichneter Fahrer. Ich bereite mich auf die Rede vor, die ich im Rahmen des Programmes »Aspekte Sachsen« in unserer Vertretung halten will. Wir sind im Hilton in einem wirklich schönen Zimmer untergebracht. Die Klinger-Ausstellung im Goethe-Institut besuche ich alleine. Zum Vortrag in einem völlig überfüllten Saal der neuen Länder kommt auch Ingrid. Was ich zu sagen habe, wird mit großem Beifall aufgenommen.

Unsere Leute in Brüssel sind glücklich über die Reaktion. Viele fragen nach dem Text. Er soll in der kommenden Woche verteilt werden. Mit ihm habe ich den zweiten europapolitischen Beitrag für mein Buch, das jetzt Gestalt annimmt. Den dritten, der sich ausführlicher mit der weiteren Entwicklung Europas befassen wird, muss ich noch schreiben. Vielleicht kann ich ihn im Rahmen einer Vorlesung entwickeln, die ich in Salzburg halten möchte, wenn es mein Zeitplan erlaubt.

Abends sind wir Gäste des flämischen Ministerpräsidenten van den Brande in dem herrlichen Haus der flämischen Industrie, in dem wir uns vor zwei Jahren auf Einladung seines Vorgängers Geens zum ersten Mal begegneten. Damals erzählte mir Geens von seiner Absicht, mich der Katholischen Universität in Brüssel für eine Ehrenpromotion vorzuschlagen. Van den Brande machte auf Ingrid und mich einen sehr guten Eindruck, unprätentiös, im besten Sinn einfach und bescheiden, aber sehr gut informiert und entschlossen, die Sache Flanderns in Belgien wirksam zu vertreten. Am Rande spricht er mich auf seine Kandidatur für das Amt des Präsidenten des Regionalausschusses der EU an. Nordrhein-Westfalen und einige andere Bundesländer wollen ihn wählen. Die Bayern haben sich für einen französischen Kandidaten entschieden. Van den Brande meint, der erste Präsident solle aus einem Land mit einer regionalen Tradition und nicht aus dem zentralistischen Frankreich kommen. Ein überzeugendes Argument!

4. Februar 1994

Um acht Uhr sind unsere Botschafter bei der belgischen Regierung, bei der EU und der NATO zum Frühstück bei mir – der NATO-Botschafter durch seinen Gesandten vertreten. Die Herren berichten über die »Partnership for Peace« und den Besuch des polnischen Regierungschefs bei Delors.

Delors, den ich anschließend besuche, beginnt unsere Unterhaltung mit einem Rückblick auf meine Bemerkungen in Evian. Die führenden Politiker seien immer weniger in der Lage, komplexe Sachverhalte wirklich zu erfassen und zu durchdenken. Die Widersprüchlichkeit der Politik nehme deshalb zu. Besonders interessiert sich Delors für unsere Beziehungen zur Tschechischen Republik und zu Polen. Klaus wolle ein Europa, das weniger sozialistisch sei, habe er ihm gesagt.

Ich meine dazu, dass es sich wohl um ein Missverständnis handeln müsse. Klaus sei zwar ein Marktwirtschaftler. Aber sein Land sei von Marktwirtschaft weit entfernt. Die geringe Arbeitslosigkeit sei auf die bisher unterbliebene Umstellung der Unternehmen zurückzuführen. Von einer marktwirtschaftlichen Effizienz sei man weit entfernt. Richtig sei, dass die Tschechen bereit seien, mit niedrigen Einkommen zufrieden zu sein, um Arbeitsplätze zu erhalten. Komme es zu einer Öffnung der Grenzen und einem Zugang westlicher Produkte, müsse der Anpassungprozess nachgeholt werden.

Wir sprechen über die Euroregionen und ich wiederhole unsere Bitte um eine europäische Schirmherrschaft für diese Projekte. In Polen und der Tschechischen Republik stehe man dem Gedanken heute offener gegenüber als noch vor zwei Jahren. Das, so Delors, sei nach einem Gespräch mit dem polnischen Ministerpräsidenten nicht sein Eindruck. Er stehe jeder Äußerung von Selbstständigkeit der Regionen ohne direkten Einfluss von Warschau skeptisch gegenüber. Zudem erwarte er Unterstützungen durch die EU, die gänzlich unrealistisch seien, beschwere sich darüber hinaus, dass die grenzüberschreitenden Programme nicht voll in Anspruch genommen würden.

Delors sieht besondere Probleme mit der Landwirtschaft. Würde man der polnischen Landwirtschaft den Zugang zur EU öffnen, würde dies die europäische Agrarpolitik in Frage stellen. Andererseits kann sich Polen nicht entwickeln und damit EU-kompatibel werden, wenn es nicht die Möglichkeit erhält, in die EU zu importieren. An diesem Widerspruch werden wir noch lange zu kauen haben.

Die Verleihung der Ehrendoktorwürde war sehr eindrucksvoll. Sie fand in der kleinen Aula der Universität statt, die aus einer Abspaltung von der französischsprachigen Freien Universität in Brüssel entstanden und in diesem Jahr 15 Jahre alt ist. Der Rektor Gotzen, ein Jurist, der auch in München gearbeitet hat, trug die Laudatio vor. Was mich besonders bewegte war, dass meine Arbeit für die deutsche Einheit in Sachsen als besonderes Verdienst angesehen wurde. Ich nannte es später in meiner Dankesrede einen Ausdruck der besonderen europäischen Verbundenheit unserer Länder und Regionen.

Bei Tisch sprechen wir dann über die Unsinnigkeit der Neutralität als Staatszweck; eine Vorstellung, die auf Bruno Kreisky zurückgehe und jetzt mühsam überwunden werden müsse. Tatsächlich erhebe sich das alte Europa wieder. Die Älteren müssten die Geografie neu lernen, dass Budapest Wien näher sei als Salzburg und Prag wieder nur wenige Fahrstunden entfernt. Eigentlich seien es nur Deutschland und Österreich, die die besondere Bedeutung der Öffnung Osteuropas zu verstehen in der Lage seien. Für die meisten westlichen Mitgliedstaaten der EU seien die Länder und Regionen Osteuropas und des östlichen Westeuropa zu weit entfernt, als dass sie in deren politischem Denken eine wesentliche Rolle spielten.

5. Februar 1994

Präsidium und Landesvorstand der Sächsischen Union in der Heidemühle bei Dresden. Einziger Tagesordnungspunkt von Bedeutung ist die Beratung der Landeslisten für die kommenden Wahlen. Wir beschließen zunächst im Präsidium unsere Vorschläge an den Landesvorstand, beginnend mit der Europa-Liste. Sie bereitet die wenigsten Schwierigkeiten. Die bisherigen Vertreter Sachsens im Europaparlament haben sich in besonderer Weise eingesetzt, obwohl sie nur einen Beobachterstatus hatten. Wir sehen deshalb keinen Grund, sie durch andere Kandidaten zu ersetzen. Da wir im günstigsten Falle mit drei Abgeordneten der CDU aus Sachsen rechnen können, ist das Interesse für die weiteren Listenplätze gering.

Die Bundestagsliste beschäftigt uns bereits länger. Niemand rechnet damit, dass es uns wieder gelingen könnte, alle 21 Wahlkreise zu gewinnen. In der Landesgruppe geht man von 10 bis 12 Direktmandaten aus, was mir zu pessimistisch erscheint. Schmidt räumen wir als Landesgruppenvorsitzenden einen erheblichen Einfluss auf die Liste ein. Er kann die bisherige Arbeit der Abgeordneten besser beurteilen als wir. So entscheiden wir uns für die Abgeordnete Pfeiffer als Listenführerin, gefolgt von Schmidt. Insgesamt greifen wir im Wesentlichen auf die bewährten MdBs zurück.

Schließlich die Landesliste. Dass ich sie anführen würde, war nie streitig. Nach allgemeiner Auffassung können wir die Wahl nur gegen den Bundestrend gewinnen, wenn die Sachsen bereit sind, ihr Kreuz mir zuliebe bei der CDU zu machen, auch wenn sie die Partei sonst ablehnen. Frau de Haas und Eggert an zweiter und dritter Stelle werden ebenfalls kaum diskutiert. Dann jedoch beginnen die Positionskämpfe und die Eitelkeiten.

Nur mit Mühe lässt sich Vaatz überreden, auf die Liste zu gehen. Er hatte in allen Vorgesprächen darauf bestanden, sie nicht in Anspruch zu nehmen. Ich setze seine Aufnahme in die Liste gleichwohl durch, weil ich ihn in seinem Wahlkreis der Autobahnführung wegen für gefährdet halte.

Der weitere Verlauf der Liste beschäftigt uns zwar längere Zeit, macht uns aber keine wesentlichen Schwierigkeiten mehr. So können wir das Ergebnis kurz nach dem vereinbarten Sitzungsbeginn dem Landesvorstand vorlegen.

Meine Nominierung nehme ich zum Anlass, um zu danken, meine Bereitschaft zu begründen, wieder zur Verfügung zu stehen, und etwas zum kommenden Wahlkampf zu sagen. Langsam gewöhne ich Partei und Sachsen daran, dass ich nur mit einer Mehrheit für die Fortsetzung meiner Arbeit zu haben bin. Am Ende haben wir für alle drei Wahlen brauchbare Listen beschlossen. Ich bin sehr befriedigt und überlasse Hähle die Pressekonferenz, zu der sich, obwohl sie nicht geplant war, zahlreiche Journalisten eingefunden haben.

Ingrid ist noch nicht zurück, als ich in der Schevenstraße eintreffe. Sie war nach unserer Brüsselreise in Bonn geblieben und ist heute zu einer Sitzung des Vorstandes der Selbsthilfegruppen Sklerodermie nach Frankfurt gefahren.

7. Februar 1994

Bischof Hempel folgt bereits um acht Uhr meiner Einladung zu einem Gespräch über die weitere Gestaltung des Wiederaufbaus der Frauenkirche. Wir sind uns einig, dass wir eine neue Struktur brauchen. Wir wollen sie zusammen mit der Kirche gestalten. Sowohl die zeitlichen Vorstellungen über den Wiederaufbau wie die Fragen der Finanzierung durch die Stadt und das Land bedürfen einer gesicherten Grundlage. Ich will sie durch einen Vertrag zwischen Land, Stadt und Kirche sichern.

Als ich andeute, dass ich diese Fragen noch vor Ende der Legislaturperiode geregelt haben wolle, um geordnete Verhältnisse zu haben, äußert Hempel den Wunsch, ich möge meine Arbeit auch in der kommenden Legislaturperiode fortsetzen. Noch seien die Dinge nicht so weit gediehen, dass ich sie anderen überlassen könnte. Nie hätte ich bei unseren ersten Gesprächen geglaubt, dass wir uns eines Tages so nahekommen würden.

Anschließend trägt mir der frühere Israelische Botschafter Ben-Yaacov die Bitte vor, ich möge Vorsitzender des deutschen Kuratoriums der Bar-Ilan Universität in Tel Aviv werden.

Mir liegt an einem engeren Kontakt zu Israel und seiner geistigen Welt, vor allem auch der religiösen. Denn die Sinnfrage, die mich beschäftigt, lässt sich letztlich nicht ohne die Religion beantworten. Wir verabreden, dass ich mich um die Zusammensetzung eines Kuratoriums bemühe und in Bälde nach Israel reise, um die Universität kennenzulernen.

Schon morgens hatte ich mit Blüm wegen der Pflegeversicherung gesprochen. Er hatte angerufen, um mich um eine erneute Intervention bei Scharping zu bitten. Ich hatte am Wochenende die Möglichkeit erwogen, selbst in den Vermittlungsausschuss zu gehen; allerdings nur, wenn ich von Scharping einen Hinweis bekäme, dass man sich noch bewegen könne. Blüm wäre es sehr recht, wenn ich kommen könne, ließ er mich wissen. Vor allem jedoch lag ihm an einem weiteren Gespräch mit Scharping. Abends meldete sich der schließlich, um mir zu sagen, die ganze Sache sei wohl so verfahren, dass es sich für mich nicht lohne, mich zu engagieren. Offenbar kann Dreßler sich nicht mehr bewegen und Scharping kann ihn ohne Gefährdung seiner Beziehung zur SPD-Fraktion auch nicht mehr dazu zwingen. So wird man wohl an dem Versuch scheitern, doch noch zu einem Ergebnis zu kommen.

8. Februar 1994

Kabinettssitzung in der Region. Diesmal sind wir in Bad Düben, etwa auf halber Strecke zwischen Leipzig und Torgau, das Tor zur Dübener Heide. Der Bürgermeister, der der SPD angehört (deshalb hat es auch einige Kritik gegeben, ob wir nicht besser eine Stadt mit CDU-Bürgermeister besucht hätten!), begrüßt uns im bescheidenen Rathaussaal. Ein Mann, der wie viele andere aus einer naturwissenschaftlichen Ausbildung und Berufstätigkeit nach der Wende bereit war, in die Kommunalpolitik zu gehen. Bad Düben ist besorgt, es könne nicht Bad bleiben, obwohl es inzwischen große Anstrengungen unternommen hat, den Fremdenverkehr zu beleben.

Wir haben eine Beschlussfassung auf der Tagesordnung des Kabinetts, die sicherstellen soll, dass die bisherigen Zulassungen als Bad zunächst erhalten bleiben. Vor allem aber befassen wir uns mit der Entwicklung auf dem Arbeitsmarkt. Wie erwartet und befürchtet, hat sich die Zahl der Arbeitslosen im Januar um rund 30 000 erhöht. Inzwischen beträgt die Arbeitslosenquote 17,2 Prozent. Es ist der höchste Stand seit Anfang 1991. Allerdings ist die Zahl derer, die in Arbeitsbeschaffungsmaßnahmen tätig sind, weiter gesunken. Wir rechnen damit, dass die zusätzlichen Arbeitsbeschaffungsmaßnahmen, die wir im Laufe des Jahres ergreifen wollen, das Frühjahr mit seiner Belebung der Beschäftigung und die Entstehung neuer Arbeitsplätze dazu führen werden, die Zahl der Arbeitslosen im Laufe der kommenden Monate unter 300 000 zu senken. Jedenfalls wird die Situation im Sommer wesentlich besser ausfallen.

In der Pressekonferenz nach der Kabinettssitzung erinnere ich deshalb an die Wette, die ich im Juni 1991 in Hoyerswerda mit der IG Bergbau abgeschlossen habe. Danach wird es 1996 in Sachsen Arbeitskräftemangel geben. Niemand nimmt mir diesen Optimismus übel.

Nachmittags besuchen wir erst eine Baustelle zur Grundsteinlegung – 21 Millionen DM werden auf dem neuen Gewerbegelände von einer Firma Remmers investiert –, dann eine neue Reha-Klinik und anschließend ein Schullandheim, das Kinder zwischen 8 und 13 Jahren zu einwöchigen Aufenthalten aufnimmt. Dort höre ich etwas über die segensreiche Auswirkung der »Aktion 55«. Drei Frauen, die im Rahmen der Aktion bezahlt werden, kümmern sich als »Ersatzgroßmütter« um die Kinder. Sie arbeiten, wie viele andere Teilnehmer der Aktion auch, weit mehr, als sie müssten. Das bescheidene Salär gibt den Anstoß. Aber die Freude darüber, wieder gebraucht zu werden, bestimmt letztlich den Umfang der Leistung.

Im Bürgerforum diskutieren wir eine gute Stunde über lokale und Landesfragen. Der Saal im Feuerwehrhaus ist überfüllt, die Menschen sind freundlich, viele sind herzlich. Es gibt, auch bei schwierigen Fragen, keine wirklichen Spannungen. Dass ich mir vorgenommen habe, immer ehrlich zu antworten und zu sagen, was nicht geht, bewährt sich auch hier. Vor allem Ältere danken an der Tür dafür, dass wir hier sind und Sachsen helfen.

Zum Abschluss des Abends ein Besuch im Jugendzentrum Poly – von »Polytechnische Schule«. Im ersten Stock erfreut uns der Gesang eines wirklich guten Chors, geleitet von einem Kantor, der eine § 249h-Stelle einnimmt. Im Erdgeschoss befindet sich der eigentliche Jugendtreff. Gestalten, teils zum Fürchten, in Lederzeug, mit wilden Mähnen, aber dann, wie sich herausstellt, als das Eis gebrochen war, zutraulich, nett und vielfach interessiert. Ein junger Mann in einer wilden Aufmachung bedankt sich, dass er mit seiner »Hard Metal«-Musik im Zentrum üben kann – nachdem ihn die Nachbarn, des Lärmes wegen, aus allen bisherigen Quartieren vertrieben haben. Ein anderer dankt für das Zentrum. Es war ein schönes Finale eines Besuches, der mich wieder dem Land auf besondere Weise verbunden hat. CDU, Bonn und Kohl sind dann besonders weit weg.

12. Februar 1994

Ein großer Tag für den Landtag. Der Plenarsaal wurde heute offiziell eingeweiht. Rita Süssmuth hielt die Festrede. Iltgen sprach als Präsident. Ich schenkte – nach Ritas Rede – dem Parlament eine Fahne und dem Präsidenten eine Glocke. Morgens trafen wir uns bereits in der Dreikönigskirche zu einem ökumenischen Gottesdienst.

Dennoch fiel uns allen der Abschied von der ersten Heimat des

Landtages nicht leicht. Hempel, den ich immer mehr schätzen lerne, beschrieb unsere Gefühle, als er das Wandgemälde beschrieb, unter dem wir getagt hatten. Er tat es eindringlich und nicht ohne daraus Lehren für unsere Verantwortung zu ziehen.

Zum Landtag wollte ich nicht laufen. Zu viel lag auf meinem Schreibtisch. So trennte ich mich von der Gruppe und fuhr erst gegen 11.00 Uhr mit Ingrid in den neuen Landtag. Die Stimmung war gut, die Feier würdig. Iltgen überraschte uns mit einer guten Rede und strahlte, als ich es ihm sagte. Ein Satz wird wohl zum geflügelten Wort werden: Man soll dem Volk aufs Maul schauen, aber nicht nach dem Mund reden.

13. Februar 1994

49 Jahre ist es heute her, dass Dresden einem mörderischen Bombenangriff zum Opfer fiel. Wir gedachten am Morgen der Zehntausenden Toten, deren Asche auf dem Heidefriedhof unter dem Mahnmal begraben wurde. Die Konsulinnen der USA und Großbritanniens legten ebenfalls Kränze nieder; eine schöne Geste der Versöhnung. Es war, anders als im vergangenen Jahr, klar, kalt und verschneit.

Nachmittags tagte das Kuratorium der Stiftung Frauenkirche. Zum ersten Mal seit ihrer Zerstörung konnten die Dresdner wieder in das Innere der Kirche gehen und auf dem Altarstein Kerzen abstellen. Trotz der Kälte kamen Zehntausende. Viele unter ihnen hatten die Bombennacht erlebt und waren tief bewegt, ihre Kirche wieder betreten zu können. So vieles hier ist gesättigt mit Symbolik und voller Geschichte. In der Sitzung gelang es mir, die Reorganisation der Stiftung und des Fördervereins einzuleiten.

Abends dann der Gedenkgottesdienst in der überfüllten Kreuzkirche. Wieder überraschte mich Hempel mit einer guten Predigt. Er sprach von der Hoffnung, zu der wir heute, 49 Jahre später, allen Anlass hätten, und von der Dankbarkeit, die uns erfüllen müsse, wenn wir an Sarajevo dächten. Nun sei es unsere Aufgabe, Frieden zu halten und die Zukunft für unsere Kinder und Enkel zu sichern. Kurz vor zehn begannen die Glocken zu läuten. Am 13. Februar 1945 begannen zu dieser Zeit die Bomben zu fallen.

17. Februar 1994

Die Fastnachtszeit ist vorüber, aber in der Politik ist die Vernunft noch nicht wieder zurückgekehrt. Bei der Lektüre der Zeitungen schlug ich Hagedorn auf der Fahrt zum Flughafen vor, Sachsen sollte seine Unabhängigkeit erklären und ein direktes Mitglied der Europäischen Union werden. Dann seien wir wenigsten vor dem Unsinn, um nicht zu sagen: Schwachsinn, geschützt, den wir in den letzten Tagen wieder über uns ergehen lassen mussten. Wenn die närrischen Tage, einschließlich des politischen Aschermittwochs, ein Vorgeschmack des kommenden Wahlkampfes gewesen sein sollten, würde es mich nicht wundern, wenn die Menschen sich in noch stärkerem Maße von den politischen Parteien abwenden, als sie dies ohnehin schon tun.

18. Februar 1994

Ein ruhiger Tag im Büro. Nur ein Termin war vereinbart: Mit Geisler, Meyer und Milbradt wollte ich die Rentenregelungen für Professoren besprechen. Durch die Befristung einer Übergangsregelung bis Ende 1993 sinkt die Rente ab 1994 um fast 1000 DM ab, was wir als unhaltbar ansehen. Leider sind wir für eine vernünftige Regelung wiederum auf den Bund angewiesen. Wir vereinbaren, dass ich während des Parteitages mit Blüm darüber spreche. Wir werden im Übrigen einen Musterprozess eines Betroffenen unterstützen und die Kosten übernehmen.

Helmut Schmidt hat uns unterrichtet, dass die Vereinigung der ehemaligen Präsidenten ihr diesjähriges Treffen in Dresden abhalten wird. Bush und Gorbatschow werden kommen und viele andere, wahrscheinlich Anfang Juni. Ende Juni findet dann der Katholikentag in Dresden statt. Am ersten September-Wochenende wird in Annaberg der Tag der Sachsen gefeiert. Man wird uns für diese Häufung froher Ereignisse im Wahljahr in ganz Deutschland beneiden.

Susanne rief an, um über einen Besuch bei einer Schönhuber-Veranstaltung zu berichten. Sie will mir die Rede schicken, die der Republikanerführer gehalten hat. Susanne hält den Mann für gefährlicher, als ich es bisher angenommen habe. Er thematisiere alle Fragen, in denen wir nicht sicher seien, und gewinne damit auch bei ganz normalen Bürgern große Zustimmung. Die Leute hätten auf den Bänken gestanden vor Begeisterung. Geißler habe er geraten, nach Sarajevo zu fahren, um seine multikulturelle Gesellschaft zu studieren. Drogendealer wolle er lebenslänglich einsperren, kriminell gewordene Asylanten sofort abschieben. Die Verträge von Maastricht bezeichnete er als »Versailles ohne Krieg«, die Innenminister als Terroristen, die das Blut derer an den Händen hätten, die sie nicht ausreichend schützen könnten. Dass wir mit den Rechten diese Probleme haben, liegt auch an unserer Unfähigkeit, den Entgrenzungen selbst entgegenzutreten, die die Menschen ängstigen.

19. Februar 1994

Heute Nacht habe ich bis kurz vor eins an der Zusammenstellung meiner Reden und Aufsätze gearbeitet. Inzwischen ergibt die Sammlung einen Band von rund 400 Seiten in kleiner Schrift. Das entspricht etwa 600 bis 650 Buchseiten. Der Band »Anmerkungen«, die Eintragungen im Tagebuch, die ich zusammengestellt habe, und die Reden und Aufsätze unter dem Titel »Einheit und Erneuerung« geben einen guten Überblick über mein Schaffen der letzten vier Jahre. Den Plan, diese Texte drucken zu lassen, um sie Freunden und Mitstreitern zu schenken, werde ich verwirklichen, entweder durch die Druckerei im Hause oder durch eine private in Sachsen. Zunächst einmal müssen wir jedoch das Buchprojekt verwirklichen.

Die Zeitungen begrüßten mich heute Morgen mit zwei Nachrichten, die mich gleichermaßen betrübt und besorgt haben. Die eine betrifft die CDU in Nordrhein-Westfalen. Blüm hat dem Landesverband mitgeteilt, dass er für die Wahl 1995 nicht mehr als Spitzenkandidat zur Verfügung stehe. Damit hat der Verband die sieben Jahre, die seit meiner Vertreibung aus dem Vorsitz vergangen sind, praktisch verloren. Blüm hat nicht nur die Vertreibung durch seine Bereitschaft gefördert, für den Vorsitz zur Verfügung zu stehen. Das könnte ich noch verstehen, wenn er anschließend seine ganze Energie auf den Landesverband, seine weitere Integration und die Aufgabe konzentriert hätte, der CDU in NRW wieder eine wichtige Rolle zu sichern. Davon konnte jedoch keine Rede sein. Blüm verlor an dem Verband bald jedes Interesse. Er kümmerte sich nicht um seine politische Entwicklung, brachte ihm keine neuen Ideen und ließ sich bald auch persönlich kaum noch sehen.

Die zweite Botschaft, die mich beunruhigt: Den Russen ist es gelungen, sich aktiv in den Balkankonflikt einzuschalten. Um den Serben eine Demütigung zu ersparen, haben sie auf Belgrad Druck ausgeübt. Die Serben sollen ihre schweren Waffen aus dem Umfeld von Sarajevo abziehen und damit der Forderung nachkommen, die eigentlich eine UNO-Forderung ist, der die NATO jedoch mit einem Ultimatum Nachdruck verleiht. Zugleich wollen die Russen mit eigenen UNO-Soldaten die Einhaltung entsprechender Verabredungen kontrollieren. Damit sind die Russen, als Folge der Unfähigkeit der Europäischen Union, auf dem Balkan den Frieden zu sichern, ihrem Ziel, zur Schutzmacht auf dem Balkan zu werden, ein großes Stück nähergekommen. Es ist eine Rolle, die sie seit Ende des vergangenen Jahrhunderts anstreben, aber, außer zu Zeiten Stalins und bis zur außenpolitischen Emanzipation Titos, nicht erreichen konnten. Russland wird jedoch, wenn es mit seiner Hilfe gelingt, den Krieg in Bosnien zu befrieden, in Zukunft immer an der Gestaltung der Ordnung auf dem Balken aktiv beteiligt sein.

Obwohl dies die Handlungsspielräume Westeuropas nachhaltig beeinträchtigt, dankt nun Kohl Jelzin dafür, dass er zum Frieden auf dem Balkan beizutragen bereit sei. Er lässt verbreiten, er habe mehrfach mit Clinton und Jelzin telefoniert, um den Eindruck zu erwecken, die Mitwirkung Russlands sei letztlich auf seine friedenstiftenden Aktivitäten zurückzuführen. Da man in Westdeutschland – inzwischen wohl auch in ganz Deutschland – nichts mehr fürchtet, als Spannungen mit dem Osten, ist man mit dem Gang der Dinge recht zufrieden. Welche Auswirkungen diese Entwicklung auf unsere unmittelbaren Nachbarn, vor allem auf die baltischen Staaten, haben wird, ist noch nicht abzusehen. Sie werden zu Recht befürchten, dass die Möglichkeiten der Europäischen Union, mäßigend auf Russland einzuwirken, durch die Entwicklung auf dem Balkan nachhaltig reduziert worden sind. Aber Kohl dankt Jelzin! Versteht er es nicht besser oder sieht er in Jelzin seinen eigentlichen Wahlhelfer, nachdem die USA – anders, als zu Adenauers Zeiten – kaum noch wählerwirksam eingesetzt werden können?

Während Kohl so Russlands Beteiligung an Angelegenheiten begrüßt, ja dafür dankbar ist, die eigentlich die unseren sind, lässt er den Parteitag nun doch beschließen, dass wir in Europa eine bundesstaatliche Ordnung anstreben wollen. Unnötig zu sagen, dass ein derartiges politisches Ziel keinerlei Aussicht hat, je verwirklicht zu werden.

Eine bundesstaatliche Ordnung für Europa als politisches Ziel zu beschließen, muss auch innenpolitisch neue Probleme aufwerfen. Die CSU lehnt eine bundesstaatliche Ordnung für Europa ab. Ich teile diese Position. Sie muss sich nun förmlich durch die CDU provoziert fühlen, wenn es zu dem jetzt von der Antragskommission empfohlenen Beschluss kommen sollte. Zugleich leiten wir damit Wasser auf die Mühlen der Republikaner und der neuen Europa-Partei Brunners. Ich überschätze Brunners Aktivitäten nicht. Gelänge es ihm jedoch, auch nur 1 bis 2 Prozent der Stimmen aus dem bürgerlichen Lager in Bayern und Baden-Württemberg zu gewinnen, wäre die Union weiter geschwächt, ohne dass damit in der Sache ein politischer Nutzen verbunden wäre.

Wichtiger als mögliche innenpolitische Kontroversen ist mir jedoch, dass eine Erweiterung des russischen Einflusses auf die westeuropäische Politik unsere Fähigkeit beeinträchtigen muss, nach dem Umbruch von der Potsdamer Ausnahmesituation zurück in die europäische Geschichte zu einer Neubestimmung der Rolle Westeuropas und damit der EU zu finden. Um es noch einmal zu sagen: Wir können auf der Ebene der pragmatischen Politik noch so viele Dinge in Gang setzen. Wenn die »Sinn-Ebene« nicht mehr tragfähig ist, führen alle diese Aktivitäten nicht zu einem politischen Ganzen, in dem die Menschen sich geborgen fühlen.

Die Neubestimmung des geistigen und kulturellen Bauplans Westeuropas, seiner Kultur und politischen Zielsetzung ist deshalb die wahrscheinlich wichtigste Aufgabe der EU. Sie kann jedoch nur gelingen, wenn die EU den Mut hat, sich zu definieren, das heißt aber, Auskunft darüber zu geben, wer zu Westeuropa gehört. Damit wird immer zugleich darüber entschieden, wer nicht dazugehört. Die bisherigen Versuche, das neue, alte Westeuropa in diesem Sinn zu definieren, sind auf das Argument gestoßen, man wolle in Gesamteuropa keine neuen Grenzen mehr; härter formuliert, man wolle keine neue europäische Teilung.

Das Argument klingt populär, ist aber populistisch. Es aktiviert die Ängste der Menschen vor neuen Konfrontationen mit dem Osten.

Man will die Friedenshoffnungen nicht gefährden, die mit dem Zusammenbruch der Potsdamer Ordnung und dem Ende des Kalten Krieges verbunden wurden. Wenn der erhoffte Frieden schon keine materielle Friedensdividende bringen wird, weil die Abrüstung teurer ist als angenommen, will man wenigstens die immaterielle Dividende sichern.

Dabei übersieht man, dass sich historisch bedingte Verschiedenheiten in grundsätzlichen Fragen nicht dadurch überwinden lassen, dass man sie ignoriert. Russland denkt nicht daran, zwei wesentliche Voraussetzungen für eine wirkliche Westintegration zu erfüllen: Erstens: Es ist nicht bereit, auf die Wiederherstellung des Zarenreiches zu verzichten – auf eine Art Wiedervereinigung im Zarenreich, das immerhin weit länger bestanden hat als das Deutsche Reich. Zweitens: Es wird nicht auf seine Rolle als Weltmacht verzichten.

Beides ist auf das engste miteinander verbunden. Die Rolle als Weltmacht legitimiert sich bereits aus dem fortdauernden Besitz nuklearer Systeme. Dies wird von den USA auch anerkannt, wenn sie Russland weiterhin als Weltmacht behandeln, obwohl die fehlende innenpolitische Stabilität die Wahrnehmung der Weltmachtfunktion wesentlich erschwert und weniger vorhersehbar macht. Die Weltmachtstellung Russlands lässt es jedoch als unwahrscheinlich erscheinen, dass Russland bereit sein könnte, auf die Erneuerung des Zarenreiches, wenn auch in einer föderalen Struktur, zu verzichten.

Das mag so lange unproblematisch erscheinen und als Teil der weltpolitischen Wirklichkeit gesehen werden, solange Russland die für eine Weltmacht typische Alleinstellung einnimmt. Sobald jedoch die EU den Versuch unternimmt, Russland als Weltmacht – in Sonderheit als Schutzmacht auf dem Balkan – in die europäische Friedensordnung einzubeziehen und an den für Westeuropa (und die USA) geschaffenen Institutionen zu beteiligen, wird sie vor dem Problem stehen, eine Weltmacht in die Gemeinschaft von Klein- und Mittelmächten zumindest teilweise zu integrieren. Dass dies im Rahmen der derzeitigen institutionellen Vorkehrungen kaum möglich ist, ist weitgehend unstreitig. Unsere europäischen Strukturen würden überlastet und könnten damit auch ihre bisherigen, für die Friedenssicherung in Westeuropa so wichtigen Funktionen nicht mehr erfüllen. Ähnliches würde für die Institutionen gelten, die, wie die NATO, Westeuropa und Nordamerika miteinander verbinden.

Die Gefahr einer Rückkehr zur Gleichgewichtspolitik – und damit zur Ambivalenz der deutschen Rolle in Gesamteuropa – wäre wesentlich geringer, wenn unter den Mitgliedstaaten der EU ein starker innerer Zusammenhalt bestünde, der eine Fragmentarisierung der EU durch unterschiedliche Interessenkoalitionen mit Russland oder anderen GUS-Nachfolgestaaten praktisch ausschlösse. Genau daran fehlt es jedoch.

Inzwischen sind sämtliche Voraussetzungen für diese Ordnung der Dinge entfallen. Man weiß in Westeuropa nicht mehr, was das Ganze zusammenhält. Dass dem so ist, haben die Abstimmungen in einigen EG-Ländern über die Verträge von Maastricht gezeigt. Obwohl die Bürger in diesen Ländern die westeuropäische Gemeinsamkeit für selbstverständlich und unverzichtbar halten, konnten die Regierungen für die Verträge nur knappe Mehrheiten erreichen. Würde heute in Deutschland über die Verträge abgestimmt, wäre die Lage kaum anders. Das heißt: Man muss das Wissen und die Gewissheiten über das, was uns zusammenhält, neu erarbeiten. Praktisch heißt dies: Man muss die integrierende, sinnstiftende Wirkung, die von der Bedrohung durch die Weltmacht Sowjetunion ausging, durch neue sinnstiftende Ziele und Ideen ersetzen.

Die Erneuerung der geistigen und kulturellen Identität abendländischen Denkens erfordert einen Lern- und Argumentationsprozess auch unter den Mitgliedern der EU und der atlantischen Gemeinschaft. Dieser Prozess ist darauf angewiesen, dass ihm auch die Institutionen zur Verfügung stehen, in denen sich die Zusammenarbeit der Mitgliedstaaten vollzieht.

Praktisch heißt dies, dass wir für die Zusammenarbeit mit Russland und den anderen GUS-Staaten, die zum ehemaligen Zarenreich gehören, Formen der Zusammenarbeit entwickeln müssen, die, soweit sie außerhalb der UNO angesiedelt sind, den klassischen Institutionen des Völkerrechts entsprechen, also von der uneingeschränkten Souveränität der Völkerrechtssubjekte ausgehen. Russland wird andere Formen auch kaum akzeptieren. Denn es will, wie seine Interpretation seiner Teilnahme am Balkankonflikt zeigt, auch weiterhin als Weltmacht anerkannt werden.

Umgekehrt werden wir die Teile Westeuropas, die bisher unter sowjetischer Herrschaft standen, vor dem weiteren Anspruch Russlands schützen müssen, auf die Politik dieser Staaten Einfluss zu nehmen. Folglich muss auch innerhalb der »Partnership for Peace« zwischen diesen und den osteuropäischen Staaten unterschieden werden. Wenn sie überhaupt als Grundlage eines europäischen Friedens dienen kann, dann nur als ein Dach, unter dem sich verschiedene Formen der Zusammenarbeit entwickeln können. Jedenfalls darf unsere Außenpolitik nichts unternehmen, was diese Differenzierung erschwert oder unmöglich macht.

Diese Differenzierung darf sich allerdings nicht von der Idee eines Zentraleuropas leiten lassen. Historisch, insbesondere geistes- und kulturhistorisch, gibt es Zentraleuropa nicht als eine selbstständige europäische Identität. Allenfalls als geographische Aufteilung kann zwischen West-, Zentral- und Osteuropa unterschieden werden. Misst man dieser geographischen Einteilung politische Bedeutung bei, so muss man sich darüber im Klaren bleiben, dass Zentraleuropa nicht nur aus Polen oder den Visegrád-Staaten bestehen kann. Man müsste dann auch den Osten Deutschlands zu diesem Bereich rechnen, was offensichtlich nicht geht. Oder man müsste der zentraleuropäischen Region die Ukraine und Weißrussland zurechnen. Im Falle der Ukraine würde dies letztlich auf eine Teilung des Landes hinauslaufen. Denn während der Westen der Ukraine sich dem abendländischen Kulturkreis zugehörig fühlt, sieht sich der Osten eher mit Russland verbunden. Einer klaren Teilung in Ost- und Westeuropa kann man somit durch die zusätzliche Einführung einer mittel- oder zentraleuropäischen Region nicht ausweichen.

20. Februar 1994

Gestern hat mich die Landesvertreterversammlung in Dresden mit 91,2 Prozent der Stimmen zum Spitzenkandidaten für die kommende Landtagswahl gewählt. Es war für mich ein bewegender Augenblick in einer sonst eher nüchternen Veranstaltung. In meinem Dankeswort erinnerte ich an die Versammlung am 1. September 1990 im Hygiene-Museum, von der ich zum ersten Mal zum Spitzenkandidaten gewählt wurde. Die Sachsen hätten uns damals in der nachfolgenden Landtagswahl einen beachtlichen Vertrauensvorschuss gewährt. Ich hätte den Eindruck, dass wir auch heute noch auf das Vertrauen einer Mehrheit rechnen könnten. Gerne würde ich dem Land wieder als Ministerpräsident dienen, wenn die Mehrheit der Sachsen das erneut für sinnvoll hielte. Wenn eine Mehrheit so entscheidet, werde ich mich in die Pflicht genommen fühlen und zur Verfügung stehen. Wenn nicht, müsste ich neu überlegen.

Inzwischen haben die Gremien getagt. Im Präsidium stellte ich die Frage nach der politischen Interpretation des Beschlusses der Antragskommission, dem Parteitag nun doch eine Europaformel vorzuschlagen, die einen europäischen Bundesstaat anstrebt. Dies löste sowohl im Präsidium wie im Bundesvorstand eine Debatte über bundesstaatlich, föderal oder Staatenverbund – so das Bundesverfassungsgericht – aus, die sich alsbald verselbstständigte. Kohl versuchte sich mit einem Kompromiss zu dem Text der Antragskommission. Dregger hielt dagegen und lehnte jede auf einen Bundesstaat zielende Formulierung ab. Blüm verteidigte, ebenso wie Geißler, den Bundesstaat als Vision der CDU. Kohl erklärte, diese Vision habe die CDU zeit ihrer Existenz geleitet. Dregger glaubte er durch die Geschichte widerlegen zu können. Es ging bunt durcheinander, wie das wohl nicht anders zu erwarten war, wenn man ein derartiges Thema ohne Rücksicht auf die Verfassungslage aus dem Bauch entscheiden will.

Im Vorstand setzte sich die Debatte fort. Göhner sträubte sich gegen eine Änderung des Vorschlages des Bundesvorstandes, Wissmann, Blüm und andere vertraten unterschiedliche Ansichten, Geißler hob wieder mit ausführlichen Begründungen an, die von Kohl unterbrochen wurden, Dregger wollte die gleichen Quellen verlesen für seine Ansicht wie im Präsidium. Am Schluss einigte man sich darauf, die Frage auf dem Parteitag auszutragen.

Kohls Auftritt bei Bresser und Siegloch am letzten Donnerstag wurde allgemein gelobt. Kohl sei gelöst, optimistisch, seiner sicher und offensiv gewesen. Auf die Diskussion zurückliegender Fragen und der Vergangenheit habe er sich nicht eingelassen. Seine Wahlkampfbotschaft werde offensichtlich lauten: Niemand kann Europa und Deutschland in Europa so gestalten wie ich! Es sei nur sein Pech, dass er sich Fragen nach der Vergangenheit verweigert habe, die Presse ihm aber nun ankreide, er habe nichts über die Zukunft gesagt.

Viel wird morgen von seiner Rede abhängen, die ich leider nicht hören kann. Gelingt es ihm, die Notwendigkeit einer vierten Legislaturperiode so zu begründen, dass die Delegierten und Parteifunktionäre mit dieser Begründung bis Oktober kommen können, auch wenn die Wahlen in Niedersachsen, Europa, Sachsen-Anhalt und den anderen Bundesländern schlecht für uns ausgehen, dann hat er eine Chance zu gewinnen. Gelingt ihm das nicht, wird auch eine vorübergehende Aufbruchstimmung nichts gegen den gegenwärtigen Trend ausrichten können.

21. Februar 1994

Inzwischen liegt der erste Tag des Parteitages hinter uns. Kohl hat eine gute Rede gehalten. Vor allem der Schluss war stark. Er war so emotional, dass Kohl selbst gerührt war. Er zitierte eine Geschichte aus Vernon Walters' Memoiren, der 1946 eine Familie im Keller eines zerstörten Hauses besuchte und anschließend Harriman fragte, ob denn die deutschen Städte je wieder aufgebaut werden könnten. Harriman habe geantwortet, ob er gesehen habe, dass die Leute Blumen auf dem Tisch ihrer Kellerbehausung gehabt hätten. Wer unter solchen Bedingungen die Kraft habe, Blumen zu pflücken und den Tisch zu schmücken, der habe auch die Kraft, die Häuser wiederaufzubauen.

Die Aussprache zur Kohlrede sparte ich mir und aß mit de Maizière zu Mittag. Wir sprachen über die Entwicklung seit 1990. Ich traf einen Mann an, der sich wohl gerne wieder engagieren würde, aber noch nicht genau weiß, wie er es anstellen soll. Nachmittags wurde dann der Antrag für Wachstum und Beschäftigung behandelt. Christa Thoben führte ein, ich sprach etwa in der Mitte der rund vier Stunden, die man vorgesehen hatte.

Als mein Thema wählte ich Fragen der Arbeitslosigkeit und des Sozialsystems, vor allem auch der Trennung von Arbeits- und Sozialverhältnis. Anschließend gab ich noch zwei Interviews. Das mit dem MDR verunglückte gründlich und machte mich wütend. Nicht nur ließ man mich fast eine Viertelstunde lang warten, das Mikrofon in der Hand. Der Journalist, der mich zu fragen hatte, hatte keine Ahnung vom Ablauf des Parteitages, interessierte sich nur für negative Eindrücke und war von einer Arroganz, die ich nicht zu akzeptieren bereit bin. Das andere Gespräch war informiert und angenehm. Jetzt besuche ich noch den Hamburger Abend. Morgen Mittag kann ich ohne schlechtes Gewissen nach Süddeutschland reisen.

22. Februar 1994

Der Hamburger Abend schloss den gestrigen Tag ab. Ich saß bei den Sachsen und wir genossen das Ansehen, das wir inzwischen haben. Man blickt auf unser Land als das einzige, das mit Sicherheit auch nach den Wahlen noch eine CDU-Regierung haben wird. Bernd Vogel meinte heute Morgen, wenn er jetzt beim Notar das geschätzte Ergebnis hinterlegen müsste, würde er mir das beste, Stolpe den zweiten Rang und sich selbst den dritten Rang zuerkennen. Den anderen Ostländern gibt er kaum eine Chance.

Auch Kohl wird mit der vierten Legislaturperiode keine Freude haben, selbst wenn er sie erreichen sollte. Seine Kandidatur ist, darin stimmten wir überein, ohne Perspektive. Diese hätte er spätestens im vergangenen Jahr entwickeln müssen.

In der beginnenden Debatte über das Grundsatzprogramm hielt Geißler eine exzellente Rede. Ich werde sie nachlesen. Er ist ein begnadeter Rhetoriker mit einem gepflegten Schuss Demagogie. Dass die SPD ihn fürchtet, ist verständlich. Geißler korrigierte die von Kohl definierte Geschlossenheit mit dem Satz, es werde nicht zu viel, sondern zu wenig diskutiert. Der Parteitag antwortete ihm mit lang anhaltendem Beifall. Ich wurde schon zuvor ein halbes Dutzend Mal gefragt: Meine Antwort war, dass wir uns nicht zu Lasten der Partei profilieren, sondern zum Wohl der Partei engagieren. Im Übrigen haben die Kommentatoren recht, die feststellen, dass sich die Kritiker bedeckt halten und auf das Ergebnis im Oktober warten.

Nach Geißlers Rede setzte ich mich neben ihn, um ihm zu sagen, dass ich mit ihm übereinstimme. Außerdem wollte ich nach außen deutlich machen, dass wir die Dinge ähnlich sehen. Vor allem aber wollte ich ihm sagen, dass wir für die weitere Entwicklung in Nordrhein-Westfalen eine gemeinsame Verantwortung tragen. Nach dem, was 1987 geschehen sei und den Niedergang der CDU in NRW eingeleitet habe, habe auch er die Pflicht, dafür zu sorgen, dass das jüngste Komplott gegen die Interessen der NRW-CDU und das Land nicht gelingen könne. Mit vielen Freunden aus Westfalen habe ich inzwischen gesprochen. Sie sind alle entschlossen, sich für die Nominierung Christa Thobens und für ihre Wahl zur Landesvorsitzenden einzusetzen. Wenn sich eine Bewegung entwickelt, wird sie Christa tragen, wenn diese sich tragen lässt.

Neben der Zukunft des Landes geht es dabei auch um die Zukunft im Bund. Deshalb ist es gut, dass Christa gestern mit ihrer Rede zum Wirtschaftsprogramm einen guten Eindruck auf den Parteitag machte. Wenn die SPD in den Ländern Mecklenburg-Vorpommern und Sachsen-Anhalt die Mehrheit erringt, was derzeit eher wahrscheinlich ist, dann muss die Zweidrittelmehrheit durch NRW und Hessen gebrochen werden. Deshalb können wir auch aus Bundessicht eine Nominierung von Linssen nicht akzeptieren. Ich versprach Christa, für sie Wahlkampf zu machen, falls sie nominiert werde, und dafür »notfalls eine Zeitlang nach NRW zu ziehen«.

23. Februar 1994

Ein schöner Tag auf dem Buchberg geht zu Ende. Es war herrlich, einmal wieder hier zu sein, richtig auszuschlafen, spazieren gehen zu können, in Traunstein einzukaufen und keine Termine wahrnehmen zu müssen. Auf den ersten Seiten der überregionalen Tageszeitungen kommt der Hamburger Parteitag nicht mehr vor. Die Grundsatzdebatte passt nicht in die gegenwärtige Vorwahlzeit, was immer dort auch kontrovers diskutiert worden sein mag.

Die Debatte über das Grundsatzprogramm verlief lebendiger, als ich es vermutet hätte. Der Begriff ökologische und soziale Marktwirtschaft wurde gegen heftigen Widerstand statt der gewohnten sozialen Marktwirtschaft in das Programm aufgenommen. Kohl setzte sich selbst dafür ein. Welch ein Hohn, wenn man bedenkt, dass genau dieser Begriff von Worms und anderen auf unserem westfälischen Parteitag in Münster 1983 bekämpft wurde, wiederum mit voller Zustimmung Kohls. Als Prinzip hat man die Negativsteuer aufgenommen und damit eine wichtige Öffnung für die Neuordnung des sozialen Systems geschaffen. Über Europa gab es keine Diskussion mehr, nachdem im Präsidium eine vom Vorschlag der Antragskommission abweichende Formel gefunden worden war (deren Formulierung ich durch meine Frage nach der Haltung der Führung zu diesem Streitpunkt ausgelöst hatte).

Nun kommt es darauf an, die neuen Grundsätze mit Leben zu erfüllen. Als ersten Schritt werde ich die Trennung von Arbeits- und Sozialverhältnis thematisieren. Wie Kohl es wünschte, habe ich die Frage auf dem Parteitag behandelt und keinen Widerspruch gefunden. Wenn es nun Streit geben sollte, werden diejenigen sich ins Unrecht setzen, die den Streit erneut auslösen. Das schließt auch die Finanzierung sozialer Systeme durch Steuern ein. Auch davon habe ich auf dem Parteitag gesprochen. Auch dagegen hat niemand widersprochen. Beschlüsse, die dem entgegenstehen, sind auch nicht gefasst worden.

18. März 1994

Die letzten drei Wochen waren so ausgefüllt, dass es nicht einmal mehr für kurze Eintragungen reichte. Verantwortlich dafür ist vor allem die Arbeit an dem neuen Buch, das bei DVA erscheinen soll. Sein Titel wird wahrscheinlich »Einheit und Erneuerung« lauten. Nach langem Zögern habe ich mich dazu überreden lassen, einem Buch mit Aufsätzen und Reden zuzustimmen. Frank-Planitz und sein Lektor Volz, unterstützt von Ingrid, sind überzeugt, dass es ein großes Interesse an den Texten geben werde. Von Kuenheim, dem ich einige Vorträge geschickt hatte, war ebenfalls der Ansicht, man solle sie veröffentlichen. Vielleicht werden sie als eine Art Vademekum für an der Einheit politisch Interessierte angenommen werden.

Nachdem die Entscheidung einmal gefallen war, musste das Manuskript schnell bearbeitet werden. Das Buch soll im Juni erscheinen, damit es von der Aufmerksamkeit profitiert, die durch die anstehenden Wahlen zusätzlich ausgelöst werden wird. Das bedeutete, dass ich mehrere Beiträge überarbeiten musste.

All dies hat nun dazu geführt, dass eine ganze Reihe wichtiger Ereignisse noch darauf warten, berichtet zu werden. Das wichtigste innenpolitische Ereignis seit dem 26. Februar war sicherlich die Wahl in Niedersachsen. Nicht das Ergebnis, dass Schröder weiterregieren kann, ist dabei besonders bemerkenswert, sondern die Verschiebungen und Veränderungen in den politischen Strukturen unseres Landes, die offenbar geworden sind. Die folgenden Gesichtspunkte habe ich dazu in der Päsidiumssitzung am 14. März in Bonn vorgetragen:

1. Die Wahl hat gezeigt, dass man auch mit wesentlich weniger als 50 Prozent der Stimmen eine absolute Mehrheit der Mandate gewinnen kann. Die SPD brachte es in Niedersachsen auf 44,3 Prozent und erreichte damit 81 von 160 Mandaten im Landtag. Der Grund: Eine Reihe kleinerer Parteien und die FDP schafften es nicht, die Fünfprozenthürde zu überspringen, so dass sich die Mandate auf weniger als 100 Prozent der Stimmen verteilten.

2. Die Drohung vor der Gefahr einer absoluten Mehrheit zieht nicht mehr. Schröder hat für eine solche Mehrheit geworben und sie, wenn auch nur in Gestalt der Mandate, erhalten. Auch nach der Wahl will er mit der denkbar kleinsten Mehrheit lieber alleine regieren, als einen Partner zu beteiligen. Selbst die Berufung eines Ministers aus dem Kreis der bisherigen Koalitionsfraktion – auch ohne Koalitionsvereinbarung – hat er bisher abgelehnt. »Der absolute Schröder« heißt das Motto in Niedersachsen.

Damit ist der SPD in Sachsen die Möglichkeit genommen, mit dem Argument zu werben, man müsse die absolute Mehrheit brechen. Wir können für klare Verhältnisse, für Chefsache, für Führung, für Mehrheit und für den »absoluten Biedenkopf« eintreten – und können uns dabei immer auf ein sozialdemokratisches Vorbild berufen. Wir können auf die Gefahr der politischen Selbstblockaden in der Regierung, im Parlament und im Bundesrat hinweisen und auch dabei auf Erfahrungen verweisen, die in den letzten Jahren gemacht worden sind. Wir verlangen dabei von den Wählern nichts, womit sie keine Erfahrung hätten – und im Großen und Ganzen gute Erfahrungen dazu.

3. Die Wahl war eine reine Personenwahl. Schröder gelang es, die SPD weit im Hintergrund zu lassen und die Entscheidung ganz auf seine Person zu beziehen. Umso beachtlicher die Leistung Christian Wulffs, sich in dem Umfang durchzusetzen, wie ihm das gelungen ist. Sie wurde inzwischen durch seine Wahl zum Fraktionsvorsitzenden im Landtag anerkannt. Wulff konnte sich mit beachtlichem Vorsprung gegen den bisherigen Vorsitzenden Gansäuer durchsetzen. Dennoch hat die CDU eine schwere Niederlage erlitten. Sie verlor rund 12 Prozent ihrer Wähler von 1990 und landete

bei 36,4 Prozent. Auch in Niedersachsen wurde deutlich, dass sie auf dem Wege ist, eine 30-Prozent-Partei zu werden.

4. Die beiden Volksparteien sind nicht, wie bisher angenommen, von Erosion bedroht. Zusammen vereinigten sie über 80 Prozent der Stimmen auf sich. Sie sind damit wesentlich größer als die »Partei« der Nichtwähler. Aus der Unentschlossenheit vieler Wähler, die in den Umfragen vor der Wahl deutlich geworden war, hatten die Demoskopen auf eine geringe Wahlbeteiligung geschlossen. Sie war jedoch fast so hoch wie 1990.

CDU und SPD sind sich inhaltlich weit nähergekommen, als man dies vor 5 Jahren hätte annehmen können. Die innenpolitischen Positionen, vor allem in der Wirtschafts- und Arbeitspolitik, sind nur noch für Experten erkennbar. Deshalb breitet sich in der Bevölkerung auch die Meinung aus, man brauche keinen langen Wahlkampf.

5. Rot-Grün irritiert die Wähler nicht mehr. Die Grünen gewannen 34 Prozent mehr Wähler als 1990. Zusammen mit der SPD verfügen sie über 94 Mandate im Landtag. Solange es nur um die Innenpolitik geht, kann man die Wähler deshalb nicht mehr mit der Aussicht auf eine rot-grüne Koalition schrecken. Anders mag die Lage sein, wenn auch die Außenpolitik betroffen ist. Deshalb ist das Ergebnis vom 13. März nicht auf die Bundestagswahl übertragbar.

Aber es zeigt auch: Die Grünen sind inzwischen eine etablierte Partei. Die Zeit ist nicht mehr fern, in der auch die CDU bereit sein wird, mit den Grünen zu koalieren. Sie macht jetzt mit den Grünen durch, was die SPD in den 60er und 70er Jahren mit der FDP lernen musste. Christa Thoben sagte dies bereits 1987 voraus und ist dafür von der Bundespartei abgelehnt und von der NRW-Landtagsfraktion nicht gewählt worden. Man blieb bei Herrn Worms. Heute trauerte ihr selbst Busche in der *Süddeutschen Zeitung* nach. Der Gegner in der SPD, der ihr in der Zeit nach Rau gewachsen wäre, müsse erst noch gefunden werden. Busche spricht von den »unbedarften Kandidaten«, zwischen denen zu entscheiden die Mitglieder jetzt aufgerufen würden. Besser wäre es nach Busche, gleich ein Meinungsforschungsinstitut zu beauftragen; aber da fürchte man möglicherweise, Unflätiges gesagt zu bekommen.

6. Die FDP verliert immer mehr an Bedeutung, jedenfalls auf der Ebene der Länder. Sie hat keine plausible politische Funktion mehr.

Das, wofür sie steht, ist mehr als eingelöst: Selbstverwirklichung, Individualismus, Marktwirtschaft, Rechtsstaat. Was die Menschen heute wieder suchen: mehr Gemeinschaftssinn, Solidarität und Antworten auf die Sinn-Fragen, vermag sie nicht zu geben; ja sie hält es als politische Partei für unzulässig, auch nur einen solchen Versuch zu unternehmen.

An die Stelle der FDP als dritte Kraft und »Mehrheitsbeschaffer« treten immer deutlicher die Grünen. Sie vertreten Positionen, die in Zukunft wichtiger sein werden. Zusammengefasst heißen sie: Schutz der Gemeinschaftsgüter gegen die Ausbeutung durch den Individualismus und mehr Gemeinschaftsorientierung des Einzelnen. In beiden Volksparteien finden sie damit Resonanz. Vor allem jedoch geben sie damit politischen Zielen und Aufgaben eine Stimme, die jungen Menschen wichtig sind. Deshalb werden sie von ihnen auch gewählt.

7. Es war eine richtige Entscheidung, die Landtagswahl von der Bundestagswahl zu trennen. Auch wenn es Kohl nicht gefällt, können wir uns dem Abwärtssog, in den die CDU geraten ist, nur entziehen, wenn wir uns von der Entscheidung über Kohl und die Bundespartei so weit wie möglich distanzieren. Wahrscheinlich werden wir morgen im Kreis der CDU-Landesvorsitzenden aus den ostdeutschen Ländern von denen, die erst im Oktober wählen wollen, hören, dass sie sich mit ähnlichen Gedanken tragen.

19. März 1994

Zum ersten Mal haben sich die Vorsitzenden der CDU in den ostdeutschen Ländern getroffen, um über die anstehenden Wahlkämpfe zu sprechen. Diepgen und Seite konnten nicht kommen und schickten Radunski und Staudacher, was ein Gewinn war. Aus unserem Gespräch habe ich mir Folgendes notiert:

Auseinandersetzung mit den Kommunisten: Die Berliner halten sie für notwendig. Sie schätzen die Stärke der PDS auf rund 20 Prozent in den ostdeutschen Ländern. Man müsse sich offensiv mit dem Versuch der PDS auseinandersetzen, als diejenigen aufzutreten, die jetzt Demokratie einforderten, sich als die eigentlichen Anwälte der ostdeutschen Bevölkerung aufspielten, Forderungen erhöben, die kein Mensch einlösen könne, und das Selbstwertgefühl der

Menschen im Osten zu repräsentieren versuchten. Frau Hartfelder teilte die Berliner Position. Vogel und ich waren anderer Ansicht. Uns schien es nicht sinnvoll, die PDS durch Angriffe aufzuwerten. Mir fiel auf, dass es erhebliche Unterschiede zwischen dem Kernland Preußen mit Berlin und den südlichen Ländern Thüringen und Sachsen gibt, wenn es um die Haltung zur SED und der Vergangenheit geht.

Die PDS wird versuchen, unter Hinweis auf die Vollbeschäftigung in der DDR ihre Fähigkeit zu behaupten, für jeden einen Arbeitsplatz zu schaffen. In der Debatte im Landtag zu einem entsprechenden PDS-Antrag zur Änderung der Landesverfassung wurde dies deutlich, von Rednern der CDU wie der SPD allerdings auch eindrucksvoll abgewehrt. Beide Parteien widerstanden der Versuchung zu behaupten, sie könnten ebenfalls für jeden einen Arbeitsplatz schaffen und es sei deshalb vertretbar, ein Grundrecht auf Arbeit in die Verfassung aufzunehmen. Gleichwohl werden die Kommunisten diese Melodie weiterspielen.

Nicht nur materielle Fragen, sondern auch das Selbstwertgefühl der Menschen entscheidet die Wahlen: Dieser Punkt scheint mir von besonderer Wichtigkeit. Allgemein herrschte der Eindruck vor, dass die Bundesgeschäftsstelle bisher kaum verstanden habe, worum es eigentlich geht. Solange die Wähler im Osten den Eindruck hätten, man nehme sie nicht ernst, fühle sich ihnen überlegen, habe für ihre besonderen Umstellungsprobleme kein Verständnis und halte sich selbst im Westen für etwas Besseres, seien sie auch nicht bereit, »westlich« zu wählen.

Derartige Haltungen kämen in erster Linie der PDS zugute. Sie betone die immateriellen Aspekte des Einigungsprozesses und versuche gerade in diesem Bereich, als die Partei zu erscheinen, die die Menschen verstehe und bei der sie sich deshalb gut aufgehoben fühlen könnten. Unser Wahlkampf müsse folglich so angelegt sein, dass ein der PDS nützliches Vakuum gar nicht erst entstehen könne.

Besonders beschäftigte uns die Frage, wie wir uns auf das Argument einlassen sollten, es gebe im Osten keine blühenden Landschaften. Vogel und ich sind der Meinung, man solle dem Argument offensiv begegnen. Ich rege an, die Kohl'sche Formel nicht statisch (wir haben blühende Landschaften geschaffen), sondern dynamisch zu wenden: Es beginnt zu blühen. »Sachsen beginnt zu blühen. Wir stehen am Anfang des Frühlings. Den Winter haben wir hinter uns, wenn es auch noch den einen oder anderen Rückfall und Kälteeinbruch geben wird. Wichtig ist jetzt, die beginnende Blüte vor Nachtfrost zu schützen«. Etwa in dem Sinn: »Sachsen beginnt zu blühen. Schützt es vor dem roten Frost!«

Direkter gegen die Kommunisten gerichtet, könnte die Argumentation lauten: Die Kommunisten haben uns vor der Wende belogen und belügen uns jetzt wieder. Vor der Wende haben sie eine wirtschaftliche Leistungsfähigkeit vorgetäuscht (durch gefälschte Statistiken, gefälschte betriebliche Rechnungen, verschleierte Staatsverschuldung in Gestalt der betrieblichen Kredite), die es nicht gab. Jetzt belügen sie die Menschen, wenn es um die Ursachen für unsere Probleme geht und die Möglichkeiten, sie zu überwinden. Sie betrügen die Menschen um die Leistungen, die sie bereits erbracht haben.

In der Auseinandersetzung mit der Vergangenheit haben sich die Begriffe verändert: Vor allem in Brandenburg, Berlin, aber auch in Mecklenburg-Vorpommern beobachte man eine »Umkehr der Begriffe«. Der Stasimann und der Inoffizielle Mitarbeiter würden zu Opfern. Diejenigen, die sich für die Aufarbeitung der Vergangenheit einsetzten, würden zu Tätern. Dies sei unter anderem auf Stolpe zurückzuführen, der mit seinem Verhalten die Ausgrenzung des Stasibereichs unmöglich gemacht habe. Mir scheint, dass es auch hier mentale Unterschiede im preußischen Kernland und im Süden der ehemaligen DDR gibt. Die Stellung der PDS ist in »Preußen« stabiler als in Sachsen oder Thüringen.

Die Debatte über die »roten Socken« in den Betrieben werde nicht mehr so intensiv geführt wie vor drei Jahren. Die Betriebe, in denen alte Kader die Menschen entlassen hätten, existierten nicht mehr, oder die Kader seien inzwischen selbst wegen Unfähigkeit entlassen worden.

20. März 1994

Auf dem Weg nach Gran Canaria. Die Reisezeit will ich nutzen, um einiges aus den letzten Wochen nachzutragen:

Im Kabinett ging es am 1. März erneut um die Schulen in Landesträgerschaft, die Situation an unseren Schulen und einige weitere Große Anfragen. Letztere häufen sich mit dem herannahenden

Wahltermin. Das Kultusressort hat sich als der eigentliche Schwachpunkt meiner Regierung erwiesen. Allerdings muss es auch die mit Abstand schwierigste Aufgabe bewältigen. Es beschäftigt die meisten Menschen und hat mit den meisten Bürgern im Lande zu tun, die zugleich besonders empfindlich sind, denn es geht um ihre Kinder. Zwar hat Nowak die Probleme ideenreich angepackt. Aber er ist kein guter Administrator und versucht vielleicht gerade deshalb, alles zu kontrollieren und an sich zu ziehen.

Der 2. März war ein Bonn-Tag. Im Rahmen eines Kongresses »Zukunft Wohnen« hatte ich ein Referat zugesagt. Ich sprach mit viel Vergnügen über die Wohnungspolitik und ihre Probleme und erinnerte dabei an die Reaktionen auf unsere Studie »Wohnungsbau am Wendepunkt«, die wir 1979 vorgelegt hatten. Alles, was wir damals vorausgesehen hatten, ist inzwischen eingetroffen.

Später eröffneten wir in der Bonner Kunst- und Ausstellungshalle eine Lucas-Cranach-Ausstellung aus den Beständen des Leipziger Museums. Was die Bürgerschaft Leipzigs seit den 40er Jahren des letzten Jahrhunderts zusammengetragen hat, ist eindrucksvoll. Die Schätze sind derzeit im Gebäude des Reichsgerichts untergebracht. In den kommenden Jahren werden wir ein neues Museum bauen müssen. Aus Anlass der Ausstellungseröffnung wollte der Direktor des Leipziger Museums Finanzierungsforderungen an die Bundesregierung stellen. Seine Erwartung, dass ich ihn dabei unterstützen würde, wurde enttäuscht. Ich erklärte den Museumsbau zu einer Angelegenheit der Bürger, der Stadt und des Landes. Wir können nicht bei jeder Gelegenheit Bonn ins Spiel bringen.

Abends dann in Gütersloh, wo sich am 3. März die Gütersloher Runde traf. Auf der Tagesordnung standen die berufliche Bildung und Fragen der Teilzeitarbeit. Die Zukunft der beruflichen Bildung führte uns in den Irrgarten deutscher Bildungspolitik und -bewertung. Solange Tarifverträge und die Besoldungsordnungen eine Prämie für akademische Ausbildungen aussetzen und die Ausbildungsförderung zwar den Studenten unterstützt, der einen Hochschulabschluss anstrebt, nicht aber den Gesellen, der Meister werden will, kann es keine Gleichberechtigung der Bildungsgänge geben. Kaum einer am Tisch gab jedoch dem Versuch eine Chance, die in der Gesellschaft tief verwurzelten Vorurteile zugunsten einer akademischen Ausbildung zu überwinden.

Dabei wäre eine Neugestaltung der beruflichen Ausbildung schon wegen der herannahenden und irreversiblen demografischen Probleme dringend geboten. Welche Schwierigkeiten es machen wird, eine alternde Bevölkerung fit zu halten und zu Innovationen anzuregen, machen sich die wenigsten klar. Wieder zeigt sich, dass ein System die Fehler, die es produziert, nur vermeiden kann, wenn es sich ändert.

23. März 1994

Drei schöne Tage im Steigenberger Hotel auf Gran Canaria liegen hinter mir. Auf der Fahrt zum Flughafen überkam mich wieder der Wunsch, das politische Engagement in Sachsen im Herbst zu beenden und dann vor allem für Ingrid und unsere Gemeinsamkeit zu leben. Nicht Sachsen oder die Politik, sondern meine Frau ist meine große Liebe. Es ist ein Opfer, für alles andere nur nicht für sie da sein zu können.

Nun zurück zu meinem Bericht über die vergangenen Wochen. Den Abend des 4. März verbrachte ich mit Jörg Twenhöven und Hermann Jansen. Sie waren zur kulturpolitischen Tagung der KPV nach Dresden gekommen, auf der ich am kommenden Morgen die Einführungsrede halten sollte. Natürlich sprachen wir in erster Linie über die Politik in NRW und im Bund. In NRW steht die Entscheidung über die Spitzenkandidatur für 1995 an, nachdem Blüm verzichtet und Linssen nominiert hat. Den Verzicht erklärte er, um einer Entscheidung gegen ihn zuvorzukommen. Nur so erklärt sich der frühe Zeitpunkt. An die CDU Nordrhein-Westfalens hat Blüm dabei ebenso wenig gedacht wie Kohl.

In unserem Gespräch kamen wir zu dem Ergebnis, Christa Thoben zum gegenwärtigen Zeitpunkt von einer Kandidatur abzuraten. Sie müsste, würde sie nominiert – womit fast sicher zu rechnen wäre –, ihren Beruf aufgeben und ohne Sitz im Landtag über ein Jahr als Spitzenkandidatin die volle Verantwortung für alle Fehler der CDU in NRW übernehmen, einschließlich eines voraussichtlich schlechten Ergebnisses der Bundestagswahl. Dass sie die Partei gegen Blüm zur hauptamtlichen Vorsitzenden wählen würde, konnten wir nicht annehmen.

Würde sie verzichten, würde Lammert sich um die Spitzenkandidatur bewerben. Wahrscheinlich würde er sich gegen Linssen durchsetzen. Ob dies die endgültige Entscheidung sein würde, könne man, so unsere Überzeugung, jedoch erst nach der Bundestagswahl feststellen. Dann würden die Karten in jedem Fall neu gemischt. Würde ich in Sachsen überzeugend wiedergewählt, so würde ich nicht ausschließen, nach der Bundestagswahl gegen Kohl als Parteivorsitzender anzutreten, falls er noch einmal kandidieren sollte. Würde ich gewählt, dann hätte ich die Möglichkeit, auch auf die Kandidaturen in NRW noch einmal einzuwirken. In NRW entscheide sich nicht nur die Zukunft der Landesregierung, sondern auch der Stimmverhältnisse im Bundesrat. Werde NRW und Hessen 1995 nicht gewonnen, könne selbst eine CDU-geführte Regierung in Bonn nichts bewegen.

Noch immer beschäftigte mich die Entwicklung der Schulfragen. So setzte ich für den 7. März einen Termin mit Nowak an, um zu hören, wie man die Probleme insbesondere im gymnasialen Bereich zu lösen gedenkt. Auf keinen Fall darf es geschehen, dass wir nach der Sommerpause Ärger mit unzureichendem Unterricht in den Gymnasien haben und uns dies einen sonst weitgehend gut vorbereiteten Wahlkampf erschwert.

Abends eröffneten wir die Leipziger Frühjahrsmesse. Die Messeleitung hatte auf eine traditionelle Messe verzichtet und stattdessen drei Fachmessen miteinander verbunden, die das Umweltthema zum Mittelpunkt hatten, aber auch als Informationsmessen gedacht waren. Ob es uns auf diese Weise gelingen kann, Marktnischen zu entwickeln und zu besetzen, wird sich erst noch zeigen müssen. Auch ich sehe jedoch keine überzeugende Alternative zu einem solchen Konzept. Wir werden jedoch aufmerksam beobachten müssen, ob die Geschäftsführerin Frau Wohlfahrt auf Dauer der Belastung gewachsen sein wird, die mit dem Aufbau einer neuen Messe in einer besetzten Messelandschaft verbunden ist.

Das Messekonzert mit Kurt Masur war ein Traum, ebenso die Violinistin; eine 13-jährige Tochter koreanischer Eltern, die in den USA leben.

Dienstag, der 8. März, begann mit einem Besuch bei der Kreisvorsitzendentagung des Deutschen Bauernverbandes, die in Coswig zusammengekommen war. Im Kabinett gelang es uns endlich, die Änderung des Schulgesetzes zu verabschieden, mit der wir den endgültigen Status der Förderschulen definieren wollen. Es geht darum, die Krankenkassen und den Wohlfahrtsverband an den Aufgaben zu beteiligen, die nicht originäre Landesaufgaben sind, und damit auch das Personal weitgehend auf die kommunale Ebene zu übertragen. Von den Betroffenen wurde die übliche Gegenwehr gegen diese Veränderungen organisiert. Die Folgen erreichten auch Ingrid, die sich deshalb für den Vorgang interessierte und mich dadurch auf Einzelheiten aufmerksam machte, die ich so nicht gesehen hatte.

Weiter ging es um eine Jugendstiftung, die der Landtag auf Antrag der CDU-Fraktion – dort auf Betreiben der »Jugendpolitiker« – gründen soll. Wir hielten nichts davon und beschlossen, die CDU-Fraktion von dem Vorhaben ab- und ihr eine Alternative nahezubringen. Über den endgültigen Verlauf der A 13 nach Prag wollen wir noch vor der Sommerpause entscheiden. Vaatz wird die Entscheidung wohl nicht mittragen können, wenn sie so ausfällt, wie die Verkehrsexperten sie sich wünschen, also in der Nähe Dresdens verlaufend und die Stadt damit entlastend. Sein Wahlkreis wird dann berührt sein, was ihm Ärger bereiten muss.

Nachmittags führte ich ein Gespräch mit der Führung der Christlichen Gewerkschaft. Die Christlichen Gewerkschaftler hatten es nie leicht mit der CDU. Man nahm sie kaum zur Kenntnis und stützte sich mit der CDA ganz auf den DGB und seine Gewerkschaften sowie die DAG. Seit der Rückkehr des Saarlandes, in dem die Christlichen eine starke Stellung hatten, und der Übertragung ihres Vermögens auf den DGB hatten sie auch kaum noch eine Chance.

So fand ich mich nach einer Weile in unserem Gespräch in der Lage dessen, der den Christlichen ihre neuen Chancen und Möglichkeiten aufzeigt. Zum ersten Mal gibt es derartige Möglichkeiten. Die Erneuerung der industriellen Landschaft in Deutschland wird die Bedeutung der Klein- und Mittelbetriebe wesentlich erhöhen. Die Großunternehmen werden sich auch in den kommenden Jahren noch von Personal trennen. Je technischer und automatisierter die Produktion wird, umso kapitalintensiver wird sie werden.

Der 9. März war vor allem Gesprächen gewidmet. Erst ein Interview mit der *Süddeutschen Zeitung*, am Nachmittag ein Gespräch mit der *Sächsischen Zeitung*, dazwischen ein ausführliches Gespräch mit den Rektoren und Kanzlern unserer Universitäten über Fragen der Verbeamtung und der Alterssicherung. Die unzureichenden Renten unserer älteren Professoren belasten mich schon lange. Wir wollen auch einen Musterprozess gegen den Bund unterstützen, wenn wir nicht zu einer befriedigenden Lösung dieser Frage finden können.

Wichtig an diesem Tag war jedoch vor allem das Gespräch mit dem tschechischen Botschafter in Bonn. Sein Land sei sehr an einer engeren Zusammenarbeit mit Sachsen interessiert. Man hoffe, das Problem der unterschiedlichen völkerrechtlichen Ebenen lösen zu können. Ich schlug dazu eine Rahmenvereinbarung zwischen Bonn und Prag vor, die die direkte Kooperation mit den angrenzenden Ländern gestattet und es uns ermöglicht, Projekte gemeinsam zu planen und durchzuführen. Ich erhielt eine Einladung nach Prag zu einem Symposium Mitte Mai, auf dem ich auch sprechen soll. Man erhofft sich offenbar von der sächsisch-tschechischen Verbindung, auch in Anlehnung an die alten sächsisch-böhmischen Beziehungen, eine Erleichterung der Integration in die EU.

Abends dann das DFB-Halbfinale zwischen Werder Bremen und Dynamo Dresden. Es wäre ein Wunder gewesen, wenn die Dresdner gewonnen hätten. Das Wunder geschah nicht. Die Mannschaften trennten sich mit 0:3 für Werder Bremen. Vielleicht bringe ich den Dresdnern doch kein Glück. Das erste Spiel, das ich besuchte, verloren sie ebenfalls.

Am Dienstagmorgen, dem 15. März, stürmte es. Ein starker Druckabfall machte mir zu schaffen. Im Kabinett ging es neben der Vorbereitung der Landtagssitzung vor allem um die Braunkohle. Wir werden es nicht vermeiden können, den Ort Heuersdorf der Braunkohle zu opfern. Knapp 400 Menschen leben dort noch. Sie wollen den Ort nicht verlassen. Vor allem die Älteren wollen auch nicht umsiedeln. So beschließen wir nicht nur eine großzügige Umsiedlung, sondern auch einen Entwicklungsplan für das gebeutelte Braunkohlegebiet. Das Interesse der Region am Kohlebergbau ist begrenzt. Zwar will man nicht, dass die Bergleute ihren Arbeitsplatz verlieren. Aber der Bergbau ist inzwischen so kapitalintensiv, dass sein Beitrag zur Entlastung des Arbeitsmarktes nur noch gering ist. Die Beeinträchtigungen durch den Tagebau sind dafür umso größer.

Zugleich bereiten wir auch unsere Haltung zur Privatisierung der VEAG vor. Schommer ist es gelungen, nicht nur die Zusage zu erreichen, dass der zweite Block des Kraftwerkes in Boxberg gebaut wird, sondern für Sachsen auch einen stimmberechtigten Sitz im Aufsichtsrat der VEAG zu sichern. Wir wollen erreichen, dass diese Bedingungen durch die Treuhandanstalt auch in die Privatisierungsvereinbarungen aufgenommen werden.

Der 16. März brachte nicht nur den Besuch der dänischen Königin, sondern vor allem zwei wichtige Botschaftergespräche. Der französische Botschafter kam an dem Tag, als die *FAZ* – offenbar nach einem Hintergrundgespräch mit Botschafter Scheer – über Unstimmigkeiten im deutsch-französischen Verhältnis berichtet hatte.

Wir waren uns nicht nur einig über die Bedeutung des deutsch-französischen Verhältnisses. Für sich genommen wäre das eine banale Selbstverständlichkeit gewesen. Wichtiger war die gemeinsame Feststellung, dass es zwischen Völkern mit einer so langen gemeinsamen Geschichte keine Freundschaft, sondern gemeinsame Interessen gibt. Sie sind stärker als alle symbolischen Akte, wie die Umarmung in Reims oder die Begegnung vor Verdun. Wenn derartige Gesten den Gemeinsamkeiten Ausdruck verleihen, die bereits bestehen, dann können sie diese Gemeinsamkeiten stärken. Andernfalls können sie allenfalls Auskunft darüber geben, wie gut sich bestimmte Staatsmänner verstehen mögen. Für das Verhältnis der Völker ist dies vielleicht hilfreich, aber nicht bestimmend.

Wir berührten in unserem Gespräch auch die historische Entwicklung Europas, vor allem die Unruhe des deutschen Raumes, die Teilung in West- und Osteuropa und die Stabilität der westlichen und südwestlichen Staaten (Frankreich, England, Spanien). Scheer sieht, wie ich, die Notwendigkeit, die EU durch eine West-Ost-Dimension zu ergänzen und zu diesem Zweck auch die Instrumente von Maastricht weiterzuentwickeln. Aber gerade deshalb und mit Blick auf den Beitritt der skandinavischen Länder hält er, wie ich glaube zu Recht, eine wesentlich engere Zusammenarbeit unserer beiden Länder für notwendig. Ich wies auf unseren Wunsch nach französischer Beteiligung an der Euroregion Böhmen-Sachsen-Schlesien hin und schilderte unsere bisherigen Bemühungen. Scheer will sie weiter unterstützen.

Ehe die dänische Königin eintraf, machte noch der israelische

Botschafter seine Aufwartung. Unser gerade beginnendes Gespräch wurde durch die vorzeitige Ankunft der Monarchin unterbrochen. Ihr Besuch war angenehm und unkompliziert. Eine gescheite und charmante Frau, interessiert und aufgeschlossen, ohne die Würde zu beeinträchtigen, die sie ausstrahlt. Ihr Mann ist so, wie man sich einen Prinzgemahl wohl vorzustellen hat. Wir besuchten abends die Oper, nachdem der dänische Außenminister mir seine Aufwartung gemacht hatte. Beim Eintritt der Königin erhoben sich die Besucher und spendeten Beifall. Ein Essen schloss sich an, das ich umso mehr genoss, als keine Reden gehalten wurden.

Am nächsten Morgen besuchten wir unsere Kunstschätze in der Sempergalerie und dem Grünen Gewölbe. Die Königin war sehr beeindruckt und trennte sich nur ungern von den Sehenswürdigkeiten. Sie werde bestimmt wiederkommen. Ingrid hätte an dem Besuch auch ihre Freude gehabt. Sie hat mir sehr gefehlt.

Der Rest des Tages war dem Plenum gewidmet. Die Präsenz hat merklich abgenommen. Zwar häufen sich noch immer die Großen Anfragen und Anträge. Aber man nimmt die Diskussion nicht mehr so ernst. Lediglich die Anfrage der PDS zur Arbeitslosigkeit und die Dreistigkeit der Kommunisten, sich als die Anwälte der Arbeitslosen zu gerieren, erregten die Gemüter.

25. März 1994

Treffen der Ministerpräsidentenkonferenz-Ost in Berlin. Es wird wohl das letzte Arbeitstreffen in dieser Legislaturperiode gewesen sein. Zwar haben wir uns für Ende August noch einmal in Potsdam verabredet. Ob ich dann noch Zeit haben werde, ist nicht sicher. Ungewiss ist auch, in welcher Besetzung wir uns dann treffen würden. Bergner, Sachsen-Anhalt, wird, wenn sich die allgemeine politische Wetterlage nicht nachhaltig ändert, kaum eine Chance haben, seine Landtagswahlen am 26. Juni politisch zu überleben. Zwar hat er sich erstaunlich schnell in die neue Aufgabe gefunden, die er von Münch übernommen hat. Aber er hat zu wenig Zeit, um das Gelände zurückzugewinnen, dass die CDU in Sachsen-Anhalt durch Münchs Fehler verloren hat.

In Thüringen und Mecklenburg-Vorpommern wird erst am 16. Oktober gewählt. Beide Ministerpräsidenten haben gute Chancen, mit ihren Parteien eine relative Mehrheit zu erringen, Bernd Vogel wahrscheinlich noch mehr als Seite. Aber in beiden Fällen wird die FDP nicht stark genug sein, um mit der CDU wieder eine Koalition bilden zu können. So steuern auch beide auf eine große Koalition zu.

Spannend ist die Situation derzeit in Brandenburg. Nach erneuten Unklarheiten in Stolpes Vergangenheit – noch immer geht es um die Details der Ordensverleihung durch die DDR-Regierung oder die Staatssicherheit – hatte der Fraktionsvorsitzende der Gruppe BürgerBündnis im Landtag, Günter Nooke, Stolpe der Lüge bezichtigt. Als er sich weigerte, den Vorwurf zurückzunehmen, zerbrach die Ampelkoalition.

Die MPK selbst beschäftigte sich mit einer Reihe von Fragen, die zu erwähnen sich lohnt. So bereiteten wir das Treffen vor, das wir mit Delors am 13. Mai in Schwerin vereinbart haben. Es wird wohl die letzte Zusammenkunft mit ihm in seiner jetzigen Eigenschaft sein. Weiter berieten wir über die Braunkohle und die Privatisierung der VEAG. Unsere Partner waren irritiert von dem Umstand, dass es Schommer gelungen war, für Sachsen ein Aufsichtsratsmandat zu sichern. Wir wiederholten unsere gemeinsame Ansicht, dass eine Beteiligung der Länder an der VEAG der beste Weg sei, unseren Einfluss zu sichern, wohl wissend, dass es dazu nicht kommen wird. Jedenfalls, so unser Beschluss, müssten für uns zwei Aufsichtsratsmandate reserviert werden.

Ausführlicher beschäftigte uns die Absicht Berlins, über den inzwischen abgeschlossenen Tarifvertrag für den öffentlichen Dienst in unseren Ländern hinaus die Ostgehälter schneller an die Westeinkommen anzupassen. Wie schon einmal wollte Diepgen auch diesmal die Unterstützung der ostdeutschen Länder für einen Berliner Sonderweg. Er bekam sie nicht. Alle waren der Überzeugung, die getroffenen Vereinbarungen seien gerade noch zu verkraften. Jede weitere Bewegung müsse das mühsam errichtete Gebäude zum Einsturz bringen und nicht nur in Berlin, sondern in allen Ländern zu einer schnelleren Anpassung führen. Wir könnten sie nur mit zusätzlichen Krediten finanzieren.

Auf der Fahrt vom Rathaus zum Sender Freies Berlin, wo wir für eine Fernsehaufzeichnung verabredet waren, sprachen Sagurna und ich über noch offene Fragen.

Vor allem aber sprachen wir über die deutsch-französische Verstimmung, Scheers Intervention und ihre Bedeutung. Sagurna berichtete, in seinem »Mikrozensus« in Bonn seien fast alle jüngeren Bekannten gegen die augenblickliche Europapolitik. Viele neigten eher Brunner zu als Kohl. Man müsse deshalb in der Europawahl mit Überraschungen rechnen. Ich erzählte ihm von den Vorbehalten, die ich von Anfang an gegen das Konzept von Maastricht gehabt habe. Ich sei überzeugt, dass es weder zu einer politischen Integration Europas noch zu einer Währungsunion kommen werde. Beides könne sich allenfalls zwischen Frankreich und Deutschland entwickeln.

Die Kohl'sche Außenpolitik entspricht seiner Innenpolitik. Sie ist, von der allgemeinen Idee Europa abgesehen, die wir alle teilen, nicht sach-, sondern personenbezogen. Kohl verwechselt Freundschaften mit Interessen.

In Bonn fehlt es an jeder systematischen, durch eine interessierte Öffentlichkeit nachvollziehbaren Beschäftigung mit den Inhalten und Strukturen unserer eigenen und der Interessen unserer Nachbarn und ihren Veränderungen. Weder Kohl noch Kinkel sind dazu in der Lage. Ihre Beamten können oder dürfen sich nicht an entsprechenden Erörterungen beteiligen. Die außenpolitische Kompetenz der Fraktion ist weitgehend verlorengegangen. Hornhues und Lamers sind die Stichworte für den Niedergang einer Kompetenz, die der CDU einstmals widerspruchslos zuerkannt wurde. An ihre Stelle ist, wie Sagurna es nannte, »foreign policy by Strickjacke« getreten.

4. April 1994

Inzwischen sind wir in Tokio eingetroffen. Der elfstündige Flug war besonders angenehm. Ich konnte in der geräumigen ersten Klasse auf dem oberen Deck einer Boing 747 gut schlafen und bin weniger angestrengt, als ich fürchtete. Auch mit Ingrid habe ich bereits telefoniert. Die Klarheit der Verbindung war verblüffend. Ich habe nicht verlernt, die Wunder der Technik zu bestaunen, die wir uns in den vergangenen Jahrzehnten geschaffen haben: dass man mit einem riesigen Flugzeug in elf Stunden von Frankfurt nach Tokio fliegen und auf die Minute pünktlich landen, dass man um ein Drittel der Welt telefonieren kann, indem man auf eine Reihe von Knöpfen drückt, dass in meinem Zimmer ein Faxgerät steht, mit dem ich praktisch jeden Ort der zivilisierten Welt erreichen und einen geschriebenen Brief übermitteln kann.

Botschafter Haas holte uns am Flughafen ab. Wie sich alsbald herausstellte, waren wir beide 1949 und unmittelbar nach dem Abitur in den USA auf einem College. Haas wird Ende des Monats Tokio verlassen und den Botschafterposten in Holland übernehmen.

Drei Gespräche haben wir bereits hinter uns. Das erste mit Herrn Koshiro, dem Staatsminister für Generalverwaltung und Vorsitzenden der Kōmei-Partei. Die Partei ist der politische Arm einer buddhistischen Sekte, die außerordentlich wohlhabend ist und sich beachtliche Verdienste bei der Integration der Landbevölkerung in die Großstädte erworben hat. Als Minister in der Sieben-Parteien-Koalition, die das Jahrzehnte andauernde LDP-Regime abgelöst hat, ist ihm die Aufgabe übertragen, die Deregulierung zu koordinieren und zu überwachen. Er interessierte sich für unsere Erfahrungen mit der Dezentralisation, die er für eine Voraussetzung der Deregulierung hält. Japan sei, so Haas, zentralistischer organisiert als Frankreich. Als Parteivorsitzender wollte er wissen, ob die CDU als christliche Partei ähnliche Beziehungen zur Kirche habe wie seine Partei.

Ein Gespräch mit dem Präsidenten der LDP schloss sich an. Herr Kōno machte auf mich den dynamischsten Eindruck, auch den professionellsten, was die Handhabung von Macht angeht. Hier war die europäische Entwicklung, die Teilung in West- und Osteuropa, die Neustrukturierung des Kontinentes das Hauptthema. Beide Herren waren gut vorbereitet und stellten relevante Fragen. Die LDP hat es ähnlich schwer, sich mit der Rolle der Opposition anzufreunden wie damals die CDU, als sie 1969 die Macht verloren hatte. Da der neue Ministerpräsident bereits wieder in Schwierigkeiten geraten ist – man hat in seiner Vergangenheit geforscht und Darlehen für einen Hausbau und für Aktionsgeschäfte gefunden –, wird sich die LDP zunächst auch kaum auf Opposition einstellen, sondern auf die Rückkehr in die Regierung warten.

Der Kabinettssekretär des Ministerpräsidenten war mein dritter Gesprächspartner. In diesem Gespräch ging es vorrangig um die wirtschaftliche Entwicklung. Ich benannte drei Faktoren, die die wirtschaftliche Entwicklung in Deutschland beeinflussen: der Prozess der Einheit, die Neuordnung der Arbeitsteilung in Europa und die Überwindung der Wachstumsorientierung unserer Wirtschaftsordnungen. Man hat in Japan mit ähnlichen Problemen zu kämpfen, wenn sie auch nicht die gleichen Ursachen haben.

5. April 1994

Es ist Kirschblütenzeit in Tokio. Weiß und zartrosa sind die Farben der Blüten, die selbst engen Straßenschluchten einen Hauch von Sanftheit verleihen. Alle Gesprächspartner erwähnen, wie klug es von uns gewesen sei, gerade jetzt nach Tokio zu kommen; ich muss das Kompliment dann stets an die Trilaterale Kommission weitergeben. Ihre Organisatoren wussten sicher um die besondere Gunst gerade dieser Zeit.

Der Tag begann mit einem Besuch beim Außenminister und stellvertretenden Ministerpräsidenten Hata. Aus den vorgesehenen 15 Minuten wurde eine gute halbe Stunde. Man sagt, Hata könne der nächste Ministerpräsident Japans werden, wenn Hosokawa die gegenwärtigen Auseinandersetzungen über seine früheren finanziellen Engagements politisch nicht überlebe. Offenbar findet in Japan inzwischen ein ähnlicher Verschleiß von Führungspersonal statt wie in Europa und den USA.

Wir sprachen über die europäische Sicherheitspolitik, die Schwierigkeiten, die wir haben, mit der wiedererwachenden Geschichte Europas fertigzuwerden. Hata erkundigte sich ausführlich nach den Ursachen des Jugoslawienkonfliktes. Es war für ihn nur schwer zu verstehen, dass die Europäer nicht in der Lage sein sollten, in dieser Region den Frieden zu wahren. Hata beeindruckte mich als ein Mann von Energie und Entschlossenheit, gebildet und durchaus fähig, auch einfühlsam zu sein. Zum Abschluss unseres Gespräches überreichte er mir eine Mappe mit Briefmarken, die er auf dem ersten Blatt selbst ausführlich signierte.

Der Präsident des Oberhauses, Hara Bunbē, war unser nächster Gesprächspartner. Ein alter Herr, 1913 geboren. Mit lustigen Augen und einem wachen Verstand gehört er zur traditionellen politischen Garde. Auch in Japan herrschte bis vor einigen Jahren das Anciennitätsprinzip bei der Auswahl von Führungskräften. Nur wenn man vielfach wiedergewählt worden war, konnte man als Abgeordneter damit rechnen, in ein politisches Amt berufen zu werden. Als Folge waren die führenden Männer in der Regel alte Männer. Inzwischen hat sich das – ähnlich wie schon vor Jahren in den USA – geändert. Kōno, der Präsident der LDP, gehört ebenso zur Generation der 50-jährigen wie Hata oder der Vorsitzende der Kōmei-Partei Ishida. Auch der Minister im Amt des Ministerpräsidenten, Takemura, ist jünger als ich.

Inhaltlich war das Gespräch mit dem Präsidenten weniger ergiebig. Wir tauschen Höflichkeiten aus und ich konnte anschließend den Plenarsaal des Oberhauses besichtigen. Warum können wir nicht ähnlich würdige Plenarsäle bauen? Über dem Platz des Präsidenten ist eine kleine Bühne, die mit einem Vorhang verschlossen ist. Auf ihr steht der Thronsessel, den der Kaiser aus Anlass der Parlamentseröffnung und bei Sondersitzungen des Hauses von besonderer Bedeutung besteigt. Gegenüber dem Präsidium auf der Höhe der Zuschauerränge befindet sich eine Mittelloge mit zwei Sesseln. Sie ist ebenfalls für den Kaiser und seine Frau gedacht, wird aber, so die Auskunft des Parlamentsdirektors, nie genutzt.

Mittags hatte die Deutsche Industrie- und Handelskammer in Tokio zu einem Essen mit anschließendem Vortrag eingeladen. Leider kam es zum Vortrag erst nach 13.00 Uhr. Da die Veranstaltung um 14.00 Uhr beendet sein musste, blieb nicht viel Zeit für Vortrag und Diskussion, was ich bedauerte. Ich hätte noch viele Fragen nach der Entwicklung in Deutschland beantworten können.

Ein Treffen mit den japanischen Mitgliedern der Deutsch-Japanischen Parlamentariergruppe schloss sich an. Ihr Präsident ist der frühere Ministerpräsident Kaifu. Gekommen war auch die Präsidentin des Unterhauses Doi, die mich sehr beeindruckte. Bis zu ihrer Wahl als Präsidentin des Parlamentes war sie Vorsitzende der Sozialistischen Partei Japans, dem größten Partner der gegenwärtigen Koalition. Sie sprach, neben Kaifu, ein kurzes Grußwort und ging auch auf die Bedeutung ein, die sie der Teilnahme von Frauen an der Politik beimisst. Ich antwortete ihr, die Männer hätten tausend Jahre Zeit gehabt, eine friedensfähige Ordnung in Europa zu schaffen. Sie seien nicht sehr erfolgreich gewesen. Deshalb solle man jetzt den Frauen eine Chance geben.

In meinem Vortrag begründete ich die Notwendigkeit japanisch-deutscher Zusammenarbeit mit den tiefgreifenden Veränderungen der Welt und dem Umstand, dass die industriell hochentwickelte Minderheit der Menschen, zu der unsere Länder gehören, die Verantwortung habe, für eine befriedete Welt zu sorgen. Die zweite Welt sei aus ihrer Lähmung durch den Kommunismus erwacht, die Dritte Welt habe gelernt, unsere Techniken und Produktionsweisen zu übernehmen, wir müssten deshalb unsere eigenen Anstrengungen verstärken, wollten wir in der Lage sein, auch in Zukunft unseren Lebensstandard zu sichern.

Die Fragen bezogen sich vor allem auf die Arbeitslosigkeit. Sie beträgt in Japan offiziell 2,9 Prozent, nach unseren Berechnungen eher 6 Prozent, und ist damit noch immer sehr niedrig. Ich beschrieb die verschiedenen Ursachen der Arbeitslosigkeit (Mobilität, Zugang zum Sozialsystem und wirkliche Arbeitslosigkeit) und begründete, warum wir von einer Zunahme des Wirtschaftswachstums keine wesentliche Veränderung auf dem Arbeitsmarkt erwarten können. Man ist hier genauso wachstumsorientiert wie in Europa und den USA.

Wir beschlossen den Tag mit einem Besuch im Kabuki-Theater. Obwohl wir kein Wort verstanden, waren von Trott und ich beeindruckt von der schauspielerischen Leistung, der Tradition, die im Spiel zum Ausdruck kam und dem Kontrast der verschiedenen Stücke – Ein- und Zweiakter – zum modernen Tokio. Zuvor hatten wir den Heldenschrein besucht, der als Ruheort für die Seelen der gefallenen Soldaten errichtet wurde. Da die Soldaten, nach Auffassung vieler in Japan, nicht nur in ehrenhaften, sondern auch in unehrenhaften Kriegen gekämpft haben und gestorben sind, hat bisher erst ein Premier den Schrein besucht. Nach dem Krieg wollten die Amerikaner ihn abreißen lassen. Ein deutscher Jesuitenpater überzeugte damals MacArthur, dass dies ein Fehler sei und die Japaner den USA diesen Eingriff in japanische Heiligtümer nie verzeihen würden. MacArthur ließ den Schrein unberührt.

Zum Abschluss des Tages schließlich ein Telefoninterview mit dem MDR über die ersten Gespräche und erste Erfolge. Dass man Investoren nicht durch eine Ansprache, sondern nur durch stetige Bemühungen gewinnen kann; auch dies muss man den Medien klarmachen. Aber so ist die Welt nun einmal!

12. April 1994

Die acht Tage in Tokio sind weit schneller vergangen, als ich angenommen habe. Nun sitze ich wieder im Flugzeug nach Frankfurt, habe mich wieder gewundert, dass die riesige Maschine sich bei einer Startgeschwindigkeit von rund 200 Meilen/h vom Boden lösen und in die Luft erheben kann – ich werde wohl nie aufhören, das für ein Wunder zu halten –, habe die ersten deutschen Zeitungen gelesen und mich davon überzeugen können, dass sich in Deutschland nichts geändert hat: Alles dreht sich weiter um die Wahlen, die *FAZ* hält Kohl weiter für den Größten und geht davon aus, dass er noch zwei Jahre regieren wird und dass es dann nur einen denkbaren Nachfolger für ihn geben könnte, der durch seine letzte, mit Kohls Hilfe absolvierte US-Reise auch bereits seine physische Qualifikation bewiesen habe: den gelähmten Schäuble. Wir nähern uns also wieder der europäischen Macht Deutschland.

Im Krieg in Jugoslawien haben nun zum ersten Mal amerikanische Flugzeuge eingegriffen, um ein erneutes Gemetzel in Bosnien zu verhindern, nachdem inzwischen bereits rund eine Viertelmillion Menschen umgekommen und unvorstellbare Brutalitäten verübt worden sind. Europa ist, was die Friedensordnung angeht, eine Fiktion geblieben. Es wird nicht viel anders sein, wenn es darum ginge, Litauen oder Lettland zu verteidigen oder andere militärische Auseinandersetzungen in unserer unmittelbaren Umgebung zu verhindern. Es müssen eben die Amerikaner eingreifen. Ihnen traut man offenbar zu, den möglichen Verlust von Soldaten zu verkraften, während sich deutsche Parlamentarier eher großartig vorkommen bei der Beschreibung der politischen Schwierigkeiten, die es ihnen angeblich unmöglich machen, von deutschen Soldaten einen ähnlichen Einsatz zu verlangen.

Wenn uns dann der Mut verlässt, weil der Widerspruch zu groß wird, behaupten wir, wegen unseres Engagements im Zweiten Weltkrieg könnten wir bei der Sicherung des Friedens in Jugoslawien leider nicht mitwirken, dankbar für die Ausrede, die uns auch noch so rücksichtsvoll erscheinen lässt; als hätte je ein Aggressor militärische Interventionen begrüßt, die ihn daran hindern sollen, seine Ziele zu verfolgen! Europa wird keine Zukunft haben, wenn es sich weiter so verhält, wie es sich gegenwärtig verhält.

Die Plenarsitzung der Trilateralen Kommission war diesmal ungewöhnlich fruchtbar. Keine Sitzung war langweilig, jede war gut vorbereitet. Besondere Zustimmung fanden die Sessionen über den asiatisch-pazifischen Raum und über China. Gut und informativ war auch die Diskussion über die Entwicklung in Russland. Der russische Gast gab die Positionen wieder, die derzeit von den Intellektuellen in Russland vertreten werden. Man dürfe auf absehbare Zeit nicht mit einer demokratischen Verfassung oder Regierungsform in Russland rechnen, war seine Botschaft. Hilfe wolle man nicht, schon gar nicht, wenn sie mit Bedingungen verknüpft werde. Man wolle auch weiterhin als Weltmacht anerkannt werden, selbst wenn man derzeit durch eine Phase der Schwäche gehe.

In der Diskussion spielte die Frage eine Rolle, ob man den Kreis der G7 um Russland erweitern solle. Während Bob Hormats, aber auch Lambsdorff, die Auffassung vertraten, damit werde der Zweck der G7 dauerhaft vereitelt, sprachen sich andere für die Einbeziehung aus. Russland selbst hat inzwischen seine Bereitschaft, sich an dem Programm »Partnership for Peace« zu beteiligen, von seiner Aufnahme in den G7-Prozess anhängig gemacht.

Mehr denn je bin ich der Ansicht, dass wir mit dieser Politik einen Fehler machen. Wir bedauern die Russen, weil es ihnen so schlecht geht, und wollen sie möglichst schnell in den Kreis der demokratischen Nationen aufnehmen. Damit räumen wir ihnen Mitgestaltungsrechte in Europa ein, die sie uns nie einzuräumen bereit sein werden, wenn es um die Neuordnung des osteuropäischen Raumes geht. Was mich schon vor einiger Zeit beschäftigt hat: Die Verfälschung unserer, auf die Gleichheit unserer Interessen und Wertordnungen gestützten Institutionen durch die Einbeziehung Russlands, ist aktueller, als ich dachte.

Dabei wurde mir auch in dieser Diskussion deutlich, wie notwendig es ist, zunächst innerhalb der westlichen Welt eine Verständigung darüber herbeizuführen, wie wir auf den Paradigmenwechsel reagieren wollen, der sich unzweifelhaft vollzieht. Dass wir uns mitten in einem Umbruch der Ziel- und Wertvorstellungen der westlichen Demokratien befinden, wurde auch in Tokio nicht ernsthaft bestritten. Mit Prof. Curtis aus New York war ich bei einem Frühstücksgespräch einig, dass die Probleme, die derzeit in westlichen Demokratien diagnostiziert und unter dem Begriff Politikverdrossenheit zusammengefasst werden, nicht die Ursachen, sondern die Symptome der Krankheit sind, die unsere Gesellschaften befallen hat.

Die Ursachen haben wir übereinstimmend im sich ausbreitenden und verstärkenden Individualismus, in der Säkularisation, den heutigen Formen der Führungsauswahl, das heißt weit mehr im geistigen als im institutionellen Bereich gesehen. Putnam, der die Diskussionsgrundlage geschrieben hatte, an der sich das Gespräch orientierte, war betroffen, ging aber auf den neuen Ansatz ein.

Nimmt nun Russland zu früh an den institutionellen Vorkehrungen teil, die sich die westeuropäisch beeinflussten Demokratien geschaffen haben, dann kann es in ihnen nicht mehr zu einer wirklichen Fortführung unserer eigenen Ordnungsvorstellungen kommen. Die »Community of Learning« wird nicht mehr funktionieren, zu der ich zum Beispiel die westliche Allianz werden lassen möchte. Besonders deutlich wird dies bei der Behandlung der Frage werden, was wir unter Menschenrechten verstehen und welche Bedeutung wir ihrer Einhaltung in unserer Außen- und Wirtschaftspolitik beimessen wollen.

Auch Russland lehnt es ab, sich vom Westen vorschreiben zu lassen, nach welchen Ordnungsvorstellungen es sich und seine politische Verfassung in Zukunft gestalten soll. Recht besehen ist dies nur eine schlüssige Folge des Umstandes, dass Russland eben nicht zum Westen im Sinn Westeuropas gehört, sondern zum byzantinischen Europa, in dem es bisher noch keine Aufklärung, sondern einen unvermittelten Übergang vom Agrarfeudalismus zum Industriefeudalismus gegeben hat. Der russische Gast der Kommission in Tokio erinnerte uns zu Recht daran, dass Russland auf die Verwirklichung westlicher Demokratievorstellungen ebenso wenig vorbereitet sei wie auf eine marktwirtschaftliche Ordnung. Beide Ordnungen sind jedoch untrennbar mit der Idee der Menschenrechte verbunden.

Wie immer man die Dinge auch im Einzelnen sehen mag: Eine Teilnahme Russlands an der Neuordnung Westeuropas, an der Neubestimmung der Ziele unserer westeuropäischen Gesellschaftsordnungen und an der Beantwortung unserer Sinn-Frage ist weder sinnvoll noch vereinbar mit unseren Interessen. Schon deshalb sollten wir Moskau keinen Zugang zu unseren Institutionen geben. Ebenso wichtig ist, dass wir den Russen auch keine Vetorechte bei der Neugestaltung unserer Sicherheitspolitik einräumen. So ist es weder zulässig, ihm ein Vetorecht in Fragen der NATO-Politik und der NATO-Mitgliedschaft unserer östlichen Nachbarn zuzuerkennen wie eine Mitbestimmung in Friedensmissionen in Europa, soweit unsere Interessen betroffen sind. Die Partnerschaft für den Frieden ist ebenfalls ungeeignet, unsere Beziehungen zu Russland zu gestalten. Sie ist viel zu sehr durch nostalgische Erinnerungen der USA an die Zeiten der Bipolarität geprägt, als dass sie geeignet wäre, die Zukunft zu gestalten.

Dass die USA kein vernünftiges außenpolitisches Konzept haben, darüber waren sich in Tokio alle einig.

14. April 1994

Vorgestern ist einer der großen Baulöwen Deutschlands, Herr Schneider aus Königstein, verschwunden. Hinterlassen hat er Schulden in Höhe von 7 bis 9 Milliarden DM, die nur in Höhe von rund 3 Milliarden DM durch Aktiva gedeckt sind. Nach der Metallgesellschaft ist dies der zweite Fall einer Megapleite, an der die Deutsche Bank maßgeblich beteiligt ist. Während sich jedoch bei den Spekulationsgeschäften des Vorstandes der Metallgesellschaft in Oil Futures noch eine Erklärung dafür finden lässt, warum der Aufsichtsrat nichts wissen konnte – die Geschäfte werden in den Büchern nicht erfasst –, versagen derartige Erklärungsversuche vor der Tatsache, dass die Bank durch ihre Tochter einen Unternehmer finanzierte, von dem man wissen konnte, dass er auf Sand bauen würde. »Gier zerstört das Hirn«, hat der *Spiegel* einen Beitrag über Grundstücksspekulationen in Ostdeutschland überschrieben. Aber die Beobachtung trifft auch für die zuständigen Vorstände der rund 40 Banken zu, die sich an der Finanzierung der Schneiderschen Vorhaben beteiligten.

Kohl hat bereits gestern die Banken aufgefordert, ihrer Verantwortung zu entsprechen und bei der Abwicklung der Pleite die Interessen der kleinen Handwerksbetriebe und der mittelständischen Industrie nicht aus dem Auge zu verlieren. Wir bemühen uns derzeit darum, die Betroffenen im Raum Leipzig zu ermitteln, um uns einen Überblick über den Umfang des Schadens zu verschaffen, der entstehen kann, wenn keine vernünftige Lösung gefunden wird.

Die gestrige Kabinettssitzung konzentrierte sich noch einmal auf die Förderschulen und die Schulen in Landesträgerschaft. Wir entschieden uns dafür, Sankt Afra in Meißen neu aufzubauen, aber die Schule in Grimma zunächst zurückzustellen. Die Blindenschule in Chemnitz und die Gehörlosenschule übernehmen wir ebenfalls in Landesträgerschaft. Es ging, wie ich befürchtet hatte, nicht ohne eine Auseinandersetzung mit Georg Milbradt aus, der sich in einer unsinnigen Weise stur verhielt und versuchte, auch dort seinen Willen durchzusetzen, wo seine eigene Zuständigkeit längst endete. Ich musste ihn deshalb wieder einmal hart rannehmen. Das Merkwürdige ist, dass er sich anschließend fast wohl zu fühlen scheint.

Die FDP hat inzwischen in ihrem Präsidium beschlossen, sich für eine Fortführung der Koalition mit der Union zu entscheiden. Von Kohl wurde sie dafür gelobt, von Möllemann alsbald getadelt und insoweit korrigiert, als dies nur eine konditionierte Koalitionsaussage sein könne. Prompt warf Solms dem Vorsitzenden der nordrhein-westfälischen FDP parteischädigendes Verhalten vor, womit die traditionelle Geschlossenheit der FDP wiederhergestellt war.

Seitdem rätselt die politisch interessierte Öffentlichkeit, was die FDP denn nun genau mit ihrem Beschluss gemeint haben könne. Was offensichtlich gesagt wurde, reicht ihr nicht. Politische Begründungen für die Koalitionsaussage, die sie inhaltlich begründen könnten, sind auch nicht erkennbar. Mit ähnlichen Gründen hätte man sich auch für die SPD entscheiden können. Sich mit dem Nennwert der Aussage zufriedenzugeben, wäre auch eher langweilig, denn man hat allgemein damit gerechnet. Also wendet sich die Spekulation möglichen Hintergedanken zu, vor allem im Zusammenhang mit der Bundespräsidentenwahl. Da man sich nun klar für die Union entschieden habe, so geht die Lesart, könne man sich nun in der Präsidentenfrage frei bewegen, also auch Rau wählen.

Heute Nachmittag Sitzung der Mitgliederversammlung des IWG in Bonn. Ich widmete meinen schon zur Tradition gewordenen Bericht zur Lage vor allem der Frage nach der weiteren Entwicklung in Deutschland, nachdem ich erst über meine Japanreise berichtet hatte. So klar wie noch nie zuvor nahm ich den Kreis unserer Mitglieder mit in die Verantwortung für das, was nach dem 16. Oktober in Deutschland geschehen muss. Wenn Kohl nicht weiterhin mit der jetzigen Koalition regieren kann, dann müsse eine tiefgreifende Zäsur erfolgen, solle die CDU nicht, ähnlich wie in Italien, auseinanderbrechen. Wer hätte in der Sitzung im Frühjahr 1987, als Konrad Henkel mich fragte, ob ich nicht auch Fehler gemacht hätte, ahnen können, dass ich einmal in dem gleichen Kreis so würde sprechen können und verstanden werden würde. Konrad war wieder dabei.

15. April 1994

Treuhandverwaltungsrat in Berlin. Endlich entschieden wir jetzt über die VEAG-Privatisierung. Dabei wurde auch bekannt, dass die VEAG in der Zeit von 1990 bis 1993 einen Cashflow von mehr als 2 Milliarden DM pro Jahr und liquide Mittel in Höhe von rund 4 Milliarden DM erwirtschaftet hat, die sie nicht braucht und an die Treuhand abführen kann. Die westdeutschen Erwerber bezahlen, mit anderen Worten, den Erwerb zu zwei Dritteln aus Mitteln, die die VEAG in den vergangenen drei Jahren in Ostdeutschland verdient hat. Zwei weitere Milliarden DM bezahlen die Unternehmen selbst, der restliche Kaufpreis soll wiederum durch die VEAG selbst verdient werden.

Die Information war so überraschend, dass ich zunächst nur allgemein darauf reagieren konnte. Tatsächlich wurde mit der Darstellung des Cashflows indirekt ein Skandal aufgedeckt: dass wir mit überhöhten Strompreisen den Erwerb der VEAG durch die westdeutschen Unternehmen bezahlen und in Zukunft mit eben diesen Strompreisen auch noch die Investitionen – obwohl zum Beispiel das Kraftwerk Boxberg mit den Mitteln hätte bezahlt werden können, die jetzt an den Bund fließen. Die Sache muss noch ein Nachspiel haben.

16. April 1994

Heute haben wir die Landesliste für die Bundestagswahl beschlossen. Von geringfügigen Ausnahmen abgesehen folgte die Versammlung den Vorschlägen des Landesvorstandes.

Insgesamt musste 21-mal abgestimmt werden. Die Delegierten nahmen es so genau, wie ich es ihnen nahegelegt hatte. Immerhin ging es um die Auswahl unserer Abgeordneten in Bonn und damit der Männer und Frauen, die unsere Bundesgesetze mitbeschließen. Die Stimmung war gut und die Disziplin groß, wenn auch die Präsenz nicht mehr so überzeugend war wie im Februar. Gegen Mittag unterbrach ich die Sitzung, um mich zu den Angriffen auf Eggert zu äußern und ihn in Schutz zu nehmen. Die Delegierten hatten es wohl auch erwartet, von mir etwas zu den Angriffen der SPD zu hören.

Während unsere Leute unseren Vorschlägen auch für die Landesliste zur Landtagswahl weitgehend folgten, muss es bei der SPD ziemlich chaotisch zugegangen sein. Nach Hähles Berichten zu schließen hat man wesentliche Mitglieder der jetzigen Fraktion an Plätzen nominiert, die es unwahrscheinlich machen, dass sie in den Landtag zurückkehren. Dazu gehören auch einige der Abgeordneten, die Kunckel für seine Mannschaft nominiert hat. Die SPD hat die Hoffnung auf einen Erfolg im September weitgehend aufgegeben und ist deshalb weniger berechenbar.

Nachmittags wollte ich die Seilrollen für mein Turmuhrwerk montieren. Auf dem Buchberg hatte ich bereits einen schönen Kasten für die Umlenkrollen gebaut, der über der Uhr an der Decke angebracht werden soll. Das Gewicht fällt dann, wie es eigentlich sein muss, außerhalb des Uhrenkastens und hat so einen längeren Fallweg. Leider waren die Rollen, die ich bereits montiert hatte, auch nach langem Suchen nicht zu finden. So musste das Werk verschoben werden.

18. April 1994

Ein normaler Bürotag. Morgens kommen Karl Pfeiffer und seine Mandanten, die für uns Müllverbrennnungsanlagen bauen wollen. Anschließend das wohl letzte Treffen mit den Landräten in dieser Legislaturperiode. 16-mal haben wir uns zum Gespräch zusammengesetzt, um die Kreisreform vorzubereiten und durchzuführen, die Kommunalverwaltung aufzubauen und all die Probleme zu erörtern, die uns in den vergangenen rund drei Jahren beschäftigt haben. Es gab keine besonderen Probleme mehr. Ein Teil der Landräte wird ausscheiden, denn wir wählen in der kommenden Kommunalwahl nicht 48, sondern nur noch 23 Landräte.

Nachmittags traf ich mit Teilnehmern des Schülerwettbewerbs

»Deutsche Geschichte« zusammen, aufgeweckte junge Leute, mit denen zu reden Freude macht. Einer wollte wissen, ob ich mich freue, wenn die Leute mich König Kurt nennen. Ich versuchte ihm zu erklären, warum viele Menschen gerne einen König hätten – zumal wir morgen einen König in Dresden begrüßen können. Viele, sagte ich ihm, können sich unter dem Staat mehr vorstellen, wenn er personifiziert ist. In Sachsen gab es lange Zeit einen König, an den man sich erinnert.

Abends Empfang für den Vorstand der IG Metall. Ich berichtete über unsere Arbeit, unsere wirtschafts- und industriepolitischen Konzeptionen und die voraussichtliche Entwicklung im Land. Zwickel dankte mir in besonders herzlicher Weise für meinen Einsatz im vergangenen Jahr. Wenn man ihn so hörte, hätte man ihn gut für den Wahlkampf einspannen können. Beim Essen zeigte sich Düvel bestürzt über die Angriffe Kunckels auf Eggert. Er halte es für abwegig, ausgerechnet Eggert den Vorwurf zu machen, er schütze Leute aus dem Bereich der Stasi. Kunckel findet mit seiner Aktion keine Zustimmung.

19. April 1994

Ein großer Tag für Dresden und für Sachsen: Wir hatten wieder einmal königlichen Besuch. Diesmal waren es der König von Norwegen und seine Königin. Nach einem ausführlichen Interview mit *Frau im Spiegel* fuhr ich zum Flughafen, um sie abzuholen, Brommer wie immer an meiner Seite. Ohne meinen Protokollchef wäre ich verraten und verkauft. Es war ein strahlender Frühlingstag, der wochenlange Regen war vergessen, wenn auch die Elbe noch immer über die Ufer zu treten droht und die Umgebung von Halle eine Jahrhundert-Überschwemmung erleiden muss.

Den König kannte ich schon von unserem Besuch in Oslo. Die Königin ist eine charmante, gebildete Frau aus einer wohlhabenden bürgerlichen Familie. Frau Heitmann übernahm Ingrids Pflichten. Die Arme ist noch immer nicht gesund und fehlt mir sehr. Wir gingen gemeinsam von der Hofkirche zum Grünen Gewölbe zu Fuß, freundlich begrüßt von vielen Menschen, die sich wie wir an der Sonne freuten. Griebel erklärte uns die Stadt, Syndram die Schätze im Gewölbe. Anschließend hatten der König und ich Zeit für ein Gespräch über das, was sich in Sachsen und in Deutschland tut. Der Außenminister nahm daran teil; ein interessanter jüngerer Mann, früher einmal linker Sozialist, eine Art Juso-Anführer, heute ein kompetenter Amtschef, der interessant über die Beitrittsverhandlungen berichtete.

Das Essen in Schloss Albrechtsburg beendete den Besuchsteil. Er flog weiter nach Jena, sie besuchte Meißen. Wir hatten unsere Kabinettssitzung. Wichtigster Gegenstand war die Entscheidung über die Linienführung der A 13 von Dresden nach Prag. Schommer und Vaatz hatten sich auf die stadtnahe Variante verständigt, nachdem die von Vaatz bevorzugte Variante, ihren Anschlusspunkt nach Westen zu verlegen, sich wegen der tschechischen Weigerung als undurchführbar erwiesen hatte. Ich war sehr stolz auf meine beiden Minister, überhaupt auf das Kabinett. Wir merken aber auch, dass die Legislaturperiode zu Ende geht und wir unsere Arbeit im Großen und Ganzen gut gemacht haben.

24. April 1994

Der Tag ist gerade fünf Minuten alt. Ich habe zwei gute Filme gesehen. Ingrid fehlt mir, auch wenn ich jeden Tag mehrere Male mit ihr sprechen kann. Es ist eine herrliche Mondnacht und die Stadt mit ihren Lichtern liegt ausgebreitet vor mir wie eine geheimnisvolle Schöne. Aber ich bin nicht glücklich, denn ich habe keine Zeit mehr für etwas anderes als die Arbeit und das Land. Vielleicht bin ich auch nur müde. Jedenfalls fehlt mir die Lust, vielleicht auch die Kraft, ohne Unterbrechung, ohne nachdenken zu können, immer nur zu reden, zu geben, zu ermutigen und um vernünftige Schritte zu ringen. Müsste ich jetzt entscheiden, ich würde es bei den vier Jahren belassen, die ich versprochen habe. Niemand ist unersetzlich, auch ich nicht.

29. April 1994

Auf dem Weg nach Bonn zur Sitzung des Bundesrates. Hinter uns liegen zwei bewegte Plenartage des Sächsischen Landtages und andere interessante Gespräche und Begegnungen.

Am Mittwoch, dem 27. April, besuchten mich die Abgeordneten

des polnischen Parlaments, die die deutsche Minderheit vertreten. Einige hatte ich bereits bei meinem Besuch in Warschau kennengelernt. Das Verhältnis zu Polen ist inzwischen weniger verkrampft als zu Beginn unserer Versuche, für die Euroregion Böhmen-Sachsen-Schlesien zu werben. Der Sprecher der Abgeordneten, Kroll, sprach ohne Einschränkungen von der Notwendigkeit der regionalen Kooperation, auch wenn man in Warschau derartige Manifestationen der regionalen Selbstständigkeit nicht gerne sehe. Nach wie vor fehlen in den Schulen deutsche Lehrer. Wir könnten viele unserer Grundschullehrer in Schlesien einsetzen, wären sie bereit, dort zu unterrichten.

Der Vize-Woiwode von Oppeln war mit der Abgeordnetengruppe nach Dresden gekommen. Er sprach ebenfalls von der Notwendigkeit der Regionalisierung und der Zusammenarbeit über die nationalen Grenzen hinweg. Ich versprach, ihn in absehbarer Zeit zu besuchen. Es sind nur wenige Autostunden bis nach Hirschberg oder Oppeln und ich möchte einmal das Gefühl für die geographische Entfernung gewinnen, nachdem ich die politische Entfernung schon öfter erlebt habe.

Donnerstag, der 28. April, war ganz dem Plenum gewidmet. Nachmittags fand die Debatte über die Große Anfrage der SPD zur Personalpolitik im Innenministerium statt. Zuvor erreichte mich die Nachricht, dass Düvel aus der Mannschaft Kunckels ausgeschieden sei. Offizielle Begründung: Er habe sich mit seinen Freunden in der Gewerkschaft besprochen, nachdem ihn die Vertreterversammlung der SPD mit dem schlechtesten Ergebnis auf Platz 3 der Liste platziert habe. In Wirklichkeit gibt er der Unternehmung, für die er in Anspruch genommen wird, keine Chance.

Dass er die gegen Eggert gerichtete Rücktrittsforderung für einen Fehler halte, hatte er mir schon aus Anlass unseres gemeinsamen Essens mit dem IG Metall-Vorstand gesagt. Kunckel hätte sich besser von ihm beraten lassen. Die Debatte ging nicht zugunsten der SPD aus. In der Begründung operierte er wieder mit falschen Zahlen und mit Zahlen, die seiner bisherigen Position, etwa zu den Sicherheitskräften, widersprachen. Seiner Haltung fehlte die Überzeugungskraft. Mancher seiner Fraktionskollegen fühlte sich nicht wohl in seiner Haut.

Eggert antwortete souverän und ruhig. Er zeigte, dass er die

Phase der Verunsicherung überwunden hatte. Die Auseinandersetzung hat ihn wachsen lassen. Ich sprach nach ihm und setzte mich sowohl mit Bartl wie mit Kunckel auseinander.

Was Bartl anging, so sprach ich dem Landtag, insbesondere den demokratischen Fraktionen, meine Anerkennung dafür aus, dass sie mit großer Disziplin die PDS und ihre Reden ertrügen. Jeder wisse, was Bartl in der Zeit vor der Wende getan, welche Positionen er begleitet und wie er Menschen gequält habe, die hätten ausreisen wollen. Die Anwesenheit eines solchen Mannes in einem Parlament zu tolerieren, das nur dank des Einsatzes der demokratischen Kräfte hätte in freien Wahlen gewählt werden können, sei ein Beweis demokratischer Reife, der Bewunderung und Hochachtung verdiene.

Die Fraktion, aber auch andere Mitglieder des Landtages empfanden die Anmerkungen zur PDS als Befreiung.

Die Debatte zog sich dann sehr in die Länge, obwohl alles gesagt schien. Dazu trug auch die unsinnige Redezeitregelung bei, die vorsieht, dass jede Wortmeldung des Ministerpräsidenten eine neue Runde der Fraktionsvorsitzenden einleitet. Selbst Iltgen scheint inzwischen begriffen zu haben, dass dies so nicht bleiben kann. Die FDP verzichete nach Beiträgen von Rade und Kröber auf weitere Wortmeldungen. Sie und die CDU wiesen die Rücktrittsforderung zurück. Kunckel blieb mit der PDS und den Grünen alleine, die für ihn auch nicht mehr besonders attraktiv sein können. An den späteren Beratungen nahm er nicht mehr teil. Gegen 22.00 Uhr war ich dann zu Hause.

Im Bundesrat haben wir heute Morgen dem Ergebnis des Vermittlungsverfahrens zur Pflegeversicherung einstimmig zugestimmt. Es ist mir sehr schwergefallen, mich nicht zu Wort zu melden und auf die Bedenken hinzuweisen, die ich bereits in der ersten Lesung vorgetragen hatte. Einmal hätte es nichts bewirkt. Zum Zweiten hätte ich mein Pulver verschossen, das ich bis nach der Bundestagswahl trocken halten muss. Zum Dritten hätte ich, jedenfalls theoretisch, die Mittel für den Bau von Pflegeheimen gefährdet, die das Gesetz zugleich für die ostdeutschen Länder vorsieht. Aber richtig bleibt doch: Die erneute Ausweitung des Sozialversicherungssystems ist ein weiterer Schritt in die falsche Richtung und gegen die Interessen unserer Kinder.

Der Höhepunkt des Besuches in Bonn war, wie immer, das Gespräch mit Meinhard. Immer deutlicher sehen wir, dass sich die CDU nicht mehr von innen heraus reformieren lassen wird. Johannes Gross hat kürzlich darauf hingewiesen, von allen Parteien, deren Führer die Römischen Verträge unterzeichnet und die europäische Einigung eingeleitet hätten, sei nur die CDU noch vorhanden. Alle anderen sind inzwischen verschwunden oder in anderen Parteien aufgegangen. In Deutschland wird die Neuordnung der Parteienlandschaft in den kommenden Jahren stattfinden. Helmut Kohl hat diese Entwicklung in den vergangenen vier Jahren mit vorbereitet, nachdem die deutsche Einheit sie zunächst verzögert hat.

Zu einer solchen Entwicklung gibt es keine Alternative. Wir werden uns dann – darin waren wir uns einig – überlegen müssen, ob wir als Mitglieder der Denkelite weiter versuchen sollen, die Passagiere auf dem Staatsschiff zu überzeugen, dass wir einen anderen Kapitän und damit eine andere Besetzung der Stellungseliten brauchen, oder ob wir, weil Gefahr im Verzuge ist, die Brücke stürmen und selbst das Ruder übernehmen, bis wieder eine vernünftige Führungsmannschaft das Ruder übernehmen kann.

2. Mai 1994

Vormittags ein Treffen mit Schäuble und Bohl im Kanzleramt zum Thema Entschädigungs- und Ausgleichsleistungsgesetz. Es ging erneut um die Frage, wie die Alteigentümer der vorwiegend landwirtschaftlichen Flächen zu behandeln sind, die zwischen 1945 und 1949 enteignet wurden. Eine Rückgabe ihres Landes ist durch den Einigungsvertrag ausdrücklich ausgeschlossen. Nun will man ihnen gleichwohl einen teilweisen Rückgabeanspruch in der Weise einräumen, dass ihnen statt einer Entschädigung in Geld eine solche in Form von Land aus ihrem früheren Besitz oder vergleichbarer Flächen gewährt wird. Zwar wird diese Entschädigung nie mehr als 20 Prozent ihres ehemaligen Besitzes umfassen. Gleichwohl bedeutet die angestrebte Regelung, dass in die inzwischen neu geordneten Gebiete eingegriffen werden kann und die jetzigen Betriebe Gefahr laufen, einen Teil des von ihnen bewirtschafteten Landes zu verlieren.

Der Widerstand gegen eine derartige Regelung ist deshalb beachtlich. Sollte die Landentschädigung ursprünglich als Möglichkeit gedacht werden, so will man den Alteigentümern inzwischen einen Anspruch auf Landentschädigung einräumen. Sie sollen das Land zu einem Vorzugspreis erhalten, etwa 3000 DM pro Hektar. Allerdings sollen die Pächter ebenfalls zu diesem Preis erwerben können – jedenfalls bis zu 50 Prozent des gepachteten Landes. In dem Gespräch ergab sich, dass man auch bereit sein könnte, ihnen ein Vorrecht einzuräumen. Dies gilt wiederum allerdings nur für Personen oder Personengemeinschaften. Ein wesentlicher Teil des Landes ist jedoch von Genossenschaften oder juristischen Personen gepachtet. Sie sollen nicht privilegiert erwerben können.

All dies geschieht unter dem Druck einer Gruppe in der CDU/CSU-Fraktion, die von Wilhelm Rawe beraten wird und sich um die Alteigentümer schart. Dass diese nie wieder die Möglichkeit gehabt hätten, ihre ehemaligen Besitztümer auch nur zu besuchen, wenn die Menschen in der DDR das Regime nicht gestürzt hätten, spielt bei den vorwiegend Angehörigen der Kinder- und Enkelgeneration kaum noch eine Rolle. Man ist in erster Linie an den wirtschaftlichen Verwertungsmöglichkeiten interessiert. Das wiederum empört die Menschen hier zu Recht. Sie sehen sich nicht nur um ihre jahrzehntelange Arbeit mit dem Land, sondern auch um die Früchte ihrer Revolution betrogen.

Die Regierung fühlt sich gleichwohl durch die Rawe-Gruppe unter Druck gesetzt. Um den Osten gefügig zu machen, hat sie die Entschädigungsfrage mit der seit langem versprochenen Ausgleichsleistung für ehemalige Vertriebene verbunden. Sie warten seit Jahren auf die symbolische Anerkennung ihrer Verluste durch einen Pauschalbetrag von 4000 DM. Die Trennung beider Fragen, die wir immer wieder gefordert haben, hat die Regierung bisher abgelehnt. Wenn es bei den Meinungsverschiedenheiten in der Entschädigungsfrage bleibt, wird das Gesetz den Bundesrat nicht passieren, sondern, mit vielen anderen Vorhaben, im Vermittlungsausschuss landen.

9. Mai 1994

Vier geruhsame, wenn auch arbeitsreiche Tage auf dem Buchberg liegen hinter mir. Ich habe die Fahnen für das Buch korrigiert und bin mit dem Ergebnis zufrieden. Es wird zwar kein Bestseller werden, aber die Texte lesen sich gut.

Obwohl ich keine große Neigung dazu hatte, entschloss ich mich, an der Kanzlerrunde in Bonn teilzunehmen. Die positive Wirtschaftsentwicklung teilte sich auch der Runde mit. Kohl führte, wie immer, ein. Die Talsohle sei durchschritten. Im Osten wachse die Wirtschaft seit drei Jahren. Die Investitionen lägen bei 160 Milliarden DM, die Arbeitslosigkeit sei zurückgegangen. Die Regionalkonferenz in Thüringen habe ihn beeindruckt, die Umweltbedingungen seien besser geworden, die Wismut habe 15 zusätzliche Projekte entwickelt. Die neuen Länder seien auf dem Wege, attraktive Industriestandorte zu werden. Die Hannover-Messe habe die Leistungsfähigkeit ostdeutscher Betriebe demonstriert. Die Einkaufsoffensive bewähre sich. Im laufenden Jahr habe sie bereits 35 Milliarden DM Einkaufsvolumen gebracht. Die Qualität der ostdeutschen Produkte habe sich wesentlich verbessert.

Der Einsatz der von der Kreditwirtschaft zugesagten Milliarde DM sei auf gutem Wege. Besonders wichtig sei es, die Eigenkapitalbasis des Mittelstandes zu stärken. Der Wohnungsbau zeige eine erfreuliche Entwicklung. Das westdeutsche Niveau sei um 10 Prozent übertroffen. 1994 seien viermal so viele Baugenehmigungen beantragt worden wie 1992. Das alles sei kein Anlass zur Zufriedenheit. 4 Millionen Arbeitslose und schärferer internationaler Wettbewerb machten uns weiter zu schaffen. Vor allem die Arbeitslosigkeit der über 50-Jährigen sei ein Problem. Würden sie noch gebraucht?

In der Lehrlingsfrage habe sich die Position der Bundesregierung nicht geändert. Auch in diesem Jahr würde allen jungen Leuten, die eine Ausbildung suchten, eine Lehrstelle oder eine überbetriebliche Ausbildung gesichert. Wichtige Hürden auf dem Weg zur Einheit seien genommen. Wir hätten gute Chancen, die wirtschaftliche, soziale und ökologische Einheit zu schaffen. Von der menschlichen Einheit seien wir noch weit entfernt. Es sei notwendig, die Gemeinsamkeit der Deutschen zu betonen. Besonderen Respekt habe er vor denjenigen, die vor vier Jahren bereit gewesen seien, Verantwortung zu übernehmen.

Die anschließende Berichterstattung brachte keine neuen Erkenntnisse. Tyll Necker und Lennings lieferten interessante Berichte. Necker plädierte erneut für seine Steuerpräferenzen. Sie haben kaum eine Chance. Die Gefahr, dass enorme Mitnahmeeffekte auftreten, ist zu groß.

10. Mai 1994

Kabinettstag. Wir haben einige schwierige Fragen zu entscheiden. Vor allem geht es um den Standort für eine Sondermülldeponie. Nachdem wir bereits in Oschatz – einem der möglichen Standorte – Zweifel an der ausreichenden Erörterung der Entscheidungskriterien geäußert hatten, müssen wir jetzt darüber entscheiden, ob wir sie ändern und ein neues Suchverfahren einleiten oder auf der bisherigen Grundlage für Oschatz als Standort votieren sollen.

In der Aussprache, für die wir uns viel Zeit nehmen, kommt es mir zunächst darauf an, das Entscheidungsumfeld besser kennenzulernen. Dabei geht es nicht nur um die bisherigen Entscheidungskriterien, sondern auch um die möglichen Alternativen zu einem sächsischen Standort. Unter den Kriterien sind es vor allem der Mindestabstand zu menschlichen Siedlungen, der uns beschäftigt, und die Frage, ob man auch Waldgebiete in die Suche nach einem geeigneten Standort einbeziehen sollte. Letzteres hatte uns vor allem der Landrat von Oschatz nahegelegt.

Soweit es um den Mindestabstand geht, zeigen Vergleiche mit anderen Bundesländern, dass Vaatz und sein Staatssekretär sich bereits für einen größeren Abstand als etwa in Bayern oder Nordrhein-Westfalen entschlossen hatten. Würden wir das Minimum weiter vergrößern, könnte man im dichtbesiedelten Sachsen wahrscheinlich überhaupt keinen Standort mehr finden. Ob sich auch Waldgebiete als Standort eignen, bleibt umstritten. Zwar kann der Untergrund auch dort undurchlässig sein. Andererseits sieht man in der Tatsache, dass Bäume gedeihen, einen Hinweis darauf, dass der Untergrund durchlässig, jedenfalls brüchig sein muss.

Schon bald zeigt unser Gespräch jedoch, dass es Alternativen zum bisherigen Konzept geben könnte. Als Erstes erfahre ich, dass wir die neue Deponie erst um die Jahrhundertwende brauchen. Zum Zweiten, dass es eine private Deponie gibt, die auch darüber hinaus einen Teil des Sondermülls, vor allem kontaminierten Boden, aufnehmen kann. Nur rund 30 Prozent des Sondermülls können nicht abgelagert werden. Selbst wenn man die Planungs- und Bauzeiten großzügig ansetzt, besteht deshalb keine Notwendigkeit, bereits jetzt zu entscheiden.

Damit gewinnt jedoch die weitere technische Entwicklung an

Bedeutung. Ich gehe davon aus, dass es uns in den kommenden Jahren gelingen wird, neue Wege der Sondermüll-Entsorgung zu entwickeln. Bakterienkulturen könnten gezüchtet werden, die in der Lage sind, kontaminierte Böden biologisch zu reinigen. Die Müllvergasung, etwa durch Thermoselect, kann weitere Fortschritte machen. Es kann uns gelingen, weniger Sondermüll zu produzieren. Wir könnten die Reduktion durch höhere Entsorgungspreise beschleunigen und so weiter. All dies zeigt, dass wir eine Entscheidung heute, die erst um die Jahrhundertwende praktisch würde, auf einer unzureichenden Erkenntnisgrundlage träfen.

All diese neuen, zum Teil in andere Richtungen weisenden Gesichtspunkte veranlassen uns, den Vorschlag des Umweltministers zwar zur Kenntnis zu nehmen, jedoch nicht darüber zu entscheiden. Stattdessen eröffnen wir das Verfahren neu mit dem Auftrag, anhand unserer Aussprache alternative Wege zu suchen. Alle im Kabinett sind erleichtert, dass es uns gelungen ist, eine Entscheidung zu vermeiden, die nach unserer aller Auffassung ohnehin keinen Bestand gehabt hätte. Denn spätestens die Gerichte hätten sich zu den Alternativen geäußert, die wir gesehen hatten. Vaatz und Schommer einigen sich auf eine Sprachregelung, die Gewinner und Verlierer vermeidet.

Sorgen macht uns auch die Entwicklung der kommunalen Investitionen im Wasserbereich. Als wir vor gut zwei Jahren den Kommunen unsere Hilfe beim Aufbau ihrer Wasserversorgung und Abwasserentsorgung anboten, wurde unsere Hilfe als unerbetene Einmischung in kommunale Angelegenheiten abgelehnt. Inzwischen sind in zahlreichen Kommunen Projekte in Gang gesetzt worden, die niemand wird bezahlen können, am wenigsten die Bürger selbst. Angesichts hoher Wasserpreise und Anliegerbeiträge ist in manchen Regionen des Landes bereits von einer zweiten Enteignung die Rede. Im sorbischen Gebiet will man sogar wissen, es bestehe die Absicht, die Sorben durch überhöhte Anliegerbeiträge zu vertreiben.

Tatsächlich waren viele Gemeinden von der Größe der Aufgabe schlicht überfordert. Allerdings wollte uns das weder die Bundesregierung noch die Opposition im Land glauben, von den Betroffenen und ihren Verbänden ganz zu schweigen Als wir unsere Bedenken gegen direkte Investitionszuschüsse an die Gemeinden äußerten, wollte der Kanzler als gemeindefreundlich erscheinen. Erst Geldmangel führte 1993 dazu, dass man die Mittel nun über das Land leitete. Zu dieser Zeit waren jedoch bereits etliche Kinder in den Brunnen gefallen. Jetzt müssen wir sie mühsam wieder herausholen.

Es gibt Gemeinden im Land, die 120 Millionen DM investiert haben, um 10 000 Einwohner mit Wasser zu versorgen. Sie sind jetzt entsetzt darüber, dass sie die Investitionen auf die Bürger umlegen müssen, und rufen nach staatlicher Hilfe. Die Opposition, die vor zwei Jahren mannhaft für die Direktzuweisungen an die Gemeinden gekämpft hatte, wirft uns jetzt vor, unsere Aufsicht verletzt zu haben. Im Kabinett beauftragte ich Vaatz, die verschiedenen Fälle systematisch zu erfassen und, zusammen mit einer Begründung für die aufgetretenen Probleme, Maßnahmen zu ihrer Lösung vorzuschlagen. Es soll aber auch deutlich werden, dass die Gemeinden die eigentlichen Verursacher der Schwierigkeiten sind. Im Ergebnis wird uns die ganze Sache eine Menge Lehrgeld kosten.

Noch einmal beschäftigt uns der Kohlepfennig. Nach wie vor besteht Bonn darauf, ihn auch in den ostdeutschen Ländern zu erheben, wenn auch nur zu 50 Prozent. Dass wir genug Braunkohle haben, um unsubventionierten Strom erzeugen und liefern zu können, und eine Subvention der Kohle durch uns deshalb unsinnig ist, hat in Bonn niemanden beeindruckt. Man beruft sich auf den Grundsatz der Gleichbehandlung. Danach muss man den Unsinn, zu dem man sich in Westdeutschland entschlossen hat, nun auch auf die Länder im Osten ausdehnen. Andernfalls ist die Gleichbehandlung der Länder nicht gewährleistet. Allerdings hat Schommer erreicht, dass der Kohlepfennig nicht erhoben wird, soweit unser Strompreis den durchschnittlichen Preis im Westen übersteigt. Da er schon jetzt so hoch ist wie im Westen, werden wir de facto kaum in Anspruch genommen werden.

Am Rande geht es schließlich auch um den Schneider-Konkurs. Das Image der Deutschen Bank hat durch den Zusammenbruch nachhaltigen Schaden genommen. Kopper erklärte in einem Interview, die rund 200 Millionen DM Außenstände der Handwerker, die jetzt auf ihr Geld warteten, seien für die Bank »Peanuts«. Selten hat ein Banker in den Augen der Öffentlichkeit seiner Arroganz so freien Ausdruck verliehen. Kunden kamen an die Bankschalter und verlangten »Peanuts«. Der Betriebsratsvorsitzende forderte und erhielt für die Beschäftigten eine Zulage von zwei Prozent und erklärte seinen Erfolg damit, es habe sich ja nur um »Peanuts« gehandelt. Es wird lange dauern, bis Kopper wieder auftreten kann, ohne die Assoziation »Peanuts« auszulösen.

Nachmittags in Chemnitz. Höß hat sich inzwischen als Kandidat der CDU für das Amt des Oberbürgermeisters eingeführt und gewinnt an Resonanz. Das Besuchsprogramm sieht zunächst ein Redaktionsgespräch mit dem *Wochenspiegel* – einem Anzeigenblatt – und einen Besuch bei Radio Chemnitz vor. Als ich der jungen Redakteurin, die das Gespräch im Studio führte – alles ist erfrischend improvisiert und lebendig –, auf ihre Frage nach der Kompensation für die Beiträge zur Pflegeversicherung erklärte, dass der Verzicht auf einen Feiertag alle treffe, obwohl alle doch gar nicht betroffen seien, geht ein Strahlen über ihr Gesicht: Das wäre ihr noch nicht aufgefallen. Kein Wunder, wenn die Sozialpolitiker die politische Debatte so führen, dass der Weg zu dieser Erkenntnis praktisch versperrt wird.

11. Mai 1994

Nach der kleinen Lage zunächst Gespräch über Wahlkampfplanung. Sagurna hat sich übers Wochenende Gedanken gemacht und ein überzeugendes Konzept entwickelt. Sein Slogan-Vorschlag für die Großfläche ist ebenso einfach wie genial: Für Sachsen! Es wird wieder kein Wahlkampf, sondern eine Wahlreise werden – wie vor vier Jahren. Ich werde alle Wahlkreise besuchen und über die Arbeit der vergangenen Jahre und das berichten, was in den kommenden vier Jahren geleistet werden soll. Alles andere kann ich den Bürgern selbst und den Wahlkreiskandidaten überlassen.

Nachmittags flog ich nach Schkopau zu einem Treffen mit Bergner und der Geschäftsführung von »Buna Neu« und ihrem Aufsichtsratsvorsitzenden Eberhard von Brauchitsch. Eberhard hat sich kaum verändert. Seitdem er die neue Aufgabe übernommen habe, sei er wieder glücklich, wie er sagte. Jedenfalls hat man mit ihm einen kompetenten Manager gewonnen, der sich für die neue Aufgabe einsetzen wird.

Mir geht es vor allem um die Erhaltung des Standortes Böhlen, des einzigen bedeutsamen Chemiestandortes in Sachsen. Als Folge des alten Verbundsystems ist er dauerhaft mit Buna und Leuna verbunden. Deshalb wollte die Treuhand Buna und Böhlen unter einer Geschäftsleitung zusammenfassen. Wir bestanden jedoch auf einer selbstständigen Führung, so dass man sich für einen Gleichordnungskonzern entschied. Eberhard wird dieses Konzept auch sichern.

Im Gespräch, das auf unserer Seite im Wesentlichen von mir geführt wurde, ergaben sich schwerwiegende Bedenken gegen das derzeit verfolgte Konzept, die russische Unternehmung Gazprom an Buna zu beteiligen und die Belieferung mit Gas bei Gazprom zu konzentrieren. Die Treuhand, das heißt der Bund, will offenbar die Kosten für den gesamten Gastransport über die Ostsee nach Rostock übernehmen. Nach überschlägigen Rechnungen müssen mehr als 400 Millionen DM allein dafür investiert werden. Ich bestand darauf, dass Buna und Böhlen frei sein müssten, das jeweils beste Angebot im Markt zu nutzen. Im Einkauf liegen bei der Grundstoffchemie die wichtigsten Möglichkeiten, Gewinne zu erzielen.

Im Chemiebereich werden, wohl auch in Erfüllung der von Kohl gemachten Zusagen, rund 18 Milliarden DM ausgegeben. Damit sichert man rund 5000 bis 6000 Arbeitsplätze, das bedeutet rund 3 Millionen DM Kosten pro Arbeitsplatz. Wesentlich zukunftsfähiger werden die Standorte dadurch nicht. Sie haben nur dann Überlebenschancen, wenn es ihnen gelingt, konsumentennahe Produkte und Dienstleistungen anzubieten. Das wünsche ich mir vor allem für Böhlen. Der dortige Charakter ist ganz auf Buna ausgerichtet und, was seine Vorprodukte angeht, zu 50 Prozent auf Leuna. Ein derartig platziertes Unternehmen kann dauerhaft nicht überleben.

Der Rückflug führt noch einmal über das Werk, den Ortskern Schkopaus mit Schloss und Dorfteich und unser Schkopauer Haus. Die Fabrik liegt praktisch tot unter uns. Nur in einem Bruchteil der Anlagen wird noch gearbeitet. In einem bisher unbebauten Teil des Werksgeländes entsteht das Kraftwerk, zu dem Sachsen-Anhalt allein rund eine Milliarde DM zuschießen muss. Eberhard berichtete, der Preis für den Strom, den Buna dem Kraftwerk bezahlen müsse, sei um 50 Millionen DM pro Jahr zu hoch. Man versuche nun, zu neuen Vereinbarungen zu kommen, und erwarte, dass der staatliche Zuschuss bei der Preisbildung berücksichtigt werde. Die meisten der Maßnahmen, die man zur Rettung des Chemiestandortes ergriffen hat, werden sich so nicht auszahlen und dauerhafte Subventionen erfordern. Kohls Versprechen wird uns alle teuer zu stehen kommen.

13. Mai 1994

Freitag, der 13.! Wir sind auf dem Flug nach Schwerin. Dort treffen sich die Ost-Ministerpräsidenten wohl zum letzten Mal in dieser Legislaturperiode mit Delors zu einem Gespräch über die Fragen, die die ostdeutschen Bundesländer besonders betreffen. Im Mittelpunkt stehen: die Umsetzung der EU-Richtlinien in Ostdeutschland und die Verwirklichung der Programme zur Unterstützung unseres Aufbaus im Rahmen der sogenannten Ziel 1-Gruppe. Bei der Lektüre der Unterlagen, die die Staatskanzlei vorbereitet hat, wird mir deutlich, wie sehr die Übergangsregelungen, auf die man sich 1990 und 1991 verständigte, von unrealistischen Annahmen über die Zeiträume geprägt sind, in denen man den Osten Deutschlands wieder aufbauen könnte. So stehen wir jetzt vor der Notwendigkeit, unseren kleinen und mittleren Unternehmen Leistungen abverlangen zu müssen, die sie – etwa beim Qualitätsnachweis – nicht erbringen können, was sie de facto vom Markt ausschließt.

Zunehmend Schwierigkeiten bereiten mir auch die Versuche der Kommission, durch europäische Maßnahmen die Arbeitslosigkeit in Europa zu bekämpfen. Damit muss sich die Kommission in praktisch alle Bereiche der Innen- und Wirtschaftspolitik der Mitgliedstaaten einmischen. Da die Ursachen und Konsequenzen der Arbeitslosigkeit in den einzelnen Mitgliedstaaten höchst unterschiedlich sind, kann eine europäische Politik zur Überwindung der Arbeitslosigkeit kaum erfolgreich sein, wenn sie sich auf bestimmte Allgemeinheiten beschränkt.

Inzwischen liegt unser Gespräch mit Delors hinter uns. Es hat sich gelohnt, nach Schwerin zu fliegen. Die Tagesordnung war bestimmt von Fragen, die sich aus der Zielgruppen 1-Politik ergeben. Die Kommission hatte von uns weitere Planungsunterlagen verlangt, die einen Zeitraum von fünf Jahren und eine Gesamtplanung für die Entwicklung des Landes umfassen sollen. Zu derartigen Planungen sind wir weder aus personellen noch aus objektiven Gründen in der Lage. Die noch offenen Fragen sollen deshalb in einer Sitzung besprochen und bereinigt werden, an der sich Delors selbst beteiligen will; wenn möglich noch vor den Europawahlen.

Ich nahm meine Wortmeldung zum Anlass, um Delors für seine Begleitung der Wiedervereinigung zu danken. Ohne ihn wäre die Integration in die EU nicht so einfach vonstattengegangen. Es war eben ein Glück, dass man 1984 Delors und nicht mich nach Brüssel holte. Nur ein Franzose konnte die Deutschen in Europa so unterstützen, wie Delors dies getan hat. Im Übrigen wies ich auf die Schwierigkeiten hin, die mit der Übertragung einer komplexen Ordnung mit komplizierter Administration auf Regionen verbunden sind, in denen wesentlich elementarere Probleme zu lösen sind als in den hochentwickelten Ordnungen des Westens. Die Transferprobleme, die dabei auftreten –, und die man in Deutschland studieren kann – werden die EU auch bei der Integration der Nachbarstaaten im Osten und Südosten beschäftigen. Deshalb sollte man jetzt aus der deutschen Erfahrung lernen.

Am Rande besprach ich zwei Probleme mit Delors. Zum einen noch einmal, nach meinem Besuch in Brüssel, Fragen der Arbeitslosigkeit. Delors hatte meine Anmerkungen dazu noch gut in Erinnerung, insbesondere zum sozialen Charakter der Kurzarbeitslosigkeit und zu den Folgen der Verbindung von Arbeit und sozialem System. Ich stellte ihm meine Ausarbeitung zum Thema Arbeitslosigkeit in Aussicht und verwies ihn auch an Meinhard. Delors will sich im August selbst mit der Frage der Arbeitslosigkeit befassen, weil er seine Bürokratie für unfähig hält, über die Grenzen des Konventionellen hinaus zu denken.

Beim Mittagessen fragte ich ihn nach seiner Ansicht zur Russlandpolitik Deutschlands und der anderer EU-Partner. Ich äußerte zunächst meine Sorge, man betrachte die Entwicklung zu unhistorisch und übersehe die Folgen, die es haben müsse, wenn man Russland ein Mitspracherecht bei der zukünftigen Gestaltung der europäischen Friedensordnung einräume, mehr noch, ihm eine privilegierte Stellung in diesem Prozess gewähre. Delors teilte meine Sorge. Es sei für ihn unbegreiflich, wie Deutschland, Frankreich und Großbritannien in ihrer Russlandpolitik so vollständig auf ihre diplomatische Kultur verzichten könnten. In Jugoslawien hätten sie diese Kultur nicht vergessen; mehr noch: Sie hätten sich wie europäische Mächte im 19. Jahrhundert verhalten. Im Verhältnis zu Russland dagegen würden sie jede Vorsicht vermissen lassen.

Ich vertrat die Ansicht, man müsse auch auf die Begriffe achten. In den Berichten über den Jelzin-Besuch hätte ich immer wieder gelesen, man wolle Russland beteiligen, um es einzubinden. Auch Deutschland habe man in die EU eingebunden, um seine Westbindung zu stabilisieren, die nicht der historischen Ausrichtung Deutschlands entspricht. Westeuropa sei wohl stark genug, um, auch mit Hilfe der USA, die dauerhafte Westbindung zu gewährleisten. Würde man aber den Versuch machen, auch Russland in die westeuropäischen Strukturen einzubinden, so würde man sich übernehmen. Die Strukturen würden dadurch ihren Charakter verändern. Die Gefahr sei groß, dass diejenigen, die Deutschland und Russland einbinden wollten, sich als die Eingebundenen wiederfänden, während Deutschland und Russland sich als diejenigen erweisen würden, die den politischen Ton angeben. Die EU könne und werde wohl auch daran zerbrechen. Delors sah die Dinge ähnlich. Deshalb bat ich ihn, losgelöst von persönlichen Involviertheiten eine Diskussion über eine bessere Russlandpolitik in Gang zu setzen, ehe man sich zu sehr festgelegt habe.

Delors bedauerte, dass man Russland den Zugang zum Balkan eröffnet habe, den es seit dem herannahenden Ende des Osmanischen Reiches gesucht habe. Erst hätten die Österreicher Russland aus dem Balkan ferngehalten. Dann wäre es Tito gewesen. Nun stünden russische Truppen auf dem Balkan – und der Westen habe sie dorthin praktisch eingeladen. Jelzin, so Delors, sei kein Gorbatschow. Er sei weniger gebildet, habe einen geringeren Überblick und handelte wesentlich emotionaler. Wir verabredeten uns zu einem Gespräch auch zu diesen Fragen. Delors wird in Frankreich auch dann eine wichtige Rolle spielen, wenn er nicht zum nächsten Präsidenten gewählt wird.

Gegen fünf Uhr nachmittags waren wir wieder in Dresden. Der Hubschrauber musste in Klotzsche landen, weil eine Treibstoffpumpe ausgefallen war. So kam ich etwas später zum zweiten Treffen mit den Kandidaten für die kommende Landtagswahl, zu dem die Fraktion eingeladen hatte. Das Emnid-Institut trug anschließend die Erkenntnisse aus den verschiedenen Umfragen vor. Allzu viel können wir daraus für den Wahlkampf nicht lernen. Aber doch dies: Die SPD hat nur dann eine Chance, die Regierung zu stellen, wenn wir unter 38 Prozent fallen. Denn nur dann kann sie auch ohne die PDS eine Mehrheit bilden.

20. Mai 1994

Susannes Geburtstag, Bundesrat in Bonn, Mittagessen mit Meinhard und Risler, nachmittags noch Aufräumarbeiten im Büro der Landesvertretung, jetzt in der VIP-Lounge in München, gleich beim Käfer zum 65. Geburtstag von Max.

Im Bundesrat blieb ich nicht lange. Zuerst gab es eine Europadebatte. Anlass war eine gemeinsame Entschließung aller Länder zur deutschen Präsidentschaft in der EU, die am 1. Juli beginnt. Nach Lafontaine, der die Aussprache eröffnete, hatte ich mich zu Wort gemeldet, um auf drei Punkte hinzuweisen: die besondere Bedeutung, die wir der Einbeziehung unserer östlichen und südöstlichen Nachbarn beimessen, die Rolle der föderalen Ordnung Deutschlands und ihre Bedeutung für Europa und die Notwendigkeit, im Zuge der Demokratiedebatte nicht nur auf das Demokratiedefizit zu achten, das wir auf europäischer Ebene beklagen, sondern auch auf die Gefahr, dass Europa zu einem Europa der Exekutive verkommen könnte.

Mittags mit Meinhard und Risler: Wir sprachen über die Finanzierung des Instituts, über die kommende Legislaturperiode und über die Haltung der Deutschen zum Westen. Risler hat inzwischen mit Bierich gesprochen und ihn für die Einwerbung eines Feuerwehrfonds für das IWG gewonnen. Man will rund 1,5 Millionen DM zusammentragen. Die Mittel sollen aus Stiftungen kommen, die der Stifterverband bereits verwaltet. Das IWG soll berechtigt sein, auf diesen Betrag zurückzugreifen, wenn dies für seine Finanzierung notwendig sein sollte. Die Initiative ist erfreulich, löst aber das Problem des Instituts nicht. Es muss uns vielmehr gelingen, seine Jahreseinnahmen um rund 300 000 DM zu erhöhen. Meinhard muss in der Lage sein, zwei weitere gute Mitarbeiter zu suchen und zu gewinnen.

Unser Gespräch führte uns dann zu den möglichen Ausgängen der kommenden Wahlen und ihren Folgen. Wir waren uns einig: Wie auch immer die Wahlen im Einzelnen ausgehen werden, wird die kommende Legislaturperiode eine Periode der Stagnation werden.

Als ich von der Gefahr sprach, dass die Deutschen nach dem Ende des Kalten Krieges versucht sein könnten, sich aus der Westbindung zu lösen und wieder stärker nach Osten zu blicken, widersprachen mir Risler und Meinhard: Die Deutschen gäbe es nicht. Vielmehr gehe ein Riss durch das Land und werde stärker. Er markiere keinen Ost/West-Gegensatz und verlaufe auch nicht entlang parteipolitischer Linien, sondern quer durch die Parteien und Landschaften. Die Rheinländer waren immer westlich. Sie fühlten sich weder in Preußen noch in Ostelbien wohl. Ihnen war Paris näher als Berlin. Deshalb werde der Widerstand gegen Berlin als Bundeshauptstadt auch nicht nur durch den Verlust des Dienstleistungsunternehmens Regierung ausgelöst. Mit der Wiederherstellung einer echten Kapitale werde Deutschland verändert. Die in dieser Veränderung angelegten gewandelten Orientierungen beunruhigten die Rheinländer.

Schon in der Mitte Deutschlands reagiere die Bevölkerung anders. So könne man auch nicht von »den Deutschen« sprechen, wenn es um die Einstellung zum Westen, seiner Denkweise und seinen kulturellen Besonderheiten gehe. Dies führte unser Gespräch wieder zum Thema Berlin. Auch ich habe zunehmend Zweifel, ob es richtig war, sich für Berlin als neue Hauptstadt zu entscheiden. Denn noch immer ist unklar, welchen Staates Hauptstadt Berlin werden soll. Was etwa Schäuble dazu zu sagen hat, entspricht nicht meinem Denken. In dem Maße jedoch, in dem wir uns damit abfinden müssen, dass die wirtschaftliche Dimension des Staates nicht mehr seine eigentliche Legitimationsgrundlage sein kann, werden die anderen, die eher emotionalen Grundlagen, wichtiger. Darauf richte sich deshalb zunehmend das Interesse derer, die eine Wiederbelebung des nationalen Gedankens im Sinn eines deutschen Reiches für notwendig hielten. Richard von Weizsäcker gehöre ebenso dazu wie Schäuble. In meiner Rede zur Lage der Nation habe ich dazu bereits etwas gesagt. Aber, so Meinhard, jetzt muss auch gehandelt werden.

23. Mai 1994

Nach einem gemütlichen und erholsamen Pfingstsonntag auf dem Weg nach Berlin zur Wahl des Bundespräsidenten. Hätte ich mich entschuldigen können, hätte ich es gerne getan. So werde ich teilnehmen und mich entscheiden müssen für einen der Kandidaten. Frau Hamm-Brücher, die ich eigentlich sehr schätze, kommt ihres Alters wegen nicht in Frage. Sie ist 73 Jahre alt und wäre damit am Ende ihrer Amtsperiode 78. Bei allem Verständnis dafür, dass auch ein älterer Bewerber nicht ausgeschlossen sein sollte, ist es nicht sinnvoll, das Alter gänzlich zu ignorieren. Prof. Reich ist der jüngste unter den Bewerbern. Aber er hat keinerlei politische Erfahrung. Nominiert wurde er von der »Frankfurter Initiative«, einem Kreis achtbarer Intellektueller, die damit ein Signal aussenden wollten gegen die Dominanz alles Politischen durch die Parteien. Reich kommt zwar aus Ostdeutschland und erfüllt insoweit die Vorgaben, die Kohl zur Begründung für die Nomination Heitmanns gab. Aber die Herkunft und der Umstand, dass es sich um einen ausgewiesenen Naturwissenschaftler handelt, sind nicht ausreichend.

Damit bleiben die Kandidaten Herzog und Rau. Wahrscheinlich wird Herzog im zweiten oder dritten Wahlgang gewählt werden. Der Vorsprung der Union in der Bundesversammlung ist zu groß, als dass er durch eine Parteienkoalition von SPD, FDP und Grünen ohne große Schwierigkeiten überwunden werden könnte. Eine Chance hätte Rau nur dann, wenn Herzog im ersten Wahlgang mehr als 30 bis 40 Stimmen fehlten. Zwar spricht die Nervosität in der CDU-Führung für diese Möglichkeit. Auch ich bin noch nicht sicher, ob ich Herzog im ersten Wahlgang meine Stimme geben werde. Zu stark sind die Irritationen, die Kohl mit der schlecht vorbereiteten Heitmann-Kandidatur auch bei mir ausgelöst hat. Außerdem liegt mir Herzog nicht. Aber auch Rau hat sich nicht an die Regeln gehalten, die Bernd Vogel und ich ihm anempfohlen haben. Nicht nur hat Schmidt ihn zu früh nominiert und damit einen Wahlvorschlag der Union praktisch unmöglich gemacht. In den letzten Tagen hat auch Scharping in einer Weise für Rau geworben, die eher kontraproduktiv wirken wird. So wird wohl Herzog die Partie gewinnen. Ob das für die Union wirklich die gewünschte Wirkung haben wird, ist allerdings unsicher. Rau liegt in Umfragen so weit vor Herzog, dass die SPD nach einer Wahl Herzogs die Union mit Aussicht auf Erfolg beschuldigen kann, sie habe aus rein parteitaktischen Gründen den Willen des Volkes missachtet.

Die Zeitungen berichten heute ausführlich über Jackie Kennedy Onassis. Sie ist am vergangenen Samstag im Alter von knapp 64 Jahren an Lymphkrebs gestorben. Nie hat sie die Faszination ganz verloren, die in der kurzen Zeit von ihr ausging, die sie an der Seite ihres ersten Mannes im Weißen Haus verbrachte. Wir waren damals in Washington und tief beeindruckt von dem jungen Präsidenten und seiner Frau, der uns auch als besonderer Kontrast zu dem alten Bundeskanzler Adenauer erschien.

Inzwischen haben wir in Berlin die ersten beiden Wahlgänge hinter uns. Die FDP hat um eine Unterbrechung bis kurz vor 17.00 Uhr gebeten, um über die Frage geheim abzustimmen, wie die Delegierten sich verhalten sollen. Der erste Wahlgang hatte folgendes Ergebnis: Hamm-Brücher 132, Herzog 604, Rau 505 und Reich 62 Stimmen. Zwölf Stimmen wurden für einen Kandidaten der Republikaner abgegeben. Insgesamt waren 1317 Stimmen abgegeben worden, 2 davon waren Enthaltungen. Im zweiten Wahlgang änderte sich das Bild. Frau Hamm-Brücher verlor einen Teil ihrer Zustimmung und brachte es nur noch auf 126 Stimmen. Hätte sie sich nach dem ersten Wahlgang zurückgezogen, wäre das höhere Ergebnis in Erinnerung geblieben, das viele als ehrenvoll bezeichneten, weil die FDP nur 110 Mitglieder der Bundesversammlung stellte. Herzog konnte sich auf 622 Stimmen verbessern, Rau auf 559 Stimmen. Reich hatte nicht mehr kandidiert. Die für ihn abgegebenen Stimmen gingen wohl im Wesentlichen an Rau. Einige FDP-Abgeordnete stimmten wohl bereits für Herzog. Jedenfalls ergab sich aus den 1318 gültigen Stimmen bereits ein eindeutiges Bild, wie das Ergebnis des dritten Wahlganges voraussichtlich aussehen wird.

Herzog könnte man die Wahl zum Bundespräsidenten nur noch nehmen, wenn die FDP geschlossen für Rau stimmen würde. Dann erhielte Rau 685 Stimmen und wäre mit absoluter Mehrheit gewählt. In jedem Falle müssten 95 FDP-Stimmen an Rau gehen, wenn der Rest für Herzog votieren und die Rechten ihren Kandidaten weiter mit 11 Stimmen unterstützen würden. All dies sind wohl Zahlenspielereien. Denn eine Mehrheit der FDP wird sich für die Koalition und damit für Herzog entscheiden. Ich glaube nicht, dass Hamm-Brücher die FDP-Delegierten zu einem geschlossenen Votum für Herzog überreden könnte.

Eindrücke aus der Bundesversammlung: Ich sitze im Plenarsaal in der ersten Reihe. Links neben mir Stoiber, dann Hildegard Hamm-Brücher. Regierungsbank, Bundesratsbank und Rednerpult sind mit Blumen geschmückt. Neben dem Rednerpult im Aufgang zum Präsidium eine blumenbekränzte Plattform, auf der ein Mikrofon steht, das augenscheinlich auf den neu gewählten Präsidenten wartet. Der Plenarsaal des Reichstages ist kein gastfreundlicher Raum.

Langsam füllt sich der Saal. Die Auszeit, um die die FDP nach der ersten Abstimmung gebeten hatte, geht zu Ende. Aber noch weiß niemand, wie sich die Partei entschieden hat. Wird sie nach dem Herzen entscheiden und Rau wählen oder nach dem Verstand und sich für Herzog entscheiden? Die Stimmen aus ihren Reihen waren widersprüchlich. Selbst Kinkel hielt alles offen, mit Möllemann im Nacken. Schließlich hört man: Die Abstimmung habe 69 zu 40 für Herzog ergeben. Damit ist Herzog praktisch gewählt. Im dritten Wahlgang erhält er 696 Stimmen, Rau 605. 11 Mitglieder der Bundesversamlung enthalten sich.

Herzog ist sichtlich bewegt. Seine Antrittsrede ist keine rhetorische Meisterleistung. Kaum hat er geendet, hört man kritische Anmerkungen: Er habe die Ausländer nicht erwähnt, nicht gegen Fremdenfeindlichkeit gesprochen. Mit seiner Aufforderung, unverkrampfter zu werden, könne man nichts anfangen. Wie denn die Deutschen angesichts ihrer Vergangenheit unverkrampft sein könnten? Schon in den ersten Minuten zeichnet sich ab, dass zahlreiche Hüter der politischen Moral einen Konkurrenten wittern, der nicht bereit sein wird, die Deutschen durch Aufrechterhaltung ihres schlechten Gewissens zu regieren. Weil er damit ihren Einfluss verringern könnte, werden sie ihn bekämpfen. Sie werden, dessen bin ich sicher, in Herzog keine leichte Beute finden.

Tief enttäuscht sind die Sozialdemokraten. Auch hier werden sogleich die Parolen der kommenden Tage ausgegeben. Die Bundesversammlung sei nicht repräsentativ für die heutige Meinung des Volkes. Die FDP habe ihre Unabhängigkeit verloren. Sie sei im Grunde überflüssig geworden. Man habe, auf den Punkt gebracht,

Rau und die SPD um den Bundespräsidenten betrogen. Rau selbst macht keinen Versuch, seine tiefe Enttäuschung zu verbergen. Dennoch: Die Wahl hat etwas Beruhigendes, Normalisierendes. Die Entscheidung ist gefallen. Man wird sich nach ihr zu richten und seine Pläne neu zu justieren haben. Das wird auch für Rau gelten, der in der späten Nachfolge Heinemanns so gerne Bundespräsident geworden wäre.

25. Mai 1994

Morgens Gespräche in der Archivstraße und mittags die aktuelle Stunde in der Fraktion.

In der Fraktion ging es vor allem um den Konflikt zwischen Wirtschaft und Umwelt. Er hatte sich am Aufbaubeschleunigungsgesetz entzündet, in dem Ausnahmen für Ausgleichsmaßnahmen für praktisch alle Fälle der Neuansiedlung bis 1998 vorgesehen waren. Die Arbeitsgruppe Wirtschaft hatte sich mit dieser »Erleichterung« von Investitionen durchgesetzt. Die Fraktion hatte die Regelung mit Mehrheit beschlossen. Die Umweltgruppe hatte nun gedroht, dem Gesetz in zweiter Lesung die Zustimmung zu verweigern. Die Wirtschaftler lehnten jedes Gespräch über einen erneuten Kompromiss ab, weil sie das Gefühl hatten, über den Tisch gezogen zu werden. Es gelang mir dann doch – nach Auszeiten und allen Ritualen erregter politischer Kontroverse –, eine Lösung zu finden, die letztlich beide zu akzeptieren bereit waren.

27. Mai 1994

Im Plenum kam es dann doch noch zu einer Debatte, an der ich mich beteiligte. Es ging um das Entschädigungs- und Ausgleichsleistungsgesetz (EALG) und den Redebeitrag Kunckels, den er mir angekündigt hatte. Er war dann nicht mehr für den Abend, sondern den nächsten Morgen vorgesehen worden. Kunckel ging mit den Intentionen des Gesetzes in einer Weise um, die es notwendig machten, zu antworten. Das brachte eine Schärfe in die Debatte, die wir ansonsten im Landtag kaum gewohnt sind.

Nachmittags dann der Festakt zum Wiederabbau der Frauenkirche. Nachdem die Enttrümmerung abgeschlossen ist, wurde der erste Stein neu gesetzt. Es war eine würdevolle Feier mit vielen Menschen bei schönem Wetter. Der neue Landesbischof Kreß predigte kurz und las einige Gebete. Er gefiel mir gut. Zwar sind noch keineswegs alle Fragen im Zusammenhang mit der Frauenkriche gelöst. Aber es geht weiter und es muss auch weitergehen.

29. Mai 1994

Gestern Morgen reiste ich nach Rostock zu unserem diesjährigen Segeltörn.

Hagedorn brachte mich nach Berlin. Von dort nahm ich den Zug. Das Wetter war schön und ich genoss die Fahrt. Die durchschnittliche Geschwindigkeit des Zuges betrug rund 120 km pro Stunde. Es schien mir genug und brachte mich in rund zweieinhalb Stunden nach Rostock. Das Abteil hatte ich für mich und konnte am Tagebuch arbeiten. Auf der Fahrt nach Berlin hatte ich den Beitrag für Kiep redigiert, den ich am Abend zuvor noch geschrieben hatte. So habe ich beide Festschriftbeiträge doch noch zustande gebracht.

Die Zugfahrt führte mir wieder einmal die Unsinnigkeit vor Augen, die mit den neuen Schienenprojekten verbunden ist. Dass es schlichter Unsinn und Ressourcenvergeudung bedeutet, den Transrapid von Hamburg nach Berlin zu bauen, ist schon lange meine Überzeugung. Seitdem ich nun mehrere Male mit dem ICE gereist bin, für den man eine eigene, wie mit dem Lineal gezogene Trasse gebaut hat, halte ich auch diese Entwicklung nicht für sinnvoll. Wir sollten die normalen Trassen ausbauen, uns auf kurvenreichen Strecken der Pendelino-Technik bedienen und im Übrigen wieder lernen, dass Reisen auch eine nützliche Sache sein kann.

Die wenigsten von uns haben es so eilig, dass ihnen eine Verkürzung der Reisezeit um 30 Minuten oder eine Stunde so viel bedeuten könnte, wie der Aufwand, den wir dafür betreiben müssen. Die meisten von uns wissen mit der ersparten Zeit kaum etwas anzufangen, das den Aufwand lohnend erscheinen lassen würde. Zunehmend werden auch diese Investitionen inzwischen vor allem des Beschäftigungszweckes wegen vorgenommen. Mit dem gleichen Geld kann man, wenn es schon um Beschäftigung geht, weit mehr Menschen beschäftigen und zugleich den Aufwand an Energie und Rohstoffen einsparen, der mit derartigen Großprojekten verbunden ist.

Gestern Abend blieben wir an unserem vertrauten Anlegesteg in Warnemünde, nachdem wir zuvor einen kleinen Schlag in die See riskiert hatten. Heute segelten wir von dort nach der Insel Møn, in den Hafen Klintholm. Wir haben ihn vor zwei Jahren schon einmal besucht, allerdings nur zum Frühstück nach einer Nachtfahrt. Kurz nachdem wir Warnemünde verlassen und uns bei Windstärke 3 bis 4 und voller Besegelung auf den Weg gemacht hatten, entdeckten wir, dass in meiner Kajüte eine der Luken offen stand und gewaltig Wasser nahm. Drei Stunden waren wir mit der Beseitigung der Überschwemmung beschäftigt. Mein CD-Spieler, das kleine SW-Radio und die Funkuhr haben den Wasserschwall nicht überlebt. Ansonsten können wir die Wirkungen bis morgen beseitigen.

Abgesehen von zwei kräftigen Böen, die uns zum Reffen zwangen, war es ein schöner Schlag. Morgen wollen wir in Richtung Kopenhagen weiter.

4. Juni 1994

Zwischen heute und dem kommenden Samstag werde ich im Wesentlichen im Land unterwegs sein. Einmal will ich in einigen Städten und Gemeinden zum Kommunalwahlkampf beitragen. Zum anderen wollen wir mit dem Programm eine Art Probelauf für den August veranstalten. Stationen heute waren Chemnitz, Olbernhau, Crimmitschau, Aue und Schwarzenberg.

In Chemnitz veranstaltete die CDU-Landtagsfraktion ein Wirtschaftsgespräch, das ich mit einem Referat eröffnete. In Olbernhau wurde die »Saigerhütte« eingeweiht, ein historisches Baudenkmal, das uns Auskunft über die Kupfergewinnung vor 200 Jahren gibt. Man hat die Fundamente der alten Hütte freigelegt, Hammer- und Stoßwerke neu erstellt, die Schmelze und andere Einrichtungen wiederaufgebaut. Im angrenzenden Museum sind Exponate aus der Zeit gesammelt und ein Modell der Anlage ausgestellt – außerdem ein wunderschönes Turmuhrwerk, das allerdings noch nicht wieder funktioniert.

Im nahe gelegenen wassergetriebenen Hammerwerk, ähnlich dem Frohnauer Hammer, wurden wir Zeugen eines Schauspiels, dargeboten von Laienschauspielern. Im dunklen Inneren des Hammerwerkes ein eindrucksvolles Erlebnis, vor allem für die Kinder, aber auch für die Älteren, die die Parabel von Habgier und Strafe sichtlich beeindruckte.

In Crimmitschau ging es zunächst ins Rathaus zum Eintrag ins Goldene Buch. Der Markt war überfüllt. Mehrere Tausend Menschen waren gekommen, um die Enthüllung einer Roland-Figur auf dem Rathaus und eine Rede des Ministerpräsidenten zu erleben. Obwohl die Stadt nach wie vor unter hoher Arbeitslosigkeit leidet, waren die Menschen fröhlich und zuversichtlich. Sie begegneten mir offen und freundlich. Viele wollen mir mit ihren guten Wünschen Mut machen.

In Aue war es nicht viel anders. Obwohl durch die Konkurrenz der beiden Landräte die Wunden der Kreisreform immer wieder aufgerissen werden, gab es viel Zustimmung und Freundlichkeit. In der Diskussion im Saale, die sich an eine Kundgebung vor dem Kulturhaus anschloss, wollte eine Lehrerin wissen, ob ich die Lehrer liebe. Als Antwort erklärte ich unsere Schul- und Personalpolitik. Die Lehrer sind im Grunde die Privilegierten der Wende. Im Dienstleistungsunternehmen Schule wurde das Personal nur von rund 54 000 auf 43 000 abgebaut. Zudem verdienen die Lehrer weit besser als fast alle anderen Arbeitnehmer. Wenn man unliebsame Schuldebatten beenden will, muss man nur die Einkommen der Lehrer erwähnen. Ich erwähnte sie nicht.

Der Tag schloss ab mit einem Besuch in Schwarzenberg. Anlass war neben der bevorstehenden Kommunalwahl ein Bergmusikfest. Landrat Matko findet breite Unterstützung in seinem Landkreis. Viele empfinden es als einen fairen Ausgleich, dass Aue Kreisstadt wird und der erste Landrat des neuen Kreises aus Schwarzenberg kommt. Beeindruckend ist in der Kreisstadt nicht nur, dass trotz hoher Arbeitslosigkeit und vielen Schwierigkeiten bei der Neuansiedlung von Betrieben viel in der Stadt geschieht und die Menschen in ihrer großen Mehrheit einen offenen und zuversichtlichen Eindruck auf mich machen. Nach einer kurzen Ansprache auf dem Marktplatz besuchen wir einen Tunnel, der unter Burg und Kirche hindurchführt. Er ist vor Jahren stillgelegt und von der Reichsbahn als eine Art Saal umgestaltet worden. Als Beitrag zum Musikfest fand ein Konzert statt. Die Kapelle saß auf einem Podium, das man auf der Mitte des etwa 150 Meter langen Tunnels errichtet hatte. Dank der Höhe der Tunnelröhre besitzt er eine hervorragende

Akustik. Es ist erstaunlich, was man alles machen kann, wenn man ein wenig Fantasie hat. Die Sachsen haben sie, die Erzgebirger in besonderem Maße.

5. Juni 1994

Mein erster Gast an diesem Sonntag war Georg Milbradt. Er wollte mit mir über den Haushalt 1995 sprechen. Wir haben uns vorgenommen, den Entwurf noch vor der Wahl vorzulegen, damit der Landtag unmittelbar nach der Wahl beraten kann. Die Steuerschätzungen vom vergangenen November sind inzwischen nach unten korrigiert worden. Wir werden, weil es in den westdeutschen Ländern relativ schlechter und bei uns relativ besser geht, weniger Mehrwertsteueranteile erhalten, als ursprünglich geschätzt. Insgesamt wird uns gegenüber den bisherigen Schätzungen rund eine Milliarde DM fehlen. Da ich auf keinen Fall mehr als 2 Milliarden DM Kredit aufnehmen werde, ist der Spielraum für 1995 wesentlich kleiner geworden.

Umgekehrt gibt es im laufenden Haushalt noch erhebliche Reserven. Insbesondere die Förderungspraxis muss überprüft werden. Wir haben in den letzten Jahren so ziemlich alles gefördert, was auch nur irgendwie sinnvoll erschien. Inzwischen würden viele Investitionen auch ohne Förderung durchgeführt werden. Umgekehrt wird manches gefördert, auf das wir verzichten können. Auch sonst haben die bisherigen Untersuchungen Rationalisierungsreserven freigelegt. Sie müssen in den kommenden Jahren ausgeschöpft werden. Nicht nur für andere, sondern auch für uns gilt der Grundsatz, dass Wachstum in den kommenden Jahren vor allem durch Zuwachs an Intelligenz erzeugt werden wird.

6. Juni 1994

Ein großer Tag für Dresden! Wir legten den Grundstein für die Halbleiterfabrik, die Siemens in Dresden bauen wird. 1200 Menschen sollen in der Produktion und in der Forschung Beschäftigung finden, Tausende werden in Unternehmen arbeiten können, die durch die Investition Aufträge erhalten werden oder sich in Dresden und Umgebung ansiedeln, um im weiten Feld der Halbleitertechnik und ihren Anwendungen zu arbeiten. Das Land unterstützt die Ansiedlung mit rund 800 Millionen DM. Wir erwerben damit aber nicht nur die Ansiedlung selbst, sondern die Aufwertung des Standortes Dresden und Sachsen und das Wissen, das mit der Investition nach Sachsen kommt. Während Sachsen-Anhalt rund 600 Millionen DM für ein Braunkohlekraftwerk auf dem Gelände des Buna-Werkes aufwendet und damit kaum Arbeitsplätze, geschweige denn neue Technik erhält, investieren wir in die Zukunft.

Zur Grundsteinlegung hatte sich Kohl angesagt. Er hatte den Termin bestimmt. Ich hatte mich darüber wochenlang geärgert. Nicht nur, weil Kohl es nicht für nötig gehalten hatte, den Termin mit mir zu besprechen. Ich hatte auch eigene Verpflichtungen im Land, die ich nicht beeinträchtigen wollte. Generell hatte ich Sorge, dass die Investition, die vor allem von uns eingeworben wurde und vorrangig vom Land unterstützt wird, für den Bonner Wahlkampf instrumentalisiert werden sollte.

Wie sich zeigte, war die Aufregung nicht gerechtfertigt. Kohl sprach nach von Pierer, bedächtig, pathetisch und inhaltsleer. Ich konnte die Wirkung der Rede mehr als ausgleichen. Mein Thema war einmal die Begründung für unsere Unterstützung der Investition, zum Zweiten die Notwendigkeit, im öffentlichen Bereich eine ähnliche Steigerung der Intelligenz der Problemlösungen anzustreben wie in der Wirtschaft.

Da nur rund die Hälfte des Bruttosozialproduktes marktwirtschaftlich eingesetzt werde, könne die Wirtschaft durch Steigerung ihrer Leistungsfähigkeit nicht ausgleichen, was im öffentlichen Bereich an Ineffizienz geduldet werde. Deshalb habe die sächsische Staatsregierung nicht nur die Genehmigungsverfahren ständig verringert – im Falle von Siemens auf rund fünf Monate. Sie habe auch begonnen, sich durch externe Berater analysieren zu lassen, um Defizite zu erkennen. Zudem werde sie mit Hilfe der Verwaltungshochschule Speyer neue Verwaltungsstrukturen entwickeln. Kohl gefiel das alles nur in Grenzen, den Leuten umso mehr. Als davon die Rede war, dass unser Wachstum in Zukunft vor allem von der Zunahme intelligenter Methoden im öffentlichen Bereich abhänge, wussten viele, was damit auch gemeint war.

7. Juni 1994

Die 150. Kabinettssitzung! Ich hatte die Kollegen aus diesem Anlass zu einem Essen in die Staatskanzlei eingeladen und auch Frau Rehm und Herrn Weise gebeten. Nicht alle konnten kommen. Im Kabinett selbst gab es nichts Bewegendes. Wir besprachen noch einmal die Haltung zum Entschädigungsgesetz und beschlossen, uns an der Stiftung Frauenkirche zu beteiligen. Eine längere Diskussion löste der Bericht von Groß über den Stand der Schulgesetznovelle aus. Der Arbeitskreis der Fraktion hatte, trotz eindeutiger Beschlusslage, erneut Änderungsvorschläge gemacht. Milbradt sah darin den Versuch, seine Entlastungsbemühungen zu unterlaufen. Ob Groß ganz im Bilde war, konnte ich nicht beurteilen. Aber es gab ohnehin nichts zu beschließen. Ich kündigte an, noch einmal mit der Fraktion zu sprechen.

Vor dem Essen unterzeichneten wir den Staatsvertrag zwischen dem Land und den jüdischen Gemeinden in Dresden, Chemnitz und Leipzig. Bubis war aus dem Anlass nach Dresden gekommen. Es war das erste Mal, dass ein derartiger Vertrag abgeschlossen wurde. Von den rund 20 000 Mitgliedern jüdischer Gemeinden im Land haben 200 die Vernichtung der Juden überlebt.

8. Juni 1994

Der Tag war wieder Besuchen im Land gewidmet. In Arnsdorf weihten wir den Neubau eines kleinen Kaltwalzwerkes ein. In Meißen besuchten wir eine Metallverpackungsfabrik und die Meißner Schuhmanufaktur. Der Metallbetrieb hat den Anschluss an den Markt gefunden, kämpft aber noch mit Finanzierungsproblemen. In der Schuhmanufaktur arbeiten noch 60 Menschen, in der Mehrzahl Frauen. Die Geschäftführerin beeindruckte mich besonders. Von der Frau geht Kraft und Mut aus. Sie ist entschlossen, den kleinen Kern einer vor der Wende bedeutenden Schuhfabrikation zu erhalten. Die Produkte sind durchaus wettbewerbsfähig, aber der Zugang zum Markt und die Finanzierung fehlen. Beides können wir vielleicht sichern. Ich werde mich jedenfalls persönlich um das Unternehmen kümmern.

Nachmittags dann erster Spatenstich für ein neues Gymnasium

in Wurzen. Der Landrat und die ganze Prominenz erwarten mich bei der Landung. Ich hatte staatliche Unterstützung in Aussicht gestellt. Jetzt kann gebaut werden. Der anschließende Festakt wird auf das Zauberhafteste umrahmt vom Chor des Gymnasiums, von Solisten aus der Schule und den Lehrern. Ich nenne in meiner Festansprache (wie derartige kleine Reden stets genannt werden) fünf Erfahrungen, die ich in meinem Leben gemacht habe: 1. Wissen ist unser wichtigstes Kapital. Wir müssen unser Wissen vermehren und weitergeben. Dabei müssen wir den Jüngeren auch Widerstand leisten. Sonst können sie nicht wachsen. 2. Die verschiedenen Ausbildungen sind gleichwertig. Der Meister ist ohne den Ingenieur, dieser ohne jenen hilflos. 3. Unser Lebensstandard wird von unserem Wissen und Können bestimmt. 4. Unsere freie Gesellschaft ist eine kulturelle Leistung. Diese Leistung muss stets neu erbracht werden. 5. Unsere Welt wird nur überleben, so wie wir sie uns wünschen, durch intelligenteres Leben.

Abends dann Schlussveranstaltung im Dresdner Kommunalwahlkampf. Wohl in keiner anderen Stadt, schon gar nicht in Westdeutschland, hätte man sie so gestalten können, wie in Dresden: mit Reden und Vorträgen über die Geschichte, die Bauwerke und die Kunst in der Stadt.

11. Juni 1994

Letzter Tag vor der Kommunalwahl. Wir haben noch einmal Besuche in vier Orten im Land geplant. In Zwickau begannen wir mit der Eröffnung der 4. Westsachsenschau, zusammen mit dem tüchtigen Oberbürgermeister Eichhorn.

Die Schau ist in den letzten Jahren ständig gewachsen. Diesmal konnten auf dem Gelände nicht alle Aussteller untergebracht werden. Manches Produkt, das neu ist, wie ein kleiner Elektroroller der Motorenwerke Zschopau, der mir selbst noch Spaß machen würde. 150 000 Aussteller hatte man im vergangenen Jahr; in diesem sollen es noch mehr werden.

In Neukirchen hat sich ein Investor aus Frankenberg an der Eder gegen Ende 1990 bei seinem ersten Besuch von langen Schlangen vor dem HO-Laden und der Sparkasse dazu inspirieren lassen, in dem langgezogenen Straßendorf einen Dorfmittelpunkt zu konzipieren und zu bauen. Ich war eingeladen, ihn nun seiner Bestimmung zu übergeben. Eine gelungene Anlage, genannt Pleißenanger, beherbergt Läden, die Sparkasse, Gaststätten und einige Büros und Wohnungen und könnte wirklich eines Tages zum Ortsmittelpunkt werden. Die Firma Buderus beschäftigt rund 350 Menschen mit dem Bau von Heizungsplatten. Sie erhofft sich von meinem Besuch eine bessere Verkehrsanbindung durch eine Verbindungsstraße, die es überflüssig macht, dass der LKW-Verkehr sich durch die lange und gewundene Dorfstraße quälen muss. Auch diesen Wunsch, dessen Erfüllung rund 1 Million DM kosten wird, musste von Trott notieren. Er begleitet mich und ist eine große Hilfe.

Weiter geht es nach Wolkenstein, zu dessen Burgfest ich am 12. Mai nicht kommen konnte. Wie sich herausstellt, war es kein Fehler, erst jetzt zu kommen. Bürgermeister und Stadtväter hätten von dem Besuch während des Festes nichts gehabt. So können wir die Probleme besprechen – und durch einen Rundgang in Augenschein nehmen –, die der Ort mit seiner herrlichen Burg hat. Man will sie wirtschaftlich nutzen und zur Heimat des Traditionsregiments werden lassen, das mich im Burghof mit einem ohrenbetäubenden Salut aus alten Vorderladern begrüßte. Das Fladenbrot mit Schmalz war köstlich.

In Brand-Erbisdorf, der nächsten Station, besichtigten wir zunächst das Industriegelände. Die alte Firma Narva, die in der Zeit der DDR der wichtigste Leuchtenfabrikant war, ist nach Liquidation des alten Unternehmens neu entstanden. Sie produziert eine eindrucksvolle Kollektion von Leuchtröhren und -körpern und ist inzwischen unter eigener oder fremder Marke in zahlreichen Baumärkten vertreten. Phantastisch, was die moderne Technik kann: Die Herstellung der Glasröhren durch kontinuierlichen Blas- und Zugvorgang beeindruckt mich ebenso wie die vollständig automatisierte Herstellung der Leuchtröhren. Auch hier ein erheblicher Umsatz pro Mitarbeiter. Man berichtete mir, dass der heute wesentlich höhere Ausstoß mit rund 25 Prozent der früheren Arbeitskräfte erzeugt werde. Beim Werksrundgang zeigte man mir eine größere Lieferung, die für Afghanistan bestimmt ist. Die Besteller hätten Vorauskasse geleistet. Es ist absurd, dass wir zwar nach Afghanistan liefern können, aber nicht nach Russland!

Andere Betriebe sind ebenfalls entstanden. Außerdem hat man

eine überbetriebliche Ausbildungsstätte errichtet, in der rund 300 Lehrlinge ausgebildet werden, etwa zur Hälfte Jungen und Mädchen. Niemand hätte vor fünf Jahren eine Ausstattung wie die für möglich gehalten, über die die Einrichtung jetzt verfügt.

Vom Unternehmen geht es zum Marktplatz von Brand-Erbisdorf. Die Stadt feiert ihr 800-jähriges Bestehen. Brand soll etwa vor 800 Jahren aus dem Kloster Nossen gegründet worden sein. Erbisdorf ist wesentlich jünger. Seit dem 15. Jahrhundert wird Bergbau betrieben. Die Bergmanns- und Hüttenvereine geben sich aus diesem Grund ein Stelldichein. Ich habe die Schirmherrschaft über das Fest übernommen. Nachdem die Parade einmarschiert ist, erklingt die Bergglocke wieder. Sie hat vor Hunderten von Jahren und bis in dieses Jahrhundert die Bergleute an den Beginn der Schicht gemahnt. Man hatte den Turm mit der Glocke nach dem Krieg abgetragen. Nun ist er neu entstanden. Die Glocke läutete am heutigen Abend zum ersten Mal. Sie soll nun täglich mittags und abends läuten.

Obwohl es kalt ist, genieße ich die Parade und das anschließende Bergkonzert. Ähnlich wie auch in Westfalen, vor allem im Sauerland, leben die Menschen mit ihren Traditionen, ihren Vereinen und ihrem Brauchtum. Sie haben mehr Kraft als die Städter und tragen die Schwierigkeiten der letzten Jahre mit erstaunlicher Geduld. Mir ist um das Land, vor allem das Erzgebirge, nicht bange.

Als ich wieder zu Hause bin, fühle ich mich gestärkt. Wieder einmal kann ich mir kaum vorstellen, dass ich das Land noch einmal verlassen und eine andere politische Aufgabe übernehmen könnte. Wir werden von den Menschen in einer Weise getragen, wie ich es mir nie hätte vorstellen können. Aber sie erwarten von uns auch eine Menge. Sie wollen, dass wir bleiben. In Reichenbach rief der Landtagskollege Grüning den Menschen zu, ich sei noch jung genug, um zwei weitere Legislaturperioden in Sachsen bleiben zu können. Sie fanden das ganz in Ordnung.

12. Juni 1994

Kommunal- und Europawahlen. Ingrid und ich gehen um 10.00 Uhr wählen und nehmen Laura mit, die heute Nacht unser Gast war. Anschließend verbringen wir mehrere Stunden mit dem Versuch, gute Bilder für unsere Wahlplakate zu machen. Sagurna hat den Starfotografen Müller aus Bonn geholt, mit dem wir uns nach anfänglichen Schwierigkeiten gut verstehen. Die Sonne scheint, die Bedingungen für gute Aufnahmen sind ideal. In vierzehn Tagen sollen wir das Ergebnis sehen können.

13. Juni 1994

Auf dem Flug nach Bonn. Kommunalwahl und Europawahl liegen hinter uns. Mit dem Ergebnis, soweit ich es bisher kenne, bin ich im Großen und Ganzen zufrieden. Die CDU ist die mit Abstand stärkste Partei geblieben. In der Europawahl hat sie rund doppelt so viele Stimmen erhalten wie die SPD. Die PDS hat stark zugenommen; nach der letzten Hochrechnung von gestern Abend rund 17 Prozent. Ähnlich stark ist sie auch in der Kommunalwahl. Besonders erfreulich sind die Ergebnisse aus den beiden Nachbarländern Thüringen und Sachsen-Anhalt. Auch dort ist die CDU stärkste Kraft, in Thüringen so stark wie bei uns. Die PDS ist in Sachsen-Anhalt stärker, in Thüringen etwas schwächer als bei uns.

Die Sozialdemokraten sind bundesweit erheblich hinter die Union zurückgefallen. Dabei hat die CDU alleine in den ostdeutschen Ländern besser abgeschnitten als in Westdeutschland. Die Grünen kamen auf rund 10 Prozent. Die CSU hat die gesamtdeutsche Fünfprozenthürde überspringen können. Dagegen ist die FDP an der Hürde hängen geblieben. Die Partei des Außenministers ist im Europaparlament nicht mehr vertreten. Die PDS hat in etwa die gleiche Stimmenzahl erreicht wie die FDP. Für die Koalition ist dies ein schwerer Schlag. Vergleicht man die beiden potentiellen Koalitionen Union/FDP und SPD/Grüne, so hat die zweite mehr Mandate in Straßburg als die erste.

Wagner konnte in Dresden rund 40 Prozent der Stimmen erzielen. Er wird in der zweiten Wahl mit großer Wahrscheinlichkeit endgültig gewählt werden. Beachtlich auch das Ergebnis, das Albrecht in Leipzig erzielt hat. Er hat rund 20 Prozent erreicht und damit eine Mehrheit für Lehmann-Grube im ersten Anlauf verhindert. In Chemnitz war Höß nicht erfolgreich. Seifert setzte sich bereits im ersten Wahlgang mit großer Mehrheit durch.

Kurz vor neun Uhr, die Wahllokale schlossen erst um diese Stunde, fuhr ich in die Parteizentrale in der Prellerstraße. Sagurna hatte mir auf dem Weg die Prognose für die Kommunalwahl mitteilen können. Das Ergebnis entsprach ihr im Wesentlichen. In der Pressekonferenz stellte ich fest, dass 85 Prozent der Wähler sich für eine demokratische Partei entschieden hätten. Auf die Frage eines Journalisten, ob ich noch immer an die Möglichkeit einer absoluten Mehrheit glaube, antwortete ich mit »Ja«!

Wenn sich die Trends und Ergebnisse bestätigen, dann bedeutet dies Folgendes:

1. Wir haben in Sachsen eine Aussicht, in der Landtagswahl eine Mehrheit der Mandate zu erzielen, wenn es gelingt, den Ministerpräsidentenbonus auf die Partei zu übertragen. Sollte sich an der Direktwahlabsicht nichts Wesentliches geändert haben, dann müsste dies möglich sein. In jedem Fall ist es wichtig, der Bevölkerung nahezubringen, dass sie den Ministerpräsidenten nur behalten wird, wenn sie ihn wieder mit Mehrheit wählt.

2. Selbst wenn die FDP wieder in den Bundestag einzieht, reicht es nach den gestrigen Ergebnissen nicht zur Fortsetzung der bisherigen Koalition.

3. Die SPD kann in der Bundestagswahl dann stärker werden, wenn es ihr gelingt, ihre Wählerschaft wirklich an die Urne zu bringen. Scharping hat darauf bereits hingewiesen. Zwar sind die Aussichten für die CDU gut, als stärkste Fraktion aus den Bundestagswahlen hervorzugehen. Aber die Kombination SPD und Grüne bleibt eine ernsthafte Bedrohung.

4. Die PDS sollte intensiver bekämpft werden. Darin werden wir uns in Sachsen mit den Sozialdemokraten einig sein. Derzeit ist die SED-Nachfolgerin in Sachsen fast so stark wie die SPD. Da beide unter keinen Umständen kooperieren können, blockiert sich die Linke selbst.

5. Die Stärke der PDS kann sich nachteilig auf die gesamtdeutsche Solidarität auswirken. Dem muss entgegengetreten werden.

6. Die Republikaner sind derzeit keine ernsthafte politische Kraft, weder auf der kommunalen Ebene noch in Europa. Sie werden nicht ins Europaparlament zurückkehren.

Ingrid und ich haben uns gestern Abend noch einmal versprochen, dass wir nur in Sachsen bleiben, wenn die Wähler es mehrheitlich wünschen.

Im Präsidium und im Bundesvorstand war die Stimmung, wen

wundert es, ausgezeichnet. Kohl rechnet jetzt mit einer Fortsetzung der bisherigen Koalition, jedenfalls nach Mandaten.

Wir beobachten eine Tendenz von der FDP zu den Grünen. Die PDS hat nach den bisherigen Ergebnissen gute Aussichten, in der Bundestagswahl mindestens drei Mandate direkt zu gewinnen. In der alten Bundesrepublik hat die CDU sich um 2,8 Prozent verbessert. Die SPD hat hier ihr schlechtestes Europawahl-Ergebnis überhaupt erzielt. Ihre Verluste sind vielfach die Gewinne der Grünen. Kohl merkt an, dass sich darunter auch zahlreiche Wertkonservative befänden, die wir gewinnen müssten. Er sieht einen Zusammenhang zwischen der Zukunft der FDP und der der Grünen. Dagegen hätten die Republikaner die Höhe ihrer Entwicklung überschritten. Auseinandersetzungen in der Führung seien vorauszusehen.

Die CDU sei die stärkste Partei geworden. Das Durchstehvermögen habe sich ausgezahlt. Es sei eine wichtige Tugend. Er erinnere sich an die Januar-Klausur des Vorstandes. Die damaligen Prognosen hätten sich nicht bewahrheitet. Die These vom Auslaufmodell sei widerlegt. Die Bundespräsidentenwahl sei für die CDU wichtig gewesen. Die SPD habe damals mit 40 bis 50 Stimmen der Union, genauer, der CDU, gerechnet. Offenbar habe es Zusagen gegeben. Das könne für uns noch peinlich werden. Bernd und ich amüsieren uns darüber, dass wir es diesmal nicht sind, die streng angesehen werden. Der Blick des großen Vorsitzenden schweift eher in die Ferne.

Das Wahlergebnis sei jedoch kein Grund zur Entwarnung. In Sachsen-Anhalt müsse hart gearbeitet werden, um eine Kompensation für den Bundesparteitag der SPD zu erreichen. Vor die Wahlen in Sachsen und Bayern (der vorgezogene Termin wird nicht mehr beanstandet) fallen der Abzug der russischen Truppen und die feierliche Verabschiedung der amerikanischen in Berlin. Das seien wichtige Medienereignisse.

Die Union müsse jetzt große Anstrengungen unternehmen, um ihre wiedergewonnene wirtschaftspolitische Kompetenz auszubauen. Die Möglichkeit dazu bestehe. Der wirtschaftliche Aufschwung sei glaubwürdig und werde wirksam. Der Kampf um Arbeitsplätze und die innere Sicherheit seien weiter die zentralen Themen. Zudem sei die CDU die Europapartei. Die Wähler hätten es ihr geglaubt.

Entscheidend sei, dass die SPD eine Strömung vertreten habe, die alles negativ sehe und miesmache. Dagegen habe die CDU ihr »Ja zur Zukunft« vertreten. Sie werde das auch weiter tun. Zuversicht sei eine christliche Grundhaltung. Die negative Haltung der SPD habe dagegen die PDS bestärkt.

Die Grünen seien eine ernste Konkurrenz für die FDP. Diese sei nicht mehr die Partei des Freiburger Programms. Die neue Partei der Selbstverwirklichung und -bestätigung seien die Grünen. Die FDP habe mit dem Versuch, sich als Partei der Besserverdienenden zu bezeichnen, ebenso einen Fehler gemacht wie mit ihrer Forderung nach Beseitigung der Kirchensteuer und ihrer Ablehnung des Lauschangriffs. Der SPD habe vor allem die Uneinigkeit geschadet. Gleichwohl müsse die FDP geschickt behandelt und dürfe nicht abgewertet werden. Wir müssten die Koalitionsaussage des FDP-Vorsitzenden weiter unterstützen.

Über die weiteren Maßnahmen gegen die PDS müsse man mit den Landesvorständen reden, in deren Bereich die Partei Direktmandate gewinnen könne. Die Republikaner seien in Deutschland unter Kontrolle. In anderen europäischen Ländern stellten die Rechten eine größere Gefahr dar. Europaweit seien unsere Regierung und die italienische die einzigen, die gewonnen hätten.

Kohl erinnerte daran, dass er am Sonntag 21 Jahre lang Parteivorsitzender gewesen sei. Wildenmann habe damals das Ende der Volkspartei vorausgesagt. Sie werde sich bei rund 30 Prozent einpendeln. Auch er sei widerlegt worden. In den letzten Wochen sei für ihn befriedigend gewesen, dass Tausende zusammengekommen seien, um ihn zu hören. Politik aus der Mitte sei nach wie vor möglich. Dafür schulde er allen Dank.

Abends Landesgruppe. Ich berichtete über die Vorstandssitzung und die bisher bekannten Ergebnisse aus Sachsen. Die Auszählung der Stimmen nimmt viel Zeit in Anspruch. Das Verfahren ist sehr umständlich und überfordert viele Wähler. Die auszählenden Helfer sind aber in vielen Gemeinden auch der Ansicht, es reiche, die Ergebnisse am Mittwoch mitzuteilen. Die Zahl der ungültigen Stimmen ist hoch, sie beträgt etwa 5 Prozent. Wir diskutierten über das Entschädigungsgesetz und die Besoldung der Grundschullehrer. Frau Michalk will den Schutz der sorbischen Minderheit in die Bundesverfassung aufgenommen wissen. Andere melden besondere Wünsche für ihre Wahlkreise an. Die Wahl steht bevor!

14. Juni 1994

Kabinettssitzung. Vor Eintritt in die Tagesordnung sprachen wir über die Schlussfolgerungen aus der Wahl. Es war uns klar, dass wir alles tun müssen, um in den Fällen, in denen ein PDS-Bürgermeister droht, durch eine Koalition mit der SPD in der zweiten Wahl ein anderes Ergebnis zu erzielen. Vor allem in Hoyerswerda ist dies wichtig.

Einig waren wir uns auch in der Feststellung, der PDS sei es gelungen, für einen wichtigen Teil der Wählerschaft eine Ostpartei zu werden, die die Interessen der Ostdeutschen vertrete, die sich vom Westen nicht verstanden fühlen. Es wird deshalb in der weiteren Auseinandersetzung wichtig sein, den Menschen vor Augen zu führen, dass sie mit der PDS nicht ihren Interessen dienen, sondern sie eher gefährden.

In der Kabinettssitzung selbst beschlossen wir, uns an der Stiftung Frauenkirche zu beteiligen, eine sächsische Management KG zu gründen und mit Frau Breuel über die Bedingungen zu verhandeln, unter denen wir die sanierungsfähigen Unternehmen übernehmen können, die sich noch im Treuhandbesitz befinden. Schwierige Fragen oder streitige Probleme gab es nicht zu entscheiden.

Die Wahlanalyse in der Landesvorstandssitzung am späteren Nachmittag ergab keine neuen Erkenntnisse. Wir waren mit dem Ergebnis zufrieden und sahen uns in unserer Hoffnung bestätigt, im Herbst wieder die Mehrheit der Mandate gewinnen zu können. Vor allem beschäftigte uns ein Beschluss, den wir zur Kooperation mit der SPD in den Fällen fassen wollten, in denen ein PDS-Kandidat Chancen hatte, gewählt zu werden. Wir forderten die SPD einstimmig auf, in diesen Fällen mit uns gemeinsam zu handeln und keine Wahlabsprachen mit der PDS zu treffen.

18. Juni 1994

Gestern war ein schöner 17. Juni. 41 Jahre ist es her, dass die Arbeiter auf Baustellen an der Stalinallee zu streiken begannen und Freiheit und Einheit verlangten. Der Aufstand wurde blutig niedergeschlagen. Viele der tapferen Männer verschwanden in Bautzen und anderen Gefängnissen.

Und nun, 41 Jahre später, leben wir in einem freien Sachsen. Die alte Zeit ist verschwunden, wenn wir auch noch immer von ihren Kulissen umgeben sind und an ihren Folgen tragen. Auch die Stimmabgaben für die PDS gehören dazu. Seit bald vier Jahren haben wir wieder ein frei gewähltes Parlament. Der 17. Juni, sagte ich gestern, war der blutig niedergeschlagene Anfang der Befreiung vom Joch der zweiten Diktatur und der erste Schritt auf dem Weg zur Einheit. Der 9. November 1989 brachte die Erlösung von der Fremdherrschaft und der 3. Oktober die Vollendung der Einheit.

Morgens Begegnung mit den Frauenministerinnen und Frauenbeauftragten der Länder. Einige von ihnen sind zugleich Sozial- und Arbeitsministerinnen. Ich soll zu ihnen sprechen und mit ihnen diskutieren. Allen ist der Glaube mehr oder weniger gemeinsam, der Staat könne auch außerhalb seines direkten Einflussbereichs als Arbeitgeber eine reale Gleichbehandlung der Frauen durchsetzen. Niemand fragt danach, wie außerhalb des staatlichen Bereichs Arbeitsplätze entstehen. Was vorhanden ist, will man nicht nur mit weiteren Bindungen belasten, sondern umverteilen. Familienarbeit wird zwar akzeptiert, aber doch als deutlich weniger angesehen und emanzipiert bewertet.

Frau Bergmann war selbst mit einer Gleichbehandlung im Arbeitsleben nicht zufrieden. Werde die Arbeit gerecht verteilt, so fürchtete sie, dann werde ein moralischer Druck auf die Frauen ausgeübt, nicht mehr zu arbeiten. Deshalb müsse man zu anderen Rollenvorstellungen in der Gesellschaft kommen. Frau Uhl verlangte, man solle die Wirtschaftsförderung von der Bereitschaft der Geförderten abhängig machen, in größerem Umfang Frauen zu beschäftigen. Kein Gedanke wird auf die Frage verwendet, ob die Förderung noch einen Sinn mancht, wenn man sie mit derartigen Bedingungen verbindet. Immerhin soll sie doch helfen, Investoren zu gewinnen, nicht, sie sogleich wieder zu verlieren. Frau Schoppe war überzeugt, dass Frauen nur deshalb, weil sie die Kinder bekommen, keine anderen Zuständigkeiten als die Männer haben dürften. Gefordert sei eine Solidarität derer, die haben, also der »Arbeitsplatzbesitzenden«. Sie müssten zugunsten derer abgeben, die nicht haben.

Frau Wiedemann war überzeugt, das Recht auf Arbeit sei unteilbar und stehe deshalb nicht nur den Männern zu. Sie hielt es für unzulässig, nur von der Erwerbsneigung der Frauen zu sprechen, die Erwerbsneigung der Männer aber als selbstverständlich vorauszusetzen. Frau Wackernagel schließlich machte zunächst den Vorbehalt, dass sie die Dinge nicht so sehe wie ihr Ministerpräsident Lafontaine. Dann erwartete sie, dass die Rückkehr der Frauen in die Erwerbsarbeit nach einer Zeit der Familienarbeit mit staatlichen Mitteln sichergestellt werde. Auch die Männer müssten zur Hausarbeit bereit sein.

Meinem Vorschlag, die Sozialsysteme von ihrem Vorurteil gegen die Familienarbeit zu befreien und dadurch eine wirkliche Wahlfreiheit zwischen Familie und Erwerbsarbeit erst herzustellen, wurde zwar nicht widersprochen. Aber er wurde ebenso wenig weiterverfolgt wie die Anregung, das Arbeits- und Sozialverhältnis zu trennen. Ähnlich ging es meiner seit langem vorgetragenen Anregung, Partnerarbeitsplätze zu schaffen, auf denen sich im wöchentlichen Rhythmus zwei Arbeitnehmer abwechseln.

Die Runde kam mir vor wie eine Versammlung von Frauen, die ihre Weiblichkeit als eine Strafe des Schicksals ansehen, so lange jedenfalls, wie sie »Politik machen«. Später, nach unserer Diskussion, stellten sie sich alle mit mir auf der Hoteltreppe auf, um fotografiert zu werden. Wie sie sich da so einreihten und positionierten, erinnerten sie mich eher an eine Schulklasse im Backfischalter, durchaus fraulich und liebenswert.

Nachmittags war ich in Wittichenau in der Nähe von Hoyerswerda zu einem einstündigen Besuch bei der Stiftung Solidarität im ländlichen Raum.

Die Diskussion drehte sich um das Entschädigungsgesetz. Vertreter beider Bauernverbände im Lande trugen ihre unterschiedlichen Auffassungen zum bevorzugten Erwerb von Pachtland vor. Für die früheren LPG-Bauern kam es darauf an, dass die Gesellschafter erwerben konnten, für die »Wiedereinrichter«, dass die früheren LPG-Funktionäre jetzt nicht auch noch reich werden sollten durch das Land, was anderen Bauern weggenommen worden war. Eine gerechte Entscheidung, das war allen klar, die die Argumente gehört hatten, ist kaum möglich.

Heute Morgen nun waren wir in Bonn, um am Festakt zum zehnjährigen Bestehen der Selbsthilfegruppen Sklerodermie teilzunehmen. Viele waren ins Gustav-Heinemann-Haus in Bonn gekommen, Kranke und Gesunde. Ingrid hatte das junge Dresdner Quartett für die musikalische Umrahmung gewonnen. Sie eröffnete als Schirmherrin die Veranstaltung und sprach über die Bedeutung der Selbsthilfegruppen. Ich nahm die Gedanken in meinem Festvortrag zur Entwicklung der sozialen Ordnung auf und war sehr stolz auf meine Frau.

21. Juni 1994

Vorletzte Kabinettssitzung vor der Sommerpause. Die Agenda war kurz und unkompliziert. So konnten wir uns an der wichtigen Frage aufhalten, ob wir zum Jahresende, wie von Milbradt vorgeschlagen, die Aufwandsentschädigungen und die Trennungsentschädigungen für Westbeamte auslaufen lassen sollten. Nach längerer Diskussion wurde mir deutlich, dass die Sache wirklich kompliziert war. Über die Beendigung der Aufwandsentschädigung, dem sogenannten Buschgeld, waren wir uns bald einig. Es gibt dafür nach nunmehr fast vier Jahren Aufbau keine Rechtfertigung mehr. Dagegen nimmt die Irritation über die bevorzugte Behandlung der »Wessis« bei unseren Mitarbeitern aus dem Osten zu.

Schwieriger stellt sich die Sache bei der Trennungsentschädigung dar. Vor allem um den wöchentlichen Heimatflug ging es. Während Georg auch diese Leistung streichen wollte, erklärte Heitmann, seine Justiz würde dann funktionsunfähig, denn viele der Richter und Staatsanwälte, die er mühsam geworben habe, würden uns dann wieder verlassen. Zum Teil könnten sie noch nicht nach Dresden umziehen, weil sie keine Wohnung hätten, zum Teil, weil die Frauen nicht bereit seien, mitzukommen. Eigene Berufstätigkeit oder Abneigung gegen die neue Umgebung seien wichtige Gründe. Aus den Schilderungen einzelner Fälle erfahren wir erneut, wie gering die Mobilität in Deutschland geworden ist und wie schwer, selbst Beamte zu versetzen, wenn es nicht in ihre Familienplanung passt.

24. Juni 1994

Auf Antrag der CDU-Fraktion berichtete die Staatsregierung über die zu Ende gehende Legislaturperiode. Wir hatten den Antrag bestellt, um einen schriftlichen Bericht erstellen zu können, ohne das

Werbeverbot vor Wahlen zu verletzen. Außerdem wollte ich keine Regierungserklärung abgeben, die ich vorher hätte ausarbeiten und den Fraktionsvorsitzenden hätte zugänglich machen müssen. So sprach ich – nach der namentlichen Abstimmung über die Schulgesetznovelle, die wir knapp gewannen – in Anlehnung an den Bericht nach Stichworten im Wesentlichen frei und nur eine gute Dreiviertelstunde.

Kunckel antwortete in überraschend polemischer und seiner bisherigen politischen Einstellung widersprechenden Weise. Er ließ an der Arbeit der vergangenen Jahre kein gutes Haar, stellte Forderungen auf, die niemand einlösen könnte, auch er nicht, schürte Konflikte zwischen Ost und West, riss Gräben auf, die wir in der Vergangenheit gemeinsam zu schließen versucht hatten, und stellte all dies unter die Forderung nach mehr Gerechtigkeit. Nicht nur in unserer Fraktion erntete er mit dieser Rede Kopfschütteln. Wenn die Zustände in unserem Land wirklich so seien, wie Kunckel sie beschrieben habe, so eine weitverbreitete Meinung, dann könne man gleich PDS wählen.

Schon am Vortag hatte es eine Annäherung zwischen SPD und PDS gegeben. Die PDS hatte ein Gesetz eingebracht, mit dem zusätzliche Wohngeldleistungen gewährt werden sollten – einer ihrer zahlreichen populistischen, aber unfinanzierbaren Vorschläge. Die SPD schloss sich dem Gesetzesantrag an und stimmte mit der PDS für etwas, das sowohl geltendem Recht (weil durch Bundesgesetz bereits geregelt) wie ökonomischer Vernunft widersprach. Nur ein Verfahrensfehler der PDS bewahrte sie davor, ihr neues Bündnis durch eine namentliche Abstimmung notifizieren zu müssen.

Kunckel hatte in dem Gespräch, das wir über das gemeinsame Verfahren bei der Zweitwahl beobachten wollten, auf die Schwierigkeiten verwiesen, die der SPD drohten, wenn es in Sachsen-Anhalt zu einer großen Koalition kommen sollte. Dann werde man zwischen CDU und PDS zerrieben. Offenbar versucht die Partei nun, es in Populismus der PDS gleichzutun – was nie gelingen kann – und sich auf diese Weise vor dem Dilemma zu bewahren, das für sie mit der »Sandwich-Position« verbunden wäre.

Die Antwort der PDS und der Grünen auf meinen Bericht ersparte ich mir. Rade hörte ich zu, obwohl es sich nicht lohnte. Goliasch dagegen machte seine Sache gut. Er traf einen Ton zwischen Ernst und Leichtigkeit, der letztlich zu einem guten Ende beitrug. Als Frau Matzke als Fraktionslose in der Schlussrunde das Wort ergriff, alle anderen hatten verzichtet, und meinen »Vorschlag« aufgriff, sächsische Mädchen müssten eben Schwaben heiraten, damit die unterschiedliche Vermögensbildung eingeebnet würde, löste sie große Heiterkeit und die Bereitschaftserklärung Leroffs aus, ihr einen Schwaben zu organisieren. Das war, von den getragenen Schlussworten des Präsidenten abgesehen, »das letzte Wort« dieser Legislaturperiode!

Im Landtag kursierte derweil eine in der *Neue Zeit* veröffentlichte Umfrage. Die Wirtschaftspolitik ihres Landes beurteilen danach in Sachsen 57 Prozent der Befragten positiv und 34 Prozent negativ. In Brandenburg ist das Verhältnis 47 zu 49 Prozent, in Berlin 34 zu 62 Prozent, in Thüringen 32 zu 57 Prozent und in Mecklenburg-Vorpommern 28 zu 65 Prozent. Nach Frau Hildebrandt (68 Prozent) und Rita Süssmuth (50 Prozent) finden mich 49 Prozent der Befragten am ehesten überzeugend. Ich habe mir eine feste Position in Ostdeutschland erobern können, vielleicht eine tragfähige Basis auch für weiteres politisches Handeln.

27. Juni 1994

Morgens CDU-Präsidium in Bonn. Ingrid und ich waren in Leipzig über Nacht geblieben und gemeinsam nach Bonn geflogen. Ingrid wollte an der Buchvorstellung in Bonn teilnehmen. Die Präsidiumssitzung war durch die Wahlen in Sachsen-Anhalt bestimmt. Inzwischen lagen die endgültigen Ergebnisse vor. Bei einer Wahlbeteiligung von nur 54,6 Prozent hatten die CDU 390 004 und die SPD 385 913 Stimmen erzielt. Die CDU hatte damit gegenüber ihrem Wahlergebnis von 1990 rund 161 000 Stimmen verloren. Die Zustimmung zur FDP war von 190 800 im Jahr 1990 auf 40 618 Stimmen im Jahr 1994 zurückgegangen. Die PDS hatte ihre Anhängerschaft trotz der geringeren Wahlbeteiligung von rund 169 000 auf rund 225 000 Stimmen steigern können. Die Grünen verloren von rund 75 000 auf rund 58 000 Stimmen.

Das Ergebnis löste eine lange Diskussion im Präsidium aus. Kohl hat nichts von seiner Selbstgerechtigkeit eingebüßt.

Die CDU habe ein hervorragendes Ergebnis erzielt, meinte Kohl, wenn man es mit der demoskopischen Situation im Dezember 1993 vergleiche. Damals war die CDU in Sachsen-Anhalt wegen der Gehaltsaffäre Münch auf rund 20 Prozent Zustimmung gesunken. Alle gingen von einer großen Koalition unter der Führung Bergners aus.

Nachmittags stellten wir dann im *Presseclub* das neue Buch vor. Trotz der Hitze waren fast 200 Leute gekommen. Frank-Planitz machte es diesmal wesentlich kürzer. Ich stellte meinen Text als ein Buch vor, das für die Wahlen geschrieben worden sei. Ich wolle damit Rechenschaft ablegen, vor allem in Sachsen, aber auch in Deutschland. Aus dem Kreis der Themen erwähnte ich Arbeit, Renten, die Bund-Länder-Beziehungen, die Einheit als eine gesamtdeutsche Aufgabe und kulturelle Grundlage unseres politischen Handelns. Fragen gab es wenige. Schwartz von der *Frankfurter Rundschau* wollte wissen, ob ich frühere Einschätzungen auch dann aufgenommen hätte, wenn sie sich inzwischen als falsch erwiesen hätten.

Am späteren Nachmittag erhielt ich Besuch von Koch und Wirtgen. Ingrid und Frau Martens missbilligten meine Bereitschaft, wieder mit den beiden zu reden. Ich wollte wissen, wie sie mit der unerwarteten Wende in der Wahlstimmung fertigwerden. Wie sich zeigte, haben sie damit große Schwierigkeiten. Von mir wollten sie wissen, wie es denn wohl möglich sei, dass Kohl praktisch wiederauferstehe. Ich muss gestehen, dass ich für ihre Verzweiflung Verständnis habe. So oft hatten sie den Mann tot geschrieben, dämmern und scheitern sehen. Und nun hat er Scharping in den Umfragen überholt und die CDU hat die SPD hinter sich gelassen. Trotz eines im Großen und Ganzen erfolgreichen Parteitages war es den Sozialdemokraten nicht gelungen, die Initiative zurückzugewinnen. Warum es denn gegen die Entpolitisierung des Wahlkampfes keinen Widerstand gebe? *Focus* sei der Ausdruck des neuen Infotainments. Sie könnten noch so viel über politische Inhalte schreiben. Offenbar interessiere sich niemand mehr dafür.

Folgende Erklärungen schienen mir in dem Gespräch erwähnenswert: Die SPD hat sowohl 1990 wie – bisher – 1994 gegen die Grundstimmung der Bevölkerung argumentiert. 1990 lehnte sie praktisch die Einheit ab, indem sie sie als zu teuer bezeichnete. Sie stellte sich damit gegen die Grundstimmung, die die Einheit wollte.

Kohl dagegen nahm die Stimmung auf und verstärkte sie, indem er den Westdeutschen die Einheit zum Nulltarif versprach. Die damit verbundene Gefahr sah er nicht oder nahm sie, was die Steuererhöhung betraf, in Kauf. Das kostete uns zwar nach der Wahl viel Zeit und politische Energie und damit den Verlust wichtiger Möglichkeiten. Aber für die Wahl war es wichtig. Der Versuch Lafontaines, mit durchaus zutreffenden Zahlen und Einschätzungen dagegen anzugehen, echte Information gegen Gefühle zu stellen, war nicht erfolgreich.

Scharping ist im Begriff, denselben Fehler zu wiederholen. Diesmal gibt es eine Grundstimmung des wirtschaftlichen Optimismus. Diese Grundstimmung nimmt eine mögliche, auch für die Bevölkerung spürbare wirtschaftliche Belebung vorweg – ja sie ist ihre Voraussetzung. Denn ohne Wirtschaftsoptimismus werden die vielen Dinge nicht gekauft, die man zwar nicht dringend braucht, deren Kauf aber Voraussetzung für die Belebung der Wirtschaft ist.

Wieder erkennt Kohl die Grundstimmung rechtzeitig, nimmt sie auf und verstärkt sie durch seinen fast penetranten Optimismus. Wieder wehren sich die Sozialdemokraten gegen diese Taktik mit dem Argument, die Zahlen gäben für das Aufschwunggerede nichts her. Die Arbeitslosigkeit würde eher steigen als sinken und die Arbeitnehmer hätten nichts vom Aufschwung, wenn er denn käme. Wieder verstehen sie nicht, dass die Bevölkerung sich mit der positiven Grundstimmung wohl fühlt und auch dann nicht darauf verzichten will, wenn die Stimmung nicht hält, was sie verspricht. Wahrscheinlich ist es leichter, mit der Stagnation der Reallöhne fertig zu werden, wenn man sich wohl fühlt und die Sonne scheint.

28. Juni 1994

Um fünf Uhr aufgestanden, um rechtzeitig zur Kabinettssitzung in Dresden zu sein. Es war die letzte Sitzung vor der Sommerpause. Hauptpunkt: der Haushalt für 1995.

Wegen des voraussichtlichen Rückgangs der Steuereinnahmen können wir im kommenden Jahr nur etwa eine Milliarde DM mehr ausgeben als in diesem Jahr. Allerdings wird sich die Struktur der Einnahmenseite wesentlich verändern. Es wird das erste Jahr unter dem Regime des Solidarpaktes sein. In den kommenden Jahren können wir nur mit geringen Steigerungen der Einnahmen rechnen. Was uns an Steuerkraft zuwachsen wird, wird bei den Transferleistungen abgezogen werden. So will es das Prinzip der Solidarität, das keine Einbahnstraße ist.

Neben dem Haushalt beschlossen wir eine Kommission, die die Gründung der Landes-Management-KG und die Verhandlungen mit der Treuhand über die Finanzierung der Unternehmen vorbereiten soll, die wir in die KG aufnehmen wollen. Außerdem erteilten wir den Auftrag, die jetzt noch diskutierten Lösungen für die Deutsche Waggonbau zu prüfen und auch hier eine Landesbeteiligung vorzubereiten.

Vor Eintritt in die Tagesordnung sprachen wir ausführlicher über das Wahlergebnis bei uns und in Sachsen. Wir stellen in den kommenden Jahren alle Landräte und in der Mehrzahl der kreisfreien Städte auch die Oberbürgermeister. Erneut hat sich gezeigt, dass die CDU in Sachsen die stärkste politische Kraft ist. Wahrscheinlich wird sich diese Beurteilung auch in der Landtagswahl wiederholen.

29. Juni 1994

Der Fotograf Müller präsentierte die Auswahl der Aufnahmen, die er von Ingrid und mir gemacht hatte. Wir fanden ein gutes Bild für die Großfläche. Von Ingrid und mir ist ebenfalls eine gute Aufnahme gelungen, die wir für Postkarten verwenden können. Sie werden auf unserer gemeinsamen Wahlreise gefragt sein.

Am späteren Vormittag verabschiedeten wir die letzten russischen Soldaten aus Dresden und Sachsen, die Offiziere und Mannschaften der Militärkommandatur. Seit 1945 bestand sie. Von ihr ging viele Jahre die eigentliche Macht im Staate aus. Der Generalstabschef der russischen Westtruppen der früheren sowjetischen Armee auf deutschem Boden, Generaloberst Terentjew, war aus diesem Anlass nach Dresden gekommen.

Die Zeremonie fand vor dem Gebäude der Kommandatur statt. Über dem Eingang wehten die russische, die deutsche und die sächsische Fahne einträchtig nebeneinander. Schon dieses Bild bewegte mich. Der Ortskommandant erstattete dem General Meldung. Dann berichtete er über die zurückliegende Zeit und die Aufgaben, die die Kommandatur im Zuge der Rückkehr der Truppen hatte bewältigen müssen. Ich hatte als Nächster das Wort. Über die historischen Momente sprach ich, die wir in den letzten Jahren in großer Zahl erleben konnten, über die Umwälzungen, die auch im Bild der Fahnen zum Ausdruck kamen, und die Aufgaben, die wir in Zukunft gemeinsam würden bewältigen müssen.

Der General beeindruckte mich. Ein gut geschnittenes Gesicht, klare Augen und eine Ausstrahlung, der man sich nicht entziehen konnte. Die Russen und die Deutschen müssten Freunde sein, das war der Tenor seiner Ansprache. Nie habe die russische Armee die Deutschen insgesamt für die Gräuel verantwortlich machen wollen, die die Nazibarbarei über sein Land gebracht habe. Man habe bei Kriegsende den Menschen in Dresden geholfen zu überleben und die Kunstschätze der Stadt und des Landes geschützt. Nun gelte es, die gemeinsame Zukunft zu gestalten.

Nach seiner Rede intonierte die russische Militärkapelle die russische und die deutsche Nationalhymne. Mir stiegen die Tränen der Rührung in die Augen. Welches Leid und welche Schrecken mussten geschehen, bis es zu einem solchen Moment kommen konnte. Die Intimität des Ereignisses machte es besonders eindrucksvoll.

Es war eine bewegende Stunde und nur das Protokoll hielt mich davon ab, den General zu umarmen.

30. Juni 1994

Ministerpräsidentenkonferenz in Berlin. Ich war mit dem Zug nach Berlin gereist, schon um die Staus auf der Autobahn zu meiden. Obwohl es nachts geregnet hatte, war es noch immer schwül. In Berlin begrüßte uns Sonnenschein und eine herrlich klare und frische Luft. Die Vorbesprechung der B-Länder verlief ohne Probleme.

Beherrschendes Thema am Rande war die politische Situation in Sachsen-Anhalt. Die SPD hatte inzwischen einstimmig beschlossen, ein Minderheitskabinett unter Höppner anzustreben, das von SPD und den Grünen getragen werden soll. Mit der PDS wolle man nicht zusammenarbeiten, wurde versichert. Aber Höppner scheint nichts dagegen zu haben, von der PDS bereits im ersten Wahlgang mitgewählt zu werden. Bergner ist entschlossen, eine Höppner-Regierung nicht zu tolerieren, ihr also in Sachfragen auch keine Mehrheit zu sichern. Die PDS kommt damit in die beste aller Positionen: Sie kann jeweils entscheiden, ob sie die Regierung stützen oder opponieren will, also die Politik bestimmen ohne Verantwortung übernehmen zu müssen.

Nachmittags Gespräch mit Kohl im Reichstag. Obwohl Scharping ihn offensichtlich am Eingang zum Sitzungssaal erwartete, stürmte Kohl mit seinen bekannten ausgreifenden Schritten grußlos an ihm vorbei, nahm am Kopf des Konferenztisches Platz und ließ sich längere Zeit von Fernsehen und Fotografen umlagern.

Vertieft wurde die Frage diskutiert, wie man mit den Kurden in Deutschland umgehen solle. Einige Länder erwägen aufgrund der Berichte des Auswärtigen Amtes über mögliche Gefährdungen der Kurden in der Türkei einen Abschiebestopp zu verfügen, andere haben ihn bereits verfügt. Was der Staatssekretär des Auswärtigen Amtes uns zur Gefährdungslage berichten konnte, war wenig präzise, erlaubt jedenfalls keine pauschale Entscheidung. Voscherau meldete sich zu Wort und berichtete über die Wirklichkeit in Hamburg. Der Drogenhandel sei fest in kurdischer Hand. Bei manchen jugendlichen Flüchtlingen könne man begründete Zweifel haben, ob sie wirklich erst 13 oder 14 Jahre alt seien. Häufig seien es diese Kurden, die man als aktive Dealer von Drogen aufgreife, wegen ihres jugendlichen Alters aber nicht festhalten könne.

Kohl ergänzte diese Beobachtungen durch Hinweise auf die sich ausdehnende Mafiastruktur. Man schätze, dass inzwischen rund 250 Milliarden DM Mafiagelder in die Bundesrepublik geflossen seien. Sie entfalteten ihre zersetzende Wirkung an den verschiedensten Stellen der Gesellschaft. Beim letzten EG-Gipfel habe man verabredet, gemeinsam zu handeln. Aber die Hilflosigkeit, mit der man der Entwicklung gegenübersteht, ist auch seinen Worten anzumerken.

Vom Kanzlergespräch eilten wir zurück ins Rote Rathaus. Dort warteten bereits die Bischöfe, um mit uns über die drohende Abschaffung eines Feiertages zur Teilfinanzierung der Pflegeversicherung zu sprechen. Die ganze Absurdität der Regelung wurde in diesem Gespräch wieder sichtbar. Niemand hält die Regelung für sinnvoll. Niemand möchte im Grunde einen Feiertag abschaffen. Aber jeder ist Opfer der Demagogie geworden, mit der Blüm und Dreßler, aber auch andere, die sogenannte Kompensationslösung durchgesetzt haben – auch wir in Sachsen. Jetzt wird uns von denen, die die Zustimmung unter Berufung auf die Parteidisziplin erzwungen hatten, vorgehalten, wir hätten doch zugestimmt.

Vogel und ich deuten an, dass wir nach einer Lösung suchen, die uns erlaubt, den Feiertag zu erhalten und den Wegfall der Bezahlung durch einen Urlaubstag auszugleichen. Wahrscheinlicher ist noch, dass die Tarifparteien im kommenden Jahr eine Lösung finden werden, indem sie den Urlaub um einen Tag verlängern und diesen Tag mit dem Feiertag verrechnen. Eine wirkliche Reform kann so nicht entstehen.

Der Abend gehörte dem Bundespräsidenten. Wir waren zum Abschied eingeladen, mit ihm im Schloss Bellevue zu essen. Ich hatte Frau Limbach zur Tischdame. Sie wird die neue Präsidentin des Bundesverfassungsgerichts. Es war eine interessante Begegnung. Neben ihr saß Kohl, der Frau von Weizsäcker zu Tisch führte, gegenüber Frau Kinkel und Waigel, links neben mir Klose. Man konnte dem Placement nicht eine gewisse Fantasie absprechen. Kohl ließ Frau Limbach weitgehend links liegen und ignorierte mich – was ich ihm nicht verdenken kann. Hatten die Länder ihn doch gerade von der einstimmigen Ablehnung der Beschlüsse unterrichtet, die der Bundestag mühsam und in namentlichen Abstimmungen gefasst hatte. Wenn die Länder einstimmig handeln, das lehrt ihn seine Erfahrung, dann hat das auch etwas mit mir zu tun. Dass es ihm nicht gelungen ist, mich aus der Politik zu vertreiben, wird ihn immer schmerzen.

Nach Tisch standen wir noch mit Kinkel zusammen. Ob es mit seiner Partei in Sachsen ähnlich schlecht aussehe, wollte er wissen. Ich versuchte, ihn zu trösten. In Sachsen habe sich die FDP in den Kommunalwahlen nicht schlecht geschlagen. Sein Vertrauen in eine Rückkehr in den Landtag war dennoch begrenzt. Er berichtete von einer Mittelstandsversammlung in seiner Heimat. Immer wieder habe man von ihm wissen wollen, wozu die FDP eigentlich noch gebraucht werde. So habe er schließlich in den Saal gerufen: Weil der Dicke es allein nicht schafft! Das habe die Leute überzeugt. Theodor Heuss würde sich im Grabe drehen, wüsste er, wie seine liberale Partei auf den Hund gekommen ist.

1. Juli 1994

Vier Jahre ist es her, dass die Wirtschafts- und Währungsunion in Kraft trat und Deutschland wirtschaftlich vereint war. Ich erwähnte das Jubiläum mehrere Male und immer zur Verblüffung meiner Zuhörer. Sie hatten nicht daran gedacht und konnten deshalb auch nicht empfinden, was in diesen vier Jahren alles geleistet wurde.

Das Forum »Wieviel braucht der Mensch zum Leben? Von der Mentalität des Habens zum solidarischen Teilen«, zu dem der Katholikentag in die Kreuzkirche eingeladen hatte, war ein großer Erfolg. Selten habe ich mich auf einer Veranstaltung so wohl gefühlt. Die Menschen sind trotz aller Sorgen fröhlich. Die Spannung und auch die Ablehnung, die frühere Katholikentage kennzeichneten, sind verschwunden. Ich kann in der überfüllten Kreuzkirche sagen, dass ich gerne Politiker in Sachsen bin, und dafür Beifall ernten. Ernstes kann mit Heiterem wechseln.

Mit mir auf dem Podium ist eine geistliche Schwester, Frau Blank, die nach jahrelangem Aufenthalt in Peru nun mit einer Mitschwester in Berlin-Marzahn arbeitet und sich dort um Menschen kümmert. Ein rheinischer Psychoanalytiker und Arzt, der sich um Drogensüchtige kümmert, bringt mit seinen Lebensweisheiten viel Heiterkeit in die Kirche, zugleich als Theologe aber auch ernste Besinnung. Vor allem um die Fähigkeit zur Muße geht es ihm, der zwecklos und gleichwohl sinnvoll verbrachten Zeit. Wir behandelten die Zeit wie ein wildes Tier: Wir wollten sie entweder vertreiben oder totschlagen. Not tue es, so zu leben, dass man in der Gegenwart und gegenwärtig lebe. Denn jeder Tag und alles, was man tue, sei einmalig. Es gebe keine Wiederholung.

Thomas Sternberg, der das Franz Hitze Haus in Münster leitet, Nachfolger von Beckel, und unser Moderator war, nahm ich noch mit in die Staatskanzlei. Er kennt meine Texte, auch die Arbeiten von Meinhard, und sieht Chancen, dass wir allmählich zu einer wirklichen Beschäftigung mit den Folgen der demografischen Entwicklung finden könnten.

Nach einem herzlichen Besuch des Jugendzentrums des Katholikentages ging ich zum Treffen aller Landräte am Sitz des Landkreistages. Man hat ein Gebäude am Käthe-Kollwitz-Ufer erworben, ein wundervolles Haus, später Jugendstil, mit einem ebenso schönen

Garten. Wenn alles wiederhergestellt sein wird, wird unser Landkreistag einen der schönsten Sitze in Deutschland haben.

Das Treffen war nicht ohne melancholische Zwischentöne. Zwar haben wir alle Landratspositionen für die CDU gewonnen und viele glückliche Sieger begrüßten mich. Aber neben ihnen standen die Verlierer der Kreisreform, die noch keine neue Aufgabe haben, die Frauen und Männer der ersten Stunde, die jetzt den Eindruck haben müssen, nicht mehr gebraucht zu werden. Wir haben versprochen, ihnen zu helfen, und werden das Versprechen auch halten.

Am frühen Abend dann die Nachverhandlungen zum Haushalt 1995 zwischen Finanzen und Kultus. Das Verhältnis zwischen beiden Häusern ist so schlecht, dass sie nicht mehr miteinander zurechtkommen. Deshalb hatte ich Minister und Staatssekretäre eingeladen und mich selbst mit Hilfe meiner Leute gut vorbereitet. Nach gut zwei Stunden waren die noch offenen Fragen geregelt. Damit steht der Haushaltsentwurf der Regierung für das kommende Jahr fest. Im Grunde ist dies auch die letzte wichtige Entscheidung in dieser Legislaturperiode. Im August werden wir nur noch Routineentscheidungen zu treffen haben.

2. Juli 1994

Ein strahlender Sonnentag, herrliches Wetter für den Katholikentag. Die Stadt zeigt sich von ihrer besten Seite. Keiner kann sich dem Charme entziehen, den sie noch immer hat und wohl auch nicht verlieren kann. Dafür sorgen schon die Menschen.

Morgens erst die Verleihung des Kunst- und Kulturpreises der deutschen Katholiken an einen Architekten. Ich bewundere den Mann, Prof. Schattner, nicht weil er ein guter Architekt ist – davon verstehe ich nichts –, sondern weil er mit einer schweren, entstellenden Gesichtsverletzung lebt und gleichwohl Sicherheit und Fröhlichkeit ausstrahlt.

Anschließend Diskussion mit dem Vorstand der Jungen Union. Nach einer kurzen Beschreibung unserer Aufbausituation und des Weges dahin sind wir sehr schnell bei den Erfolgen der PDS und ihren Auswirkungen auf die Parteienlandschaft und den Wahlkampf. Ich erläutere ihnen den bisherigen Stand unserer Überlegungen, die noch keineswegs abgeschlossen sind. Dazu gleich mehr.

Wir kommen dann auf den Deutschlandtag der Jungen Union, der zwischen den Bundestagswahlen und dem Bundesparteitag liegt. Man will von mir wissen, falls ich jetzt schon darüber sprechen könnte, was nach der Bundestagswahl wohl geschehen könnte und was ich von der Jungen Union erwartete.

Als Ergebnis der Bundestagswahl gibt es vier mögliche Szenarien: Wir können die kleine Koalition fortsetzen (Wahrscheinlichkeit derzeit noch unter 50 Prozent, aber mit steigender Tendenz), große Koalition unter Führung der Union (Wahrscheinlichkeit derzeit über 50 Prozent mit leicht abnehmender Tendenz), große Koalition unter SPD-Führung (Wahrscheinlichkeit derzeit unter 50 Prozent und abnehmend) und eine kleine Koalition unter Führung der SPD (eher unwahrscheinlich).

In jedem Fall wird jedoch vor der Klammer eine SPD-Mehrheit im Bundesrat stehen. Sie wird durch die noch ausstehenden Landtagswahlen gestärkt werden. Dies selbst dann, wenn in Sachsen-Anhalt und Mecklenburg-Vorpommern die CDU weiterhin den Regierungschef einer großen Koalition stellen kann. Denn auch in diesem Fall werden in den Koalitionsvereinbarungen Abstimmungsregeln für den Bundesrat vorgesehen werden. Sie werden die Wahrscheinlichkeit der Stimmenthaltung bei Themen, die zwischen Union und SPD kontrovers sind, verstärken, also die Übereinstimmung zwischen Bundestag und Bundesrat im Bereich der konkurrierenden Gesetzgebung verringern. Selbstblockaden der Politik werden zunehmend die Folge sein.

Auf diese Situation muss sich die CDU vorbereiten. Ihr gegenwärtiges Wahlziel »Wiederwahl Kohls« ist notwendig, aber nicht ausreichend. Die Konzentration auf den Mann hat zu einer entsprechenden Gegenreaktion bei der SPD und damit zu einer politischen Entleerung des Wahlkampfes geführt. Dass wir einen Wahlkampf ohne Politik erleben, ist auch die Meinung der Jungen Union. Vorbereiten in diesem Sinne heißt: Repolitisierung der Union, Aufnahme der Themen und damit der politischen Aufgaben der letzten Jahre dieses Jahrhunderts, Verhinderung einer Legislaturperiode der Stagnation. Ihre Folge würde sein, dass sich die geburtenstarken Jahrgänge in den bestehenden Besitzständen endgültig einrichten und zugleich dafür sorgen, dass die nachwachsenden Generationen zu klein sind, um sie aus den Besitzständen zu vertreiben. Wir werden dann von anderen Völkern aus unseren Besitzständen vertrieben – mit unabsehbaren innenpolitischen und außenpolitischen Konsequenzen.

Deshalb wird es notwendig sein, unmittelbar nach der Bundestagswahl mit dem Prozess der Repolitisierung zu beginnen. Ich bin entschlossen, dazu beizutragen. Zu den Themen gehören, neben der Neuordnung des Arbeitsmarktes und des Sozialsystems, die Neubestimmung unserer außenpolitischen Positionen, vor allem im Verhältnis zum Osten, die Erneuerung unseres Wissenschafts- und Forschungsbereiches (Prioritäten, z.B. Magnetbahn, ICE-Strecken etc.), die Modernisierung unserer Verwaltung und auch die Diskussion der nationalen Frage. Meine Gegenposition zu Schäuble findet in der Jungen Union breite Zustimmung.

Mit dem Reformprozess muss unmittelbar nach der Bundestagswahl begonnen werden. Die CDU muss als Partei an den Koalitionsverhandlungen so beteiligt werden, dass sie eine eigenständige Position einbringen kann. Deshalb müssen auf dem Parteitag nicht nur die Personen, sondern die Positionen eine Rolle spielen, die sie vertreten. Die Fortsetzung der gegenwärtigen, jeden Streit unterdrückenden Politik innerhalb der CDU wird die Partei zerstören und zur Spaltung führen. Man kann die neuen Herausforderungen nicht auf Dauer mit den alten Rezepten beantworten.

6. Juli 1994

Seit Montagabend sind wir auf dem Buchberg. Als wir ankamen, wollte ich nicht glauben, dass wir jetzt fast einen Monat für uns haben. Ich fühlte mich befreit, auch von der Last der Legislaturperiode, die ich vor knapp vier Jahren auf mich genommen hatte. Es war mir, als hätte ich mein Versprechen eingelöst, das ich den Sachsen gegeben hatte: ihnen einen guter Ministerpräsident zu sein und ein guter Anwalt für Sachsen. In keinem Jahr bisher, seit wir in Dresden sind, habe ich Ähnliches empfunden. Wenn wir nach Dresden zurückkommen – Anfang August –, wird es ähnlich sein wie Anfang September 1990. Die Sachsen werden erneut die Möglichkeit haben, mir für weitere Jahre ein Mandat zu erteilen. Wenn das Mandat nicht überzeugt, werde ich die Möglichkeit haben, es auszuschlagen.

Die Tage mit dem Bundespräsidenten am 3. und 4. Juli waren durchaus erfreulich. Herzog brachte seine Vorstellungen vom Amt und zugleich sein Verhältnis zu seinem Vorgänger auf den Punkt, als er am Montag beim Mittagessen sagte, er müsse eine Reihe von Reden halten, die von Weizsäcker nicht gehalten habe. Obwohl es sehr heiß war, war der Besuch in Freiberg ein Gewinn. Der Dom ist inzwischen weitgehend restauriert, die Silbermann-Orgel hat ihren herrlichen Klang nicht verloren, die Tulpenkanzel ist fertiggestellt. Die Stadt hat sich seit dem Tag der Sachsen erstaunlich weiterentwickelt.

Herzog ist weit weniger *stately* als Richard von Weizsäcker, ohne deshalb plump volksnah zu sein. Er ist einfach natürlicher und verspricht, ein Volkspräsident zu werden. In einem halben Jahr werden die Menschen nicht mehr von Richard von Weizsäcker reden. Herzog ist wissensdurstig, will sich an der Diskussion über Reformen beteiligen und für Offenheit für Veränderungen werben. Die Grundsicherung wolle er als einen richtigen Weg aus der demografischen Falle unterstützen, wenn ihm jemand erklären könne, warum man in der Zeit der Umstellung nicht doppelt bezahlen müsse. Miegel und ich werden ihn beim Wort nehmen. Ich gab ihm mein neues Buch mit auf den Weg. Ich bin sicher, dass er darin lesen wird.

18. Juli 1994

Der erste Tag in Antibes liegt hinter uns. Wir genießen das Paradies dessen Gast wir für 12 Tage sein dürfen.

Zwei bewegende Ereignisse fielen ebenfalls in die Tage auf dem Buchberg: die Verabschiedung der Amerikaner aus Berlin und eine Rede des amerikanischen Präsidenten auf der Ostseite des Brandenburger Tores aus diesem Anlass und die Teilnahme deutscher Truppen an der Truppenparade aus Anlass des 14. Juli in Paris. Als Kohl mit Clinton durch das Brandenburger Tor ging, war ich sehr bewegt. Ich freute mich mit Kohl darüber, dass er auf diese Weise das Adenauer'sche Vermächtnis einlösen konnte. Das Gleiche gilt für die Teilnahme deutscher Soldaten an der Parade in Paris, zu der Mitterrand sie und Kohl eingeladen hatte, obwohl sich dagegen in Frankreich auch Widerstand regte. Als sie am Präsidenten und seinem Gast aus Deutschland vorbeizogen, von Beifall begleitet, sei der Krieg – so sah es Max – wirklich zu Ende gegangen.

23. Juli 1994

Gestern fand eine Sondersitzung des Bundestages statt mit dem Ziel, die bisherigen Entscheidungen der Regierung zum Einsatz der Bundeswehr außerhalb des NATO-Gebietes genehmigen zu lassen. Das Bundesverfassungsgericht hatte in seiner kürzlich ergangenen Entscheidung zu Art. 24 und 87 GG eine derartige Genehmigung durch einfache Mehrheit als notwendig, aber auch als ausreichend bezeichnet. Die Sondersitzung war vor allem von Kinkel verlangt worden. Obwohl sie nicht notwendig war, schloss sich Kohl Kinkel an – wie er es derzeit dauernd tut. Schäuble behauptete in seiner Begründungsnot, die Alliierten hätten eine schnelle Klärung der Rechtslage für notwendig gehalten, dem habe man entsprechen wollen; was prompt Dementis der Verbündeten auslöste.

Höppner ist inzwischen zum Ministerpräsident von Sachsen-Anhalt gewählt worden. Im ersten Wahlgang erhielt er nur 40 der 41 Stimmen seiner Koalition. Im zweiten steigerte er sich dann mit Unterstützung einiger PDS-Abgeordneter auf 47 und im dritten Wahlgang auf 48 Stimmen. 41 Stimmen hätten dann auch gereicht, wenn die PDS sich enthalten hätte. Als Wirtschaftsminister konnte Höppner Gramke aus dem Revier gewinnen. Ansonsten hat er aus dem Osten rekrutiert. Die Qualität seines Kabinetts ist nicht schlechter als die des Vorgängers.

Im Westen waren die Reaktionen auf die Wahl Höppners scharf. Dazu hat sicher auch die Eile beigetragen, mit der der Landtag die verfassungsrechtlich vorgeschriebenen Schritte bis zur einfachen Mehrheit absolvierte. Man ließ sich nur einen Tag Zeit, führte keine ernsthafte Debatte über die Selbstauflösung und Neuwahlen und erledigte die ganze Prozedur durch insgesamt sieben namentliche Abstimmungen. Die CDU will das Verfahren deshalb einer verfassungsgerichtlichen Kontrolle unterwerfen. Kohl warf der SPD Verrat an ihrer eigenen Vergangenheit vor, die CSU sprach durch Huber von Probelauf für eine Volksfront in ganz Deutschland. Von einer politischen Auseinandersetzung mit der PDS ist dagegen kaum etwas zu spüren. Sie ist wohl auch nicht beabsichtigt.

Höppner verbat sich unterdessen die westdeutsche Kritik als Einmischung in die politischen Angelegenheiten seines Landes. Er wird damit zweifellos viele Bürger ansprechen. Selbst Vogel ließ seiner scharfen Kritik an der SPD die Warnung folgen, man müsse die Dinge differenziert sehen und könne sie nicht allein mit dem Vorwurf der Volksfront auf den Begriff bringen. Zweifellos wird die PDS mit den Vorgängen in Sachsen-Anhalt weiter in den Bereich der politischen Legalität gerückt. Die Ausgrenzung der ersten Jahre macht einer noch zögerlichen, aber doch wachsenden Wahrnehmung der Tatsache Platz, dass die Partei ihre Wähler gefunden hat und zu einem Bestandteil des zumindest formal demokratisch legitimierten Parteienspektrums geworden ist. Stolpe hat zur Beförderung dieses Prozesses sicher ebenso beigetragen wie die Kommunalwahlen in Brandenburg im vergangenen Dezember und die Wahlen der vergangenen Wochen – aber auch das enorme Medieninteresse an Gysi während der vergangenen Jahre.

Der politischen Mitte fällt es schwer, sich dieser Veränderung politisch zu stellen. Kohl empfängt zwar Horn in Bonn mit allen Ehren, will aber eine Erneuerung der sozialistischen Linken in Deutschland nicht als politische Herausforderung für die Zukunft gelten lassen. In Wirklichkeit werden in der Auseinandersetzung mit der PDS und ihrer Annäherung an die SPD jedoch die politischen Defizite der Mitte sichtbar. Die Mitte hat sich zu lange daran gewöhnt, sich einfach als Mitte zu definieren. Die Mitte ist, wo Kohl ist. Was mit der Mitte geschieht, wenn Kohl nicht mehr die Mitte ist, hat Kohl nie interessiert und wird von anderen bisher nicht wirksam gefragt – weil sich die Frage eben gegen Kohl als politische Mitte richten würde.

6. August 1994

Wieder in Dresden. Gestern waren wir noch einmal im See schwimmen und haben uns von einem wirklich schönen Urlaub verabschiedet. Es war ein herrlicher Sommer, auch wenn die Menschheit unter der Hitze stöhnte und wieder Angst vor einer dauernden Klimaveränderung verspürte. Der See war warm und klar und wir haben ihn fast mehr genossen als das Mittelmeer in Antibes. Unser Haus strahlt in seiner neuen Pracht. Wir freuen uns darauf, in den kommenden Monaten auch im Garten Veränderungen vorzunehmen. Wir sind glücklich mit unserem Leben und dankbar für jeden Tag, der uns geschenkt ist.

Den heutigen Tag hatte ich noch für mich. Nachdem alles wieder aufgeräumt war, befasste ich mich mit der Koalitionsvereinbarung, die SPD und Grüne in Sachsen-Anhalt getroffen haben. Auf 67 Seiten werden die Vorhaben der kommenden Jahre in allen Einzelheiten vereinbart. Es soll, so hat man sich vorgenommen, keine grenzüberschreitenden Abstimmungen geben. Die Koalition will sich also gerade nicht dem Risiko eines offenen Landtages aussetzen und damit eben nicht von einer wirklichen Trennung von Exekutive und Legislative ausgehen.

Sie hat vielmehr eine ganz konventionelle Vereinbarung getroffen. Wenn man sich in Grundsatzfragen nicht einigen kann, muss sich das Land im Bundesrat der Stimme enthalten. Da Enthaltungen bei zustimmungspflichtigen Gesetzen gleichbedeutend sind mit Ablehnung, können die Grünen in Sachsen-Anhalt nun ebenfalls auf die Bundesgesetzgebung einwirken. Im Vermittlungsausschuss hat die SPD eine weitere Stimme gewonnen. Von Regierung und Landtag ist in der Vereinbarung nicht die Rede. Sachsen-Anhalt wird hinfort nicht von seiner Regierung regiert, sondern von der Koalition und deren Ausschuss.

Inhaltlich hat die Koalition einen großen Schritt in Richtung auf den vormundschaftlichen Staat vereinbart. Die Fälle sind Legion, in denen staatliche Förderung vorgesehen werden soll. Den Paragraphen 218 will man, wenn es möglich wäre, ganz abschaffen, unbeschadet des Urteils des Bundesverfassungsgerichts. Das Wahlalter will man bei Kommunalwahlen auf 16 Jahre absenken. Auch Kinder sollen ein politisches Mitwirkungsrecht erhalten. In einer Fülle von Einzelfällen verspricht man sich, Initiativen im Bundesrat zu ergreifen. An keiner Stelle jedoch wird erwähnt, dass all dies zur Hälfte von den Westdeutschen bezahlt werden soll.

Der Sachverhalt entbehrt nicht einer absurden Note. Für mich ist hinfort noch eindeutiger, dass ich für eine derartige Koalition ungeeignet wäre. Ich könnte diesem Verfahren nicht durch meine Mitwirkung eine Autorität verleihen, die ihm nicht zusteht, und damit die von mir kritisierte Praxis weiter festigen. Also: entweder eine klare Mehrheit oder Schluss in Sachsen.

Die PDS-Debatte bereitet mir noch immer Schwierigkeiten. Nachdem das Rote-Socken-Plakat von Hintze in der ostdeutschen CDU keine Sympathie fand, haben die Mecklenburger jetzt die »abgehackten Hände« des SED-Wappens entdeckt – den Handschlag von Pieck und Grotewohl aus Anlass der Fusion von SPD und Kommunisten zur SED. Ihr Plakat zeigt diesen Händedruck und sagt in großen Lettern »NEIN« dazu. Hähle findet das Plakat gut, ich, nachdem ich es gesehen habe, nicht mehr. In Bayern will man das Land mit Plakaten übersäen, auf denen Marx abgebildet ist, der angeblich über Sachsen-Anhalt auch wieder nach Bayern kommen will, als ob in Bayern eine kommunistische Gefahr drohte. Es ist wirklich ein Wahlkampf ohne Politik, für mich eher ein Qualkampf.

In der Sache unterstützt man damit eher die PDS. Denn man befördert ihren Anspruch, die einzige wirkliche Ostpartei zu sein. Eine Westpartei wird sie nie werden. Sie wird auch nie, von der kommunalen Ebene abgesehen, politische Verantwortung übernehmen und damit zeigen müssen, dass ihr nachgerade grenzenloser Populismus ohne reale Substanz ist. Aber sie kann, wie Robert Leicht in einem bemerkenswerten Artikel feststellt, viel blockieren, wenn ihr in den Parlamenten eine Schlüsselstellung wie in Sachsen-Anhalt zuwächst.

7. August 1994

Auch in den wachen Stunden der letzten Nacht hat mich die Koalitionsvereinbarung in Sachsen-Anhalt beschäftigt. Was mich beunruhigt, ist weniger der Inhalt als die Tatsache, dass die verfassungsrechtliche Ordnung des Landes praktisch abbedungen wird. Die Richtlinienkompetenz des Ministerpräsidenten ist an ein Gremium übergegangen, in dem es keine personale Verantwortung gibt. Die beiden Koalitionspartner können die Verantwortung jeweils zwischen sich hin und her schieben. Auch das Parlament hat nichts mehr zu sagen, soweit es um die Abgeordneten der Koalitionspartner geht. Sie müssen den Vertrag einlösen. Gestalten können nur noch die beiden Oppositionsparteien, CDU und PDS. Da die CDU die Regierung nicht unterstützen wird, ist die PDS die einzige freie parlamentarische Kraft. Was ist aus den ganzen Neuanfängen geworden, von denen die Grünen und Bündnis 90 immer wieder gesprochen haben? Eine kastrierte Demokratie!

In den kommenden fünf Wochen werde ich wenig Zeit für Eintragungen haben. Die Tage sind voll ausgefüllt mit Terminen im Land.

Die Zeit muss, auch in der eigenen inneren Einstellung, neben den notwendigsten Regierungsarbeiten allein dem Wahlkampf gehören. Sonst kann ich sie nicht ertragen. Im Grunde bin ich kein Wahlkämpfer.

13. August 1994

Heute vor dreiunddreißig Jahren begann in Berlin der Bau der Mauer und damit die endgültige Teilung Deutschlands. Die Nachricht von diesem Ereignis erreichte mich damals auf einer Reise in der Schweiz. Ich kann mich, als sei es gestern gewesen, an den Schmerz erinnern, den ich über die scheinbar unwiderrufliche Trennung Deutschlands empfunden habe. Es war kurz vor unserer Reise nach Washington zu unserem zweiten Studienaufenthalt. Heute nun traf sich die Sächsische Union in Dresden zu ihrem 7. Landesparteitag unter meinem Vorsitz als Landesvorsitzendem und Ministerpräsidenten des Freistaates Sachsen. Nur wer jedes Gefühl für historische Veränderungen verloren hat, kann von der Dramatik unberührt bleiben, die dieser Veränderung innewohnt.

Der Parteitag selbst war ein großer Erfolg. Ich sprach zum Thema »Für Sachsen«. Es ist das schlichte, aber eindeutige Motto, das auch auf meinem Plakat und denen der Kandidaten erscheint. Hinter mir lag die erste Woche meiner Wahlreise durch das Land. Von Wahlkampf zu reden wäre in der Tat falsch. Besuche in Fabriken, Alters- oder Behindertenheimen, Besichtigungen, Bürgerforen und Gesprächsrunden wechseln mit Redeveranstaltungen. Von SPD, den Grünen oder PDS ist so gut wie nicht die Rede. Es geht um das Land, die Leistungen der Menschen in den vergangenen Jahren, ihre Sorgen und Ängste, das, worauf sie stolz sein können, und um die kommenden Aufgaben – dies in vielen Variationen, aber mit der immer gleichen Grundmelodie.

Sie kommt auch in den Ergebnissen unserer letzten Umfrage zum Ausdruck. Die Sachsen sind zu 61 Prozent der Überzeugung, ihr

Land ist im Reigen der ostdeutschen Länder führend. Nur 3 Prozent sehen es am Schluss, der Rest im Mittelbereich. 72 Prozent sind auch im Juli mit meiner politischen Arbeit zufrieden. 73 Prozent würden mich wählen, wenn der Ministerpräsident direkt zu wählen wäre. In der Sonntagsfrage hat die CDU seit der Umfrage im Juli 93 von damals 34 Prozent auf 43 Prozent zugenommen. Die SPD hat in der gleichen Zeit 8 Prozent verloren, die die PDS gewonnen hat.

Bundesweit hat die CDU die SPD und Kohl Scharping überholt. Alles spricht derzeit dafür, dass Kohl die Wahl erneut gewinnen wird, wenn auch schwächer als das letzte Mal. Die SPD und Scharping haben derzeit keine erkennbare Chance mehr, die Wahl zu gewinnen, also stärkste Partei zu werden.

In dieser Woche trafen sich die ostdeutschen SPD-Spitzen mit Scharping in Dresden und verabschiedeten ebenfalls eine Dresdner Erklärung. Ein trauriges Dokument, für das der Name unserer Landeshauptstadt fast zu schade ist. Die CDU habe die Menschen im Osten mit ihren sozialen und wirtschaftlichen Problemen alleingelassen, heißt es dort. Sie sei für Arbeitslosigkeit, Kriminalität, Armut und Umweltverschmutzung verantwortlich. In mir haben diese Behauptungen eine solche Wut entstehen lassen, dass ich mich, ganz gegen meine Gewohnheit, heute in weiten Passagen meiner Rede mit der SPD auseinandersetzte. Ich bin gespannt, wie Kunckel bei unserer Fernsehrunde vor der Wahl mit diesen Behauptungen zurechtkommen wird. Bis vor wenigen Tagen tat er mir noch leid. Jetzt kann ich ihn nicht einmal mehr bedauern. Er hätte sich nicht derartig verbiegen müssen.

Selbst Scharpings Versicherung in Dresden, eine Zusammenarbeit mit der PDS komme auf Bundesebene nicht in Frage, und Höppners Feststellung, er könne seinen Weg für die anderen ostdeutschen Länder nicht empfehlen, wird nicht mehr geglaubt. Die sächsische SPD ist gespalten. Fast die Hälfte würde Höppners Weg sofort gehen, wenn er auch nur die kleinste Chance hätte, um die CDU aus der Regierung zu drängen. So haben die Auseinandersetzunge der letzten Tage auch etwas Gutes. Sie haben den Blick für die Alternativen in Sachsen weiter geschärft.

22. August 1994

An dem Monatskalender, den mir Susanne zu Weihnachten geschenkt hat, habe ich meine nie benutzte Krawatten-Spange angebracht. Ich schiebe sie jeden Tag um einen Tag weiter und zähle so die Tage, die bis zum Wahltag noch bleiben. Ein Bandmaß zu benutzen, wie dies von Rekruten berichtet wird, schien mir doch nicht ganz passend. In der Sache unterscheiden wir uns allerdings nicht. Ich sehne, wie sie, das Ende des Wahlkampfes herbei. Inzwischen könnte ich mich auch eines Adventskalenders bedienen. Denn es sind nur noch 20 Tage bis zum Abend des Wahlsonntags. In 20 Tagen haben wir, mit anderen Worten, die Bescherung schon hinter uns.

Nach dem, was Ingrid und ich in den vergangenen Tagen, eigentlich seit dem 8. August, erlebt haben, müsste es eine schöne Bescherung geben. Überall nehmen uns die Menschen mit offenen Armen auf. Ablehnende Gesichter, Vorwürfe oder Verweigerung sind selten, offener Hass gar ist uns noch nicht begegnet. Wir werden von einer Welle der Zustimmung getragen, in der sich die Ergebnisse widerspiegeln, die uns die letzte Umfrage von Emnid gebracht hat. Mit der bundesweiten Zustimmung zur Union steigt auch die Zustimmung zu uns noch weiter an. Es wird einfacher, die CDU zu wählen, um mich zu wählen. Das war in der Vergangenheit noch immer ein Problem und wird nun zunehmend weniger eines.

Schließlich Besuch in Kamenz, dem Wahlkreis Georg Milbradts. Auch diese schöne Stadt ist kaum wiederzuerkennen. Erst Rede, dann Rundgang auf einem Volksfest. Der Bürgermeister lud uns zu einer Fahrt mit dem Riesenrad ein. Der Fotograf vom *Stern*, der uns begleitete, war begeistert. So einen Wahlkampf hätte er selbst mit Franz Josef Strauß nicht erlebt. Eine junge Journalistin der *Mitteldeutschen Zeitung* aus Halle, die ebenfalls mit von der Partie war, erzählte von Kunckels Veranstaltungen. Sie seien bedrückend in ihrem negativen Grundton. Sie als Sächsin könne das nicht verstehen. Im Land ginge es doch aufwärts!

24. August 1994

Wieder sind zwei Tage Wahlkampf vergangen. Die Zeit scheint sich zu beschleunigen. Gestern zum Staatsakt für Manfred Wörner in Bonn. Der Bundespräsident hatte ihn angeordnet, die Bundesregierung in den Plenarsaal des Deutschen Bundestages eingeladen. Ich war zum ersten Mal in dem neuen Sitzungssaal. Ein kalter und verworrener Raum, ebenso strukturlos wie das Durcheinander von Hölzern und Stäben, das hinter der Bundesratsbank in halber Höhe schwebt, als hätte man ein Bündel Mikado-Stäbe ausgeleert und sie wären in der Luft erstarrt. Unfertig, ohne Idee, popartig, sinnlos. Ein Raum, völlig ungeeignet unsere Staatsidee oder überhaupt eine Staatsidee zu verkörpern oder doch zu repräsentieren. Hoffentlich nicht Spiegelbild unseres Landes: aufgemotzt und inhaltsleer. Das Foyer nicht besser – eher schlimmer. Sinnlose bunte Röhren ragen in den Raum. Unangenehme Farben wechseln einander in sinnloser Reihenfolge ab. Ein Sammelsurium törichter Einfälle, weder funktional noch dekorativ. Im Reichstag kann es nur besser werden. Wenigstens dies ist ein Grund, den Bundestag nach Berlin zu verlegen.

Kohls Rede auf Wörner eine konventionelle Pflichtübung. Rühes Beitrag sprachlich und inhaltlich wesentlich besser. Die Rede des amtierenden Generalsekretärs der NATO inhaltlich am besten – weitgehend in englischer Sprache. Den anschließenden Empfang im Foyer besuchte ich nur kurz. Der Raum ist unerträglich. Viele bekannte Gesichter.

Der Bevollmächtigte von Baden-Württemberg wollte wissen, ob wir uns bei der Wahl Höppners in der Nachfolge von Bergner am 26. August im Bundesrat auch der Stimme enthalten würden. Die B-Länder hätten sich auf Enthaltung festgelegt. Ich lehnte den Vorschlag ab. Ich müsse mit dem Mann zusammenarbeiten. Wir könnten den Bundesrat doch nicht parteipolitisch ruinieren! Baden-Württemberg war erleichtert. Sie hätten mit ihrer SPD großen Ärger bekommen. Sie hätten deshalb nur als Letzte mitgemacht. Ich würde ihnen mit meinem Votum diesen Ärger ersparen.

28. August 1994

In zwei Wochen um diese Zeit ist alles gelaufen. Wir werden wissen, ob wir in Sachsen bleiben oder uns wieder Hochschule und politischem Journalismus, aber auch der praktischen Beratung derer zuwenden, die auf meine Erfahrungen mit dem Transformationsprozess angewiesen sind. Die letzten Tage waren wieder ausgefüllt durch unsere Wahlreise. Wahlkampf wäre die falsche Bezeichnung. SPD und Kunckel erwähne ich allenfalls am Ende meiner Reden, im Zusammenhang mit der Aufforderung, stabile Verhältnisse zu sichern, oder wenn es darum geht, die Leistungen der Westdeutschen und der Sachsen anzuerkennen und sie als eine gesamtdeutsche Leistung zu würdigen.

In Grimma und Oschatz kommen am 23. August viele Menschen auf den Markt, um Ingrid und mich zu sehen und zuzuhören. Am 24. August sind wir zunächst in Cottbus bei der *Lausitzer Rundschau* zu einem Redaktionsbesuch, dann in Boxberg zur Grundsteinlegung für den ersten 800-Megawatt-Block des neuen Kraftwerkes. Während die Grünen in Dresden mich angreifen, ich hätte mit der Entscheidung für die Braunkohle eine ökologische Chance verschenkt, werde ich vom Betriebsratsvorsitzenden der VEAG als ein Mann gelobt, der in den letzten Jahren an der Seite der Kumpel für die Braunkohle gekämpft habe und von dem man das auch weiterhin erwarte.

In Hoyerswerda versammeln sich trotz strömenden Regens mehr als hundert Menschen im Foyer des Kulturhauses, nachdem wir unsere Veranstaltung im Freien nicht durchführen konnten. Der PDS-Bürgermeister holte uns am Hubschrauber ab und begleitete uns auf unserem Weg durch Kindereinrichtungen der Franziskanerinnen und der Stadt und zu einer Baumpflanzung auf dem Schulhof des Gymnasiums, sichtlich bemüht, der Stadt ein guter Bürgermeister zu sein, der sich mit dem Ministerpräsidenten verträgt, von dessen Wiederwahl er überzeugt ist.

Auch in Lauta viele Menschen im Freien, nachdem der Regen nachgelassen hat. Um die schier unlösbar erscheinenden Probleme mit dem Aluwerk und der Ansiedlung neuer Industrien wollen wir uns kümmern. Von Trott sammelt die zahlreichen Petitionen. Wir bearbeiten sie, so schnell wir können.

Am 25. August in Glauchau zur Grundsteinlegung für ein neues Werk, in dem Fahrzeuggetriebeteile hergestellt werden sollen. BMW und Mercedes gehören zu den Kunden. In Meerane Besuch des beruflichen Schulzentrums, das modernisiert und mit ausgezeichneten Hilfsmitteln ausgestattet ist. Anschließend Besuch im Dampfkesselbau und Rede auf einer Belegschaftsversammlung. Das Unternehmen ist am Bau des neuen Kraftwerkes in Boxberg beteiligt. Die Belegschaft ist zufrieden.

In Hohenstein-Ernstthal begrüßen uns der Bürgermeister und Fritz Hähle bei beginnendem Regen. Der Bürgermeister gehört Bündnis 90 an und wurde mit großer Mehrheit gewählt. Er ist voller Sorge, ich könne ihn nicht als Partner akzeptieren. Goliasch habe so etwas behauptet. Ich beruhige ihn und er verrät mir, dass er doch ein heimlicher Verehrer sei. Nach einer Veranstaltung vor dem Rathaus, bei der ich im Wesentlichen zu Regenschirmen sprechen musste, lädt er uns mit unseren Zuhörern in den Ratssaal ein und bleibt selbst dabei, so wie er auch an der Kundgebung teilgenommen hatte.

Vorher hatten wir das Geburtshaus von Karl May besucht und einen Bericht über das Verkehrszentrum Sachsenring gehört, das in der Nähe gebaut wird. Anschließend sind wir beim Pfarrer Lang der Kirchengemeinde zu Gast, der Fritz Hähle angehört. Der Pfarrer hatte mich eingeladen, aus Anlass des Einhundertjährigen Jubiläums der Kirche zum Thema »Einheit und Erneuerung: Auf den Mut zum Glauben kommt es an« zu sprechen. Es wurde eine schöne Veranstaltung. Abends dann Bürgerforum in Stollberg mit Reber in einem trotz Regen überfüllten Saal. Nur die Witterung macht mir zu schaffen. Die Schwüle und der ständige Höhenwechsel sind selbst für meinen Kreislauf zu viel. Als wir zu Hause waren, war ich erschöpft.

Am Freitag erst Gäste in der Archivstraße: der Vorstandssprecher der Dresdner Bank Sarrazin mit Dr. Walter und anschließend der Präsident Browne von BP mit Herrn Stolzenberg, dem Vorstand von BP International. Anschließend geht es wieder ins Erzgebirge, nach Marienberg und Zschopau. Selbst in Zschopau treffen wir fast nur auf freundliche Menschen. Der Betriebsratsvorsitzende Hunger ist in Zschopau unter den Zuhörern. Er ist inzwischen Personalchef. Man hofft auf weitere Produkte und Investitionen. MuZ scheint über den Berg. Auch sonst hat sich inzwischen einiges angesiedelt. Die Chemnitzer Entwicklung wirkt sich bereits in Zschopau aus.

Bischofswerda: Die schwüle Luft macht uns zu schaffen. Besuch eines Kinderhauses, das vom Roten Kreuz getragen wird. Die Kinder sind entzückend und haben eine zauberhafte Vorführung einstudiert. Das Haus ist heruntergekommen und muss dringend renoviert werden. Die Leiterin hat Angst vor der Zukunft, weil immer mehr Mütter ihre Kinder wieder selbst betreuen. Sie könnte dadurch ihre Arbeit verlieren. Für eine ganztägige Betreuung werden kaum noch Kinder in das Kinderhaus gebracht, von der Kinderkrippe ganz zu schweigen. Wie schön es doch gewesen wäre, als sie die Kinder noch mit drei Monaten zur Betreuung erhalten hätten!

In Coswig herrscht eine wahre Bauwut. Der zuständige Dezernent begleitet uns auf einer Rundfahrt durch die Stadt. Hervorragende Plattenbausanierungen, wie auch in Bischofswerda und Marienberg. Vor einem besonders gut gelungenen Projekt steht das SPD-Schild »Gegen die alten und neuen Ungerechtigkeiten«. Ich will, dass es für mich fotografiert wird. Altes Gift in neuen Flaschen! Im anschließenden Podiumsgespräch in der Börse macht Rössler seine Sache gut.

Wir fliegen gegen neun Uhr weiter zum Jahresempfang der Landespressekonferenz in Pillnitz. Dort ist nicht viel los. Die Halle, die Orangerie, ist zu groß und die Besetzung nicht besonders attraktiv. Kunckel begegnen wir nicht, obwohl alle darauf warten, ob ich ihm die Hand gebe. Als er dann mit Tiedt zusammensitzt, statt zu kommen, um uns zu begrüßen, erledigt sich das Thema von selbst.

Am 27. August sind wir in den Wahlkreisen von Metz, Teubner und Reber. In Neustadt beeindruckt uns der Bürgermeister Grützner durch seine Initiative, die Klarheit seiner Vorstellung und das, was er bereits alles erreicht hat. Obwohl die Stadt zu denen gehört, die durch den Zusammenbruch am schwersten betroffen sind, sind die Leute von einer herzlichen Freundlichkeit. Vor allem der wichtigste Arbeitgeber, das Kombinat Fortschritt, ist praktisch verschwunden. Das riesige Bürogebäude, in dem einst über 1000 Menschen, meist Frauen, gearbeitet haben, steht leer. Der Bürgermeister wollte es für die Verwaltung, aber die Treuhand wollte sich nicht davon trennen. Jetzt will er es nicht mehr übernehmen. Mit dem Werksgelände ist es nicht anders.

Das Rathaus ist praktisch renoviert. Auf dem Marktplatz steht eine Postsäule. Nach Merseburg waren es 38 Stunden. In unserem Gespräch im neuen alten Schützenhaus, das Mittelpunkt eines Touristikzentrums werden soll, sprechen wir über die Verwaltung und ihre Neugestaltung. Mehr Entscheidungen müssen nach unten gegeben werden, eine »Komplex-Verwaltung« ist erforderlich, meint der Bürgermeister. Für die Finanzplanung der Gemeinde wünscht er sich längere Zeiträume der Verlässlichkeit. Das Wetter ist wieder drückend. Ich habe ein wenig mit Kreislaufproblemen zu kämpfen.

In Sayda bin ich Schirmherr eines Musikfestivals. Kapellen sind aus der Umgebung und aus Böhmen und Österreich gekommen, was mich zu Erinnerungen an die Verbundenheit dieser Regionen anregt. Wir besuchen das Heimatmuseum. Es ist in einem alten Hospitz untergebracht, das ein Herr von Schönberg im 15. Jahrhundert als Altersheim gestiftet hat. Rührend die Liebe, mit der die Vergangenheit bewahrt und in die Gegenwart einbezogen wird. Früher wohnten dort erst 8 und dann 12 alte Menschen – mit dem Blick auf den Friedhof.

Begleitet werden wir durch Herrn Hartung von der *Zeit*. Er ist in Olbernhau geboren, ganz in der Nähe, und gerührt von der Wiederbegegnung mit der Heimat. Die Brauerei seines Geburtsortes ist jetzt privatisiert. Ein Anwalt aus Baden-Württemberg hat sie, zusammen mit dem Gasthof Ochsen in Sayda, übernommen. Er war auch der Organisator des Musikfestivals. Das Wetter ist wesentlich besser, denn Sayda ist 680 Meter hoch. Immer wieder loben wir auch unseren Hubschrauber und seinen Piloten. Das Programm wäre ohne dieses Hilfsmittel nicht zu schaffen gewesen.

In Neukirchen erwartet uns Herr Reber zu einem Besuch in der Firma Stahlbau. Dr. Kämpfe, ein Mathematiker aus Chemnitz, hat das Unternehmen gegründet, beschäftigt derzeit in Neunkirchen 36 Menschen und will weiter expandieren. Er stellt die Stahlbewehrungen für Beton her. In der Halle warten die Menschen auf meine Ansprache. Immer wieder, so auch hier, schließe ich mit der Botschaft, dass ich bereit bin, dem Land weiter zu dienen, wenn die Mehrheit der Sachsen es will.

Nach der Veranstaltung und der offiziellen Einweihung der neuen Fabrikhalle noch ein Gespräch mit Herrn Baufeld und seinen Mitarbeitern. Baufeld hat eine Altölverarbeitung erworben, zusammen mit einigen Altöldeponien, deren Entsorgung die Treuhand zu bezahlen versprochen hatte. Jetzt weigert man sich in Berlin mit dem Argument, es sei billiger, sich verklagen zu lassen, als zu bezahlen. Ich verspreche, mich darum zu kümmern. Abends gehen wir dann in Dresden essen. Petra und Andreas kommen auch dazu. König Albert heißt das nette Restaurant. Es soll derzeit »in« sein.

29. August 1994

Der Sonntag führt uns zunächst nach Torgau. Man feiert dort zum dritten Mal den Torgauer Marsch. Er soll 1815 von einem Torgauer Lehrer komponiert worden sein und wurde 1817 in die offizielle Liste preußischer Märsche, zugleich aber auch in die Liste sächsischer Märsche aufgenommen. Die Torgauer fielen nach dem Wiener Kongress an Preußen, entschieden sich aber nach der Wende wieder für Sachsen. Auch hier mehrere Kapellen aus dem Land und je eine aus Böhmen und Frankreich.

Der anschließende Rundgang lässt uns die erstaunlichen Veränderungen erkennen, die sich in den vergangenen vier Jahren vollzogen haben. Torgau wird einmal eine schöne Stadt werden. Kummer bereitet uns Schloss Hartenfels. Seine Wiederherstellung wird rund 100 Millionen DM kosten, weit mehr, als der Landkreis tragen kann, dem der Bund das Schloss überlassen will. Im Oktober wollen wir weiter darüber sprechen, wenn die Schlosskirche ihr 450-jähriges Jubiläum feiert.

Nächste Station ist Graditz und das Landesgestüt. Herrliche Pferde werden uns gezeigt. Hermann Kroll-Schlüter ist unser Gastgeber. Ein Teil des Gestüts ist an einen Herrn Buchner und seine Frau verpachtet, der zuvor in Röttgen war. Nachmittags besuchen wir Brandis und das dortige Altersheim. Es ist in einem Schloss untergebracht, dessen Renovierung die Stadt Leipzig als Eigentümerin kaum wird bezahlen können. Aber die Atmosphäre des alten Gebäudes ist für viele der Bewohner vielleicht heimischer als ein Neubau. Die meisten sind behindert. Mit zwei jüngeren Frauen, die als fast willenlose Alkoholkranke eingeliefert wurden, hat man mit der Gruppentherapie erstaunliche Erfolge erzielt. Jetzt fehlt das betreute Wohnen.

Der Bürgermeister von Brandis ist Sozialdemokrat. Er übergibt mir einen Bildband, den er für mich hat zusammenstellen lassen. Nach einem ausführlichen Einleitungsschreiben wird mit »Vorher/Nachher-Bildern« gezeigt, was sich schon alles geändert hat. Ich werde den Band Kunckel mitbringen, damit er sieht, wie die Wirklichkeit in unserem Lande ist. Ein Besuch in Machern schließt sich an. Im dortigen Schloss hat man eine Ausstellung des Möbelhandwerks, vor allem der Stuhlmacher, untergebracht. Viel Mittelstand hat sich versammelt, um mich zu hören. Der bisherige Landrat Hubrich kandidiert hier für den Landtag. Er ist schrecklich aufgeregt und redet ständig auf mich ein. Verbunden mit vielen anderen, die es ihm gleichtun, gelingt es ihnen zum ersten Mal, mich nervös zu machen. Auch hier leide ich unter der Schwüle.

So bin ich froh, als wir nach Leipzig aufbrechen, wo ich als Schirmherr am 2. Landesblasmusikfest teilnehme und vom Balkon des Alten Rathauses spreche. Ein herrliches Bild, bei nun wieder kühlem und schönem Wetter, wie die Kapellen auf den Platz ziehen und dann gemeinsam musizieren. Jähnichen, der Präsident des Verbandes ist, seine Frau und wir kehren anschließend bei Mövenpick ein, ehe wir nach Dresden zurückkehren. Ingrid rügt den Geschäftsführer, weil er kein sächsisches Wasser angeboten hat. Diesmal begleiten uns ein Herr Born von der *Super Illu* und die nette französische Fotografin, die schon schöne Bilder von uns gemacht hat.

3. September 1994

Tag der Sachsen in Annaberg-Buchholz. Die Fröhlichkeit, die den Ort erfüllt, ist ansteckend. Der Tag der Sachsen gehört zu Wagners besten Ideen. Der Festzug morgen Nachmittag wird mehrere Stunden dauern, so viele Vereine haben sich mit Beiträgen angemeldet. Wagner berichtete, man habe viele Vereine praktisch zwingen müssen, nicht mit hundert, sondern nur mit zwanzig Teilnehmern mitzuwirken, um den Zug nicht ins Unendliche wachsen zu lassen.

Der Freitag begann mit einem Besuch beim ZDF-Frühstücksfernsehen. Die Veranstaltung bestätigte die Richtigkeit all der Gründe, die ich Stolte bei der Einweihung des ZDF-Studios als Ursachen für das Versagen der Medien genannt hatte. Die Dame, die mich zu interviewen hatte, begann mit einer Liste von Sätzen, die ich vervollständigen sollte. Ihr Inhalt war zum Teil schlicht schwachsinnig. Meine Verärgerung war mir wohl auch anzumerken. Dann behauptete sie, in Sachsen gäbe es 18 Prozent Arbeitslosigkeit, und berief sich dafür auf eine Agenturmeldung. Wir konnten die Meldung später nirgends finden. Während der Sendung konnten auch Hörer anrufen. Eine Hörerin aus Kamenz widersprach der Behauptung, Kohl werde nicht nach Sachsen eingeladen: Er sei in Kamenz gewesen. Als die zehn Minuten vorbei waren, war ich froh und verärgert zugleich.

Später dann in Plauen: zuerst Besuch bei einer Maschinenfabrik, die von einem Kanadier erworben wurde, dessen Tochter mit ihrem Mann am Rundgang teilnahm. Die Werkzeugmaschinenfabrik Vogtland baut Bearbeitungsanlagen von beachtlicher Komplexität. Sie beschäftigt derzeit rund 600 Menschen, wird aber weiter expandieren. Vor der inneren Erneuerung des Unternehmens waren rund 2000 Menschen beschäftigt. Sie erzeugten einen Jahresumsatz von rund 100 Millionen Mark der DDR. Inzwischen erzeugen 600 Beschäftigte einen Umsatz von rund 75 Millionen DM. Für das kommende Jahr rechnet man mit 85 Millionen DM Umsatz. Der hohen Fertigungstiefe wegen hat man nur einen Umsatz von rund 120 000 DM pro Arbeitsplatz. Dafür ist das Unternehmen jedoch in der Lage, wesentlich schneller zu liefern als die Konkurrenz und dadurch Zinsen bei der Finanzierung des Auftrages einzusparen. Die Belegschaft jedenfalls, zu der ich kurz sprechen konnte – man hatte sich in der Werkshalle versammelt –, macht auf mich einen zufriedenen Eindruck.

In Markneukirchen besuchten wir den Rohbau der neuen Konzerthalle – es gibt Probleme mit der Förderung, nachdem der Bürgermeister die Bestimmung der Halle teilweise geändert hat – und den Instrumentenbau Musima, in dessen Kasino zugleich eine Wahlveranstaltung stattfand. Man hat derzeit, außer mit der Schwerfälligkeit der Banken, keine Probleme. Schließlich die Veranstaltung in Rodewisch im Rathaussaal. Das Rathaus war 1923 durch einen Anschlag zerstört worden. Als Rodewisch 1924 Stadt wurde, zog das Rathaus in ein Hotel. Dort ist es auch heute noch. Wahrscheinlich ist es das einzige Rathaus mit einem schönen Ballsaal und Hotelbetrieb! Grüning, zu dessen Wahlkreis Rodewisch gehört, war sichtlich entspannt. In diesem Bereich sind die Leute mit der Kreisreform zufrieden.

Nun sind es noch sieben Tage bis zum Wahlsonntag. Wenn mich nicht alles täuscht, werden die Sachsen sich wieder für ihren Ministerpräsidenten entscheiden. Kunckel, so berichtete Sagurna heute Morgen, versuche, sich behutsam von seiner bisherigen Konfrontationslinie abzusetzen. Er habe wohl eingesehen, dass sie ihm eher schade. In Journalistenkreisen habe sich ebenfalls eine Meinungsänderung vollzogen. Während man vor einigen Wochen noch die Ansicht vertreten habe, ich sollte ein Korrektiv neben mir haben, setze sich inzwischen die Auffassung durch, es sei besser, die jetzige Regierung fortzuführen. Die vielen Gespräche, vor allem auch über die Gefahr einer politischen Selbstblockade, hätten ihre Wirkung nicht verfehlt.

In Bonn gibt es derweil neuen Streit. Herr Lamers hat, wohl mit Billigung durch Schäuble, ein neues Europakonzept entwickelt. Das Bundeskanzleramt habe seine eigenen Beiträge dazu geliefert. Von variablen Geometrien der Europäischen Union ist darin die Rede. Mit dem Begriff will man wohl den bisherigen von den unterschiedlichen Geschwindigkeiten der Integration ersetzen. Kinkel hat bereits und wie mir scheint zu Recht widersprochen. Dagegen hat Paris in Aussicht gestellt, man werde gänzlich neu über die Struktur Europas diskutieren müssen. Paris werde, wenn es die Präsidentschaft im Januar übernehme, dazu Vorschläge machen. Die Organisationsdebatte 1996 wirft ihre Schatten ebenso voraus wie die Erweiterung zu Beginn des kommenden Jahres. Wieder wird deutlich, worauf ich bereits seit Jahren hinweise: Die Kohäsion, die der Kalte Krieg geliefert hat, ist nicht mehr wirksam, die Zentrifugalkräfte nehmen zu.

Für uns ist eine Wiederherstellung des westlichen Westeuropa ohne den Osten Westeuropas nicht akzeptabel. Man kann auch mit Konzepten wie diesen nicht den Lasten entgehen, die sich aus der Neuordnung Europas ergeben. Tatsächlich würde das Konzept Schäubles, so wie es heute beschrieben wurde, der Überwindung der deutschen Teilung nicht dienlich sein. Denn die östlichen Teile Deutschlands können sich nicht entwickeln, wenn unsere Nachbarn keine europäische Perspektive haben. Wahrscheinlich wird sich hier eine weitere Front zwischen Schäuble und mir auftun, nachdem wir bereits in der Nationenfrage unterschiedlicher Meinung sind.

Gegen die Pflegeversicherung hat inzwischen eine weitere Familie geklagt, diesmal eine mit neun Kindern aus Aachen. Sie hätten mit ihren Kindern bereits genügend Vorsorge für ihre Pflege im Alter getroffen. Durch die Pflegeversicherung werde die Ungerechtigkeit der Rentenversicherung weiter verstärkt. Langsam kommen die Widerstände gegen eine wirkliche Reform des sozialen Systems ins Wanken. Ich spreche in fast jeder Versammlung davon, dass wir den Umbau mit unseren Erfahrungen werden vorantreiben müssen, wenn er jemals Aussicht haben sollte, verwirklicht zu werden.

Von Kohl bekam ich einen Brief, in dem er gegen die Meldung protestierte, er sei nicht bereit, nach Sachsen zu kommen. Die Bundesgeschäftsstelle hatte seine Einsatzpläne für die Bundestagswahl veröffentlicht, aus denen sich ergab, dass er vor dem 11. September nicht in Sachsen sein würde. Daraus hatte die Pressesprecherin der Partei, die ohnehin ungeeignet ist, den Schluss gezogen, er wolle auch nicht kommen. Kohl forderte in seinem Brief eine Richtigstellung. Er wolle von vorneherein jede Legendenbildung verhindern, war seine Begründung.

Wir berichtigten die Meldung. An einer Legendenbildung allerdings in dem Sinn, Kohl habe zum Erfolg unserer Landtagswahl wesentlich beigetragen, bin auch ich nicht interessiert. Kohl war dagegen eher das Opfer der von seinen Leuten nach wie vor verbreiteten »Sorge«, ich könne die Mehrheit der Mandate nicht wieder erreichen. Deshalb die Schnelligkeit, mit der er auf eine an sich nebensächliche Meldung reagierte, um der Bildung der Legende zu begegnen, seine Weigerung, nach Sachsen zu kommen, habe zum schlechten Wahlergebnis beigetragen. Ich werde die Kohl'sche Art zu denken nie ganz verstehen. Aber sie war und ist ja sehr erfolgreich!

7. September 1994

Scharping erklärte heute im Bundestag: »Professor Biedenkopf ist ein guter Ministerpräsident. Das sage ich, auch wenn ich meinen Leuten in Sachsen damit schade.« Heidemann hatte das Zitat nach Dresden durchgegeben. Sagurna ließ es durch dpa in Bonn verifizieren. Darauf wurde es von dpa auch verbreitet. Scharping wollte mit dieser Aussage offenbar Kohl ärgern, denn er fügte hinzu: deshalb hätte ich Kohl auch nicht nach Sachsen eingeladen. Der Zusatz wurde von dpa jedoch nicht mitverbreitet, weil man sich nicht die Mühe gemacht hatte, den Text im Zusammenhang nachzulesen. Man beschränkte sich auf die Bestätigung des Zitats, das Sagurna mitgeteilt hatte. Die Schlamperei kam uns zugute.

Nun kann ich morgen im Gespräch mit Kunckel auf eine Bestätigung durch seinen Parteivorsitzenden verweisen. Dies, zusammen mit der Distanzierung seiner Parteifreunde von den Plakaten, die die SPD im Land verbreitet hatte, wird es einfach machen, mit der sogenannten Elefantenrunde zurechtzukommen. Kunckel selbst sucht nach Möglichkeiten einer Frontbegradigung. Sein Verhältnis zu mir sei unverändert gut, ließ er wissen. Die Äußerungen seiner Partei im Wahlkampf hätten daran nichts geändert.

8. September 1994

Nun habe ich also auch das »Rededuell« mit Kunckel hinter mich gebracht. Es war eine Zumutung. Anrufer sollen sich darüber beschwert haben, ich hätte ihn zu oft unterbrochen. Das mag sein. Aber ich kann es nicht ändern. Was da an langer Aufklärungsarbeit durch populistisches Geschwätz wieder zerstört wurde, machte mich so wütend, dass ich mehrfach meine guten Vorsätze fahren ließ.

Schließlich ließ ich meinem Zorn freien Lauf, als Kunckel immer wieder intonierte, er sei von hier und verstehe deshalb die Menschen; die Menschen seien seine Universität, meinte er an einer Stelle. Diese Passage der Diskussion mag gut gewesen sein. Informativ, wie ich mir derartige Sendungen vorstelle, mit Respekt vor den Tatsachen und sauberer Argumentation, war das Ganze nicht. Sagurna hat recht, wenn er meint, die Wirkung sei eher neutral und gebe den Zuschauern keine weiteren Anhaltspunkte für ihre Entscheidung am Sonntag.

Ingrid war anderer Meinung. Sie war mit dem »Duell« sehr zufrieden, vor allem mit meinem Ausdruck »wegen sächsischer Identität«. Das werde den Menschen gefallen. Kunckel habe sich keinen Gefallen getan, weder mit seiner Polemik noch mit seinen Einlassungen zur Arbeitslosigkeit. Sie seien, für jeden erkennbar, undurchführbar oder undurchdacht gewesen. So werde mir die Sendung höchstens weitere Zustimmung bringen.

Nun bin ich froh, dass der Wahlkampf in wenigen Stunden zu

Ende gehen wird. In Leipzig redete ich heute Nachmittag noch einmal auf der dortigen Abschlussveranstaltung der Kandidaten. Obwohl es zu Beginn regnete, waren über 1000 Leute auf dem Platz vor dem Alten Rathaus. Ingrid wurde anschließend zum Ehrenmitglied des Rundfunk-Blasorchesters ernannt, dem sie mit ihrem Einsatz beim Kampf ums Überleben sehr geholfen hat. Viele Menschen dankten uns wieder dafür, dass wir für sie da sind und auch bleiben wollen. Aber es geht wirklich nur, wenn ich die Möglichkeit erhalte, weiter ohne einen Partner zu arbeiten, von dem mich zu viele Unterschiede in der politischen Auffassung trennen.

Meinen Tipp habe ich inzwischen auch abgegeben. Ich setze auf 50 Prozent, gebe den Sonstigen 3 Prozent und der FDP 3,5 Prozent, den Grünen 5,5 Prozent, der PDS 14 Prozent und der SPD 24 Prozent.

11. September 1994

Der Wahlkampf ist zu Ende. Seit drei Stunden sind die Wahllokale geöffnet. Wir kommen gerade von Bautzen zurück. Unsere letzte Station und zugleich Abschluss und Dank war ein Besuch im katholischen Gottesdienst im Bautzener Dom St. Petri. Ein Priester aus Westfalen, der sich im Bistum um die Schule kümmert und seit zwei Jahren hier ist, hat ihn gehalten. Der Flug zurück war der schönste auf der langen Reise durchs Land. Eine von Gewitter und Wind blankgeputzte Landschaft hat uns die ganze Schönheit dieses Landes enthüllt, seine Weite und Geborgenheit, seine Beschaulichkeit und den Fleiß seiner Bürger. Bis weit ins Böhmische reichte der Blick. Die Dächer glänzten in der Sonne. Dresden lag unter uns wie ein Versprechen künftiger Schönheit. Ich bin voller Glück und Dankbarkeit, dass wir das alles erleben dürfen.

In wenigen Minuten werden wir wählen gehen. Wie auch immer die Wahl ausgehen mag: Das Ergebnis kann uns nichts nehmen von dem Abenteuer der letzten vier Jahre und von der Genugtuung, den Menschen in diesem schönen Land geholfen zu haben auf dem Weg in eine neue Zukunft und einen neuen Frieden. Alles hat sich gelohnt!

Der letzte Wahlkampftag brachte uns nach Chemnitz zu einer Abschlusskundgebung, zur Hengstparade nach Moritzburg, nach Pirna zu einer Abschlusskundgebung und zu einem Kirchenkonzert nach Königstein. Obwohl es sehr früh war, war auch in Chemnitz eine größere Schar Menschen zusammengekommen, um mich zu hören. Der Gang über den Markt, der sich anschloss, war von der Freundlichkeit und den guten Wünschen für den Wahlsonntag bestimmt. Tobias war am Freitagabend gekommen und konnte uns begleiten. So konnte wenigstens eines der Kinder einen kleinen Ausschnitt aus dem Wahlkampf miterleben, von dem sie so viel hörten.

Ingrid hatte im Übrigen mit ihrer Bewertung der Kunckel-Debatte recht. Viele Leute sprachen mich an und zeigten sich empört darüber, dass Kunckel es gewagt habe, so mit mir zu sprechen. Auf die Idee, dass die Identifikation mit ihrem Ministerpräsidenten die Menschen zu einer derartigen Reaktion veranlassen könne, war ich allerdings nicht gekommen.

Nachmittags in Moritzburg. Das Wetter hielt, die Sonne kam später noch dazu: herrliche Bilder schöner Pferde und Gespanne. Ich war sehr stolz auf unser Land und seine Menschen. Max und Laila, beide exzellente Pferdekenner, waren sehr beeindruckt. Ein vergleichbares Gestüt wie das unsrige hätten sie noch nicht gesehen.

Schließlich in Pirna auf dem Marktplatz die letzte Rede dieses, wenn es nach mir geht, auch letzten Wahlkampfes in meinem politischen Leben. Viele Menschen waren gekommen, begrüßten Ingrid und mich herzlich und erhöhten meine gute Laune.

Eben nun, um 16.15 Uhr, rief Hintze an. Er war ganz aufgeregt. Nach dem Stand der Wahlnachfrage an den Wahllokalen lägen wir um 15.00 Uhr über 54 Prozent, die SPD bei knapp 20 Prozent, die PDS bei 12 Prozent und die Grünen knapp über 5 Prozent. Die FDP habe die Fünfprozenthürde offensichtlich nicht nehmen können und werde aus dem Landtag ausscheiden. Die Zahlen könnten sich im Laufe der Zeit bis 18.00 Uhr noch leicht nach unten bewegen, da die Arbeiterbevölkerung eher später wähle als die Bürgerlichen, so Hintze. Die Wahrscheinlichkeit, dass wir das Ergebnis von 1990 übertreffen könnten, sei jedoch groß.

12. September 1994

Wir haben die Landtagswahl gewonnen. Die Sächsische Union erzielte das beste CDU-Landtagswahlergebnis, dass je in einem Bundesland erreicht wurde. Bis heute hielt Filbinger den Rekord mit gut 56 Prozent. Wir haben 58,1 Prozent der Stimmen für die CDU gewonnen. Die Differenz zwischen den Direkt- und den Listenstimmen zeigt, in welchem Umfang das Ergebnis durch die Entscheidung für mich beeinflusst wurde. Während sich bei den Direktstimmen gut 50 Prozent für die Kandidaten der CDU entschieden, waren es bei den Listenstimmen gut 58 Prozent. Ich hatte auf 50 Prozent getippt, Ingrid auf 57,9 Prozent. Sie ist dem tatsächlichen Ergebnis damit am nächsten gekommen.

Die letzten Stunden des Wahltages waren aufregende, aber auch tief beglückende Stunden. Nachdem Hintze mich angerufen hatte, trafen wir uns mit Schlereths, Petra, Andreas und Tobias zum Kaffee im großen Speisesaal. Christoph und Tina steckten noch im Verkehr auf der Rückreise von München. Ingrid nahm mich beiseite und erzählte mir, Sagurna habe angerufen: Vom ZDF habe er erfahren, dass wir wohl die Mehrheit der Mandate wiedergewinnen könnten. Ob das, was Hintze mir mitgeteilt habe, denn wirklich zuverlässig sei?

Auch ich war unsicher. Es schien mir fast unmöglich zu glauben, dass unser Ergebnis alle Erhebungen der Demoskopen so weit übertreffen sollte. Als Laila mir die Wette anbot, das Ergebnis werde noch besser ausfallen, als das von 1990, schlug ich deshalb ein und hielt dagegen. Noch nie habe ich eine Wette freudiger verloren.

Um zwanzig vor sechs waren wir in der Staatskanzlei. Als ich Hintze, wie verabredet, anrief, meldete er sich noch aufgeregter. Der Trend habe sich bestätigt. Die CDU läge bei 57 Prozent. Ein Traumergebnis zeichne sich ab. Wenige Minuten später rief er erneut an. Das ZDF werde sich um 18.00 Uhr mit der Prognose 54 Prozent für die CDU melden.

Schon die 54-Prozent-Prognose löste großen Jubel aus. Wir hatten sie mit den Kindern, Schlereths und Frau Martens in meinem Besprechungszimmer erwartet. Das Kabinett und die Mitarbeiter hatten sich im großen Sitzungssaal versammelt. Petra war so gerührt, dass sie weinen musste. In der »Kirche« wurde ich mit Jubel und Beifall begrüßt. Viele glückliche Gesichter, aber auch schon mancher fragender Blick, wie es denn nun mit der eigenen Tätigkeit weitergehen werde. Ich muss ihnen bald Gewissheit geben, in die eine oder andere Richtung.

Wenige Minuten später ging es dann in den Landtag. Sagurna

hatte ein umfangreiches Programm vorbreitet, beginnend mit RTL, dann ZDF und so weiter, bis 21.00 Uhr. Es war das erste Mal, dass ein Wahlsieger einer privaten Fernsehstation das erste Interview gab. Noch Tage zuvor hatte die ARD Sagurna mitgeteilt, man habe sich mit dem ZDF darauf geeinigt, dass das Zweite die Ersten sein sollten, die mich interviewen. So sicher war man sich, dass es zu den Vorschlägen der öffentlich-rechtlichen keine Alternative geben könnte.

Als wir ankamen, fanden wir die Treppe zum Landtag durch einen riesigen Pulk von Fotografen besetzt. Unsere Leute, die sehr aufgeregt waren, hatten alle Hände voll zu tun und mussten ihre ganze Kraft einsetzen, um uns langsam einen Weg durch die Meute zu bahnen. Man schlug sich förmlich um die Chance, das Bild zu fotografieren, das dann von den Tageszeitungen aufgekauft werden würde. Kein Beruf für mich!

Beim Gespräch mit den Kandidaten traf ich auf Kunckel. Seine Niederlage war wahrlich niederschmetternd. Obwohl die SPD bereits in der ersten Landtagswahl nur schwach abgeschnitten hatte, hatte sie noch einmal verloren. Die Strategie der Konfrontation über Fragen der Gerechtigkeit, die sich Kunckel von Tiedt hatte einreden lassen, war nicht aufgegangen. Die hatte die Lebenswirklichkeit der Menschen verfehlt und deshalb auch kein Vertrauen begründen können. FDP und Bündnis 90/Grüne werden im Landtag nicht mehr vertreten sein. Die FDP ist praktisch zur Splitterpartei reduziert worden, die DSU gibt es nicht mehr.

Dann Besuch im Fraktionssaal: großer Jubel und Freude mich zu sehen. Ich hielt eine kurze Ansprache: dass wir jetzt nicht unsere Offenheit für Gedanken verlieren dürften, wo immer sie auch angeboten würden. Dass wir uns, gerade angesichts der gewonnenen Stärke, zurücknehmen müssten, um nicht die Kultur zu verletzen, für die wir in den vergangenen Jahren angetreten seien. Dass wir beauftragt seien, für alle Sachsen zu handeln, nicht nur für unsere Wähler.

Später am Abend landeten wir dann, ziemlich erschöpft, aber glücklich, in der Bülow-Residenz zum Abendessen im Kreis der Familie, der Freunde und der engsten Mitarbeiter. Noch immer erschien uns der ganze Abend wie im Traum, unwirklich in den Dimensionen des Erfolges und zugleich endgültig für unseren weiteren Lebensweg. Noch am Nachmittag hatten wir uns ausgemalt, wie schön es sein könnte, einige Wochen ins Engadin zu reisen, um zu wandern, oder einfach nur auf dem Buchberg zu wohnen. All das wird es nun nicht geben können. Aber ich will es auch nicht mehr. Sachsen erwartet unseren Dienst auch in den kommenden Jahren.

13. September 1994

Präsidium und Bundesvorstand in Bonn waren geprägt durch unseren Wahlerfolg. Kohl hatte schon am Vorabend angerufen und mich beglückwünscht. Als ich es im Fraktionssaal erzählte, erntete ich großen Beifall. Als ich hinzufügte Kohl habe sich sehr gefreut, war gelassene Heiterkeit die Antwort. Ich kam etwas später in die Sitzung. Anders als 1990 gratulierte Kohl erneut und ausführlich.

Die Interpretation des Ergebnisses entsprach auch unseren Erkenntnissen. Die Wahlbeteiligung war sehr niedrig ausgefallen: knapp 60 Prozent. Die Wahlenthaltung war jedoch vorwiegend zu Lasten der SPD, der FDP und der Grünen gegangen. Die Zahl der Wähler hatte gegenüber 1990 um rund 22 Prozent, die der CDU-Stimmen um 16 Prozent, die der SPD-Stimmen dagegen um 31 Prozent abgenommen. Wir hatten alle Wahlkreise im Lande gewonnen. Selbst in Hoyerswerda hatte sich Klinnert mit 47 Stimmen Vorsprung gegen die Konkurrenz durchgesetzt. Die ganz in Blau gehaltene Karte der Wahlkreise – Blau für CDU – wurde zu meiner Lieblingskarte!

Im Bundesvorstand wiederholte sich die Gratulation. Kohl war sichtlich bemüht, unsere Nähe und Übereinstimmung zu demonstrieren. Seit ich aus dem Amt des Generalsekretärs ausgeschieden war, habe ich ihn nicht mehr so aufgeräumt erlebt. Es erstaunt mich immer wieder, welche Bedeutung Wahlentscheidungen und Amt selbst für Menschen haben, denen ich ein eher personenbezogenes Urteil zutrauen würde. Auch in der anschließenden Pressekonferenz traten wir gemeinsam und als zwei Politiker auf, die das gleiche Ziel verfolgen. Tatsächlich hat mich der katastrophale SPD-Wahlkampf und die Unfähigkeit Scharpings, seinen ursprünglichen Vorsprung zu nutzen und auszubauen, zu einem Verbündeten Kohls werden lassen. Es gibt zu ihm, wie ich im letzten und wohl deshalb nicht veröffentlichten *Spiegel*-Gespräch festgestellt hatte, derzeit keine wählbare Alternative.

17. September 1994

Es war bereits wieder eine lebhafte Woche. Am Dienstag kam das Kabinett zur ersten Sitzung nach der Wahl zusammen.

Die Fraktion war ebenso glücklich wie das Kabinett über meine Mitteilung, ich wolle die ganze Legislaturperiode im Amt bleiben. Als ich dann meinen wirklichen Ehrgeiz offenbarte: zur Jahrtausendwende eine Neujahrsansprache zu halten, war die Begeisterung besonders groß. Einige fragten allerdings auch nach, in welchem Amt ich diesen Ehrgeiz denn befriedigen wolle. Ich ließ es offen. Man soll dem Schicksal nicht zu viele Vorgaben machen. Es kommt doch anders, als man denkt.

18. September 1994

Eine Woche ist nun vergangen seit der Landtagswahl. Wir begreifen langsam, in welcher Weise wir durch das Ergebnis in die Pflicht genommen wurden, wie sehr die anderen aber auch auf uns blicken und Anstöße und Bewegung erwarten. Die gestrige Konferenz war dafür ebenso Beleg wie der heutige Morgen, die Grüße der Menschen überall – aber auch das plötzliche Interesse der Bundespartei an mir und meinen politischen Beiträgen. Was ich immer angestrebt habe: die Kombination von einflussreichem politischen Amt, Freiheit zu handeln und zu gestalten und Unterstützung in der Bevölkerung, für die ich Verantwortung trage, ist gelungen. Jetzt wird es darum gehen, diesen Reichtum zu erhalten, zu mehren und für unser Land und Europa zu nutzen. Mit Gottes Segen kann das gelingen.

Der Rohbau steht, das Richtfest ist gefeiert. Lasst uns denn wieder ans Werk gehen!

Personenregister

Sachregister